超级人脉术大全集

第 二 卷

翟文明　编著

吉林出版集团

时代文艺出版社

U0721755

第二卷 目录

中篇　超级人脉的黄金法则
——人一生要依靠的 14 种人

第二卷·目录

超级人脉术大全集

第九章

经营人脉需要修炼的品质

做到善解人意

研究社交之道，不可忽略人性的百态，否则动辄得咎，四处碰壁。在我们的现实社会中，能够通人情世故，当然会受人欢迎，到处吃得开，这是很明显的现实。

人情通达，首要条件就是"善解人意"。如果你不能站在对方的立场上悉心为别人着想，就永远不会交到真正的朋友，即使勉强自己去亲近别人，也只是表面上的敷衍、应酬。久而久之，别人就能洞察你的客气和笑容完全是虚伪的交际、应付，如此一来，你刻意维系的社交关系，不就等于徒劳无功吗？

善解人意是一种人与人之间沟通的桥梁。要想成就一番事业，就必须学会理解，在理解别人的同时，也获得别人的理解，这样就能有效地防止人与人之间尖锐的矛盾，建立一种相互合作的人际关系，从而找到事业上的好伙伴、好帮手。

善解人意虽不是一件难事，但要做到面面俱到，倒也不是件简单的事，因为通达人情不像演算数学一样，有一定的公式可参照，不过人情在往来之中，应在某种程度上有其基本表现，它不但代表一个人的道德修养，还说明了这个人的聪明智慧。所以如能真诚地做到理解他人、关心他人、爱护他人，那么不管我们出现在任何社交场合，都绝不会失礼。

"当今，成千上万的推销员拖着沉重的脚步在人行道上蹒跚、疲乏、沮丧、收入不高。为什么呢？因为他们只考虑自己的愿望……如果推销员能够向我们说明他的服务或他的商品能够帮助我们解决问题，那么他用不着宣传，也用不着卖，我们就会向他买。"

卡耐基的这段话向成千上万的推销员说明了一个道理，同时也给了我们一个提醒，自己不理解别人，别人如何来理解你呢？

我们再来看看卡耐基的亲身体验：

多年来，我经常在我家附近的一处公园内散步和骑马，作为消遣和休息。我跟古代高卢人的督伊德教徒一样"只崇拜一棵橡树"。因此，当我一季又一季地看到那些嫩树和灌木被一些不必要的大火烧毁时，觉得十分伤心。那些火灾并不是吸烟者的疏忽引起的，而几乎全是由那些在公园野餐、在树下煮蛋和做"热狗"的小孩子们引起的。有时火势太猛，甚至要惊动消防队来扑灭。

在公园的一个角落里，立着一块告示牌说：任何使公园内起火的人必将受罚或被拘留。但告示牌立在一个偏僻的角落里，很少有人看到。公园里有骑马的警察，本应该照顾公园才对，但他们并未尽职。火灾继续在每一个季节里蔓延。有一次，我慌慌张张地跑到一位警察面前，告诉他公园里有一处着火了，希望他赶快通知消防队，但他竟然漠不关心地回答，这不关他的事，因为那儿不是他的辖区！我真失望。从此，我再到公园骑马的时候，就像一名自封的管理员那样，试图去保护公共财产。

刚开始，我并不试着去了解孩子们的想法，一看到树下有火，心里就很不痛快。

我总是骑马来到这些孩子面前，警告说：如果他们使公园发生火灾，就要被送进监牢去。我以权威的口气，命令他们把火扑灭。如果他们拒绝，我就威胁说要叫人把他们抓起来。我只是尽情发泄我的怒气，根本没有顾及他们的看法。

结果呢？那些孩子服从了——不是心甘情愿而是愤恨地服从了。但等我骑马跑过山丘之后，他们很可能又把火点燃了，而且恨不得把整个公园烧光。

随着年岁的增长，我对为人处世有了更多的知识，变得通情达理，更懂得从别人的观点来看事情。于是，我不再下命令了，我会骑着马来到那个火堆前，说出这样一番话：

"玩得痛快吗？孩子们。你们晚餐想煮点什么？我小时候也很喜欢烧火堆，而且现在还是很喜欢。但你们应该知道，烧火在这个公园里是十分危险的，我知道你们几位会很小心，但其他人可就不这么小心。他们来了，看到你们生起了一堆火，因此他们也生起了火，而后来回家时却又不把火弄熄，结果火烧到枯叶，蔓延开来，把树木都烧光了。如果我们不多加小心，以后我们这儿会连一棵树都没有了。但我不想太啰嗦，扫了你们的兴。我很高兴看到你们玩得十分痛快，可是，能不能请你们现在立刻把火堆旁边的枯叶子全部拨开。另外，在你们离开之前，用泥土，很多的泥土，把火堆掩盖起来。你们愿不愿意呢？下一次，如果你们还想生火，能不能麻烦你们改到山丘的那一头，就在沙坑里起火。在那儿起火，就不会造成任何损害……真得谢谢你们，孩子们！祝你们玩得痛快。"

显而易见，善解人意绝不是用来表演以求实利的，而是在日常生活中，体现人与人之间和谐相处的精神。

人非草木，孰能无情？因此，当我们以诚恳真挚的心设身处地从别人的立场出发，同时也注意到每一待人处事的细节，很自然地，别人会感受到我们的真情，也会伸出友善的双手，大家就能更友爱、更融洽、更合作，使人类社会更像一个大家庭！

肯尼斯·库第在他的著作《如何使人们变得高贵》中说："暂停一分钟，把你对自己事情的高度兴趣，跟你对其他事情的漠不关心互相作比较。那么你就会明白，世界上其他人也正是抱着这种态度！这就是，要想与人相处，成功与否全在于你能不能以同情的心理，理解别人的观点。"

能理解别人的人，必然在行动上宽容豁达、体贴别人，会赢得更多人的理解，从而树立一个良好的形象。

青年人要成就一番事业，没有支持和帮助是难以"独木支厦"的。只有正确认识到这一点，正确认识自己，从自身出发，乐于助人，能与人同甘共苦，这样才有机会赢得别人的帮助与合作，从而来成就事业。

要想获得别人的帮助，必须要率先做到真心真意地善解人意。

软硬兼施

就交际谋略而言，应当以软为主，所谓有话好说，遇事好商量，遇事让人三分……这都是人们待人接物中常有的态度和常用的谋略。但不是所有时候软的手段都奏效，有的人就是欺软怕硬，敬酒不吃吃罚酒，好话听不进，恶话倒能让他清醒。这样，强硬的态度与手段非施行不可。

到江州渔船上抢鱼的李逵，全无道理，好话听不进，结果浪里白条张顺把他诱进水里，铁汉子黑旋风被淹得死去活来，才真正领教了逞强的苦头。浪里白条张顺，也是软的办法用尽，才来硬的，并且用计把李逵引到水里，让他英雄无用武之地。这样，张顺才可以发挥自己的硬功夫。

于娜在一家打字店工作。由于从农村出来，她勤劳而且比较老实。每天上班提前半小时到打字店，开始扫地擦地板抹桌子，同事们忙不过来的时候她主动帮助打印。有一天，由于有事来晚了，发现其他员工们正在嘀咕："乡下人还摆架子，也不知道早来给我们打扫房间。"于娜突然意识到自己付出的很多而得到的太少了。正好这天晚上又有一位同事请她帮忙："于娜，你今天晚上帮我把这份稿子打出来吧，明天要交货。我今天晚上要去约会，我先走了，人家还等着我呢。"于娜当时说道："我今天晚上有事，不能帮你打了。"那人从来没有遭到过拒绝，愣住了。于娜赶紧溜了出来，内心怦怦直跳，生怕以后关系难处。第二天，当她去上班时恰巧遇到那位同事，那位同事并没有表现出任何的异样，反而主动打招呼。从此，找她"帮忙"的人少了，当她给别人擦桌子的时候别人也会礼貌地答谢了。就这样，通过一次拒绝，于娜换来了自己的平等和尊重。

人就是这样，不能老唯唯诺诺，还要有点个性才好，成天被别人踩在头上，自己心里不好受，别人也看不起，什么时候才能做自己真正的主人呢？所以，在人际交往中还是要该软的时候软，该硬的时候硬。

就客观情况而言，在人们的交际活动中，软与硬是相辅相成、密不可分的。如果有所偏倚，自己便要吃亏。也就是一个人如果太软，则易给人弱者的印象，觉得你好欺负，于是会经常受到别人行为、言语、态度的戏弄与嘲讽。这种现象是屡见不鲜的，因为不可能指望人们修养都那么好，公正无欺地待人，而恰恰相反，更多的人总多少有点欺软怕硬的毛病。因此，不可一味地软。

当然，与人交际，也不可太强。一个人太强，必然使人觉得他头上长角，浑身长刺，别人对他的态度就会"人狠了不逢，酒酽了不喝"。

为了生活美满、办事顺利，初入社会的人，或者过分软弱，过分单纯的人，务必要了解软硬兼施的效用，心理上有点软硬两手交替着用的谋略。

北洋军阀混战时期，整个中国乌烟瘴气，民不聊生。

这时，奉系军阀张作霖占据东北，而直系军阀曹锟占据了华北平原，双方地盘交接，时不时会有小摩擦发生，但双方在1923年前却一直没有大的纠葛。

这是为什么呢？照理说，在当时那种条件下，军阀地盘交接，除了朋友，就是敌人。其实，张作霖与曹锟还能扯上一点亲戚关系，张作霖姑妈的表侄女是曹锟的三姨太，尽管没有血缘关系，但也算有姻亲在其中，算作远亲。

曹锟有一个为人所不齿的地方，就是"势利"，这点张作霖是清楚的。早在几年前曹锟还没有当上直系统帅的时候，他就听姑妈说过，而后几次偶然的接触，更加深了他对曹锟的认识。

曹锟在当上直系的头子后，就不时地送礼给张作霖，希望他能与之合作，共同打垮其他几支军阀，而后同霸中国。开始张作霖没有答应，而后，二次、三次……甚至曹锟动用了"亲情"，想以此来感动张作霖，但张作霖还是没有答应。照理说，在那个年代，能暂时寻得同盟也未尝不可，但张作霖就是太了解曹锟的为人，所以才不敢答应。

曹锟一计不成，又生一计，不时地向张作霖要地盘，以为张作霖不会因"一小块"不毛之地与他翻脸，但曹锟又想错了。张作霖在地盘上毫不退缩，这令曹锟对他这位亲戚又厌又怕。毕竟张作霖拥有大量的兵源与装备。

上篇 超级人脉经营的道与术

张作霖在这方面"斤斤计较"，但也不敢太得罪这位亲戚，因此主动支持他去竞选民国总统，声称将"全力声援"。

就这样，曹锟又不得不与张作霖搞好关系，因为他需要张作霖的支持。

张作霖可谓是软硬兼施的高手，他在与这个"势利"亲戚交往时，让他吃够了苦头，又尝到了不少甜头，令曹锟这种"势利"小人不得不主动与之处好亲戚关系。

软硬兼施、随机应变，甚至在情场上，对自己所钟爱的人，也要表现得灵活、果断、态度鲜明。而就男女双方而言，男子又更须具备这种心理素质。

从软硬两种形式与表情达意方式讲，爱一个人，真情实意，这是软的。爱上了，感情折磨着自己，要勇于向对方陈述。是委婉含蓄地表达，还是直接明白地表达，只是方式问题，但一定要敢于表达，这就是硬的策略。许多人，想爱却不敢表露，殊不知这就是窝囊。大胆地告诉对方，勇敢地争取，这正是男子汉的气概。表露之前，成败要考虑，但切不可因此作茧自缚。尽心尽力，勇敢争取但仍失败了，比无所作为而导致终生遗憾要好得多。

在夫妻之间，也需恰当地有软硬两手。闹矛盾了，翻脸了，须有一方主动认错，抚慰对方，这是软的。但如果是原则问题，感情危机，则必须坚持原则，慷慨陈词，有勇气批评对方，这是硬的。

软硬兼施，绝对能帮你做个人脉高手！

饰外修内，毋虚有其表

人类是过群体生活的，每一个个体的努力，都会影响到社会的进步；每一个人的身心健康，也都是社会康乐的基石。个体与社会，具有息息相关的密切关系，这是人类的一项特质。我们该如何发挥这项特质呢？首先必须认识"身为万物之灵"的神圣，并仔细而冷静地观察事物的本质，培养适当判断与应变的智慧；同时，应该彻底思考并洞悉人生的价值与真谛，不断鼓励自己，朝向全人类的福祉迈进。而为了充分发挥人类休戚与共的这项特质，一定要做到正直为人，要以无私宽容的胸襟，来实现人生的真实意义。

我们不难想像，一个品行恶劣、德行腐败的人不会结识真正的朋友，获得长久的事业成功。这样的人很难与人长期合作，因为这种人不是搞一锤子买卖，就是过河拆桥。这种人就算在家庭中，也会做出伤害感情的事情，极有可能造成对家人和孩子的痛苦和不幸。他们甚至还可能因为某种利益的驱使，铤而走险而锒铛入狱……

这种人是最失败的，要有好的人脉，最重要的是从自身做起，培养自身的内在修养，以德立身，还必须以自律为前提，一味讲"哥们义气"并不在以德立身之列。近朱者赤，近墨者黑。社会上，缺德之友最终会成为自己成功路上的定时炸弹。例如，明知这笔贷款不合规定，但因为对方是朋友，却大开绿灯；明知这个项目不能担保，由于受朋友的委托，却还是办了。这些最终必然误了自己的前程。

小芬今年24岁，护校毕业后不到半年就来到部队一家大医院实习。外科马主任看中了小芬，想留下她。

小芬聪敏伶俐又能干，外科马主任十分欣赏她。可小芬有个"弱点"，只要认清了理，她就死钻牛角尖，直到让对方服了才善罢甘休。因此科室的人对她评价不一，有的说她固执得可爱，有的说她骄得可恨，但马主任偏偏喜欢她这种正直的品格，并常常说她是个好苗子。

这位马主任是难伺候的主，他平时寡言少语，护士动作稍慢了点即会挨批评。有一次，马主任亲自主刀抢救一位腹腔多脏器受伤的重伤员，器械护士正好是小芬。复杂艰苦的手术从中午进行到黄昏。手术顺利成功，当马主任宣布关腹时，小芬突然出人意料地说："等一等，少一块纱布。"

马主任问："多少块纱布？"小芬说："10块。""现在多少？"马主任问。"9块。"小芬回答。

"你记错了，"马主任肯定地说："我已经都取出来了，手术已经大半天了，立刻关腹。""不，不行！"小芬突然提高嗓门，"我记得清清楚楚，手术中我们用了10块纱布。"

马主任这位资深的著名外科专家似乎生气了，果断地说："听我的，关腹，出事我负责！"

小芬又认死理了："你是主治医师，您不能这样做！主任，我们是救死扶伤的医生，再说这位战士是为了挽救国家财产而英勇负伤的，他是英雄啊！"她坚决反对关腹，要求重新检查。直到此时，马主任的脸上终于浮起欣慰的笑容。

马主任点点头，接着他欣然松开一只手，向所有的人宣布："这块纱布在我手里，小芬你是一位合格的手术护士。"

小芬用她端正的人格赢得了信任，更重要的是赢得了人缘。

品格，是人生的桂冠和荣耀。它是一个人最宝贵的财富，它构成了人的地位和身份本身，它是一个人在信誉方面的全部支柱。它比财富更具威力，它使所有的荣誉都毫无偏见地得到保障。它伴随着时时可以奏效的成果，因为它是一个人被证实了的信誉、正直和言行一致的结果，而一个人的品格比其他任何东西都更显著地影响着别人对他的信任和尊敬。要想成为一个真正的成功者，必须摆脱不良的意识、念头，注重自己的品格。

人世间，除了权力、金钱、声望、暴力、色情等，还有一个给人辉煌、百灵百验的秘诀，有了它，一个人的潜能可能成倍地施展出来，这不是别的，就是正直为人的品格，它是创造奇迹的主力军。

第十章
赢在第一印象

给人微笑，传递美好

谁不喜欢笑？笑是上帝赋予人类的一项特权，真诚的微笑可以拉近人与人之间的距离。试想，当你遇到一位陌生人正对着你笑时，你是否感觉到有一种无形的力量在推着你跟他认识；如果你看到的是一张"苦瓜脸"、"驴脸"，你还会有好心情吗？你是不是只能对这种人避而远之呢？

微笑，可以消除人与人之间的隔阂、误会。当你跟朋友吵了一架之后，忽然有一天见面时，看到他给你送过来一个真诚友善的微笑，你还能像刚吵完架似的对他憎恨倍加吗？

笑，可以缓和紧张的气氛，调节庄重的氛围。在严肃的报告会上，在长时间的枯燥的课堂上，主讲人适当地开个小玩笑可以打破压抑沉闷的气氛，重新引起听者的注意。

笑，可以化解客人的不自在。当客人来访，我们以笑脸相迎，会使客人感到自由、轻松和愉快。

有句谚语说得好：微笑是两个人之间最短的距离。人际交往中离不开笑，一个没有笑的世界简直就是暗无天日的人间地狱。

笑，也是美的。就如盐之于食物，是生活中不可缺少的一部分；笑也是无声的语言，但是"无声胜有声"。

温馨来自笑脸，快乐来自笑脸，气质来自笑脸，人脉来自笑脸。

用你的微笑去对待每一个人，那么你就会成为最受欢迎的人。

微笑，它不花费什么，但却创造了许多奇迹。它富裕了那些接受它的人，而又不使给予的人变得贫瘠。它产生于一刹那间，却给人留下难以磨灭的怀念。

它创造家庭快乐，建立人与人之间的好感，它是疲倦者的港湾，沮丧者的兴奋剂，痛苦者的镇静剂。所以，假如你要获得别人的欢迎，请给人以真心的微笑。

有人做了一个有趣的实验，以证明微笑的魅力。

他给两个人戴上一模一样的面具，上面没有任何表情。然后，他问观众最喜欢哪一个人，答案几乎一样：一个也不喜欢，因为那两个面具都没有表情，他们不想选择。

然后，他要求两个模特儿把面具拿开，出现在舞台上的是两种不同的个性，两张不同的脸。他要其中一个人把手盘在胸前，愁眉不展并且一句话也不说，另一个人则面带微笑。

他再问每一位观众："现在，你们对哪一个人最有兴趣？"答案异口同声：那个面带微笑的人。

上面这则例子充分说明了微笑受欢迎，微笑是成功的基石。

当斯是底特律地区最受欢迎的节目主持人之一，他的受欢迎并不仅仅在底特律而是在全国上下。有的听众写信给这位声音里带着微笑的主持人，说他们已经听到了他的声音及他主持的节目，并且告诉当斯说，他们透过他的声音看到了他的微笑。

当斯经常"戴上一张快乐的脸"去工作，并不是暂时，而是经常，他把微笑加进他的声音，配合上帝赋予他的演说水平，使观众如沐春风。

当斯说："当你微笑的时候，别人会更喜欢你，而且，微笑会使你自己也感到快乐。它不会花掉你的任何东西，却可以让你赚到任何股票都付不出的红利。"

微笑是笑中最美的。对陌生人微笑，表示和蔼可亲；产生误解时微笑，表示宽宏大量；在窘迫时微笑，有助于化解沉闷的气氛和尴尬的境地。微笑是一种健康文明的举止，一张甜蜜微笑的脸，会让人兴奋和舒适，带给人们热忱、快乐、温馨、和谐、理解和满足。微笑展示人的气度和乐观精神，烘托你的形象和风度之美。

所有表情之中，最有魅力、最有作用的，当属微笑。而真正因微笑走向成功的应首推美国的商业巨子希尔顿。

美国"旅馆大王"希尔顿于1919年把父亲留给他的1.2万美元连同自己挣来的几千元投资出去，开始了他壮志凌云的经营旅馆生涯。当他的资产从1.5万美元奇迹般地增值到几千万美元的时候，他欣喜若狂，骄傲地把这一成就告诉母亲。想不到，母亲却淡然地说："依我看，你跟以前根本没有什么两样……事实上你必须具备比5100万美元更值钱的东西：除了对顾客诚实之外，还要想办法使来希尔顿旅馆的人住过了还想再来住。你要想出简单、容易、不花本钱而行之有效的办法去吸引顾客，这样你的旅馆才有发展。"

母亲的忠告使希尔顿陷入沉思：究竟什么办法才具备母亲指出的"简单、容易、不花本钱而行之长久"这四大条件呢？他冥思苦想，不得其解。于是他逛商店、串旅店，以自己作为一个顾客的亲身感受，得出了准确的答案："微笑服务。"这无可挑剔地同时具备了母亲提出的四大条件。

从此，希尔顿实行了微笑服务这一独创的经营策略。每天他对服务员说的第一句话是："你对顾客微笑了没有？"他要求每个员工不论如何劳累，都要对顾客报以微笑，即使在旅店业务受到经济萧条的严重影响的时候，他也经常提醒职工记住："万万不可把我们心里的愁云写在脸上，无论旅馆本身遭受的困难如何，希尔顿旅馆服务员脸上的微笑永远是属于旅客的阳光。"因此，经济危机后幸存的20%旅馆中，只有希尔顿旅馆服务员的脸上带着微笑。当经济萧条刚过，希尔顿旅馆就率先进入新的繁荣时期，跨入他的黄金发展期。

微笑在社交中是能发挥极大功效的。无论在家里、在办公室，甚至在途中遇见朋友，只要你不吝惜微笑，立刻就会收到你意想不到的良好效果。难怪有许多专业推销员，每天清早洗漱时，总要花两三分钟时间，面对镜子训练自己的微笑，甚至将之视为每天的例行工作。

"笑是人类的特权。"微笑是人的宝贵财产。微笑是自信的动力，也是礼貌的象征。人们往往依据你的微笑来获取对你的印象，从而决定对你所要办的事的态度。只要人人都献出一份微笑，办事将不再感到困难重重，人与人之间的沟通将变得更为容易。

有些人在第一次见面时，通常会有一种不安的感觉，存有戒心。唯有真挚友善的微笑，可以消除这种初次见面的心理状态。微笑是友好的象征，是人际关系的润滑剂，一个人脸上时常浮现微笑，会令人感到心中十分温暖。生活中许多人对于不带微笑的寒暄，极易产生不快的感觉。但假如我们有求于别人，遭到别人微笑地拒绝，我们也不至于太过分地抱怨。因为同样是拒绝，如果对方虽然礼貌，却无半点笑容，我们就会觉得受到冷遇，不愉快的心情也就油然而生。

卡耐基在社交总结中发现，很多人在社会上站住脚是从微笑开始的，还有很多人获得极好的人缘也是从微笑中获取的，很多人在事业上畅行无阻也是通过微笑获得的。微笑是十分神奇的东西，它能在生活中荡开一层层涟漪，让生活的湖泊具有一种源自于生命深处的美感。

任何一个人都希望自己能给别人留下好感，这种好感可以创造出一种轻松自由的气氛，可以使彼此结成和谐的联系。一个人在社会上就是要靠这种愉快的联系才得以立足的，而微笑正是打开愉快之门的金钥匙，正是面对人生的最好的勇气。

如果微笑能够真正地伴随着你生命的整个过程，这会使你超越很多自身的局限，获得很多人生真正的价值，使你的生命由始至终春意盎然，辉煌粲然。

1. 微笑可以以柔克刚

法国作家阿诺·葛拉索说："笑是没有副作用的镇静剂。"办事时，可能遇到的人有脾气暴躁者，有吹毛求疵者，有出言不逊、咄咄逼人者，也有与你存有隔阂芥蒂的人，对付这些"难对付之人"，含蓄的微笑往往比口若悬河更令人信得过。面对别人的胡搅蛮缠、粗暴无礼，只要你微笑冷静，你就能稳控局面，用微笑放松对方的怒意，以微笑化解对方的攻势，从而以静制动，以柔克刚，摆脱窘境。我国乒乓球选手陈新华在一次与瑞典选手的比赛中总是面带微笑。也正是这微笑，使他在最后的关键时刻，镇定自若，愈战愈勇，使对手束手无策，手忙脚乱，成为手下败将。

2. 微笑是缓和气氛的"轻松剂"

当客人来访或是你走入一个陌生的环境，由于感到陌生或羞涩，往往会端坐不语或拘谨不安。此时，你若微笑，就能使紧张的神经松弛，消除彼此间的戒备心理和压抑感，相互产生良好的信任感和和谐感。记住：要使他人微笑，你自己必须先微笑。

3. 微笑是吸引他人的"磁铁"

社交中，人们总是喜欢和个性开朗、面带微笑的对象交往，而对那些个性孤僻、表情冷漠之人，则总是敬而远之。一个优秀的电视节目主持人、公关小姐、售货员、政工干部，他们深受人们喜欢的奥秘，就是他们具有动人的微笑。

4. 微笑是深化感情的"催化剂"

有人说，微笑是爱情的"催化剂"，是家庭的"向心力"，是人际交往的"润滑剂"；微笑能给人以美的滋润；微笑又是向他人发出的宽容、理解和友爱的信号，面对这样的表示，又有谁会拒绝呢？

5. 微笑是开启心扉的"钥匙"

一个偷窃寝室同学衣服的女学生被叫到了老师面前。老师面对这位红着脸低着头的学生，微笑注视良久后，只轻轻说了一句话："还是由你自己说吧！"学生立即哭了，并主动承认了错误。试想，假若这位老师大动肝火，结果又会怎样？在这里，微笑既是对对方的宽容和理解，也是对对方的教育和诱导，更是对对方含蓄的谴责和批评。

学会微笑吧！

当你面对镜子眉头紧锁，镜中的人也愁眉苦脸；你阳光般灿烂一笑，他同样也阳光灿烂。这样的道理用到人际交往中，就叫做镜子效应。我们都是普通人，每天的心情写在脸上，但必须记住，如果缺乏春风般的微笑，你将无法与别人进行良好的相处。

好的开场白，好的后续

　　人心是很微妙的，同样是与人交谈，但有的说话方式会令对方厌烦，而有的说话方式却会令对方不由自主地产生喜慕。卡耐基因此告诉人们，若想把自己表现得更好，形成圆满的人际关系，就应善加利用这种"卷入效果"——常用"我们"一词。

　　用"我们"将是一个最好的开场白，把对方无形之中拉进了自己的圈子，就算对方想走也得找个合适的理由。用"我们"不仅缩短了彼此间的距离，还促进彼此间友好的关系，要对对方动之以情，主动地先去了解对方的苦恼与欲求。这种了解作用，心理学上称为"共感"，或称"感情移入"。要记住的是，您必须先对对方表示"共感"，对方才会对你表示"共感"。所以，首先你必须运用心理谋略，做出"共感"的姿态，这种姿态一旦练习熟了，也就会真正产生出彼此的"共感"来。

　　好的开场白，除了距离的问题外，也必须投其所好，从兴趣下手。

　　凡是拜访过美国前总统西奥多·罗斯福的人，无不对他广博的知识感到惊讶。无论对一个牧童、猎奇者、纽约政客，还是一位外交家，罗斯福都知道该同他谈些什么。那么罗斯福是如何做到这一点的？

　　其实答案很简单。无论什么时候，罗斯福每接见一位来访者，他就会在这之前的一个晚上阅读这个客人所特别感兴趣的材料，以便见面时找到令人感兴趣的话题。

　　这就是与人沟通的诀窍，即谈论他人最高兴的事情，因为兴趣是具有感染性的。

　　兴趣，在人际圈中是一只无形的利剑，可以斩断任何难缠的荆棘。

　　有时候一般的交谈是由"闲谈"开始的，说些看来好像没有什么意义的话，其实就是先使大家轻松一点，熟悉一点，造成自由交谈的气氛。

　　当交谈开始的时候，我们不妨谈谈天气，而天气几乎是中外人士最常用的普遍的话题。天气对于人生活的影响太密切了，天气很好，不妨同声

超级人脉术大全集

赞美；天气太热，也不妨交换一下彼此的苦恼；如果有什么台风、泥石流或是季节流行病的消息，更值得拿出来谈谈，因为那是人人都希望了解的。

如果你到了一个朋友家里，在客厅里看到他孩子的照片，你就可以和他谈谈他的孩子；如果他买了一台新的电脑，你就可以和他谈谈电脑；如果他的窗台上摆着一个盆景，你就可以跟他谈谈盆景；如果他正患着胃痛，你就可以跟他谈谈胃和胃药，关心对方的健康，往往是亲切交谈的极佳话题。

不言而喻，尽管每个人掌握了对方的兴趣，找好了谈话的素材，但不一定就意味着会有一个好的开场白，所以每一个人都希望自己具有从容自如的谈话信心，希望自己能展示超凡脱俗的说话魅力。但是，我们须知，说话的信心和魅力如何，与说话的水准和技巧是休戚相关的。敢于说话而不善于说话，不行；善于说话而不敢说话，更不行。只有既敢于说话又善于说话，才能如虎添翼，锦上添花，产生很好的交际效果。

由此可见，一个人的谈吐可以充分体现其魅力、才华及修养。除了敢于说话又善于说话外，还得注意自己说话时的一些附带品。首先，谈话前须经过思考，信口开河、文不对题会给人一种不认真和啰嗦的感觉。其次，要学会倾听。交谈中要细心观察和分析对方的兴趣和个性，注意耐心地倾听。随便插话、东张西望、心不在焉既不礼貌，也会令对方产生反感。再次，注意表达的艺术，节奏不要太快，语调应抑扬顿挫，有跌宕的音乐美感。摇头晃脑、指手画脚等不大方的动作应尽量避免。另外，用词要注意文明。还有，要保持真诚、热情、大方的交谈态度，虚情假意、言不由衷，或傲慢自居、口是心非，或躲躲闪闪、转弯抹角，或冒昧发问、多嘴多舌等都会破坏交往的形象和谈话气氛。

最后好的态度有如磁石，吸引着朋友和听众；不友好的态度有如恶臭，使别人掩鼻躲避。

我们盼望结交新朋友，态度友善地与陌生人谈话，我们同某人说话，或聆听他们说话时，都要正视他们。我们要既宽容又仔细地聆听，即使我们可能并不赞同他们所说的话。

我们平等地对待他人，我们聆听既沉闷又无趣的谈话，因为，他们的内容也自有一套道理。不要咄咄逼人地追问问题。要试着在陌生人身上寻找特别的美丽，然后真诚地称赞他们。要以友好的态度让陌生人谈到自己，以便认识他们，结交更多的人脉。

总之，我们每天、每时、每刻都可能会出现在一些不同的场合，而在这各种场合我们都需要说上几句合适的话。如果这几句话的确说得恰到好处，那就能帮我们很大的忙，帮我们解决许多问题，克服许多困难，消除许多麻烦，对我们的工作、生活都大有益处。

总之，我们每个人都要下苦工夫增强一下自己的说话信心，提高一下自己的说话魅力。因为只有如此，才能避免在社会活动中出现失败，才能避免在工作、生活上遇到很多困难，才能促进自己事业的成功，使自己的生活变得五彩斑斓、舒心愉悦。

如何增强说话的信心和说话的魅力呢？

1. 累积交谈的题材

无论你多么善于及时发现适合交谈的题材，你毕竟也需要对谈话的题材有相当的积累，否则，巧妇也难为无米之炊。

做一个现代的有文化有素养的人，至少每天应当阅读一份报纸，每月应该阅读两三种杂志；从无线电广播里，你也可以吸收一些有用有趣的信息。你还可以去听演讲，去参观展览会，看戏、看电影、听音乐家的演奏，参加当地社会的各种活动，对于当前许多重要的事件，给予密切的关注与不断的关心。

倘若把你所想到的一切与你个人的生活经验相结合，那么，你交谈的内容就更丰富生动了。每一个人的生活里都有许多可以打动别人的事情，倘若其中有些事情正和大家谈的题材有关，把它拿出来作为谈资，这时，交谈的内容就因为加进了个人亲身经历的材料而使人觉得更亲切。

2. 用寒暄语扣住对方的心弦

一般而言，寒暄被认为是个单纯的礼仪，但如果其中能加入些了解对方所处立场的话题时，那么寒暄就不只是打招呼，而是一种感情的投入。

现代社会，由于现代生活的快节奏，人们的时间变得越来越宝贵，寒暄就显得尤为重要，寒暄可以用夸奖的方式，招呼、点头的方式，询问的方式，等等，方式运用得恰当，让你无往不利。

要使你的语言吸引人，那么从一开始就应该抓住开场白。

有很多人不太善于抓住谈话的开端，认为与初见面的人谈话是一件苦差事，因而总是不太喜欢先开口。那么，这些人为何唯唯诺诺不敢去抓住谈话的开端呢？

一言以蔽之，就是他们的内心有一种错误的想法，认为要交谈，就必须使这场谈话完美无瑕，否则不如不谈的好。换句话说，他们的心里始终想着：如果讲一些无关紧要的废话，必定会遭受到对方的讽刺；如果讲一些不痛不痒的话，那么对方一定会感觉到索然无味……就是因为心存这种念头，所以他们才不敢轻易地开口。

其实，要使交谈能够开花结果，首先必须把内心的疙瘩除去，不必太过于担心对方的心意和期待，想到哪儿，就说到哪儿，如此就打开话匣子了。事实上，不管是多么能言善道的人，并不见得从头到尾都能够妙语生花，讲出一些动人心魄的言辞。或许在神经放松之后，才有一些感动人的言辞出现呢！

幽默，打通人脉的灵丹妙药

幽默大师林语堂曾说："达观的人生观，率直无伪的态度，加上炉火纯青的技巧，再以轻松愉快的方式表达出你的意见，这便是幽默。"

所以，幽默不是可爱，也不是尖酸刻薄，它应该包含了智慧、亲切、真诚，并带着丰富的人情味。

法国有一位贵族议员，他很瞧不起平民议员的家世。有一次他当着平民议员的面说："听说你的父亲是医猫医狗的兽医！"那个平民议员马上反唇相讥："是的，你有病没有？"

幽默的力量体现在它可以润滑人际关系，消除郁闷，解除人生压力，提高生活的格调。它可以把我们从体壳中拉出来，使我们和他人相处时不至于压抑；它可以化解冰霜，使我们获得益友；它还可以使我们精神振奋，信心陡增，使我们脱离许多不愉快的境界。

我们最好凭着幽默的力量，以表现谦虚、关注他人来成就伟大。

有一位年轻人刚刚当上了董事长。上任第一天，他召集公司职员开会。他自我介绍说："我是杨皓，是你们的董事长。"然后打趣道："我生来就是个领导人物，因为我是公司前董事长的儿子。"参加会议的人都笑了，他自己也笑了起来。他以幽默来证明他能以平等的态度来看待自己的地位，并对之具有充满人情味的理解。实际上他委婉地表示了：正因为如此，我更要跟你们一起同甘共苦，让你们改变对我的看法。

不过，一个幽默感十足的人，他最大的魅力并不止于谈吐风趣、会说话而已，他还能在紧急关头发挥才能，以一种了解、体谅的态度来待人处事、化解僵局。

比如美国马塞诸塞州议会某议员，因劝告一位正在发表冗长而乏味演讲的议员先生结束演讲，而被对方斥责"滚开"。他气冲冲地向议长申诉，议长说："我已查过法典了，你的确可以不必滚开！"

幽默的魅力不光体现在语言上，在现代人际交往中，幽默感越来越重要，甚至被誉为没有国籍的亲善大使。无论你从事什么职业，幽默都能使你顺利地渡过困难，在社交场合建立起和谐的人际关系，让你成为一个能克服困难的、乐观的、能得到别人喜欢和信任的、在交际场中游刃有余的人。

人人都喜欢和机智风趣、谈吐幽默的人交往，而不愿和动辄与人争吵的人，或沉默寡言、言语乏味的人来往。幽默，像一块具有强磁场的磁石吸引着大家；像一种调换剂，使烦恼变为欢畅，使痛苦变成愉快，将尴尬转为融洽。

人际交往中，磕磕碰碰总是经常的事，遇到许多棘手的问题或尴尬的局面，恰当地运用幽默，能产生出乎意料的效果。

幽默还可以让人放松心情，拉近彼此的距离。发生争执的时候，适时的笑话又可以化干戈为玉帛。

有时我们确实需要以有趣并有效的方式来表达自己的感情，给人们提供某种关怀、情感和温暖。

尽管幽默魅力无穷，但也有不少人的观念中存在这样一个误区：幽默是对外的，是社交场合不可缺少的因素，至于亲人，特别在家里，一本正

超级人脉术大全集

经就够了。其实，现代家庭就是一个小社会的缩影，自己人之间也需要包括幽默在内的各种润滑剂，不然，家庭的活力就会消失。

夫妻无疑是家庭的核心，夫妻和谐是家庭幸福美满的基础。不能把相濡以沫或恩恩爱爱当作夫妻关系的唯一表达方式；父母与子女之间也不仅仅是板着面孔的严肃与恭敬孝顺的对应。幽默与相敬如宾并不绝对矛盾，情意绵绵中的幽默更是不可缺少，至于缓解别扭、消除矛盾，更是幽默的神奇功能。适宜的幽默，会使你的家庭运行得更加顺利，让你的家中充满欢声笑语。

正如劳伦斯所说："世俗生活最有价值的就是幽默感。作为世俗生活的一部分，爱情生活也需要幽默感。过分的激情或过度的严肃都是错误的，两者都不能持久。"

对于一对恋人来说，双方之间的默契和幽默具有一种特殊的功效：它使双方在片刻之中发现许多共同的美妙的事物——从前的、现在的、将来的，从而使时间和空间暂时原封不动，只留下美好的回忆。

可以这么说，如果爱没有幽默和笑，那么爱有什么意义呢？

甚至有人说，幽默是爱的源泉。

幽默有时是文雅的，有时是含有暗示用意的，切忌在交际中开低级趣味的玩笑，以此为幽默，低级趣味的玩笑形如嘲讽。有时一句普通的讥讽会使人当场丢脸，反目成仇，所以在社交场合中，幽默应该显示人的高尚、高雅才好。

在社交场上，幽默不是无孔不入的，应恰如其分，因地因时制宜。比如大家正聚精会神地在讨论研究一个具体问题，你突然插进了一句全无关系的笑话，不但不能令人发笑，反而使人觉得讨厌。

怎样才能保证自己能"幽默常在"呢？请你在日常的生活中多做幽默"深呼吸"。

1. 心中充满幽默思想

对生活丧失了信心的人不可能再运用幽默的资本，整天垂头丧气的人也无法品尝幽默的妙用。因此，能够幽默的人首先应该充满对生活的期望和热爱，自信地对己对人，即使身处逆境也应该快乐。

要使自己变得幽默，首先要有乐观的思想，乐观不仅可以常给自己幽默，还可以让别人幽默起来。怎样才能保有"乐观"呢？秘诀之一是自娱自乐。这一点每个人都会，但最好不要敷衍了事。心情忧郁时，找点自己愿意做的事，使情绪转向欢乐的方向。

2. 收集资料

幽默是可以学习的，因此为了开发自己的幽默资源，就必须先进行资源共享。多读些民间笑话、搞笑小说，多看一些喜剧，多听几段相声，随时随地收集幽默笑话。你可以将幽默、有趣的文章剪贴，并加以分类整理。

周围世界中充满了幽默，你得睁大眼睛，竖起耳朵，去倾听，去收集。这儿有两则生活中极幽默的广告和标语："欢迎顾客踩在我们身上！"这是瓷砖和地板商店门口的广告。另一则是花店门口的广告："先生！送几朵鲜花给你所爱的女人吧，但同时别忘了你太太。"

幽默来源于两个世界，一个是你真诚的内心世界，一个是生活中无处不在的客观世界。当你用智慧把两个世界统一起来，并有足够的技巧和用创造性的新意去表现你的幽默力量，你就会发现自己置身于趣味的世界中，人际关系由此顺畅起来，成功也就指日可待了。

时刻敬人三分，所得必是人敬三分

每个人都希望自己得到别人的尊重，获得别人的肯定，但要做到这一点却并不容易。人与人之间的交往在于"互酬"——如果你要别人尊重你，你就要先尊重别人。

英国谚语云：善始者方有善终。第一印象的重要性不言而喻。你与人打招呼的方式、介绍别人或自我介绍的方式很可能决定着以后整个交往的顺利与坎坷。倘若你留给人的第一印象不佳，那么你可能需要花费很大的力气才能弥补缺陷，重新塑造你的形象。

敬语和谦语的适当运用，让人觉得你彬彬有礼，很有修养。它可以使互不相识的人乐于相交，熟人更加增进友谊；请求别人时，可以使人乐于给予帮助；发生矛盾时，可以相互谅解，避免争吵；洽谈业务时，使人乐

超级人脉术大全集

于合作；在批评别人时，可以使对方诚恳接受。

你可以尝试一下，把尊重放在天平上，使别人觉得自己重要，如同你以为自己重要一样，这样你得到的也会很多。

尊重人，就是要把别人作为重要人物对待，而不能轻视他。只有尊重别人，别人才会尊重你。

种瓜得瓜，种豆得豆，这条谚语所蕴含的哲理运用到社会交往中很是恰如其分。你尊重了你的观众，那你得到的就是观众对你的掌声和拥护。

你尊重别人，别人也会尊重你；你喜欢别人，别人也会喜欢你。让别人喜欢你，实际上，这就是你喜欢别人的另一个侧面。美国著名学者威尔·罗杰斯曾经说过一句很有名的话："我从没遇到一个我不喜欢的人。"这句话或许有一点夸张，但我相信，对威尔·罗杰斯来说确实如此。这是他对人们的感觉，正因为这样，人们也都对他敞开心怀。

当然，有时也会因为彼此想法不同，使得你要喜欢某个人格外困难，这是很自然的事。有的人生性就比别人更招人喜爱。但是，我们知道，每个人确实都有他值得尊重，甚至可爱的秉性。

在人际交往中尊重别人的人格是赢得别人喜爱的一个重要条件。人格，对每个人来说，都是最宝贵的。对每个人来说，他都有这样一个愿望：使自己的自尊心得到满足，使自己被认可、被尊重、被赏识。如果你不尊重他的人格，使他的自尊心受到了伤害，当时，他或许会一笑了之，但是，你却严重地打击了他。事实上，如果你表示出了对他的不尊重，即使他当时对你还是很友善，但是，如果他不是一个精神境界极高的人，他以后是不会很喜欢你的。这样，你就"赢得了战场，而输掉了战争"。

相反，如果你满足了他的自尊心，使他有一种自身价值得到实现的优越感，那么，这表明你很尊重他的人格，你帮助他获得了自我实现。他因此会为你所做的一切表示友好，对你有一种感激之情，他便会喜欢你。

一些高明的政治家是精于此道的。为了笼络人心，赢得别人的拥护和支持，他们绝不轻易伤害别人的自尊和感情。一位评论华盛顿政治舞台的专家指出："许多政客都能做到面带微笑和尊重别人，有位总统则不止如此。无论别人的想法如何，他都会表示同意。他能够知晓别人的心思，并且能掌握这些心思的动向。"

不要贬低别人的人格，不要刺伤别人的自尊心，因为，只有尊重别人，别人才会喜欢你。你满足别人的精神需求，别人才会满足你的精神需求。

尊重自己的朋友，就意味着尊重你自己，也会获得朋友的尊重。每个人都有自己的忌讳，或明或暗，此时，你应当细心些，仔细品味就能够发觉你需要注意的。

尊重别人不是耍耍嘴皮子就可以了，你必须付诸行动。你可以按照下面几点去做：

1．不要总是自命清高，容不下别人的批评和建议

对于别人的批评和意见，你要虚心接受，即使有不对的地方，你也不要当面反驳。不要什么事都认为自己正确，你应该学会站在别人的立场考虑问题，这样就会改变你固执的做法。

2．对你周围的人要宽容

别人一不小心得罪了你，并再三向你道歉，你却仍然骂骂咧咧，得理不饶人，结果只会导致你们之间的关系越来越疏远，最终失去一个朋友或能做你朋友的人。

3．不要在别人面前摆出一副冷漠的表情

你冷漠地对待别人，别人会以为你瞧不起他。如果你周围的人诚恳地向你征求意见或诉说苦闷，你却显出一副心不在焉、不感兴趣的样子，即使你心里并没有不尊重对方的意思，可你的行为已经伤了对方的心。

4．不要贬低别人的工作能力

当你周围的人在某一方面做出成就时，你应该给予适当的赞扬，而不是对其成就进行有意无意的贬低。即使你周围的人工作能力不强，你也不要贬低，否则不但会使你们的交往不成功，还会激起更深的矛盾，甚至反目成仇。

赞美，天下最美的语言

根据调查显示：良好的人际关系是事业成功的要素。成功学家卡耐基告诉我们，与人相处的最大诀窍是给予真诚的赞美。可以说，赞美别人加上你聪明的脑袋和实干的精神，你的事业离成功就不远了。

赞美别人是一种有效的情感投资，而且投入少、回报大，是一种非常符合经济原则的行为方式。对领导的赞美，让领导更加赏识与重用你；对同事的赞美，能够联络感情，使彼此愉快地合作；对下属的赞美，能赢得下属的忠诚，换得他们的工作热情和创造精神；对商业伙伴的赞美，能赢得更多的合作机会，赚得更多的利益；对妻子或丈夫的赞美，使夫妻感情更加甜蜜；对朋友的赞美，能赢得崇高的友谊。

因为人类有一个共同的弱点，那就是爱慕虚荣，其特点是他们在做觉得没有多大把握的事情时，往往极乐意看到自己在这些没什么把握的事情上表现不凡，获得别人的称赞。当你对他们这些没把握的事情中的任何一件加以赞扬时，都会发生你所期望的功效。

吉斯菲尔告诉我们："几乎所有女人，都是很质朴的，但对仪容妩媚，她们是至深癖爱、孜孜以求的。这是她们最大的虚荣，并且常常希望别人赞美这一点。但是对那些有沉鱼落雁之容、闭月羞花之貌的倾国倾城的绝代佳人，那就要避免对她容貌的过分赞誉，因为她对于这一点已有绝对的自信。如果，你转而去称赞她的智慧、仁慈，如果她的智力恰巧不及他人，那么你的称赞，一定会令她芳心大悦、春风满面。"

林肯自己也说："一滴甜蜜糖比一斤苦汁能捕获到更多的苍蝇。"

人不分男女，无论贵贱，都喜欢听合其心意的赞美。同时，这种赞美能给他们加倍的才华、成就和自信的感觉。这的确是感化人的有效的策略。

人们对赞美是极乐意接受的，对背后的言语是敏感的，再自信的人也在乎别人的评价和看法，人人都希望自身的价值能得到客观的赞同，尤其是女性，背后的赞美，对她们的影响力更大。

赞美就像浇在玫瑰上的水；赞美的话并不费劲，却能成就大业。我们要下定决心努力对自己的亲人、朋友甚至每一个人加以赞美，并把它变成一种习惯。

卡耐基提醒我们，说句好话轻而易举，只要几秒钟，便能满足人们内心的强烈需求，注意看看我们所遇见的每个人，寻觅他们值得赞美的地方，然后加以赞美吧！

这是卡耐基对我们的忠告，也是我们经营人脉的最强守护神。

赞美的话都应该说出来，让对方知道，如果你以为埋在心里就行了，那就大错特错了。

有对夫妻，先生每天早晨有边吃早餐边看报的习惯。有一天，当他叉起食物往口中放的时候，觉得不像往常，赶紧吐出来，拿开手中正看着的报纸仔细一瞧：竟然是一段菜梗！他立刻把妻子喊过来。

妻子说："喔！原来你也知道煎鸡蛋与菜梗不同啊！我为你做了 20 年的煎鸡蛋，从不曾听你吭过一声，我还以为你食不知味，吃菜梗也一样呢。"

由此可见没有表达出来的赞美，是没有人知道的。

我们承认卡耐基的训言：真诚的赞美很容易打动对方的心，但有时候过于直接地赞美却有可能引起对方警觉，令其存有戒心，觉得你是因为有所企图才这样阿谀逢迎，溜须拍马。所以，借他人之口进行赞美确是一种很好的方法。例如说："别人都说你……所以我今天特来请教。"意思就不是你一个人的评价了，而是大家的评价，无形之中扩大了被赞美者的声誉，效果更佳。

那么，如何真诚地利用天下最美的语言去赞美别人呢？

1. 出自真诚，源自真心实意

人们慨叹赞美别人难，是因为在乎自己太多，即使赞美，也不是出自真心。古语说："精诚所至，金石为开。"只有真诚的赞美，才能使人感到你是在发现他的优点，而不是以一种功利性手段去掠夺他的利益，从而达到赞美的最高目的。

中央电视台体育评论家宋世雄一次"打的"到中央电视台转播一场比赛。"面的"司机将他送到电视台后说："宋老师，转播完球赛都深夜一点了，您怎么回呢？我夜里一点再回来接您！"多年以后，宋世雄还回忆说："人生当中，还有什么比这种真挚的关心和赞美更珍贵呢？这位终日在大街小巷中奔忙的司机并不懂得公关技巧、公关心理，但他有一颗关爱别人的善良之心。"

这位司机一句源自真心的关切，将自己对宋世雄的赞美之情寓于生活之中，感人肺腑。因此赞美有时没有必要刻意修饰，遣词造句，只要源于生活，发自内心，真情实意，就会收到极佳的效果。

2. 从小处着眼，无"微"不至

古语说，勿以善小而不为，勿以恶小而为之。赞美别人时，"勿以善小而不赞"，因为凡夫俗子不可能有许多大事值得赞美，千万不要吝啬，一定要慷慨地从小事上称赞别人。

一位商场的警卫在巡逻时发现库房门口的灭火器坏了，马上报告给经理，经理派了有关负责人换上新的。几个月过去了，谁也没把这事放在心上。有一天，库房突然失火，被及时扑灭了。事后，经理想到了那位细心的警卫，如果不是他发现灭火器已坏并及时进行换新，公司库房就有可能遭受严重损失。于是，经理在救人表彰大会上表扬了这位警卫，并代表公司向其致谢，号召其他职工向他学习。事隔数月，经理居然还能记得警卫的报告，着实让他心里感到暖和，以后警卫在工作中更加尽心尽职了。

3. 知己知彼，伺机赞美

赞美别人之前，必须对被赞美者的基本情况了如指掌，比如对方的优点和长处，他的缺点、弱点，还要熟悉对方的爱好、志趣、品格等，这样才能避免泛泛而谈或者无话可说。知己知彼，方能百战不殆。

要赞美他引以为自豪的事情。在一个人的人生道路之上，有无数让他们引以为自豪的事情。真诚地赞美这些事情，可以使你更好地与人相处，可以使他人容易接受你的赞美，可以使他人感到幸福。对于一位老师，最希望别人称赞他教过的学生；对于一位默默无闻的母亲，可以称赞她很有出息的孩子；对于一位老人，可以赞颂他一生事业的成功之处。

4. 赞美要及时

不能等人家走了，才发挥你天才般的口才，那样子你是在对空气说话，无济于事了。

5. 赞美要公平、公正

不能把对别人的赞美夸大化，要实事求是，以事实为依据，进行客观公正的评价。

6. 赞美切忌空洞化

赞美绝不能空穴来风，无中生有，必须有实际的东西。

7. 赞美要得体

赞美还要注意配合对方的身份、地位、职业等，使别人乐意接受，令人听起来不是在溜须拍马。

要一点含蓄，要一点谦逊

在卡耐基看来，真正的谦逊，是人类一种最好的德行。因为谦逊的人能心知肚明，知道在这广大的世间、复杂的社会里，他的能力和头脑实在太简单太渺小，不足以解决人世间一切问题，他只能尽他的能力诚恳地去干他职责以内的工作，用他的头脑勇敢地去研究他所不能解决的问题。偶有所得、偶有成就，他绝不夸张，因为他知道他的所得和成就，和过去别人的所得和成就比较起来太渺小，太微不足道。这样积极、谦逊的人，才是人类中最高尚、最可钦佩的人。

谁是含蓄谦逊的人，别人就容易去接受他，因为这样的交往很是轻松自如，而且耐人寻味。总听人家说起，有的人"你很难同他打交道"，他很难接近。这往往是一个在交往中难以克服的障碍。一个平易近人的人很好相处，而且言谈举止都很自然。他会营造一种舒适、愉快、友好的氛围。

谦虚谨慎是每个人必备的品德，具有这种品德的人，在待人接物时能温和有礼、平易近人、尊重他人，善于倾听他人的意见和批评，能虚心求

教，取长补短。对待自己有自知之明，在成绩面前不居功自傲；在缺点和错误面前不执迷不悟，能主动采取措施进行改正。

不论你从事何种职业，担任什么职务，只有谦虚谨慎，才能保持不断进取的精神，才能增长更多的知识和才干。谦虚谨慎的品德能够帮助你看到自己的不足，永不自满，不断前进；可以使人冷静地倾听他人的意见和批评，谨慎从事。否则，骄傲自大，满足现状，固步自封，主观武断，轻则使工作受到损失，重则使事业毁于一旦。

孔子说："三人行，必有我师焉。"你遇到的每一个人，都可能比你高明，所以，让他明白，你承认他在这个世界上的优势，并且是真诚地承认——这是打开他心扉的可靠钥匙。

爱默生说过："我遇到的每一个人都在某方面超过了我。我努力在这方面向他学习。"

但不幸有这样一些人，他们没有充足的根据就认为自己是杰出的人，还为此自吹自擂。莎士比亚说得好："人，高傲的人！只要得到一丁点权力，就要玩弄阴谋诡计，甚至可以迫使天使哭泣。"

欧洲有一个著名格言："愈是喜欢受人夸奖的人，愈是没有本领的人。"反之，我们也可以说："愈是有本领的人，愈是要表现得谦逊。"在与人相处时，要懂得谦虚，若一味自吹自擂，只会招人白眼、惹人生气，这又何苦呢？

美国南北战争时，北军格兰特将军和南军李将军率部交锋。经过一番空前激烈的血战后，南军一败涂地，溃不成军，李将军还被送到爱浦麦特城去受审，签订降约。格兰特将军立了大功后，是否就骄奢放肆、目中无人起来了呢？没有！他是一个胸襟开阔、头脑清晰的大人物，他绝不会做出这种丧失理智的行为。

他很谦恭地说："李将军是一位值得我们敬佩的人物。他虽然战败被擒，但态度仍旧镇定异常。像我这种矮个子，和他那六尺高的身材比较起来，真是相形见绌，他仍是穿着全新的、完整的军服，腰间佩着政府奖赐他的名贵宝剑；而我却只穿了一套普通士兵穿的服装，只是衣服上比士兵多了一条代表中将官衔的条纹罢了。"

含蓄谦逊，是一种巧妙和艺术的沟通方式。在生活中，当我们想表达一种内心强烈愿望，但又觉得难以开口时，不妨借助于"含蓄谦逊"。含蓄谦逊是一种情趣、一种修养、一种韵味。缺少情趣、缺乏修养、没有味道的人，难有含蓄谦逊。

含蓄谦逊是一种魅力。无论在时装设计上，在戏剧故事里，还是在随意交谈中，含蓄谦逊都大有讲究。在某种意义上说，没有含蓄谦逊，就没有美好。

含蓄谦逊能够避免尴尬。运用巧妙的含蓄谦逊，好像什么都没说，实际上什么都说了。"不要让我把什么都说出来。"艺术家如是说。在艺术中，音乐的语言差不多是最含蓄的了。即使是最明快的音乐语言，其实，也还是含蓄的。

把自信写在脸上

如果你认为自己已经被打败，

那你就被打败了；

如果你认为自己并没有被打败，

那么你就并未被打败；

如果你想要获胜，但又认为自己办不到，

那么，你必然不会获胜。

如果你认为你将失败，

那你已经失败了，

因为，在这个世界上，我们发现

成就开始于人们的意识中——

完全视心理状态而定。

如果你认为自己已经落伍，

那么，你已经落伍——

你必须把自己想得高尚一点。

你必须先确信自己，

才能获得奖品。

生命的角逐并不全是，

由强壮或跑得快的人获胜；

但不管是迟是早，

胜利者总是那些认为自己能获胜的人。

拿破仑·希尔说，如果你下决心背诵这首诗，将对你大有帮助，你并且可以把它当作是你发展自信心的一种武器及装备。

命运给我们在社会上安排了一个位置，为了不让我们在到达这个位置之前就丧失信心，它要让我们对未来充满希望。正是由于这个前景，那些雄心勃勃的人都带有强烈的自信感情，甚至到了让人难以容忍的地步，但这却是让他获得继续向前的动力。一个人的自信正预示着他将来的大有作为。

德国哲学家谢林曾经说过："一个人如果能意识到自己是什么样的人，那么，他很快就会知道自己应该成为什么样的人。但他首先得在思想上相信自己的重要，很快，在现实生活中，他也会觉得自己很重要。"对一个人来说，重要的是相信自己的能力，如果做到这一点，那么他很快就会拥有巨大的力量。

在大萧条时期，很多人失业。有个小男孩需要在暑假找份工作来交学费，便在报纸上努力地寻找相关的信息。终于他找到一个合适的工作，第二天一大早就赶去应聘。但当他赶到的时候，前面已经排了很长的队，而这个公司仅仅招聘一个人。看到这种情况，小男孩马上写了个纸条，找到负责接待的小姐，说："小姐，能帮我把这个纸条交给经理吗？"秘书小姐很诧异，但还是爽快地答应了，把纸条交给了正在面试的经理。经理打开纸条，上面写着："您好！请您在面试第 51 号之前不要作出任何决定，因为我是 51 号。"经理满怀好奇，想看看第 51 号究竟是个什么样的男孩，所以在面试第 51 号之前，他没有作出任何决定。最后的结果可想而知，经理录取了这个小男孩。没人会想到一个没有工作经验的小男孩，能打败那么多对手获得这份工作。然而就凭着他的自信，他成功了！

自信，是人的意志和力量的体现，是交际能力最重要的素质之一。而缺乏自信，常常是性格软弱和事业不能成功的绊脚石，也是培养交际能力最大的心理障碍。

和人的任何一种精神素质一样，一个人的自信心，也不是与生俱来的。它与人的思想素质的高与低、身体素质的强与弱、生活境遇的好与坏都有着直接的关系。自信，也是在为理想的奋斗与追求中，经过不断的实践逐步成长起来的。一个人具有强烈的自信心，他必定是个敢于实践的人，不会以观望、等待的消极态度丧失生活赐予的各种机会，而总是在创造着发展自己的机会；他也必定是个精神豁达、乐观大度的人，即便是受到了生活的磨难和挫折，也绝不会轻易向困难低头认输，而总是满怀信心，知难而上，用自己的光和热去照耀生活、温暖生活，并给朋友带来信心、力量和希望。对于每一个职场人士来说，自信，永远是一种珍贵的精神品质。

众多的人在沟通中缺乏信心的一个重要原因就是不知道他在与什么人打交道。就像一位技工要修理不熟悉的电脑，他总会犹豫不决，每一个动作都表明他缺乏信心。而一位熟悉电脑的技工，由于他了解电脑的原理，他的每一个动作便都流露出自信。我们的沟通也是同样的道理，我们越是了解对方，与他打交道时信心就越足。

只有自信与自尊，才能够让我们感觉到自己的能力，其作用是其他任何东西都无可比拟的。而那些软弱无力、犹豫不决、凡事总是指望别人的人，正如莎士比亚所说，他们体会不到也永远不能体会到自立者身上焕发出的那种荣光。

生活是复杂的，人生路上也处处有坎坷，对此应有充分的自信去准备。这种准备包括思想的、学识的、身体的，等等，但特别要紧的则是自信心的培养。杰出的科学家居里夫人曾这样说过："我们的生活都不容易，但那有什么关系？我们必须有恒心，尤其要有自信力！我们必须相信我们的天赋是要用来做某种事情的，无论代价多么大，这种事情必须做到。"是的，人生的奋斗不可没有自信，自信伴随着人达到事业的高峰，涉过生活的海洋；自信，永远属于不懈进取、不断努力的人。

怀有一颗热忱友善的心

战国时期的名将吴起，很懂得笼络人心。有一次，军中一位士兵因生脓疮而痛苦不堪，吴起看到这种情况，俯下身去用嘴巴把脏乎乎的脓血吸干净，又撕下战袍把这个士兵的伤口仔细包扎好。在场的人无不被大将军的举动所感动。

这位士兵的老乡后来将这事告诉了士兵的母亲，老人听后大哭不已。别人以为是感动所至，老人的回答出乎意料。她说："其实我不是为儿子的伤痛而哭，也不是为吴将军爱兵如子而哭。前年，吴将军用嘴吸过我丈夫的脓血。后来在战争中，我丈夫为报将军的恩德，奋勇作战，结果死在了战场上。这次又轮到我儿子，我知道他命在旦夕了。我为此而哭。"

"士为知己者死。"从人心收揽术上说，成功的秘诀也就在此，怀有一颗热忱友善的心，努力成为别人的知己，那在人心收揽上就达到一种很高的境界了。

没有一个人不知道水的力量，水可载舟，亦可覆舟。水的特质是柔性，所以水可包容万物，水倒入沟里，可让水沟疏畅；水冲入马桶中，可冲去污物与臭气；水喝入口中，可解渴；水浇在草木中，草绿花香；水用来洗脸洗手，可洗尽灰垢。

一个人成功的因素很多，而居于这些因素之首的就是热忱友善。犹太学者阿尔伯特·呼巴德普说："没有一件伟大的事情不是由热情促成的。"好的母亲与伟大的母亲、好的演说家与伟大的演说家、好的推销员与伟大的推销员之间的差别，常常就在于热情的程度。

真正的热情不是你"穿上"与"脱去"可以适合各种场合的衣服，它是生活的一种常态，而不是你用来打动人心的事物。它跟大声说话或多嘴无关，是内在感觉的一种外在表现。许多内心充满热情的人都相当平静，然而他们生命中的每一种特质、每一句语言与行动，都证实他们热爱生命，以及生命对于他们的意义。

热情是出自内心的兴奋，渗透在全身的血液里。英文中的"热情"这个词是由两个希腊字根组成的，一个是"内"，一个是"神"。事实上一个热情的人，等于是有神在他的内心里。热情也就是内心里的光辉——一种炽热的、精力十足的特质深存于一个人的内心。

俄罗斯的一位女大学生说她是凭借热情赢得工作的。她从秘书学校毕业出来，想找一份医药秘书的工作，由于她缺少这方面的工作经验，面试了好几次都没有成功，她就开始运用热情原则。在她去面试的途中，她给自己打气说："我要得到这个工作。我懂这个工作。我是一个勤快而好学的人，我能够做好这个工作。医生将会视我为不可缺少的人。"在到办公室途中，她一再对自己重复这些话。她充满信心地走进办公室，并且热情自信地回答，医生也就雇用了她。几个月以后医生告诉她，当他看到她的申请上写着没有任何经验的时候，他决定放弃她，只是给她一次形式上谈话的机会而已，但是她的热情使他觉得应该试用她看看。她把热情带进了工作，最终成为很好的一名医药秘书。

麦克阿瑟在南太平洋指挥盟军作战的时候，办公室墙上挂着一块牌子，上面写着这样一段座右铭：

你有信仰就年轻，疑惑就年老；

你有自信就年轻，畏惧就年老；

你有希望就年轻，绝望就年老；

岁月使你皮肤起皱，但是失去了热情，就损伤了灵魂。

这是对热情最好的赞美。培养发挥热情的特性，我们就可以对我们所做的每件事情，充满信心，把事情干得更漂亮。

也许你会说社交场合讲究的是方法、手腕，你不以为"热情与友情"是最重要的。但是，别忘了古训"路遥知马力，日久见人心"这句话，只有真情才能历久弥新，使友谊的芬芳愈陈愈香。如果你始终以同样的一颗赤子之心与人相处，还担心朋友疏远你吗？如此久而久之，你就是社交场上最有实力的高手了。

假如你不崇尚热情与友善，但是，试想如果你发起脾气，对他人说出一两句伤感情的话，你会有一种发泄的快感，但对方呢？他会分享你的痛快吗？你那火药味的口气，能使对方接受吗？

"如果你握紧一双拳头来见我，"正如威尔逊总统说，"我想，我可以保证，我的拳头会握得比你的更紧。但是如果你来找我说：'我们坐下，好好商量，看看彼此意见相异的原因是什么。'我们就会发觉，彼此的距离并不那么大，相异的观点并不多，而且看法一致的观点反而居多。你也会发觉，只要我们有彼此沟通的耐心、诚意和愿望，我们就能沟通。"

热情一点，友善一点，对每个人来说绝对没有坏处。

有一句富有魔力的话："您认为就该这样，关于这一点我丝毫不责怪您。如果我处在您的位置上，我也会这样认为。"借助于它可以杜绝争吵，消除隔阂并使他人认真听你的"演讲"。

这样回答可使最爱扯皮的人态度平静下来。讲这些话时态度要真诚，因为如果您处于他的角度上，您的感受确实会像他那样。

朋友们，用你的热情和友善去关注你身边的每个人吧！

主动，便赢得了成功人脉的一半

社会是人的社会，人的所有活动、交易、成就，都要从人与人的接触中产生。别人供给你所需，也肯定你的贡献。你存在的价值建立在人们的回应上。

所以，你认识的人愈多，公共关系愈好，就愈容易成功。

现实就注定了你必须主动去营造你的人脉网，主动出击也就意味着你成功了一半，而选择放弃，本来应该属于你的东西也就没你的份了。

人生有些事情，个人是无法选择的。比如，你无法选择自己的父母，无法选择自己的亲戚，也无法选择自己出生的时间和空间等等。但是，一个人在长大成人、尤其是经济自立之后，你可以自由选择营造你的人脉网，结交什么样的朋友，构成什么样的人际关系网络。这是我们最大的自由。

实际上，许多人都囿于个人生活与工作的狭小范围与具体环境的局限，除了自家人和亲戚关系，还有那么几个同学、同事、朋友和熟人，都是"顺其自然"、被动形成的。许多中年人和老年人大多一直过着"两点一线"的生活，就是几十年如一日只在家庭和工作单位之间来往。如今的青少年可不是以前的老古董了，很是活泼，天南海北到处都是朋友。但作为个人有意识地选择和结交朋友，有意识地建立自己的信誉，经营人际关系的网络，依然寥寥无几，这是营造人脉网的遗憾。

经常会遇到这样一种场面：在生日宴会上，几个好朋友聚在一起欢天喜地地玩玩闹闹，而旁边会有人只是一声不吭地吃着东西，没有加入到那些人的行列中。这样的人实际上是白白放弃了扩大自己交际圈的好机会。如果能主动争取和别人交流，那就会为自己开拓一个自己不会了解的崭新世界，也会促进自己的成功。

那么，怎样才能和对方良好地交流呢？有这样一句话："对方的态度是自己的镜子。"在日常的人际交往中，有时自己感觉"他好像很讨厌我"，其实这正是自己讨厌对方的征兆。对方也会察觉到你好像不喜欢他，当然两个人就越来越讨厌彼此了。在出现这种情况的时候，自己要主动与对方交流，主动敞开心扉。

"对方愿意接近我，我也愿意和他交谈"，"对方如果喜欢我，我也喜欢他"。如果用这种被动的姿态与人交往，那你永远也不会建立起和谐友好的人际关系。要想使自己拥有和谐友好的人际关系，使自己每天的心情都轻松愉快，毋庸置疑，那就应该采取积极主动的态度与人交流。

要想营造好的人脉网必须强调主动。一切自卑的、畏首畏尾和犹豫不决的行为，都只能导致人格的萎缩和做人处世的失败。所以，拿破仑说进攻是"使你成为名将和了解战争艺术秘密的唯一方法"。

在交际中也是如此，主动进攻，可以使人了解到社会人生所具有的意义，也可以说，寻常人生交际，也是一场不流血的、平静温和的战争。因此，主动进攻不仅是一种行为风格，从思想上讲，更是一种主动谋略。

苏珊和玛丽是新进入公司的两名工程师，公司安排他们头6个月早上听课，下午完成工作任务。

苏珊每天下午都把自己关在办公室里，阅读技术文件，学习一些日后工作中可能用得着的软件程序，当有的同事因手头忙碌请他暂时帮会儿忙时，都被她谢绝了。她认为，自己最关键的任务就是努力提高自己的技术能力，并向同事及老板证明自己的技术能力是如何出色。

而玛丽除了每天下午花两个小时看资料外，把剩余的时间都花在向同事们介绍自己并询问与他们项目有关的一些问题上了。当同事们遇到问题或忙不过来时，她就主动帮忙。当所有办公室的 PC 机都要安装一种新的软件工具时，每个工作者都希望能跳过这种耗时的、琐碎的安装过程。由于玛丽懂得如何安装，她便自愿为所有机器安装这个工具，这使得她不得不每天早出晚归，以免影响其他工作。包括苏珊在内的部分同事都把玛丽看作傻瓜。实际上，玛丽不仅在实践中提高了自己的技术能力，还拓展了自己的人脉。

5 个月后，苏珊和玛丽都完成了工作安排。她们的两个项目从技术上讲完成得都不错，苏珊还稍显优势。但是经理却认为玛丽表现得更出色，并在公司高层管理人员会议上表扬了玛丽。苏珊听说后，一时想不开，就去经理办公室问经理，为什么受到表扬的是玛丽而不是自己？

经理说："因为玛丽是一个有主动性的工程师，善于为别人提供帮助，能够承担自己工作以外的责任，愿意承担一些个人风险为同事和集体做更多的努力。而你呢？"

苏珊禁不住红了脸，低下了头。

不管你所从事的是什么工作，习惯于守株待兔的人都会被淘汰出局。任何一种事都不能靠等待去完成，抱有这种态度的人最终只会一事无成。只有躬身自省、主动做事，才有成功的可能。

道理是这样，但避免不了人们心里对主动交往有很多误解。比如，有的人会认为"先同别人打招呼，显得自己没有身份"，"我这样麻烦别人，人家肯定反感的"，"我又没有和他打过交道，怎么会帮我的忙呢"，等等。其实，这些都是害人不浅的误解，没有任何可靠的事实能证明其正确性。但是，这些观念却实实在在地阻碍着人们，阻碍了人们在交往中采取主动的方式，从而失去了很多结识别人、发展友谊的机会。

当你因为某种担心而不敢主动同别人交往时，最好去实践一下，用事实去证明你的担心是多余的。不断的尝试，会积累你成功的经验，增强你的自信心，使你在工作场合的人际关系状况愈来愈好。

在谈话中，如果控制话题的主动权，你的压力就会缓和下来。但是，要是主动权落入他人手中，受制于人的情况下，谈话便不会像你希望那样顺利进展。如果对方不怀好意，存心问些尖锐敏感的问题，你更是一味陷于挨打的局势了。此时，人们大都苦思如何回答问题，殊不知这样一来，正中了对方的陷阱。

其实，这时恰是你反击的时候。你无须正面回答对方的问题；相反可以提出相关的问题，反过去征询对方的意见。据说，善于社交的高手，大都擅长使用这种"转话法"，以确保谈话时的主导权。

除了变被动为主动外，人在谈话时难免失言，但是，在关系重大的面谈时失言，可能造成致命的一击而一蹶不振。不管说错了什么话，即使是无伤大雅的事，一旦失言，大家第一个反应就是慌乱，告诉自己"完蛋了"，瞬时热血直往脑门上冲，说话就更加语无伦次。这种情况，千万不能慌，要变被动为主动。

"你好"是个最普通的词，相错而过的车船上，人们可以彼此喊一声"你好"便再也不相遇。萍水相逢的人，可以因为喊一声"你好"，而从此相识。

拥有丰富多彩的人际关系是每一个现代人的需要。可是，现实生活中，很多人的这种需要都没有得到实现。他们总是慨叹世界上缺少真情，缺少帮助，缺少爱，那种强烈的孤独感困扰着他们，使他们痛苦不已。其实，很多人之所以缺少朋友，仅仅是因为他们在人际交往中总是采取消极的、被动的退缩方式，总是期待友谊从天而降。这样，虽然他们生活在一个人来人往的工作场所，却仍然无法摆脱心灵上的寂寞。这些人，只做交往的响应者，不做交往的主动者。

要知道，别人是没有理由无缘无故对我们感兴趣的。如果想赢得别人的友情，与别人建立良好的人际关系，摆脱寂寞的折磨，就必须主动交往。

第十一章
赢在第一策略

三杯酒量，不熟也能混熟

酒，已经成为了现代人际交往必不可少的工具，时不时会给你肥沃的人脉土地增添香醇的韵味，让你回味无穷。如果现代的人不能喝上三杯酒，那注定了你要多走些弯路。

有了酒量，不等于万事俱备，如果你再学一些喝酒、敬酒的艺术那一定是马到成功，你的人脉就会更广更宽，那你的前程就会更亮。

喝酒的时候少不了彼此的敬酒。敬酒也就是祝酒，指在正式宴会上，由男主人向来宾提议，提出某个事由而饮酒。在饮酒时，通常要讲一些祝福的话，甚至主人和主宾还要宣读一篇专门的祝酒词，祝酒词内容越短越好。

敬酒可以随时在饮酒的过程中举行。要是致正式祝酒词，就应在特定的时间进行，而且不要影响来宾的用餐。祝酒词适合在宾主人座后、用餐间开始，也可以在吃过主菜后、甜品上桌前发表。

在饮酒特别是祝酒、敬酒时进行干杯，需要有人率先提议，可以是主人、主宾，也可以是在场的所有人。提议干杯时，应起身站立，右手端起酒杯，或者用右手拿起酒杯后，再以左手托扶杯底，面带微笑，目视他人特别是自己的祝酒对象，嘴里同时说着祝愿的话。

有人提议干杯后，要手拿酒杯起身站立。即使是滴酒不沾，也要拿起杯子做做形式。将酒杯举到眼睛高度，说完"干杯"后，将酒一饮而尽或适可而止，然后还要手拿酒杯和提议者对视一下，这个过程就算结束了。

在中餐里，干杯前，可以象征性地和对方碰一下酒杯；碰杯的时候，应该让自己的酒杯低于对方的酒杯，表示你的礼貌。用酒杯杯底轻碰桌面，也可以表示和对方碰杯，当离对方比较远，就可以用这种方式取代。如果主人亲自敬酒干杯后，应回敬主人，和他再干一杯。

一般情况下，敬酒应以辈分大小、职位高低、宾主身份为先后顺序，一定要充分考虑好敬酒的顺序，分清主次。即使和不熟悉的人在一起喝酒，也要先打听一下身份或是留意别人对他的称呼，避免出现难堪。如果你有求于席上的某位客人，对他自然要倍加敬重；但如果在场有更高身份或年长的人，就要先给尊长者敬酒。

在正式的宴会上，服务员打开酒瓶后，先要倒上一点给主人品尝。主人应先饮一小口仔细品评，然后再尝一口，感到所有的酒完全合乎要求时，再向服务员示意：可以给客人斟酒了。斟酒的顺序是：先主宾，随后再其他人。

会喝酒的人饮酒前，应有礼貌地品一下酒。可以先欣赏一下酒的颜色，闻一闻酒香。最好不要一边饮酒，一边吸烟。

鉴于酒后容易失言和失礼，社交场合饮酒的量应控制在自己平日酒量的一半以下。有教养的人还应注意饮酒时不要让他人听到自己的吞咽之声，斟酒只宜八成满。

在酒宴席上，彼此碰杯在所难免。碰杯不仅是礼仪，也是渲染气氛、劝人喝酒的形式。劝酒体现了主人的好客，所以劝酒宁可过一点也无妨。有些人自己不爱喝酒，觉得喝多了没有好处，因此席间劝酒有所顾虑，担心让人家喝多了似乎不怀好意。其实，劝酒是件热闹事，劝酒时要劝到点子上，有叫得响的理由，说得对方高兴了，喝两杯也顺心。但注意劝酒与喝酒不是对等的。作为主人，一定要尽东道主之谊，热情相劝，至于客人喝不喝，喝多少并不重要，不必较真，请对方自便。

席上劝酒要热情，但以少喝为佳，不论主客都一样。不劝不热闹，但劝就喝，喝多了也不好。劝酒人不知道你的酒量，你自己应该清楚。不管对方如何劝，自己要把握。

而在吃西餐时，为表示友好，活跃气氛，可相互敬酒，或碰杯。通常不能拒绝对方的敬酒，在对方敬酒时，一定要热情，即便你不能喝酒，也

超级人脉术大全集

要端起酒杯回敬对方，为表示热情要与对方碰一下杯，然后把杯子送到嘴边表示喝的动作。不可用双手比划说自己不会喝或不能喝，酒动也不动，这是一种没有礼貌的行为。

所以，在酒桌上我们一定要了解西方人的习性，千万不可自作主张去左右客人，否则，一招走错，全盘皆输。

孙建国是个性格豪爽的北方人，酒量又大，号称"津巴布韦"（斤把不违），最近又被委任为某公司副总，应酬自然就多了，喝酒更是常事。在和国内客商的合作中，他的这个特长被发挥得淋漓尽致，而且"酒醉事成"。

8月份，几位外商来考察合作事宜。在欢迎晚宴上他就充分利用自己的"特长"，不停地劝酒，一会儿来一句"感情深一口闷（干）"，一会儿又来一句"饮酒不醉非君子"，几位老外很快就"歇菜"了。

第二天一早，孙建国美美地准备好了合同书，就等外商大笔一挥了。但就在第二天上午，外商们竟然直接回国了。

千万记住：在西方礼仪里，喝酒的时候没有吆五喝六以及劝酒等我们认为热闹的场面，他们喝酒更多的成分是在品酒，而且认为劝酒、灌酒是失礼的，是不尊重对方的表现；谁还愿意和不尊重自己的人合作？

小小的名片，长长的线

名片在人际交往中可用以证明身份，广植良缘，联络老朋友，结交新朋友。可以说，名片是"第二身份证"，使用越来越普及。它不仅是自己身份的介绍，更是自己的脸面、形象。

名片总的要求是"整洁、有序、明了"，对于职务，不应该罗列过多、本末倒置，样式、颜色设置上不应该过分夸张。

除此之外，名片还要讲究印制，印制精美、考究的名片，会惹人喜爱，但印制朴素大方的名片，只要运用得当，仍会获得人们的重视和尊重。对于国家公职人员来说，名片应制作规范，从而促进双方的进一步交流合作，给对方留下较好印象。

名片的一般规格为长 9 厘米、宽 5.5 厘米。一般情况下，国家公职人员可依据这一标准制作名片，但涉外交往较多的，则应按照国际统一标准，即 10 厘米长、6 厘米宽来制作名片。夫妇名片和集体名片可在原有的基础上再扩大一些。

名片通常应以耐折、耐磨、美观、大方的纸张作为首选材料，如白卡纸、再生纸等。将名片做成折叠式或书本式，或者选用布料、塑料、真皮、化纤，甚至黄金、白银等材料制作名片毫无必要。此外，将纸质名片烫金、压花、过塑、熏香，也是不妥当的。一般的名片庄重大方就可以了。

名片一般要随身携带，就像你的身份证。比如说，出席重大的社交活动，一定要记住带名片。如果总是和人家说"不好意思，我的名片刚用完"，这是很牵强的理由，没有名片也可说是第一步就失败了。对方会认为你不重视他或者是你的职业、身份不值得拥有自己的名片。

发送名片可以在刚见面或告别时，但如果自己即将发表意见，在说话之前发名片给周围的人，可以帮助他们更快地认识你。

如何去递接名片呢？这可不容忽视，短短的一个过程可以透露出你这个人的素养，别人会以这个为标准认为你值不值得交。

在取出名片准备送给别人时，要双手轻托名片至齐胸的高度，并将正面朝向对方，以方便别人接收时阅读。如果人多而自己左手正拿着一叠名片，也应该用右手轻托，左手给以辅助，一张张地发给每个人，不要像发扑克牌一样随便乱丢。

双手接过他人的名片看过之后（边看边读出声音来，效果也不错），然后细心地放入自己的名片夹或上衣口袋里，也可以看后先放在桌子上，但不要随手乱丢或在上面压上杯子、文件夹等东西，那是很失礼的表现。另外，如果对方名字比较复杂或有不能确认的发音，最好能礼貌地向对方请教，无论如何总比下次见面时读错字，让对方板着脸自己丢面子强很多。

名片的用途十分广泛。最主要的是用作自我介绍，也可随赠送鲜花或礼物，以及发送介绍信、致谢信、邀请信、慰问信时使用。在名片上面还可以留下简短附言。

交换名片是建立人际关系的关键步骤。交换名片也蕴藏着大学问。

首先是名片交换的次序安排。一般情况下双方交换名片时是地位低的

超级人脉术大全集

人先向地位高的人递名片，男性先向女性递名片。当然，相互不了解时就没有先后之分了。在商场中，女性也可主动向男性递名片。

当交往对象不止一人时，应先将名片递给职务较高或年龄较大的人，如分不清职务高低和年龄大小时，则可依照座次递名片，应给对方在场的人每人一张，不要让别人认为你"势利眼"，如果自己这一方人较多，则让地位高者先向对方递送名片。另外，千万不要用名片盒发名片，这样会让人们认为你不注重自己的内在价值，以为你的名片发不出去。

其次，交换名片时态度也需要热情而且诚恳，表示你是真心地想与对方交朋友。残缺褶皱的名片不能使用，因为那样既不尊重对方也不尊重自己，同时名片还不宜涂改。

通过名片的互换，在你的人脉存折上就又可以多一笔资金！

留下电话，保持联系

在日常生活里，被誉为"顺风耳"的电话早已成了现代人重要的、不可或缺的交际工具之一。即便在所有的现代联络手段中，它也不容置疑地位居排行榜之首。对于电话的好处，人们通常都心中有数。运用电话，不但可以及时、准确地向外界传递信息，而且还能够借以与交往对象沟通感情、维持友谊。在"信息就是资本"、"联络创造效益"的今天，人们的生活之中要是没有了电话会成为什么样子，简直难以设想。有一位科学家曾经说："一个不会正确地利用电话的人，难说他是一个符合现代社会需要的人。至少，他算不上是一个具有现代意识的人。"就电话的重要作用而言，他的上述观点绝非恐吓我们。

正确地利用电话，并不是每一个会打电话的人都能做得到的。要正确地利用电话，不只是要熟练地掌握使用电话的技巧，更重要的，是要自觉塑造并维护自己的"电话形象"。

电话形象的含意是：人们在使用电话时的种种表现。因为它是内在的反映，所以会使通话对象"如见其人"，能够给对方以及其他在场的人留下良好的、深刻的印象。一般认为，一个人的电话形象如何，主要由他使用电话时的语言、内容、态度、举止以及时间感等诸多方面构成。人们一般把它看作个人形象的重要组成部分。

在人际交往中，我们应利用电话主动与人联系。

建立"关系"最基本的原则就是：不要与人失去联络，不要等到有事情时才想到别人。"关系"就像一把刀，常常磨才不会生锈。若是半年以上不联系，你就可能已经失去这位朋友了。

因此，主动联系就显得十分重要。试着每天打 5 到 10 个电话，不但能扩大自己的交际范围，还能维系旧情谊。如果一天打通 10 个电话，一个星期就有 50 个，一个月下来，就可到达 200 个。平均一下，你的人际网络每个月大概都可多十几个。

与君一席话，胜读十年书。一次有益的聊天，有时会产生相见恨晚的感觉。

但是，聊天要聊出名堂、确有收获，还得费点心思。必须注意下面几点：

1. 有的放矢

一般来说，聊天没有什么明确的目的。但从微观角度来讲，闲聊未必就是聊"闲"，而是有信息和情感交流。带有一定的目的，你就能及时而又恰到好处地发问，调节聊天的内容。

2. 选好对象

聊天要做到格调高雅，聊得有水平，善于选择聊友是重要的一环。一般来说，聊友的素质决定了聊天的质量。德国伟大作家歌德，几十年如一日，与其秘书爱克曼每天都要聊会儿天，那些天才的机智许多是从闲聊话语中诞生的。他嘲弄世俗，讥讽丑恶，以喷珠吐玉般的格言缀串成令后世惊叹不已的《歌德谈话录》。

3. 接听电话

电话铃一响，应尽快接听电话，而不要置若罔闻，或有意延误时间，让对方久等。拖延时间不仅失礼，有时还会误事。

电话铃响之际，如果自己正与同事或客人交谈，可先与同事或客人打个招呼，再去接电话。拿起听筒后，先说"您好"，接着自报家门。不要在听电话时与身边的熟人打招呼，或小声谈论别的事情。

如果在会晤重要客人或举行会议期间有人打来电话，而且此刻的确不宜与其深谈，可向其略微说明原因，表示歉意，并再约一个具体时间，到时由自己主动打电话过去。若对方是长途的话，尤须注意别让对方再打过来。约好了时间，即须牢记并信守。在下次通话时，还要再次向对方致以歉意。

4．倾听很重要

倾听是理解对方的起点，善于倾听正是判断的基础。尤其是在电话交谈中，双方靠声音传递信息，倘若不认真听，就无法准确地交流信息、沟通感情。当然，静静地倾听，不随便打断对方讲话，并不意味着完全沉默。在听的时候，应时而辅助简单的"嗯"、"是"、"好的"等短语作为呼应，让对方感觉你确实在认真听着，以示尊重。

5．文明不可丢

发话人的表现如何，直接决定你的电话礼仪怎样。可以说，它是电话礼仪的最基本内容之一，万不可掉以轻心。所以这要求发话人在通话过程中，自始至终，都要待人以礼，表现得文明大度，要做个谦谦君子、翩翩绅士，这样才算尊重自己的通话对象。

发话人在通话时，除举止要"达标"外，在态度方面也要好自为之，不可草率。

对于受话人，即使是对下级，也不要厉声呵斥，态度粗蛮无理；即使是对领导，也不要低声下气，阿谀奉承。

电话若需要总机接转，勿忘对接线员问候一声，并且还要加上"谢谢"。另外，"请"、"麻烦"、"劳驾"之类的词，该用的也一定要用。

谁都知道，随着生活节奏、工作效率的加快提高，电话已成为彼此联系感情和信息的重要工具。它具有传递迅速、使用方便、失真度小和效率高的优点，人们的许多交际活动是借助电话来完成的。

电话是一种非常奇特的沟通工具，是带来佳音的天使，也是送出噩耗的魔怪，能给你以惊讶，还给你以绝望，从严酷的个人批判到充满梦幻的爱语，由电话来传达的内容实在太广泛。

从现在起，我们一定要注重电话在积累人脉中的作用！

适时适地适话题

超级人脉术大全集

人们交友，都是由生到熟，由远到近，由疏到亲，从而发展出一个或数个知己。有朋友而无知己，等于没有朋友，至少没有真正的朋友。所有朋友都是重要的，而知己则更为重要。

要交友，要交成知己，首先就须注意和把握交往的时间与场所。换句话说，什么时间什么地方说什么话。

在人们的日常交往中，无非有这么几个场合：家庭、办公室、公共场所。要想有个好的人脉，这三个场合的功能效应你便不可忽视，否则你损失的不只是朋友……如果你把握好每个场合说话的分寸、表现的尺度，那人缘自会主动找上门来！

交友的场所，就关系远近来说，是愈亲近的关系来往的场所愈私人化。其中，最能证明问题的是我们再熟悉不过的家。

有些人家中常有客人来访，有些人却是除非有相当重要的事，否则不会有客人来访。前者不用说肯定人缘极广，后者则是人缘不佳。现代人都是白天为了工作奔波，要拜访朋友只能利用晚上，而且还得在不打扰对方的原则之下。于是，假日、逢年过节就是朋友互相往来的最佳时机。如果连这些日子都没有访客来访，这个人的家里恐怕冷清得如地狱一般。

家庭是提升交际技巧的最后王牌。与朋友交往可以增进生活的幸福，朋友可以说是自己的贵人。聪明的现代人，岂有不把自己的贵人迎入家中的道理。

场合有了，但是没有时机也是不行的。

一个人说话的内容不论如何精彩，如果时机掌握不好，就无法达到说话的效果。因为听者的内心，往往随着时间变化而变化。要对方愿意听你的话，或者接受你的观点，就应当选择适当的时机。

这犹如一个参赛的足球运动员，虽有良好的技艺、强健的体魄，但是他没有把握住击球的"决定性的瞬间"，或早或迟，脚就落空了。

所以，时机对你非常宝贵。但何时才是这"决定性的瞬间"，怎样才能判定并咬住，并没有一定的规则，主要是看对话时的具体情境，就要靠你的经验和感觉而定。

场合、时机只是交友的两个客观因素，起决定作用的要属主观因素了，也就是你说话的水平如何。

与陌生人说话是要讲究水平的。这个"水平"主要表现在哪些方面呢？一是说话不到位不行，说不到位，说不到点子上，别人可能听不明白，理解不透，琢磨不出你的真实意图，你提出的想法或要求也不会被人重视和接受，非但事情办不成，也常常被人看不起。这样怎么能换取别人的注意与亲善呢？又怎么能赢得别人的友谊和器重呢？二是话说得太过头不行，要求太高，言辞太尖刻，让人听了不顺耳，觉得你不识大体，不懂规矩，不知好歹。这样的人常常被人避而远之，也同样无法与人正常交往。讲究分寸是一种很重要的说话艺术，说话是否有分寸，与我们交际成败有着很大的关系。

说话分寸的把握是关乎一个人成败的问题，过高或过低都可能会起相反的作用。

人脉的"性效应"

大自然中存在这样一个自然法则：同性相斥，异性相吸。没错，因为你往往看到的是两头公狮子在为了一头母狮子而血战，从没有见过，两头公狮子能一世和睦相处。自然规律我们是无法改变的，但聪明的人类可以去利用它。而造物主正是合了自然的心意，使天地间有了男人和女人之分。他们之间有一种无形的磁场，彼此吸引着对方，包括爱恋，但也有友谊，而女人和女人之间、男人和男人之间经常是反目成仇，缺少应有的沟通。当然，我们不排除同性之间的知己、朋友关系。

所以，要想有广的人脉，你不妨利用天生的资本，如果你是女人，那不妨多交一些男性朋友，他们在你为难之时往往是最有力的支撑；如果你是男人，也不妨多交一些女性朋友，那你身边的温暖就会多些、持久些，这就是所谓的人脉"性效应"。

青年男女要想与异性交往默契，的确需要融心理、社交、口才等于一体。然而许多人与刚认识的异性交往时，羞怯、紧张、局促、不知所措，简直让人惶惶不可终日，连挤两句应酬话也倍觉生涩，平日的伶牙俐齿、妙语连珠也不知溜到哪里去了。其实，与异性沟通最关键的原则只有两条：一是采取肯定和亲切的态度，不要轻易向异性说"不"，因为这样较容易伤害对方的自尊心；二是要显得自信，不要一接触异性就显得慌乱，不能坦然相处。当然，与异性沟通时的相互尊重是必不可少的，否则将会带来不必要的冲突。

在一男一女的社交场合中，男性常常想表现出举止潇洒、气度不凡、才华横溢、谈吐高雅、妙语连珠，这样很容易引起女性的注意，产生一种在一些小事上愿意向女性作出让步，在非原则的事情上给予帮助的心理。当然，男性在这种社交场合中，想取悦对方从而得点好处常常不是本意，而是一种潜在的心理意识。所以，当男人与女人单独交往时，沉默寡言的男人会表现得妙语连珠、滔滔不绝；胆小懦弱的男性会变得勇猛异常；粗俗野蛮的男人会变得儒雅温柔。在这种场合中，女性常常想表现出自己的美丽脱俗、温存柔弱、贤淑高雅，想给对方一个好印象，让他从内心深处产生一种愿意为自己效劳，甚至将给自己帮助视为一种荣幸。因此不论多邋遢的女性，当意识到自己将要与一位男性打交道时，常常有意无意地打扮一下，如：拢拢头发，拽拽衣襟，掸一下身上的灰尘（不管有没有）。大多数女性在交往前还要照照镜子，若看到自己服饰得体，楚楚动人，很有魅力，便会信心加倍。所以一般说来，这种交往会使事情办得顺一些。这种异性之间在交往中表现出的超出正常的热情，由此促进事情的成功，便是交往中的异性效应中的正效应。

交往中的性效应常常不像文中所写的那样直露，甚至有时效应恰恰相反。比如，一位男人在择偶中屡受挫折，他可能对女性有种讨厌的心，所以在他与异性交往中便不会产生异性效应的正效应，甚至还会产生负效应。又如，一位女性受过男性的欺骗，她也会憎恨所有的男人，甚至对越是有风度、越有能力的男人，这种负效应就越大。

有位追求女孩子颇有体会的人曾经这样说过："追求女人，如果让她看穿你的生活，就完蛋了。"他的意思是说，保持部分的秘密，才能迷惑异性的心。虽然这位小伙子不是什么感情专家、恋爱顾问，但是他这番话也有几分道理。

一般而言，如果有人对你敞开心扉、十分坦白，多数人都会对对方产生好感，从心理学来说，这便是"自我开放"。但是异性之间，有些事情是不一样的。当然，将自己释放到某种程度，是两人要交往时相当重要的条件，如果将自己所有的一切百分之百地完全暴露在对方面前，就有可能会带来负面效果。因此，想要让人喜欢，请将自己开放百分之八十的程度就好，剩下的百分之二十保密。

适度地保持神秘感，反而能提高对方的兴趣，让对方感到好奇，激起对方希望更了解你的决心，同时可以进一步引起异性的好感。

要想有个好的人脉"性效应"，必须用心地呵护，含而不露，有所保留，有所释放，张弛有度，这才是人际的高手！总而言之，交往中的性效应是普遍存在的。在日常交往中，只有注意和了解这种效应的存在，克服其负效应，利用正效应，才能有利于交往的顺利进行。

人与人之间的"弹性原则"

大家可能都明白，松软、富于弹性的东西可以避免或减轻物体之间的碰撞或挤压。人际交往也是一样的道理。交际如果带上了一定的"弹性"，就可以缓冲彼此的矛盾，消除相互之间的误会，还给自己留下了慎重考虑、再做选择的空间，从而更好地达到交际的目的。

我们在这里所讲的"弹性"是指不同的人要有不同交际策略，不能千篇一律。

1. 和初次见面的人交往

因为是初次见面，彼此不怎么了解，心灵尚未沟通，如果过早地亲密，则很容易让人产生交际动机不纯或交际态度轻薄的看法。

生活中有许多人和别人打交道时总是"见面熟"，使人难以接受，其真诚程度往往大大地打了折扣。相反，如果在初次交往时过于冷淡，又易使人产生目中无人或深不可测、老谋深算的感觉，使人敬而远之。一般来讲，许多人不愿与过于"老成"的人交往，因为和这类人交往总得带着警惕的心理，以防被对方捉弄。在初次与别人交往时，应通过逐步地接触，视了解的程度和可不可交的情况来确定交往的深度和关系的疏密。那种急于求成、匆匆结友的做法，恐怕有点失之慎重。日常交际实践中，由于缺乏必要的了解就盲目走到一起的人常常受骗上当。当然，因过于谨慎、过于冷漠而失去交友的良机，也是让人遗憾的事情。在初次交往时最聪明的做法是让你的交往带上"弹性"，有伸缩自由的余地，这样就既能把握住良机，又能慎重、良好地来进行交往。

2. 在特定语境下的交往

人们进行交往总离不开语言。有些特定语境使人们在交际中不可把话说得太肯定、太绝对，而应该灵活多变，可上可下，可宽可窄，伸缩自如，这也需要在言语交际中带上一定的"弹性"。这样有利于自己掌握交往的主动权。在交往中时常会遇到这种情况，比如别人要你对某事谈谈想法。而你一时又没有完全的把握，你不如利用不确定性词汇，"也许、或许、可能、大概"等来表述你的想法。为自己留下回旋的余地。尤其是在复杂多变的情况下，如此表态有滴水不漏之功效。另外，也可以利用一些词语的宽泛性和模糊性使话语带上弹性，比如某男女相爱，别人问男方对女方有何印象时，男方如果不愿真情表白（这种情况多出于保密或性格内向等情况），不妨可以说："我对你总的印象是深刻的。"这里，印象一词语义宽泛而模糊，"深刻"也没有什么量的明确标准，这样便使自己的态度带上了"弹性"，为日后留下了选择的空间。

另外，也要根据对方的特性，有弹性调整和他们交往的方式。但有一个前提必须记住，不管对方能耐多大或多有钱，一定要是个正直的"君子"才可深交，也就是说，对方和你做朋友的动机必须是没有什么可图的，不过一般人经常被对方的身份和背景所迷惑，结果常把别有用心的人也当成了好人，这是很多人无法避免的错误。

所以，交友一定要把握好弹性。

第十二章
拓展人脉的技巧

人脉中的"鲑鱼法则"

拓展人脉关系，并不只是追求一个能时时刻刻对你伸出援手的良师益友，而是要发展营建一个有助于建立"营销引擎"的策略网络。成功的人总是懂得怎么去拓展人脉，以确保自己手中的资源取之不尽用之不竭，促进事业的成功，在这里有一个很重要的"鲑鱼法则"。

什么是人脉关系的"鲑鱼法则"？如果你考查过鲑鱼的行为，就可以得到最佳的解释。鲑鱼为了觅食，它会逆流而上，去寻找所需要的食物；然而，因视力限制的影响，它们只会吃直接出现在眼前的东西。

所以，我们为什么不能和它们一样呢？只看重于那些尽可能让我们有创造力的事物，而不耗费大量精力做一些没有效益的事情。大部分我们所知的成功企业家，不是在专业领域上努力成为名扬四海的专家，就是和既有的客户或专业人士建立持久的关系。

80/20 法则永远是一个黄金法则。20% 的顾客会带给你 80% 的业务，花 80% 的时间在你 20% 的顾客身上，这永远是值得的。

试着多认识一些带"圈"的朋友，多认识一些朋友的朋友。每个人的人脉网是有优劣之分的，朋友的朋友也有可能成为你的朋友。这就如同数学的乘方，以这样的方式来建立人脉，速度是出乎意料的。

假如你认识一个朋友，他从来不向你引荐他的朋友，但另外一个人说：

"下星期我们有个聚会，你来参加吧。"你到了那个聚会，发现这些人都来自天涯海角，带圈子来的人和不带圈子来的人的价值是不一样的。我们知道在人脉网中，朋友的介绍相当于信用担保，朋友要把你介绍给其他人，就意味着朋友是为他做风险担保。基于这一点，你可以请你的朋友多介绍他的朋友给你认识。就像做客户服务一样，如果你的新客户是一个很强有力的老客户推荐的，这位新客户一下子就会接受你或你的服务。

你会发现这样积累人脉资源不会花费很高的成本，你不需要花更多的时间去作介绍，你不需要花更多的时间去请客吃饭，这些都省下来了，可以说是坐收渔翁之利！

你可以巧借名人之气，在谈话中常出现一些身份高的人的形象，你在别人眼里就与众不同；巧借名地，如对有地位有身份的人常去的地方，这也可以作为提高你地位的资本；巧借名言，如请社会名流为你题个词，请专家教授为你写的书作个序，请明星为你签个名，等等。这些做法虽然有沽名钓誉、狐假虎威之嫌，其实这符合谦虚之道。被社会承认，是人的正当追求，对社会进步也有积极意义，而借助名人、名地、名言提高自己的社会知名度，就是被社会认可的方式之一。

翻开历史，古往今来的成功者，谁也不是一生下来就大名鼎鼎，一出山就光芒四射、一呼百应。他们大多总是先躲避在某些大人物的后面，借他的面目来笼络各路有用之才，借他的声望来壮大自己的声势，一旦时机成熟，或者另起炉灶，或者踩着别人的肩膀往上爬，或者反客为主，把别人打败。在做到这一步之前，先把自己的狐狸尾巴藏好了，切勿暴露自己的目的。

攀龙附凤之心大部分世人都有，这是人之常情，谁不希望有个名气十足的朋友：一个作家或者其他什么大人物？如果能跻身于他们的行列，自己也便沾上了名气，在别人眼里也就身价大增了。

人脉也需要互动

要依附别人拓展自己的人脉关系网，首先必须有一个社会条件，我们所拥有的人脉资源如同做生意，也是一种平等兑换。我们跟朋友之间之所以可以维持互动关系，是因为我们各自有可以提供给对方的东西，而且这种交换可能是同等价值可能是不等价值，是通过交换来满足各自的需要，而且这对双方都有意义。

拓展人脉网时也是这样，没有付出哪有收获？这样的互动，双方都不吃亏，何乐而不为？

里昂那多就职于纽约市一家大银行，奉命写一篇有关某公司的机密报告。他知道某个人拥有他非常需要的资料，于是，里昂那多先生去见那个人，他是一家大银行的董事长。当里昂那多先生被迎进董事长的办公室时，一个年轻的妇人从门边探头出来，告诉董事长，她这天没有什么邮票可给他。

里昂那多觉得很纳闷，怎么董事长还有集邮的爱好。

"我在为我10岁的儿子搜集邮票。"董事长对里昂那多解释。

里昂那多先生说明他的来意，开始转入话题。董事长的说法很含糊，模棱两可，可以说没有什么有价值的信息。他根本就不想把实情说出来，无论怎样试探都没有用。这次见面的时间很短，事实上也没有实际效果。

"坦白说，我当时不知道怎么办，"里昂那多先生说，他把这件事在希尔班上提出来，"接着，我想起他的秘书对他说的话——邮票，10岁的儿子……我也想起我们银行涉外部门搜集邮票的事——从来自世界各地的信件上取下来的邮票。

"第二天早上，我再去找他，一传话进去，我有一些邮票要送给他的孩子。我是否很热诚地被带进去了呢？是的。他满脸带着笑意，客气得很。'我的吉米将会喜欢这些。'他不停地说，一面抚弄着那些邮票。'瞧这张！这是一张价值连城的稀世珍藏。'

"我们花了两个小时谈论邮票，看他儿子的照片，然后他又花了一个多小时，把我所想要知道的资料全都告诉我——我甚至都没提醒他那么做，他把他所知道的，全都告诉了我，然后叫他的秘书进来，问他们一些问题。他还打电话给他的一些同行，把一些事实、数字、报告和档案全部告诉我。以一位新闻记者的专业水准说，我大有所获。"

里昂那多通过邮票的互动，不仅完成了任务，还与董事长有了较深入的沟通。你敬我一尺，我敬你一丈！人脉中的微妙就在于此！

想一想，目前你的人脉网有多大，你想扩展你的人脉资源吗？这个世界上没有人可以控制你人脉网的大小，唯有你自己可以掌握，它可以无限大，也可以无限小，这要看你的打造程度了。

你有一个香蕉，我也有一个香蕉，如果彼此交换，还是各有一个香蕉；但是，倘若你有一种建议，我有另一种建议，而彼此交流这些想法，那么，我们就各有两种建议，你有一个非常好的人脉网，我有一个非常好的人脉网，如果我们互相交换，那么，你有两个人脉网，我也有两个人脉网。所以，扩展人脉资源最有效的方法就是与别人互动人脉资源。

抓住时机、抓住场合沟通

我们经过很大的努力，建立了不错的人缘，但我们能满足于此吗？能使人缘不断拓展才是最理想的。人缘就像是一种回应，你送出去什么，它就送回什么，你播种什么就会收获什么，你给予什么就会得到什么。因此，要想有个又宽又广的人脉网，你必须不失时机、场合地与人沟通，与人建立长久的联络关系。

人们往往会碰到这种情况，在某一场合里很多人，那么你怎么能在这很多的人里游刃有余，让更多的人关注你，重视你，让陌生人结识你，让不熟悉的人存入你的人脉存折吗？

在这种场合下，不妨利用你的熟人，让熟人介绍一下想认识的陌生人。不是超过一般的关系，一般人不会主动把自己的朋友介绍给别人，尤其是在大家都很忙的时候。所以，想认识谁，就要主动出来寻找渠道。比如，当朋友与别人交谈时，你主动走上前去同朋友打声招呼，他可能会主动介绍一下正在与他说话的人。如果没有介绍，你可冒昧地问一句："这位是……"他告诉你后，你趁机与对方搭上话，但不要谈太长时间，以免耽误朋友的事情，对方也会认为你不礼貌。简单地说两句之后，起身告辞，或再加上一句："回头我们再叙，你俩先谈吧。"

如果去的场合是某人举办的活动，你可以主动请东道主引荐几位朋友。如果人不太多，可以让东道主主动把你介绍给大家，然后你就可以与任何一位聊天。其他人因为你与东道主关系亲密，也会很高兴结交你。即使你与东道主关系一般，他只要把你请来了，就会满足你这个要求，但你必须主动提出来而且要注意时机的把握。

参加各种研习会或培训班的人来自不同的群体，不同的领域。这并不重要，重要的是他们都有爱好学习、热爱成长、追求事业成功这一共同目标。

如果是同行，可以彼此交流工作体会，探讨行业趋势，了解更多有关的行业讯息。这些讯息对于制定决策、发展事业是很有帮助的。如果不是同行，那他就有可能成为你的客户。同时，他也有可能带给你正在寻找的东西。从这些聚会中可以建立深厚的友情。

美国保险明星诺曼·拉文参加许多培训班，同时他也参加一些研习会。他参加的研习会多半是一年聚会一次，然后由每个会员平均分摊所有交通和住宿费用。他们有一个共同的默契，就是会中所讨论的每一件事，都要保密，所有的信息都只跟会员分享。他们彼此都变成非常友好的好朋友，同时会经常保持联系，有事互相帮忙。

再看搭乘头等舱的乘客大都是政界领袖、企业总裁、社会名流。在他们身上可能会存在潜在商机。也许你乘坐一次头等舱，就可改变你的一生。

头等舱真的有必要搭乘吗？是为了更安逸？享受更好的服务？还是为了比其他乘客早30秒着地呢？或是为了生命安全？统统不是，要强调的是，为了拓展自己更高层次、更高品质、更高价值的人脉网。

这样的例子举不胜举，都有可能在短短几个小时的飞行中谈成几笔生意，常有机会结下难得的友谊，这在经济舱内的旅行团体中是很难巧遇的。

上篇 超级人脉经营的道与术

友谊，不是指溜须拍马。坐头等舱的人都希望了解同舱里的其他乘客为什么愿意多付20%～30%的费用来换取喝香槟，比其余乘客早30秒着陆的权利。特别是在长途的旅行中，你真的可以结识些飞行的贵人，从而建立珍贵的友谊。

还要积极参与公司内外各种各样的聚会。不仅是公司，自家亲戚朋友聚会也要参加，不要嫌麻烦。如果有不同行业的交流会，也要主动地参与筹划；加入有共同兴趣的圈子也是结交新朋友的最佳时机。

在适合的场合、合适的时机拓展人脉时要注意：

1. 真诚地付出

只求获取，不愿付出的人会使人感到反感。只要你付出了自然就会有获取的机会。给予别人信息与建议，自然也会得到自己需要的资讯。

2. "哀怨声声"的聚会少参加

那些怀旧的、安慰的聚会上，大家一边喝酒一边互相埋怨，杞人忧天，这样的聚会只会使人变得没有活力，意志更加消沉。曾见过一次这样的同学聚会。一帮参加工作20年的同学聚到一起，由于分别太长时间，见面就是以泪洗面。谈起现在的工作，几个提前退休或下岗的女同学更是撕心裂肺，全无当年那种"战天斗地"英姿飒爽的气概。这种聚会百害而无一利，知道后要尽快撤出。

3. 争取在聚会中表现自我的机会

如果只是满足于当一般的成员或听众，就没有多大的价值，也不可能借聚会之机建立起广泛良好的人缘。所以如果有发言的机会时，要争取积极主动地发言，提出各种活动建议。自己不妨率先组织第二次聚会。总之，要努力使自己的存在得到参与者的认可和好评，从而获得聚会的领导地位。

距离产生美

与人交友时，我们常会奉行一句话："君子之交淡如水。"

君子之交淡如水，与《中庸》里的"君子之道，淡而不厌"是一个道理。古人的君子交友之道，如淡淡的流水，源远流长。现代的人将交友比作花香。说"友谊就像花香，越淡就越持久"，与古人有异曲同工之妙。

在中国，中庸之道是一种明智的做人法则，掌握了这种方法，便会在生活中运筹帷幄，任意驰骋。交友也讲中庸，除了"淡而不厌"外，还要"简而文"，"温而理"，简略但是高雅，温和且合情合理。

交朋友，不能以自我为中心，让朋友围绕着你的喜怒哀乐转，让整个世界都涂满了你的色彩；也不能自我感觉良好，取笑朋友的爱好、兴趣。"和而不同"，尊重自己，尊重朋友，你不必跟在朋友的后面亦步亦趋，也不必差强人意，使人勉强。客观、冷静、明智，才不会产生朋友间的误会。

对于一见如故的人，既然对他有那么强烈的好感，那么就主动与之接近，寻找、创造并把握住每一个机会，以加深彼此的了解和信任，然后顺其自然地把关系向更高的一个层次提升。相反，对于那些自己只想有一面之缘的人，或是根本就不想交往的人，如果直言不讳地说要与之断交，可能会碍于"朋友"情面而觉得难堪，把大家弄得很没有面子，那么，循序渐进"降温"是比较好的方法。比如，找借口拒绝他的邀请，"忘记"了他关注的一些重大事情、"没办成"他特地请求帮助的事情等，这样做的效果往往很显著。

每一个人都生活在一个无形的空间里，这个空间范围就是他感知必须与他人保持的距离。美国人类学家与心理学家认为：人在文明社会中与他人交往而产生的关系，其远、近、亲、疏是可以用界域学或距离的大小来度量的。

人们交往时相距的远近。最能精确地表示他们之间的亲密程度。对西方人而言，45厘米之内的间隔适于爱抚，或者密谈。在这样的距离里甚至议论一下太阳，也会具有强烈的感情色彩。在这个范围内，人们的交际没有局限于言谈话语，还包括身体接触，气味相闻，体温相感，甚至连呼吸的快慢、脸色及皮肤肌理的变化，对方也一清二楚。

46～75厘米，是私人近距离接触时应保持的距离。妻子站在丈夫这个空间领域圈时，感到舒适自然，但如果另一妇女站在其中，她就会为此而感到诚惶诚恐。

0.75～1.2米，是私人远距离接触时保持的间隔。对绝大多数人而言，也就一臂之隔，它适于商量个人私事。

1.2～2米，是社交中人们近距离接触时保持的距离。同事之间在办公室站着聊天，一般相隔这样远。当一个人离他的秘书1.2～2米远站着，并且俯首向着她，就会给人一种盛气凌人的感觉。

2～3米，是社交中人们远距离接触时保持的间隔，它适用于正式谈话，有足够权威的领导，他办公桌通常大得足以使来访者与他相隔这么远。超过3米，便成为人们在公共场合应保持的间隔范围，它适用于演讲或发表正式讲话。

由此看来，在不同场合与谈话对象保持不同的距离，是一门很深而且很重要的学问。

在市场经济飞速发展的今天，人与人之间的交往和应酬是很正常的事。在这种场合下，要使对方对你产生好感，可以活用上面从心理学上讲的距离选择，与谈话对象保持适当的距离。

那么理想的交谈距离是多少呢？心理学家做过试验，得出一个结论：谈话的距离较近，能制造一种融洽的气氛，消除紧张情绪。最适合的距离就是一方伸出手可以够到另一方，即50厘米左右。

如果你想在社交中尽快打开局面，适应环境，那么每次与人打招呼或谈话的时候，要注意尽量合适地把距离拉近一些。即使到一个从未打过交道的新单位联系工作，或者跟一个不认识的人打交道，也要大胆一点，走到他跟前去说话。当然，要注意，拉近距离并不是套近乎，特别是在与上级或女性打交道时，不能冒昧莽撞，否则会引起对方厌烦，以为你不礼貌或心术不正，反而弄巧成拙。

即使是志同道合的朋友之间也要认识到人与人之间在空间、时间、爱好、年龄等诸方面是有差距的，在交往过程中，适当保持一定的距离，使友谊保持新鲜，五彩绚烂。这就是交友的辩证法。

可能任何人都有过这样的经历和感觉，觉得和某个人或某几个人很是相投，谈得来，坐在一起便觉得心里热乎乎的。总有相见恨晚的感觉，舍不得分开，甚至近似痴狂，只愿形影不离才好。然而，这种交往甚密的结局往往是令人失望的分离，而且很可能造成难以愈合的创伤。其实，伤口一旦产生，无论愈合得怎样好，也难免会留下疤痕，恰似陶瓷上无论怎样细的一道裂纹，总会留下一道阴影，抹不去，擦不掉。破镜怎么可以重圆？这不就是没有把握好距离的缘故吗？

亲近的交往，除了形影不离之外，还表现在另一个很重要的方面，对朋友的占有欲很强，把朋友捆得紧紧的，使朋友心里很有压力不能完全放松。

王敏把白雪看成比一日三餐还重要的朋友，两人同在一个合资公司做公关秘书，尽管公司的工作纪律非常严格，交谈机会很少，但她们总能找到空闲时间聊上几句。

下班回到家，王敏的第一件事就是给白雪打电话，一聊起来就兴致勃勃。

星期天，王敏总有理由把白雪叫出来，陪她去买菜、购物、逛公园。白雪每次都勉强同意。王敏每次都活力充足，不玩一整天是不回家的。

白雪是个有心计的姑娘，她想在事业上有所发展，就偷偷地利用业余时间学习电脑。星期天，白雪刚背起书包要出门，王敏打来电话要她陪自己去商场买衣服，白雪解释了大半天，王敏才同意白雪去上电脑班。可是白雪赶到培训班，已迟到了10分钟，心里很委屈。

第二个星期天，王敏说有人给她介绍了个男朋友，非让白雪一起去给个建议，白雪说："不行，我得去学习。"王敏怕白雪偷偷溜走，一大早就赶到白雪家死缠活磨，白雪没有上成电脑班。最终白雪郑重声明，以后星期天要学习，不再参加王敏的各种活动。

王敏一如既往，满不在乎，她认为好朋友就应该形影不离，彼此属于对方。有时星期天照样来找白雪，白雪为此躲到亲戚家去住。这下王敏可不高兴了，她认为白雪有意疏远她。王敏说："我很痛苦，她是我生活中最重要的人，可她一点也觉察不到。"

王敏的错误在于，首先是她从没有顾及朋友的选择，只是一味地要求，过密而没有距离的交往几乎剥夺了白雪的自由，使白雪的心情烦躁，不能合理按自己的计划安排自己的合理生活。

之后，王敏开始与白雪聚会少了，可是她吃惊地发现，她们的友谊反而更加深厚了。所以维持朋友亲密关系的最好办法是保持一定的距离，往来有节，给各自充分的自由空间。

所以，交友不要过于亲密，因为，它一则影响着双方的生活、学习和事业，再则会影响感情的永恒。交友应重在以心相交，来往有节，保持一定距离。

朋友之间相互的磁场力不管有多大，他们毕竟是两个不同的个体，彼此所处的背景不同，人生阅历也不同，他们的人生观、价值观也必然存在着一定程度的不同。正如一对处于"蜜月期"的新婚男女一样，当两个人的距离逐步缩减为零时，彼此的差异和缺点也就越来越明显地暴露出来，于是，求同的动力变小，从尊重对方到容忍对方再到指责对方，难免会在相互的摩擦中伤及情感。朋友之间也只有适度地保持距离，才能够增进感情。

关于拓展人脉，我们总结了两大部分，一是与人的相处，一是注意场合。

首先要注意的是与陌生人的距离。

害人之心不可有，防人之心不可无。在社会上还存在不少小人的情况下，"防人之心"是不可少的，与陌生人交往时，要避开一步。特别是涉世不深的青少年更应保持警觉，完善自己的积极心理防卫机制。如何与陌生人保持距离，起码应注意以下几点：

1. **不要被无端的奉迎感动**

奉迎的言行易于使人感动，因为人是很重视感情的。骗子们自然也懂得这一点。他们擅长献殷勤、套近乎，以图骗取信任和好感，使你把他们当成自己人，最终落入圈套。特别是当人们心情不顺或孤独寂寞时，最希望得到同情、关怀和帮助，此时也正是骗子们最得利的时机。所以，在此时尤其要提高警觉，在好话面前不妨多长一个心眼，对献殷勤者保持一定

超级人脉术大全集

的距离。

2. 不要被随意的承诺所欺骗

当我们听到别人对我们的承诺时，心里总会感到温暖，信以为真，然后不胜感激。这时也是小人攻击你最有效的突破口。

因此，对于自己并不了解的人对自己的应许要有所警惕。一般情况下，一面之缘之人张口就承诺往往是靠不住的，承诺谁都会许，轻信就会上当。

3. 不要以貌取人

在同陌生人打交道时，人们很自然比较重视外表，对风度翩翩、仪表堂堂的人易于产生好感，骗子们就善于利用人们这种只图外表不看本质的心理而精心用华美庄重的服饰伪装自己，借以诱骗他人，诱使你上当。因此，在同陌生人打交道时，要有"防人之心"，绝不要被其外表所蒙骗。

此外，还要注意不同的场合要保持不同的距离。

谈恋爱时，你最好陪恋人多上几次电影院。因为影院里座位的空间距离达到了肌肤相触、气味相闻的地步，最能品尝热恋的滋味。

讲课时，你不妨走下讲台，到学生座位中间的过道上来回走动一两次。这样，就从空间上拉近了你与学生的距离，既增强了讲课的现场感染力，又从心理上真正靠近了学生。但要适度，不能失去教师应有的姿态和风度。

和领导合影时，你要尽量站在离领导近的位置，能站前排就不站后排，能居中就不靠两边，不必畏畏缩缩往外溜。也不要给人一个抢镜头的印象。

开会时，你要尽可能挨着领导坐，这会给你的上级一种亲近感。心理学家证实，知己比朋友靠得近，朋友比熟人靠得近，熟人比陌生人靠得近，但不要给人向领导溜须拍马的名声。

陪同外宾时，你要时时处处照顾外国客人，彬彬有礼，表现得很热情。即便如此，中国同胞也不会挑剔你崇洋媚外，因为他们明白，此时的热情是一种礼仪。

化干戈为玉帛，让别人为你添砖加瓦

超级人脉术大全集

如果有人侵犯了你的利益，让你去原谅他，你会怎么办？一般人的选择可能都会对侵犯他的人耿耿于怀，记恨在心，可是有的人则会彻彻底底原谅对方。

一次，林肯总统遇到某议员。该议员批评林肯总统对敌人的态度："你为什么要试图跟他们做朋友呢？"他质问道，"你应当试图去消灭他们。"

"难道我不是在消灭我的敌人吗？"林肯温和地说，"特别是当我使他们变成朋友的时候。"

这种高深的策略在交际中发挥了不可低估的作用，不能不引起我们的重视，当我们碰到反对自己的对手或者和自己暗自竞争的对手时，我们切莫动怒，把时间与精力花在考虑如何"击败"对手或者用某种优势压倒对方上，不管怎么样，这样只会使怨气越积越深，我们应该寻找机会接近对方，使对方成为自己的朋友，这比摩拳擦掌、明枪暗箭般地斗下去要好得多，也就是《孙子兵法》上提到的"不战而屈人之兵"。

俗话说：勺子没有不碰锅沿儿的。当你因为一些小事，与自己的朋友发生矛盾了，不管你正确与否，你是否想到过去化解这些恩怨？既然矛盾已经产生了，就不要逃避，勇敢地正视它，拿出自己的勇气和曾经是"敌对一方"的他冰释前嫌。不要觉得自己会丢面子，放不下架子，只有自己主动才能赢得先机，才能让对方在心理上处于劣势，这样你的诚意他一定会接受。

在罗斯福出访非洲回来的宴会上，看见许多不相识的人，这些不相识的人都是美国政界名流、贵族名门、金融赢家，他们即使对罗斯福，也并不显得存有太多的善意。

但罗斯福很快想出靠近他们的对策来。他通过身边的助手，了解到这些陌生人中每个人的性格特征、兴趣爱好等大概情况。于是，罗斯福就去向那些人逐个寒暄，并跟他们谈及他们最喜欢听的事情和他们的事业，结果许多人对罗斯福的看法都大为改观。

为了获得陌生人的肯定，罗斯福不厌其烦地打听他们的情形。这样，他的谈话材料才能引起他们的兴趣，使他们感觉到总统对他们非常重视，从而对他产生良好的印象。

在每个人会见罗斯福时，关于这个人的一切情形，他都打听好了，特别是对每一个人的优点，罗斯福总是在适当的时机给以赞赏，这样每个人都觉得被看重了。

一个人成功的重要因素，是能把许多不认识的人变成新朋友。人与人之间不会完全相同，这种不同最明显的差异常常会体现在一个人的爱好中，并通过行为、习惯、意见等表现出来，我们在接触不同的人时，要注意并尽力把他们与自己融合在一起。

加莱刚担任美国钢铁公司总裁时，因为他的同事们不支持他，不和他合作，致使事业很难开展，于是加莱在给同事们写关于工作的信件中，常常插入一些有关个人私事的话题，结果他重新赢得更多朋友的支持，事业改头换面，蒸蒸日上。

社会的竞争情形越来越严峻，只有心理上能够承受足够压力的人，才可以给自己找回一席立足之地。

因为一个心理上成熟而健康的人，经得起合作的磨炼，也经得起竞争的考验。他是深明大义的合作者，也是光明正大的竞争者。竞争是要分输赢的，参加竞争就是为了胜过自己的竞争对手。在竞争中以"我胜你败"为标准，这和我们与搭档和朋友相处以"双胜无败"为目标并不发生冲突。作为竞争对手，我立志要"胜过"你；作为搭档和朋友，我绝不"坑害"你——这就是对待竞争的强健而又豁达的心态，也是新型"化干戈为玉帛"的典范。

"化敌为友"，除了自己要放下架子，心态平和外，技巧也是不可缺少的。

1. 抓住对方的性格特征，以求对症下药

比如《孙子兵法》中就提出了"怒而挠之"和"卑而骄之"等各种不同的出奇制胜之术。

"怒而挠之"就是如果你的对手脾气暴躁，就故意挑逗、欺侮使之发

怒，使之情绪受到波动，不能理智地分析问题，以致破绽百出，如此一来，要打败敌方就容易多了。"卑而骄之"则是遇上了力量强大且自高自大、狂妄自大者，便可对症下药，用奉迎的言辞和有点价值的礼物麻痹对方，表示自己的唯唯诺诺，对他的矫情推波助澜，等到他狂妄之极，忘乎所以时产生麻痹轻敌情绪时，再出其不意，给予有力反击。

2. 充分表现你需要对方的帮助

这一点是很重要的，它能在最大限度上调动起对方的积极性。当然，你是否真的需要他的帮助，只有你自己知道。尽量抬高对方的自尊，对方一高兴，就可以避免把谈话激化，尽可能减少或消除以往的敌对情绪。你可以提到自己工作中的几个方面，需要你的同事提供意见或指导。如果你要把这些方面进一步加以明确，你的同事大概也不会反对。

3. 对威胁置之不理

有时，我们会听到别人恐吓的问题，"你以为你是谁?""你们那所高级学校难道没教你什么东西吗?""你从来没听过什么叫应急计划吗?"这些问题以及它们那些数不过来的变种，根本就不是询问什么信息，它们只是为了使你失去平和的心态。不要带着感情色彩去回答他们——干脆就不要回答它们。索性假装它们压根就没从对方的嘴里吐出来，你只管回到你的主题：你感受到了什么而非它是什么? 你计划做什么? 以及你希望怎样做? 这样，你不给对方向你破口大骂的机会，就有可能减少他对这一类恐吓性问题的依赖。

4. 敢于承认错误

不要总害怕承认自己的错误，以为这样别人就会看不起自己。其实，真正有能力的人是勇于承认自己的不对之处的。所谓的"知耻近乎勇"，正是这个意思。

不怕欠人情，只怕忘恩情

朋友是处出来的，关系是走出来的。朋友之间的帮忙也需要讲一下感恩之情。

有人认为，相互之间非常投缘，彼此都能理解对方，朋友之间非要讲那些客套干吗，过于客套，也会给人一种虚假的表象甚至压力。

想起霍金，眼前就浮现出这位科学大师那永远深邃的目光和宁静的笑容。世人推崇霍金，不仅仅因为他是智慧的化身，更因为他还是一位人生的勇士。

有一次，在学术报告结束之际，一位年轻的女记者捷足登上讲坛，面对已在轮椅上生活了30余年的科学巨匠霍金，不无悲悯地问："霍金先生，卢枷雷病已将你永远困在轮椅上，你不认为命运对你太不公平了吗？"

这个问题显然有些敏感和尖锐，报告厅内顿时鸦雀无声，一片寂静。

霍金的脸庞却依然充满恬静的微笑，他用还能活动的手指，艰难地叩击键盘，于是，随着合成器发出的标准伦敦音，宽大的投影屏上缓慢然而醒目地显示出如下一段文字：

我的手指还能活动，

我的大脑还能思维，

我有终生追求的理想，

有我爱和爱我的亲人和朋友，

对了，我还有一颗感恩的心……

心灵的碰撞之后，全场雷鸣般的掌声响起。人们纷纷拥向台前，簇拥着这位伟大的科学家，向他表示由衷的敬意。

感恩的心！是啊，在现代的人际相处中，我们太缺少感恩的心了，人与人之间多了份冷淡，感恩的心是不可忽视的！

时刻记住别人对你的好，对你的帮助，反过来，你就会对他好，循环下去，你们彼此友好地处下去，友谊不是更坚固吗？

这是一个关于二战归来的英国士兵的故事。

他从苏格兰打电话给他的父母，告诉他们："爸妈，我回来了，我想带一个朋友同我一起回家。""当然好啊！"他们回答，"我们会很乐意见他的。"

不过儿子又继续说下去："可是有件事我想先告诉你们，他在二战中为我受了重伤，少了一条胳臂和一只脚，他现在走投无路，我想请他回来和我们共同生活。"

"儿子，我很遗憾，不过或许我们可以帮他找个安身之处。"父亲又接着说，"儿子，你不知道自己在说些什么。像他这样残障的人会给我们的生活造成很大的负担。我们还有自己的生活要过，不能就让他这样影响了。我建议你先回家，然后忘了他，他会找到自己的落脚之处。"

就在此时，儿子挂上了电话，他的父母再也没有他的消息了。

几天后，这对父母接到了苏格兰警局打来的电话，告诉他们亲爱的儿子已经坠楼身亡了。于是他们伤心欲绝地飞往苏格兰，并在警方带领之下到停尸间去辨认儿子的遗体。警方相信这只是单纯的自杀案件。那的确是他们的儿子没错，但令人惊讶的是，儿子居然只有一条胳臂和一条腿。

故事里的父母肯定很后悔，但是亡羊补牢为时已晚，如果他们知道感恩的内涵，结局何至于此？儿子告诉父母这个残废的人是为自己而受的重伤，可是父母只记得这个人是残废人会拖累他们，唉，失去了儿子不能怪别人，只能怪自己！

怀着一颗感恩的心去欢迎别人，以施惠于人为乐，享受施予的快乐，那才是人间最美的事。

拔掉人脉中的杂草

常言道："近朱者赤，近墨者黑。"这里说的，就是经常接触的人对自己的影响。现实里一个人身边的人既不可能都是好人，也不可能都是坏人，总是形形色色的，而且好人不可能一辈子都是好人，坏人也有良心自省的时候。因此，近墨者黑，近朱者赤，对自己常常是一个见机行事结合的问题。

一般说来，好人总是很难做的，要坚持人生必要的原则，讲道德，不损人利己，有自己的个性。只是日久见人心，路遥知马力，方知好人难得。

有些坏毛病的人，他没有什么原则性，个人主义严重，也不讲什么道德良心。这样的人，认识他的坏处是容易的，可拒绝他，对许多人并不容易。因为有坏毛病的人也是人，他不仅以坏毛病、坏品性存在，并且他还能展开他坏心眼儿的魅力诱惑人。这样，在短时间内，别人还能抗拒引诱，时间长了，习惯成自然，也便同流合污了。

　　见好人，学好人，做好事；

　　遇坏人，学坏人，做坏事。

　　基本的道理如此，对于成长中的青少年，由于年龄与阅历的限制，分辨的能力比较差。即使成年人，或者由于心地单纯，或者由于环境的改变，也容易见好学好，跟坏学坏。这在《水浒传》一些英雄身上，表现得再清楚不过了。

　　所谓梁山寨上一百零八条好汉，那是上山以后的事。上山以前，有的人甚至是地痞流氓。鼓上蚤时迁，他偷官府、偷皇帝老儿，未必不偷平民百姓。无论如何，偷，断难说是好事。

　　所以，关于"黑"与"赤"的评判是没有一个固定标准的，有时候要把它们放入特定的环境中来看。

　　一个人择友一定要在"良"字上下工夫。固然，"金无足赤，人无完人"，我们选择的朋友，尽管会有这样那样的缺陷，但必须主要方面是好的。他能与你真诚相处，道义上能互相勉励，当你有了成绩能与你分享，有了过错能严肃规劝你。这种以诚待人的朋友可称之为"挚友"，这种能指出你过错的朋友又称为"诤友"，这种能使你对真、善、美的事物更加向往，使你变得更高尚，更富有魅力的朋友，就是你应当苦苦寻觅的，并使你终生受益的"良友"。与这样的朋友建立起健康而真挚的友谊，会成为你前进的不竭燃料。

　　相反，那种可能使你变得庸俗低下，使你思想品德退化的"朋友"，或以江湖哥们儿义气拉拢诱骗你，没有原则，不讲是非，拉帮结派，甚至会堕入犯罪的"朋友"，要趁早离开他。

为你的人脉投一笔"感情投资"

人类都难逃脱一个"情"字。尽管当今社会崇尚一句话："认钱不认人。"但是"人情生意"从未销声匿迹。人既然能够为情而死，那么为情而投资又有什么不可？这是人之常情。

所以，在拓展人际交往中更要注意"感情投资"。

所谓"感情投资"，说简单点，就是在人情世故上多一分关心，多一分相助。即使遇到大风大浪的情况，也能够相互体谅，"生意不成人情在"。

虽然很少有人能达到"人饥己饥，人溺己溺"的境界，但我们至少可以随时关注一下别人的需要，时刻关心朋友，帮助他们脱离困境，当朋友身体不适时，你应该多去探望，多谈谈朋友关心的话题；当朋友遭遇打击而沮丧时，你应该给予鼓励；当朋友愁眉苦脸、沉默寡言时，你应该亲切地询问他们。这些适时的安慰会像冬日里的阳光，温暖而不刺眼。

其实，就是有"缘"。彼此能够一见如故，要保持长期的相互信任、互相关照也不是简单的事，仍然需要不断地进行"感情投资"。尤其在商战上，各自都为各自的利益，彼此都知道商人奸诈无比。人与人交往不能不防。所以很容易互相起疑心。结果"缘"就会由相投转为反目为仇，人情变成了敌情。情场上，最爱的人也会变成最恨的人，这在世间也屡见不鲜。相互最仇视的对手，往往原先是形影不离的伙伴。反目为仇的根源恐怕谁也说不清，留下的都是互相指责和怨恨。

为什么会这样呢？因为很多人都有这种毛病，一旦关系稳定了，就不再觉得自己有义务去保护它了，往往会忽略双方关系中的一些细节问题。例如该告白的实情没告白，该解释的情况不解释，总认为"反正我们关系好，解释不解释无所谓"，结果日积月累，矛盾越积越深，友谊自然出现裂痕。

无论从现实角度，或从情感价值角度去看，朋友之间的友谊都值得进行大笔的投资。

朋友有时在很危急的关头能帮上大忙，能起到不可想象的作用。但是，朋友关系的维系来自于自己的耕耘。在与朋友分开之后并没有经常性的联系，那关系之好简直异想天开。所以，只要你有这份心、这份情，能够真诚地维持分开之后的朋友关系，那你的人际面会更加宽阔，路子也会比别人多出几条。

感情来自交流。平时多加强联系，是拓展人际关系网的最佳润滑剂。

注重感情是人性的一大弱点，但也是一大优点，中国人尤其看重的"生当陨首，死当结草"，"女为悦己者容，士为知己者死"的，无一不是"感情效应"的结晶。为官者大都深知其中的奥妙，不失时机地付出廉价的感情投资，以拉拢和收买部下。

你要想拓展人脉存折，赢得人们的拥戴，调动起朋友的积极性，让他们无怨无悔地为自己付出，只有靠感情。俗话说："将心比心。"你想要别人怎样对待自己，那么自己就要先怎样对待别人，只有先付出爱和真情，才能收到一呼百应的效果。

日本著名的企业家松下幸之助就是一个看重感情投资的人，他曾说过："最失败的领导，就是那种员工一看见你，就像鱼一样没命地逃开的领导。"他每次看见认真工作的员工，都要亲自上前为其沏上一杯茶，并充满热情地说："太感谢了，你辛苦了，请喝杯茶吧！"正因为在这些小事上，松下幸之助都不忘记表达出对下级的爱和关怀，所以他获得了员工们一致的拥戴，他们都心甘情愿地为他效力。

不管是职场中还是人脉中，这是一样的道理，感情是打动人心最有力的工具，丢掉感情的人，不仅生活没有味道，连生存都会成为问题。

"感情投资"就如同做生意，必须舍得花血本，你要是把本钱藏得严严密密，不仅不会增值，反而日渐减退，所以一定要懂得"事先投资"与"事后回报"的必然性。

1. 事先投资：给对方一些好处

在求对方办事时，对方并不情愿为你白忙乎，他等待你也能帮他做些事情，有的甚至希望在他办事之前，你得为他先做点牺牲。如果你了解对方这种心理，主动满足他，他就会很乐意地帮助你。

尽管有时对方没有什么需要帮忙的事情，但是你要让对方精神上得到满足，表现出对对方的仰慕和尊敬，不断地赞赏对方的能力。

2. 事后回报：甩掉你的人情包袱

如果你与对方关系很不一般，求他帮忙时，他会提出条件来，那你也要多为对方考虑，尽力多为对方解决一些困难。不论关系多密切，你总求人家，而没有回报，时间长了也就行不通了。

帮助他人不能居功自傲，在人际交往中，当我们帮助了他人时，不必以此沾沾自喜，自鸣得意，更不能摆出一副救世主的面孔，因为我们的帮助应该是无私的、诚恳的、不存在半点利益纠葛的。如果总记得自己有恩于他人，这样活着岂不是很累吗？居功自傲的人也常常因为其粗蛮的态度而招致别人的不满，人们甚至对他的帮助拒之门外，这样的人也不会拓展人脉。

拓展人脉的七大战略

1. 选择战略

街上，饭店餐厅里，机场，公共汽车站，酒吧，舞会，朋友的聚会上，处处都有不少潜藏的人脉。不妨与人谈上一两个小时，一定可以学到一点东西。出差、郊游也是拓展人脉的好机会。

但是拓展人脉一定要有选择战略相助。结人际关系，交的是真情挚友，而不是狐朋狗友，要想结交关键时刻能助自己一臂之力的朋友，平时就得多给予和付出、接纳和关心别人。长期积累下去，才能真正赢得别人的尊重和认同，才能在危难时得到人际关系的支持，这是拓展人际关系的要领所在。

2. 目标战略

建立"关系"最起码的做法就是：不要与人失去联络，不要等到有事情时才想到别人。"关系"就像一把剪刀，常常磨才不会生锈。若是半年

超级人脉术大全集

以上不联系，你可能已经失去这位朋友了。

此外，预定可以变通的目标，试着每天打几个电话，不但要拓展自己的"人面"，还要维系旧情谊。如果一天打5个电话，一个星期就有35个，一个月下来，更可到达150多个。平均一下，你的人际网络中每个月大概都可能增加十几个"得力人士"。

对于目标战略的实施，每一个目标都不要放过。

大忙人虽不难觅，并不表示绝对无法接近。不必浪费时间在上班时间打电话给他们，这些人不是在开会就是在作报告，或是出差了。

要利用空档，"拉关系"的高手认为傍晚六七点是这些忙人的"黄金时段"。秘书、助理等大概都走了，只剩下一些工作狂，希望以自己的"埋头苦干"给老板留下美好的印象。此时是联络这些"贵人"最适当的时机。

总之，放开一点，不要以为位高权重者都是高不可攀的人物。只要抓住窍门和时机，就能联络到你目标中的每一个人。大凡有能力有地位的人几乎都有层层的关卡，若能突破这些障碍，剩下的也就不攻自破了。

每个企业都有保安，设法找到他们，跟他们建立某种"关系"，他们就能告诉你通往老板办公室的秘密通道。惹恼了他们，只会让你吃不了兜着走；化敌为友，日后才能一马平川。

3. 循序战略

生活中有这样的人，刚刚认识别人，就迫不及待地大谈他的伟大蓝图方向，积极寻找合作机会，结果弄得对方既没兴趣又尴尬。这类人太急于求成了，他忘了一条原则：初识不宜言利。初次相识，尽量谈一些双方共同的话题，少谈关系到自身利益的话题。熟了以后，再进一步也不迟啊！

拓展人脉时，若是拔苗助长、急于求成，只会使人离你越来越远。你的积极进取在别人眼里可能是"不择手段"、"急功近利"的。最糟的情形，可能会使我们想亲近的人纷纷逃之夭夭。

要拓展真正的关系，并不像"攻城略地"或是来个"全垒打"一般，可持续发展的人脉，应该是久而稳的。正如一位著名人士所说："我从不相信那些在3分钟就跟我称兄道弟的'朋友'。如果要聘用一个人来做重要的事，我一定要找信得过的人。"

4. 多烧香战略

有的人无事不登三宝殿，有事就找你，没事时连个人影都见不着。人际关系要不断拓展，更需经常性地烧香拜佛。要不然，就成了"狗熊掰玉米"。长期维护的人际关系，才会如陈年的酒越久越醇。

5. 记录战略

像写日记一样，数十年如一日，这可能不容易做到；然而如果有恒心、有耐力，一定会功夫不负有心人。如果你很认真地在拓展自己的"关系"，认识的人一定不少。要追踪成果、找出真正的"贵人"，不妨记录每一次联系的情形。在记忆犹新的时候就要趁热打铁，如果等到日后再来补记，效果就大打折扣了。

可记录的要点包括姓名、地址、联系方式、你的看法以及日后查找方法，用不着事无巨细地像在写一篇动人散文。

要有收获，一定要下不少工夫。但是，想到可以跟这么多杰出的人士见面，也是在所不惜的。一旦习以为常，也就不以拓展"关系"为苦了，反而觉得乐意、刺激。

6. 诚信战略

人正、心诚、守义、守信，才能拓展人际关系。要树立"诚实守信"的公众形象，否则人际关系越广，越是"臭名远扬"。

7. 互利战略

还有一点要提及的是，人际关系的最高战略是互惠互利。有人深谙此道，经常主动帮朋友解决一些实际困难，增加自己的价值被利用的机会。

超级人脉术大全集

超级人脉的黄金法则

——人一生要依靠的 14 种人

没有背景后台的人常常巴望得到贵人相助，这种被动的等待只能是徒劳，主动寻找贵人才能获得成功。

——雅芳全球董事会主席兼首席执行官　钟彬娴

第一章
向上看齐，成功人士是你的榜样人脉

与成功者在一起的秘密

19世纪20年代初期，罗思柴尔德在巴黎发迹。但不久之后他就面临了最棘手的问题：一名犹太人，法国上流社会的圈外人，如何才能赢得排斥外国人的法国上层阶级的尊敬呢？罗思柴尔德是了解权力的人，他知道他的财富会带给他地位，但是他也会因此在社交上被疏离，以致最后地位与财富都不保。因此他仔细观察当时的社会，思考如何受人欢迎。

慈善事业？法国人一点也不在乎。政治影响力？他已经拥有，再加强只会让人们更加猜疑。后来，他终于找到一个缺口，那就是，在君主复辟时期，法国上层阶级非常无聊，因此罗思柴尔德开始花费惊人的巨款娱悦他们。他雇用法国最好的建筑师设计他的庭园和舞厅，雇用最有名的法国厨师卡雷梅准备巴黎未曾有过的奢华宴会。

没有任何法国人能够抗拒这些宴会，即使它们是德国犹太人举办的。因此，罗思柴尔德每周的晚会吸引了越来越多的客人。

终于，罗思柴尔德的晚会使他与法国上流社会打成一片，改变了自己单纯混迹于商界的形象。通过在"夸富宴"中挥霍金钱，他展现出他的权力不只在金钱方面，更进入了更珍贵的文化领域。罗思柴尔德或许是通过花钱赢得社会接纳的，但是他所获得的支持基础绝不是金钱本身就可以买到的。事实证明，在以后相当长的一段时间里，他一直受惠于这些贵族客人。

俗话说："主有多大，客有多大。"这说出了人际关系中一个至关重要的道理，那就是你的人际关系圈子注定了你的价值。现代商业理论中有这样一个观点：看一个人的才能，不是看他的口袋里有多少钱，而是看他的朋友的层次。所以，要想造势，要想将势造大，就必须想方设法跻身上流社会。

商场有句俗语是："天大的面子，地大的本钱。"这句话道出了人脉资源在商业活动中的重要性。古往今来最熟知个中滋味，并且运用自如的，恐怕当数案例中提到的金融界大亨罗思柴尔德了。

心理学研究表明，环境可以让一个人产生特定的思维习惯，甚至是行为习惯。环境能够改变我们的思维与行为习惯，直接影响到我们的工作效能与生活。和成功人士在一起，有助于我们在身边形成一个"成功"的氛围，在这个氛围中我们可以向身边的成功人士学习正确的思维方法，感受他们的热情，了解并掌握他们处理问题的方法。这就是我们必须与成功人士在一起的原因和秘密。

跻身上流社会，与成功人士在一起，至少会使你看起来也像一个成功者，同时你也将更容易获得成功的机会。

有一天，一位百万富翁遇到了一位千万富翁，并向他请教获取财富的方法："为什么你能成为千万富翁，而我却只能成为百万富翁？难道我还不够努力吗？"

"你平时和什么人在一起？"千万富翁反问道。

"和我在一起的全都是百万富翁，他们都很有钱，很有素质……"那位百万富翁自豪地回答。

"呵呵，我平时都是和千万富翁在一起的。这就是我能成为千万富翁而你却只能成为百万富翁的原因。"那位千万富翁轻松地回答。

以下两点建议对于你结交成功人士会有所助益：

1. 审视自身的环境，寻找有益的同伴

你所遇到的人决定你的命运。良好的环境可以促进人的成功，恶劣的环境会阻碍人的成功。所以，假如你想要成为一名成功人士，创造事业上的辉煌，就应该先看看周围的环境是不是与它相适合，假如不适合，就要考虑换环境！

2. 接近那些优于自己的人

那些能够为我们带来益处的人往往是那些优于我们自己的人。一位成功学专家认为："一个最有可能成功的人，他在朋友圈子中的成就应当是最低的。为什么是这样呢？因为只有你的朋友比你强的时候，你才能从交友中获益；假如所有的朋友都没你棒，就不太妙。"

因此，我们在交往中应尽可能结交优于自己的人，并朝这一目标而努力。结交卓越的人士，便能见贤思齐。当然，这里的"优于自己的人"并非是指家世显赫让世人所称道的人，而是指有内涵、地位超绝的人。

如果你想使自己成为一名成功人士，就要时刻在自己的身边形成一个"成功"的氛围，最好的办法就是尽量地找机会和成功人士在一起，多多感受和学习他们身上的优秀品质。

抱着学习的心态去工作

巴菲特是世界上最富有的投资商——一个超级大富翁。巴菲特在读大学四年级的时候，读了本杰明·格雷厄姆的一本书，书名为《聪明的投资者》。对于巴菲特来说，这本书太重要了。当巴菲特得知格雷厄姆在哥伦比亚大学执教时，便打定主意要投身到他的门下学习。毕业后，巴菲特果然去了本杰明·格雷厄姆的投资公司应聘工作，但却遭到了本杰明·格雷厄姆的拒绝。巴菲特没有放弃，他一而再、再而三地请求本杰明·格雷厄姆给他一个机会，他甚至表示可以不要工资。格雷厄姆最后点了头，但又说要 3 年之后才聘用他。于是，巴菲特便在接下来的 2 年时间里，跟着这位著名的投资家学习。

25 岁时，巴菲特回到了故乡——内布拉斯加州的奥马哈，并在 7 位投资人的支持下创建了巴菲特投资公司。巴菲特的原始投入仅为 100 美元，但 5 年之内，他就成了百万富翁，并从此逐步成长，最终登上了世界最著名股票投资人的宝座。

人在不具备自己创业的条件下，需要为别人打工来取得基本的生活保障，并有所积蓄，以便为将来自己创业或选择自己所喜欢的职业奠定物质基础。

但作为一个立志成功的人，你就必须为将来的创业做好经验积累、技能提高、关系储备、知识增进等方面的准备。这就是说，工作所能带给你的，要远比工资带给你的多得多。如果你将工作视为一种积极的学习，那么，每一项工作中都包含着许多个人成长的机会。你是为薪水而打工，但不只是为薪水而工作。为薪水而工作，看起来目的明确，但是往往容易被眼前的利益蒙蔽了心智，使你看不清自己未来的发展道路。所以，薪水只是工作的目的之一，你一定要认识到比薪水更重要的东西。如果你只为薪水而工作，那么你就将只能得到那些薪水，而失去很多东西。正像你如果只为吃饭而活着，那么你就只能维持着吃饭的生活。

所以，对一个想要成就一番事业的人来说，老板支付给你的只是薪水，但你一定要在工作中赋予工作以更多的价值，你要在工作中支付给自己更多的东西。汪中求先生曾这样说："要将老板当做第一顾客，因为老板不仅给了你一个工作平台、一个发挥自己潜力的机会，而且出资将你的服务买下。"这话说得非常有道理。对于一个打工者来说，一定要善待老板，同时在工作中努力经营自己。不管你是为老板打工，还是为自己打工，都要想到，你得到的不仅是薪水，还有珍贵的经验、良好的训练、技能的提高、自我认识的加深等很多东西。这些东西与有限的金钱比较起来，其价值不知要高出多少倍。

有一位心理学家曾经聘用了一位年轻的小姐当助手，替他拆阅、分类及回复他的大部分信件。当时，她的工作是听心理学家口述，然后记录回复的信的内容。她的薪水和其他从事相类似工作的人大致相同。有一天，心理学家讲到了一句格言，并要求她用打字机打印出来："记住：你唯一的限制就是你自己脑海中所设立的那个限制。"

她把打好的纸张交还给心理学家时说："你的格言使我产生了一个想法，对你我都很有价值。"

这件事并未在心理学家脑中留下特别深刻的印象，但从那天起，心理学家可以看得出来，这件事在她脑中留下了极为深刻的印象。她开始在用完晚餐后回到办公室来，并且从事不是她份内而且也没有报酬的工作。

她仔细研究心理学家的风格和心理学方面的知识。终于有一天，她写的回复信跟心理学家自己所能写的差不多好，有时甚至更好。她一直保持着这个习惯，直到心理学家的私人秘书辞职为止。当心理学家开始找人来补这位私人秘书的空缺时，他很自然地想到了这位小姐。但在心理学家还未正式给她这项职位之前，她已经主动地申请了这项职位。由于她在下班之后以及没有支领加班费的情况下对自己加以训练，使她有资格出任心理学家的秘书。

不仅如此，这位年轻小姐高效的办事效率还引起了其他人的注意，有很多人为她提供了更好的职位请她担任。她的薪水也多次得到提高，已是她当初做普通速记员时薪水的 4 倍。她使自己变得对心理学家极有价值，使心理学家感到他不能失去这个帮手。

"抱着学习的心态去工作"几乎已经成为现代社会成大事者的必备素质。要做到这一点，需要有效避免以下几个误区：

1. 不要只为了高薪或安逸而工作

尤其是对于那些刚刚走出校门的"社会新鲜人"来讲，如果有人立刻找到了一份又轻闲又能赚很多钱的工作，那绝对不是一件好事。因为那样的环境容易滋生懒惰的习惯，扼杀人的创造力，对人的长远发展有害无益。

2. 不要自命清高

有的时候，人们会在工作单位里遇到一些学历或者能力比自己低的人，并且这些人还有可能担任领导职务。这个时候，千万不要看不起别人，总认为自己比别人强，要懂得汲取他人的优点，为我所用。

3. 不要忽视一些看似无足轻重的工作

有很多有远见的人会选择去知名的大企业里担任清洁工或者打字员，目的就是学习该企业的管理模式、用人策略和经营方法，为自己今后的创业打好基础，这是十分明智的做法。

多向前辈取"真经"

美国有一位名叫阿瑟·华卡的农家少年，他在杂志上读了某些大实业家的故事后，很想知道得更详细些，并希望能得到他们对后来者的忠告。

有一天，他跑到纽约，也不管几点开始办公，早上7点就到了威廉·B·亚斯达的事务所。

进了事务所，华卡立刻认出了面前那体格结实、长着一对浓眉的人就是他要找的人。高个子的亚斯达开始时觉得这少年有点讨厌，然而一听少年问他"我很想知道，怎样才能赚得百万美元"时，他的表情便柔和并微笑起来。两个人竟谈了1个钟头。随后亚斯达还告诉他该去访问的其他实业界的名人。

华卡照着亚斯达的指示，遍访了一流的商人、总编辑及银行家。

在赚钱这方面，他所得到的忠告并不见得对他有所帮助，但是能得到成功者的知遇，却给了他自信。他开始仿效他们成功的做法。

2年之后，华卡成为他做学徒的那家工厂的所有者。24岁时，他成了一家农业机械厂的总经理。之后不到5年，他就如愿以偿地拥有百万美元的财富了。

华卡在后来活跃于实业界的许多年中，一直实践着他年轻时在纽约学到的基本信条，即多与有益的人结交，多会见成功立业的前辈。

这种虚心求教的精神和积极进取的人生态度是值得我们学习的。

或许有人说年龄和资历说明不了什么，真正的创造力都在那些充满朝气的年轻人身上，这种看法是不对的。虽然这个世界确实有一些东西是用资历和年龄换不来的，这些东西只掌握在年轻人的手里，但是请记住，也有很多东西是你在书本和其他地方学不到，而只能从前人的经验中学到的，这些东西都掌握在前辈们的手里。向前辈取经，就是要取这些东西。实践出真知，前辈们将从实践中得到的"真知"总结起来，并传授给你，那么你便拥有了一项得天独厚的资源，这项资源储存在你的头脑里，是任何人都拿不走的。

想一想，站在同一个起跑线上的两个年轻人，他们实力相当，但其中一个人被前辈传播了真经，比如怎样呼吸、到哪一处会累、在哪些阶段需要保存体力等，另一个人则没有，那么谁会赢呢？答案可想而知。

所以，初出茅庐的年轻人，谦虚地向前辈请教吧，你会得到惊人的收获。

李卫在一家化工单位工作已经2年了，他感到这份工作轻闲、缺乏创造力、薪水也低。于是，他渐渐地对这份工作产生了不满情绪，后来干脆辞职了。勤奋的他立志通过考研来改变自己的命运。为了将来有一个好的出路，原来学工科的他毅然自学起管理专业，并报考了某名牌大学的MBA。但考试的结果让他大受打击，虽然那也在情理之中。好在接下来他并没有放弃，但接着2年他又都失败了，总是一门专业科目差三五分。正在他懊恼无比的时候，他所报考专业的老师被李卫这种坚持不懈的韧劲所感动，随即寄了几本参考书给李卫，鼓励他好好读一下这些书，说或许会有所突破。果然，幸运很快来到了李卫身边，在后来的MBA考试中，他以优异的成绩被该大学录取。目前，李卫已经是广州一家外企的部门经理。

向前辈取经，也有几点注意事项：

1. 不要惧怕冷遇

要用自己的恒心和毅力打动前辈，让他看到"孺子可教"。你一旦打定主意，就要像唐僧取经一样，遇到任何艰难险阻都不退缩。

2. 要问一些"具体而微"的问题，而不是那些"大而空"的问题

以免一来前辈不好回答，二来你也很难从他的回答中得出一些真正对自己有益的东西。

3. 问到问题的关键处

就是说要问实现自己目标的"窍门"是什么，以达到请教的目的——找到那把开启梦想的钥匙。

4. 问"错"，问"弯路"

有的时候，不同的人在同一条成功路上跌倒过的原因是相同的，即可能是由于人性的某些共同的弱点。所以，问这些错误就等于给自己打了预防针，避免了自己以后也走弯路。

与优秀的人共事

明末清初的顾炎武曾写了一本《天下郡国利病书》，这是在水利方面有一定科学价值的书。顾炎武之所以能写出这本著作，与他的朋友耿橘有很大关系。耿橘是个对水利很有研究的人，他在做常熟知县时先后开浚了福山塘和奚浦，还写过一本《水利全书》，其中对于如何根据地势高低来决定蓄泄、如何根据水系来进行开浚，都有周密详尽的规划。这些都给了顾炎武以启发。没有这位好学友，顾炎武的《天下郡国利病书》就很难问世。

世界著名的科学家爱因斯坦的科学成就也得益于他的学友们的帮助。他在掌握黎曼几何之前，只是取得了狭义相对论的成功。后来朋友们帮助他掌握了黎曼几何，才促使他发现了广义相对论的奇妙世界，建立了科学史上罕见的功勋。

正像一句俗话所说的："交友如染丝，染于苍则苍，染于黄则黄。"一个人如果交了爱吹牛穷聊的朋友，便难免陪着他云天雾地、海阔天空地夸夸其谈，久而久之，自己也会成为"话匣子"；如果交了爱玩爱闹不学无术的朋友，就少不了一起去游游逛逛、打打闹闹，久而久之，自己也可能成为不求上进的浪荡鬼；但如果交上了积极上进的朋友，谈的是学习、学问、成功，交流的是知识见闻，那么久而久之，自己就可能潜移默化而好学不倦，追求起真知，变得热情自信、视野开阔，这样从中得到的益处就无可估量了。

在生活中，有时你距离目标只有一步之遥，取得成功的关键就在于你能否找到实现目标的资源。克富洛夫说："现实是此岸，理想是彼岸，中间隔着湍急的河流，行动则是架在河上的桥梁。"如果我们想要把伟大的想法付诸行动，就必须寻求那些能助你上进的朋友的帮助。

在北京翠宫饭店高级会所，我们能够看到诸多"中国中关村企业家俱乐部"会员的身影，其中不乏频频在各种媒体上露面的鼎鼎大名之士。该俱乐部会员多为各 IT 公司老板，俱乐部就像一座桥，把方方面面的人聚集起来，让他们在这里可以交朋友、找商机，而俱乐部定期举办的行业讨论及技术推广活动等则是他们重要的交流平台。

这种做法对于我们寻找贵人也有很重要的启发，多交能帮你上进的朋友，拓展成功者的人脉是绝对不容忽视的。俗话说："玻璃与金子相会，便有宝石的光辉；愚人与善人接近，也同样会变得聪明。"如果我们经常与优秀的人在一起，把许多人的智慧变成自己的智慧，那么我们自身的发展也一定会加快，从而取得更大的成就。

小明和小王两个人是好朋友，他们同时从一所大学的中文系毕业了，而且都找到了秘书的工作。不同的是，小明的老板比较和蔼，他的工作也比较清闲，而且工资很高；小王的老板比较严格，他的工作任务十分繁重，经常需要加班，但工资反而没有小明高。

小明劝小王不要继续做这份工作，再另找一份，但是小王坚决不同意，他有自己的想法。他对小明说："虽然公司现在的情况不太好，但是我觉得我的老板是一个很有发展前途的人物。他以前在一家大的出版集团担任过重要的领导职务，看问题的眼光和做事的方式都与众不同，我相信他必定有一番作为，而且最重要的是，我在这样一个老板的身边工作，能学到许多在别处学不到的东西。"

小明听了之后不以为然，为小王没有接受他的劝告而感到遗憾。接下来的 2 年时间里，小王确实生活得很累、很辛苦，小明则既轻松又宽裕。但是在他们毕业 6 年之后，情况发生了变化——小明仍然是那位和蔼老板的秘书，而小王则自己开了一家公司，当上了老板。

与优秀的人共事，就要向他们学习。下面的一些做法可以供你参考：

1. **多与优秀的人一起行动，争取不要落在他们的后面**

人对环境有一种本能的适应，如果你总是与杰出的人、有发展潜力的人在一起，那么久而久之，耳濡目染，你的素质也会得到一定程度的提高。

2. 留意优秀之人的做事习惯

这一点也很重要，优秀的人可能行动力强，可能从来不拖延，可能有长远的眼光，这些都是你要学习的地方。不要以为他们只是凭借高学历或者与人的关系才崭露头角的，一些他人不留意的细节可能就是他们成功的原因。

3. 学习优秀之人的好心态和思维方式

优秀之人的思维方式一般都会与众不同，这也正是"思路决定出路的道理"。可是思维方式不是天生的，也不会归某个人所有，所以，他们可以用，你也可以用。学到了这些，你也有可能成为优秀之人。

用榜样激励自己

好莱坞影星阿诺德·施瓦辛格曾在健美杂志上发现了自己的榜样——健美先生力士·柏加。

施瓦辛格出生于奥地利一个普通的家庭，他从小就对举重健身有着浓厚的兴趣。

当他发现了自己的榜样柏加以后，每天都梦想着成为力士·柏加。

而年轻的施瓦辛格不是一个空谈与做白日梦的人，他花尽零用钱，搜集了在奥地利可以买到的所有美国健身杂志。另外，他还一方面努力学习英文，一方面到处请人帮他翻译这些杂志的文章，以了解健身的原则。他还去做"童工"，赚到的钱都用来买健身器材。

在当年的奥地利，健身被视为粗鲁不雅，因此，施瓦辛格的行为受到父母的大力反对。但他的志愿、欲望与意志力都是锐不可当的，无论家人怎样阻挠，无论人家怎样视他为怪物、不正常，他还是我行我素，一心追求"健美先生"的理想。

他被应征入伍之后，仍然不放弃健身。他还冒着被罚的危险，偷偷跑出军营参加"少年欧洲先生"的选举，并得了冠军。兵役服完之时，施瓦辛格已经拿了4项"健美先生"的奖项。

有了奖金，再加上雄心壮志，他便写信给偶像力士·柏加。力士·柏加有感于这位遥远国度年轻人的热忱，竟然邀请施瓦辛格到他美国的豪宅一游，并且亲自将健身的窍门传授于他，令施瓦辛格的进步一日千里。

后来，他获得了1届"国际先生"、3届"环球先生"与连续6届"奥林匹克先生"的荣誉。

施瓦辛格获得了成功。他在演艺界成就了事业，不仅成为一个炙手可热的电影演员，而且成为一个有地位的电影制片人，一度被视为好莱坞最有势力的人之一。这一切归功于他一开始就把一位成功人士作为自己的偶像和榜样，并让他激励自己不断取得进步。这就是榜样的力量。

对于每个人来说，榜样也可以成为自己的贵人，因为他能够激发出人的全部力量。

综观古今中外，许多成功人士都曾受到榜样的激励。他们的榜样有历史上的伟大领袖，也有在某个特定领域作出过杰出贡献的人，甚至有小说和神话中的人物。鼓舞人心的榜样能向你展示什么是可能的，并给你提供非常有价值的动机、力量和希望的源泉。

有很多人找到了自己的榜样，并让这些人成为了自己一生的楷模。主持人奥普拉·温弗瑞的事迹就是典型例子。奥普拉在童年时代就阅读了男女英雄们的事迹，并将这些故事里的榜样深深铭记在心里。后来她说就是这些英雄人物为她提供了一扇"开放之门"，给了她希望，而且让她重新认识到了自己的能力。其实，"榜样"不只指在书上、电视上了解到的"名人"或"偶像"，在现实生活中，在每个人的身边，都可能出现榜样。

只要善加利用，"榜样"就能够激发出人内心的积极力量。借助这种力量，很多普通人也能取得惊人的成功。

有一个女孩从小就"与众不同"。她患上了小儿麻痹症，不要说像其他孩子那样欢快地跳跃奔跑，就连平常走路她都做不到。寸步难行的她一度非常悲观和忧郁，当医生教她做一点运动，说这可能对她恢复健康有益时，她就像没有听到一般。随着年龄的增长，她的忧郁和自卑感越来越重，她甚至拒绝所有人的靠近。但也有个例外，邻居家那个只有一只胳膊的老人是她的好伙伴。老人是在一场战争中失去一只胳膊的，但他非常乐观，女孩很喜欢听他讲故事。

这天，她被老人用轮椅推着去附近的一所幼儿园，操场上孩子们动听的歌声吸引了他们。当一首歌唱完，老人说道："我们为他们鼓掌吧！"她吃惊地看着老人，问道："我的胳膊动不了，你只有一只胳膊，怎么鼓掌啊？"老人对她笑了笑，解开衬衣扣子，露出胸膛，用手掌拍起了胸膛……

那是一个初春，风中还有几分寒意，她却突然感觉自己的身体里涌起了一股暖流。老人对她笑了笑，说："只要努力，一个巴掌一样可以拍响。你一样能站起来的！"

那天晚上，她让父亲给她写了一张纸条，贴到了墙上，上面是这样的一行字："一个巴掌也能拍响。"从那之后，她将邻居的老人当成了自己的榜样，用他说的这句话激励自己。她决定努力做运动，无论多么艰难，多么痛苦，都要咬牙坚持下去。她确实做到了这一点。每取得一点进步，她就以更大的受苦姿态来求得更大进步。甚至父母不在时，她自己都扔开支架试着走路。蜕变的痛苦是牵扯到筋骨的，但她坚持着，她相信自己能够像其他孩子一样行走、奔跑。她要行走，她要奔跑……

11 岁时，她终于扔掉了支架。紧接着，她开始向另一个更高的目标努力，她开始锻炼打篮球和参加田径运动。

1960 年罗马奥运会女子 100 米跑决赛中，当她以 11 秒 18 的成绩第 1 个撞线后，全场掌声雷动，人们都站起来为她喝彩，齐声欢呼着这个美国黑人的名字：威尔玛·鲁道夫。

那一届奥运会上，威尔玛·鲁道夫成为当时世界上跑得最快的女人。她共摘取了 3 枚金牌，也是第 1 个黑人奥运女子百米冠军。

为了让榜样成为我们的贵人，可以借鉴如下做法：

1. 建立一个自己的"榜样资料库"

首先选择三四个能够真正激发你的人，也许他们的梦想和你自己的梦想极其相似，也许他们遇到的障碍也是你最惧怕和担心出现的。

2. 学习榜样永不停止的坚定步伐

尽可能多地学习榜样们怎样在艰难状况下保持前进的步伐，以及他们是怎样战胜艰难险阻才实现他们的梦想的。

3. 找一些榜样的照片，把它们挂在你自我反省的地方

如果你没有这样一个地方，那就将照片挂在你的办公室里或其他你能经常看到它们的地方。美国前总统罗斯福就是这样，他将林肯的画像挂在白宫的办公室里。在遇到棘手的问题时，他就会看着画像问自己："如果是林肯，他会怎么处理呢？"

4. 遇到困难时，用榜样激励自己

当你面对挑战或感觉灰心失望的时候，找到自己的榜样，让他们的精神处在你的位置，想象他们也曾有过与你相同的处境，而他们却在艰难困苦的斗争中取得了胜利，以此激励自己。

第二章

凿壁借光，名人是你的王牌人脉

有超强影响力的人是王牌贵人

刘勰是南朝梁时期的文学理论批评家，他很小的时候就失去了父亲，生活极为贫穷。但他笃志好学，博经通史，《文心雕龙》是他的代表之作。他生活的年代盛行门阀制度，即一个人出身的贵贱决定了这个人在社会上地位的高低。所以像刘勰这样出身低微的平民，自然是默默无闻、无人知晓。因其社会地位，他的《文心雕龙》写成后根本得不到重视。但刘勰本人十分自信，他深知自己著作的价值，不愿意看到用心血写成的书稿被湮没，于是他决心设法改变这种局面。

沈约是当时的文坛领袖，有着很高的声望，刘勰想请他评定写成的《文心雕龙》，借以赢得声誉。但是沈约身为名流，哪能轻易见到？后来，刘勰想出了一个主意。一天，刘勰事先打听到这几天沈约有事外出，于是便背上自己的书稿，装成卖书的小贩，早早地等在离沈府不远的路上。当沈约乘坐的马车经过时，刘勰乘机兜售。沈约喜欢读书，所以当即停下来，顺手取书一阅。他见是自己没有读过的书，便随手翻阅起来。这一看，沈约就被深深地吸引住了，当即买了一部带回家去，放在案头认真阅读。在以后上流社会举行的聚会中，他还不时地向别人推荐这本书。当时文坛的人见沈约对这本《文心雕龙》如此推崇，于是群起效仿，争相传阅。就这样，刘勰很快名声大噪了。

《韩非子》中记载：齐桓公喜欢穿紫色王袍，因而全国的老百姓都穿紫衣，弄得紫布紫绢大涨价。齐桓公问管仲该怎么办，管仲说："你若要阻止这种风气，只能自己不穿，再跟别人说你讨厌紫色。"齐桓公这样做了，果然没多久，老百姓就都不穿紫衣服了。

为什么齐桓公的喜好会领导全国风潮呢？并不是因为齐桓公更精通服装的设计，而是因为齐桓公是有影响力的人，而且是当时齐国最有影响力的人。

人们不仅对权威这样，对名人也容易有超乎寻常的崇拜和信任。名人在我们的生活中似乎是一群"特殊"的人，他们是社会的宠儿，拥有比一般人更大的影响力和权力。这就是名人定律。

刘勰正是利用沈约这一有超强影响力的人做贵人，才使自己得以脱颖而出的。

借名人的影响力的现象在今天绝不少见，而且巧借到无孔不入。企事业单位以及商场、酒店、学校、娱乐场所，大都愿意请党和国家领导人或名人雅士题写名称；很多书籍也喜欢请名人题签；有的药品、保健品的宣传资料上，常常印有政界高级知名官员的题词和他们接见董事长、总裁的照片，就是因为名人更容易被人们买账。还有，许多人初次见面，总爱向对方夸耀自己认识某某大人物，并且一提到那些官居要职的人，即便攀不上亲戚之类，也一定要说成是自己的熟人，或曰"朋友"，或"朋友的朋友"。这一切都是因为，结交有影响力的贵人，用他们的影响力为自己拓开捷径，可以缩短与成功者的距离。

香港珠宝大王郑裕彤由于生意发展的需要，准备兴建一个规格齐全、现代化水平最高的会议及展览场所，总面积达40.9万平方米，包括一座高55米的会议展览中心、一幢豪华住宅楼和两幢酒店。从1984年年底论证、筹划、达成协议以来，该计划一切都在按部就班地进行。

这样的一个大手笔自然引起了社会各界的关注。可令人不解的是，为什么郑裕彤迟迟不肯下动工令呢？资金自然不成问题，以郑裕彤的珠宝生意和新世界中心等房地产生意来说，他可谓资金雄厚，且与港府方面的协议也早已签订。万事俱备，现在只欠哪股东风呢？

就在外人纷纷为此而猜测不定的时候，郑裕彤的"司令部"内已经进入了似乎是临战前的紧张状态。手下人四处奔走，连郑裕彤也经常往返于公司与香港机场之间。

谜底终于揭晓，然而却是大出人们的意料——郑裕彤宣布的开工日期恰恰是英国女王来访的那一天。

郑裕彤竟敢拿自己的开工奠基仪式与英国女王的来访争锋，这老头被胜利冲昏头脑了吗？

大家知道，女王来访在香港可不是一件寻常的小事。香港当时仍属于英国的殖民地，女王是英国的最高元首，访问香港虽说不是百年不遇，但也是难得一次。更何况这次来访的时间是在中国和英国已经就香港 1997 年7 月回归中国达成协议之后，所以虽不敢说这是英国女王对其殖民地的最后一次访问，但也必定会对香港的未来产生重要影响。所以，她的这次出访肯定是世界上最重要的新闻热点。届时，英国的电视台、电台、报纸等机构的大批记者都将会蜂拥而至，其他国家像美国、日本以及中国内地的记者也会跟踪采访报道，新闻热点也肯定会被吸引到这边来。单单挑选这么一个时间来开工，与女王唱对台戏可没人敢操胜券。

但郑裕彤对外界的种种传言与猜测置若罔闻，只是镇定地指挥手下加紧做开工奠基的准备工作。

当有好心的朋友担心地问起郑裕彤开工的事时，他只是笑而不答。

香港国际会议展览中心奠基的日子到来了。这一天，天气特别好，郑裕彤的职工们个个身穿礼服，精神振奋，奠基现场的大幅标语也早已张挂起来，各种彩色气球飘荡在蔚蓝的天空中，好一派隆重、热烈、气派的场面。

可是，英国女王这时已经莅临香港，港府的官员们全都迎接女王去了，新闻界记者们也都去了，全港所有人士的目光都集中在女王的身上，有谁会来注意这块尚未开发的地方呢？除了郑裕彤，有谁会对这儿更感兴趣呢？

奠基仪式开始的时间马上就要到了，这时，最后的谜底终于向世人揭晓了。原来，事先郑裕彤已成功地进行了交际公关，邀请到了女王来参加自己的奠基仪式！

超级人脉术大全集

就这样，女王伊丽莎白二世亲自用铁锹为会展中心铲下了第一锹土。

在场人士无不欢呼雀跃，以一睹女王仪容为快，而如逐花不舍的蜜蜂一般追随女王而来的各路记者则纷纷用自己手中的笔、摄像机、照相机记录下了这个令人激动的时刻。全世界的电视观众、广播听众和报刊读者都知道了女王的举动，同时也都知道了香港国际会议展览中心和郑裕彤。

拥有超强影响力的人，往往存在于以下人群之中：

1. 名人

这一点很好理解，领导人物、机关政要、影视明星、大企业家，这些人在群众的心目中很有地位，他们说出的话、使用的物品、秉承的精神理念也往往为人们所重视。

2. 有人格魅力的人

人格具有感染他人的力量，有人格魅力的人，往往会对周围的其他人产生较强的震慑力。

3. 交游广阔的人

人际交往是一种重要的能力，拥有很多朋友的人身上一定会有一些吸引人或者让人信服的品质，这些人可能会在某一圈子之中一呼百应。

4. 在某一行业内取得非凡成就的人

这一类人可能不为全体大众所知，但在业内却有极好的口碑和极广的影响。如果有人想要涉足该领域，能够结交这样的贵人就再好不过了。

接近名人，没有想象中那么难

盛唐时期，诗人王维想参加科举考试，便请岐王向当时权势浩大的一位公主疏通关节，请她事先向主考官打声招呼，照顾一下第一次参加科考的王维。可是公主早已答应别人，为另外一位叫张九皋的人打过了一次招呼。岐王也感到十分为难，他对王维说："公主性情刚强，说一不二，想强求她改变主意给你打招呼，实在不容易。我来给你出个主意，你将你旧诗中写得最好的抄下 10 来篇，再编写一曲凄楚动人的琵琶曲，5 天以后你再来找我。"5 天后王维如期而至。岐王找出一身五颜六色的衣服，将王维装扮成一名乐师，并让他携了一把琵琶，一同来到公主的府邸。岐王事先对公主说："多谢公主予以接见，今日特地携了美酒侍奉公主。"说罢便令摆上酒宴，乐工们也都依次进入殿中。年轻的王维容貌秀美，风度翩翩，引起了公主的注意。只听她问道："这是什么人？"

岐王道："他是一个在音乐方面颇有造诣的人。"王维于是演奏了一首琵琶曲，曲调凄楚动人，令人击节叹息。这首曲子是王维新近创作的，他演奏起来自然得心应手。公主非常喜欢这首曲子，于是迫不及待地向王维发问："这首曲子叫什么名字？"王维马上立起身来回答："叫《郁轮袍》。"公主对王维更感兴趣了。岐王乘机说道："这个年轻人不仅曲子演奏得好，还会写诗，至今没有人在诗歌方面能够超得过他！"公主越发好奇了，赶忙问道："现在你手里有你写的诗吗？"王维赶忙将事先准备好的诗从怀中取出，献给公主。公主读后大惊失色，说道："这些诗我经常诵读，一直认为是古人的佳作，怎么竟然是你写的呢？"于是，她命王维换上文士的衣衫，坐入客席。王维风流倜傥，谈吐风趣幽默，在座的皇亲国戚纷纷向他投去钦佩的目光。岐王趁热打铁，说道："如果这个年轻人今年科举考试得以高中，国家肯定又会增添一位难得的人才。"公主问："为什么不让他去应试？"岐王道："这个年轻人心高气傲，如果不能得到最为尊贵的人推荐考中榜首，宁愿不考。可闻听公主已推荐张九皋了。"公主连忙笑道："这没关系，那个人也是我受他人所托才办的。"接着她对王维说，"你如果真的想考，我必定为你办成这件事。"王维急忙起身道谢。于是，公主立刻命人将主考官召来，派官婢将自己改荐王维的意思告诉了他。就这样，王维一举成名了。

按照大多数人的思维逻辑，王维这样的无名小卒是不可能接近权势浩大的公主的。但是王维最终通过岐王做到了这一点，并赢得了公主的赏识和推荐。可见，有的时候，很多看似很难的事，只要你肯花心思、想方法，最后就一定能找到合适的解决途径。

超级人脉术大全集

在现实生活中也是如此。那些高高在上的政要人士，那些声名远播的成功人物，那些大红大紫的影视明星，并没有想象中那样遥不可及。卸下头上的光环，他们也有普通人的生活、普通人的需求和愿望、普通人的人际关系。

而且，根据"六度效应"理论，你最多通过 6 个人就可以结识到世界上任何一个你想结识的人了。名人也不例外，只要你肯耐心地、锲而不舍地去寻找和借助关系，就也可以结识一些有影响力的名人做贵人。

银行业是非常注重资历和经验的，所以在银行中担任要职的往往是老成持重的人物。但一个年轻人只用了不到 10 年的时间就登上了"金字塔尖"，他的成功经历引起了很多人的兴趣。

一位作家打算揭开这个谜底，他去拜访这个年轻的银行家时，问了这样的问题："很少有年纪这么轻就能在银行里得到这么高职位的人，告诉我你是如何奋斗的？"

"这需要花许多工夫并勇于奉献，"年轻的银行家解释，"但真正的秘诀是，我选择了一位良师。"

"一位良师，这是什么意思？"作家问。

银行家说："在我大学快毕业时，有一位退休的银行家到班上做讲座，他当时已经 70 多岁了。他的临别赠言是：'如果你们有什么需要我帮忙的地方，尽管打电话给我。'这听起来好像他只是客套一番，但他的建议却引起了我的兴趣。我需要他给我些建议，告诉我在我想进入银行业时走哪一步才是正确的。可我又很怕碰钉子，毕竟他是个有钱而杰出的人，而我只不过是个即将毕业的大学生而已。但是最后，我还是鼓起勇气打电话给他了。"

"结果怎么样？"

年轻的银行家这么回答："他非常友善，甚至邀请我与他见面谈谈。我去了，并得到许多意见，可谓满载而归。他给了我一些非常好的指导，告诉我应该选择在哪家银行做事，又告诉我应该如何将自己推荐给别人而获得一份工作。他甚至说：'如果你需要我的话，我可以当你的指导老师。'"

"我的指导老师和我后来有着非常良好的关系。"银行家继续说，"我每周打电话给他，而且每个月至少一起吃顿午餐。他从来没有出面帮我解

中篇 超级人脉的黄金法则——人一生要依靠的14种人

决过问题，不过他使我了解了要解决银行的问题有哪些不同的方法。而且有趣的是，我的指导老师还衷心地感谢我，他说我们的交往使他的思想一直保持着年轻的状态。"

我们具体应该怎样结识名人呢？

1. 借助人际关系网络

如果你真的认为此人会对你有所帮助的话，那就从你的熟人和名人可能的熟人入手，顺次寻找下去，你总会找到一个既与你有关、又与他有关的人物（虽然这种"有关"可能是间接的）。想办法让此人帮助你，你就有可能达成所愿。

2. 参加有名人参加的社会活动

比如明星的演唱会、慈善捐赠会，成功人士在大学或者其他地方的公开演讲，知名人士的签名售书会，等等。在会前或会后主动找到他们，争取与之交往，并让其对自己产生好的印象，或者与之合影留念，从而为以后的拜访做好铺垫。

3. 写信

如果你大致知道名人的工作地址，比如其所在单位的名称等，不妨直接写信给他们。不要认为他们很忙，一定不予理会，在没有结果之前一切都只是猜测，也许真的有名人欣赏你的一手好字，也许真的有成功者愿意提携后进。一切相识的机缘都不会只是巧合，在那里面肯定有个人努力的成分。所以如果你为之努力，那么你就可能结识名人。

4. 利用网络工具

虽然说通过 MSN 或 QQ 等方式结识名人的希望很渺茫，但是如今博客写作如此盛行，也许里面就隐藏着你的机会呢！也许你的一次留言被他引为知己之谈，也许你的反复出现会让他印象深刻，这都是有可能的事，也是结识名人的一个方法。

借名人之"光"炒自己

当晋元帝司马睿还只是琅邪王的时候，王导觉察到天下已乱，便有意拥戴司马睿，复兴晋室。他劝司马睿不要再住在洛阳，而是回到自己的封国去。但司马睿出镇建康（今江苏南京）后，吴地人并不依附，时过1个多月，仍没有人去拜望他。王导十分忧虑，便想到要借助当地的名人来提高司马睿的威望。

于是他对已有很大势力的堂兄王敦说："琅邪王虽然仁德，但名声不大，而你在此地早已是有影响力的人，应该帮帮他。"

他们约好在3月上巳节伴随司马睿去观看修禊仪式。

到了那一天，他们让司马睿乘坐轿子，威仪齐备，他们自己则和众多名臣骁将骑马扈从。江南一带的大名士纪瞻、顾荣等人见到这种场面，非常吃惊，就相继在路上迎拜。

事后，王导又对司马睿说："自古以来，凡能称王得天下的，都虚心招揽俊杰。现在天下大乱，要成大业，当务之急便是取得民心。顾荣、贺循二人是当地名门之首，把他们吸引过来，就不愁其他人不来了。"

司马睿听了王导的话，就派王导亲自登门拜请顾荣、贺循。这二人欣然应命朝见司马睿。受他们的影响，吴地士人、百姓从此便归附了司马睿，这就为东晋王朝的建立奠定了基础。

从社会心理学的角度说，"借光"是一种心理现象。国外将之称为"哈洛效应"，是指由于外在力量的影响使某事物增光添色，就好像圣像头上的光环使圣像显得更为高大、更有影响力一样。

利用这一效应就可以借助权威的力量扩大自己的影响。比如我国古代"伯乐一顾，身价一倍"，实际上就是利用权威的力量而在马身上加上了"神圣的光环"，从而抬高了马的价格。这种情况如果出现在人的身上，也能提高人的形象、增加人的光辉。这正是王导为司马睿所出主意的本质。

在现代社会,"借光"这种手段已在政治、经济、文化以及外交等领域得到广泛运用。对于结交贵人来讲,它也不失为一种借助名人之"光"提高自身形象、扩大自己影响的策略和技巧。

前几年一家报纸曾报道了重庆曾家岩大后方食府隆重推出几道名菜——"毛氏红烧肉"、"朱总回锅肉"、"恩来狮子头"的故事。鲁、川、粤、闽、苏、浙、湘、徽8大菜系很多名厨精通,但却从未听说有这等名菜。打听之后,才知道是商家搞的噱头,无非是红烧肉、回锅肉、狮子头等家常菜,只不过硬是套上了毛泽东、朱德、周恩来等伟人的名头而已。该食府大堂经理说:"菜还是那些菜,换个名而已。出此创意是为纪念伟人。"

说是纪念伟人,其实顾客心知肚明他们不过是变着法子赚钱罢了。毛泽东诞辰110周年的时候,不少商家闻风而动,抢占商机:有用纯金打造"毛泽东诗词"的,海内外限量发行5000套,每套定价18600元,据说是"为了永久珍藏这部世界文化奇葩";有用金箔与铝箔制成扑克牌的,54张牌面均为伟人的签名"毛泽东"3个字,且是毛泽东在不同时期的墨宝;更有餐饮商家推出了所谓"毛家菜系",诸如毛氏红烧肉、剁椒鱼头、爆炒小田鸡、瓦片黑山羊、干锅手撕鸡、飘香洄渡鱼、芙蓉竹香鸭等近百道佳肴,且都精工细料,色香味俱佳,可媲美满汉全席。更令人瞠目结舌的是,这边"毛家菜"方兴未艾,那边"邓家菜"又闪亮登场,据说较之"毛家菜"更胜一筹。

这些做法虽然让很多学者和文化人士大加讨伐,但是不可否认的是,商家却从中获得了巨大的利益。

怎样去借名人的光呢?

1. 巧借名人影响

如谈话中常出现一些身份高的人的名字,你在别人眼里就会不同寻常。在自家经营的店铺、饭店、美发馆等挂出你与名人的合影,也会让人对你刮目相看。

2. 巧借"名地"

如你经常光顾名人常去的地方,就可以提高你的身份和影响。另外,如果你与某位名人是同乡，这层关系如果被人知晓，就会有人认为该地地灵人杰，你必定也因而沾上几分光彩。

3. 巧借"名言"

如请社会名流为你题词，请专家教授为你写的书作序，请明星为你签名，等等。把题词挂在自家墙上，自会蓬荜生辉；将名人的签名赠品拿给人看，也会让人们对你刮目相看。

4. 与名人合作

你出钱出力，名人冠名出声望，这样的合作可谓优势互补，一定可以吸引更多人的注意。

让名人的虚荣心为我所用

已故的哈伯博士原是芝加哥大学的校长，也是他那个时代最好的一位大学校长，他喜爱筹募数额庞大的基金。

一次，哈伯先生需要额外的 100 万美元来兴建一座新的建筑。他拿了一份芝加哥百万富翁的名单，研究应该向什么人筹募这笔款项。结果他选了其中两个人，他们都是百万富翁，而且彼此是仇恨很深的敌人。

其中一位当时担任着芝加哥市区电车公司的总裁。哈伯博士选了一天的中午时分（在这时候，办公室的人员，尤其是这位总裁的秘书，可能都已外出用餐了），悠闲地走进总裁的办公室。对方对于他的突然出现大吃一惊。

哈伯博士自我介绍说："我叫哈伯，是芝加哥大学的校长。请原谅我自己闯了进来，但我发现外面办公室并没有人，于是我只好自己走了进来。

"我曾多次想到你以及你们的市区电车公司。你已经建立了一套很好的电车系统，而且我知道你从这方面赚了很多钱。但是，一想到你，我总是要想到，总有一天你会进入那个不可知的世界。在你走后，你并未在这个世界上留下任何纪念物，因为其他人将接管你的金钱，而金钱一旦易手，人们很快就会忘记它原来的主人是谁。

"我常想给你提供一个让你永垂不朽的机会。我可以允许你在芝加哥大学兴建一所新的大楼，以你的姓名命名。我本来早就想给你这个机会，但是，学校董事会的一名董事先生却希望把这份荣誉留给××先生（这位正是电车公司老板的敌人）。不过，我个人在私底下一向欣赏你，而且我现在还是支持你。如果你能这样做，我将去说服校董事会的反对人士，让他们也来支持你。

"今天我并不是来要求你做任何决定的，只不过是我刚好经过这儿，想顺便进来坐一下，和你见见面，谈一谈。你可以把这件事考虑一下，如果你希望和我再谈谈这件事，麻烦你有空时拨个电话给我。再见，先生！我很高兴能有这个机会和你聊一聊。"

说完这些，他低头致意，然后退了出去，没给这位电车公司的老板表示意见的机会。事实上，这位电车公司老板根本没有任何机会说话，都是哈伯先生在说话，这也是他事先计划好的。他进入对方的办公室只是为了埋下种子，他相信，只要时机来到，这颗种子就会发芽，并成长壮大。

果然，正如哈伯博士所预料的，他刚回到办公室，电话铃就响了，是电车公司老板打来的电话。这位老板要求和哈伯博士定个约会。第2天早上，两人在哈伯博士的办公室见了面。1个小时后，一张100万美元的支票已经交到哈伯博士的手上了。

哈伯博士的成功在于他先在请求捐款对象的脑海中埋下了一个应该把钱捐出的充足的好理由，这个理由自然会向这个捐款对象强调捐款后的某些好处。通常这种好处都是属于商业上的，但有时它也会吸引这个对象天性中的某些兴趣，如促使他希望自己能够在死后永垂不朽，以满足他的虚荣心等。

每个人都有多多少少的虚荣心，无论普通人还是成功者。而名人长期处于恭维声、掌声、鲜花的包围中，他们的虚荣心会更强一些。所以，一旦满足了他们的虚荣心，名人们肯定也会不禁飘飘然起来。在他们的这种心态下，很多本来难办的事也就变得容易多了。

因此，满足名人的虚荣心，是请名人办事或者与名人结交时的一条有效策略。

蒋介石当上国民革命军总司令后一下子显贵起来，但他不知自己的祖先是谁，自己的老家在哪里，还不时有人攻击他，说他本不姓蒋，是她母亲带他到蒋家的。无意间，蒋介石成了来历不明的人。蒋介石急于弄清自己的祖先是谁，于是一时间，他手下的文人忙了起来，但他们搞出的东西，蒋介石都不太满意。

宜兴县的县长蒋如镜是个有心人，他翻阅古籍，走访民间，决心给蒋介石弄出个祖宗来。功夫不负有心人，他终于考证到一条线索。

宜兴有一蒋姓大族，始祖函亭乡侯蒋澄是东汉光武时的婺州刺史。而蒋澄的父亲蒋横在光武时曾为将军，被诬害而死后，他的几个儿子迁徙到了宜兴。后来蒋横冤案得到昭雪，各子都受封，蒋家显赫一时。蒋澄死后，其后人在宜兴城内的东庙巷及官林镇附近的都山各立函亭侯祠一所。

蒋如镜据此考证出奉化蒋氏与宜兴蒋氏是一脉相传，同从根出，于是上书蒋介石并呈上家谱。

蒋介石一看，高兴万分。祖上有一个蒋将军，还被封侯，有这样显赫的祖宗，蒋介石也就成了将门之后，这正符合他总司令的身份。而且这不仅有文字记载，还有两所函侯祠作证，比空口说话好得多。

于是蒋介石马上认祖宗。1948 年 5 月 17 日，蒋介石偕宋美龄亲自到宜兴去"寻根"了。这样一来，蒋如镜这个小小的县长自然也身价倍增。

满足名人的虚荣心有以下几个窍门：

1. 赞美是满足个人虚荣心的较好方式

首先要想到，一个名人之所以成为名人，一定是因为他在某一项工作上有特殊的贡献。而在他成名之后，恭维他工作的人一定很多，所以如果你照葫芦画瓢地用别人所用过的话来恭维他，他必然不会觉得满意，因为这些他听得太多了。

大多成名的人，他的工作已成了习惯，你的恭维若不能别出心裁，一定不能打动他的心。对付这种人，最好挑工作以外的一些事情去赞美他，比如赞美他那些不为别人所知却是他自以为得意的事情。

2. 了解不同名人的愿望

一些小有名气的名人想让自己更出名，一些名人希望能赚更多的钱，一些名人希望树立良好的公众形象……在与名人相见之后，如果找到这些名人希望得到的东西，并沿着这一思路想下去，就会找到满足他们虚荣心的方法。

3. 听名人演讲时边听边记笔记

在名人演讲时，如果你拿着笔记本边听边记，名人就会不由得对你产生好感。因为记笔记不但表示想要留下一份记录，还显示了想将对方所说的话纳为精华的积极态度——任何人都不想把没用的话记下来。也就是说，我们做笔记就表示已经认同对方说话的内容，所以这显然是尊重对方的一种表现。

好好利用这种心理，可以使名人感受到我们的诚意。

让名人给你当"托儿"

美国一家公司所生产的天然花粉食品"保灵蜜"销路不畅，经理绞尽脑汁，如何才能激起消费者对"保灵蜜"的需求热情呢？如何使消费者相信"保灵蜜"对身体大有益处呢？广告宣传未必奏效，因为大家见得多了。

正当他一筹莫展之时，该公司负责公共关系的一位工作人员带来喜讯：美国总统里根长期吃此食品。原来，这位公关小姐非常善于结交社会名人，常常从一些名流那里得到一些非常有价值的信息。这一次她从里根总统女儿那里听到了对本企业十分有利的谈话。据里根的女儿说："20多年来，我们家冰箱里的花粉从未间断过，父亲喜欢在每天下午4时吃一次天然花粉食品，长期如此。"后来该公司公关部的另一位工作人员又从里根总统的助理那里得来信息，里根总统在健身壮体方面有自己的秘诀，那就是：吃花粉，多运动，睡眠足。

这家公司在得到上述信息并征得里根总统同意后，马上发动了一个全方位的宣传攻势，让美国人都知道：美国历史上年纪最大的总统之所以体格健壮、精力充沛，是因为常服天然花粉的结果。顿时，"保灵蜜"风行美国市场。

事实上，里根总统爱吃花粉与生产"保灵蜜"的公司并无必然联系，因为总统毕竟没有吃该公司的花粉。但是"保灵蜜"公司却巧妙地利用普通人崇拜和迷信名人的心理，为自己的产品打开了销路。

在今天，商家借助名人做广告，搞活动请名人出席已是司空见惯的事情，并且不这样做就没有声势。名声是一种资源，古今皆然，只不过在商品社会它的价值得到了极大利用和提高罢了。这是从众行为的结果。

人们普遍存在着的一种心理现象，就是"随大流"，表现最突出的莫过于盲目趋时和效仿名人。于是，适时迎合人们追求时尚、崇拜名人的心理，便成为商家重要的促销手段。

将这层意思说得通俗一点，就是让名人给你当"托儿"。当然，用这种方式销售的大多数商品的质量是没有问题的，而不是像一些非法商贩那样用"托儿"来销售自己的伪劣商品，这一点是要澄清的。

这一策略与"借名人之光炒自己"的本质是相同的，但在手段上有所差别。"借名人之光"的人可能与名人并无直接联系，只是通过一些间接关系为自己造势；而"让名人当托儿"则需要与名人建立直接联系，让名人亲自为自己的产品说话，或者征得名人的同意，让名人的话或者生活方式为自己的产品宣传加分。

由于人们往往相信名人，或者从商家能够结识名人这一点相信商家的权力和能力，所以这种方法往往能够收到很好的效果。

有一个女孩毕业于美术学院，对于设计服装非常感兴趣，她决定要涉足这一行。但是刚开始进入这个行业非常困难，因为无论是服装设计师还是制造服装的工厂，都有自己已经很习惯的供应商。对于一个完全陌生甚至还只是初出茅庐的服装设计者，他们根本就没什么兴趣。

女生拿着一些自己精心设计的作品，来到一个著名服装设计师的公司。助理设计师本想打发她走，可是见她一副渴求的模样，便于心不忍地对她说："好吧！我拿进去给我们的设计师看一下。"

过了一会儿，助理设计师出来对女生说："设计师说，我们的设计图太多了，根本没时间看。"

这位女生又跑了几家服装厂，结果也是一样。她四处碰壁，心情十分沮丧。不过她想，只要方法用对了，并不断地尝试，最后就一定能打开僵局。

这位女生的一位同学现已成为当地小有名气的歌星。有一天，她凭借同学关系去这位明星家里登门拜访。寒暄过后，女生从背包里拿出一些布样和自己的设计图，对歌星说："我好崇拜你哟，老同学！真想为你设计漂亮的服装，请你在这几块布上为我签名吧。"

歌星看了这些布料和设计图说："哇！好漂亮！请你和我的服装设计师联络，我想用这些款式的衣服。这是她的电话，你就说我叫你去找她的。"

女生开心地说："好啊！我明天就去。"

第2天一大早，女生就来到先前她被泼了一盆冷水的著名设计师的公司，原来这个著名设计师就是她同学的服装设计师。

女生拿出有女歌星签名的布料来，对助理设计师说："是她叫我来找你们的，她说要根据这些设计图做衣服。"

助理设计师进办公室不到几分钟，设计师就带着满脸的笑容走出来见她。女生就这么走进了这个行业，而且愈来愈受客户的欢迎。

想让名人为自己当"托儿"，必须与之面谈，这时就需要了解一些注意事项：

1. 服装要得体，要穿出自信

有一个商人，每次和名人拉关系都十分得心应手，问题也总能解决，就是因为她总会给人一种特别自信、特别精干的感觉，让名人觉得可以信任。

2. 了解名人心理

一般来说，名人以赚钱或造势为目的。所以在去之前，可以先为他考虑以什么样的方法能够让他得到最大财富和最好的宣传效果，如以丰厚的金钱回报作为你讲话的砝码，一定诱人。

3. 要有恒心

很多关系都是跑出来的，多找几个，别泄气，总有一个会成功的。

找个名人做朋友

原豪门集团总裁陈世增是一个善于与名人结交的人。

1994年12月，中国轻工总会在美国洛杉矶举办了首届中国酒展示品尝洽谈会。届时，陈世增因其非凡的经历成了美国新闻界采访的焦点，甚至连白宫的决策者们也萌发了会见陈世增的愿望，克林顿总统向他发出了邀请。

据熟知美国历史的人介绍，从华盛顿到克林顿以前的美国历届总统，从未单独会见过中国的企业家。

12月18日，克林顿总统安排陈世增先到白宫参观。19日下午，陈世增赶到美国商务部，分别会见了商业部长的两位助理及国际商业局局长。这几位掌管商业进出口大权的官员听了豪门企业的介绍，看了豪门画册，品尝了豪门啤酒后，一致欢迎豪门啤酒进入美国市场，并表示：如果在法律上、手续上有困难，一定帮忙解决。入夜，副总统戈尔举行圣诞宴会，并邀请了美国的几十位著名企业家。陈世增作为特邀来宾，手持豪门啤酒步入了宴会厅。戈尔走到他面前说："欢迎你的到来。"随之将在场的企业界名人介绍给陈世增。

盛宴至夜深方散。陈世增让美国的企业家们每人带走一些啤酒，回去和家人细细品尝。

20日晚，克林顿总统和夫人希拉里面带微笑地站在白宫一楼大厅门口，迎候陈世增。

"请代我向中国人民问候，向中国领导人问候……"克林顿说。

"希望将来能在北京欢迎总统阁下。"陈世增礼到话到。

"将来有机会，要去北京访问的……"克林顿迟疑片刻，仍不失礼貌地回答。

善解人意的陈世增又转向风度翩翩的希拉里说："希望总统夫人有时间到中国访问。"

"一定去，一定去。"金发披肩的希拉里满面笑容，十分高兴地说。

接着，在大厅挂有描绘美国风景的巨幅环形油画前，克林顿夫妇和陈世增合影。

宴会厅内，圣诞树五彩缤纷，圣诞老人幽默慈祥，圣诞乐曲明快轻松，军政要员、企业名流频频举杯，品尝豪门啤酒。此时的陈世增已经成了最引人注目的人。

这次会见极大地扩大了陈世增的知名度，豪门啤酒在美国更是大出风头。可以想见，这次名人所起的广告效应远远大于豪门花巨资去做广告。

陈世增的做法是在向美国、中国乃至全世界宣布：他与美国总统之间已经建立了类似朋友的友好关系，这对豪门啤酒的形象产生了巨大影响。公众很可能会因为此事而增强对豪门集团的好感。

这种做法虽然有沽名钓誉之嫌，但其实正体现了"敢为天下先"的眼光。被社会承认是人的正当追求，对社会进步也有积极意义。而借助名人提高自己的社会知名度，就是被社会所承认的方式之一。

找个名人做朋友、借名人的光都会好办事。能够选名人做搭档，无疑是建立起了一道令人羡慕的成功关系。这样做事往往会一帆风顺，做人也自然会有一种成就感。

一般人对权威和名望有一种崇拜感和信任感，与有权力的人或一些知名度较高的人做朋友，你在处世中将无往不利。因为这些权威人物都有一定的威慑力量，他们的判断能力、鉴别能力是被社会公认的，所以他们同意的事情一般人也相信是对的，不会产生怀疑。你可以请他们参与你想做的事情，或为你题个词等，这些东西可以向别人证明你的实力。有了这些东西再说服别人就不会困难了，而且别人看你有"后台"，也会愿意与你合作。

选名人做朋友，于你的人生大有裨益。

1989年夏，正当健力宝公司的事业发展如日中天时，世界体操王子李宁解甲退役，加盟健力宝公司。这一消息引起了社会的巨大震动。

健力宝公司的总经理李经纬与体操王子李宁，一个是优秀企业家，一个是世界体育明星，其实早就有了交往。在李宁告别体坛之前，作为他的好朋友，李经纬和他曾做过一次深谈，并由此得知了李宁退役后的最大心愿是办体操学校，培育体操人才。而办学要钱，所以必须要靠实业才能实现这个理想。这使李经纬想起外国一个著名足球运动员退役后开办运动鞋厂的故事，李宁不也可以这样做吗？同时他深知，如果李宁的名字与健力宝联系在一起，必然会给健力宝公司带来不可估量的精神效应和物质效应。

李经纬由此萌发了邀请李宁加盟健力宝公司，同时协助他创办李宁运动服装厂的念头。李宁也愉快地接受了健力宝的邀请，担任总经理特别助理，主要任务是筹建李宁牌运动服装厂。结果，随着亚运会的召开，李宁运动服也一炮打响。

1990年北京亚运会，健力宝公司在全国各企业中捐款名列第一。1992年，中国体育代表团出征巴塞罗那奥运会，健力宝公司是唯一的国内赞助单位。这一切都少不了李宁的作用。

健力宝公司看准了李宁身上所蕴涵的巨大商业价值，在他实业办学的同时宣传了自己的产品和企业，从而借李宁的影响树立了自己的形象，为自己的产品找到了靠山。

找名人做朋友，需要注意以下几点：

1. 找到的名人必须有足够的影响力，并且其影响力要与你所从事的领域有关

就像商家拉广告的时候，做洗发水的广告就找当红的影视明星，做眼药水的广告就找射击的奥运冠军，做保健品的广告就找老人明星，往往会取得成功，就是因为这个缘故。

2. 找一些品质好的名人做朋友

名人也不一定永远是名人，他们的事业也有盛有衰，有阴有晴，而你却希望自己的事业能够蒸蒸日上，屹立不倒。所以，要找一些人品好的名人做朋友，免得哪一天他们出了一些影响极坏的丑闻，波及你的事业，让你得不偿失。因此在选择名人做朋友时一定要谨慎一些，不可只看一时的风光。

3. 不可因为找了名人做朋友就放松对自身的要求

明星的声望再大，给你带来的也只是外部效应，要真正赢得长远的发展，必须立足于自身的实力。而且如果你的实力不够强，名人一般也不会与你合作，即便合作了，也会有一天产生受骗的感觉，认为你利用了他的名气，而后又影响了他的声誉，从而与你反目。这一点也是需要注意的。

4. 处理好与名人的关系

尤其是在你们的合作中，一定要让他得到应有的利益。否则你们的合作关系就不再平衡，长远的合作也会遇到阻碍。

抓住关键人物的手上路

一个人要想成功，必须得有人帮你，必须得有人支持你，必须得有人为你摇旗呐喊，必须得有人推举你，甚至还得有人替你去争取、奋斗，在各个方面与你密切配合。看来，要想在生活中有所建树，最好的方法，也许是绝无仅有的方法，就是运用你个人的能力去影响和控制某些能够帮助你获得人生成功的关键人物。你必须找出哪个人最能帮助你达到你的人生目的。

"有不少年轻的执行人员和管理人员，他们错误地认为他们的成功全是靠自己个人的努力取得的。"查伦·万斯女士说，她是以她自己的名字命名的管理咨询公司的主席兼首席执行官，"他们的想法是大错而特错的。他们迟早会明白他们要想在生意场中取得成功，必须得有人帮助他们。他们明白得越早，取得成功的时间就会越早。"

确实如此，你越早找到谁是能够真正帮助你获得成功的关键人物，就会越早在取得成功的道路上向前迈出可喜的一步。

如果找到了谁是你生活道路上最能帮助你的关键人物，你将获益匪浅，因为这既节省了你的时间，又节省了你的精力，还能使你从此踏上成功之路。

巴纳斯是一个意志坚强、勤奋努力的人。起初他一无所有，他谋到的第一份普通的工作是做设备清洁工和修理工。但幸运的是，他的雇主是大发明家爱迪生。当时爱迪生发明了口授留声机，可公司的销售人员却不能把它卖出去。这时巴纳斯主动申请做了留声机的销售员，但工资依然是清洁工的薪水水平。当时这种机器不是很好卖，巴纳斯跑遍整个纽约城，才卖了7部机器，而且这已经是一个不错的业绩了。后来，他通过总结这段时间的销售经验，冥思苦想制订了留声机的全美销售计划，并把计划拿到了爱迪生的办公室。爱迪生看过后非常高兴，很欣赏他的计划，也为他的努力和细心而感动，因此同意了巴纳斯成为他的合伙人。就这样巴纳斯成了爱迪生一生中唯一的合伙人。

抓住关键人物的手上路，目的就是利用名人的力量为自己加分，具体来说，有如下几个方面：

1. 利用名人的名气和轰动效应

名人的名气就像一道美丽而耀眼的光芒，即使你不去利用，这些光芒也一直存在，而且即使你通过一些手段折射一些光来为自己照明，对名人也不会有任何损失，反而可能增强他们的知名度。所以，这是一件双赢的好事。

2. 利用名人身上的资源

名人一旦出了名，就肯定会有很多人来巴结奉承，企图求他们办事，所以他们的身上有很多附加的、可利用的资源，你可以巧妙地将这些资源为自己所用。

3. 利用名人的才华和智慧

与名人合作，让他出才华和智慧，你出资金或者宣传手段或者销售渠道等，能使你们双方的发展互相促进。像经纪人与演员之间、技术人员与销售人员之间有时就存在这种关系。

名人身上能够为我们借用的东西还有很多，这里不能一一列举。但需要注意的是，一旦决定结交名人做贵人的想法，就不能再自命清高，要从内心里承认"追名逐利"的合理性，这种心态对于结交名人是有益且必需的。

第三章

做厚缘分，陌生人也是难得的人脉

超级人脉术大全集

世上没有陌生人，只有未结识的朋友

美国前总统罗斯福是一个非常善于结交朋友的人。在一次宴会上，他看见席间坐着许多不认识的人，便想与这些人相识。于是，他找到一位熟悉的记者，从记者那里一一打听清楚了那些人的姓名和基本情况。然后他主动和他们接近，叫出他们的名字，并与他们谈论一些与他们的生活或工作有关的事。当那些人知道这位平易近人、了解自己的人竟是著名政治家罗斯福时，都大为感动。后来，这些人都成了罗斯福竞选总统的支持者。

有一句名言是这样的："世界上没有陌生人，只有未结识的朋友。"

任何深厚的友谊都是由陌生向成熟的阶段培养而建立的。可以说，学会和陌生人交往，既是提高个人社交能力的需要，也是结识新友、建立人脉的重要途径。

大多数人都有不善于同陌生人打交道的习惯，比如，当我们赴一个规模较大的宴会的时候，大家都会有一种不约而同的想法，就是最好避免和陌生的人同席，因为和熟人同席就有说有笑，和陌生人就失去乐趣了。这种想法正是畏于交际的意识在作祟，正如走进网球场而不想练球一样可笑。

其实，所有的朋友都是从陌生到认识再到一步步发展成为朋友的。就拿宴会来说，怎样与陌生人接触、认识并成为朋友呢？说起来太简单了，那就是交谈。在陌生人的宴会上主动与人谈话，通过互致问候、探讨共同关心的话题等方式自然就能说到一起。这样话匣子一打开，大家必然会你一言我一语，你作为其中的角色，这时便可乘机询问各自的情况，由此认识许多人。之后，再和大家进一步套近乎，就很容易使这些人成为自己的朋友。

结交陌生人并非难事，而你的从陌生人发展而来的朋友则可能会成为你的贵人。

有一次，小王的朋友请他去参加一个饭局，在席间他认识了这位朋友的一个朋友。因为不大熟悉，他们彼此便交换名片，结果小王发现他是一家大公司人力资源部的主管。交换完名片，自然要就对方的工作寒暄几句，于是小王开玩笑地说："以后贵公司有什么好职位空缺，一定要记得我。"结果对方马上问，有没有可能给他介绍一个"有媒体经验又有心理学背景"的朋友，因为他们公司正好有这样一个内部沟通的职位空缺。

小王跟媒体的朋友都很熟，帮他一打听，原来那些跑人才专线的记者拿到什么心理咨询师、职业规划师之类证书的还真不少。于是小王牵线搭桥，"批发"了几个人过去，最后还真有一个女孩被招进了那家公司。

后面的事情自然不用多说。投之以桃，报之以李，等后来小王在事业上遇到困难的时候，那位主管还真帮小王物色了几家公司，从而帮他拓展了事业上的空间。

在与陌生人的交往中，人们遇到的最多的问题通常是觉得"实在没有什么好说"。这时，你不妨采取以下做法：

1. 坦白说出你的感受

例如你可能在晚餐会上对自己嘀咕："我太害羞，与这种聚会格格不入。"或是刚好相反，你认为许多人讨厌这种聚会，但是自己却很喜欢。

不管你怎么想，把你的感受向第一个似乎愿意洗耳恭听的人说出来，这个人可能就是你的知音。无论如何，坦白说出"我很害羞"或"我在这里一个人也不认识"，总比让自己显得拘谨、冷漠好得多。

最健谈的人就是勇于坦白的人。这还有一个好处，如果你能坦诚相见，对方也会无拘束地向你吐露心声。

2. 与陌生人一起谈谈周围的环境

如果你十分好奇，你自然会找到谈话题目。有一次一个陌生人审视周围，然后打破沉默，开口说："在鸡尾酒会上可以看到人生百态！"这就是一句很有趣的开场白。

3. 对陌生人提出问题

许多难忘的谈话都是从一个问题开始的，比如问别人："你每天的工作情况怎样？"通常人们都会热心回答。

与陌生人交谈要积极寻找话题，但要注意，此时的话题不宜海阔天空，否则会给对方留下轻浮、不可信任的印象，从而影响交谈的进行。另外，要尽量多给对方说话的机会，让自己处在倾听的位置上，这对于彼此之间的交往将更加有利。

不要与贵人"对面不相识"

在纽约富人区的一座豪华别墅里，有一位女士几乎拥有任何人梦寐以求的一切：美貌、财富、地位、名望，以及幸福的婚姻。但她同时也有一个任何人都不愿接受的遗憾：她的女儿罹患了一种会致命的病，医遍全美均无良效。她无奈而又十分悲伤地看着死神一步一步地走近女儿。

有一天，女士看到一则报道：一位瑞士名医要来美国讲学。此人对她女儿患的那种病颇有研究，虽然未必能手到病除，却使这位伤心的母亲心中重新燃起了希望。

她不停地打电话、写信、托人，恳求名医帮帮她的女儿，但没有任何回应。这也难怪，对一个家庭来说，孩子的生死是头等大事，而对一位名医来说，却有比这更重要的事。全世界有那么多需要救助的人，他怎么可能为某个人随意更改自己的工作计划？女士深知这一点，她的心情变得越来越焦虑沮丧。

一个大雨倾盆的下午，女士坐在床前，一面安抚在痛苦中呻吟的女儿，一面暗自哀叹自己的不幸。她宁愿在美貌、财富、地位、名望中失去一两样东西，也不愿失去自己心爱的女儿。

这时，有人敲门。她极不情愿地打开门，看见一个又矮又胖、衣服湿

左侧竖排：超级人脉术大全集

透、样子很狼狈的男人。他说："对不起！我好像迷路了。您能允许我借用一下您的电话吗？我想让我的司机来接我。"

女士冷冷地说："很抱歉！我女儿正在生病，她不希望有人打扰。"然后，她关上了门。

第2天，她又在报上看到了一则有关那位名医的报道，上面还附有一张名医的照片。她赫然发现，原来他就是昨天那个在雨中迷了路的矮胖男人。她居然将这样一个绝好的机会关在了门外！名医虽然很忙，但如果走进她的家，看到她可怜的女儿，情况也许就大不一样了。可她怎么知道这竟是命运之神送给她的一个机会呢？她不禁后悔莫及。

这不禁让人想起了一个小故事：上帝因为悲悯某个穷人的困厄处境，决定帮助他。于是上帝在他家的大门口放了一块金子，并提醒他去拿。但是这位穷人很懒，他想还要走到大门口，太费力了，就没有去，所以他一辈子都只是一个穷人。

这个故事与案例中的故事多么相似！有的时候，贵人已经走到了你的家门口，甚至已经敲开了你的门，却又被你的冷漠赶走了。当案例中的女士了解真相之后，一定会深深慨叹"世上最痛苦的事莫过于此"了吧。

所以，珍惜每一次与人交往、为自己积德积福的机会吧，别让陌生的贵人擦肩而过。

勇的太太要生孩子了，勇接到电话后，跳进公司的那辆破车就往外冲。"你上不了山的，车太老了！"同事在后面喊。"没办法，只好冲冲看了！"他说。果然，一开始爬坡，车就吃不消了，但居然侥幸地过了几个坡。眼看就要冲上最后一个坡了，一个提着皮箱的人过来拦车："能不能带我一程？箱子太沉了！"勇不予理会，一直往前冲，他心想："我自己都不能保证过得去。"就在冲上山头的那一刻，车果然停住了，无论他怎么踩油门都无济于事，并且开始往下滑。

勇索性退回去，准备再次冲刺。谁知半路却碰到了刚才那个人，还回头对他笑呢。勇觉得对方在讽刺他，心里狠狠地骂了一句，就再次往上冲。这次，奇怪了，就在差一点的时候，车居然缓慢地上了山头。勇正兴奋，却猛然发现车后站着那个人，满脸通红，气喘吁吁。"刚才是你帮我？"勇问。"嗯，你……能不能带我一程，我赶着去帮人接生！"那人答。

要想留住陌生的贵人，不给自己留下遗憾，不妨从以下几点做起：

1. 善待所有人

你必须相信，每个人的内心都有一种被爱、被尊重的需要。无论是心地善良的小姑娘，还是表情严肃的中年男子，甚至是面孔狰狞的看似凶恶的人，当你与之相处的时候，拿出你的真心对他们好，他们一定会被你感动。

2. 主动结交陌生人

当然要做到这一点需要一些识人的本领。社会上确实存在着一些以诈骗为能事的恶人，但那毕竟是少数，在安全的氛围和环境中，放下矜持，打碎"不和陌生人说话"的阻碍，主动去握他人的手，对他人微笑，会让你结识更多的朋友。

3. 在力所能及的范围内帮助那些有困难的人

上班的路上扶一个老人过街，公交车上给抱着小孩的人让座，在朋友的生活陷入困顿时慷慨解囊，在同事遇到难题时献计献策，都是助人的好事。功利一点说，你根本无法预料这千万件小事中究竟哪一件会在无意间成就你，或者助你一臂之力。

找到与陌生人之间的共同话题

清末，在大太监李莲英的保荐下，权势显赫的醇亲王特意在宣武门内太平湖的府邸接见盛宣怀，向他垂询有关电报的事宜。盛宣怀以前没有见过醇亲王，但与醇亲王的门客"张师爷"过从甚密，从张师爷那里他了解到了醇亲王两个方面的情况：

一是醇亲王跟恭亲王不同，恭亲王认为中国要跟西洋学，醇亲王则认为中国人不比洋人差。

二是醇亲王虽然好武，但自认为书读得不少，颇具文人风范。

盛宣怀了解情况后，就到身为帝师的工部尚书翁同龢那里抄了些醇亲王的诗稿，背熟了好几首，以备"不时之需"。毕竟"文如其人"，盛宣怀还从醇亲王的诗中悟出了些醇亲王的心思。等胸有成竹之后，盛宣怀便前去谒见醇亲王。当他们谈到"电报"这一名词的时候，醇亲王问："那电报到底是怎么回事？""回王爷的话，电报本身并没有什么了不起，全靠活用，所谓'运用之妙，存乎一心'，如此而已。"醇亲王听他能引用岳武穆的话，不免另眼相看，随即问道："你也读过兵书？""在王爷面前，怎么敢说读过兵书？不过英法内犯，文宗显皇帝西狩，忧国忧民，竟至于驾崩。那时如果不是王爷神武，力擒三凶，大局真不堪设想了。"盛宣怀略停了一下又说，"那时有血气的人，谁不想洗雪国耻，宣怀也就是在那时候，自不量力地看过一两部兵书。"盛宣怀真是三句话不离醇亲王的"本行"，他接着又把电报的作用描绘得神乎其神，让醇亲王也感觉飘飘然。后来，醇亲王干脆把督办电报业的事托付给了盛宣怀。

如果你想与陌生人之间交往得像盛宣怀那样"有备而来"，你就可以借鉴他的做法。

当你要特意去结识一位从未打过交道的陌生人时，一定要多加准备，将其当成你人生中的一个重要经历。你可以通过多种渠道事先了解对方的背景、经历、性格、喜恶，在对对方基本情况了如指掌的前提下设想有可能出现的变故，做好以不变应万变的心理准备。

与陌生人交往，我们不能求全责备，而应该求同存异，在交往中尽力寻找双方在兴趣、喜好等方面的共同点，以加深彼此的交流。

但是，如果你与某位陌生人只是偶遇，根本没有机会事先对其进行了解，你也可以与之找到共同话题。这就是人们常说的："交谈中要学会没话找话的本领。"所谓"找话"就是"找话题"。写文章，有了个好题目，往往会文思泉涌，一挥而就；交谈，有了个好话题，就能使谈话融洽自如。

与陌生人开口交谈关键是要找到共同点。你可以从一个人的服饰、举止、谈吐看出他的心情、精神状态和生活习惯。开始谈话前首先看对方有何与自己相同之处，例如，他和你一样都穿了一双耐克气垫运动鞋，你便可以以耐克鞋为话题开始你们的谈话。与陌生人交谈，你最好寻找对方也熟悉的人和事，以此牵线搭桥，引出话题。尤其是与双方都关系很深的人和事，当谈到此类话题时，你们之间的距离必然会很快缩短。

生性腼腆的小希参加了一个社团的聚会，因为是第一次参加这样的活动，她一直不敢主动和人打招呼，尤其是在遇到陌生人的时候，她更加紧张了。为了消除紧张，她决定去拿一杯饮料喝。

"那杯饮料是含酒精的，你不一定喝得了。"小希刚拿起一杯饮料，就听到有人这么对她说。她回头时，看到一个女孩正端着一杯果汁对她微笑："喝这个吧，女孩子多喝果汁对皮肤很有好处。"

"谢……谢，你……很了解嘛。"小希说。

"还好，我经常参加这样的活动。"对方答。

就这样，小希和这个叫小美的女孩开始聊了起来，并成了好朋友。经过这件事之后，小希与人交往也有了进步，因为她知道了要结识朋友就要主动热情，不应害怕"出丑"。

与人初次见面的时候，可以通过以下方法寻找共同话题：

1. 找准话题

面对众多的陌生人，要选择众人关心的事件作为话题，把话题对准大家的兴奋中心。这类话题是大家想谈、爱谈、又能谈的，这样就能使人人有话，说个不停，以至引起许多人的议论和发言，导致"语花"飞溅。

2. 即兴引入

巧妙地借用彼时、彼地、彼人的某些材料为题，借此引发交谈。有人善于借助对方的姓名、籍贯、年龄、服饰、居室等即兴引出话题，常常会取得好的效果。"即兴引入"法的优点是灵活自然、就地取材，其关键是要思维敏捷，能进行由此及彼的联想。

3. 投石问路

向河中投块石子，探明水的深浅再前进，就能有把握地过河；与陌生人交谈，先提一些"投石"式的问题，在略有了解后再有目的地交谈，便能谈得更为自如。如在聚会时见到陌生的邻座，便可先"投石"询问："你和主人是老乡呢，还是老同学？"无论问话的前半句对，还是后半句对，都可循着对的一方面交谈下去。如果问得都不对，对方回答说是"老同事"，那也可谈下去。

4. 循趣入题

问明陌生人的兴趣，循趣发问，便能顺利地进入话题。如对方喜爱象棋，便可以以此为话题，谈下棋的情趣，车、马、炮的运用，等等。如果你对下棋略通一二，那肯定谈得投机；如你对下棋不太了解，那也正是个学习机会，可静心倾听，适时提问，借此大开眼界。

微笑着说"你好"的学问

20世纪30年代，一位犹太传教士每天早晨总是按时到一条乡间土路上散步。无论见到任何人，他总是热情地打一声招呼："早上好！"

其中，有一个叫米勒的年轻农民，他对传教士这声问候起初反应冷漠，因为在当时，当地的居民对传教士和犹太人是不欢迎的。然而，年轻人的冷漠未曾改变传教士的热情，每天早上，他仍然会给这个一脸冷漠的年轻人道一声早安。终于有一天，这个年轻人脱下帽子，也向传教士道了一声："早上好！"

好几年过去了，纳粹党上台执政。

一天，传教士与村中所有的犹太人被纳粹党集中起来，送往集中营。在下火车列队前行的时候，一个指挥官在前面挥动着棒子叫道："左，右……"被指向左边的是死路一条，右边的则还有生还的机会。

传教士的名字被这位指挥官点到了，他浑身颤抖，走上前去。当他无望地抬起头来时，目光一下子和指挥官相遇了。

传教士习惯地脱口而出："早上好！"

指挥官虽然没有过多的表情变化，但仍禁不住还了一句问候："早上好！"声音低得只有他们两人才能听到。然后，传教士被指向了右边——生还。

犹太传教士因为一个习惯性的问候就挽救了自己的生命。可见，打招呼是感化他人心灵的特效灵药。所以与陌生人结识，不妨从打招呼开始。

在这个社会中，一个人要想工作顺利，发展自己的事业，必须能够把业务上遇到的陌生人变成朋友。

在你奔波忙碌时，必然会遇见许多与你业务有关的人。这些人，你只知道他的姓名，甚至连姓名都不知道。你跟他见面时，也不过说两三句有关业务的话，甚至有时你只是跟他点一点头。例如，你经常到某大厦去接洽事务，经常遇见那个大厦的电梯司机；或是你到货仓去提货，经常遇见那个货仓的守门人；或是你经常到某银行存款，经常遇见那个柜台后面的出纳员等。诸如此类人员，你不知道他们姓甚名谁、何方人士，但他们或多或少地都与你的业务有点关系。

这些人中有许多是为了谋生出来工作的，待遇很低，工作既辛苦又单调、繁重，平常已经是受累受气、心烦意乱，所以如果你对他们神气活现，或是不理不睬，他们对你也不会有什么好感，办起事来也会只顾他们自己的方便，不愿给你方便。但是，如果你把他们当做朋友来看待，对他们有适当的尊敬与关怀，他们即使不知道你的姓名，一看见你的面容，听到你的声调也就已经有了好感。这时，他们就像吸进一股清风，精神为之一振。既然他们对你印象很好，那么，就好像本能一样，他们除了自己的方便之外，也会兼顾到你的方便。

实际上，如果你到处都能结交许多业务上的朋友，有许多业务就可以很迅速、顺利地办妥，不但省去许多手续上的麻烦，也可以避免许多不必要的损失。

对与陌生人结识的第一面，你应学会对他微笑。微笑是内心愉悦在脸上的自然流露。在人际交往中，没有什么东西能比一个阳光灿烂的微笑更打动人了。

如果你对别人抱有友好的态度，对社会有好感，自然会笑口常开，久而久之，微笑就成为你生活的一部分。当你遇见别人时，往往心里想："啊！看到你，真高兴！"并把这种心情表现在脸上，这样你就会满面春风。

超级人脉术大全集

在与陌生人交往时，记住带上你的微笑，如此简单的付出，却会给你的人脉王国带来无穷的好处。

郝岩是证券股票公司市场成功的一员，他说他年轻的时候是个讨人嫌的家伙，因为他脸上没有微笑，所以从不受人欢迎。

后来他自己决定，必须改变态度，要微笑地面对别人。于是，在第2天早上梳头时，他对着镜子中满面愁容的自己下令说："郝岩，你得微笑，把脸上的愁容一扫而光，现在立刻开始，微笑。"于是，郝岩转过身来，跟他的太太打招呼："早安，亲爱的。"同时对她微笑，她怔住了，惊诧不已。郝岩说："从此以后你不用惊愕，我的微笑将成为寻常的事。"

果然，2个月里，郝岩每天早上都对妻子微笑。结果怎么样呢？微笑改变了他的生活，在那2个月中，他在家所得的幸福比以往1年还要多。

现在，郝岩对大楼的电梯管理员微笑；对木楼门廊里的警卫微笑；对地铁的售票小姐微笑；在交易所时，对那些从未见过他的人微笑。他发现，每一个人都对他报以微笑。

再后来，郝岩带着一种轻松愉悦的心情去同一些满腹牢骚的人交谈，一面微笑，一面恭听。结果他发现过去很讨人厌的家伙变成了受人欢迎的人，过去很棘手的问题也变得容易解决了。

毫无疑问，微笑给郝岩带来了许多方便和更多的收入。他以前觉得同别人相处很难，现在却完全相反，他学会了赞美、赏识他人，努力让自己站在别人的角度看事物，所以觉得与人相处很容易。因此，他快乐，富有，还拥有了友谊与幸福。

我们如何才能学会微笑，掌握这个打破人与人之间沉默状态的微笑呢？

你要相信自己的微笑是世界上最美丽的微笑。

让那些能够带来轻松愉快的事情围绕着你。

在办公室里显眼的位置上摆放令你难忘的假日照片，比如你家里的小狗正儿八经地戴着一副眼镜，装模作样地打量着镜头。这些照片可以使你从日常紧张的工作中得到片刻的休息。

尽量消除或减少一些负面消息对你的影响。了解世界上所发生的一些新闻是重要的，但不必要每天都如此。

每天都去努力寻找那些幽默和欢乐的事情。即使你遇到了交通堵塞，在你等待的这段时间里，你也不妨想象自己正在出演一部电视剧，你是剧中的一个人物，遇到了这样一件事。类似的练习可以使欢乐取代压力。

要学会自己微笑，这也是最为重要的一点。记住一点，微笑不仅仅是为了别人，更是为了自己。

超级人脉术大全集

打造亲和力，让陌生人乐于接近

美国前邮政部长詹姆士·法利是个谦虚谨慎、不狂妄自大的人。一个有趣的事例表明，法利先生是一个知道如何让人喜欢自己的专家。那是发生在费拉德菲尔城举办的一次"读书和读者"会上的事。当法利先生和其他演讲者到宾馆去吃午饭的时候，他们在走廊遇到了推着餐车的女服务员。他们绕过餐车走了进去，这位服务员丝毫没有注意到他们。这时，法利先生向她走了过去，并且伸出手说："嗨，你好，我是詹姆士·法利，能告诉我你的名字吗？很高兴认识你。"

当这群人走过大厅的时候，一些人回过头看了看那位女孩。她嘴巴张得大大的，显得十分惊讶，但转而，她的脸上立即绽开了甜美的微笑。这是一个在现实生活中取得成功的人士在社交场合中平易近人，善于营造舒适、自然、轻松的气氛，并拥有良好的人际关系的很好的例子。

无疑，詹姆士·法利是一个具有亲和力的人，这种亲和力让那位女服务员和其他人乐于接近他、与他相处。亲和力也是一种重要的品质，许多伟大人物都具备这种品质，比如美国历史上最伟大的总统林肯、中国前总理周恩来等。

亲和力会让人萌发亲近的愿望，亲和力会使得即使是陌生人也"一见如故"。人们总是喜爱与谦和、温良的人交往，而不会心甘情愿地将自己置于一个威严的人之下。

就个人而言，亲和力加速了人的社会化进程，使人从诞生之日起就浸泡在关怀、爱护的亲情之中，一点一滴地受到熏染，得到强化与培养。亲和力有利于人的身心健康，减少心理障碍产生的几率。人们社交的范围越广，精神生活就越丰富，亲和力就越强，心理发展也就越平衡。亲和力是培养良好个性、求取知识、获得事业发展必不可少的重要条件，也是建立友谊、发展友谊的坚强动力。只要亲和动机纯正，就会赢得许多朋友，就会在人生的道路上一帆风顺。

某大学植物系有一位植物学教授，开的课虽然是冷门课程，但却几乎堂堂爆满，甚至还有人宁愿站在走廊边旁听。究其原因，并不是这位教授的专业知识多傲人，而是他的幽默风趣风靡了全校，使得学生们都喜欢上这位教授的课。

有一次，该教授带领一群学生深入山区做校外实习，沿途看到许多不知名的植物。学生好奇地一一发问，教授都详细地回答解说。一位女同学不禁停下了脚步，对着教授赞叹地说："老师，您的学问好渊博呀。您对什么植物都知道得那么清楚！"教授回头眨了眨眼，扮个鬼脸笑道："这就是我为什么故意走在你们前头的原因了，只要一看到不认识的植物，我就'先下脚为强'，赶紧踩死它，以免露馅！"学生们听了个个笑得前俯后仰。可以想见，这次实习之旅是一趟充满了笑声的愉悦之旅。

当然教授只是开了个玩笑，幽默一下而已，但这就是他广受学生喜欢的原因。

让陌生人亲近你的技巧有很多种，主要有以下几个方面：

1. 平易近人、轻松自如地同陌生人交往

这就是说，在别人和你打交道的时候，不要让人有一种紧张感。有的人你很难同他打交道，很难接近，这往往是他的一个在交往中难以克服的障碍。而一个平易近人的人就很好相处，而且言谈举止都很自然。他会营造一种舒适、愉快、友好的氛围，和他在一起，你绝不会陷入尴尬的境地。而一个表情僵硬、冷漠、毫无反应的人，是难以融入一个集体之中的，他往往是一个桀骜不驯、不合群的怪物。你确实不知道该如何和他打交道，你也难以揣摩他的内心世界，不知道他会对你的言行作出怎样的反应。让人喜欢这样一个怪僻的人，确实不是一件很容易的事情。

2. 要体贴他人，替他人着想

一个体贴别人的人，总会设身处地为别人着想，不让别人紧张、拘束，

更不会让别人尴尬难堪。据说，莎士比亚就具有善解人意的美德。在和人交往的过程中，他宽容灵活，能根据交往对象的不同特点，随着时间、地点的变化进行应变。

3. 大方得体，不卑不亢

总的来说，具备这种素质的人首先得具备开阔的胸襟。因为那些特别看重别人对自己的态度的人，那些害怕别人嫉妒自己的地位和名声的人，那些在生活中处于优势地位的人，是很少对别人失之以礼的，而且一般也不轻易对别人生气。

4. 要真正忠诚和具有爱心

某个大学的心理学系对那些受人喜爱的和不受人喜爱的人的性格进行了分析。他们对100种个性特征作了科学分析，最后指出：一个人要想赢得别人的喜爱就必须具备46个能够引起人们好感的个性特征。也就是说，你要想被大众所接受，就必须具备许多招人喜欢的优秀品格。

要想让别人亲近你，你必须具备一个最基本的品格，这就是要忠诚、正直和具有爱心。事实上，只要你具备了这一基本品格，你就具备了做人的基点。

让陌生人成为自己的贵人

在一个风雨交加的夜晚，一对相貌、衣着普通的老夫妇匆匆走进一间旅馆，他们要求住宿一晚。旅馆的夜班服务生礼貌地说："非常抱歉，今天的房间已经预订满了。如果不介意，你们可以暂时待在我的房间，它虽然不是豪华的套房，但还是挺干净的。晚上我是夜班，可以在办公室休息，顺便处理有关账务的问题。"这位年轻人很诚恳地对他们说。

老夫妇大方地接受了他的建议，并对造成服务生的不便致歉。隔天，雨过天晴，老先生前去结账时，柜台仍是昨晚的这位服务生。这位服务生依然亲切地说："昨天您住的房间并不是饭店的客房，所以我们不会收您的钱，也希望您与夫人昨晚睡得安稳。"

老先生点头称赞："你是每个旅馆老板梦寐以求的员工，或许改天我可以帮你盖栋旅馆。"服务生听了非常高兴，但是因为这个想法实在太夸张了想必是很难实现的，所以他也只是把它当成一句玩笑。

几年后，服务生仍在同一家旅馆工作。有一天，他收到了一封挂号信，信中说了那个风雨夜晚所发生的事，另外还附了一张邀请函和一张到纽约的来回机票，邀请他到纽约一游。在抵达曼哈顿几天后，服务生在第5街及34街的路口遇到了这位当年的旅客。这个路口正矗立着一栋华丽的新大楼，老先生说："这是我为你盖的旅馆，希望你来为我经营，你还记得吗？我在当时曾提出这样的建议，我可是认真的。"

这位服务生惊讶不已，说话也变得结结巴巴："你是不是有什么条件？你为什么选择我呢？你到底是谁？"

"我叫威廉·阿斯特，我没有任何条件，我说过，你正是我梦寐以求的员工。"

这栋旅馆就是华尔道夫饭店，它是纽约极致尊荣的地位象征，也是各国高层政要造访纽约下榻的首选。当年的那个服务生就是乔治·波特，他奠定了华尔道夫的世纪地位。

此案例已经成为证明贵人作用的最经典实例。一个人能够让陌生人变成自己的贵人，那他必定有许多过人之处。

首先，乔治·波特有一颗慷慨助人的心，这颗心为他积累了人气和福泽。助人者得人助，就是这个意思。

其次，他的态度和做事方式体现出了一个专业服务人员的标准，让老夫妇觉得他是经营饭店的可造人才。

主要因为这两点，乔治·波特才让陌生人成为自己的贵人。他的做法值得人们借鉴。

约翰从密歇根大学毕业之后，进入一家企业做财务工作，尽管赚钱很多，但约翰很少有成就感，沮丧的情绪经常笼罩着他。约翰其实不喜欢枯燥、单调、乏味的财务工作，他真正的兴趣在于投资，做投资基金的经理人。

约翰为了排遣自己的沮丧情绪，就出去旅行。在飞机上，约翰与邻座的一位先生攀谈了起来，由于邻座的先生手中正拿着一本有关投资基金方面的书籍，双方很自然地就转入了有关投资的话题。约翰觉得特别开心，总算可以痛快地谈论自己感兴趣的投资了，因此他把自己的观念以及现在的职业与理想都告诉了这位先生。

这位先生静静地听着约翰滔滔不绝的谈话，时间过得飞快，飞机很快到达了目的地。临分手的时候，这位先生给了约翰一张名片，并告诉约翰，他欢迎约翰随时给他打电话。

这位先生从外表来看就是一名普通的中年人，因此约翰也没有多在意，就继续自己的旅程了。

回到家里，约翰在整理物品的时候，发现了那张名片，仔细一看，约翰大吃一惊，飞机上邻座的先生居然是著名的投资基金管理人！自己居然与著名的投资基金管理人谈了2个小时的话，并给他留下了良好的印象。于是约翰毫不犹豫，马上提上行李飞往纽约。1年之后，约翰成为一名投资基金的新秀。

想要让陌生人成为自己的贵人，就必须慷慨助人。只有慷慨地帮助陌生人，才能期待他日陌生人对你的回报。

以下是慷慨助人的一些经验之谈：

发现一个人的优点，并且尽可能地去爱他、帮助他，这是一种极大的快乐。

多注意别人的好处，用同情和仁爱去影响别人，不久你就会发现生活中充满了温暖、和平与快乐。

对周围的人和事，最好用善意与乐观的态度去对待，不多疑，不用心计，保持快乐泰然的心境。

人生苦短，成大功立大业的人毕竟不多，普通人能够在这一生中做一些救人助人的好事，那也就不枉此生了。

第四章

平等待人，小人物是你的潜在人脉

今天的小人物，明天的大贵人

魏颗是春秋时代晋国魏武子的儿子，任晋国将军之职。有一次，秦桓公派遣了一位勇猛善战、威震四方的名将杜回带兵攻伐晋国，大军在晋国辅氏（今陕西省辅邑县）的地方扎营，准备会战。晋国面临重大威胁，就派魏颗将军出师对抗。两军大战之下，结果出乎意料，魏颗在辅氏地方打败了秦师，俘获了秦国猛将杜回，为晋国立了战功。

晚上魏颗刚刚安睡就梦见一位老人前来作揖说道："魏将军，你知道杜回为什么会被你俘获吗？是老汉结草攀住他，使他跌倒而被俘获的。"魏颗惊奇地说："我与您素不相识，而蒙您相助，这个恩德怎么报答呢？"老人回答说："我就是你所嫁妇人祖姬的父亲，承蒙将军顺从你父亲合理的遗命，善嫁了我的女儿，而不是把我女儿殉葬。老汉在九泉之下感激将军救活了我女儿的生命，所以特来效劳，结草报德，帮助将军成功。望将军继续勉力为善，将来子孙一定世世荣显。"

原来数年前，魏颗的父亲魏武子有一个爱妾名叫祖姬。魏武子平日身体一有病时，就嘱咐他的儿子魏颗说："祖姬是我所爱的女子，年纪还轻，我死后，你当为她选择对象把她嫁了，使她终身有个归宿，不要使她流离失所。这样我在九泉之下也就安心瞑目了。"但是到了临终的时候，魏武子又嘱咐魏颗说："祖姬是我的爱妾，我死后，你当为我把她殉葬，使我在九泉之下有良伴，不要使我孤魂寂寞。"说完了话，他就逝世了。武子死后，魏颗安葬他的父亲，并没有把祖姬从葬，而是选择一位适当的士人把祖姬嫁了。有人问魏颗说："你怎么没有遵从你父亲临终的遗命呢？"魏颗说："我父亲平日吩咐我要善嫁此女，使她得个好归宿，终身有所依托。而到了病重临终在精神昏乱时，又命我殉葬她。为了不陷父亲于不义，所以我不听从我父亲昏乱的遗言，而听从父亲合理的遗命，帮助父亲成就德泽。"由于魏颗积了这份阴德，所以这次在和秦军战于辅氏的地方，当双方战事紧急之际，魏颗忽然遥见一老人在杜回面前结草，攀住杜回的脚，让杜回因此跌倒在地。适时魏颗赶紧上前，把杜回俘虏擒捉起来。而秦兵见主将被擒，都四散奔逃，大败而去。

很多人没有意识到小人物的重要性。其实，无论地位多么卑微的人物，都有可能在关键时刻派上大用场，发挥大作用。就像案例中的祖姬，身为人妾，自然是极小的人物，但她的父亲却在战场上救了魏颗并帮助他立了大功。而且小人物未必永远是小人物，说不定哪一天他们会获得翻身的机会。所以，以貌取人、以一时的成败去认定一个人是短视的，是不足取的。其实，有好多做大事的人，在刚开始的时候都是从小事做起的。好多人在遇到适合自己的机会之前，也都是一文不名的。

所以，在日常生活中，不要总是去忽略那些小人物的存在，因为时机一旦成熟，小人物同样会变成大人物。一个根本不起眼的螺丝钉，日后也有可能创造出伟大的业绩。

要知道，那些大人物在很多时候并不一定会帮助我们。他们的眼光也总是一味地注视着对自己有用的人，如果你不能够让他们得到好处，他们是不会白白地帮助你的。而小人物却不一样，他们总是被别人忽略，如果你给予他们应有的重视，他们就会把你当做自己的贵人，帮助你，甚至为你赴汤蹈火。另外，我们根本不可能事事都能够做到，有时候我们很不方便办的事情，在那些小人物的眼里却非常平常。如果我们在平时能够和他们搞好关系的话，关键时候就可以让他们配合自己，从而达到自己的目的。这样，我们获得成功的把握就会更大。

刘星在一家房地产公司工作已经有2年了，但他并没有获得好的发展。相反，领导吩咐他做的事他都不能令其满意，由他负责的项目还经常引起客户的投诉。同事们也很怀疑他的能力。所以2年来他都没有获得晋升，还是一个普通职员。后来，在来公司之后的第5年，刘星离开了公司，开了一家属于自己的公司。

在第6年的时候，刘星已经成为商界的后起之秀。他买了奔驰车，有了漂亮女朋友，身边还总是围着一群跟班。当年在房地产公司的同事有人来找他，希望能在他的公司工作。也许刘星是从最底层爬上来的缘故吧，他理解大家的心情，便爽快地同意了。而且，无论在什么时候，刘星对这些新下属都非常尊重。对那些年龄比较大的职员，刘星每次要他们做事的时候，总是让秘书把他们请到自己的办公室，王叔、李叔地称呼着，然后说道："我想请您帮我做……事情，您觉得怎么样？"每次遇到这样的情景，这些老同事都非常感动。

如果在外面和自己的下属相遇了，而恰好自己的下属又和别人在一起，这时候，刘星就会想尽一切办法给足下属面子，还总是当着下属的朋友称这些小员工为"主任、经理"，让自己的下属非常受用。

刘星一直尝试着提高员工的薪资和福利待遇，使得公司的每个人都不愿离开公司，而且处处为公司着想，即使是普通的助理，也总是想尽办法为公司托关系拉业务。后来，刘星在各地开了十几家分公司，而且前途不可限量，来"投靠"他的同事也都获得了更好的发展。

对于身边的小人物，必须以发展的眼光来看待、重视他们，因为没准儿有朝一日他们也会成为我们的贵人。重视小人物，要做到以下几点：

1. 不可目中无人

目中无人、高高在上不但不能引起别人的尊重，反而会引起他人背后甚至当面的讥笑。获得别人尊重的唯一要诀，就是练好"谦"功，先尊重别人，尤其是小人物。

言行妄自尊大，将使与你接触的小人物感觉自卑和厌恶你，并对你有一个不好的印象。一旦如此，你所能交得的新朋友将远没有你所失去的老朋友多，直到陷入众叛亲离的绝境。试想到了那时，你做人还有什么趣味？

人们都不喜欢那些常爱自吹自擂的人，你当然也不愿人家这样看待你，那么最好的办法就是在自己谈吐行动之间，处处给人留下一个自由旋转的余地。如果你的意见的确是对的，他们经过思索之后，自然会乐于接受。万一他们抱着一种成见，始终坚持不接受，那你也必须知道：过分强调、夸大的语气，并非是征服他们的武器，反而易使他们走向异端，与你深沟高垒地对峙起来。

2. 得意不要忘形

有位企业家曾说过："当你经过千辛万苦使你的产品打开市场的时候，你最多只能高兴5分钟，因为你若不努力，第6分钟就会有人赶上你，甚至超过你。"

当你被上司提升或嘉奖的时候，常常会在其他同事面前表现得自鸣得意吗？如果是，那你就要好好学一番涵养的功夫，把你那因升迁而引起的过度兴奋压下去才好。你所拟的一生计划当然是非常伟大的，但在你没有达到这个伟大目标之前，中途的一些升迁真可说只是微乎其微的小事。也许在你实行一个计划时，一着手就大受他人夸奖，但你必须对他们的夸奖一笑置之，仍旧埋头去干，直到隐藏在心中的大目标完成为止。否则，不但会让自己失去继续前进的动力，而且也会引起他人尤其是鲜有成就的小人物的不满，使他们从此埋下怨恨的种子。

3. 有本事不必自夸

欧洲有一句著名的格言说："愈是喜欢受人夸奖的人，愈是没有本领的人。"按照这句话的意思延伸开去，那些自夸的人便是最没本领的人。所以，不要自夸。如果你确实有能力、有水平，那么你的这些荣耀就会黯淡他人，在那些毫无成就的小人物眼里更会十分刺眼，而自夸，更会加重他们的嫉恨，所以有本事也不能自夸。

识英雄于微时

　　三国争霸之前，周瑜并不得意。他曾在军阀袁术部下为官，被袁术任命当过一小小的居巢长，也就是一个小县的县令罢了。

　　这时候地方上发生了饥荒，不但年成坏，兵乱间又损失不少，粮食问题日渐严峻起来。百姓没有粮食吃，就吃树皮、草根，不少人活活饿死了，军队也饿得失去了战斗力。周瑜身为父母官，看到这样的悲惨情形，急得心慌意乱，不知如何是好。

　　这时有人献计，说附近有个乐善好施的财主鲁肃，他家素来富裕，想必囤积了不少粮食，不如去向他借。

　　周瑜于是带上人马登门拜访鲁肃。刚刚寒暄完，周瑜就直接说："不瞒老兄，小弟此次造访，是想借点粮食。"

　　鲁肃一看周瑜丰神俊朗，显而易见是个才子，日后必成大器，所以根本不在乎周瑜现在只是个小小的居巢长，他哈哈大笑说："此乃区区小事，我答应就是。"

　　鲁肃亲自带周瑜去查看粮仓，这时鲁家存有两仓粮食，各3000石。鲁肃痛快地说："也别提什么借不借的，我把其中一仓送给你好了。"周瑜及其手下一听他如此慷慨大方，都愣住了，要知道，在饥荒之年，粮食就是生命啊！周瑜被鲁肃的言行深深感动了，两人当下就结为朋友。

　　后来周瑜发达了，当上了将军，他牢记鲁肃的恩德，将他推荐给了孙权，鲁肃终于得到了做事业的机会。

　　与那些暂时不得势的人交往，并成为好朋友，就像买股票一样，可能买到了最有价值的原始股。这跟向"冷庙"烧香的道理是一样的。一般人烧香都选香火鼎盛的庙，认为这种庙比较灵验，可以保护自己各方面顺利如意，所以越是香火鼎盛的庙，越是吸引香客。而香客寥寥的"冷庙"，

中篇　超级人脉的黄金法则
——人一生要依靠的14种人

则不管灵不灵，除非有"神迹"出现，否则只会逐渐地"冷"下去。

其实，人趋炎附势的行为和烧香的行为是一样的，总是向当权的人、当红的人靠拢，同道的当然奉承巴结，不同道的也要想尽办法拉上一点关系，就像人们走遍千山万水也要到某个名刹烧一炷香一样。

从人生的角度来看，人们不可能一帆风顺，挫折、背运是难免的。当人们落难的时候，正是对周围的人特别是对朋友的考验。远离而去的人可能从此成为路人；同情、帮助他渡过难关的人，他可能铭记一辈子。所谓莫逆之交、患难朋友，往往就是在困难时期产生的，这时形成的友谊是最有价值、最令人珍视的。

从一定意义上说，对待落魄、失势者的态度不仅是对一个人交际品质的考验，而且也是结交贵人的契机。世事沧桑，复杂多变，起起伏伏，实难预料，昨天的权贵今天可能成为平民，巨富大款一夜之间也可能一贫如洗……

如果你能像鲁肃那样识英雄于微时，提拔他们，帮助他们，那么必定有一日会得到丰厚的回报。

对于那些"不得势"的或者"暂时失势"的英雄，我们应该以以下方式对待：

1. 继续与他们交往

面对落魄之人，不要嫌弃他们，要怀着真诚的同情心和他们交往。并且此时与他们交往要有正确的态度，不应表示怜悯，而应尊重他们，要热情、真诚地以心相待，使他们看到在最困难的时候也有朋友在自己的身边。这样有助于他们克服悲观思想，振作起来。要知道有时候，你的真诚能够改变一个人的一生，让他重新回到正常的人生轨道上来。

2. 进行具体帮助

对于落魄者生活中的困难要给予具体的帮助。通常，落魄者会遇到很多生活上的困难，一时难以克服。这时，你应该尽可能给予他们实质的帮助，使他们渡过难关。

3. 结交有度，分寸适当

与落魄者交往时要注意自己态度和言行的分寸。同他交谈切忌用教训人的口气，应该抱着平等、坦诚的态度，这样才能体现对对方的尊重，使他在心理上容易接受。再者，不要轻易地触及他的"伤口"，过多地谈及他们已经无法挽回的错误只会刺激他们的自尊。

不可小觑的服务人员

罗斯福卸任以后，一天到白宫去拜访，碰巧塔夫脱总统和他的夫人都不在。这时，他真诚对待身份卑微者的情形全表现出来了：他向所有白宫旧仆人打招呼，并且都能叫出他们的名字来，甚至连厨房的女工也不例外。

亚默斯在书中写道：

"当总统（罗斯福）见到厨房的欧巴·桑亚丽丝时，就问她是否还烘制玉米面包。桑亚丽丝回答他，她有时会为仆人烘制一些，但是楼上的人都不吃。

"'他们的胃口太差了，'罗斯福有些不平地说，'等我见到总统（塔夫脱）的时候，我会这样告诉他。'

"桑亚丽丝端出一块玉米面包给他，他一面往办公室去，一面吃。经过园丁和工人的身旁时，他还跟他们打招呼……

"他对待每一个人都同他以前一样。他们之间彼此低语讨论这件事，而艾克胡福眼中含着泪说：'这是将近两年来我们唯一有过的快乐日子，我们中的任何人，都不愿意把这个日子跟一张百元大钞交换。'"

罗斯福能够善待服务人员，对他们如此和蔼，从这一件小事中我们便可以窥见他之所以得民心的原因了。

在日常生活中，服务人员与我们的生活质量密切相关。如果你与服务人员的关系恶化，就会出现以下情形：早晨起来发现牛奶还没有送来，所以不得不空着肚子去上班，却又被公交车上的售票员数落了一顿；好不容易到了公司，楼下的保安人员却拒绝给你开门；午饭过后，又与送快递的邮递员吵了一架……如此一来，你发现今天好多事情都被耽误了，而且心情特别糟，你几乎打不起精神来。

这就是得罪服务人员的恶果，"恶有恶报"，一切都源于你之前为自己种下的"因"。

　　所以，即使是一个微不足道的服务人员，如果你善待他们，他们就是你的贵人；如果你不善待他们，他们就会给你带来麻烦。

　　李波是一家广告公司的文案策划，他的工作能力很强，但是脾气却很暴躁。他经常以那种傲慢无礼和自以为是的态度和别人发生争执，使得同事们都对他非常反感。

　　有一次，他做了一份广告策划书。

　　这份策划书经过近1个月的努力终于完成了，他非常高兴。结果他还没有储存，就和对面的同事闲聊起来。当他聊得正开心的时候，办公桌上的电话铃响了，他连忙去接电话。结果，胳膊在无意中触到了键盘，一下子整个电脑屏幕全消失了。等打完电话之后，看到屏幕上什么都没有了，他吓坏了，着急地说："这可怎么办？辛苦了1个月的东西，竟然说没有就没有了。"于是，他开始抱怨公司的计算机不好，然后又大骂计算机技术人员没有把计算机给调整好，怎么在这关键时候出错了呢？

　　接着，他就大喊大叫地把计算机技术员给叫来了。只见他一边走一边数落计算机技术员："你们是怎么搞的？连几个计算机都管理不好，竟然在最关键的时候出错。每个月还给你们那么高的工资，我看啊，公司真的是白白糟蹋钱！"技术员在他旁边走着，听了他说的这些话非常生气，但他什么也没有说，只是与李波一起来到了他的办公室。

　　技术员打开计算机之后，弄了半天也没有结果。只见李波站在那里不断地催促着技术员，说自己还有好多工作要做。即便这样，技术员还是故意多给他拖延了1个小时。最后，他的计算机修好了，可以正常使用了，但是策划书却怎么也无法救回来了，无论李波多么着急和生气，技术员都不再答理他。

　　修完计算机之后，技术员要走了。李波大叫道："你还没有把计算机修好呢！你去哪里？"技术员厌恶地看了他一眼回答道："这些失误都是你自己造成的，你的策划书我们是无法救回来了，你要是对我们不满意，可以到老板那里投诉我们。"说完，技术员头也不回地走了。

　　等到技术员走了之后，李波对面的同事责备李波，问他为什么对技术员那么不尊重。李波马上反问道:"怎么,你要我去尊重一个修理工?"同事看他傲慢的样子,说道:"既然你这么想,那就从头开始做你的策划书吧!不过,据我所知,刚才这位技术员是绝对可以帮你解决问题的,只可惜你把他给得罪了!"

李波一听这话,赶忙问道:"那怎么办啊?""你重新做好了!"同事说道。就这样,李波只好重新做了一份策划书。然而,为了赶时间,他的策划书中漏洞百出,问题很多,上司对此很恼火。

对服务人员的态度是很重要的,你对他们的重视,可以从很多方面反映出来。

要主动与服务人员打招呼。在任何地方遇到他们,都不要等他们开口说"你好",要像对一个老朋友一样对他们微笑,说几句礼貌的寒暄话,这样很容易打动他们的心。

对他们说话或者请他们帮忙时要客气、要有礼貌,多用"麻烦您……"、"谢谢"、"请……好吗"之类的用语,让他们体会到你与他们之间仅仅是分工上的差别。

在称呼上下工夫,多用敬称,比如"师傅、先生、阿姨"等,让他们感到被尊重、有面子。即使在他们做错事的时候也不要出言不逊,用难听的字眼贬低他们的人格。

认出你的"隐形上司"

南朝刘宋王朝时,平原(今山东淄博)人刘怀珍同萧道成一起在朝中任职。他认为萧道成非同凡人,有眼光,有见识,将来必成大事,所以倾心与之结交。

在宋孝武帝刘骏时,萧道成任舍人,刘怀珍任直阁。有一次,刘怀珍回家乡休假,萧道成为他送行,并送给他一匹白马。这匹马高大雄健,但没有驯服,对人又踢又咬,无法骑乘。刘怀珍收下后,脸上丝毫没有不快之意,反而让人拿出上百匹绢送给萧道成作为回报。他的下属对刘怀珍说:

"萧君是因为那匹马性子烈、不好驾驭才送给您的。您却作为重礼接受，回报绢布百余匹。您的回报是否太多了？"

刘怀珍坦然回答说："不多。萧君乃堂堂君子，雅量过人，我送他此绢，他岂能负我与之结好之意？萧君是能成大事的，将来我的身家功名可能都寄托在他身上呢，岂能斤斤计较这些钱物？"

果然，刘怀珍的雅量得到了应有的回报，他获得了萧道成的友情和信任。后来，萧道成取代刘宋王朝建立了齐朝，刘怀珍也因此官至都官尚书、领前军将军。

刘怀珍果然具有独到的眼光，一眼看出萧道成"非池中之物"，很有发展前途，所以在他身上进行了投资。事实证明，他的做法是正确的。

萧道成未发迹之前就是刘怀珍的"隐形上司"，虽然他当时的境况并不如意，但他的前途是很美好的。在这种人身上付出，与之结交，是一种极具战略眼光的长线投资。

在现代职场中也存在着"隐形上司"的现象：一种情况是指你身边的同事中某一个有潜力的人可能将有一天比你早得到晋升，成为你的上司；另一种情况是你的同事中可能有人与你现任上司的关系不一般，他可能是通过"关系"和"路子"来到公司的，所以在这里会受到很多特殊照顾或礼遇。

这两种"隐形上司"都有可能成为你的贵人，如果你具备精准的眼光，应该能将此类人士较早地识别出来。

范文渭是一家房地产公司的职员，刚参加工作不久。有一次，他让办公室的一个叫韩青的助理帮自己打印一份资料。当然，打印资料这件事本来就属于韩青的工作范围。然而，韩青看到这个刚来公司的人竟然给自己找事做，就很不高兴。她看了一眼范文渭，用一副爱答不理的样子从鼻子里哼了一声，然后接着做自己的事情了。范文渭看她用这样的态度对待自己，也没有太在意，就随手把资料放在那里，回到自己的办公室了。

范文渭在办公室里忙着处理自己的事情，一下子就过了1个多小时。这时候，该用到让韩青打印的资料了，他看了一下时间，估计她应该早就打印出来了，于是他又一次来到韩青这里，向她要打印好的资料。但是，让范文渭意想不到的是，韩青一边与同事聊天，一边仍然用爱答不理的态度告诉范文渭说："东西还放在那里，还没有开始做呢!"

"你说什么?"范文渭有些急了，"都已经过了2个小时了，你竟然告诉我你还没有开始做! 你还讲不讲工作效率啊? 没有做好工作还在聊天?"韩青看到这个新来的范文渭竟然敢教训自己，这还得了! 于是，她理直气壮地站起来冲着范文渭怒吼道："你管得着吗? 我愿意怎样就怎样!"就这样，两人大吵了起来。结果，范文渭愤愤地拿着自己的资料回到办公室，心里还是怒火高涨。后来一个同事告诉他："韩青是老板的表侄女，老板非常宠爱她，所以公司的人全都躲着她，你怎么这么大胆?"他听后虽然有些不服气，不过也无可奈何。老板知道这件事情之后，虽然没有说什么，不过对范文渭也明显带有一些不悦之色。可以想象，范文渭以后在这个公司里的处境是多么艰难了。

认出自己的"隐形上司"之后，便要思考该如何与之相处。

对于那些日后可能晋升的"隐形上司"，要与之处好关系，与之在事业上互相切磋、互相促进，支持他的一些对公司的建议和发展构想。当他取得成绩时，要真诚地祝福他，并通过合作让他对你的能力有一定的了解。

对于那些有"关系"的隐形上司，要注意对之进行忍耐。如果发生冲突，千万要大事化小，而不要得罪他们，因为他们的手中握着"老板"这一张王牌。当然与他们搞好关系也是重要的，但是不必故意巴结奉承，顺其自然就可以了。

适时的关心让人感动

任何人都渴望他人的关心和关注，都希望感受温暖和友好的气氛，那些不为人们关注的小人物和其他困境中的人物尤其如此。所以，如果你想赢得好人缘，想与他人建立友好和谐的关系，想找到自己生命中的贵人，那么你就应该对人给予适时、适当的关心。关心会让他人感动，小则引起他人对你的好感，大则让他对你铭记在心，甚至于"士为知己者死"。古代那些"壮士酬知己"的轰轰烈烈的大事有很多都是在这种情况下发生的。

与小人物交往更应当如此：用适时的关心让他们感动。

在日本神户的一家华人开的夜总会里有一个员工，在来这里工作之前，他曾经在好几家外国人经营的公司服务过。但他运气太差，无论怎样努力工作，那几家公司的老板都认为他不听话，还总是不说明理由就随便开除员工。他工作的最后一家公司，老板就是以遗失东西为由，把他和所有有嫌疑的人都炒了鱿鱼。

此后，他才来到这位华侨开的夜总会谋生。

就是这名员工，有一天，他在上班的时候看见办公室的桌子上摆放着一个大蛋糕。但他并没在意，一会儿就把这件事忘记了。

突然有人通知他说："你太太马上就要到公司来，是董事长请来的，听说是为了一件非常重要的事。"

这位员工心中猛然一惊，忐忑不安起来：又出了什么事？

就在这时，公司广播通知所有员工到办公室去。

随后，董事长步入办公室兴高采烈地宣布："生日宴会现在开始！"

而公司里只有他一个人是今天过生日，于是他机械地坐在被指定的中央位置上，他的妻子则被安排在他旁边的椅子上坐下了。

桌子上面放着他上班时看到的蛋糕，上面用巧克力写着他的名字。他的眼睛湿润了，自己连自己的生日都记不得，董事长却在百忙之中亲自来主持宴会，这真让他有点受宠若惊。

接着董事长又宣布公司特许他休息一天，带太太出去玩一玩。

从此以后，他更加努力地工作了。

关心他人也是有学问的，不要以为付出真心就可以了。尤其是关心小人物的时候，有许多要注意的事项。

关心小人物要掌握合适的"度"，即不要太过度，要顾及他们的自尊。万万不可以自己的所想为出发点，而要以小人物的需要和承受能力为出发点。

关心要真诚，要发自内心，而不是浮于表面。在他们遇到困难的时候，要给予实际的帮助，比如资金上的支持、办事方面的便利等。

有的时候，真诚的关心只靠一个重视的眼神、一个亲昵的表情就能够表达得淋漓尽致，而无须太多语言。

关心他人时不要侵犯他人隐私。有些人内心潜藏着极强的窥探欲，看到他人情绪低落便伺机询问。这看似关心，实为干扰他人正常生活。类似的做法是不可取的。

挖掘平凡人的优点

一个青年到巴黎找工作，期望父亲的朋友能帮助自己找一份谋生的工作。

父亲的朋友问："数学你精通吗？"青年羞涩地摇摇头。

"历史、地理怎么样？"青年还是不好意思地摇头。

"那法律呢？"青年窘困地垂下头。

"会计怎么样？"父亲的朋友接连发问，青年却都只能摇头告诉对方——自己似乎从来就一无长处，连丝毫的优点都找不到。

"那你先把自己的住址写下来，我总得帮你找一份事做。"青年羞涩地写下自己的住址，急忙转身要走，却被父亲的朋友一把拉住了："年轻人，你把自己的名字写得很漂亮嘛，这就是你的优点啊！你不该只满足于找一份糊口的工作。"

把名字写好也算一个优点？青年在对方眼里看到了肯定的答案。哦，我能把名字写得叫人称赞，那我就能把字写漂亮；能把字写漂亮，我就能把文章写得好看……受到鼓励的青年，一点点地放大着自己的优点，兴奋得脚步立刻轻松起来。

数年后，青年果然写出了具有世界影响力的经典作品。他就是家喻户晓的法国18世纪著名作家大仲马。

金无足赤，人无完人，每个平凡人都有自己的特长，也有自己的缺陷。

重要的是，尺有所短，寸有所长，把优势发挥出来，就能够得到最终的成功。

所以，任何时候都不要自视清高、吹嘘自己。天外有天，人上有人，即使你能力比别人强，才华比别人出众，或者在工作、事业上取得了一定的成绩，也不应该沾沾自喜、目空一切。你身边那些平凡人的身上，也可能存在你所没有的优点。如果你看不起别人，别人也会看不起你，当然更谈不上尊重你了。

世间有许多平凡之辈，都拥有一些诸如"能把名字写好"的小小的优点。但由于自卑等原因，这些优点常常被他们自己忽略了，更不要说是一点点地放大了，这实在是人生的遗憾。

无论什么时候，都不要因为自己的职位或者地位比别人高，就看不起那些能力或地位不如自己的平凡人。不要总是用命令的方式去命令、去强制他们的意志，而要努力去了解那些平凡人，并学会尊重他们的感情，选择他们可以接受和认可的方式，用一颗博大的仁爱之心赢得他们的支持。如果你做到了这一点，那么你就拥有了一笔很大的财富，也为你的成功奠定了一个坚实的基础。

如果你能够帮助他人将这些优点挖掘出来，并指点其利用自己的优点取得成功，那么这些小人物一定会对你充满感激之情。

赵祥从小就被看做是一个"笨孩子"，小学快毕业时，他对于两位数的加法总是不清楚，而且一看到课本，就像听到了催眠曲一样。上了中学之后，老师们都认为他"朽木不可雕也"。考高中的时候，全班落榜的也只有他一个人。父母对他感到十分失望和头疼。

只有隔壁的一位裁缝师傅经常夸赞他，说他将来一定能够成为一个很好的裁缝师傅，还收他为徒，而且说在20多个学员中，只有他钉的纽扣最结实。

的确，赵祥是个非常好的裁缝师，他不仅纽扣钉得结实，而且还是一个地地道道的实用主义者，如他在裙腰的内侧加了一个小口袋，让那些穿裙子的女性有地方放手机和零钱；把衬衫的领子去掉；把童装的口袋移到了胸前；等等。总之，在学徒期间，他把老板仓库里面的那些堆积成山的滞销服装全部改造一遍卖光了。正是因此，师傅说他是这方面的天才。

2 年之后，他在这个小城的中心广场边上开了一家服装店。赵祥和自己的师傅一样，不仅能够设计制作各式各样的服装，而且还特别会卖衣服。在刚开始的时候，他的顾客都是一些亲戚和邻居。但由于他的衣服款式新颖，质量又好，所以，他的名字很快地就传到了亲戚的邻居和邻居的亲戚那里，这使得他的生意逐渐好了起来。

几年以后，赵祥开始雇人，开设分店，紧接着又成立了几家分公司。

最后，赵祥的服装公司已经成了一个资产超过几千万元的私人企业，前途不可限量。

应该怎样发掘小人物的优点呢？

1. 培养自己细微的观察力

很多细节能传达出有关优点的信息，比如有些人的注意力特别集中，有些人特别有耐心，有些人能够看到别人看不到的小问题，这些都是人的优点，可以通过细微的观察了解到。

2. 用放大镜看人的优点

即使此人没有那么优秀，你也不妨把优点夸大了并向他说出来，这样他便会受到鼓舞，最终真的可能将优点发扬光大。

3. 找到让小人物引以为荣的事物，并从中发掘出他的优点

比如某人整天庸庸碌碌，下班后便与朋友饮酒吃饭，别人看不出他有什么优点，但他引以为豪的"朋友"和"哥们"也许就是他的优点，他可能擅长经营人际关系。

4. 从他的缺点处找优点

事物都有它的对立面，一个人的缺点也只是由于某种优点过了度所致。认识到这一点，就容易找到他的优点了。比如一个优柔寡断的人的优点就是小心谨慎，一个不拘小节的人的优点就是不斤斤计较，一个"小气鬼"的优点可能是节俭、善理财，等等，此类例子不胜枚举。

给小人物信心

超级人脉术大全集

罗杰·罗尔斯是美国纽约州历史上第一位黑人州长。他出生在纽约声名狼藉的大沙头贫民窟，但他不像其他在这儿出生的孩子，从小只知道逃学、打架、偷窃甚至吸毒，长大后也无法从事体面的职业，罗杰·罗尔斯不仅考入了大学，而且成了州长。

在就职记者招待会上，一位记者对他提问：是什么把你推向州长宝座的？面对众多记者，罗尔斯对自己的奋斗史只字未提，只谈到了他上小学时的校长——皮尔·保罗。

1961年，皮尔·保罗被聘为诺必塔小学的董事兼校长。有一次，皮尔·保罗看着贪玩的罗尔斯的小手说："我一看你修长的小拇指就知道，将来你是纽约州的州长。"当时，罗尔斯大吃一惊，因为长这么大，只有他奶奶让他振奋过一次，说他可以成为5吨重的小船的船长。这一次，皮尔·保罗先生竟说他可以成为纽约州的州长，着实出乎他的预料。他记下了这句话，并且相信了它。

从那天起，"纽约州州长"就像一面旗帜一样指引着罗尔斯，他的衣服不再沾满泥土，说话时也不再夹杂污言秽语，他开始挺直腰杆走路，甚至在以后的40多年间，他没有一天不按州长的身份要求自己。结果51岁那年，他真的成了纽约州州长。

科学家们研究发现，人具有巨大的潜能，但普通人只能开发他所蕴藏能力的10%。与应当取得的成就相比较，人们不过是半醒着的，人们只利用了他们身心资源的很小的一部分……

任何一个平凡的人都存在巨大的潜能，只要他的潜能得到发挥，他就可干出一番事业。根据这一潜能理论，案例中的罗尔斯本身就有成为纽约州州长的潜能，也就是说后来他真正成功是很有可能的事。但是在声名狼藉的贫民窟，他的潜能无法发挥出来，促使他发挥潜能的机缘就是他与校长的那次谈话。当他还是一个小人物的时候，校长给了他信心，而他则向校长说的方向努力，因而最终取得了非凡的成就。

可见，信心是至关重要的，因为它会促进潜能的发挥。而一旦人发挥了自身的潜能，便能实现许多原本认为不可能的梦想。

给小人物信心，帮助他发挥自己的潜能，就有可能改变他们的命运。因为小人物不是命中注定的小人物，他们同样有机会脱颖而出。

给小人物信心，会让他们的心安稳下来，做自己应该做的事。

当他们功成名就之后，他们最先记起的肯定是鼓励他们、给他们信心的贵人，也就是你。那时，他们也会成为你的贵人。

有一个名叫张鑫的人，45岁了仍一事无成。他希望自己有一天能够发达起来，可是他对自己的能力又有所怀疑。有一天，一个老者在城市天桥上算命，张鑫决定试一试。

老者看过张鑫的手相之后，说：“您是一个伟人，您很了不起！”

“什么？”张鑫大吃一惊，“我是伟人？你不是在开玩笑吧？”

老者平静地说：“您知道您是谁吗？”

“我是谁？”张鑫暗想，“是个倒霉鬼，是个穷光蛋，我是个被抛弃的人！”但他仍然故作镇静地问：“我是谁呢？”

“您是伟人，”老者说，“您知道吗？您是大人物转世！您身上流的血、您的勇气和智慧，都是很了不起的啊！先生，难道您真的没有发觉，您的面貌也很不同寻常吗？”

“不会吧……”张鑫迟疑地说，“我离婚了，我破产了，我失业了，我几乎无家可归了。”

“嗨，那是您的过去，”老者只好说，“您的未来可不得了！如果先生您不相信就不用给钱了。不过，5年后，您将是成功的人啊！”

张鑫表面极不相信地离开了，但心里却有了一种从未有过的伟大感觉。他对成功产生了浓厚的兴趣。回家后，他想方设法找到一些书籍著述来学习。渐渐地，他发现周围的环境开始改变了，朋友、家人、同事、老板，都换了另一种眼光、另一种表情对他，事情也开始向顺利的方向发展。14年以后，也就是在他59岁的时候，他成了百万富翁。

如何激励小人物，让他们对自己充满信心呢？以下是帮人建立信念的一些经验之谈：

既要看到他们的短处，也要客观地看到他们的长处；既要看到他们的不如人之处，也要看到他们的过人之处。

指点他们多做一些力所能及、把握较大的事情，并告诫他们要竭尽全力争取成功。成功后，则要及时鼓励他们："看，别人能做到的事，你也做到了！"

为了克服他们的自卑感，可建议他们采取两种积极的补偿途径：一是以勤补拙，二是扬长避短。

提醒他们：凡事不要期望过高，要善于自我满足、知足常乐。无论学习或工作，目标都不要定得太死、太高，不然就容易受挫。

另外，以下一些细节也有助于增加人的自信，你不妨拿来当做你给他们的建议：

（1）尽量昂首走路，显示自己的精神状态。

（2）恰到好处地用力握手。

（3）平时坐姿要不失身份。

（4）运用手势表现你的进取精神。

（5）坦然的目光会增加你的信心。

（6）尽量去想自己的长处而不是短处。

（7）每天至少夸奖自己一次。

（8）只把积极的思想存入大脑。

（9）要坐在前排。

（10）将步伐加快。

对小人物施与知遇之恩

战国时期的孟尝君，他手下的3000多门客，大多数是地位卑微而无什么才干的"小人物"。那么，孟尝君为何要这么做，他是在施舍天下士人吗？当然不是，他只是在以自己独到的眼光为自己储备人才，包括一些不起眼的"小人物"。他深信，乱世之时，人人皆有所用。

一次，孟尝君出使秦国被扣留。为了逃生，他决定贿赂某权贵。一位擅学狗叫的门客自告奋勇地混进秦宫，偷回了那件给了秦王一位妃子的白貂皮大衣，又把大衣送给了秦国的那位权贵，从而使他得以被释放。接着，他连夜逃走，到函谷关口时却看到关门紧闭着。按照秦国的规定：必须待到鸡鸣之后关门才可开启。但正好他的众位门客中有一个人擅学鸡叫，而他的叫声又带动许多鸡鸣叫起来。关门于是大开，孟尝君由此得以脱险。

孟尝君能够脱险，全仗了芸芸门客中的两位"小人物"。正是这些不起眼的、往往容易被人忽视的"小人物"，在关键时候成了他得力的助手。

小人物身份低微，却忽视不得。其实，真正的社交需四面出击，结交三教九流，因为只有如此，你的社交圈子才有深度和广度。能够获得各种不同类型的社交对象青睐的人，才能达到人际关系的理想境界。相反，许多人由于忽视"小人物"，使其社交圈存在了严重的缺陷，甚至有时会使他们自己大江大海得过，小河沟里却翻了船。

自古以来，许多有作为的大人物都是由小人物脱颖而出的。就所谓"大人物"来说，智者千虑，必有一失；而对地位卑微者来说，愚者千虑，尚有一得。"大人物"在许多方面都很优秀，都有过人之处，但"金无足赤，人无完人"，"大人物"身上肯定也有缺陷和不足。同理，"小人物"身上也有许多长处和优势，有些或许还是"大人物"所不能及的，由此可以弥补"大人物"的缺陷。

而结交和笼络小人物的最好方法，就是对他们施与"知遇之恩"。小人物一般不被别人欣赏，如果你能够认识到他们的特殊才干，并指出来，让他们运用这些才干做一些大事，他们就会像感激伯乐一样感激你的恩德。

这样，当有一天你陷入困境时，或者当他们出人头地之时，他们便会竭尽全力地帮助你，让你的收获远远大于付出。

小李是上海一家公司的技术员，由于刚从高校毕业，对实际工作操作还不熟悉，所以在第1年中几乎没有任何可圈可点的表现，他自己为此也十分灰心丧气。而同事们看到他成绩平平，也不免对他轻视起来。看着与他一起进入公司的同事的工作都有了很可喜的进展，小李的心里非常着急。但是他又确实不知道自己的问题出在哪里，自己明明努力工作，而且最初的基础也不差，为什么现在却落在人后呢？正在他困惑的时候，这家公司的领导找到了他。这位领导告诉小李，他发现小李有一个可贵的优点，就是理论基础扎实，而且还表扬了他这个优点，并把他放到了车间里进行锻炼。结果1年以后，小李凭借他深厚的理论功底再加上实践经验，设计出了一种省时、省力的操作流程，为该公司带来了大笔利润。后来，他更加得到领导的重用，并升职为公司技术部的主管。

对小人物施与知遇之恩，在具体实践中可以参考以下方法：

1. 用人不必有所拘泥

对于有才华、有创意的年轻人，不妨加以重用。如果按照某人的资历他还排不上某种位置，但他的能力却足够胜任，那么你可以任用他，这样他会因为你的破格提拔而心怀感激。

2. 重视小人物的一些不为人知的小优点

比如某人的业务能力不强，但是长得人高马大、强壮威武，那么可以安排他做保安系统的工作；如果某人的思维不够有创意，难以胜任一些高难度的工作，但是心思缜密、小心谨慎，那么可以让他去做会计。

3. 用适时的提拔表示你对小人物的重视

当他们取得一些小成绩之后，可以对其进行稍微夸大的表扬，然后提拔他做更重要的工作。这样做能够不断地激发小人物的工作潜能，使其不断得到新的进步和发展，并有助于鼓励他们更加努力地工作。

与小人物交往，细节不容忽视

有这样一个故事，故事的主人公是英国赫赫有名的作家迪埃德·基普林。

基普林跟佛蒙特州的一个名叫卡罗琳·巴勒斯蒂的姑娘结了婚。婚后，基普林在该州的布拉特利博罗市修了一幢非常漂亮的房子，然后搬到那儿住了下来。当时，他的小舅子比特·巴勒斯蒂虽然只是普通人，却和他是极要好的朋友，他们工作休息都常在一块儿。

后来，基普林买下了巴勒斯蒂的一块地皮，他们互相说定：巴勒斯蒂有权收割这块地上的青草。可是有一天，巴勒斯蒂却看见基普林正把这块草地改建成花园，这可把他气炸了。他坚持认为，基普林改建花园应该经过他的同意，所以当即出言不逊地骂了起来，基普林也不示弱。于是佛蒙特这块草地之争便让两个朋友结下了冤仇。

几天之后，基普林骑着一辆自行车在路上碰见了他的小舅子巴勒斯蒂。后者坐在一辆双套马车上挡住了去路，硬要基普林下自行车让他过去。就因为这么一点小事，基普林丧失了理智，发誓要到法院去告他的小舅子。于是一场耸人听闻的案子发生了。新闻记者们从各大城市向布拉特利博罗蜂拥而至，让消息传遍了全世界。最后，基普林不得不按照法庭宣判，跟他的妻子一起永远离开他在美国的这幢住宅！

与小人物交往要注意细节，这是因为小人物的内心可能有些自卑，但这种自卑表现在外却是过度的自尊和爱面子，而且这些人心思细腻，往往一个平常人不会注意的小细节也会引起他们极大的情绪波动。

就像案例中的巴勒斯蒂一样，本来基普林改建花园只是一件小事，但是他却从中看出了基普林对他的"不尊重"，毕竟改建之后他便无法再收割青草了。所以，导致他们之间冲突的原因归根到底只是一个小细节。

细节能伤害人，也能够成就人。也许，你无意间为一位避雨的老人送上一把椅子，就会让你获得平步青云的机遇；也许，你在爱人生日时送上一盏特别的明灯，就会让移情别恋的他回心转意；也许，在电梯口和下属亲切地打声招呼，就会使你赢得他们的爱戴；也许，只是你对妻子的一片浓浓爱意，就会带来亿万的财富……细节就是这样的神奇，细节就是这样的不可思议。

把握好与小人物相处的细节，你的成功也许会因此而多一些把握。

一位商人在街头看到一个衣衫褴褛的铅笔推销员，心中顿时生起一股怜悯之情。他把1元钱扔进卖铅笔人的摊位上，就走开了。

没走几步，商人忽然觉得无缘无故给一个推销员1元钱似乎不妥，于是他赶忙折转身来，从卖铅笔人的摊位上拿起几支笔，同时很抱歉地解释说："对不起，我忘了取笔了，希望你不要介意。"停了一会儿，商人又说："你跟我都是商人。你有东西要卖，而且有明码标价。我给你1元钱，为什么就不肯拿铅笔呢？对不起，请你原谅我刚才的冒失。"

几个月后，在一个社交场合，一位穿着整齐的推销商迎上商人，他双手递上名片，并自我介绍说："您可能已经忘记我了，我虽然不知道您的名字，但我永远忘不了您。您就是那个重新给了我自尊的人。我一直觉得自己是个推销铅笔的乞丐，直到您跑来，说我是一个商人为止。谢谢您的指点！"

商人听了，露出满意的笑容。

与小人物交往，有许多细节需要注意，以下几点就是其中重要的方面。

1. 形象细节

哪怕是与再小的人物约好了见面，也要像与合作伙伴商谈一样重视自己的衣着和装饰。这主要是要表现出一视同仁的样子，就是说你没有因为他是小人物而轻视他。

2. 语言细节

在生活中，经常会出现"说者无意，听者有心"的情况。在与小人物交往时，尤其要注意这一点。比如，在对某一群体讲话时，要注意自己的措辞，不要轻易流露出对某些行业、某些地域或者某种性格的人的轻视和偏见，因为你的话很可能就刺痛了在座某个人的心。很多小人物比普通人更敏感，更容易多心，这是一个不容忽视的事实。另外，与小人物开玩笑也要掌握分寸，不要伤及他们的自尊。

3. 处世细节

日常生活中，在小人物面前不要表现出你某个方面的优越感，不要不顾他人的感受，更不要通过某种关系搞特权。因为小人物的心中很可能有强烈的公平正义感，某些人物的特殊化会让他们感到愤慨和不平。

别让你的荣耀暗淡他人

大文豪萧伯纳赢得了很多人的尊敬与仰慕。据说他从小就很聪明，且言语幽默，但是年轻时的他锋芒毕露，说话也尖酸刻薄，谁要是被他讽刺一下，必会有体无完肤之感。

后来，一位老者私下对他说："你现在常常出语幽人之默，非常风趣可喜。但是大家都觉得，如果你不在场，他们会更快乐，因为他们比不上你，有你在，他们便不敢开口了。你的才华确实比他们略胜一筹，但这么一来，朋友将逐渐离开你，这对你又有什么益处呢？"老者的这番话使萧伯纳如梦初醒，他感到如果不收敛锋芒，彻底改过，社会都将不再接纳他，又何止是失去朋友呢？所以他立下誓言，从此以后，再也不讲尖酸刻薄的话了，而要把天才发挥在文学上。这一转变造就了他后来在文坛上的崇高地位。

萧伯纳能够收敛锋芒，将才华用到有用的大事上，积蓄力量，终于成就了一番事业。

他的成功是与那位老者分不开的，这位老者就是他的贵人。

在生活中，任何人都没有必要表现得比别人优越，因为这样一方面你可能会伤害他们尤其是小人物的自尊心，让你们的关系出现裂痕；另一方面还可能会招来他们的嫉妒，甚至憎恨，最终惹祸上身。收敛锋芒，与他人共同进步，这样你才会得到更多的贵人，而且也会与他人关系更加融洽，没有太多的烦恼。

当你取得一些好成绩的时候，当你受到上司的表扬的时候，当你某方面的能力明显高于他人的时候，千万不要洋洋得意，更不要当着他人尤其是不如你的人的面表现出来。因为这样做一方面不利于自己戒骄戒躁，继续进步，另一方面也会引起他们的不快，即使你无心自夸，也可能被人误解或者让小人物感到自惭形秽。

从心理学的角度上讲，人们都本能地排斥和反感他人取得的荣耀。因为他人的荣耀暗淡了自身的光芒，这也就是葛斯蒂安所说的"所有的优势都令人嫌恶"。了解这一点，对于你处理与小人物之间的关系是至关重要的。

王梅的工作能力很强，她应聘到了一家跨国公司。在参加工作的前几个月当中，她每天都对同事们使劲夸耀她在工作上取得的成绩、她新开的存款户头，以及她所做的每一件成功的事情。结果，她在新同事之中连一个朋友也没有，为此，她很苦恼。后来，她去咨询心理医生。

心理医生在听完亚梅对自己的情况的描述后，对她提出一些建议，希望她今后少谈自己而多听同事们说话。

王梅按照医生的话去做了，结果她发现周围的同事们都有很多事情要夸耀，并喜欢把他们的成就告诉别人。于是王梅再同他们闲聊的时候，就少说或不说，只请他们把欢乐告诉自己，并与他们共同分享。很快，王梅在单位里就有了不少朋友。

在大多数情况下，人们总是在无意间用自己的荣耀伤害了他人的自尊心或自信心。所以在现实中，我们必须注意以下几个方面的问题：

1. 在失意人面前不谈得意之事

无论你多么需要有人分享自己的快乐，都不要去触碰这一方面的忌讳。比如，在刚刚失恋的人面前，不要表现出幸福甜蜜的样子；在被辞退的朋友面前，不要谈自己的仕途得意……这样做也是善解人意的体现。

2. 在任何人面前都不要吹嘘自己

大多数人都讨厌自我夸耀的人，哪怕你说的是事实，也很容易引起他人的反感。平凡的人们也可能因此而降低自己的自信度，所以这种做法绝不是聪明人的所为。

3. 理解小人物的心态和处境

不要只做些表面文章，想办法让你的荣耀变成他们不断进取的动力，而不是对他们有所压制。当这些小人物有朝一日成为大人物之后，他们也可能成为你的贵人。

超级人脉术大全集

第五章

学而不厌，师长是你的精神人脉

师长为你带来人生的无形资产

清朝的名臣曾国藩早年在京城留心结交了倭仁、吴廷栋、何桂珍、何绍基、梅曾亮、汉学家邵懿辰、刘传莹等朋友。他结交的这些朋友，都是在当时有一定声望，但是还没有真正登上政治舞台的人。由于他们的出身、地位、名声相差不大，没有互相利用、互相倾轧的必要，所以反而结下了互相激励、互相促进的真正友谊。曾国藩后来办大事，这些人都给予了极大的帮助。

曾国藩的师友中，以当时的名儒唐鉴地位最高，对曾国藩的影响也最大。唐鉴曾经教导曾国藩治学方法，告诫他读书要专一，要先进入门径，并指导他精读《朱子全集》，从而给曾国藩的理学思想打下了坚实的基础。因此，曾国藩虽然没有正式拜师，但一直对唐鉴以师礼相待。后来唐鉴去世，曾国藩不但为他向朝廷请求赠谥号，还给他写了铭文。

在这些师友中，理学大师倭仁对曾国藩也有很大的影响，但和唐鉴不同，他的影响主要表现在修身方法上。曾国藩原来也有写日记的习惯，但是记的主要是生活琐事。经过倭仁的教导，他开始主要记自己一天的得失，时刻反省自己，强化对自己的要求。正是从这时开始，曾国藩的人格发生了巨大变化。

"师长"这一类贵人对人的帮助和影响大多是精神层面的，他们或者为人指引前进的方向，或者在人受到挫折时给予支持和鼓励，或者教给人学习的方法和做人的道理……

这种帮助所起到的作用不可能像资金支持和提拔升职那样立竿见影、显而易见。相反，这种帮助是耳濡目染、长期浸润的，能让人在无形之中得到发展和提升，并往往能收到"随风潜入夜，润物细无声"的效果。

综观古今成功人物的成长历程，我们就会发现：这种贵人给人的帮助和指点是至关重要的，有的时候，他们能够改变人的一生。

如果一个人想要获得成功并不断延续自己的成功，就必须始终以"学生"的身份和心态立身处世，重视师长这一类贵人在我们生命中的重要意义，尊重他们，向他们学习。

孟臣是国内一位著名的电视新闻节目主持人，他从孩提时代就开始对新闻感兴趣，并在少年时代成为学校自办报纸《校园生活》的小记者。

北京市一家日报社的新闻编辑陈悦然先生，每月都会到孟臣所在的学校讲授1个小时的新闻课程，并指导《校园生活》报的编辑工作。有一次，孟臣负责采写一篇关于学校教导主任张雪老师的文章。由于当天有一个同学聚会，于是孟臣敷衍了事地写了篇稿子交上去。第2天，陈悦然把孟臣单独叫到办公室，指着那篇文章说："孟臣，这篇文章很糟糕，你没有问他该问的问题，也没有对他做全面的报道，你甚至没有搞清楚他是干什么的。"接着，他又说了一句令孟臣终生难忘的话，"孟臣，你要记住一点，如果有什么事情值得去做，就得把它做好。"

在此后70多年的新闻职业生涯中，孟臣始终牢记着陈悦然先生的训导，最终对我国的新闻事业作出了巨大贡献。

要想经常得到师友的指点，你可以尝试从以下几个方面入手：

1. 主动拜师，不要等师长来找你

"师长"越多的人，越有可能获得更大的进步，而且如果你在老师面前能够表现出积极主动的精神，那么老师必定也愿意将自己的所学倾囊相授。

2. 不耻下问

在现代社会，"老师"一词的意义和用途越来越广泛，这也从一个侧面反映了人们学习意愿的增强。无论在工作中还是在生活中，只要你认为有人能够教给你一些有益的、从前所不知的东西，那么他就有资格成为你的师长、你的贵人。

3. 与师长一起探讨问题，形成互动

单方向的传授和接收有时可能不会收到很好的效果，而一起讨论和研究，则可能迸发出思想的火花和闪光的创意，这样做也有利于加深自己对问题的理解。

尊重各个领域的资深元老

罗曼·罗兰22岁时，总觉得自己富有文学艺术的素质，所以倾向于选择文学作为自己的事业。可是按照世俗的理解，文学事业又有什么用处呢？于是他决定给文学大师托尔斯泰写封信，寻求指点。

在写这封信时，他是抱着试一试的想法的，做好了收不到回信的准备。没想到几个星期以后，他收到了托尔斯泰长达38页的亲笔回信。在信中，托尔斯泰向这位从未谋面的异国青年谈了选择个人道路的原则。他热情地鼓舞罗兰，并指出："搞文学艺术，非要明确为人类不可！不要说谎，不要害怕真理。"罗兰感到这封信像一扇开向无穷宇宙的门，使他受到了一种生活的启示。

罗曼·罗兰下定决心从事文学事业，终于成为世界著名作家，并荣获了诺贝尔文学奖。

托尔斯泰是罗曼·罗兰成功路上的贵人。可以想象，如果没有这位贵人的鼓励和指引，可能就不会有罗兰日后的成就，不会有闻名世界的伟大作品《约翰·克利斯朵夫》。

如果你刚刚涉足某一领域，那么你一定要努力接近这个领域的元老，让他们成为你的贵人。

"元老"有自己独特而又丰富的经历，他们有自己独特的人格魅力。他们会为自己的一生作总结，会觉得自己一生有很多经验教训值得传授，那是他们经受人生挫折和享受人生快乐之后的黄昏哲学。我们学习它们，正如吉普赛人能从沉入杯底的咖啡渣里读出幻想一样，我们也能读出夕阳西下的璀璨与壮美。

每个人都需要一位教练，任何人都不例外。这位教练就是可以向你传道授业的"元老"，他们的经验就像黑夜里的明灯，可以为你指引方向。在你的生命中，是否也曾出现过这样一个人：他可能没有直接对你传道授业，然而他能够一眼洞察你的潜力。在你失落时，他让你看到希望；在你得意时，他为你敲响警钟，使你不会偏离轨道。他让你深信你一定会成功。在平时，他是你学习的典范；在特别的时刻，他会助你一臂之力。他就是你生命中永不可忘怀的贵人。

研究一下任何一个伟人，就会发现在他们的生命中都出现过一个或多个元老级的贵人，他们都曾经跟一个或者多个教练当过学徒。因此，如果想功成名就，你就必须有一个"元老"做你的教练，你必须学习掌握他们所有的资源和秘密，见到他们所有的关系，学习他们所有学过的、正在学的和将要学的东西。要学习他们认识事物的方式，学会像他们那样去思考，以便取得他们取得的成果。

王善有个同学，念大学时就显得比别的同学懂得多，毕业十几年后见到他，他还是懂得比王善认识的人都多。

有一次聊天，这位同学无意中说出他喜欢向不同行业的人汲取知识。一语惊醒梦中人，难怪他一碰到王善就一直和王善谈他的工作，而王善对他那一行却是雾里看花、一知半解！

他告诉王善，他在念书时就有这个习惯，除了看报、看杂志、充实本专业的知识，他还会想办法和别的科系的同学聊天，所以有些科系他虽然没有进修，但多少都懂一些。此外，他也和来自不同地方、不同背景的同学聊天，所以才到大三，他就已像一个工作好几年的人了。开始上班后，他更是让这个习惯有计划地成为了工作的一部分。他和同一单位不同专长、不同背景的人聊天，也和不同单位的人聊天，更和非本行的外界人士聊天。

通过广泛的和人接触，他所掌握的知识越来越多。他现在是一家外资公司的经理，他的升迁和他的"习惯"是不是有直接关系我们不得而知，如没有直接关系，至少也有间接关系，因为对不同行业了解得多，有助于对本行的判断和思考，至少朋友多，做事也方便呀！

而最可贵的是，他所得到的都是"第一手"的经验，都是各行业元老的切身体会，这价值远非报纸、杂志和书本所能比！

不要认为和你不相干的行业的人就和你的工作不相干，这些人就不值得你尊敬，因为各种行业都是有依存关系的。所以，打开你的心灵大门去接纳各种不同背景、不同行业的元老吧，并抓住一切机会向他们求教。

对"向不同行业的元老学习"，应当掌握以下一些要诀：

1. 要抱着"请教"的态度

谁都不敢自诩是"专家"，但遇到别人"请教"，人往往就会轻飘飘起来，因为自己被对方肯定了。你用"请教"捧了他，他就一定会"知无不言"！但要记住，千万不要和对方辩论，宁可多提几个问题让他解释。辩论不会有结果，因为了解对方的行业才是你的目的。另外，辩赢了，你还会失去可以成为朋友的人。

2. 妥善找寻问题的切入点

你总不能开口就说："请你介绍你的行业吧！"太幼稚的问题，对方有时会不耐烦，懒得回答，让你下不来台！"切入点"如何找？方法是多看报纸、杂志，广泛了解社会的脉动。例如碰到律师，你就可问他赦免死刑犯的问题。如果一时找不到切入点，那从天气问题下手准没错。

3. 态度要诚恳、认真

不要给人"只是随便问问"的感觉，最好能做笔记，对方看你做笔记，不感动都难！

4. 不要急于一时

太急于了解对方的行业，会让对方以为你另有所图！先交朋友，以后一次了解一点，等彼此熟了，他不让你了解都不可能了。

留意身边的长者和大师

何家金先生出生于归国华侨世家，他家中的祖辈都是在年轻的时候留学海外，奔波事业，年迈时归国安度晚年。在这样的成长环境中，童年的何家金备受熏陶，从小立志努力读书，效仿长辈，到海外求学，为今后发展事业奠定基础。今日的何先生仍然记得童年时身边的一位长者姚先生对他的教诲：为人仁义、善良是做人做事的准则，要他将这句话牢记在心。

20世纪80年代，他完成学业后，便开始考虑开创自己的事业。他牢记家中长辈的教诲：从小事做起。何先生从他祖母那儿获得了仅有的资助，1986年开始经营小规模的食品零售商店。俗话说万事开头难，据何先生讲，他创业时最大的困难就是资金周转问题。他曾经跑过几家金融公司去贷款，但可以得到的贷款金额只有500英镑。从此，何先生决定从小商店做起，一步一个脚印地做生意，不做暴发户，不贷款。后来，他从小规模的食品零售逐渐扩大到批发食品给餐馆、超市。经过他的苦心经营，这个小企业今天已经成为有一定规模的 J. Brothers—Futura Management Ltd. 了。何先生说企业最重要的是信誉好、保质量。他时常说的一句话是："从小做起，一步一个脚印，这样心里很踏实。"目前，这个企业已经遍布阿联酋、加拿大等地区，年营业额达30亿英镑。除了这个企业以外，何先生还先后创办了福清金融、福清房地产等企业。显然，他现在的巨大成就与他小时候得到的师长教诲有直接的联系。

前辈的经验就是从实践中得来的智慧，如果你汲取了这些精华，就会在自己成长的道路上少走很多的弯路。如果你能接受长辈的良言和指导，就会缩短创业的时间，快速踏上成功的道路。

长者都是有着丰富阅历的人，正是许多的阅历和沧桑练就了他们洞明世事的眼睛。"大师"是拥有智慧的人，他们不一定特指学院里的专家和教授，也指那些在某一领域有精深造诣的能人和智者，这些人不是高不可攀、遥不可及的，他们都存在于普通人的身边。

超级人脉术大全集

他们并非无所不能，但在某一时刻，他们的一句话、一个眼神、一种行为，却可以如醍醐灌顶般让人在瞬间彻悟一些深奥的道理。

他们是人们某种未成形的思想和观念的"点睛人"，也是人们在精神塑造和道路指引方面的贵人。

古时候，有一位很有才华的诗人，他写了许多写景抒情的诗篇。可是他却很苦恼，因为人们都不喜欢读他的诗。这到底是怎么一回事呢？难道是自己的诗写得不好吗？不，这不可能！年轻的诗人向来不怀疑自己在这方面的能力。这时，他的父亲建议他去向一位远方亲戚——一位老钟表匠请教。他感到很诧异，钟表匠也懂得写诗吗？但最终他还是按照父亲的建议做了。

老钟表匠听后一句话也没说，把他领到一间小屋里，里面陈列着各色各样的名贵钟表。这些钟表有的外形像飞禽走兽，有的会发出鸟鸣声，有的能奏出美妙的音乐。

老人从柜子里拿出一个小盒子，从中取出一只式样特别精美的金壳怀表，这只怀表不仅式样精美，更奇异的是，它能清楚地显示出星象的运行、大海的潮汐，还能准确地标明月份和日期。这简直是一只"魔表"，诗人爱不释手，很想买下这个"宝贝"，于是他开口问表的价钱。老人微笑了一下，只要求用这"宝贝"换下青年那只普普通通的表。

诗人对这块表真是珍爱之极，时刻都戴着它。可是，过了一段时间之后，他渐渐对这块表不满意起来。最后，他竟跑到老钟表匠那儿要求换回自己原来的那块普通的手表。老钟表匠故作惊奇，问他对如此珍奇的怀表还有什么感到不满意的。

青年诗人遗憾地说："它不会指示时间，可表本来就是用来指示时间的。我戴着它不知道时间，要它还有什么用处呢？有谁会来问我大海的潮汐和星象的运行呢？这表对我实在没有什么实际用处。"

老钟表匠微微一笑，把表往桌上一放，拿起了这位青年诗人的诗集，意味深长地说："年轻的朋友，让我们努力干好各自的事业吧。你应该记住：怎样给人们带来用处。"

诗人这时才恍然大悟，从心底明白了这句话的深刻含义。

虽然长者和大师一般都比较慈爱和宽容，但是想从他们那里学到知识和道理，也必须懂得一定的方法：

1. 不要以貌取人

上了年纪的人或者有智慧的人必定会对名利、金钱、外表的浮华等看得很淡泊，他们不会像年轻人那样喜欢出风头和标新立异。所以，如果只凭外貌来识人，是很难发现他们的。

2. 要对他们表现出"请教"的诚意

年长的人都希望年轻人对他们有足够的尊重，如果你做出随意的姿态，恐怕难以获得他们的帮助。

3. 接受忠告

对于他们那些具有深刻含义的话语和忠告，要反复咀嚼和思量，并认真地践行。只有这样，那些道理才会发挥它们的指导作用。

多一点主动，多一点谦逊

有一次，梅兰芳在一个大戏院演出京剧《杀惜》，演到精彩处，场内喝彩声不绝。

这时，从戏院的角落里传来一位老人平静的喊声："不好！不好！"

梅兰芳寻声望去，原来是一位衣着朴素的老人。

于是，戏一演完，梅兰芳就用专车把这位老先生接到住地，待如上宾。

梅兰芳恭恭敬敬地说："说吾孬者，吾师也。先生言我不好，必有高见，定请赐教，学生决心亡羊补牢。"

老者见梅兰芳如此谦恭知礼，便认真指出："惜姣上楼与下楼之台步，按'梨园'规定，应是上七下八，你为何八上八下？"

梅兰芳一听，恍然大悟，他深感自己疏漏，于是低头便拜，称谢不止。

以后每在此地演出，他都必请老者观看并请其指正。

超级人脉术大全集

主动与谦虚是打开贵人心扉的可靠钥匙。如果梅兰芳没有这两种精神，这位老者必定不会说出他的错处，并对其进行指点。

谦逊是一个人建功立业的前提和基础。不论你从事什么职业，担任什么职务，只有谦虚谨慎，保持不断进取的精神，才能增长更多的知识和才干，因为谦虚谨慎的品格能够帮助你看到自己的差距。若是骄傲自大，满足现状，停步不前，主观武断，轻者会使工作受到损失，重者会使事业半途而废。

而主动是另一种优秀品质，不管从事什么工作，守株待兔的人都会被淘汰出局。任何一件事都不能靠等待去完成，抱有这种态度的人最终只会一事无成。只有躬身自省，主动做事，才有成功的可能。

这两种品质是相辅相成的，一味谦逊而失去主动的争取，就会使人陷入被动的局面；太过主动、不懂谦逊又会显得咄咄逼人。只有将这两者互相融合，才是最完美的选择。

"梅须逊雪三分白，雪却输梅一段香"，一个人要想真正长进，不仅需要"梅须逊雪三分白"的谦逊，而且还要有"雪却输梅一段香"的雅量，要放下架子，不耻相师。

事实上，每个人与贵人之间的帮助都是相互的，贵人也会从对你提供的帮助中找到成就感和扶持之乐。

对于年长的人而言，他看到年轻的朋友，就好像在沙漠中发现了绿洲，觉得自己枯萎的生命又被注入了新的活力。因此当他看到你诚恳的态度时，也会产生一种开朗而乐于接受你的心理。

所以，想要与贵人融洽相处，想让他把自己的经验和知识倾囊相授，你就必须再主动一点，再谦逊一点，这样才会赢得他们的心。

"主动"和"谦逊"是两种品质和姿态，在实践中要注意以下几点：

1. 对贵人要礼貌周全

有礼貌的人能很自然地赢得他人的好感，这一点不言而喻。即使在普通人面前，知礼的人也很受欢迎。

2. 讨论问题时不要固执己见

比如和师长的观点不一致，在对方声色严厉时一定要注意冷静，可以与之讨论，但绝不能争吵。

遇到确实不会的问题不要自作聪明。

3. 一味地谄媚，只能得到相反的效果

表现出应有的人格是必须的，卑躬屈膝、毫无人格的人，没人会喜欢。正确的态度是不卑不亢、彬彬有礼。

4. 反驳的技巧

试着先同意师长的观点，然后再陈述自己的意见。

先包容后反驳是个不错的办法。

5. 学会倾听

倾听是门艺术，学会倾听，有时效果会更好。

用请教换取"高人一点"

刘备驻军在新野时，徐庶去拜见刘备，刘备很器重他。徐庶对刘备说："诸葛孔明是卧龙啊，将军可愿意见他吗？"刘备说："您和他一起来吧。"徐庶说："这个人只能到他那里去拜访，不能委屈他前来。若想召他上门来，您应当屈身去拜访他。"

于是刘备就去拜访诸葛亮，可共去了3次才见到。刘备于是叫旁边的人避开，开始了他的千载一问："汉朝的天下崩溃，奸臣窃取了政权，皇上逃难出奔。我没有估量自己的德行，衡量自己的力量，想要在天下伸张大义，但是自己的智谋浅短、办法很少，因此最终失败，造成今天这个局面。但是我的志向还没有罢休，您说该采取怎样的计策呢？"

诸葛亮一听刘备如此诚心相问，如此智慧善问，自然不肯藏智缄言，于是帮他仔细分析了天下大势，提出了"联吴抗曹"的策略。

一番高论引得刘备连连叫好，从此他同诸葛亮的情谊一天天深厚了。历史证明，事后局势的发展完全是按诸葛亮预先设想的方向进行的，刘备也因此成就了自己的西蜀基业。

俗话说："千点，万点，不如高人一点。"但这宝贵的"高人一点"不是等来的、求来的，而是向高人请教得来的。

有问题、有困难就要请教他人，特别是请教比自己有经验、有学识的贵人。这点许多人都明白，但真正做到这一点却是相当困难的。其原因多在于自身，一是人人都有"好为人师"、不甘落后的天性，二是人们往往害怕别人耻笑。这两方面都必须戒之，否则会阻碍一个人的发展。

我们每个人都曾有这样的体会：当你还是高中生的时候，你会遇到初中的小弟弟、小妹妹们向你请教各种问题，充满敬仰地要求你谈谈自己的学习方法，等等。这时，无论你多么不高兴，多么忙，都会带着一丝骄傲去解答他们每一个稚嫩的问题，并从他们的目光中得到某种心理满足。

可见，请教是一种让交际双方"双赢"的方法，一方面，求教的人可以学到知识和经验；另一方面，授教的人会从帮助中体会到一种心理满足。请教还是赞美的一种最贴近人心的方式，是最高超的赞美。

所以，如果你认为眼前的贵人有某些可供自己借鉴之处，如果你遇到某些问题而百思不得其解，那么你务必要前去虚心请教。这时的请教不仅可以让你知晓从前不知道的知识和道理，还可以让你获得贵人的赏识，甚至可能为你开启另一种新的思路，因此是一举数得之事。许多成大事者的成功，都是凭借"请教"问出来的。

多问、勤问、善问、乐问，你才能从贵人那里学到更多的东西。

林畅是书法爱好者，当他得知自己所在单位的局长是一个书法高手时，便主动登门求教。林畅谦虚地对上司说："张局长，这些年我虽然努力练字，书法功力却进步很慢，恐怕主要是不得要领，请你稍稍泄露点秘诀如何？"

局长很兴奋，滔滔不绝地讲起了他的书法"经"来。他说："我最大的体会就是练字无剑胜有剑，就跟令狐冲练剑一样，平时心中多揣摩，多看多记。也就是说关键在于心得，不一定非整天坐在那里练字不可……"

林畅很高兴地说："现在得你'真传'，以后用心练习，定会大有长进。"张局长很高兴，临别时还送了几幅字让这位青年临摹。

林畅经常这样向前辈们请教，字果然越写越好。

请教不难，但"善问"这一点却未必人人都做得到，因此"请教"也是有学问的：

1. 要问，就不要怕难为情

抱着"别人都不问，就我问，多不好意思"的想法这就错了，求学之人，谁敢保证自己什么都懂？不懂就要问，这是理所当然的事，应该以此为荣。有一个人十分喜欢提问，经常"缠"着老师和前辈。有人对他说："看你整天问这问那，哪有这么多问题？就你积极。"当时他没有说什么，但后来，他却获得了比其他人更好的发展。

2. 问在疑点，创设问题情境

找那些让自己百思不得其解的问题进行发问。为了让师长便于理解你的问题，你可以创设一个具体情境，让他们深入领会你的意思。而且要善于提出问题，多观察，多思考，多怀疑，这就像孔子所说的那样：疑是思之始，学之端。

3. 问在重点，启发思考

这一点是说问问题要问到关键和要害，抓住主要矛盾，启发师长对你问题的进一步思考，这样你才有机会得到更深层次的指点。

别碰尊者的"逆鳞"

明太祖朱元璋是穷苦出身，早年曾经出家，所以做了皇帝后自然少不了有昔日的穷哥们儿到京城找他。这些人都以为朱元璋会念在老朋友的情分上，给他们封个一官半职。

其中一位穷哥们儿是一位不分轻重的人，他千里迢迢从老家凤阳赶到南京，几经周折才算进了皇宫。一见面，这位老兄便当着文武百官大叫大嚷起来："朱老四，你当了皇帝可真威风呀！还认得我吗？当年咱俩曾一块儿光着屁股玩耍，你干了坏事还总是让我替你挨打呢。记得有一次咱俩一块儿偷豆子吃，背着大人用破瓦罐煮。豆子还没煮熟你就先抢起来，结果

超级人脉术大全集

· 348 ·

把瓦罐打烂了，豆子撒了一地。你吃得太急，豆子卡在喉咙里，还是我帮你弄出来的。你忘了吗?"

这位老兄还在喋喋不休地嚷个不停，朱元璋却再也坐不住了，他心想此人太不知趣，居然当着文武百官的面揭我的短处，让我这个当皇帝的脸往哪儿搁。盛怒之下，他下令把这个穷哥们儿杀了。

对于朱元璋的朋友来说，这位皇帝本来是他的大贵人，这一层关系是得天独厚的。但是他没有利用这一资源给自己带来好处，反而遭到了冷遇和杀戮。导致这一场杀人之祸的原因就是他触犯了尊者的"逆鳞"。

"逆鳞"的说法源自《韩非子·说难篇》中对龙的描述：龙是虫（动物）类的一种。它的性情非常柔顺，人们可以和它亲近，甚至可以把它作为自己的坐骑。然而，它的喉下有一块长约尺许的逆鳞，如果有人触摸了它，那么它必然会发怒，伤人致死。

与贵人交往时注意避讳，这不是冷淡、隔膜，而是体贴关心、善解人意的表现。不拘小节，不知避讳，只图自己痛快，不管贵人的难堪和反感，是不足取的。俗话说"病从口入，祸从口出"，为了保持和维护与贵人之间的关系，请你千万注意，在说话时不要只顾自己一时尽兴而触犯贵人的"逆鳞"。

只有这样，才能避免不愉快，既不对他人造成心理伤害，又能保证自己顺利地做事。

1998年，河北沧州某单位女职工张兰因为故意伤人被送进了监狱。根据她在法庭上的陈述，被害人吴某（女）是她的同事，因为她比吴某早开始工作，懂得多，所以她经常在生活、工作各个方面给吴某有益的指导和帮助，因此二人关系很不错。但是，吴某有个毛病，就是喜欢揭别人的疮疤。自从吴某得知张兰曾经因为丈夫与街头暗娼有过接触而与他争吵的事情后，就经常在同事面前谈论这件事。这令张兰非常反感，她告诉吴某，不要把这种不光彩的事到处宣扬。但是吴某好像根本不在乎张兰的感受，依旧经常在别人面前提起这件事。张兰很恼火，并且因为此事与丈夫又闹了几次。张兰在家里受了气，就越发憎恶吴某，于是她决定给吴某一点颜色看看。1998年6月23日上班的时候，张兰在厂门口碰到吴某，警告她不要再谈论她丈夫的事情。吴某不以为然，反而嘲笑她："做了还怕别人说，真是怪事！"张兰一怒之下，从口袋里拿出一只瓶子，把里面的硫酸全都泼在了吴某的脸上。

避免碰触尊者的"逆鳞"，需要注意以下几点：

1．"逆鳞"因人而异

不同性别、不同年龄、不同职业、不同籍贯、不同遭遇、不同性格、不同文化程度、不同社会地位、不同宗教信仰的人，有不同的忌讳。比如，女性朋友尤其是大龄未婚女性朋友的年龄，就是一块"逆鳞"，莫去触犯。

了解了不同人的不同"逆鳞"，在交往时就可以尽量避开。比如在垂暮老人面前，应少谈生死哲理；在失恋朋友面前，应少谈情场得意；在文化程度低的朋友面前，不要多谈学院生活、学术问题；在社会地位较高的朋友面前，不要偏激、谩骂为官不仁……

2．说话时小心谨慎

不仅不可直接说出贵人有所忌讳的话，也不能随意说出可能让人引起不快联想的话语。如果一个人足够善解人意的话，想做到这一点并不困难。

3．及时处理

一旦一不留神将话说出口，那么就不要试图作出某种解释，因为这一问题上没有对错之分，越解释越会引起对方的不快和反感。不如直接谈论其他话题，岔开话头，转移对方的注意力。这样，这句忌讳的话就不会给对方留下太深的印象了。

第六章

血浓于水，亲人是你永恒的人脉

亲情支撑你的生命

郑洁不是一个普通的孩子，她出生的时候就与众不同，苍白的脸色和淡蓝色的眉毛让一些亲朋纷纷劝慰郑洁的父母将她遗弃或者送人。但郑洁的父母却坚定地认为郑洁是他们的骨肉，是他们的宝贝，并用丝毫不逊色于别的父母的爱呵护着郑洁，疼爱着郑洁。

郑洁5岁的时候，深藏在身体内的病终于爆发了。在一场突然而至的将近40度的高烧中，郑洁呼吸困难，手脚抽搐。后经医生极力抢救，郑洁虽然脱离了危险，但却被确诊患有一种先天性心脏病。这是目前世界上病情最复杂、危险程度最高、随时都可能让人停止呼吸和心脏跳动的顽症。

郑洁在父母的带领下开始了国内各大医院的求医问诊，开始了整日鼻孔插导管的生活。郑洁的父母仿佛一下子苍老了许多，但他们丝毫没有向病魔低头的意思，他们坚信奇迹会在自己女儿的身上发生。很快，他们把家里能够变卖的东西都变卖了。小时候的郑洁很天真，她问母亲，为什么自己的鼻子里总要插着管子。母亲告诉郑洁："因为你得了很怪的感冒病，很快就会好的。"

可是一直到了上学的年龄，郑洁的"感冒"依然没有好，不过父亲坚持将她送进了学校。郑洁喜欢那里，因为那里有很多的小伙伴，还有许多的故事和童话，最重要的是，那里没有医院的气味。

因为身体虚弱，坐的时间稍久，郑洁的胸里就会闷得十分难受，于是她只好蹲在座位上听课、看书、写作业……偶尔在课堂上发病，郑洁就用一只手拼命地去掐另一只胳膊，好让自己不因为痛苦而发出喊叫，郑洁说她要做一个强者。所以，尽管常常会昏厥在课堂上，但临近小学毕业的时候，郑洁家里的墙壁上已经挂满了她获得的各种奖状。

16岁那年的暑假，郑洁又一次住进了北京的一家医院。这次，她终于从病历卡上知道了自己患的是一种几近绝症的病。

死亡的恐惧是不是能够摧毁一切呢？

那天晚上，父亲依然像以往一样，将郑洁喜欢的饭菜买来，摆放在床头的柜子上，然后将筷子递给她："快吃吧，都是你喜欢吃的……"郑洁竭力克制着自己的情绪，可最终她还是放声哭了起来。

哭声中郑洁哽咽着问父亲："你们为什么一直骗我，不让我知道实情？为什么……"

父亲在郑洁的哭问中愣怔着，然后突然背过身去，肩膀不停地颤动起来……

为了赚取郑洁的医药费，父亲开始拼命地去做一些危险性比较高的工作。他说，那些工作的薪水高，他要积攒给郑洁做心脏移植的手术费用。心脏移植，这似乎是延续郑洁生命的唯一办法，但移植心脏就意味着在挽救一个人生命的同时结束另一个人的生命啊！哪里会有心脏可供移植？可看着父亲坚定的眼神，郑洁不敢说什么，也许，这是支撑他活着的希望，就让他希望下去吧！郑洁能给父亲的安慰似乎只有默默地承受着他的疼爱。

7个月后的一天，郑洁将近40岁的父亲在一处建筑工地抬玉石板的时候，和他的另一个工友双双从5楼坠下。郑洁赶到医院的时候，父亲已经停止了呼吸。听送他到医院的一些工友们讲，父亲坠下时，双手捂在胸口前……郑洁知道，父亲在灾难和死亡突至的刹那，还惦记着自己，还在保护着他的心脏，因为，那是一颗他渴望移植给郑洁的心脏！

而这一切原因，只是因为郑洁是他的女儿。

血浓于水的亲情永远是我们心灵的寄托，在为人处世的情感生活中，亲人之间的情感是最真诚、最恒久的，它是亲密、友爱的象征。

"我们都有一个家，名字叫中国。兄弟姐妹都很多，景色也不错……"

这首歌说明了中国人虽多，但具有凝聚力，大家在一起团结、友爱。我国古代儒家提出的"孝悌"，就是为人处世中情感生活的一方面。兄弟之间的相处是一种亲密无间、真诚的相处，不是有一句话叫"打虎亲兄弟，上阵父子兵"吗？

兄弟姐妹间互相体贴关心，互相帮助，长爱幼，幼尊长，产生矛盾时互谅互让，生活在这样的家庭环境中，必然觉得心情舒畅、甜美幸福。

从亲人那里，我们能学到做人的道理，体会到人间的温情，并寻觅到推动我们不断向前的伟大动力。

所以，是亲情支撑了我们的整个生命，保证了我们一生的幸福！

1994年，因为一场突如其来的地震，美国洛杉矶30万人在不到4分钟时间内都受到了不同程度的伤害。一位父亲安顿好受伤的妻子，就立刻冲向他7岁儿子所在的学校。看到那幢教学楼已变成废墟，他顿时感到一片漆黑，哭着大喊："阿曼达，我的儿子！"突然，他想起自己曾对儿子说的话："不论发生什么，我总会跟你在一起！"于是，他坚定地走向那片废墟，开始挖掘起来。旁边有许多人从他身边经过，都劝他不要再挖了，说这是没有用的。可是他并不理会别人，只是一味地挖着，他挖了8小时、12小时、24小时、36小时，当挖到第38个小时时，他终于找到了他的儿子，另外还发现了其他幸存的14名同学。最后，这对父子无比幸福地拥抱在了一起。

在这个废墟中挖了38个小时，也就是挖了1天又14小时，这是多么惊人的数字。正是父爱的力量，给了他这么坚强的毅力。

亲情是最伟大、最自然的情感，我们对之要加倍珍惜，懂得它的可贵，同时还要采取行动对其进行维护和加温：

1. 要懂得感恩

要明白，拥有亲情是生命对我们的恩赐，有亲人的关怀是人生最幸福的事。所以要懂得对亲人好，对他们进行精神上的支持和行动上的帮助。

2. 内心的情感要表达出来

很多人认为亲人之间的关系很近，彼此间的感情是无须再明确表达的，这种想法是不对的。试想一下，虽然你的父母明白你对他们的爱，但是当你成年以后，突然有一天，你给父亲一个热烈的拥抱，或者给母亲一个晚安吻，他们一定会很感动。

3. 善于与他人攀亲戚

俗话说"朝廷还有几门子穷亲戚"，想必这穷亲戚一定是有心人"攀"出来的。所以要善于攀亲戚，让亲戚连亲戚，找到一些远亲，这对自己会大有好处。

亲戚之中必有贵人

清朝末期，慈禧太后权倾朝野。她之所以能从一个普通的八旗女子登上太后之位，也是因为借助了贵人的力量。

慈禧太后原为叶赫那拉氏，16岁时被咸丰帝选为秀女入宫。作为一名普通的秀女，入宫之后，叶赫那拉每天对镜梳妆，精心打扮，等候着皇帝的临幸。可是，过去了很长一段时间，她也没有见到皇帝的人影。原来，皇上本来就妃嫔众多，如今又来了这么多秀女，他根本就顾不过来。所以，叶赫那拉也和无数宫女们一样，被冷落在宫中桐荫深处。

但叶赫那拉可不甘心这样无声无息地等待下去，她的小脑袋瓜飞快地转动着：凭一个普通秀女，要接近皇上是不可能的，可是"人托人，能上天"。于是，她找到了同是镶蓝旗的亲戚、皇帝身边的太监——安德海，请求他帮忙。安德海一见是一位不是很熟悉的亲戚，并不热衷帮助叶赫那拉。

很快，叶赫那拉便明白了这个道理。后来她把每月由内务府发给的月银积攒起来，买通安德海来打听皇帝的消息。

俗话说："拿人钱财，替人消灾。"一天，叶赫那拉得到安德海送来的消息，说："近几日咸丰帝每天午饭后便乘坐小轿从寝宫到水木清华阁去午睡避暑，来回都从桐荫深处附近经过。"

于是，叶赫那拉抓住机会，每天午后打扮得花枝招展，在桐荫里婉转高歌。一天，从这里经过的咸丰帝被她的歌声与美貌迷住了，当即叫叶赫那拉到他的寝宫去，临幸了她。

不几日，叶赫那拉被封为贵人，但她并不满足。她继续给安德海以恩惠，而安德海则在亲情与恩情的"威逼"下充当起了咸丰帝与叶赫那拉之间的桥梁，他经常及时地把咸丰帝的行踪与言谈告诉叶赫那拉。就这样，凭借着这个亲戚的通风报信，叶赫那拉的地位迅速得到了提升，从贵人到懿嫔，从懿嫔到懿妃，后又升为懿贵妃，最后成为两宫太后之一。

可以说，这一切都是因为叶赫那拉懂得利用"投桃报李"的方法处理与利用亲戚关系，才得以成功的。

读了西太后的故事，千万不要认为她的成功是靠好运——她恰好有一个得力的亲戚。事实上，每个人都可以借亲戚之力获得发展。俗话说："朝廷还有几门子穷亲戚。"这句话可以反过来理解："再富的人也会有比自己强很多的亲戚。"找到这些亲戚，无论以前经常来往还是接触不多，都要从现在开始努力与之建立更深一层的联系，以便在关键时刻他们助自己一臂之力。

亲戚是一种重要的人际资源，对于这种资源，我们一定要善加维护和珍惜，拿出真心和诚意与他们交往，让他们成为我们生命中的贵人。

重视伦理道德，重视人伦关系，重视亲戚之间的友谊，这是东方人处世的显著特征。当置身于人伦关系之中，如果你得到了亲友的资助，并与亲友们和谐共处，办起事来就会左右逢源。

无论你扮演着一个什么样的社会角色，无论你身处在一个什么样的人生处境，总而言之，在人生旅途中，友谊至关重要，亲友们的理解和支持至关重要，而且无论从精神因素而言还是从物质因素而言，都概莫能外。

楚原之所以能成为房地产业的精英，他本人一语道破天机："我有很多亲戚，有困难就找他们帮忙。"

楚原与自己的亲戚，无论近亲、远亲都保持经常性的联系。逢年过节的吉祥贺卡，他会买上若干，让一句或几句的祝福赠言为亲戚们送去无限温情。

楚原开始涉足房地产业时，为得到万圣小区的开发经营权，他以"亲属联谊会"的名义邀请了300多名远近亲属在一家星级大酒店欢聚。当时，有些多年未走动的外地远亲为见识一下"亲属联谊会"的气氛，提前2天就赶到了酒店。

"亲属联谊会"搞得热烈红火，卡拉 OK 的话筒被唱爆十几只。很多亲属拉着楚原的手激动万分，感谢他没忘中国传统，没忘亲情，没忘祖宗之本，并建议"亲属联谊会"每年都搞一次活动。

欢宴散后，楚原在亲属的名片上，发现二表舅家的二表弟任特区规划办副主任。于是他马上购置重礼看望了二表舅，然后很婉转地提出了自己的想法。二表舅当场拍板："你表弟那儿我搞定。这又不是犯法的事，亲戚之间互相帮帮忙，是应该的。"

后来，楚原在二表弟的帮助下，顺利得到了万圣小区的开发权，并且一下子时来运转，生意越做越大。

亲戚是我们生命中的贵人，但亲戚之间相互往来、互相求助也需要注意一些问题。处理好了这些问题，才能使彼此之间的关系更融洽、更牢固。

1. 经济往来要清楚，不要弄成一笔糊涂账

在亲戚之间相互帮助的过程中，因为经济利益问题而导致关系僵化的例子屡见不鲜。这时，作为受益的一方，应当对亲戚的慷慨行为给予由衷的感谢。如果你把这种支持和帮助看做是理所当然的事情，而不做一点表示的话，那对方就会感到不满意，从而影响彼此的关系。

另外，如果对方出于帮助的目的借给你钱，事后你一定要如数将财物归还对方，这一点不能含糊。这是因为亲戚之间也有各自的利益，一般情况下应把感情与财物分清楚，不能混为一谈。只要对方没有明确表示赠送，所借的钱物就要按时归还。如果你一厢情愿地认为亲戚不会计较得失，那么下次你再遇到困难时，亲戚恐怕就不会再慷慨解囊了。

2. 不要居高临下或强人所难

亲戚之间虽有辈份的不同，但是也应当相互尊重、平等对待。即使是长辈，也不要居高临下，特别是在彼此之间有地位、职务差异的情况下更应如此。

当然，除了辈份的差别，亲戚之间也肯定会存在贫富差异、地位高低的状况。一般情况下，财富多或者地位高的人总比那些地位低、财富少的人具有更大的吸引力，也更容易受到别人的关注，他们也因此具有更多的

优越感。地位低的人总是希望从地位高的一方那里得到一些帮助，同时在向对方提出请求时又怀有极强的自尊心。这时候，如果地位高的一方对来求助的亲戚表示出不欢迎的态度，那就很容易伤害对方的自尊。

一般说来，地位低的人对于被人小看是很敏感的，只要对方露出哪怕一点儿冷淡的表示都会往心里去，他们的自尊心就会受到伤害。在这种情况下，双方的关系就容易变得不再融洽。而事实上，富有的亲戚也有用得着穷亲戚的地方，所以对待亲戚朋友不能太势利。

另外，有的时候，地位低的亲戚求地位高的亲戚办事会不注意原则。本来自己要求亲戚所办的事就有违原则，人家没办到还对此心怀不满，说人家不讲情谊，看不起穷亲戚等等。这种做法是十分不讲道理的，只能招致亲戚的反感甚至厌恶。

3. 不要一厢情愿，拿自己不当外人

亲戚之间由于彼此关系有远近之分，密切程度上也会有一定的差别。因此，在求亲戚办事的过程中要把握适当的分寸。

成功者背后必有一个伟大的爱人

春秋时晋公子重耳能回到故国继位称霸，有赖于他的妻子姜氏的鞭策和筹谋。

重耳曾因受谗害逃亡在外，到齐国时，他得到了齐桓公的厚待，不但嫁以宗室女姜氏为妻，还给了他由4匹马拉的车20辆。过了10余年的颠沛流离生活，方得以成家安居，重耳感到心满意足，打算永远住在齐国了此一生。

重耳到齐国原本是想借齐桓公之助回国即位，可他到齐国两年后，桓公死，孝公即位，诸侯背叛，齐国国力已衰弱。这时，追随重耳的赵衰、咎犯等人认为要靠齐国援助回国已不可能，又赶上秦国正派人邀请重耳到秦，便主张重耳离开齐国到秦国。因秦国强大，又与晋接境，如得其援助，重耳可望回国即位。可是重耳很爱齐女姜氏，在齐生活舒适，乐而忘返。

因此，赵衰、咎犯等便在桑树下商量如何动员重耳离齐赴秦。他们的话正巧被养蚕的女奴听到了，于是她便去告诉了姜氏。姜氏怕她走漏消息，将她杀了，并劝重耳离齐，说："子一国公子，穷而来此，数士者以子为命。子不疾反（返）国，报劳臣，而怀女德，窃为子羞之。且不求，何时得功？"重耳说："人生安乐，孰如其他，必死于此，不能去。"

姜氏将此告知赵衰、咎犯等，经大家计议，决定以此促重耳离齐：让重耳喝醉酒，趁他醉时，用车载着他出发。这样等他酒醒，虽怨恨得很，却也无可奈何，只好跟着上路。重耳到秦国后，秦国果然给予援助，派兵送他回国继位。流亡在外19年的重耳终于回到了晋国即位，是为晋文公。

晋文公重耳与他妻子姜氏的故事正应了那句老话："每一个成功男人的背后都有一个优秀的女人。"当然，这句话反过来说也照样成立。可见，事业的发展与进步，离不开爱人的努力与付出。你的另一半会给你提供强大的精神动力和坚实的物质基础，是你永远可以依靠和巩固的大后方。

某猎头网站曾经以普通的上班族为对象进行过一次调查。在那次的调查问卷中有这样一个问题："在你考虑结束目前这份工作的时候，谁的意见对你最有影响力？"

结果显示，认为"自己配偶的意见所具备的影响力最大"的占所有参加调查者的26%。也就是说，每4个人中就有1个人持这种观点。

的确，爱情能够激发人类无限的创造力和想象力，也能够使人成为天才。凭借这一点走向成功的政坛领袖、商界巨子、科学精英，数不胜数。

从另一个角度说，如果爱人不"贤"，就会经常出现"前方打仗，后院起火"的艰难局面。那时，不但难取得事业上的发展，家庭的幸福也落了空，人生简直就失去了希望。

可见，一个"贤"的爱人，一个"得力"的助手，在我们的生命中是多么地重要！

一天，当姜树伤心地回家告诉妻子王美云，他在海关的工作丢了，他是一个大失败者时，王美云却很高兴地说："现在，你可以写你的书了！"

"不错，"姜树说，"可是我写作时，我们怎样维持生活？"

妻子打开抽屉，拿出一堆钱来。"钱从哪里来的？"他惊讶道。

"我知道你是天才，"妻子回答道，"我知道有朝一日你会写出好书来，所以我每周都从家用中省下一笔钱，以备你专心写作时作家用。这些钱足够我们用1年的。"

基于王美云的帮助，姜树后来真的写出了轰动一时的长篇巨作，奠定了自己在文坛上的地位。姜树后来说："人与人之间的互助是绝对重要的，它可以关系到一个人是凡人还是巨人。我妻子对我的支持让我更清楚地认识了这个道理。"

怎样才能与爱人搞好关系，让你们的爱情甜蜜、家庭幸福呢？

1. 婚后还要谈情说爱

人们总觉得谈情说爱是恋人们的事，结婚后好好过日子就行了，其实这种观念和做法是导致婚后夫妻关系缺少温情的重要原因。当然，夫妻间并不是还要像恋人那样经常说"我爱你"，而应将"我爱你"的潜台词融入具体的行动中去，比如，可以诚心诚意地夸奖对方所做的漂亮、成功的事，关心对方的衣食住行，理解和支持对方的事业，等等。不过，在必要的时候，已说了无数遍的"我爱你"还是要说的，因为情话是不怕重复的，对方也是百听不厌的。有时，往往就是一句情话，就使人在心理上产生了安全感和稳定感。所以，千万不可忽视谈情说爱对婚后生活的幸福和谐所起的作用。

2. 寻找一种共同喜欢的运动

一对会打网球的夫妇可以说找到了他们大半生都可共享的运动。如果能够找到一种夫妻双方都很喜欢的运动，那么这对你们感情的升温有很大的帮助，你们可以互相鼓励，把这种能使你们保持身体健康的运动坚持下去。

请记住这一点：你的目的是从事体育锻炼，与妻子共享快乐时光。如果你有强烈的竞争欲望，那么就应该把这种不惜任何代价赢得比赛的劲头留在与你的伙伴比赛时用。无论你与妻子一道从事何种体育运动，都是为了上面的目的，而无须证明你们谁是这场运动的赢家。

3. 安排一些约会

婚后，如果浪漫缺席，婚姻就会如白开水般无味。赶快安排一个别出心裁的约会，来为你们的感情打气吧！在一个周末，带着心爱的她，找一个风景如画的度假村，好好悠闲地浪漫缠绵一下，或者采取迂回方式，邀请对方共进晚餐，牵起她的手，让她感觉有个依靠。

4. 周末和家人一起过

现代生活是快节奏的，虽然家庭成员天天见面，但实际上真正交流的时间并不是很多，因为人们一天大部分的时间都是在外面度过的。所以，周末应该是属于家人、属于自己的，应该是一个放松自我的好时光。

在一个轻松愉快的假日里，和家人一起包包饺子，或是做顿丰盛可口的饭菜，都是一种莫大的享受。在这期间，共同合作，彼此交流，爱意也会在彼此的互助中流动。

5. 宽容地对待家人

任何一个家庭都不可能总洋溢着花前月下式的浪漫，而是都有它琐碎的一面，都会有一些磕磕绊绊，并可能因此产生种种的心结。其实，家人间的心思和言行要想完全默契是不可能的，虽说每天吃的是同样的饭菜，睡的是同样的床板，但人脑毕竟有别于电脑，怎么可能拥有相同的程序？所以，相互的沟通和谅解是十分重要的。

父母：你的第一任老师

我国著名的建筑学家梁思成是梁启超的长子，是我国建筑研究的先驱者、我国建筑教育的奠基人之一。他之所以能够成就自己的事业，很大程度上依赖于父亲对他的鼓舞和教导。

父亲注重引导他对知识的兴趣，又十分尊重他的个性和志愿，仔细地考虑并安排他的前途，同时又注意照顾他的想法。

父亲对他说过，做学问不但要专精，还要广博。梁思成在国外求学时，父亲在给他的信中说："思成所学太专门了，我愿意你趁毕业后一两年，分出点光阴多学些常识，尤其是人文科学中之某部门，多用点工夫。我怕你因所学太专门之故，把生活也弄得近于单调。太单调的生活容易厌倦，厌倦即为苦恼，乃至堕落之根源。"又说，"凡做学问要'猛火熬'和'慢火炖'两种工作，循环交互着去用。在'慢火炖'的时候才能令所熬的起消化作用，融洽而实有诸己。思成你已经熬过三年了，这一年正该用炖的工夫，不独于你身子有益，即为你的学业计，亦非如此不能得益，你务要听爹爹苦口良言。"

他的父亲还指导他勤奋学习，重视实践，到更加广阔的世界中去寻找知识和灵感。信中说："莫问收获，但问耕耘……一面不可骄傲自满，一面又不可怯躬自馁，尽自己能力去做，做到哪里是哪里。如此则可以无入而不自得，而于社会亦总有多少贡献。"当梁思成在美国取得建筑硕士学位之后，梁启超又在1927年12月18日的信中说："我替你们打算，到美国后折往瑞典、挪威一行，因北欧极有特色，市容亦极严整有新意。新造之市，建筑上最有意思者为南美诸国，可惜力量不能供此游，次则北欧特可观，必须一往。由是入德国，除几个古都市外，莱茵河畔著名堡垒最好能参观一天。回头折入瑞士看些天然美，再入意大利，多耽搁些日子，把文艺复兴时期的美彻底研究了解。最后能回到法国，在马赛上船，到西班牙也好……中世及近世初期的欧洲文化实以西班牙为中心。中间最好能腾出点时间和金钱到土耳其一行，看看回教的建筑和美术，附带看看土耳其革命后的政治。"父亲对他的发展考虑得如此细致、周到，并帮他分析前进的道路，指明发展的方向，这对梁思成后来的发展起到了不可估量的积极作用。

在每个人的成长道路上，父母都当之无愧地是第一任导师。在平凡的日子里，在父母不经意的熏陶感染下，我们的乐趣、潜能、才华都会被激发，我们的人格也会得到很好的塑造，这些无疑都为今后的道路奠定了坚实的基础。

父母不但能够为子女提供良好的物质基础，更能为子女提供巨大的精神支持。在父母的期待与鼓舞下，子女会树立更加高远的志向，开拓属于自己的事业。

父母和亲人为子女的成长提供了最重要的环境，正是在他们的熏陶感染下，子女的兴趣和潜能才得到激发。可以说，大多数人取得的成就，都有一半要归功于养育他的父母和亲人。

每个人都是一颗埋藏在泥土里的种子，但是究竟最终哪些种子会成长为参天大树，与父母的耐心教导和精心培育有莫大的关系。

王学军一直不喜欢自己的父亲，因为父亲是一个瘸子，身材也不高大，与他心目中父亲的理想形象相差甚远。

一次，市里举行运动会，王学军是长跑队的种子选手。他找到母亲，说出了他的心愿：他希望母亲能陪他同往。母亲笑了，说："那当然。你就是不说，我和你父亲也会去的。"他听罢摇了摇头，说："我不是说父亲，我只希望你去。"母亲很是惊奇，问："这是为什么？"他勉强地笑了笑，说："我总认为，一个残疾人站在赛场边上，会使得整个气氛变味。"母亲叹了一口气，说："你是嫌弃你父亲了？"父亲这时正好走过来，说："这些天我得出差，有什么事，你们商量着去做就行了。"

比赛很快就结束了，王学军得了冠军。在回家的路上，母亲很高兴，说："要是你父亲知道了这个消息，他一定会放声高歌的。"王学军沉下了脸，说："妈妈，我们现在不提他，好不好？"母亲接受不了他的口气，生气地说："你必须告诉我这是为什么？"王学军满不在乎地笑了笑，说："不为什么，就是不想在这时提到他。"母亲的脸色凝重起来，说："孩子，有些话我本来不想说，可是，我再隐瞒下去，很可能就会伤害到你的父亲。你知道你父亲的腿是怎么瘸的吗？"王学军摇了摇头，说："不知道。"母亲说："你2岁时，你父亲带你去公园里玩，在回家的路上，你左奔右跑。忽然，一辆汽车急驰而来，你父亲为了救你，左腿被碾在了车轮下。"王学军顿时惊呆了，说："这怎么可能呢？"母亲说："这怎么不可能？只是这些年你父亲不让我告诉你罢了。"

两人慢慢地走着。母亲说："有件事可能你还不知道，你父亲就是方州，你最喜欢的作家。"王学军惊讶地蹦了起来，说："你说什么？我不信！"母亲说："这件事你父亲也不让我告诉你。你不信可以去问你的老师。"王学军急匆匆地向学校跑去。老师面对他的疑问，笑了笑，说："这都是真的。你父亲不让我们透露这些，怕影响你的成长。但既然你现在知道了，那我就不妨告诉你，你父亲是一个伟大的人。"

2天以后，父亲回来了。王学军问父亲："你就是大名鼎鼎的方州吗?"父亲愣了一下，然后就笑了，说："我就是写小说的方州。"王学军拿出一本书来，说："那你先给我签个名吧!"父亲看了他片刻，然后拿起笔来，在扉页上写道：赠王学军，生活其实比什么都重要。方州。

多年以后，王学军成为了一名知名的企业家。他一生都铭记着父亲的教诲——"生活其实比什么都重要"，并秉持这一原则立身处世。

向父母学习，主要有以下3种途径：

1. 从父母对我们的直接教育中学习

也就是从父母对我们的行为要求、评价和态度中学到应该怎样，不应该怎样；什么是好，什么是不好。例如，小时候，妈妈告诉我们："不可以打人，如果你打人，妈妈就不喜欢你了。"于是我们就会知道打人不好了。

2. 从父母对周围事物的评价和态度中学习

我们会从父母那里学到怎样观察和评价周围的事物。当妈妈出去看病回家，感慨地叙述在公共汽车上年轻人怎样对她关心照顾、这些人多么好时，我们就能很自然地领会到，在公共汽车上给老弱病残让座是好事，关心人、帮助人是美德。

3. 让父母的思想品德对自己产生潜移默化的影响

这就需要增加和父母相处的时间，把父母怎样工作、学习、处世待人都看在眼里，并下意识地模仿，作为行动的准则。这些准则也会成为我们以后做事、与人相处的原则和标准。

兄弟齐心，其利断金

对于许冠文、许冠杰、许冠英三兄弟，或许如今的青年观众已不再熟悉，毕竟他们近年来一直处于半隐退状态，鲜有作品问世。不过，凡是看过许氏喜剧的朋友，无不对其机智讽刺的诙谐风格印象深刻；凡是熟谙二十世纪七八十年代香港电影的朋友，皆深知许氏兄弟昔日冠绝一时的影坛地位、成就与影响。

许氏兄弟，文武英杰，共4位手足，除了老二许冠武主要从事幕后工作（曾担任《摩登保镖》执行导演）不为人知外，其他3人都是广受欢迎的著名谐星。许冠文是周星驰出现之前香港最具影响力的喜剧演员；许冠杰是迄今为止拥有年度票房冠军影片数量最多（8部）的香港影星；许冠英则是当年个性十足的香港丑星，精彩演出数不胜数。

在香港经济腾飞的20世纪70年代，香港人开始建立独特的本土流行文化，而许氏兄弟便是香港流行文化的重要缔造者。许冠杰的粤语俚歌开创了风行至今的粤语通俗歌曲潮流；许氏兄弟电影公司创作的《鬼马双星》、《半斤八两》一系列鬼马喜剧则在屡创票房神话之余，更成功地令衰落的粤语片重新焕发生机，并为其最终挤垮国语片、独霸香港影坛奠定了坚实基础。

许氏事业的辉煌是由三兄弟共同成就的，这正体现了"兄弟齐心，其利断金"的意思。

许惠珠教授在《人际关系》的结论中说："曾记得有一出戏剧———个小男孩每天背着他残障的弟弟去上学，有人指着他的背上问：'他重不重？'小男孩回答：'他不重，他是我的弟弟。'如果你能体会那小男孩的心情，相信你也能感受到血缘关系所带来的'甜蜜的负担'。"

在每个人的生活中，家不但是可以躲避风雨的港湾，还是你茁壮成长的土壤。兄弟姐妹虽然免不了争吵，但毕竟是孩童往事，最终不会妨碍血浓于水的亲情的发展。放眼今天社会，有许多家族企业皆由兄弟姐妹携手合作，在激烈的市场竞争中联手经营、相互激励、共渡难关，最终成就一方大业而受人敬慕。

这就是兄弟的情谊，它是无法分割的。再者，兄弟姐妹吵架本是家常便饭，到最后总会相互扶持、团结在一起的！

兄弟姐妹之间的情谊，是你心中的一个依靠，提起他们，你必定会有一种踏实的感觉。

与兄弟姐妹相处，应该坚持以下原则：

1. 友爱礼让，同甘共苦

友就是和善相处，爱就是亲善相待。一个人要想和别人合作愉快，就要从兄弟姐妹之间的友爱做起。如果不能兄友弟恭，岂能长幼有序？岂能敦亲睦邻、为人友善？

兄弟姐妹之间要相互礼让，做到见利不争、见害不避。因为兄弟姐妹血脉同源、情同手足，所以同甘共苦、生死与共也是天经地义的事。

2. 互相帮助和扶持

俗话所说的"自家人"，意思是同姓、同宗、同住、同吃者，他们除了年龄、性别有异，其他少有不同。既然有这种亲密关系，那么相亲相爱、携手并肩，一同为幸福的家或前途而努力就是很自然的事，彼此理应相容相谅、随时关怀，没有嫉妒、没有猜疑，更没有私心。

3. 保持来往，团结一致

兄弟姐妹各自组成自己的家庭后，也要经常相互走动。逢年过节除探望父母之外，还应到兄弟姐妹家看看，以便联络感情，保持来往。当谁有困难时，大家要尽力相助；当谁身体不适时，大家也要前去探望、安慰一番。节假日可以相互邀请，团聚叙谈；在良宵寿辰时，也可前去祝贺。如果兄弟姐妹中有人远在他乡，则应经常通通电话或书信往来，保持联系，以使手足之情长久地保持下去。

4. 利益分配，亲兄弟明算账

中国有句古话，叫做"亲兄弟，明算账"。虽然只有6个字，却包含着很深的人生体验。要想获得自己兄弟姐妹的支持，在利益分配上就一定要把彼此间的重大利益、纠葛算清。为什么是重大的利益纠葛？因为很小的利益纠纷，兄弟姐妹之间还能够一笑了之，但是重大的利益纠葛就很难释怀了。

5. 债务承担，合理承担，有理拒绝

中国还有句古话，叫做"亲情重于金钱"。兄弟姐妹情深义重，一旦哪位处于危机之中，其他人伸手援助，天经地义，如为兄弟姐妹承担债务。但是，一定要注意限度，不能不顾自己实力全部承担下来。

亲戚情分是"走"出来的

超级人脉术大全集

朱德在年轻的时候，特别注重与亲戚的关系，对人礼貌有加。平时他总是为亲戚解决困难，做些不计较个人得失的事情，使亲戚对他的印象非常好，彼此间的礼尚往来极为融洽。在少年时期朱德身体很强壮，很有力气。每年的农忙季节，他总是很快就把自家的庄稼收拾完。但这时，朱德并没有因此而停下来休息，而是跑到其他亲戚的田地里去帮忙。这样，一天下来他总是累得腰酸腿疼。可第2天，他又拿起工具，继续去亲戚的田地里帮忙收庄稼，从没有喊过累，也没有抱怨过。

有一次，朱德到一个表叔家里去帮忙收庄稼，可这个表叔却是一个疑心特别重又很小气的人，他看到朱德来帮忙，就怀疑朱德要趁机偷庄稼。所以在朱德干活时，他总是不时地监视他的行动，特别是朱德要走的时候，还要偷偷检查朱德带来的存放工具的筐子，看是否拿走了什么东西。这一切朱德看在眼里，微微一笑，然后说道："表叔，活干完了，我走了，家里还等我回家吃饭呢！"说完，他背起筐子，挥挥手走了。表叔看到这一切，心里不由暗暗钦佩。

靠着类似的"走动"和极佳的人品，朱德一直同各个亲戚保持着深厚的感情。

重视亲戚之间的关系和情分，时常往来，对那些过分的亲戚也礼貌相待，这就是朱德与亲戚处好关系的最根本原因。

如此看来，维护亲戚关系的秘诀就是经常走动，常来常往，以联络感情。

"不走不亲，常走常亲"，这是中国人一贯的观点。只有经常礼尚往来，才能沟通联系，深化感情，密切亲戚关系。

"常来常往"，首先表现在一个"往"字。意思就是说自己要发挥主观能动性，经常到亲戚家走动走动，聊聊家常，帮帮小忙，联络联络感情，这样是非常有益的。

亲戚间来往，除了一个"往"字，还有一个"来"字。它的意思是除了经常到亲戚家走动外，也要经常邀请亲戚们到自己家里做客。利用自己的空间与亲戚联络感情，做一回主人，热情款待他们，让他们有一种在自己家的感觉，时间一久，亲戚之间的关系自然会处得异常融洽。

也许，就是如此平常的"常来常往"，才使人能在以后的关键时刻得到亲戚的一臂之力。所以，不要以为"常来常往"是没用的、不必要的，无论从哪个角度来说，于情、于理都要掌握运用这个技巧。

但是，在与亲戚的交往中，千万不要陷入这样的误区：亲戚关系是一种血缘、亲情关系，彼此都是一家人，七大姑给八大姨帮忙办事都是份内之事，都是应该之事，所以没必要像其他关系那样客套、讲礼。其实，这种想法是大错特错的。血缘的关系虽说是"折断骨头连着筋"，但亲情的维护与保持就在于彼此之间的相互帮助与知恩图报上。

这种做法也正是"越走越亲"的要义所在。

孙某是一家公司的老板，经过几年的辛苦经营，现虽说没有千万，但至少也有百万家产了。到底是什么原因使他在短短几年内拥有数目可观的资产的呢？

在一家报纸的记者采访他时，他说了这样一段话："自身的努力与勤奋固然是我成功很关键的因素，但还有一点也是非常重要的。我的亲戚很多，在未发迹时，我经常拜访他们，以至彼此间关系都特别好。后来，在公司小有规模后，我仍不忘经常与他们保持联系。正是因为这种密切来往，我的亲戚都对我非常不错，比如刚创业的时候，资金有一半是由他们筹借的；办公司遇到困难时，他们也给予了帮助与鼓励；并且他们中的一些人，还在我的公司里帮我的忙，是我得力的助手……总之，在各种人际关系中，我最注重的就是亲戚关系，也正因为我与他们的经常性走动，才使我有了今天的成就……"

亲戚关系"越走越亲"，在"走"亲戚时，可以这样进行交往：

1. 多说几句感谢的话

希腊一位哲人曾说："感谢是最后会带来利益的德行。"善于求人的人经常会说感谢之词，因为它往往成为人与人之间交往的润滑剂，生意上的往来也会因它而顺利进行。

没有人不喜欢听感谢之词，把"谢谢"二字随时摆在心中，需要时派上用场，没有比这个更简单而容易使用的了。同时要记着，对亲戚也别忘了说谢谢。

2. 以行动报答亲戚的帮助

行动回报不像语言回报和物质回报那样悦耳、显眼，但它是无价的，于无声处见真情。好的行动无须用语言证明。当一个具有真才实学的青年才俊求职历经挫折，终被一位贤明的"老板"录用之后时，他最好的报答不是好言好语，不是厚礼，而是实干。

所以，"亲戚亲戚，越走越亲"，这只是一般的原则。在与亲戚的交往中，还必须有来有往，有"报李"有"投桃"之行，这才是继续保持良好亲戚关系的一个非常重要的前提。切不可"一次性处理"，否则，在今后再想利用亲戚办事，那就是难上加难了。

依靠亲人走向成功

曾纪鸿，湖南湘乡荷塘（今属双峰县）人，是清朝名臣曾国藩的次子。他聪明过人，悟性特高，本来可以朝着科举考试这条道路拼搏下去，但在他8岁的时候，父亲曾国藩在给诸弟的信中嘱咐说："纪鸿儿亦不必读八股文，徒费时日，实无益也。"

1858年9月，也就是曾纪鸿满10岁的时候，曾国藩又告诫他必须注意科学技术方面的学问，希望他和曾纪泽兄弟俩能够洗雪让他感到遗憾的三耻："学问各途，皆略涉其涯，独天文算学，毫无所知，虽恒星五纬亦不识认，一耻也……尔若为曾家之子，当思雪此三耻。"自此以后，曾纪鸿在攻读举业的同时，也致力于算数的研究。

由于曾国藩在倡导洋务运动期间汇集了全国许多著名科学家，如华蘅芳、李善兰、徐寿、徐建寅等，并聘请外国专家傅兰雅、伟烈亚力、玛高温、金楷理、林乐知与中国科学家合作翻译了《化学鉴原》、《物体遇热改

超级人脉术大全集

易说》、《汽车发轫》、《代数学》、《代微积拾级》、《决疑数学》等书，所以曾纪鸿靠父亲的关系有机会结识到这些科学家，以及他们介绍西文科技的有关著作，这使得曾纪鸿对近代科技的兴趣日益浓厚，并且进步很快。

据有关文献记载："清同治七年即1868年曾纪泽20岁时，居住于两江总督署，曾国藩在督促他们兄弟读中国书籍的同时，又要他们兄弟写《律吕表》，命公代算。"而自1858年起，曾纪鸿"即喜习算学不辍，此时已能应用矣"。

1872年下半年，曾纪鸿居住于长沙，与父亲的好友、算学爱好者丁取忠等人相互切磋算数的学问，同时还与外地数学爱好者书信往来，互相交流学术心得。从此时起，曾纪鸿就着手写作有关数学方面的著作。他的好友曾有意问他为什么下这么大的力气来专攻数学的问题，他回答说："此夙志也。"

经过几个月的艰苦研究，曾纪鸿写出了一部学术专著《对数详解》，共计5卷。在书中，曾纪鸿对对数的源流、对数的原理以及实用价值等进行了简明扼要的阐述。这本书由丁取忠负责刊刻印行，后来收入《白芙堂算学丛书》。

曾纪鸿不仅学问渊博，而且人品极好。由于他在写作《对数详解》的过程中曾受到同行的启发和支持，所以他在该书每卷卷首都把丁取忠的名字署在前面，同时又将同行的名字署于每卷之后。

1874年，曾纪鸿又写作了《圆率考真图解》一书。当时国际上都以推算圆周率位数标志其数学水平，但最多的也只能算到40位就无法深入下去了。曾纪鸿汲取古今中外学术成果，悉心构思，创造新法，反复推算之后达到100多位，这在当时处于国际领先地位。因此，李约瑟在《中国科技史》等书中充分肯定了曾纪鸿在数学史上的重要地位。与此同时，曾纪鸿还与邹特夫等合著了《粟布演草》2卷，后来也刊入《白芙堂算学丛书》。

在1877—1881年这5年时间里，曾纪鸿除在兵部学习行走之外，绝大部分时间都用在学习和研究西方先进的科学技术上，并著有《炮攻要术》6册、《电学举隅》1册等，成果十分突出。

从曾纪鸿的发展历程中，我们可以清楚地看到，他在自身勤奋学习的基础上，充分利用了父亲在社会关系方面为其提供的条件，从而不断充实和提高自己，最终使自己取得了较高的成就。

由此可见，亲人在你为事业奋斗的过程中起着至关重要的作用，依靠亲人的帮助，你会更容易成功。

具体来说，亲人是我们的双重依靠：

亲人是我们的精神依靠。任何人都需要有精神依靠，而亲人是精神依靠的根本，因为真正的亲人永远相亲相爱、永不背叛。即使是孤儿，在他们的生命里，也一定会出现相当于亲人身份的人，给他温暖和支持。否则，他们将可能因为缺乏温情而误入歧途。

亲人是我们的物质依靠。虽然人在有工作能力之后会获得经济独立，但在困难的时候，最先义不容辞地伸出援助之手的人一定是亲人。有时，他们甚至愿意倾其所有助你一臂之力。这就是血浓于水的深情。

在人生的任何年龄段人都需要依靠亲人，小时候依靠亲人长大成人，中年时依靠亲人走向事业的辉煌，老年时依靠亲人享受天伦之乐。没有亲人的帮助，你将很难取得真正的成功，很难得到宝贵的幸福。

潘宁波出生于一个普通市民家庭，全家4口人只靠父亲一人的工资维持生活。少年时生活的艰辛磨炼了潘宁波的意志，培养了他的信心，也使他产生了出人头地的强烈愿望。大学毕业后，他决定先试试在电台找份工作，然后，再设法去做一名体育播音员，但他每次都碰一鼻子灰，不能如愿。

一再碰壁之后，他几乎对前途丧失了信心。但是，母亲提醒他说："最好的总会到来。"父亲也拍着他的肩膀鼓励他，这促使潘宁波又试了几家其他城市的电台。其中一家电台的节目部主任是位很不错的人，但他告诉潘宁波说他们已经雇用了一名播音员。当离开电台办公室时，潘宁波受挫的郁闷心情一下子发作了，他大声地问道："要是不能在电台工作，又怎么能当上一名体育播音员呢？"

潘宁波正在那里等电梯，突然听到了刚才那位节目部主任的叫声："你刚才说体育什么来着？你懂足球吗？"听到潘宁波肯定的回答，他便让潘宁波站在麦克风前，凭想象演播一场比赛。结果，由于潘宁波的出色表现，他被录用了。

这次求职成了潘宁波人生旅途的新起点。它使潘宁波懂得，一个人只要努力，他的命运就掌握在自己手里。在以后的岁月里，潘宁波奋发努力，并凭他个人的能力和父母双亲的不断鼓励取得了非凡的成就。

依靠亲人走向成功，主要包括以下几个方面：

1. 牢记亲人的教诲

大道至简，有的时候，促使你走向成功的力量往往是小时候父母教给你的一些平凡、朴素的道理。牢记父母的教诲，让它们指导你的人生。

2. 依靠亲人的鼓励

人是很矛盾的动物，有时很坚强，有时很脆弱，坚强时牢不可破，脆弱时不堪一击。在"不堪一击"的时候，亲人的抚慰和激励往往能让我们重新振作。

3. 依靠亲人的人际关系

亲人就是一家人，亲人的人际关系完全可以为你所用，尤其是长辈多年积累的人脉，其范围和品质都是你所难以比拟的。所以，可以让亲人的朋友成为自己的朋友，以拓展自己的关系网。

4. 依靠亲人的智慧

在市场经济时代，有时连"点子"、"建议"都要用钱买。在这方面，亲人往往会给你以最无私的帮助，毫无保留地为你出谋划策、指点迷津。

第七章
肝胆相照，朋友是你忠实的人脉

朋友是一座坚实的靠山

姚崇是唐玄宗时期有名的宰相。在姚崇的朋友之中，有一位叫张宗全的秀才是深谙为友之道的高手，并因此受益，被姚崇提拔为三品高官。

一次，老师要姚崇与张宗全就某个题目做一篇文章，2天之后交给他。他们下去都精心做了准备，将自认为写得最好的一篇交了上来。事有凑巧，姚崇与张宗全所写的内容几乎完全一样，且观点也相当一致。这如何不使老师为之恼火？没想到自己门下最得意的2个门生敢剽窃他人作品，这如何了得？

姚崇据理力争，声明文章绝非剽窃。张宗全也声明自己的作品非剽窃他人，但为了平息老师的怒火，他就对老师说："前两天与姚崇兄论及此题，姚兄高谈阔论，学生深感佩服，遂引以为论。"

老师听到这番话，才知道错怪了两位学生。姚崇则为张宗全的广阔胸襟所感动，于是当宰相后，姚崇遂向唐玄宗推荐此人。唐玄宗在亲自考核张宗全的才华之后，便封了他一个正三品官衔。从姚崇和张宗全的故事中我们可以看出：朋友之间相互扶持有多么重要，朋友会帮助你抓住良好的机遇，成就你的事业。

有首歌里唱道："千里难寻是朋友，朋友多了路好走。"这个道理已经被无数的经验和教训所验证。人们现在所说的"有了关系，就没关系；没有关系，就有关系了"，无非就是这个道理。

可见，朋友就是你的一座靠山。许多时候，你面临的生活问题、工作问题，单单依靠个人的力量很难解决。但是朋友多了就会帮你出主意、出人力、出物力、出财力，和你一起解决问题，那样你前方的路就变得宽广了。

一个成功人士，往往能带动和影响他身边的人，他也善于理解和接受他们，使自己与他们之间的关系更融洽，达到良好的互动。

就像一匹好马可以带领你到达你梦想的地方，一个好朋友同样可以带你实现自己的愿望。

而且由于彼此之间友情的关系，朋友这一类贵人一般比较忠实。他们有机会、有能力帮你的时候会主动帮你，在没有能力帮你的时候也会事先说明，而不会说一些假话来安慰和欺骗你。

拥有一些忠实可靠的朋友，就是人生最大的幸福。

曹启泰，一位电视节目主持人。本来，他在这一行业内发展得不错。但是1994年，他的一些生意陷入困境，赔了1亿元而且负债5000万台币。单纯靠努力工作，挣薪水来偿还这样巨额的债务，不但是杯水车薪，而且维持日常生计的压力也很大。

在这样一个困难的境况中，借钱实在不是一件容易的事。但曹启泰借助于他的各种朋友关系，凭借来自各行各业的朋友们的帮助，终于筹集到了资金，不仅还清了债务，还得以东山再起。后来他又远至新加坡开创自己的事业，抢滩新加坡第一主持人。目前，他的事业正如日中天。

想要结交到要好的朋友，必须注意以下几个问题：

1. 心胸宽大，宰相肚里能撑船

为人应当心胸宽广，绝不可斤斤计较，好与人比高低、争强弱。善于做人者，一定要有"肚子里面能撑船"的意念。把自己的开阔胸怀充分展示出来，才能赢得别人的尊敬，即使危机出现时，我们也能够顺利地解决。

这要求我们在社交活动中，必须摈弃个人私欲，不能为一己之私而去斗、去夺，与人闹得面红耳赤，也不能为了炫耀自己而贬低他人。同样，像那种"报复之心"、"嫉妒之念"一类私心很重的东西，更不能存在。同时，还要求我们有点忍让精神。无缘无故受到冤屈时，只要对方不是恶意中伤，都应忍耐下去，应主动地"礼让"，从自身找原因，并让时间、让事实来"表白"自己。

2. 以最快的速度解除你们之间的误会

误会，往往是由于人们相互间不理解，缺乏理智，缺少沟通，不加思考，未能多体谅对方、反省自己而引起的。所以，如果什么人做了让你不高兴的事，请先不要忙着指责对方，而要静下心来想一想自己是不是错解了他（她）的意思。如果可以的话，不妨平心静气地约他（她）聊一聊，你也许会发现事情并不是你想象的那个样子。

误会是一堵冰冷的墙，它隔开了彼此的感情交流；误会是一颗不定时炸弹，说不定什么时候就会把大家炸得人仰马翻。

一个小小的误会也常会制造出严重的后果，所以人与人之间产生误会时，一定要以最快的速度想办法消除，不要等到无法挽回时再痛悔自责。

3. 处处为他人留些情面

在工作和生活中，任何人都离不开人际关系这张大网。所以，在为人处世时，如果你处处为他人留些情面，别人也便会保全你的面子，毕竟人活一张脸，树活一张皮。

与人相处难免会产生矛盾，用过激的方式处理矛盾绝对不是一个合理的方法，它伤了人情不说，还会让你毁了自己的形象。何不理智地去看待矛盾，加一些感情因素去面对矛盾呢？说不定你可以从中得到更加珍贵的东西。

朋友决定你的富贵命

1977 年，小布什利用 5 万美元启动资金正式开了自己的第 1 家石油公司——阿布斯托能源公司。

1984 年，在一些贵人的安排下，"光谱七"公司买下了小布什如同

"垃圾股"的石油公司。随后"光谱七"又被更财大气粗的哈肯能源公司收购，至此，小布什不仅名列股东委员会，而且转眼间还拥有了价值53万美元的股票。

1989年，小布什游说父亲的老友以8600万美元买下了得克萨斯"游骑兵棒球队"，小布什自己也投资了60万美元，但他却被指定为该球队的管理者，因为"游骑兵棒球队"的最大股东都是老布什的铁杆支持者。小布什后来卖掉了"游骑兵棒球队"，这次买卖让他净赚了1500万美元。而小布什之所以能在数年间让60万美元变成1500万美元，显然和他父亲曾说过的"到时会有贵人相助"有关。

社会关系像煤炭、石油一样，是一种资源。所不同的是，社会关系是一种不仅可以再生，还可以以几何数量增长的资源。因此，社会关系对于人们来说是不可忽视的巨大财富。

生活告诉我们，世界上根本不存在命运之神，人一生富贵与否掌握在自己手中。而你身边的朋友，就是推动你改变命运的助力。与正确的朋友建立正确的关系，你也可以拥有富贵的命运。

就像小布什那样，他不是天生的富贵者，他的"富贵命"是他的朋友们和贵人们帮助他争取来的。

所以说，人脉也就是财脉，交对了朋友，找对了贵人，你也可能实现自己的财富梦，告别穷苦的命运。

1975年的一天，陈玉书闲来无事，便带儿子去维多利亚公园游玩，碰巧他在那里遇到了熟人。后经熟人介绍，他认识了印尼驻港领事的妻子。更巧的是，这位领事妻子与陈家颇有渊源，从此陈玉书便与领事一家结下了良好的关系，建立起了一张奇妙的关系网。在当时，得到一张印尼的商务签证很不容易，于是陈玉书就凭着与领事的关系为那些办签证的人服务，从中收取服务费。第1次办成功时，陈玉书就得到了5万元的报酬，这令他喜出望外。后来他干脆办了一家公司，正式对外营业，做起签证生意来。通过签证生意，他不仅赚到了钱，而且得以同各行各业的人打交道，尤其是与不少商人建立起了朋友关系。利用这些朋友关系，他又了解了不少商业行情，从而得以利用其中的机会进军大陆贸易，开辟了事业的新天地。

陈玉书的经历充分体现了朋友在我们创造财富、改变命运的过程中起到的重大作用。

利用朋友贵人的力量创造财富可以借鉴以下方法：

1. 借船出海

在创业初期，人们最缺的往往就是资金，如果你认为你的创业时机已经成熟，到了"万事俱备，只欠东风"的地步，那就大胆地向朋友伸出双手吧。只要有人愿意帮助你，无论是以借贷的形式，还是以投资的形式，你将得到更多的便利和收获。

2. 做生意时利用朋友得到创造利润的捷径

虽然靠生意赚钱往往还需要其他一些便利通道，比如有一些"许可"、"特许经营"等等，但是做生意毕竟也需要机会，如果你能够通过朋友得到一些赚钱的机会，你的财路也就自然宽了起来。

3. 搭建与银行的关系

如果想要借钱做事，银行当然是首选。这时如果你与银行内的人私交甚好，能够得到他们百分之百的信任，那么你的借贷计划也会进行得更加顺利。当然，这并不是说要走"后门"，而是未雨绸缪，事先就培植自己的"信用度"，这样做，有利于让自己赢得更多的赚钱机会。

朋友是你事业前进的情报站

现在是一个信息资讯化社会。

资讯化社会是从工业化社会转换过来的，引发这一转换的不是土地或是资本，而是资讯。

在未来激烈的竞争中，谁拥有资讯，谁就能成为赢家。

在中国古代科举时代，人们推崇"一心只读圣贤书，两耳不闻窗外事"，在今天却不行了，因为窗外的世界每时每刻都在发生变化，如果两耳不闻窗外事，那么，很有可能你读的某些书在社会上根本无用武之地，更别说发展了。

有些人之所以成功致富，是因为他们的收入渠道有很多种，既有主动收入，也有被动收入。当然，他们生命中的大部分财富都是来自于被动收入，而信息是产生被动收入的主要来源。

他们知道两条真理。

第1条真理：拥有多个收入渠道的必要性。聪明的人知道有必要维护多个收入渠道——不是一个或者两个，而是来自完全不同的多种渠道的收入。即便其中一个渠道"枯竭"了，另一个渠道也还有，这就是信息的灵活性。

第2条真理：沉淀收入的力量。比如，你在银行户头里的资金为你赚取的利息，那种收入就是沉淀收入。它会每天24小时不断汇入你的户头，而不需要你额外付出任何精力与努力。

关于信息的重要性，在商场中更为突出。

商场上称人际信息为"情报"。一个生意人怎样获得工作上急需的情报呢？最可靠的方法是：第一，养成读书的习惯；第二，经常看报；第三，与人建立良好的关系。但是生意人最重要的情报来源是"人"，对他们来说，"人的情报"无疑比"铅字情报"重要得多。

一个人思考的时代已经过去了，建立品质优良的情报网，成了决定事业成败的关键。或许你会说"我已经有很多朋友了"，但我们这儿所说的"朋友"不是年幼时的朋友、同学或同事就能涵盖的，彼此间的交情也不是建立在快乐和利害关系上的。严格一点说，我们所指的朋友应该是人生旅途中可以同舟共济、同患难共甘苦的朋友或工作伙伴。

这些朋友是我们的"情报站"，在这些情报站中储存着很多有用的信息。

李科曾是南方一家公司的小职员，平时的工作是为老板干一些文书工作，跑跑腿，整理整理报刊材料。这份工作很辛苦，薪水又不高，他时刻琢磨着想个办法赚大钱。

有一天，他大学同学也是很要好的朋友黎华回国了，想找一些同学在一起聚一聚吃个饭，李科欣然同意。大家在饭桌上聊起黎华的美国生活和大家的现状，都很开心。其间黎华提到的一条信息让李科很感兴趣，那就是自动售货机。黎华说："现在美国各地都大量采用自动售货机来销售货品，这种售货机不需要雇人看守，一天 24 小时可随时供应商品，而且在任何地方都可以营业。可以预料，以后，这种新的售货方式会越来越普及，必将被广大的商业企业所采用，人们也会很快地接受这种方式。"

李科开始在这上面动脑筋，他想："现在自己所处的地区还没有一家公司经营这个项目，可将来也必然会迈入一个自动售货的时代。这项生意对于没有什么本钱的人最合适。我何不趁此机去钻这个冷门，经营此新行业？"

于是，他开始向朋友和亲戚借钱购买自动售货机，共筹到了 30 万元。然后，他以每台 1.5 万元的价格买下了 20 台售货机，设置在酒吧、剧院、车站等一些公共场所，把一些日用百货、饮料、酒类、报纸杂志等放入其中，开始了他的新事业。

李科的这一举措给他带来了大量的财富。当地人第 1 次见到公共场所的自动售货机，感到很新鲜，因为只需往里投入硬币，售货机就会自动打开，送出你所需要的东西。结果，李科的自动售货机第 1 个月就为他赚了 100 多万元。接着，他又把赚的钱投资于自动售货机上，扩大经营规模。5 个月后，李科不仅早已连本带利还清了借款，而且还净赚了近 2000 万元。

要想从"朋友"这一情报站中获取信息，必须要多动脑筋才行，利用好的方法才能更好地发挥"情报站"的作用。

1. 建立个人信息网络

建立个人信息网络的重要性在于，当你想要哪一类资讯时，你立刻可以找到能提供这方面信息的人；当你想得到最具权威性的资料时，马上有人为你提供最为科学的建议。怎样来建立你的信息资讯网呢？你可以先以你的知交良朋、同一母校的校友、同时进入公司的同事、上各类培训班时认识的学员、同行业里认识的朋友为基础，逐渐扩大你的信息网络。若善加利用，这个网将是你一生中最为宝贵的财富之一。

2. 要善于"套"情报

用对信息的保密程度来划分，人不外乎两类：缄默型和主动传播型。当知道一项内部资讯时，主动传播型的人不用你去问，他都会跑来告诉你整个事情的始末，并且会添油加醋。而缄默型则会三缄其口，不随意传话。

对缄默型的人，你要想办法从他们的嘴里"套"出话来。你不能开门见山，要旁敲侧击。而对主动传播型，无论他对你说什么，你都要很有兴趣地听完，而不要对自认为有价值的就认真听，觉得没用的就提不起精神。否则，以后他就不会再告诉你什么东西了。

3. 不要随便传播所得情报

一般，朋友在信任你的情况下才会告诉你内部参考、内幕消息和独家机密，而且他们往往会叮嘱你"千万不要告诉别人"。如果你把这些事情随便告诉了其他人，一旦传到了当初告诉你的那个人耳中，以后你就再也不能从他那里得到什么有价值的资讯了。

4. 你也要适当透露情报给别人

光是朋友给你提供信息情报，你却不给朋友透露一些他想要的资讯，这样的关系是不可能长久的。你必须提供令对方满意的情报，别人才会给你需要的信息。

交友需要"志同道合"

恩格斯和马克思相互交往了40年，共同领导国际共产主义运动的伟大斗争，团结作战，患难与共，建立了真挚的友谊。

由于革命斗争的需要，他们曾身处两地近20年，但他们之间的关系反而越来越密切。他们几乎每天都要通信，交谈各种政治事件和科学理论问题，共同指导各国的无产阶级革命运动。马克思不仅十分钦佩恩格斯的渊博学识和高尚人格，而且对恩格斯的身体也很关心。

恩格斯为了"保存最优秀的思想家"，一直在经济上资助贫困的马克思，使其能专心致力于革命理论的研究，并且违背自己本来的意愿，到父亲经营的公司去从事那"鬼商业"的工作。

当《资本论》第1卷付印的时候，马克思给恩格斯写信说："其所以能够如此，我只有感谢你！没有你为我的牺牲，我是绝不可能完成3卷书的巨大工作的。我用满怀感激的心情拥抱你。"恩格斯也始终认为，能够同马克思并肩战斗40年，是他一生中最大的幸福。

可见，为共同的事业、共同的目标一起奋斗的伙伴，彼此间有共同的追求。这种友谊，是工作顺利时的快乐分享，是患难与共时的相依相偎，更是遭遇困难时的鼎力相助。如果没有这种精神上的协调一致，即使时时相伴左右，也是面和心不和，难以深交。

"志同道合"是我们寻找知己时要考虑的一个重要因素。

古语曰："同德为朋，同类为友。"相同的人生理想、相似的气质性格、相近的兴趣爱好等，都容易促使人们走到一起，成为朋友和知己，在人生道路上，同一类型的朋友常常心心相印、患难与共。所以，志同道合是我们选择知己的一条重要标准，同时也是最一般、最根本、最关键的标准。

在志同道合的基础上建立起来的友谊，才能万古长青，经得起任何考验。

在一家大公司，一天，各部门接到电话，下班之后在贵宾厅召开职工大会。有些人感到很纳闷，为什么放着会议室不去，而是去贵宾厅开会？

当全公司的人陆陆续续地走进贵宾厅时，眼前的一切简直让他们惊呆了，只见每张桌子上都摆满了水果、饮料等各类食品。一名60岁的老门卫看到眼前的一切，以为走错了地方，可正要离开时正好碰上老板。老板一看他要走，又毕恭毕敬地把他请了回来。

老板走上讲台，恭恭敬敬地向大家行礼，说："今天，把大伙召集起来，是要开一个聊天会。大家可以畅所欲言，提问题、讲困难、提意见或建议，说工厂的、家里的事都可以。"

人们看到老板不时地往工人手里塞苹果，热情地倒饮料，并微笑着同大伙打招呼，大家便开始积极地为公司出谋划策。

老门卫激动地说："我这一辈子还是第1次开这样的会。一个看门的，本来就是在公司门口的。老板看得起我们，我们看门的一定要好好干，看好这个'家'。"

此后，老门卫干活果然更卖力了，对于老板，他则由衷地感激。后来，他要和老板做朋友，他觉得老板尊重他是把他当成朋友了，他也要把老板当朋友。但结果可想而知，老门卫永远也进不了老板的那个阶层，充其量他们只是见面点点头的熟人关系。于是老门卫感觉受到了欺骗，回家务农了，这对他而言未必不是一件好事。

"志同道合"的朋友，对人的意义是十分重大的。

概括起来，"志同道合"的朋友对一个人的成长和发展的作用有以下几个方面：

1. 相互砥砺，共同进步

工作上互帮互助，学习上取长补短，事业上同勉共进，道德上相互雕刻，这是志同道合者的最大作用。志同道合的朋友可以帮助我们走向成功的道路，实现自己的理想。

2. 让生活更加充实

假如你有一个乃至几个爱好、兴趣一致的朋友，那么，生活就会充实得多。与棋友赛赛棋艺，与钓友郊外远足，与球友驰骋绿茵，与诗友酬答应和，与气功朋友磋商修炼之道，与书画朋友共入艺术殿堂，与文学朋友笔耕文会……不仅其乐融融，而且陶冶情操，有助于精神境界的提高。

3. 完善自我

孔子曰："与善人居，如入芝兰之室，久而自芳也；与恶人居，如入鲍鱼之肆，久而自臭也。"可见，交什么样的朋友，对自己一生的成长有着重要的影响。

朋友必须分等级

有两个年轻人在旅途中相遇了，共同的话题使他们很快成了朋友。

一个年轻人说："我们已经是朋友了，应该相互帮助。"

另一个也说："是的，朋友的友谊是人间最宝贵的财富。"

他们行走在山间的树林中，正说着这些热切的话时，突然从远处走来一只庞大的熊。

第一个年轻人叫了一声"不好"，便迅速地爬到了身边的一棵大树上。

另外一个人不会爬树，他想让朋友拉自己一把，可朋友却只顾自己的性命，根本就没有理会他。

熊越来越近了，他急中生智趴在树下装死。

熊来到树下，看到树下的"死人"，用鼻子在他耳边嗅了好半天，才慢慢离开了。

看到熊走远了，树上的人才下来。他很疑惑地问："刚才熊在你耳边对你说了什么？"

树下的那个人说："它是在告诉我，并不是每个朋友都是真心的。只有分清朋友的等级，才能避免自己不被人伤害。"

案例中的两个人不是真朋友，他们充其量只是泛泛之交或者利益之交，因为在危急关头一个人舍另一个人而去，将其置于危险之中。

孔子说："有益的朋友有三种，有害的朋友也有三种。同正直的人交朋友，同诚实的人交朋友，同见闻广博的人交朋友，这是有益的；同惯于走邪道的人交朋友，同惯于阿谀奉承的人交朋友，同惯于花言巧语的人交朋友，这是有害的。"因此，面对复杂的人际关系，你应该把朋友分为几个等级。

为了从根源上彻底清除不合格的朋友，有必要对你所结交的朋友进行诊断和选择。

在社会中，选错了朋友就等于自毁了前途和命运。因此，选择适合自己发展的朋友与女人选择如意郎君一样重要，一旦选定，就轻易不会变更。选对了，有夫贵妇荣的辉煌；如果选错了，也只能"嫁鸡随鸡，嫁狗随狗"了。纠错的机会不是没有，而是很少，而且纠错的代价太大了，往往无法计算和估量。尽管不是一错百错，一错连错却是不争的事实。

所以，选择朋友必须慎重，拥有朋友之后必须对其划分等级，做到心中有数。

某地有个成功人士，朋友无数，三教九流都有。他曾逢人就夸，说他朋友之多，天下无人能比。后来有人问他，朋友这么多，他都同等对待吗？

他沉思了一下说："当然不可以同等对待，要分等级的！"他说虽然自己交朋友都是诚心的，但别人来和他做朋友却不一定都是诚心的。在他的朋友中，人格清高的固然很多，但想从他身上获取一点利益、心存二意的朋友也不少。"对方有坏意，不够诚恳，我总不能对他推心置腹吧！"这位成功人士说，"那只会害了我自己。"

所以，在不得罪"朋友"的情况下，他私下里把朋友分了"等级"，主要有"刎颈之交级"、"推心置腹级"、"可商大事级"、"酒肉朋友级"、"嘻嘻哈哈级"、"保持距离级"，等等。然后，他就根据这些等级来决定和对方来往的密度和自己心窗打开的程度。

"我过去就是因为把人人都当成好朋友，受到了不少伤害，包括物质上的伤害和心灵上的伤害，所以今天才会把朋友分等级。"很明显，"刎颈之交级"、"推心置腹级"和"可商大事级"的朋友，是可以深交的好朋友。

把朋友分等级，需要掌握以下几个窍门：

对于那些心地纯真、感情丰富的人来说，把朋友分等级非常困难。他们只会一味付出，不善于识别人，而且把朋友分等级，他们也会觉得过意不去。

这一类人要抛弃错误的观念，经过学习慢慢培养习惯。等到了一定年纪，其热情自会冷却，不用人提醒，也会把朋友分成若干等级。

分等级，可以按前述那位商人的方式分，也可以简单地把朋友分为"可深交级"和"不可深交级"。

可深交的，你可以和他分享你的一切；不可深交的，维持基本的礼貌就可以了。这就好比客人来到你家，真正的客人请进客厅，推销员在门口应付一下就可以了。

另外，也可以依据对方的特性，调整和他们交往的方式。但有一个前提要牢牢记住：不管对方智慧多高或多有钱，一定要是个"好人"才可深交。也就是说，对方和你做朋友的动机必须是纯正的。

还要注意的一点是，给朋友分等级也要选对时机。如果你目前事业平平淡淡或失意不得志，那么就不必太急于将朋友分等级，因为你这时的朋友不会太多，只要还能维持感情的朋友就应该不会太差。但当你事业有成之时，那时你的朋友就非分等级不可了，因为这时的朋友有很多是另有所图的，并不一定是真心实意的。

深交靠得住的朋友

晋代有一个叫荀巨伯的人，有一次去探望朋友，正逢朋友卧病在床。这时恰好敌军攻破城池，烧杀掳掠，百姓纷纷四散逃难。朋友劝荀巨伯："我病得很重，走不动，活不了几天了，你自己赶快逃命去吧！"

荀巨伯却不肯走，他说："你把我看成什么人了，我远道赶来，就是为了来看你。现在，敌军进城，你又病着，我怎么能扔下你不管呢？"说着便转身给朋友熬药去了。

朋友百般苦求，叫他快走。荀巨伯却端药倒水安慰他："你就安心养病吧，不要管我，天塌下来我替你顶着！"

这时"砰"的一声，门被踢开了，几个凶神恶煞般的士兵冲进来，冲着他喝道："你是什么人？如此大胆，全城人都跑光了，你为什么不跑？"

荀巨伯指着躺在床上的朋友说："我的朋友病得很重，我不能丢下他独自逃命。"并正气凛然地说："请你们别惊吓了我的朋友，有事找我好了。即使要我替朋友而死，我也绝不皱眉头！"

敌军一听愣了，听着荀巨伯的慷慨言语，看看荀巨伯的无畏态度，他们很是感动，说："想不到这人如此高尚，怎么好意思伤害他呢？走吧！"说完，敌军就撤走了。

患难时体现出的友谊能产生如此巨大的威力，说来不能不令人惊叹。这种朋友就是能够显示自己本色的人，他没有虚假的面具，能够与你真心交往，与你同甘共苦。这种人也肯定不是浅薄之徒，他们有着丰富的精神世界，能帮助你不断地进取，成为你终生的骄傲。

英国哲学家培根在《论人生》中谈到友情时说道："如果把快乐告诉一个朋友，你将得到两个快乐；而如果你把忧愁向一个朋友倾诉，你将被分掉一半忧愁。"所以，友谊对于人生，就像炼金术士所要寻找的那种"点金石"，它能使黄金加倍，又能使黑铁成金。

法国作家罗曼·罗兰曾说过："得一知己，把你整个的生命交托给他，他也把整个的生命交托给你。终于可以休息了：你睡着的时候，他替你守卫；他睡着的时候，你替他守卫。能保护你所疼爱的人，像小孩子一般信赖你的人，岂不快乐！而更快乐的是倾心相许、剖腹相示，整个儿交给朋友支配。等你老了、累了，多年的人生重负使你感到厌倦的时候，你能够在朋友身上再生，恢复你的青春与朝气，用他的心灵去体会万象更新的世界，用他的感官去抓住瞬间即逝的美景，用他的眼睛去领略人生的壮美……即便是受苦也是和他一块受苦！只要能生死与共，即便是痛苦也成了快乐！"

我们需要的是这样的朋友，而不是那些见面吃饭时亲热，遇到困难时冷落的假朋友。深交靠得住的朋友，才算交对了朋友。

王刚和杨识是一对亲密无间、死生可托的密友。两人从学生时代起就一起读书、研究学问，情同手足，步入社会以后仍保持着密切的联系。不幸的是，王刚的夫人怀孕不久，王刚就患了重病，临终前王刚托杨识照顾自己的妻子。数月后，王妻生了一个男孩取名叫王志明。杨识不仅在生活上厚待他们，而且还代朋友教育孩子。王志明聪明好学，杨识经常鼓励他要像爸爸一样，做一个有学问的人。后来，杨识的一个朋友当了某大企业的总经理，请杨识推荐一人当机要秘书，杨识给朋友讲了自己与王刚的友谊，并向朋友推荐王刚的儿子王志明。朋友为杨识与已故朋友之间崇高而真挚的友情所感动，又见王志明能力出众，欣然答应了杨识的要求。

靠得住的朋友要深交，但还需切记不可交的几种人：

1. 悖人情者不可交

亲情、爱情都是人之常情，如果一个人待人处世的态度十分恶劣，那么这种人是不能交往的。因为这种人往往极端自私，为达目的不择手段，并惯于过河拆桥、落井下石。

2. 势利小人不能交

如果一个人是非常势利、见利忘义的小人，那么这种人就不适合作为朋友出现在生活中。势利小人的一个通病是：在你得势时，他锦上添花；当你失势时，他落井下石。他不懂得什么是真诚，他只知道什么是权势。因此，这种人不能交往。

3. 酒肉朋友不必交

酒肉朋友是最靠不住的。一些酒肉朋友整天在一起骗吃骗喝，一旦其中一个真的需要帮忙了，却个个都躲得无影无踪。

4. 两面三刀者不可交

有些人人心叵测，当面一套，背后一套。对这样的人应慎之又慎，更谈不上结交为朋友了。

至于一个人是不是两面派，如果没有先见之明，在短时间内是很难分辨的。这样的人往往在你面前说得优美动听，夸得人飘飘然。但他虽然当面说的都是一些忠贞不二的话，表现出的也是忠诚老实相，背后却说不定有险恶的用心。

说得轻一点，具有两面派性质的人善于搬弄是非。在你面前说他的坏话，在他面前说你的坏话，不让你与别人之间闹出矛盾绝不罢休。

超级人脉术大全集

第三卷

翟文明　编著

吉林出版集团

时代文艺出版社

第三卷 目录

超级人脉术大全集

下篇 超级人脉的厚黑心法
——人一生要防范与应对的 15 种人

第三章　墙头草,利就是风向

第七章

肝胆相照，朋友是你忠实的人脉

朋友相处是一门艺术

列夫·托尔斯泰和屠格涅夫都是闻名于世的俄国大文豪，他们之间的友谊故事颇能发人深省。

1855 年，托尔斯泰在彼得堡认识了比他大 10 岁的屠格涅夫。尽管屠格涅夫感到这位新朋友的脾气很大，性格倔强甚至有时候很粗野，但仍然从心眼里喜欢和欣赏他的才华，于是两人成了关系很好的朋友。

1861 年，屠格涅夫的新作《父与子》脱稿了，他邀请托尔斯泰到自己的庄园来，把稿子给他看。午餐后，托尔斯泰拿起稿子躺在沙发上看，但越看越觉得兴趣索然，渐渐地，不禁掩卷入梦。当他醒来后，发现屠格涅夫刚刚背过身子出了门，当天便没有再进来。

第 2 天，诗人费特邀请他们二人到家中做客。席间，屠格涅夫对自己女儿的家庭教师大加称赞，因为她教导自己的女儿为穷人补衣服，为慈善事业捐款。

不料，托尔斯泰对屠格涅夫的话很是不以为然，居然带着讽刺的口吻说："我设想一位穿着华贵服饰的小姐，膝上却放着穷人破烂的衣服，这实在是在表演一幕不真实的舞台剧。"

屠格涅夫本来就对托尔斯泰昨天看稿的表现有所不满，此时一听他又这么说，顿时气不打一处来。他怒不可遏地大声咆哮起来："这么说，是我把女儿教坏了？"

托尔斯泰也不示弱，针锋相对地予以反驳。于是，两个人在费特的客厅里从争吵到互相推搡，后来竟互相抓住对方的头发，乒乒乓乓地大打出手。

就因为这么一件小事，两位大作家的关系自此中断了 17 年。

直到 1878 年，托尔斯泰在经历了长期的内疚和不安后，主动写信给屠格涅夫表示道歉。他写道："近日想起我同您的关系，我又惊又喜。我对您没有任何敌意，谢谢上帝，但愿您也是这样。我知道您是善良的，请您原谅我的一切！"

屠格涅夫立即回信说："收到您的信，我深受感动。我对您没有任何敌对情感，假如说过去有过，那么早已消除——只剩下了对您的怀念。"

一场积聚多年的冰雪终于化解了。

像托尔斯泰和屠格涅夫这样的大文豪也曾彼此间互相伤害，可见朋友之间的相处并不是一件容易的事。

朋友之间的距离如果过远，就可导致生疏；距离过近，则容易彼此伤害。而越好的朋友，对对方的要求也就越高，当实际情况没有达到人心目中理想的期望值时，人就会感到失望，友谊也许就因此出现了裂痕。

更有甚者，如果不懂得与朋友相处的艺术，还可能与朋友发生争吵，彼此对抗、猜疑、忌恨……使苦心经营的友谊毁于一旦。

如果曾经同甘共苦、互相扶持的至交好友真的有一天变得与你形如陌路，甚至反目成仇，那将是多么令人痛心的事啊！

为了避免这种痛苦，就必须事先做好心理准备，掌握与朋友相处的窍门，这样才能让老朋友与你越来越亲密，新朋友越来越多。

简的生活一直都是丰富多彩的。

在公司，她会和同事们聚在一起说说话，休息的时候聊聊天。但是，她从不会让同事过多地了解她的个人生活。

烦心的时候，她就会打电话给自己的闺中密友，向她倾诉心中的烦恼。很多时候，她亲密无间的男友会求她："亲爱的，你为什么不对我说呢？难道你不信任我吗？我愿意倾听的……"可是这些话不管用，简依然故我。

到了周末和假期，简会挽上男友的胳膊，两个人就像突然从人间蒸发了一样。

还有更离奇的时候，简谁也不告诉就和业余登山队的朋友出去了，2天之后又兴高采烈地回来了。出去逛街的时候，她会拉着爱玛一同前往。去参观油画展览或者电影节，大学时那个和她年龄相仿的老师准会被她揪出来……

总之，她身边的人总是在不停地变换。简的日子就这样在不同朋友的陪伴下欢快地滑过。

简之所以能轻松快乐地生活，就是因为她懂得与朋友相处的方式。

在人生旅途中，每个人都应该努力多结交一些朋友，以便建立起广泛和密切的人际关系。而之后，如何经营以维持长久良好的朋友关系就显得尤为重要。下面几个方案是与朋友相处的最佳策略，希望对大家有所帮助。

1. 把握好使朋友喜欢你的 6 条原则

（1）对朋友真诚地感兴趣。

（2）微笑。

（3）记住每一个朋友的名字。对朋友来说，这是任何语言中最甜蜜、最重要的声音。

（4）做一个好听众。

（5）谈论朋友感兴趣的话题。

（6）同对方谈论他自己，用一种诚恳的方式进行。

2. 尊重朋友的隐私

在与朋友相处时，人有时会因为二人关系密切，习惯成自然，对对方的忌讳满不在乎，结果往往使朋友陷入尴尬的境地，有时候甚至会导致二人的友情破裂。

这就警示大家，千万不要在众人面前暴露好朋友的隐私。既然是隐私，也就是不愿意让他人知道的一些小秘密，如果让他人知道就冒犯了朋友的忌讳。这样做的后果是严重的，因为朋友的心再宽，也不一定容得下揭自己隐私的"小人"。

3．朋友间不可过分控制和依赖

过分的依赖会损害你和朋友的关系，而且是双方的。朋友并非父母，他们没有法定义务来指导和保护你，他们可以给你支持，但不可能包办代替，你必须清楚，这只不过是朋友的范畴而已。

还有些人盛气凌人，在与朋友的交往中，总喜欢指手画脚，不管朋友的想法如何都要求朋友按照自己的意愿去做。这种做法无疑为友谊的发展埋下了不祥的种子。

如果你是被控制者，不要认为有人为你操心，一切就是再好不过的了，因为控制你的朋友不是知心的朋友。一旦你把自己从他的"统治"下解放出来，就会出现奇迹，你和朋友就会变得平等。

过分依赖别人，只会使自己变得懒惰，懒于行动，懒于思考，最后使朋友都厌烦你，你则会为此付出惨痛的代价。

4．尊重朋友的意见

在生活中常会看到，有些人因为喜欢表示和别人意见不同而得罪了许多朋友。所以，常常有些人总是劝人不可以在意见上与人作对、与人冲突。这种看法，其实是很片面的，因为无论一个人多么爱面子，除了极少数的人以外，大多数人都更喜欢忠实的朋友。不信你可以试一试，如果你认识一个人，你对他的每一句话都随声附和，没有说一个不字，第一次见面他也许很高兴，但不久之后，他就会觉得你完全是一个圆滑的人，进而不再理你。处处都随声附和的应声虫是没有人会看得起的。

5．与朋友绝交不要恶语伤人

所谓"君子之交绝不出恶声"，即在这个世界上，与人亲密地交往时需要诚意待人，纵使交恶断绝往来，也不可口出恶言、说对方的不是。一个有修养的人，无论持何种理由中断来往，都不会口出恶言、诽谤对方的。

超级人脉术大全集

第八章

乡音无改，老乡是你的地缘人脉

老乡是难得的办事资源

著名的"实业大王"刘鸿生在刚刚开始创办水泥厂的时候曾经遇到过很大的困难。

原来，当他经过一个阶段的紧张筹备后，其他条件都具备了，但还缺一个重要条件：需要一个地位高、名气大、资历深的大人物出面支撑局面。这是因为当时的水泥业在中国还是个新兴行业，涉及方方面面的麻烦事很多，而刘鸿生虽然已稍有名气，但毕竟还是年轻资浅。为此，他就想到了老乡朱葆三。

于是刘鸿生就去拜访了朱葆三，在略叙了乡情并寒暄了一番后，刘鸿生就简明扼要地说明了造访的来意。

朱葆三不动声色地问道："小老乡要办水泥厂，这个念头是怎么想出来的？"

刘鸿生回答道："这是形势所需。据晚辈近期考察市场行情，我国建筑方式日趋西方化，而水泥则是西式建筑的主要材料，不但道路、桥梁、堤坝等建筑，就是日后的民宅、公馆也需要大量的水泥。由此可见，我国建筑市场对水泥的需求定会日益增加，所以前景十分看好。"接着，刘鸿生向朱葆三汇报了当年中国的水泥厂家、产量、需求量和发展概况。

刘鸿生还说："据晚辈调查，目前国内仅5个厂家自产水泥，其中2个还是日资的。就年产量而言，华资三厂为100万袋，日资两厂约30万袋，合计也只有130万袋左右。而目前国内年用量已经超过230万袋，它们显然远远不能满足市场需求。所以，晚辈与诸君好友萌发办水泥厂的念头，实为市场所需。"

这时，朱葆三又平静地问道："如今欧洲战场战争结束已两年有余。若国外水泥再次大量卷土重来，不知小老弟将如何应对？"

刘鸿生对此早有准备，他从容不迫地说："洋商的水泥均在万里之外，且多凭水运，这样他们的优势便会大大降低。一是路途遥远，费用甚高，即使成本再低，运到中国也加高数倍；二是水泥笨重，又忌潮湿，远渡重洋，难免受潮降质。而国内自产，得地利之便，成本低，质量优，即使与洋商抗争，亦能稳操胜券。为此，晚辈以为国外水泥即使大量卷土重来，也不可怕。"

朱葆三听后不觉点头道："所言极是。水泥新业，潜力巨大，上海更无厂家，实乃一大缺口。只是……"老谋深算的朱葆三又提出新的问题，"只是中国人通此技术者为数寥寥。若无技术保证，质量就有问题。若是质量上不去，怎能与洋商抗争？"

刘鸿生深知朱葆三的厉害，对此他也早有准备，不慌不忙地道出一个水泥专家来。这个专家名叫马礼泰，德国人，时任湘北华记水泥厂工程师，与刘鸿生交情甚厚。只要刘氏一办厂，他即应聘前来，并可帮助刘氏企业派人去德国考察见习，还可为其购买设备和培训人才。与此同时，资金方面经过几年筹集，刘氏已征得80万元以上，不过还有20～40万元缺口，问题不大。朱老能出多少算多少，不作强求。

最后，刘鸿生说："现今已经万事俱备，只凭朱老一言便可定乾坤。这水泥厂您说是办还是不办？"

朱葆三捻须笑道："既然你筹谋得那么有方，胜券在握，我答应出面就是了。"

刘鸿生这次与朱葆三会面是很重要的。由于有朱葆三出面主持，兴办水泥厂的一切手续，包括登记、注册等等都办得十分顺利。同时，由朱葆三出面还让清末状元、南通大实业家张謇入股，补足了预备资金的不足。当时，还发生了一件事：刘鸿生兴办水泥厂的消息震动了英商设在上海的怡和洋行。该洋行近年来一直在上海几乎是独家销售设在香港的水泥厂的"青州"牌水泥，获利甚厚。而现在刘鸿生也要办厂，这必然会涉及对方的利益。于是怡和洋行对刘鸿生的水泥厂软硬兼施，但是都没有收到什么效果，最后看在朱葆三这块金字招牌的份上，英商只好就此了事。

该厂于1923年正式投产，生产"象"牌水泥，与当时天津的启新洋灰厂生产的"马"牌水泥、日本小野田厂生产的"龙"牌水泥三足鼎立。后来，由于当时上海的"亚洲第一高楼"国际饭店和外滩的中国银行大厦等建筑都采用了"象"牌水泥，"象"牌声名大振，产品遍销上海和江南地区。"五卅"惨案后，国内抵制日货，"龙"牌退出市场，更使上海水泥厂得到空前发展。再以后，江苏龙潭创立中国水泥公司，生产"泰山"牌水泥，加入竞争。为加强同业合作，经多方联系，上海水泥厂、启新洋灰厂、中国水泥厂实行联营，联营后产量约占全国水泥总产量的85%，其中"象"牌水泥始终独占鳌头。

水泥厂的创建和发展，进一步激发了刘鸿生振兴实业的远大抱负。他相继创办了码头、仓储、毛纺织、搪瓷、煤矿以及银行、保险、房地产等企业，逐渐发展成为中国著名的实业家，后又捐资创办定海中学（即今舟山中学）和女子中学，为中国的教育事业作出了卓越的贡献。

每个人都有老乡，共同的人文背景、地理位置、风俗习惯，使老乡之间有一种天然的亲近感。因此，出门在外，老乡之间的感情是最深的。这就使乡情成为老乡之间无形的办事资源。

"甜不甜家乡水，亲不亲故乡人"，中国人对故乡有一种特殊的感情，而且爱屋及乌，自然也爱那里的人。于是，如果都是背井离乡、外出谋生的人，则同乡之间更是必然会互相照应的。这就应了那句俗话："十个公章，不如一个老乡。"在错综复杂的人际关系里，"老乡"这两个字就像万试万灵的金钥匙，不知不觉中就为你的生活打开了一片新天地。依靠老乡，能让你在困难时顺利渡过难关，甚至平步青云，实现事业的辉煌。

现代社会，离开家乡寻求更好的生存和发展机遇的人越来越多，"老乡"这种特殊的人际关系也就更加显示出其重要性。所以，出门在外，通过各种渠道找到一些家乡人是非常必要的。

王玲的个性一直都十分要强，喜欢凭实力去赢得成功。因此，她坚决回避在工作方面和老乡、同学等人接触，一是怕麻烦，二是觉得总有些走后门的嫌疑。

但是，一次应聘的经历却彻底改变了王玲的看法。那是来北京的第10天，她已经在人才市场游荡了整整1个星期，却没有一家公司聘用她。

终于，她有机会参加了一家合资公司的面试。面试的人里，名牌大学毕业的很多，所以当时王玲几乎不抱任何希望了，只是机械地等着和对方例行公事地聊上几句。

这时，王玲突然从那个招聘主管"蹩脚"的普通话中，听出了家乡话的尾音。猛然间，她灵机一动，想要抓住这个机会。于是，王玲迅速调整了说话的语速，有意地"泄露"出了几句家乡话。

招聘主管听了，神情大悦。用家乡话交流一番后两人得知，他们果然是老乡，而且家还相距不远。当时，招聘主管就把这个岗位留给了王玲这个小老乡。

此后，王玲在这家公司做得很出色。因为业务能力强，她不到1年就被提为主任经理，级别还在那个招聘主管之上。现在王玲的收入大大高于他，但她仍感激是这位老乡给了自己一个机会。

也正是从那时起，王玲不再抗拒老乡关系在工作、生活中的作用。有时，王玲甚至也会主动给同乡的下属或客户一些特别的支持和优惠——因为，老乡与老乡之间有意无意地扶持和照顾，又何尝不是一种新型人际关系的体现呢？

老乡对老乡的帮助是带着浓厚乡情的、实实在在的，一般来讲表现在如下几个方面：

1. 依靠老乡能让你顺利找到工作

据统计，在大城市外来流动人口中，有40%以上的人都是通过同乡关系相互介绍而获得工作机会的。不少大型企业更是有按地域招聘的惯例。因此，对于初来乍到的异乡人而言，老乡关系就是你获得第一份工作的关键。

2. 有老乡照应有助你快速晋升

在一项心理测试中，有65%以上的主管都表示，在能力相等的情况下，他们会优先考虑同乡的升职。因此，如果有数个老乡在同一家公司供职，相处的一般会比其他同事更好，而且通常会形成互相提携的关系。

3. 有老乡就有重大商机

中国人的地域观念浓厚，在商业投资上，向来对老乡更具亲切感。富商李嘉诚就曾多次鼎力支持汕头企业和内地企业。

4. 老乡可以在生活、工作上互相帮助

生活在异地的人举目无亲，心理上常会缺乏安全感。而由于地理关系，与老乡之间语言、习惯、风俗相近，所以生活、工作在一起会很自然地彼此互帮互助、互相关心，从而使生活、工作更愉快。

老乡是助你拓展人脉的好帮手

当今社会人口的流动性很大，许多人离开家乡到异地去求职谋生。身在陌生的环境里，拓展关系网有一定的难度，那就不妨从同乡关系入手，打开局面。

在外地的某一区域，能与众多老乡取得联系的最佳方式当然是"老乡会"。如果在老乡会中站稳了脚跟，跟其他老乡关系处得不错，那就等于拥有了一个关系网络。也许，有一天，你就会发现这个关系网络的作用十分巨大，不容你有半点忽视。

中国的老乡关系是很特殊的，也是一种很重要的人际关系。既然是老

乡，那涉及某种实际利益的时候，就应"肥水不流外人田"，让"圈子"内的人"近水楼台先得月"。也就是说，必须按照"资源共享"的原则给予适当的"照顾"。

搞好老乡关系是非常重要的，不仅可以多几个朋友，最重要的是还可以获得许多有用的东西，也许一辈子都会受益无穷。

可见，老乡会对个人、对企业的发展来说都是非常重要的。它可以为你拓展人脉资源，在关键时候帮你打通关节排除障碍。因此，出门在外的人，一定要充分了解老乡会的重要性，重视并利用好老乡关系。

何兴参加过一次很有意思的聚会，这是一次某省在京的文化界老乡的聚会。参加聚会的人可以分为文化界艺术家、政府官员、军界官员、企业家和大学教授5类。

聚会安排在一个老乡的艺术工作室里。作为艺术家的老乡本来从老家请了老乡厨师做饭，可时值春节，老乡厨师也回老家过年去了，于是艺术家的夫人和几个年轻老乡便赶来帮厨。饭菜一定是家乡风味的，不但如此，还有许多带辣味的特色菜。

来参加聚会的老乡们也带来一些食物或酒水，以及其他小吃类的东西，为饭桌上增添了一些花色品种。还有的人带来的尽是家乡的土烟土酒，这些来自家乡的"土特产"上了饭桌，让老乡们很开胃。

老乡聚会以后，几个星期内何兴就接到两位原来不认识的老乡的电话。一位是政府官员，他朋友的孩子需要帮忙参考读什么书；另一位是从事文化普及工作的，希望何兴能够支持他的文化产业发展。后者的工作是民间的，但已戴上了一个"体制内机构的帽子"，说这样比较容易同体制内的机构和人们打交道。民企过去抢"红帽子"往头上戴，现在文化事业团体如果是私人办的，也同样抢红帽子戴，还要多拉一些在社会上拥有资源的人加盟。而他们"戴红帽子"和"拉有资源的人"加盟的目的，主要还不是增加政治资源，而是在于降低市场交易的成本，取得新兴市场的经营先机。

要想借助老乡的力量为自己拓展人脉，以下几点是很重要的：

1. 积极参与并主动发起老乡会。现在，各个大城市里老乡会的活动有

超级人脉术大全集

很多，虽然参与的人都能受益，但老乡会的发起者一定是受益最多的。当然，当"发起人"可能会投入一些人力和财力，但你所收到的回报一定远远大于付出。如果你到一个城市的日子尚短，没有那么大的号召力，则要积极参与别人组织的老乡会，这样才能让自己在异地他乡打开局面。

2. 老乡们聚会不可缺少的项目就是通讯录。老乡之间总有新老朋友，大家因共同的爱好和兴趣才聚会、相识并希望从此长期交往。所以，大家通常要制作一个通讯录，以便将来有事情需要联系的时候互相联络。老乡的文化认同，一定不是在老家本地发生的，而是在外地发生的，因为只有在外地，人才会感到家乡人独特的亲情和信任。通过老乡聚会，更多的老乡互相认识了，以后万一有点什么事情需要找老乡帮忙的时候，这个通讯录就会发挥它的作用。老乡们虽然不在一个单位，不在一个行业，但通过电话一般都可以互相找到。

3. 老乡们的聚会和互相帮忙会打破单位、行业的界限，甚至打破地区的距离，产生一种特殊的社会资本的作用：社会信任与资源增大。

4. 要勇于在老乡会中"出风头"，比如聚会的时候来一段才艺表演，或者在自我介绍时将发言设计得别开生面一点，以引起其他人对你的注意。只有提升自己的影响力，才能拥有越来越多的朋友。

异乡之难，靠老乡化险为夷

全球 2600 多万犹太人，虽然不是个个都是富翁，但是至少你不会见到有流落街头、靠乞讨为生的犹太人。只要你是犹太人，哪怕身无分文来到异国他乡，只要当地有犹太组织，只要你找到他们，你的吃饭住宿问题就立刻会得到解决。当然，犹太组织不是永远提供慈善服务的机构。永远提供免费吃喝，再多的钱也支撑不住，也不符合犹太人精于理财的传统。犹太人的精明之处在于，他们很快就会找到一个愿意帮助落难者的犹太商人。

该商人怎么帮助自己的同胞呢？他的方法很妙，假如这是一个鞋商，他就对落难的同胞说，我这鞋店目前只在西边发展，这座城市的东边还没一家分店，你就到东面去开分店吧。我借钱给你去租店铺，货我也先提供给你，等你卖了鞋，赚到了钱再连本带利还给我。你站住脚了（这应该没问题，我会帮你站住脚），我就是你的长期供货商。

犹太人这种帮助人的方法是精明的，也只有犹太人才能将它作为一个传统长期坚持下去。一鸡三吃，是犹太民族的基本技能，即使在帮助落难同胞时，他们也会动脑筋想怎样既帮助了同胞，又帮助了自己。只有这样犹太人不但帮助了落难者自立，同时又壮大了自己的生意。正因为这种帮助模式对提供帮助者本身是有利的，因此这种慈善行为才会在该民族长期持久地延续下去。

中国人有着强烈的乡土观念，其表现之一就是对同乡人有一种天生的热情，尤其是到外地上学或谋生之时，这种同乡感情就愈发强烈。

在大学里经常可以见到有某地学生组织同乡会性质的"联谊会"，有人觉得这些人落后、狭隘，后来发现有些教师也参加其活动，更感到不可思议。但后来的事实证明，他们那"抱成团"的宗旨确实给大多数同乡带去了"实惠"，解决了不少困难。再后来，这种同乡会性质的团体几乎到处都能见到。它的形式虽是松散的，但"亲不亲，故乡人"，这种同乡观念有一定的凝聚力，它对内互相提携、互相帮助，对外则团结一致，共同抵御困难和外来的威胁。

在中国社会，同乡观念在人们头脑中根深蒂固，足以影响一个人的思想感情和人际关系态度。所以，我们在日常交往中就要重视它，绝不可忽视它。

最起码，同乡关系可以为你在有求于人时提供一条"跑关系"的线索。对于同乡关系，只要不搞歪门邪道，没有到"结党营私"的程度就完全是可以用的。

在人出门落难的时候，老乡就更能显出他的"威力"了。

几年前，王先生从家乡的一个小县城来到北京闯荡。他开了一家小五金商店，生活境况还算过得去。

但是，天有不测风云，王先生的父亲被诊断得了脑膜瘤，估计做手术需要 10 万元。想起自己的经济情况，他一筹莫展，把家底都投进去，还是差几万块钱。为筹集手术费，他打算找当年一起来北京的几位老乡借点钱救急。

于是，他打电话给两位老乡，表示想借点钱，当时这两个老乡就各借给他 3000 元。"我原以为事情就这样了。"王先生说。但是，当一位老乡将同学们捐的 15750 元钱送到他家时，他才知道老乡们瞒着他，动员了当时各自的朋友和其他认识的老乡为他父亲捐款治病。"当时我接到钱，感动得不知道说什么才好！"王先生感慨地表示。自从来北京之后，在这几年的时间里，老乡们的生活也并不十分宽裕，所以这次有这么多老乡给他父亲捐款是他没有想到的。

在老乡们的多方筹措下，王先生的父亲顺利进行了手术，而且手术非常成功。王先生把老乡们的捐款都记了下来，他说，他感谢老乡们在他最困难的时候帮助了他，他一定会把老乡们借给他的每笔钱都还上。

出门落难靠老乡，前提是你要是一个善于利用老乡关系的人：

1. 来点感情投资

我们大多数人都有过这样的经验：当遇到困难时，我们认为某人可以帮助解决，本想马上找他，但后来一想，过去有许多时候，本来应该去看他的，结果都没有去，现在有求于人就去找他，会不会显得太唐突了？会不会因为太唐突而遭到他的拒绝？

在这种情形下，我们不免有些后悔"平时不烧香"了。

利用老乡关系也是如此，千万不要等出了事情或问题才去找别人，那样显得太功利，也太不合人情。在你能力范围内，要做到平时多与老乡来往，多帮助他们。

2. 只要事情还有希望，就不要放弃主动求助

这也是一个真理，没有人会无缘无故地一直帮你，就是侠客也不可能每天保护你的安全，所以主动去找老乡、求老乡，才能够解燃眉之急或救自己于危难之中。

3. 参加或组织老乡团体活动，认识更多老乡，并与之搞好关系

在外面抱成团，家乡人就不会被欺负。但这不是所谓的"江湖义气"，互相帮助都必须在合法范围内进行。

故乡人，该求就求

战国时期，卫子期在蔡国当上大夫，深受国君器重。但蔡国在当时地小人少，经常受其他大国欺负。为此，卫子期深感不安，与国君商量要找个大国作为庇佑。最后，他们挑中了毗邻的楚国。

可是怎样才能将这种意思传达给楚王呢？又怎样才能成功呢？还有，应怎样做才能做得既顾及国家体面，又可达到目的呢？

这些问题困扰了卫子期很长一段时间。他日思夜想，终于，他想起了一个人，那就是楚王身边的侍从公羊独。他是蔡国山齐郡人，与卫子期刚好是同乡。如果找他的话，一定可以达到目的。

于是，卫子期在通过其他人与公羊独接过头后，就化装成一个商贾前往楚国都城郢。

到了公羊独的府邸，卫子期托仆人将一盒东西送进去给公羊独。不一会儿，就见公羊独亲自带领家人，前来迎接卫子期。

是何物竟使得公羊独如此看重呢？原来，卫子期当时在国内也为要送公羊独什么礼品而头痛过。他知道公羊独家产庞大，富可敌国，如送黄白之物则定然不喜，于是他出奇制胜，特叫人准备蔡国山齐郡的特产咸鱼干20马车，一路浩浩荡荡开往楚国。

公羊独在楚国什么都有，什么也不缺，但他有一个癖好，就是爱吃自己家乡生产的咸鱼干，可也一直苦于吃不到正宗的咸鱼干。这次，卫子期以如此大"礼"相赠，他焉能不喜，焉能不乐呢？

中国人特有的地域文化概念，让"老乡"成为使用最频繁的词汇之一。每一个出门在外的人，一定都有遇见老乡的经历。

"老乡见老乡，两眼泪汪汪"，这是多年以前的事。"老乡见老乡，两眼直放光"，这是现在的状况。

"老乡"一词，不再局限于行走江湖偶然相识时的快乐表达，而是拓展到了生活、工作的方方面面。老乡这一层关系，经常会在你意想不到的时候帮你的大忙。这样的帮助，有时会让你的生活有全新的际遇。

处于竞争日益激烈的现代社会中的你，对老乡究竟有多少认知呢？

你喜欢跟老乡在一起吗？你会利用老乡关系达到自己的目的吗？抑或是曾经有老乡骗了你，所以你一听到"老乡"就为之色变吗？

其实，只要做足准备，小心经营，利用得当，在生活中，良好的老乡关系就是不可多得的良性关系，甚至可以这样说："老乡就是生产力！"

因此，身在异地他乡的你，有了难处求求老乡，实在是最划算的办事途径。

原大勇是山西农村的一个民办教师。虽说在偏僻山村里任教，但他博学多识，对自己学生的教育非常重视，千方百计地教学生一些时代前沿的新知识。

有一次，为了给学生建一间动植物标本保存室，他想方设法去筹钱，村里借了去邻村，邻村借了就到乡里……最后，他在走投无路的情况下到了城里，希望找几个老乡想想办法。

当听说有一个老乡现已有万贯家财之时，原大勇欣喜若狂，满怀希望地前去借钱，却不料这位老乡异常吝啬，一分钱也没借就把原大勇给赶了出去。

原大勇也是清高之人，遇到这种屈辱，他如何咽得下。不过，冷静之后，原大勇想到这个老乡对村里特别是儿童教育还非常有用，跟他关系搞好了，以后的教育经费就好办了。于是，他想了一计又去见这位老乡。

他找到了自己年过六旬的姑妈一同前去。这是因为他想起小时候乡里生活贫困，经常有吃不上饭的时候，而那位老乡家里孩子多，更是饥一顿饱一顿，于是就常去邻家蹭饭。时间久了，大家都懒得招待他，只有原大勇的姑妈可怜他，多次收留他在家里吃饭。因着这层缘故，相信老乡不会再翻脸不认人了。

　　果然，当那位老乡认出原大勇的姑妈之后，竟不禁热泪盈眶，最后答应了帮他办事。

　　求"老乡"办事时不妨运用以下方法：

　　既然是老乡，就必然有共同的特点存在于双方之间，其中很重要的一点就是"乡音"。

　　用家乡话当见面礼，可以说是独树一帜，它不需要物质上的东西。在这里，有一点相当重要，那就是运用这种方法的场合最好是在异乡，因为人在异乡才会有恋乡情绪，才会"爱乡及人"，这时再来个"他乡遇老乡"，哪有不欣喜之理。对方离乡愈久，离乡愈远，心中的那份情就愈沉、愈深。因此，越是这种情况，越要运用"乡音"这种技巧，这样你就会得到老乡给你带来的种种好处。

1. 利用家乡特产达到办事目的

　　在与老乡打交道时，一般人都会有这样一种想法：既为同乡，就理应帮忙，如还用送礼物给对方，这不太俗了吗？这种想法从某种特定意义上来说是有一定道理的，但就广义来说，则是谬论。

　　老乡与其他关系的不同之处就在于，老乡之间的关系是以地域为纽带的，有一份"圈子"内的情存在于心上，而家乡的特产则是引起他这种情愫的最佳"导火线"。所以，像送其他朋友一样地送些包装精美、"内容"却不实用的大礼的确是俗，但若送的是家乡的特产，尤其还正是对方喜欢的，那则会让办事效果遂人所愿。

2. 利用一个与两人关系都很熟识的"中间人"达到办事目的

　　如果两位老乡之间的来往不多，那么不妨求助于第3位老乡，但这个人一定要与前两个人的关系都好。看在此人的面子上，你所求的人往往不忍再拒绝。

超级人脉术大全集

"乡情"是巧妙办事的突破口

宋太宗年间，曹翰因罪被罚到汝州。曹翰苦思返京之策。一天，宫里派了个使者到汝州办事。当曹翰得知这个使者是其同乡时，简直欣喜若狂。他想尽一切办法见到使者，流着泪对他说："说起来，我真是惭愧，无法再回去见同乡中人。而且，我知道自己罪恶深重，就是死也赎不清，真不知怎样才能报答皇上的不杀之恩，现在只有在这里认真悔过，来日有机会一定誓死报效朝廷。只是我在这里服罪，家里人口太多，缺少食物生活不下去了。这个包袱里有几件衣服，看在老乡的份上，请你帮我抵押1万文钱，交给我家人换点粮食，好使家里大小暂且糊口。"

说到伤心处，曹翰越发泪流不止。

使者回宫后专程就此事向宋太宗汇报。太宗拿过包袱打开一看，里面原来是一幅画，题为"下江南图"，画的是当年曹翰奉宋太祖旨意，任先锋攻打南唐的情景。

太宗看到此图想起曹翰当年的功勋，又想起他如今的遭遇，心里很难过，怜悯之情油然而生，决定把曹翰召回京城。曹翰打动同乡乡情的方法奏效了。

乡情是以地缘为纽带而结成的特殊缘分，人们在办事时可以靠乡情套近乎、拉关系，可以利用乡情打通关节、办好事情。

"乡情"之所以能够助人办事，是因为它具有一种特殊的打动人心的力量，这个道理很容易理解：

一个人，无论是出自什么原因离开家乡，离开生他的土地，也许开始并不感到怎么难过，但时间一久，或在他乡碰到不习惯的生活习俗，或遇到挫折，他都会感到家乡的亲切、家乡的美好。这个时候，这个人就会深深地感到，自己对家乡有割不断、丢不掉的感情寄托，那是保证出外去闯世界的游子不忘家乡的精神依托。

因此，在游子的记忆深处，总有一块属于家乡的领地。也许，现实的生活会暂时把这块领地掩盖起来，而一旦触及了这块领地，那一股思乡潮就会源源不断地涌出来，如闪电一般充满游子的大脑，触及他记忆的神经。

如此看来，要与一个久离家乡的老乡处好关系，有一种特有效的技巧，那就是：运用你的方言技巧，与老乡谈起有关家乡的话题，以此来触动他的思乡情绪，使彼此达到共鸣，从而使老乡之间的关系更进一层。

处好了关系，便可以求对方为自己办事了，由此可见"乡情"的用处之大。

刘成原是哈尔滨人，解放战争时，由于兵荒马乱，他跟着父母逃荒到内蒙古，后来就在内蒙古定居下来，一家人过着非常贫苦的生活。后来新中国成立了，刘成一家人为了当地的建设，就再也没有回哈尔滨。

改革开放以后，刘成以敏捷的思维和大胆的投资创办了一个工厂。经过几年的奋斗与拼搏，刘成成为全国同行业的佼佼者，个人资产总额已名列全国前 5 名。

当时，刘成虽已成家立业，但时时刻刻都在想着家乡，想着家乡的人民。另外由于年龄也大了，他很有一种落叶归根的想法，但却一直苦于太忙，无法回去。

这时，刘成的家乡为了创办当地特有的产品加工厂，需要一笔数目不小的资金。当地政府千筹万措，才筹到总数的 1/3。不得已之下，政府就派杜峰去找刘成，希望能得到他的援助。

杜峰是政府对外联络办的，为人聪明，善于交际，且很有办法。他看了刘成的详细资料后，判断刘成这时也很有回家乡投资的意向。因此，在没有任何人员陪同，也没有准备任何礼品的情况下，杜峰独自一人前往内蒙古，并且打包票定会筹到款项。

当刘成听到家乡来人时，在欣喜之余也感到有些惊讶，因为久不闻家乡的信息，突然有人来了，他疑惑该不会是招摇撞骗之人吧！刘成因此忧心忡忡，但出于礼节，他还是同杜峰见了面。

杜峰一见刘成的神情，就知道他还不是太相信自己。于是他挑起了家

超级人脉术大全集

乡的话题，只讲家乡解放前及 30 几年来的面貌变化。他那生动的语言，特别是那浓浓的爱乡之情溢于言表，令刘成深受感动，也将他带回了童年及少年时期：那时的家乡，那里的爷爷奶奶，还有邻里亲戚……很显然，刘成记忆深处的那块思乡领地已被杜峰揭开了盖头，蕴藏在他心中的那份几十年的感情全部流露了出来，令他欲罢不能。

就这样，经过 2 个小时的"聊天"，杜峰对筹钱一事只字未提，只是与刘成回忆了家乡的变迁，犹如放电影一般。最后，刘成不但主动提出要为家乡捐款一事，还提出了与家乡合资办厂的要求。

杜峰确实很聪明，他充分抓住了刘成的心理特点，抓住了刘成心中那份埋藏了几十年的思乡之情，与他谈了一个彼此都非常感兴趣、轻松的话题，引起了对方的共鸣，从而不但使自己此行的任务圆满完成了，也了却了刘成的一份心愿，还处理好了对家乡今后非常有用的老乡关系。

乡情是无形的办事资源，但只是懂得乡情的重要意义还不够，你还需要知道怎样利用好这层关系，然后用心经营，才不会浪费这份宝贵的资源。

1. 确认老乡资源，有效管理名单

一般人的人脉关系可以分为以下 3 种类型：个人网络（家人与朋友，或是与你最亲近的人）、社会网络（单位的同事或是主管，邻居或是一般朋友）、专业网络（专业协会、俱乐部等组织）。在你的人脉资源名单里，应把"老乡"作为重点属性标注上去，再标注比如个人的基本资料、兴趣爱好、专长、性格特点等。透过这份人脉资源名单，你可以看出自己人脉关系的组合特性，以后沟通时可将之作为交往的突破口。

2. 抓住老乡中的机遇

现代中国城市的移民化程度相当高，在任何一个单位、任何一个级别、任何一个场所，都可能有你的老乡。请培养你的老乡亲和力，尝试着和任何人说话。要知道，即使是在街上碰到的陌生人，都有可能因为一句老乡的攀谈而成为你事业生涯的贵人。

3. 与老乡形成对话，确保良性沟通

"老乡"可以是人际交往时良好的突破口，但在与老乡沟通的过程中，

应该注意以下 4 点:

（1）在交谈中尽量寻找双方地域上的交集，越近越好，这要求你对故乡的地理位置和风俗习惯比较熟悉。

（2）不妨扩大地域概念的范围，比如你们是邻省、你的亲戚与对方是老乡等。

（3）要善于评价对方老家所在地，以给对方留下深刻印象。

（4）别忘记给他你的名片，名片等于是你个人的行销档案，万万不可忘记。

4. 与老乡勤联系

大学时期一般会有老乡会，要善于利用前后几个年级的老乡资源。走出校门后，有一些地区也会在他乡建立老乡会，如北京就有宁波老乡会等组织（此类组织一般由当地企业资助）。要积极寻找组织，拓展人脉。并且如果时间、精力允许，应在此类组织中担任义工。如果没有合适的组织，则可在网络上寻找相关组织。网络中的大型社区一般都有按地区分类的 BBS、聊天室，可适当地涉猎、参与其中。

经过第一次的接触之后，记得利用电话或是 E-mail、短信表达你的感受，同时也要让对方了解你会与他继续保持联络。后续的联系目的主要是让对方了解你最新的状况，并使你取得最新的资讯。在节日、对方的生日等时刻应给予对方祝福。同一城市中的老乡应找机会聚会，如你能以组织者身份出现最好。

5. 不要急功近利，要用心经营

老乡仅仅是交往的一个突破口，对待老乡的交往，不要抱以功利的心态。与你是老乡，并不意味着他一定会帮你，重要的是与之建立长久的互惠关系，而非为了特定的目的而进行交往。互利才是增进关系的不二法门。从老乡这一简单的关系转变为可交往的朋友是一个持续的过程，也许这些人无法立即介绍工作机会给你，无法立刻给你帮上忙等等，但是要记住：保持联络，互帮互助，就有机会。

警惕"老乡杀手"

2006年6月8日上午11时许，新疆库尔勒市人民广场前摆出了一排排各式各样的江西景德镇的陶瓷，7名做陶瓷生意的老板围坐在一起唉声叹气。

在摆着千余件陶瓷的地摊上，虽然有些过往的市民会止步观赏色彩鲜艳的陶瓷，但购买的却没几个。据市民透露，这些陶瓷品虽然外表看上去很漂亮，又比原来的卖价便宜很多，但对于家庭来说却不是很实用。一位叫潘北平的陶瓷老板称，由于"招商"老板跑了，他们只好就地廉价销售，但还是没吸引来订货和购买的商家、市民，真把他们害苦了。

"我们来之前，招商的老板承诺负责一切承办手续。为此，我们每户还交纳了一定费用。"7名来自江西景德镇做陶瓷生意的老板道出心中的苦楚。他们说，在5月中旬期间，两个江西景德镇名叫李国富、叶民生的老乡，给他们许诺说在库尔勒市已经联系好了陶瓷展销场地，并负责办理一切手续。5月21日，7家商户在跟李国富、叶民生签订陶瓷展销合同后，就向"招商"老板李国富、叶民生兑付了24500元承包费。

6月6日上午，令7家商户万万没有料到的是，当他们拉着千余件陶瓷到达库尔勒市布置摊位时，竟在车上发现了李国富、叶民生遗弃的材料。他们觉得不大对劲，便给李国富打电话。结果，李国富称他已在火车上。

7家商户说，2天时间过去了，他们才觉醒李国富、叶民生这次"招商"展销陶瓷原来是一场骗局。

在"老乡杀手"中，有一些人确实与受害人是老乡关系，他们利用了人们对老乡关系的信任和对乡情的眷恋，做出了一些坑害他人的事。也有一部分人与受害人并不是老乡，他们可能只是看到对方比较单纯，容易上当，自己又勉强会几句方言，于是就看准时机，对其进行欺骗和伤害。这两种情况都是我们应该警惕的。遇到这种老乡杀手，轻则被骗财骗物，重则被骗色骗自由，甚至会危及生命，后果让人不寒而栗。

俗话说："千里难得是同乡。"可是在我们的生活中，总有一些人反其道而行之，利用所谓的老乡关系，专干背后"开枪"的勾当，做起了"老乡杀手"。因此，出门在外，在靠老乡的同时也要提高警惕。

在上面的案例中，"老乡杀手"们通过卑鄙手段"宰"了自己的所谓的老乡，让我们见识了"老乡杀手"的可恨可憎之处。不过，要提醒大家的是，老乡还是要帮、要靠的，但一定要看准人，否则，吃亏上当、追悔莫及的肯定是自己。

2006年6月7日上午，一趟列车徐徐停靠到了武昌火车站，俏丽的山东少女管颖提着行李跳下车。第一次到武汉，她一脸兴奋。

18岁的管颖高中毕业后一直待业在家。听人说南方容易找到工作，和父母商量后，她怀揣1500元钱，独自出门，坐火车来到了武汉。在长途汽车站，她听人说黄州好找工作，便糊里糊涂买了张车票去了黄州。

在去黄州的长途车上，许多人都在聊天，可管颖一句也听不懂。正觉孤单时，后座一名平头、身穿黑色T恤、约40岁的男子用山东话和她搭腔，自称也是山东人，来湖北已经10多年了。

管颖渐渐放松警惕，对"老乡"敞开心扉，将自己的事情全告诉了男子。"老乡"称，黄州很穷，工作难找。在黄州下车后，两人在车站休息了一会儿，"老乡"很照顾她，给她买饭吃买水喝。管颖在这名"叔叔"的劝说下，又乘上了回汉口的长途车。

在车上，"老乡"对她说，自己可以帮她找到工作，但需要押金。管颖完全相信了他，说自己还有1200元钱，可以给他当做押金。于是，到达汉口新华路客运站后，"老乡"拿走了管颖的1200元钱和身份证，称需要复印身份证，结果一去不返。当晚，管颖的哭声引来了车站的民警。了解情况后，民警给她买来吃的喝的，将她安顿在派出所。

6月8日上午10时许，新华路客运站小红帽队员用"爱心救助基金"，为管颖购买了一张"武汉——临沂"的车票，将其送上了回家的路。

有些怀有不轨意图的陌生人，有时会假冒老乡害人，这些人都会显得对你非常友善、肝胆相照，并且信誓旦旦地要和你一起合作，共同创造一

超级人脉术大全集

片新天地。面对这种情况，你也许会无所适从，因为你无法确定哪一个是真的，哪一个是假的。但是，如果你仔细地观察体验，真假还是很容易鉴别出来的：

1. 对方在倾听你诉说的时候是报以真诚的同情和感慨，还是目光闪烁，有时出现若有所思的样子呢？如果是后者，那么对方很可能是一个居心叵测的人。当然，这需要你去仔细观察他的言行并注视他的眼睛。

2. 仔细地回想一下，当你有意无意地想结束自己倾诉的时候，他是不是又巧妙地利用一些隐蔽性极强的问题重新打开你的话匣子呢？而且，你随后所说的内容又恰恰是容易被别人利用的东西，是这样吗？如果是，那你一定要小心，对方很可能是个骗子。

3. 如果你偶然得知有人总是在不经意间向你所亲近的人打听一些关于你的消息，那么你最好疏远他。

4. 有些人的笑容并不是很自然，而像是从脸皮上挤出来的。有时你觉得并没有丝毫可笑的地方，而对方却能够笑出来，对这种人也要适当地多加小心。

所以，出门在外，遇到陌生人一定要谨慎小心一些。突然跑出来的"老乡"不要相信他；陌生人向你"求助"，不要好心地慷慨解囊。人心叵测，防着点是必要的。

第九章
化敌为友，对手是你的特殊人脉

善于借力，对手也能变贵人

一个一文不名、靠借来的 470 美元起家的黑人小伙子，最终变成了拥有资本 8000 万美元的大公司老板，他是怎样取得如此令人瞩目的成就的呢?

约翰逊最初在一家名为"富勒"的大公司负责推销黑人专用化妆品。他冒着赔本的风险，冒着丢掉"饭碗"的危险，让一个"先用后买"的全新推销方式脱颖而出。

推销事业上的初步成功，让约翰逊萌发了"自己开办一家化妆品公司"的强烈愿望。虽然前有"富勒"这样有名的大公司挡道，后又无巨资支撑，"约翰逊制造公司"还是在夹缝中诞生了。

善于思考的约翰逊知道，要想把牌子打响，必须开发一种"富勒公司"没有的独特又物美价廉的新产品。1 个月后，"约翰逊制造公司"的第一代产品问世了。

尝到了成功的喜悦之后，忧虑又向约翰逊袭来——怎样吸引顾客购买新产品呢?"约翰逊制造公司"是小本生意，资金周转不开，"先试后买"的故伎不能重演，利用广告展开攻势也不行——一是公司太小，没有名气，人家很难相信；二是大力渲染会引起对手"富勒公司"的警觉，而"约翰逊制造公司"是经不起轻轻一击的。这时，一个绝妙的办法在他的脑海中闪现了出来。

他决定不直接夸耀自己的产品，而在宣传别人的产品时顺便介绍自己的产品。于是约翰逊四处游说："富勒公司是化妆品行业的金字招牌，您真有眼力，买它的货算是做对了。不过在您用过它的化妆品后，再涂一层约翰逊制造公司新生产的水粉护肤霜，准会收到您想象不出的'奇妙效果'。"

由于明着吹捧"富勒公司"，对方的戒心和敌意荡然无存。借着对手的"名牌"效应，再把自己的产品说得十分神秘，约翰逊的这种方法勾起了人们天生的好奇心。于是顾客捎带着买了，一用，想象不出的奇妙效果果然出现了：脸上不再黏糊糊的，皮肤滑爽了。由此，约翰逊制造公司的新产品成了黑人妇女生活中不可缺少的用品。就这样，约翰逊借宣传"富勒"的产品之机，为自己的产品扬了名！

巧借对手的影响力间接宣传自己的产品，不但避开了敌人的攻击，也减少了自己的成本，让顾客自然而然地接纳了自己，达到了"润物细无声"的效果，可谓一举多得。随着公司的发展和企业的创收，从前的对手已经不再是他的威胁了。约翰逊制造公司战胜了自己的对手，为自己在激烈的市场竞争中赢得了一席之地。

竞争对手是我们可以借力的对象。如果你虚心向竞争对手学习，他们就是你的导师，从他们那里你能够学到做生意的全部诀窍。当竞争对手殚精竭虑地思考如何赢得顾客时，你便知道自己的工作该如何做了。

如果你有足够强的上进心，竞争对手会成为你的助推器，你可以借助他们的力量取得进步。竞争对手每天都在思考如何战胜你，你只要不愿被打败，就必须不断进步。

如果你勤于反省，竞争对手就是面镜子，他们会毫不留情地指出并利用你的缺点对你加以进攻，你可以借此机会改正缺点、完善自我；竞争对手还是警钟，你可借助他们的提醒告诉自己：无论你取得多大进步，都绝不能自满。

在商业的墓地里，躺满了这样的失败者：他们或是逃避竞争，或是轻视竞争对手。他们是被自己而不是被竞争对手打败的。

在现代社会里，我们也许会难以容忍对手，但更加难以容忍的其实是没有对手。因为竞争可以激发我们的潜能，可以激励我们成为内行，从而取得不断的进步。

所以，把对手当敌人看待的观点是错误的。对手不一定是敌人，但敌人一定是对手。从经济的角度上看，我国与美国就是竞争对手，但不是敌人。中美建交20多年来的实践已经证明了这一点。我国与美国在发展经济方面都取得了一些可喜的成果。研究调查表明，中国经济与美国经济之间存在着许多互补性，因此合作是互利的、有前途的、双赢的。

只要善于借力，对手就完全可以成为我们的贵人。

北京某大型展览中心在一个季度展览中，为了使展览更加富有创意和吸引力从而扩大知名度，于是面向所有的咨询公司进行招标。一时间来投标的公司有很多，其中有一家叫 R 的国际咨询公司。这家公司的知名度在当地非常大，很具影响力，负责这个项目的王经理志在必得，根本没把其他公司放在眼里。

当时有家叫"信达"的小咨询公司，经理是一个非常富有想象力和才气的年轻人，名叫孙亮。他自己对这个展览中心有着非常富有创意和新奇的构想，但是，考虑到"信达"只是一家不起眼的小公司，经营时间不久，没有什么知名度，因此只有与 R 公司联手，才可能把这个单子拿到手。于是，他拨通了 R 公司王经理的电话，把自己的想法告诉了王经理。但是，王经理没等孙亮把话说完，就非常干脆地说："我们从不跟小咨询公司合作。"孙亮不死心，仍抱着一线希望说："电话里说不太清楚，咱们约个时间见面聊聊，可以吗？"王经理推托道："我很忙，没有时间。"说完就挂了电话。

本来，孙亮希望能与 R 公司这一强大的对手合作。但是，R 公司那种骄横的态度激起了他参与竞争的决心，他将对手的轻蔑化为前进的力量，与同事们开始了废寝忘食的努力和拼搏。结果，一个近乎完美的展览构想诞生了。经过专家们对各种方案的分析和打分，"信达"脱颖而出，以绝对的优势中标。原本，孙亮只是厌恶 R 公司的傲慢，但没想到，这种态度竟然间接地帮助自己成就了"信达"的发展。

想要借对手之力，首先必须端正对待对手的态度，调整看待对手的眼光。以下是一些经验之谈：

1. 世界上没有永远的敌人，有的只是竞争对手

认清这一点，才能以积极健康的心态看待你与对手之间的关系。

2. 竞争对手是会发生改变的，今天的对手，或许明天就是伙伴

这是一种发展的、长远的眼光。这样想，就不会再对对手抱有深深的敌意。

3. 兵法上说，攻心为上，攻城为下

在与对手的竞争中，能征服对方的心才是最伟大的胜利，而宽容是取得这种胜利的必要条件之一。

对手逼你成为强者

春秋时期，吴越之战，越国被吴国大将伍子胥的水师打败。越王勾践无奈只能采纳范蠡的建议，派文种去向吴王夫差求和，并以美女、财宝疏通吴国太宰伯嚭。在存越还是灭越的关头，吴王夫差听了伯嚭的话，答应了以越为吴之属国、年年进贡，并以越王夫妇亲至吴宫为奴 3 年为议和条件，罢兵回国。

吴越议和后，越王勾践按约率吏士三百来到吴国为奴。他在吴国一待就是 3 年，养马放牧无事不做。勾践始终低声下气自甘卑贱，处处讨吴王的欢心。同时，越国国内又不断向伯嚭行贿，让他从中说情。这样，勾践终于取得了夫差的信任，按期被释放回国。

勾践回国后，卧薪尝胆，积蓄力量，以图报仇。他下田与农夫同耕，让妻妾尽着粗麻衣，亲自动手养蚕织帛。

与此同时，勾践命范蠡为其整顿军队，制造兵器，训练士卒，大治水师。经过范蠡的调制，越国军队逐渐变成一支训练有素、骁勇善战的精锐之师。

在外交上，越国暂时奉行求和政策。他们时常进贡给吴国玉帛珍玩，以讨好夫差；选派良匠，采集良材为吴国修筑姑苏台，并选送美女西施、郑旦助长吴王骄奢淫逸之心；假称饥荒，向吴国借贷口粮，使其仓廪空虚，又选颗粒饱满的粮食暗中煮熟后交给吴国，诱其当做种子，使当年无收；还设计离间伯嚭与伍子胥，加深其矛盾，最终使吴王听信谗言杀掉伍子胥，为越国除掉了心腹之患。

"十年生聚，十年教训"，使越国暗中强大起来。而敌人吴国表面看起来如日中天，但内讧却不断。面对暗中准备、积蓄力量的越国君臣，吴王夫差被越人谦卑的外表所迷惑，一面沉湎于越人奉献的亭榭楼台与娇娃美色之中，一面穷兵黩武，倾吴国之力北上与中原齐、晋等国争霸。越国暗中欣喜，遂遣少量兵马，以助吴师。后吴王又发民夫开掘邗沟，以运水军，越也派人助工。

越国君臣日夜谋划着灭吴大计。公元前478年，吴国大旱，饥民遍野，仓储无粮，举国上下怨声载道。越王勾践决定大举灭吴。他动员全国精锐部队，以破釜沉舟之势与吴决战。

吴军招架不住，全线溃败。

如果没有石块的阻拦，小河就不会飞溅起美丽的浪花；如果没有海浪的冲击，广阔无垠的沙滩就不会形成；如果没有风雪的袭击，梅花就不会散发出沁人的芳香……有一位诗人说："只有当你被追逐的时候，你才最迅速。"著名作家冯骥才也说过："人生最强劲的力量都是你的对手给的。对手有多强，你就有多强。"

在勾践的复国大计中，未尝没有吴王的功劳。如果不是这一对手让他受尽屈辱，他也不会如此下定决心，积蓄力量，成为强者。这就是"对手会逼人成为强者"的道理。

竞争之于自然界和人类社会，就像运动之于物质那样相守共存。人的一生都离不开竞争，入学比成绩，然后是中考、高考，工作后的竞争更是全方位的。因此有人说，与其说在社会中生活，不如说在竞争的风浪中搏击。竞争是辩证的，它在导演一幕幕胜者喜剧的同时，也无情地谱写着一曲曲败者的悲歌。它一方面激励着人们奋发进取，另一方面又给人们施加巨大压力，使人经常处于与对手的较量之中。

"竞争"和"对手"对于任何人来讲都有着积极意义。人一旦没了对手，生活与工作就将失去激情和动力；就有可能逐渐丧失进取心，变得萎靡不振、精神颓废。相反，对手的存在则迫使人们不得不为了自身的生存而不断努力、进取、创新，种种诸如此类的行动会使人变得强大。在与对手斗智斗勇的过程中，人才能真正成长、壮大起来成为强者。总之，正是对手的存在，才让你的人生更加精彩，让你自身更加强大。

斯泰雷16岁的时候，曾经在一家公司当售货员。当时，他的职位和薪资都很低，工作量却非常大。

斯泰雷一直有个愿望，那就是要成为一个不平凡的人。

但是，每当他流露出自己内心的想法时，公司的老板便警告他少做白日梦，并刻薄地讥笑他不自量力、异想天开。

有一天，他被老板狠狠地训斥了一顿："老实说，像你这种人根本不配做生意，你只是徒有一身蛮力，却一点脑子也没有。我劝你还是干脆到钢铁厂去当个工人吧！"

这番恶毒的话语严重地刺伤了斯泰雷的自尊，因为他自认做事讲究方法，而且一直都非常小心谨慎，工作也相当积极主动。

他反驳道："先生，你当然有权力将我辞退，但是，你不可能毁灭我的意志。你说我没有用，那是你的主观偏见，这一点儿也不会减损我的能力。你看着吧，总有一天，我会开一家比你的公司大10倍的公司。"

老板见这个不知天高地厚的年轻人竟然敢出言顶撞自己，不禁嗤之以鼻，立即将他开除了。

几年之后，斯泰雷果真凭着自己的智慧，创造了惊人的成就，成为享誉全美的玉米大王。

巧妙地发挥对手的作用，可以参考以下建议：

1. 将对手的存在视为自己不断进步的机遇

不要抱着对对手加以抵抗的心理，只有在积极心态的导引下，才能避免与对手进行恶性竞争，从而将自己的发展引入正途。

2. 永远保持危机感

危机感能赶走危机，所以应让对手的存在成为自己危机感的一个来源。要时刻保有危机意识，"战战兢兢"地生存在危机来临之前，并将其扼杀在摇篮之中，这也正是"畏者生存"的道理。

3. 在特定时期只为自己找 1 个对手

对手永远只有 1 个，长跑队伍中，跑在第 5 名的队员如果同时把前面 4 个人都看成自己的对手，那么这个人不是傻瓜便是犯了技术性错误。之所以这样说，一是因为同时面对 4 个对手容易令自己丧失信心；二是因为这个人没有注意不同阶段的矛盾转换，当他取代第 4 名的位置时，应该可以和那个人结成联盟共同对付第 3 名。

能容对手，才能借对手之力

唐朝著名开国功臣李靖，曾任隋炀帝的郡丞。他最早发现李渊有造反图谋天下之心时，就曾向隋炀帝参奏揭发。李渊灭隋后想起此事，欲杀之而后快，但李世民认定李靖有才，再三请求留他一命。后来，李靖果然驰骋疆场，攻伐征战，安邦定国，为唐王朝的建立立下了赫赫战功。

李世民打败定扬可汗刘武周后，刘的将领尉迟敬德、寻相等都投降了。没多久，寻相等人又叛变逃跑了，所以李世民的部将们怀疑尉迟敬德，把他关了起来。

李世民说："尉迟敬德如果要叛变，难道还会在寻相之后吗？"他不相信尉迟敬德会叛变，所以就叫人把他放了，并且给他很多金子，对他说："男子汉大丈夫看重情义，希望你不要把委屈放在心上，我不会相信谗言而加害忠良之人的，你应该理解我。如果你想走，就拿这些金子做盘缠去，略表我们这段时间共事的情谊吧！"

就在当天，李世民外出打猎，只带了少数人马，不料却遇上另一个对手郑王王世充率领的万余兵马，李世民被团团包围了。郑王手下大将单雄信举起武器直奔李世民。在这危急时刻，尉迟敬德飞马而出，扬鞭把单雄信打落马下，保护李世民突出了重围。李世民问尉迟敬德："你为什么要这么做？"尉迟敬德说："这是我报答你对我的信任啊！"

《诗经·卫风》中有云："投我以木桃，报之以琼瑶。"就是说，你对我好，我对你更好。朋友之间做到这点不是很难，但倘若胸怀宽广，对自己的对手也能"投以木桃"，那你的对手也一定会感激涕零，视你为恩人。

就像李世民对李靖和尉迟敬德一样，宽恕对手的结果常常是令对手感动，进而为你所用，成为你一生中可以依靠、信赖的人。

有人认为"宽恕是一种比较文明的责罚"。有权力责罚，却没有责罚；有能力报复，却不去报复。这就是一种宽恕，也是一种能够掌控他人的法宝。宽容待人、以德报怨的同时，敌人也就自然与你拉近了距离，成为你可以依靠的人。

对于昔日的对手，打击报复只能为自己埋下更多的怨恨，树立更多的对手。而如果量才重用，给对手以平等的待遇，不但能够感化敌人，为我所用，更能够树立自己的威望，得到更多人的尊敬和拥戴，从而有利于巩固自己的政权，最终成就一番功业。

一根荆棘曾打在自己身上，疼痛钻心，所以依人之常情，难免恨之入骨。但真正有胸怀、讲策略、有眼光的人，都会化敌为友，掉转荆棘的攻击方向。而容纳对手为己所用，则等于手中又多了一件利器。

刘军去一家著名的软件公司求职，顺利地通过了第 1 轮测试，成了 10 位入围者之一。第 2 轮测试内容很简单：让每位入围者按要求设计一件作品，并当众展示，让另外 9 人打分，写出相关的评语。

刘军在评分时，对其中 3 人的作品非常欣赏，于是怀着复杂的心情给他们打了高分，并写下了赞语。令他意外的是，最终他入选了！而更令他意外的是，他欣赏的那 3 人中只有 1 位入选！他不明白这是为什么。

该软件公司经理的一番话使他翻然醒悟。经理说："入围的 10 个人可以说都是佼佼者，专业水平都较高，这固然是重要的方面。但公司更为关注的是，入围者在相互评价中，是否能彼此欣赏，因为庸才会自以为是，看不见别人的长处。若对对方的优点视而不见，那就显得心胸太狭隘了，从严格意义上来说那不叫人才。落聘的几位虽然专业水平不错，但遗憾的是他们缺乏欣赏对手的眼光，而这点较专业水平其实更重要。"

那么，如何才能容人呢？这无疑是一个古老的命题，也是一个说起来容易做起来难的命题。现在就让我们来谈谈如何容人。

1. 容人之短

"金无足赤，人无完人"，人的短处是客观存在的，容不得他人的短处者势必难以与人共事。

2. 容人之长

人各有所长，唯有取人之长补己之短，才能相互促进，共同发展。相反，有些人却十分嫉妒别人的长处，生怕同事和部属超越自己，因此总设法对其进行干扰、压制。这种做法其实是十分愚蠢的。

3. 容人之功

他人有功劳，本应该为其感到高兴，但有些人心胸狭窄，生怕别人的功劳过大会对自己构成威胁，所以或不表其功，或嫉妒生恨，甚至将他人之功据为己有。

蔺相如"完璧归赵"后有功于赵国，被拜为上卿，廉颇不服；岳飞抗金有功，秦桧、赵构却感到害怕。这些都说明容人之功不易，只有那些以整体利益为重、胸怀开阔的人才能做到"容人之功"。

4. 容人个性

由于人们的社会出身、经历、文化程度和意识修养不尽相同，所以人的性格各异。因此，容人从根本上来说就是要能够接纳各种不同性格的人，这不仅是一种道德修养，也是一门处世的艺术。

5. 容己之仇

这是容人的极致，非德才兼备者难为。这也是一种从"大"利益着眼的高超艺术。魏徵曾劝李建成早日杀掉李世民，但后来，李世民发动"玄武门之变"当上皇帝，却不计前嫌，重用魏徵。魏徵也为李世民出了不少治国良策，使"贞观之治"成为历史上的一个鼎盛时期。

当然，以上所提到的容人之"五容"，并非是不讲究条件背景、不讲究原则的"容"。如果是这样，那么往往就会成为误己之容，既会损伤自己，又会损伤群体。任何事情都具有相对性，切不可刻板而为之，而要对具体的事件具体分析，找出最好的对待方法。

（中篇 超级人脉的黄金法则——人一生要依靠的14种人）

学习对手的长处是最佳的借力之道

彭城之战中，刘邦数十万大军被项羽3000骑兵杀得七零八落，刘邦由此深深体验到了骑兵部队的威力。骑兵行动快捷，战斗力强，项羽之所以那么快就攻破了彭城，正是由于他拥有那支强悍的骑兵部队。于是刘邦也决定在汉军中组建骑兵队伍。

确定骑兵部队统帅的人选时，有人推荐重泉人李必和骆甲。这二人过去都在秦朝的骑兵部队服役，骑术精湛。刘邦有意任命他们，可两人坚持不受，并说："对大王的信任，我们受恩感谢，可我们先前都是秦朝的将官，现在当汉军的统帅，威望不高，恐怕下边的士兵们不服气。为大王的事业着想，不如您从以前的亲信中选出一人做主将，我们尽力辅佐，理为妥当。"刘邦觉得有道理，便命灌婴为骑将，李必和骆甲为左右校尉。

灌婴出身贫苦，早年以贩运丝布为生，为人机智敏勇。刘邦在沛县起兵时，他最早参加，并多有战功。被任命为骑兵统帅后，他更是兢兢业业，成为了一员杰出将领。骑兵部队的组建，大大增强了汉军的军事实力。

灌婴的骑兵在以后的大反攻中发挥了重要作用，其中影响最大的是灌婴的千里大奔袭。他们打败楚国的骑兵，占领楚都彭城，俘虏楚国的相国项佗，连续攻陷了六七座县城。后来，他们又接二连三地攻下苦、谯二县，生擒楚副将周兰，与汉王的主力在颐乡胜利会师。两军会合后通力合作，全歼驻守阵县的楚军，斩杀了项羽的骑兵统帅楼烦，俘虏了楚将8人，使楚军惊骇不已。

这次出击，不但把楚军的后方阵地打得七零八落，而且增加了汉军的声威，报了当年彭城的一箭之仇。

不论你与对手有何不同，人与人之间都各有长处和缺点。若是我们能够不断活用这些长处与缺点，就可以提高我们的生活质量和思想境界。汉高祖刘邦在处理敌我双方长处问题上，头脑非常清醒。

确实如此，任何一个人要想成功，都要向自己的对手学习。只有这样，才会知道自己的优点和缺点在什么地方，才能对症下药，及时弥补自己的缺点，发扬优点和长处。

如果一个人不能向自己的对手学习，只是一味地一意孤行、闭门造车，是不会获得成功的。即使能够获得成功，也会将时间推迟到很晚，直到自己的对手出尽风头之后，才会轮到自己稍稍崭露一下头角。

朱尼厄斯曾经这样教育儿子皮尔庞特·摩根："不要瞧不起任何一个对手。别人之所以能和你成为竞争对手，就是因为他的某些长处是你所没有的。所以你绝对不能妄自尊大，否则你就会失去本来应该有的市场。"

学习对手的优点，弥补自己的不足，这样你才能不断进步与成长。

1873年，皮尔庞特·摩根一下子跻身于美国金融界的最高层。由于美国内战使美国遗留下来3亿美元的债务，华盛顿决定以较低的利率发行新国债，以偿还这笔债务。这个时候，杰伊·库克统治着联邦金融界。

摩根对于这位竞争对手一直心存敬畏，向对手学习则是摩根一贯的态度，这次也不例外。库克开始时，不过是个普通的银行职员，对于他来说，创业就得运用自己的智慧白手起家。当政府债券还仅为富人和银行家涉足的领域时，库克就把政府债券推销到了普通老百姓的手中。在南北战争期间，他率先开展了零售推销债券业务，派出 2500 个"临时工"代理销售联邦债券，不久就赢得了林肯的赞扬。很快，库克就凭着自己赚来的钱，在费城城外建了一座有 52 个房间的城堡。19 世纪 70 年代早期，"富比杰伊·库克"这句话和现在"洛克菲勒"的声音在美国同样响亮。

库克似乎是战无不胜的。他在推销 1 亿元美国国债时使尽了全身的力量，刻意追求创新，这一点让摩根甚至有点心有余悸。后来，为了吸引欧洲移民住到有铁路的城镇，库克又设计了连篇累牍的五颜六色的广告。色彩缤纷的广告绘满了大平原铁路两旁硕果累累的果树林——这种有点异想天开的自吹自擂，使这条铁路赢得了"杰伊·库克香蕉共和国"的美名。

库克的发家史给了摩根很大的启发，他认为一个白手起家的人肯定有着无穷的智慧，否则不会在那么短的时间里发迹得如此之快。因此他一反常态地向对手伸出友谊之手，决定向这位对手学习，因为摩根实在是太佩服他了。

那我们可以向对手学习什么呢？

1. 学习对手的良好心态

在很多对手身上，我们会发现某些良好的心态：不甘平庸、积极进取、敢于冒险、自强自信、虚心改进、志向高远、想到就做到、永不服输等。而这些心态正是我们不足或应加强的。向对手学习他们的这些心态，能使我们提升自身素质并取得成功。

2. 学习对手的用人技巧

我们知道，把人用好了，可以节约我们的宝贵时间，可以提高整体的工作效率。但在用人这个问题上，有时我们会大伤脑筋。在我们的对手中，不乏用人高手，他们善于识人、选人、用人。向这些对手学习用人技巧，如知人善任、任人唯贤、只管两头、人才竞争、放手授权等，很多关于用人方面的问题都能轻易地得到解决。

3. 学习对手的管理方式

如果做不好管理工作，一个企业或部门的工作就会陷入无序或混乱中。虽然细节上的管理非常重要，但管理方式更为重要。而在我们的对手中，有很多优秀的管理者，他们的管理方式的确值得我们学习，如崇尚简单、重视企业文化、建立学习型组织、信息共享、内部公关、创造愉悦的环境、抱团打天下等。

4. 学习对手的经营策略

任何一个企业和公司都要依靠经营来生存，经营是产生效益的最重要的运作环节。我们可以看到，有的企业和公司由于经营不善而倒闭，而有的则由于经营得法而蒸蒸日上。经营是要讲究谋略的，而我们许多对手的经营谋略都对我们有启迪作用或能为我们所用，如人无我有、人有我优、限量供应、质优价廉、创立名牌、推陈出新、以值定价、广告宣传等。

5. 学习对手的聪明才智

一个人如果拥有聪明才智的话，那么无论他做什么事都会得心应手。虽然人的聪明才智有大有小，并且也不尽相同，但聪明才智是可以通过学习来增长的。我们固然有比对手聪明的地方，但对手的某些才智如运筹帷幄、先声夺人、聚力制胜、寄生的智慧、与人为善、正确预见、放眼全局等，我们却有可能是缺乏的。不过这没关系，因为这些我们可以向对手学习。

6. 学习对手的商业理念

在我们的商业对手中，有些之所以强劲，是因为他们能够遵循或固守某些商业理念。这些商业理念也许我们也很熟悉，但我们并没有给予足够的重视。向强劲的对手学习某些商业理念，如诚信待人、技术自立、打破陈规、精打细算、自我变革、寻求创意、"走出去"战略理念等，能够使这些理念在我们心中得到强化，进而使我们超越对手。

7. 学习对手的竞争手段

在竞争越来越激烈的今天，弱者就是失败者的代名词。要想在竞争中获得生存和发展，就必须要学会一些竞争手段。可以说，我们的一些竞争对手非常懂得竞争之道。向他们学习一些竞争手段，如善于发现、赢家通吃、目标专一、先予后取、抢占时机、避敌主力、后来者居上、攻心为上等，可以提高我们的竞争力，使我们变得更加强大。

8. 学习对手应对危机的经验

在面临危机的时候，怎样挽救自己？这个问题很多企业或个人都会遇到。从某种意义上讲，成功就是能够轻松自如地应对危机。想想那些强大的对手，危机不但不能击败他们，反而会使他们反败为胜。向这些对手学习应对危机的经验，如沉着应对、灵活公关、改变现状、审时度势、以苦为乐、转换思维、危机意识、屡败屡战等，可以增强我们的危机意识并备不时之需，从而避免危机或轻松地应对危机。

当你向对手学习了这些长处之后，你就会使自身的不足得到弥补，从而使自己不断进步，最终战胜对手。

放对手一马

民国时期的上海滩，青帮势力雄厚，其成员渗透到各行各业。大凡名人显要、富豪巨商都要疏通关系向青帮缴纳"保险费"，这已成惯例，即便再大的人物也不例外。否则，身家性命就将受到威胁，甚至难以保全。

蒋介石曾一度加入青帮，与青帮关系密切，"四一二"反革命政变中，青帮曾帮过蒋介石打头阵。蒋介石后来当了国民革命军的总司令，但依然按青帮的规矩缴纳保险费。

宋美龄是富家小姐，也属应交保险费的人。她从美国回来后，一直由哥哥宋子文替她交纳保险费，但她本人并不知情。宋美龄与蒋介石结婚后，得知蒋介石还要向青帮交保险费，大为不满，她认为蒋介石已是总司令，没必要向青帮交什么保险费。蒋介石认为宋美龄讲得有道理，就决定以后不再交纳。

杜月笙很快知道了这件事情，他决定"劝告"一下蒋介石的新夫人宋美龄。

一天，一辆豪华的劳斯莱斯轿车驶到西摩路宋公馆，汽车里钻出一个司机和一个漂亮的使女，说是要接宋美龄去见她的大姐霭龄。但宋美龄上车后，汽车却驶入了杜公馆。蒋介石开完会后来接宋美龄，却一直不见宋回来。蒋介石一问事情经过，就知事出有因。

于是，他给宋子文打了个电话，让宋子文查问一下。宋子文听完蒋介石的述说，很快明白了是怎么回事。他挂上电话，就拨了杜月笙的号码。杜月笙告诉宋子文："夫人安然无恙，不必担心。"并说他手下发现夫人只由一个使女陪伴，在危险的上海滩街上开车。考虑到无时不有危险存在，为了她的安全，他已把她送到一所舒适的别墅，并让她得到了应有的礼遇。

宋子文得知底细后，立即向蒋介石作了汇报，然后亲自驾车前往杜月笙的府邸，履行了"例行手续"，才将宋美龄从"受照顾"的别墅里领出。

在这场明争暗斗中，杜月笙、蒋介石二人之间可谓关系玄妙。从理论上讲，蒋介石当上了国民革命军总司令，而杜月笙的青帮仍企图控制他，所以杜无疑成了蒋的对手。按说，蒋该除掉他，但蒋偏偏没有，并且还在他威胁到自己头上时向他作了妥协。这是因为，蒋出身青帮，青帮也曾为蒋的事业立过大功，并且在以后，青帮也许对蒋还会有帮助。所以他只能为了将来更大的利益打算而忍气吞声。

通过这次事件，宋美龄也终于明白了。从此，大家心照不宣，蒋介石和青帮之间也不彻底决裂，因为那样做，对双方都没有好处。

在当时特定的历史条件下，蒋介石的做法是从维护自身利益出发的。

可见，即使迫不得已必须打击对手，也一定要做到点到为止，给自己留点余地，那样才能于人于己都有利。

所以，在打击对手这一问题上存在着一种微妙的辩证法，要战胜对手，必然要打击对手，但当你处于优势地位时，又不能把对手置于死地，因为那样做只会断了自己的后路，为自己的成功制造障碍。

我们常说，人生如战场，但人生到底还不是战场。战场上敌对双方不消灭自己的敌人就会被敌人消灭。而人生赛场不一定如此，为什么非得争个鱼死网破、两败俱伤呢？

世界上没有永远的朋友，也没有永远的敌人。与对手争斗时，即便你占尽上风，也不必执意把对手逼到无法翻身的境地，因为很多时候对手也可以成为朋友。对对手打击太过不但会把对手逼上绝境，也常会把自己弄得伤痕累累，断了自己的后路。这种做法于人于己都不利，但却是人们常会犯的错误，因此这是人们在现实生活中应该竭力避免的。

在北方某大城市里，诸多电器经销商经过明争暗斗的激烈市场较量，在彼此都付出了很大的代价后，赵、王两大商家脱颖而出，他们成为了最强劲的竞争对手。

这一年，赵为了增强市场竞争力，采取了极度扩张的经营策略，大量地收购、兼并各类小企业，并在各市县发展连锁店。但由于实际操作失误，造成信贷资金比例过大，经营包袱过重，其市场销售业绩反倒直线下降。

这时，许多业内外人士纷纷提醒王——这是主动出击、一举彻底击败对手，进而独占该市电器市场的最好时机。

王却微微一笑，并未采纳众人提出的建议。

在赵最危难的时刻，王出人意料地主动伸出援手，借资金帮助赵渡过了难关。最终，赵的经营状况日趋好转，并一直给王的经营施加压力，迫使王时刻面对着这一强而有力的竞争对手。

有很多人因此嘲笑王的心慈手软，说他是养虎为患。可王却没有丝毫反悔之意，只是殚精竭虑，四处招纳人才，并以多种方式调动手下的人拼搏进取，一刻也不敢懈怠。

就这样，王和赵在激烈的市场竞争中，既是朋友又是对手，彼此绞尽脑汁地较量，最终虽然双方各有损失，但各自的收获却也都很大。多年后，王和赵都成了当地赫赫有名的商业巨子。

"放对手一马"是一种在竞争状况下为促进自我保全和发展而实行的生存策略。具体来说，可以参考以下做法：

1. 千万不要存有"落井下石"的念头

这种观念是纯粹的小人之道。"落井下石"可能会打垮对方，但也会让对手在困境中体会到更激烈、更严酷的竞争，从而更出其不意地报仇。

2. 在关键时刻，不妨帮对手一把

因为对手的存在本身就是对你的鞭策和激励。更何况，你帮了他，对手必定会记住你的"好"，日后再在竞争场上狭路相逢，就可能不会刀兵相见，说不定还可以化敌为友，促成合作。

3."放过对手"和"帮助对手"不一定非要在明处

在两人或两个团体竞争激烈之际，一旦一方失败，另一方的支援有时也会让他们难堪，所以可以私下里找到对手进行商谈或者暗中为对手做一些事。这样一方面有可能感动他们，另一方面也会让自己时刻保持着压力和危机感，从而对自己的发展有所裨益。

同行——不是冤家是贵人

格兰仕与美的是国内两家很有声望的家电生产集团，他们曾经就小家电收购一事大打口水战，引起一段同城恩怨。说起两家的恩怨，可谓源远流长：当年格兰仕进军空调行业时宣布要做中国空调的制造大王，而空调恰恰是顺德空调行业老大美的的拳头产业；同样，美的小家电也进入了微波炉领域，并且做到了全国市场第二，紧跟在格兰仕之后，而微波炉也是格兰仕的核心产业。两家都把对方进入自己的核心产业领域看做是对自己的侵犯，于是，仇恨就此形成。其实，不光是格兰仕与美的之间互相视为仇敌，同在顺德的万家乐和万和之间亦常常兵戈相见。青岛的海尔和海信之间，合肥的美菱和荣事达之间，都发生过类似的不惜代价、不择手段、必欲除对手而后快的恶性竞争。

20世纪90年代的彩电价格大战，在某种程度上就是大家为了争霸而起。当年的长虹举起价格屠刀，大杀四方，随后创维、TCL、康佳等企业也不甘示弱，纷纷跟进。一时间烽烟四起，以至最后大家都无钱可赚，彩电行业成为夕阳行业。

从上面的案例中可以看出，恶性竞争是有害而无利的，要想让自己获得长久的利益，就必须掌握双赢的技巧。

在竞争中，同行未必是冤家，因为同行之间合作带来的收益往往比竞争带来的收益要大得多。

在现代竞争中，联合竞争对手共同发展是一种策略，即双方为了共同的利益携起手来，齐头并进，达到双赢的目的。

比如，有肯德基的地方，基本都有麦当劳，它们是竞争关系。但是，我们没有看到什么时候肯德基发动过什么"战役"把麦当劳给消灭了，相反，它们在互相竞争中促进彼此的进步，同样共同培育了各自的市场。相似的情况也出现在可口可乐和百事可乐身上。可口可乐和百事可乐互相视对方为主要竞争对手，但是，两家企业却从来不搞恶性竞争，甚至连促销活动往往都有意错开。

这些企业的做法是很明智的，它们没有将同行视为对手或仇敌，而且巧妙地互相促进、互相借助，这种"彼此互为贵人"的思路值得我们借鉴。

摩根曾说："竞争是浪费时间，联合与合作才是繁荣稳定之道。"很多故事都能证明双赢这一技巧所创造的效益。

所以，同行终究是敌是友，完全取决于你的态度和胸怀。只有具有宽广的胸怀，以博大的心胸容纳同行、团结同行的人，才是真正具有长远的发展眼光，才能将同行变成自己的贵人，实现长久的生存和发展，让自身立于不败之地。

小罗在市里一条步行街上开了一间书店，开张 3 个月后，生意还算不错。可惜好景不长，一个姓裴的商人很快就在街角也开了一间书店，一份生意两家做，自然就没有当初那么赚钱了。小罗气得直跳脚，发誓一定要让对方生意做不下去。他很快就想出了一个吸引顾客的办法：打折。小罗在书店的玻璃上贴出了一张宣传单：本店图书除教材外，一律 8.5 折！这之后，他书店的生意果然红火了几天。不过裴某也很快想出了对策：本店图书一律 8 折。小罗狠狠心，又贴出了告示：本店部分图书 7.5 折，凡购书满 100 元者赠送精美礼品！就这样，两家书店打起了"价格战"，两个老板见到对方眼睛就冒火。2 个月后，小罗拿起计算器一算账才发现，2 个月来，自己劳心劳力却利润微薄，几乎成了赔本买卖。想来对手也好不到哪里去。他想生意可不能这样做了，于是决定与同行和解。两人一商量，裴某提出了个建议：两家书店尽量避免进同类图书，比如，一家进教辅书，一家就卖漫画、杂志，这样就不会出现恶性竞争了。就这样，半年下来，两家书店都有赢利，两个老板也成了不错的朋友，经常在一起喝喝茶，聊聊天，交流开店的经验。提起过去的争斗，两人都戏称是"不打不相识"。

想要让同行变成贵人，需要秉承如下经营理念：

1. 现代社会，提倡竞争，鼓励竞争，但竞争的目的是为了相互推动、相互促进、共同提高、一起发展。

2. 虽然竞争公司之间有点像战场上的"敌手"，但就其本质来说是不一样的。这是因为：公司经营的根本目标是为社会做贡献——公司的产品是满足社会需要的，公司赚的钱也被国家、公司和员工三者所用；公司间的竞争手段必须是正当合法的。从这种意义上讲，公司之间完全可以相互帮助、支持和谅解，因此应该是朋友。

3. 竞争对手在市场上是相通的，不应有冤家路窄之感，而应友善相处、豁然大度。这好比两位武德很高的拳师比武，一方面要分出高低胜负，另一方面又要互相学习和关心，胜者不傲，败者不馁，相互间切磋技艺，共同提高。

4. 在市场竞争中，竞争双方为了自己的生存发展，竭尽全力与对手竞争是正常现象。但是，在竞争中一定要使用正当手段。也就是说，只能通过质量、价格、促销等方式进行正大光明的"擂台比武"，一决雌雄，切不可用鱼目混珠、造谣中伤、暗箭伤人等不正当手段损伤对手。

5. 天高任鸟飞，海阔凭鱼跃。市场是广阔的、多元的，一个有灵敏头脑的老板，在已被别人挤满的热门的康庄大道上，不必因为自己受挤而妒火中烧，而应果断地避开众人，踏上冷僻的羊肠小道。走羊肠小道，经过一番跋山涉水的艰辛，照样可以到达光辉的顶点。

6. 在现代社会条件下，市场形势是瞬息万变的，可能此时对甲企业有利，彼时又对乙企业有利。所以，老板应"风物长宜放眼量"，不可以一时胜负论英雄，更不可因一时失利而迁怒于竞争对手。

所以说，同行之间不仅要竞争，更要合作。依靠对手的力量，将眼光放远，舍小利逐大利，才能获得最大的利润。

不计前嫌，化敌为友真君子

本茨和戴姆勒几乎是同时发明了人类历史上的第1辆汽车，又在相差不久的时间内建立起各自的公司。所以从一开始，命运就将他们安排到了一起，他们从此就处于一种竞争状态中。

1896年，戴姆勒设计出了第1辆马达载重车，而本茨抢在戴姆勒之前制造出了第1辆公共汽车。不甘示弱的戴姆勒在1900年成功地研制出一种高速新式轿车，奥匈帝国总领事埃米尔·耶利内克一口气订购了36辆这种新式轿车。

只是，耶利内克在订购这批车时提了一个要求，那就是用他女儿的名字"梅塞德斯"作为汽车的新商标。于是从1920年起，"梅塞德斯"轿车开始风靡全世界，它给本茨汽车带来了巨大的压力。

就在本茨与戴姆勒两大汽车制造厂两虎相争之时，已经崛起的美国福特汽车厂已把目光瞄准了欧洲市场。采用流水线作业的福特汽车价廉物美，不断涌进德国市场。当一辆辆福特T型车奔走在德国的大马路上时，本茨与戴姆勒几乎同时惊呼：狼来了！

在商战如此激烈的情况下，本茨和戴姆勒两大汽车公司都处于危机之中。1926年5月的一天，本茨专程前往戴姆勒公司拜访戴姆勒，他此行的目的是要促成两家公司的合并。此时已经92岁的戴姆勒热情地接待了比他小10岁的本茨，双方开诚布公地就合并事宜进行了商谈。为了避免在竞争中自相残杀而导致两败俱伤，也为了共同对付国外汽车业的竞争和挑战，双方很快就达成了一致意见。

1个月后，本茨与戴姆勒将两家企业合并，联手成立了"戴姆勒－奔驰股份公司"。两位汽车业元老在新的公司分别担任董事长和总经理。合并后，两位经营怪才配合得异常默契，使得公司迅速成长和壮大起来了。

本茨与戴姆勒"化敌为友"后，互相成为了对方的贵人。在此后的半个多世纪中，由于经济危机等多种原因，很多汽车厂都倒闭了，唯有奔驰公司岿然不动，稳中有升。本茨和戴姆勒的后继者都为两大公司的合并而感到非常庆幸，因为是合并给了公司新的生机和不断发展壮大的希望。奔驰公司的强大，在于化敌为友、搞合并。

以博大的胸襟对待自己的对手，不计前嫌，化敌为友，不但能够让昔日的对手甘愿为你效力，成为你坚实的依靠，更能够让周围的人看到你的闪光点，更加尊重你和敬佩你，从而树立你的威望，为你的成功打下坚实的基础。

所以，"化敌为友"对于自身来讲，是一举两得之事。

拥有一个朋友还是树立一个敌人，这两种做法为个人带来的结果是截然不同的。当你面对一个敌人的时候，你所面临的将不只是一个敌人，你所感受到的威胁将十倍、百倍于他实际上给你的威胁；而当你用友情感动了一个敌人，使他成为你的朋友的时候，你所得到的也将不只是一个朋友，你所感受到的快乐也将十倍、百倍于他实际所给你的快乐。在由两个势不两立的敌人一变而为互相谅解的朋友之后，不但双方都会有一种如释重负的轻松，而且可以互通有无，共同成就事业。

事实上，我们的生活与工作中并没有真正的对手。如果有的话，也只是因为你处世的功夫还不够高。那些处世水平高的人，很善于与难相处的各种人结成朋友。这样，不但可以提高自己的声誉，博得心胸宽广的美名，更重要的是，可以积累别人难以得到的人脉资源，为自己事业的发展开拓无限宽广的道路。

如何对付对手可以称得上是一门艺术，能否掌握这门艺术并为我所用，是人们应该认真思考和谨慎对待的问题。而"化敌为友"是对待对手的最佳态度和方法。

美国有一个年轻商人兼政治活动家叫皮亚，他对一位知名的大企业家汉拿非常不满意，甚至接连两次拒绝与他见面。

那时，汉拿即将要做某政党的政治领袖了。但是在年轻的皮亚看来，汉拿只不过是个"坏蛋"，一个地方上的"党魁"罢了。他看见报上对汉拿的称颂，没有一次不摇头痛骂的。

后来，汉拿的朋友对他说，你最好还是和皮亚好好谈一次，消释彼此的成见。于是，在一个拥挤的旅馆客房里，汉拿被引到一个沉静的穿灰外套的青年面前，那人坐在椅中并没有主动问候进来的人。

待友人介绍"这位就是皮亚先生……"之后，汉拿对皮亚说了很多话。

出乎皮亚意料的是，汉拿对于皮亚的事情了如指掌。他谈了许多关于他父亲担任法官的事情，关于他伯父的事情以及关于他自己对于政治纲领的意见。汉拿说："哦，你是从奥马哈来的吗？你的令尊不是法官吗……"年轻的皮亚不免吃惊了。汉拿又说："哦，有一次你父亲曾帮助我的朋友在煤油生意上挽回了一大笔损失呢……"说到这里，汉拿突然冒出一句感慨，"有许多法官知识渊博，思路敏捷，他们的能力远远胜于普通的企业家。"接着又说，"你有一位伯父在哈斯顿吗？让我想一想……现在你能对我说说，你对于那些政治纲领还有什么意见吗？"

此时，这位年轻政治活动家皮亚已完全改变了对汉拿的看法，他像面对一个自己熟悉的朋友一样，与他侃侃而谈，屋内的气氛轻松和谐。就这样，汉拿以他宽广的胸怀和平易近人的态度结交了一个新的忠诚的朋友。

从此以后，皮亚最大的兴趣，就是与这个他曾经非常憎恨的汉拿做朋友，并且忠心耿耿地为他服务。

"化敌为友"，除了自己要放下架子、心态平和外，技巧也是不可缺少的。

1. 了解对手

化敌为友的关键就是抓住对方的性格特征，以求对症下药、投其所好。

2. 充分表现出你需要对方的帮助

这一点是很重要的，它能最大限度地调动起对方的积极性。当然，你是否真的需要他的帮助，只有你自己知道。尽量抬高对方的自尊，对方一高兴，就可以避免把谈话激化，从而尽可能减少或消除以往的敌对情绪。

3．对威胁性问题置之不理

有时，我们会听到别人恐吓的问题："你以为你是谁?""你们那所高级学校难道没教你什么东西吗?""你从来没听过什么叫应急计划吗?"这些问题根本就不是询问什么信息，只是为了使你失去平和的心态。因此，不要带着感情色彩去回答——干脆就不要回答，索性假装那些问题压根就没从对方的嘴里吐出来，你只管回到你的主题。你不给对方向你破口大骂的机会，就有可能减少他（她）对这一类恐吓性问题的依赖。

4．敢于承认错误

不要害怕去承认自己的错误，以为这样别人就会看不起自己。其实，真正有能力的人往往是勇于承认自己的不对之处的。所谓的"知耻近乎勇"，正是这个意思。

第十章

同舟共济，同仁是你的互助人脉

同仁的作用无处不在

瑞典化学家舍勒只上过小学，他从 15 岁起就在一家药房里当学徒。用舍勒自己的话来说，他的许多化学知识和技能，都是那时"偷着学会的"！

一天晚上，舍勒在钻研孔克尔的名著《实验室指南》时，对书中的一段论述产生了疑问。他多么想去药店老板的实验室验证一下啊！可是，刻薄的老板有规定，未经特殊许可，任何人不得进入他的私人实验室。

夜深了，窗外寂静极了，只有秋虫偶尔发出"唧唧"的叫声。舍勒实在忍不住了，就点上蜡烛，偷偷溜进了实验室。他正聚精会神地操作着，突然，耳边响起一个严厉的声音："谁在这儿？"他吓了一跳，猛抬头，只见旁边站着自己的同事格伦贝格。顿时，他心中像一块石头落地似的，变得轻松起来。因为，格伦贝格是他最要好的朋友。

"这么晚了，你来实验室干什么？"格伦贝格不解地问。

"我实在睡不着呀，"舍勒指着桌上的《实验室指南》和实验装置，感慨地说，"你看，孔克尔的书上说，盐精和黑苦土不能混合。我想验证一下，看书上写得对不对。"

"噢，原来如此。"格伦贝格关切地说，"不过要注意身体呀，别熬得太晚啦！"

"放心吧，我一定注意。另外，希望你替我保密，千万别让老板知道。"舍勒低声央求道。

格伦贝格默默地点了点头。

经过实验，舍勒证明了孔克尔的书中是把石墨和软锰矿混为一谈了。后来，他还用软锰矿制出了氯气。

天长日久，这位小药剂师终于跻身于著名化学家的行列。

在日常生活中，同仁的作用无处不在。不论是志同道合的同路人，还是与你朝夕相处的办公室同事，都会对你的思想和言行产生一定的影响。如果你能以一种健康的心态来面对你的同仁，那你就会依靠他们来取长补短、完善自我。同时，也会让自己的生活变得更加充实。

办公室有时候就像是一个战场，战士虽然都是你的同仁，与你有着相同的目标，但能不能依靠他们以及和他们并肩作战，关键还在于你的心态是否健康。

当你面对一个男同事的时候，如果他年纪和你差不多，你可以和他称兄道弟，并且注意他的处世之道。

如果他的年纪比你大一些，你可以和他做忘年交，了解前辈对待世界的看法。你还可以暗地里设想，假如你处于他的位置，会怎么做，结果会更好还是更差。这样你学到的东西就会更多一些。

你还可以找男同事以建设企业文化的名义组织公司的球队，每隔一段时间就出去疯玩一阵。只要邀请他当教练或领队，一般他就会乐呵呵地掏腰包。

而如果你的同事多为女性，你就要相信一点：在内心深处，女人都是善良的。不管她们表面上是多么地冷峻，多么地不近人情，她们心里都有一块柔软的地方，那就是她们的母性本能。在你的工作和家庭、爱情有冲突的时候，她们会通情达理地帮助你。

这样，你就可以依靠同仁学到许多为人处世的经验，让自己变得更加成熟；也能够体现你的价值和能力，增加你的经济收入，提高你的生活质量；还能够借同仁的名义和力量丰富自己的生活，放松自己的心情。如此这般，你的同仁不仅能够帮助你，而且还是你生活的坚实靠山。

许智是个老实人，活了30多岁几乎没和人红过脸。在单位里，同事们都叫他"泥人"。不过正因为他的老实，他跟同事们相处得都还不错。有一次，许智的父亲哮喘病犯了，可住院部已经没床位了，许智的媳妇排了两天的队也没排上。这可把许智愁坏了：父亲没办法住院，万一什么时候发作了，抢救都来不及。于是他开始找朋友、托同学，想给父亲弄个床位，可都没有结果。这时，一个朋友提醒他："你单位那个小齐估计能帮上忙，他姑姑是省医院的大夫，听说人脉极广！"许智也知道小齐在医院有人，不过他想，大家不过是同事，虽说没什么过节，可也没什么来往啊，要是小齐不帮忙，那我多没面子，以后在一个办公室里上班多别扭啊！下午，他愁眉苦脸地来到单位，不料小齐竟主动凑过来搭话了。许智试探地将自己的困难告诉他，小齐听后笑着说："'泥人'你可真老实到家了，有捷径偏绕远路，你倒是跟我说呀！"同事们也都凑过来，七嘴八舌地说许智太见外，小齐姑姑能耐大着呢，找个床位小事一桩！在大家的议论声里，小齐得意地拿起了电话。没过半小时，医院来电话了：明天下午，有一个空床位，已经帮许智订下了。

在现实生活中，我们可以借助同仁的力量为自己办事，发挥出这一类贵人在我们生活中的重要作用。

在利用同仁关系办事时，要掌握恰当的时机。在对方时间宽裕、心情舒畅时，请求他帮你做事得到答复的可能性很大；相反，在对方心境不佳时，你的请求可能只会令他心烦。

求同仁办事时态度一定要诚恳，要动之以情，晓之以理。向同仁提出请求，无论请求同仁干什么，都应当"请"字当头。

请求同仁办事时，还要端正态度、注意语气。虽然请求时无须低声下气，但也绝不能居高临下、态度傲慢，非要别人答应不可，而应当语气诚恳、平等对待，要用协商的语气，如"劳驾，让我过一下，行吗"、"对不起，请别抽烟，好吗"、"什么时候有空跟我打打球，怎么样"。同时，还要体谅对方的心理："我知道这事对您来说不好办，但我实在没有办法，只好难为你了。"

当因为客观原因，你的同仁不能答应你的请求时，你不应抱怨、愤怒甚至是恶语相加，而应还礼道谢："谢谢你！""没关系！我可以找找别人。""没事，你忙你的吧！"这样你的同仁在有能力的情况下就肯定会鼎力相助。如果你不体谅对方，甚至对同仁施以抱怨，就等于堵死了再次向同仁提出请求的通道。

同仁是自己的一面镜子

32岁的劳尔在英国南部一家制造公司做管理工作，他付出艰辛的努力，却总是得不到提升。眼看着与自己资历差不多的同事一个个都得到了提升，他心中既羡慕又嫉妒。后来，他的一个下级又升了职。他再也忍受不住了，不满的情绪终于在他脸上显现了。他认为：无论是德行，还是才华，自己与任何同事相比，都丝毫不差。为什么别人能屡屡升迁，自己却只能在原地踏步走呢？在一个为时两天的管理训练课程中，劳尔和他的上级主管都参加了一个自我、他人评价练习。这个练习要求参加者从一系列形容词中选出一些最恰当地描述他们人格的词语，然后试着互相做同样的练习。每个人都可以检验自己的形容词与其他人为他们选择的形容词是否一致。

劳尔给自己所选择的形容词是：守时、勤奋、诚实、幽默、忠诚、友好、礼貌、自信、创新、能干、坦率、合作、有理解力。而布赖恩给劳尔选择的词却是：不守成规的、寡然无趣的、无创意的、不敏锐的、不忠诚的、守时的、勤奋的、诚实的、自信的、冷漠的、防御的、可靠的、固执的、郁闷的。

正如苏轼《题西林壁》诗中所说的那样："不识庐山真面目，只缘身在此山中。"任何人作为自己的"当局者"，想要完整而准确地了解和评价自己都是很难的，所以不妨把同仁当成是自己的一面镜子。

把同仁当做自己的镜子，不断地审视自己，才能够让自己扬长避短、趋于完美。

英国著名作家萨克雷在他的小说《名利场》中，借女主人公爱米丽亚之口说道："世界是一面镜子，每个人都可以在里面看见自己的影子。你对它皱眉，它还你一副尖酸的嘴脸。你对着它笑，跟着它乐，它就是个高兴和善的伴侣。"把这话用于描述对待同仁的态度以及由此得到的回报，不仅是形象的，也是很恰当的。

"我们公司的人最无情了。"有位女职员这么说，接着她又说因为最近"想辞职"，所以就"简直懒得理公司那帮人"！人前人后她也总是摆着一张脸给上司看。

所谓当局者迷，局外人也许仅仅凭她这无意中的一两句话便能够明白她公司的人为什么那么"无情"。

别人对她冷淡，是因为她先对别人冷漠，并且给别人脸色，人家只不过是"以其人之道，还治其人之身"罢了！这绝不是无意、偶然发生的。

每个人都能从"同仁"这面镜子中看到自己的样子，这对于个人的生存和发展都是十分重要的，所以不妨套用一句古话："以铜为镜，可以正衣冠；以人为镜，可以知得失。"

程学是一家大公司的高级职员，工作积极主动，待人热情大方，同事们都很喜欢他。他在这个公司的人际环境中已经如鱼得水，但是最近他突然发现同事们对他冷淡了很多。有的时候，几个同事似乎还在他的背后窃窃私语。他感到非常困惑，在他的印象中自己并无什么不妥的行为伤害了他们啊！有一天，他终于忍不住了，下班后找了一个心地善良、从前与他十分要好的同事闲聊。同事见他的态度诚恳，便和他说明了真相，原来是某一天他的一个无意间的小动作使他的形象在同事们的眼中一落千丈。

那天在会议室，许多人都等着开会，其中一位同事发现地板有些脏，便主动拖起地来，而程学一直站在窗台边往楼下看。突然，他急步走过来，叫那位同事把拖把给他。同事开始不肯，可程学执意要求，那位同事只好把拖把给了他。

程学把拖把拿到手，刚过一会儿，总经理就推门而入，此时程学正拿着拖把一丝不苟地拖着。从此，大家再看程学，便觉得他虚伪了许多，从前的良好形象被这个小动作破坏得一干二净。

程学听了以后，感到十分懊悔，本来自己只是想在领导面前表现一下，没想到却伤害了同事，也影响了自己在同事心目中的形象，是自己太自私了。从那以后，他的行为更加谨慎，诚心为同事着想，最后终于重新赢得了同事们的信任，成为了同事们眼中"最可爱的人"。

同仁是我们的一面镜子，所以处理好与同仁之间的关系是十分重要的。处理与同仁的关系，必须坚持以下3个原则：

1. 感谢同仁

要感谢同仁的协助，不要认为这都是自己的功劳，尤其要感谢上司，感谢他的提拔、指导、授权。如果实情也是如此，那么你本该如此感谢；如果同仁的协助有限，上司也不值得恭维，那你的感谢更有必要，虽然这显得有点虚伪，但却可以使你避免成为他人的箭靶。为什么很多人上台领奖时，他们首先要讲的话就是："我很高兴！但我要感谢……"道理就是如此。这种"口惠而实不至"的感谢虽然缺乏"实质"意义，但听到的人心里却都很愉快，也就不会妒忌你了。

2. 利益均沾

口头上的感谢是一种分享，你也可以扩大这种"分享"的对象，反正"礼多人不怪"！当然，倒不是别人非得要分你一杯羹，但你主动与人分享，会让旁人有受尊重的感觉。如果你的荣耀和成果事实上是众人协力完成的，那你就更不应该忘记这一点。你可以采取多种方式与人分享，如请大家吃几颗糖，或请大家吃一顿等，企业的老板则可以考虑给员工加薪、分红等。吃人嘴软，拿人手短，同仁分享了你的荣耀和成果，自然就不会

超级人脉术大全集

和你作对了。而且，他们还会觉得你不忘本、大度，以后会更愿意和你交往。这真是一举两得的好事。

3. 为人谦卑

有些人一旦获得荣耀和成果，往往就容易忘了自己是谁，并从此自我膨胀。这种心情是可以理解的，但旁人就遭殃了，他们要忍受你的气焰，却又不敢出声，因为你正在风头上。可是时间一长，他们就会在工作上有意无意地抵制你，让你碰钉子。因此有了荣耀和成果时，要更加谦卑。不卑不亢不容易，但"卑"绝对胜过"亢"，就算"卑"得过分也没关系，别人看到你如此谦卑，当然不会找你麻烦、和你作对了。

以心换心，寻求同仁的支持

三国时期，当阳长坂之战是曹操、刘备两军的一次遭遇战。骁将赵云担当保护刘备家小的重任。由于曹军来势凶猛，刘备虽冲出重围，家小却陷入了曹军围困之中。赵云为救刘备妻儿，单枪匹马突出重围，历尽艰险，终于来到了刘备的面前。当时刘备正在距离长坂坡20余里的地方和众人在树下休息。赵云一见到刘备，便立即下马"伏地而泣"，而"玄德亦泣"。赵云不顾自己的疲惫，气喘吁吁地对刘备说："赵云之罪，万死犹轻！夫人身带重伤，不肯上马，投井而死，云只得推土墙掩之。怀抱公子，突出重围，赖主公洪福，幸而脱险。"说着，他想起怀中的公子刚刚还在哭泣，便急忙解开来看，却见阿斗正睡着还没醒。于是赵云欣喜地说："幸得公子无恙！"便双手递给刘备。刘备接过孩子，扔在地上说："为汝这孺子，几损我一员大将！"赵云看到刘备如此，连忙从地上抱起阿斗，泣对刘备说："云虽肝脑涂地，不能报也！"

虽然人们对刘备掷阿斗一事历来颇有争议，但无论是刘备故意作态给别人看，以笼络周围将士的心，还是他真的爱将胜于爱子，阿斗的确是赵云从地上抱起来的，这在一定程度上表明了刘备当时是轻父子情、重君臣心的。他对赵云的感激怜爱之心溢于言表，赵云也由此更加坚定了为刘备效力的决心。正是因为刘备对将士有着感恩之情，他的周围才聚集了赵云、张飞、关羽、诸葛亮这些才华横溢的杰出人才，并成为他振兴大业的有力依靠。

同时，刘备还懂得安抚民心，实施"仁政"。刘备在与川军的斗争中，竖起免死旗，收降川兵，又谕众降兵"愿降者充军，不愿者放回"，实行优待俘虏的政策。这样一来反而使得人心向之，川军不战而溃。当军队进入成都时，百姓们之所以"香花灯烛，迎门而接"，正是因为刘备对百姓施行了仁政。他得到了百姓的拥护和将士的爱戴，因而顺利地占领了成都。

刘备最终之所以能够三分天下，拥有自己的一席之地，其中最重要的原因就在于他以一颗仁义之心换得了"同仁"对他的支持与感恩，使他得以依靠"同仁"的力量成就自己的事业。

不仅在古代社会如此，在我们当今的社会里，"我为人人，人人为我"、"人与人相互支撑"也是社会生活以及同仁间关系的法则。

在任何情况下，当人们对你有好感时，就会大力支持你，对你所做的一切都回报于你应得的好处。

这样并不表示你要变得很虚伪，相反，它要求你要用你的正直和仁慈去面对你的同仁，让他们在对你感恩的同时激发自己最大的能量和工作热情，成为你事业和人生的靠山。

以心换心，只有帮助别人，善于与别人共事，才能得到对方相应的付出，同时也获得自我人格的提升，得到无数人的信赖与支持。

同仁就是不能缺少的靠山。敬人者，人皆敬之；爱人者，人皆爱之。只有以一颗真诚的心去面对你的同仁，你才能够得到对方同样的回报，从而为自己增加一个可以同甘共苦、同谋事业的坚强靠山。古代做大事、成大业的人，都是靠以心换心才得到无数同仁的支持，并依靠他们的力量取

超级人脉术大全集

得事业成功的。

正所谓"得其民者得其国"，同仁的力量不可小视。你帮助了他们，他们就会对你感恩，成为你人生的靠山。

在一个寒冷的深夜，纽约的一条不是很繁华的道路上已经几乎没有车辆行驶。这时从街中心的地下管道洞内钻出一位衣着笔挺的人来。路旁的一个行人十分狐疑，他上前想看个究竟，一看却怔住了，这个钻出来的人竟是大名鼎鼎的电话业巨头、密西根贝尔电话公司总经理——福拉多！

原来，福拉多是因为地下管道内有两名接线工在紧急施工，所以特意去表示慰问。福拉多被称为"十万人的好友"，他与他的同事、下属、顾客，乃至竞争对手都保持着良好的关系。也许正是因此，这位富有人情味的企业巨子的事业才如日中天。

与同仁"以心换心"，需要遵循以下5点原则：

1. 真诚

尔虞我诈和虚伪的敷衍都是对同仁关系的亵渎。真诚不是写在脸上的，而是发自内心的，伪装出来的真诚比真正的欺骗更令人讨厌。

2. 友爱

"爱人者，人恒爱之；敬人者，人恒敬之。"任何人都不会无缘无故地接纳我们、喜欢我们，别人喜欢我们往往是建立在我们喜欢他们、承认他们的价值的前提下的。

3. 让同仁觉得与我们交往是值得的

我们在交往中总是在交换着某些东西，或者是物质，或者是情感。但其中我们应该注意的是，要不怕吃亏、不要急于获得回报和不要付出太多。

4. 维护别人的自尊心

简单地说，就是给同仁留面子。但这并不意味着在交往中要处处逢迎别人。在不伤及他人自尊心的情况下，陈述与对方不同的意见，或者委婉地指出对方的不足是不会影响同仁交往的。

5. 要尽力创造一种自由的气氛

在与同仁交往的过程中，如果想使别人从内心深处接纳我们，就必须保证别人在与我们相处时能够实现对情境的自我控制。也就是说，要让别人感觉是在一个平等、自由的气氛中与我们进行交往。

与同仁双赢才是真赢

九龙仓是香港最大的码头，拥有资产 18 亿港元。人们常说，谁掌握了九龙仓，谁就掌握了香港大部分货物的装卸、储运业务。说它是块商家垂青的"肥肉"，也许并不妥，但如果以商场比战场，那九龙仓就是兵家必争之地。只是，当年九龙仓却处在号称"地王"的英国财团怡和洋行的牢牢控制之下。

当时，居十大财团之首的地产商李嘉诚，靠买卖股票起家，风云际会，也正在暗暗计划争夺九龙仓。对此，英国怡和洋行有所察觉，有所留神。然而，李当时业务不顺，想从英国人手中收购"和记黄埔"的行动又未成功，所以，他采取了对九龙仓放缓攻击、对"和记黄埔"加紧进攻的战略。

包玉刚向李嘉诚坦然摊出自己进攻九龙仓的商战计划，希望能得到李的支持，并向李嘉诚抛出"和记黄埔"股票 9000 万股，助李攻击"和记黄埔"之战，同时也要求李抛出九龙仓股票 2000 万股给包，助包全力攻九龙仓。

这一下，连消带打，化"可能为敌"为必然之友，一箭双雕又利人利己，李嘉诚形成了对自己极为有利的态势，取得了进攻的有利地位。同时，他也使同仁获利：首先，这等于李嘉诚退出九龙仓的争夺，包玉刚少了一个对手；其次，得到李嘉诚初攻九龙仓的战果 2000 万股，包玉刚等于悄悄取得了进攻九龙仓的滩头阵地。

李嘉诚慨然允诺，两巨头击掌为盟，一场将轰动世界的商战悄悄拉开了帷幕，而怡和洋行当时却还懵然无知，这就奠定了包玉刚全胜的基础。

显然，当时能够争夺九龙仓的只有英国怡和洋行、地产商李嘉诚、船王包玉刚。这种三角的态势，要想靠一角去对付另外两角，是很困难的，但如果以任何两角的联盟去对付另一角，那就容易得多。在其他人问鼎无望的情况下，李、包联手，力量大增，这就是合作的力量所在。

在以后的竞争中，包玉刚趁怡和洋行对己未设防之机，出其不意地迅速购入九龙仓股票1000万股，尔后又密赴英国，借英国人的钱拆英国人的台，从英国商人手中借了21亿港元，强力收购了2000万股。最后，他以5000万股的绝对优势夺取了九龙仓，打了一个漂亮仗。

从上面的事例中，我们能够看到包玉刚与李嘉诚极高的合作艺术。

同仁之间的合作就是这样，各自付出，相互依靠，在借助对方力量的同时，达到自己的目标，也为对方作出一定的贡献。

世界上没有人可以不依赖同仁的力量而单独生存。有这样一个故事：有个固执的老头，不愿意与人交往、跟人合作。他穿的是自己种的棉花编织的布所做成的衣服，草鞋也是自己做的，吃的是自己种的粮食，农具也是自己炼铁打制的，吃的肉是自己养的畜禽。但我们仔细一想，他这样过得其实并不如意，因为这样不但使自己活得很累，而且生活质量不高。

回顾人类历史，就能够发现同仁之间协作精神的强烈、深入和广泛。人们都在为别人服务，人们也都需要别人的服务，比如，你吃的粮食是农民种的，你穿的衣服是工人生产的，你坐的沙发是技术人员设计的等，你不可能完全与世隔绝。

与同仁合作，双方都能更加省力，同时又能获得较多的利益和较好的发展，是实现"双赢"的一种可靠策略。

有着"外胡内南"和谐搭档美称的南存辉和胡成中从小就是同班同学，胡成中比南存辉大2岁，当时南是班长，胡是体育委员。毕业后，南存辉成了修鞋匠，胡成中做了裁缝。20世纪80年代后期，两人共同集资，创办了乐清求精开关厂。由于经营得当，乐清求精开关厂生意红红火火。

他们合伙创业的 6 年，是两个人各自事业的预演。两个人这一阶段最大的收获，一是积累了各自的第一桶金——创业 6 年，赢利 200 万元；二，也是更重要的，是为以后的发展奠定了基础。

为了与同仁密切合作，你需要培养以下几个方面的能力：

1. 积极参与

在团体中，每个成员都应该具有奉献意识，并有责任作出自己应有的贡献。在许多团体场合，有的人喜欢让别人抛头露面，而自己却静静地坐在那里，做一个感兴趣的旁观者。这样做的结果是，你无法培养自己的社交能力，无法赢得团体中其他成员对你的尊重，也无法对团体的决定施加影响。既然你同样对团体的最终决策负有责任，所以你也应该积极贡献你的聪明才智。如果你不敢抛头露面，大胆地表述自己的观点，是因为觉得你的观点不如他人的有价值，那么，你需要首先排除这种消极认识。如果你感到忧虑和焦急，那么，你需要迫使自己迈出第一步。万事开头难，随着你不合理的怪念头的减退，以及你自信心的增强，你就能越来越积极地参与到团体的活动中来，为团体的发展作出自己应有的贡献。

2. 具备有效讨论的能力

有效讨论的能力主要表现在如下方面：

（1）清楚地表达你的观点，并提供支持的理由和根据。

（2）认真地聆听他人的意见，努力了解他人的观点及其支撑的理由。

（3）直接对他人提出的观点作出回答，而不要简单地试图阐述你自己的观点。

（4）提一些相关的问题，以便全面地探究所讨论的问题，然后设法去回答这些问题。

（5）把注意力放在增加了解上，而不要试图不计代价地去证明自己观点的正确性。

3. 尊敬团体的每一位成员

这是保证合作成功的基本准则。虽然你十分确信你比其他的参加者更有知识，但重要的是，你要让他人充分地表达自己的观点，而不要随意打

超级人脉术大全集

断，或表现出不耐烦。做到这一点对于团体正常地发挥作用是很有必要的。也许在某些场合，其他成员不同意你的分析或结论，即使你确信你是正确的。当发生这种情况时，你也需要作出必要的妥协和让步。如果做不到这一点，那就接受现实，尽你所能阐述自己的观点，力争使他人能够接受。

4. 接受同仁的观点

当你面对一系列问题时，除了提出你自己的观点以外，你还应该鼓励其他同仁也相应地提出他们的观点。当其他同仁向你提出他们自己的观点时，你应该作出积极的、有建设性的回答。

5. 对同仁的错误坦诚相告

改进和完善与同仁之间的人际关系，当然不仅仅是理解对方。在遇到原则性问题，尤其是当你察觉到同仁有可能要犯错误之时，一定要直言不讳地坦诚相告。

有的人往往担心这样做会伤害同仁的脸面，造成人际关系的恶化。其实，说出真心话是对同仁的信任、爱护和关心，同仁是能够理解的。这样做不但可以使合作避免重大损失，而且也可以使同仁少走弯路。聪明的同仁是会感谢你的。

6. 把工作放在首位

在工作中，衡量一个人是否受同仁喜欢，并不仅仅在于他的面部表情和举止神态，更重要的是要看他如何对待工作、是否有工作效率、能否经常提出合理的意见和建议、能否设身处地地为公司着想等。

所以，在工作中，你完全没有必要为了得到周围人的喜欢而将自己手中的工作抛在一边，一味想方设法讨同仁们的喜欢。只有认真工作，奋发向上，你才能够获得同仁们的喜欢和尊重。

与同仁在事业上互相促进

超级人脉术大全集

湖南省农民龙金平能够使普通的咸蛋成为国宴佳品，并能引起北京、香港等地众多商家争相订购，与他采用与同仁合作的经营模式是分不开的。龙金平开始做的是鸭蛋的买卖，他将家乡的鸭蛋贩运到广州去卖，生意一直很好。在做鸭蛋生意的过程中，龙金平发现制作月饼的主要原料——咸蛋黄十分紧俏，于是觉得加工咸蛋黄是一个商机。他还做了认真的市场分析：自己家乡有养鸡、养鸭的传统，蛋品货源供应充足，但卖原料与卖成品，这中间却存在很大的价差。于是他转变经营方向，开始了咸蛋的加工与销售。龙金平高薪聘请华南食品工业研究所的专家研制出了配方，自己也学会了咸蛋黄脱水、保鲜、杀菌、烘干、包装等整套技术。

当时，龙金平敏锐地意识到，如果生产没有上规模，产品没有名气是赚不到大钱的，而要把咸蛋黄加工做大、做强，单凭自己一个人的力量根本不行，只有把乡亲们组织起来，大家一起来，使咸蛋黄加工上规模、上档次，打响品牌，才能赚到大钱。于是他将花重金学来的咸蛋黄加工技术毫无保留地传授给了乡亲们，还在相邻的乡镇建立了技术服务点，并定期上门服务。他共带出骨干100多人，受益的群众则达到10多万人。

由于他们的产品质量过硬，所以很快就占领了市场，雪片般的订单从全国各地飞来。在2003年的前8个月，他们销售咸蛋黄达1000多万枚，产值高达920万元。尤其让人感到振奋的是，他们还与深圳果菜公司签订了出口合同，从此李花村咸蛋黄开始走出国门，远销美国、加拿大及东南亚。但是，龙金平并没有被胜利冲昏头脑，他深知市场经济优胜劣汰的残酷性是谁也无法逃避的游戏规则，李花村咸蛋黄虽然销量越来越大，但还不是叫得响的品牌，所以很难在市场上长期立足。于是龙金平带头到国家工商总局注册了"金黄牌"商标。从此，该村的咸蛋黄便有了自己独有的名字。此外，龙金平还创办了农产品有限公司，并以此为龙头组建了咸蛋黄加工基地，年加工鲜蛋 2000 万枚以上，实现年产值 1000 多万元。

"帮人就是帮己"，换种方式考虑，我们就知道帮人能使自己获益。在公司里，由于分工合作的制度，我们往往只能接触有限的工作范围。因此，当别人拜托你为他分担工作的时候，也就等于提供给你一次最佳的学习机会，使你能够涉猎以往没有机会接触的事物，从而充实自己的生活，拓展自己的能力，使自己超出常人，脱颖而出。

哪怕是一些微不足道的小事，也可能令你获益良多。例如，上司要你查一个专业名词的含义。这时候，除了查阅该名词之外，你还可顺便找出相关用语，做成一张阅览表，或浏览一些参考书籍，这样无形中你便可增长不少新知识。

虽然这些事情全是以工作为出发点，但是，对于不惜花费心力帮助他人的人而言，再小的情报或收获都可能被其发展为一番大事业，并不断产生新的构思。

同时，乐于帮助别人，也有益于你成为一名受人欢迎的职员。

总之，你敬我，我让你，互帮互动，这些人情世故不要疏忽。它虽然不一定为你带来即时的效应，但你有意或无意的疏忽却会阻断某些路，尤其是"只来不往"的疏忽最为严重。哪怕你才华过人，在重视人情世故的社会，也有可能因为你个人的因素而得不到充分发挥。

谁都会遇到自己克服不了的困难，谁都需要得到别人的帮助。同事相处也是如此，"你敬我一尺，我让你一丈"，互相帮助，互相关心，携手共进，岂不乐哉！寡助之人难成大业。帮助别人其实是帮助你自己，得到的满足是相互的，经常帮助别人，才能在自己危急的时候不至于呼天天不应，叫地地不灵。

张霞和王辉同时进入某家房地产公司，在工作中她们不相上下。张霞是电力局张局长的宝贝闺女，而王辉则没有什么关系。领导由于这个原因，比较关照张霞。

王辉没有因为自己没有这样的关系而表现消极，而是经常与张霞相互协作，配合非常默契。

张霞也愿意同王辉编在一组，相互促进。在完成某房地产项目的过程中，张霞和王辉一起，晚上看图纸，安排工序，白天干活，结果比预定工期提前了1/3，因此受到了公司表彰。

曾经有朋友劝王辉说，张霞本来就有关系，现在你帮她的忙相当于断了自己的升迁之路。王辉对朋友说："第一，我佩服的是张霞的能力和人品，张霞是张局长的女儿，但人家不靠自己的父亲，而靠的是实力；第二，如果自己没有水平，即使领导不看重张霞，自己也不会有什么出息，我现在也是向她学习；第三，一旦张霞升迁，自己与她配合默契，工作起来也顺手。"

通过相互配合，她们的工作取得了很出色的成绩。领导通过张霞也认识了王辉，认为两个人的能力同样突出，所以均授予她们"优秀员工"称号。在张霞被提为项目经理之后，王辉理所当然地成了副经理。张霞心里明白，没有王辉的帮助，仅靠自己不会有这么突出的成绩。所以不久之后，张霞就通过关系，将王辉调到了另一部门担任正职。这样，王辉的道路也宽广起来。两个人在两个部门相互协调，工作就更加好干了。

与同仁互帮互助，有几点需要注意：

1. 积极主动

和同仁相处，首先要树立起助人为乐的思想。助人不仅要体现在工作上，还可以扩大到日常生活中。

当你的同仁在工作中遇到难题时，你应该诚心诚意地伸出援助之手，帮他摆脱暂时的困境，而不要冷眼旁观，更不能落井下石。如果某一回他无意中冒犯了你，又忘了向你道歉，这时你就要大度一些，原谅他，凸显自己宽广的胸襟，日后他会感激你的。

你一生中有那么长的时间与同仁一起度过，大家相处更快乐一些不是更好吗？

超级人脉术大全集

2. 慷慨大方

俗话说得好："一个篱笆三个桩，一个好汉三个帮。"在工作、生活中，同仁之间随时可能需要对方的帮忙。也许没有比帮助这一善举更能体现一个人宽广的胸怀和慷慨的气度的了。不要小看对一个落魄的人说一句暖心的话、对一个跌倒的人轻轻扶一把、对一个无望的人赋予一个真挚的信任，这虽然是自己的举手之劳，但对一个需要帮助的人来说，也许就是醒悟，就是支持，就是宽慰。

总之，大凡是好事，你伸出热情的手予以大力帮助，使之功成事就，都可以说是"成人之美"的"君子"作为，是得人心、受欢迎的。

3. 低调沉稳

帮助同仁，不要居功自傲。帮助时应注意，不要使对方觉得接受你的帮助就是欠了你的人情，帮助要做得自然得体。也就是说，可能对方在当时或许无法强烈地感受到，但是日子越久越体会到你对他的关心，能够做到这一点是最理想的。帮忙时要高高兴兴，不可以心不甘、情不愿的，更不要指手画脚，要彻底把意识里"这是为对方而做"的勉强观念根除。假如对方对你的帮助毫无反应，你一定大为生气，认为他太不识好歹了！如此态度甚至想法都不要表现出来，因为他的反应只是表面的，人是有感情的动物，在他的内心深处肯定有一些温暖。

4. 灵活多变

帮助同仁也离不开技巧。在具体的情景下，当你想帮助某个人时，你要注意具体问题具体分析，考虑如何帮助他才能使他真正感激你的帮助。如一位残疾人坐在三轮车上上坡，但因坡度较大，他费了很大的劲也没上去。好心的你走上前，想帮助他，于是便告诉他该怎样用力。但你不知道，他此时最需要的，是你从后面推他一把，让他顺利通过这段道路。

学会与几种不同类型的同仁相处

丁力是某公司的销售员，由于自己是外地来的，在工作中他处处小心，事事谨慎，对每位同事都毕恭毕敬，偶尔与同事发生点小摩擦他也从不据理力争，而总是默默地走开。逐渐地，大家都认为他太老实、太窝囊，于是都不把他当回事，在许多事情上总是叫他吃亏。

其实，每当想起同事们对他的态度，尤其在奖金分配上自己老是吃亏这些事，丁力心里很是委屈。残酷的现实使他不得不对自己的为人处世进行反思，他决心改变自己，以便让别人改变对自己的态度。

一次，销售总监要一份销售计划书，可1天后还没见人送到办公室来，便到销售部大发脾气。销售经理便说计划书早就让丁力做了，是他故意拖拉才未完成任务的，并且说丁力做事一向不负责任。

丁力马上站了起来，说道："总监，今天的事你可以调查一下，计划书昨天下班前我就交给了销售经理，怎么能说我不负责任？我看是有人别有用心地想让我出洋相。在这里，我顺便告诉大家，我不是面团捏成的，任别人想把我怎么样就怎么样。大家在一起共事也是有缘，我是不想和同事们争来争去罢了。以后，谁要再像以前那样待我，对不起，我就不客气了。"

从此以后，丁力发现同事们对他的态度有了明显的转变，他也抬头挺胸起来，不想再扮演被人欺负的老实人的角色了。

在职场中，像"销售经理"这样的同仁并不少见。你还有可能遇到一些其他性格、其他类型的难相处的同仁，比如下面几种便是其中的典型：

1. "死板"的同仁

特征：这类同仁对人十分冷漠、毫无热情，行动上往往我行我素，从不顾及别人。在工作中尽管你客客气气与他寒暄、打招呼，可他的反应却总是爱理不理，不会作出你所期待的热切回应。同这类同仁共事，确实让人感到不舒心、不自在，好像自己有什么对不住他的地方。

2. 争强好胜的同仁

特征：这类同仁爱争强好胜，逢事必赢之而后快。在与同事的竞争中，他们总是想方设法挤兑人，甚至不择手段地打击人，以至于周围的人都成了他们竞争的对手。不管你们在一起干什么，他都要不惜一切代价非赢不可，从而使别人长期处于紧张状态中，妨碍大家卓有成效地开展工作。争强好胜的同仁也容易走向极端，并有可能由于长期身心疲惫而累垮自己，给工作带来不利影响。

3. 搬弄是非的同仁

特征：这类人经常在背后说别人的坏话，无事生非，故意找借口与人争执，好像总是觉得别人满足不了他自己，或者别人有对不起他的地方。

搬弄是非的同仁总是嘟嘟囔囔，似乎对什么都不满意，无论大事小事都是牢骚满腹。

他一旦认为别人有不好的地方，即使是一点小错误，他也会当着大家的面奚落你一番。甚至他两头装好人，先是答应透露给你对方的"机密"，然后让你发誓保守秘密来堵你的嘴。

4. 打"小报告"的同仁

特征：这类人为了与他人竞争，常采取不正当的方式，向上级打"小报告"。这对同仁间的关系、上下级关系以及大家的工作效率和整个办公室的工作氛围都会产生非常恶劣的影响。

针对上文"权威分析"中所述的几种类型的同仁，我们可以采取以下几种应对策略：

1. 应对死板的同仁

（1）多花些时间，仔细观察、注意他的一举一动，从他的言行中寻找出他真正关心的事情。一旦你触及他所热心的话题，他很可能就会马上一

中篇 超级人脉的黄金法则 ——人一生要依靠的14种人

扫往常那种"死板"的表情,而表现出相当大的热情。

(2)要有耐心,要循序渐进。如果你在与他打交道时能够设身处地为他着想,维护其利益,逐渐使对方去接受一些新的事物,从而改变和调整他的心态,这样,你与他就可以取得交往上的成功。

针对对方的性格特征,运用不同策略,有的放矢,才能达到与对方友好交往的目的。

浩天因为一篇市场调查报告,需要找机要室李敏小姐查看有关资料,可他见李敏小姐满脸严肃,不禁心虚了。稍定后,浩天与她攀谈起来:"李敏小姐每天倒挺忙的啊!""对!""你操作微机如此熟练,有些资历了吧?""不长!"……几个回合下来,李敏始终吝于作答。于是浩天改变谈话策略:"听办公室主任讲,我们单位有两个天使最有名,你猜是谁?""不知道!"李敏依然简单作答。"好,我告诉你,一个公关天使春礼,另一个就是小姐你呀!"浩天边说边放慢谈话速度。"他们叫我什么天使?"李敏问。浩天见李敏的笑容终于绽放起来,故意顿了顿说:"叫你冷艳天使啊!""简直胡说八道,浩天你看我像不像?其实……"李敏的话匣子终于打开了。浩天面对冷若冰霜的李敏,在交谈近乎陷入僵局的情况下,抓住她"冷艳"这个弱点,假借第三者的谈话进行出击,给了李敏内心尊严致命一击。而她为了维护自尊,于是连珠炮似的向浩天辩解,并表明自己的热情、温柔和善良,从而营造了一个和谐、愉快的氛围。

2. 应对争强好胜的同仁

(1)正确对待荣誉。作出了成绩,就应该得到荣誉,你不能允许任何人将自己的工作成果或合作的工作成果写在他人的功劳簿上。你要坚持这个原则,使争强好胜的同仁无隙可乘,这样他也就没有了逞强的机会。

(2)不卑不亢。与此类同仁共事时不必和他太过于计较,只管把自己的工作做好,给他造成一定的环境压力,使其失去争强好胜的市场即可。任何人都既有长处,又有短处,也许争强好胜的同事确有比你高明之处,但你不能因此而自卑。俗语说得好,"金无足赤,人无完人",他绝不会在各个方面都超过所有的人。

超级人脉术大全集

（3）大度、光明磊落。要让你的同仁都知道，你要去竞争一个职位，而你知道这个职位也是他们希望得到的。如果你与人事经理谈过这件事，早晚他们也会知道的，因此在你做这件事之前，要让办公室里所有的人都知道这件事。一旦竞争有了结果，无论谁是赢家，都要主动采取行动，尽快消除分歧，做到朋友归朋友、竞争归竞争，双方都不要成为仇人。

（4）保持气度。此类同仁拼命寻求别人的敬重，你要尽量满足他的这种欲望，让他感到自己的重要性。这样他就不会把你看成对手，贬低你而抬高自己了。你也就可以较容易地和他相处并汲取其最佳见解，从而形成新的、更有价值的工作方案。

3. 应对搬弄是非的同仁

（1）给予拒绝。与比自己强的人交往，需要诚恳、虚心；与不如自己的人交往，需要谦和、平等；而和那些搬弄是非的人交往，则需要正直、坦荡。换句话说，就是对闲言碎语要不听、不信、不传。

（2）淡化是非。有时候，尽管你听到关于自己的是非后感到愤怒，但表面上你还需努力控制自己的情绪，保持头脑冷静、清醒。你可以这样回答："啊，是吗？人家有表示不满、发表意见的权力嘛。"或者说："谢谢你告诉我这个消息，请放心，我在意这个问题，但我保留意见，以后再说吧。"如此，对方便会感到无空子可钻，也就不会再来纠缠不休了。

4. 应对爱打"小报告"的同仁

（1）先发制人。先发制人的意思是先动手以制伏对方。在应对打"小报告"的同仁时，先发制人是一种处理"小报告"的有效方式。

为何要先发制人呢？因为一般而言，那些爱打"小报告"、告"黑状"的同仁，为了使自己编造的"小报告"更能发挥陷害人的功效，总是要研究人们的心理。他们在陷害人的实践中，也逐渐"摸索"出这样一条规律，即从总体来说，人们往往对第一印象比较深刻，一经形成，便常常会积淀为一种思维上的定式。因此，如果你从一开始就给他留下一个无懈可击的印象，他陷害你的心就会自动消失。

（2）针锋相对。针锋相对是应对打"小报告"的同仁的有效方法。采取"针锋相对法"防范和反击"小报告"最为关键之处是必须选准目标，并且针对滋事生非的奸人的逆行采取公开论战的方法，对其向上级反映的不真实情况进行大胆揭露和坚决批驳，贬斥其所做的这种卑劣行为。这就要求我们：

第一，主动出击，把所发生的事情的原委详细、客观地公布给大家，使大家对此都有一定了解。

第二，与打"小报告"的奸人进行公开论战，把客观事实与那些偷偷摸摸上报的"黑材料"以及背后的各种不实之词等都摆到桌面上来。

第三，帮助和引导人们把正确的客观事实与"黑材料"相互对比、推敲，让人们发现事情的真相。

（3）当众驳斥。针对这类人偷偷摸摸的特征，你可以运用"当众驳斥"的方法，揭穿他们的小人行为。如果把事情的原委公之于众，而且当面辩论，让"小报告"成为公开材料，并且有事实与之参照，那么"小报告"的作用便被大大限制了。

（4）不留把柄。不给打"小报告"的同仁留下把柄，是应对这类小人作风的同仁的根本途径，是防止打"小报告"者在上司面前攻击、陷害你的根本方法。要想让众人相信自己的清白，要想让上司信赖你、重用你，你就必须做到襟怀坦荡、正直无私，不留任何把柄给其他人。

当然，难相处的同仁的类型有很多种，绝非以上4种典型所能概括。但总之，与他们相处的关键就是总结其性格特征，抓住他们的喜好并投其所好，把握他们的弱点对症下药。

第十一章
借梯登天，领导是你的天然人脉

欲求事业发展，抓住领导是关键

1861 年，当美国内战开始时，林肯总统还没有为联邦军队找到一名合适的总指挥官。

林肯先后任用了 4 名总指挥官，而他们没有一个人能"100% 执行总统的命令"——向敌人进攻，打败他们。

最后，任务被格兰特完成。

从一名西点军校的毕业生到一名总指挥官，格兰特升迁的轨迹几乎呈直线。在战争中，那些能圆满完成任务的人最终会被发现，并被委以重任，因为战场是检验一个士兵、一个将军到底能不能出色完成任务的最佳场所。

在格兰特将军担任联邦军队总指挥官的期间，纽约方面派了一个牧师代表团到白宫求见林肯，要求撤换格兰特。林肯耐心地听他们讲了 1 个小时，然后说："诸位还有话要说吗？"代表们说："没有了。"于是林肯问道："诸位先生，你们讲得很好，我想请你们告诉我，格兰特将军喝的酒是什么牌子的？"代表们回答说："不知道。"林肯说："这太令人遗憾了。如果你们能告诉我是什么牌子，我将派人购买 10 吨该牌子的酒，送给那些没有打过胜仗的将军们，好让他们也像格兰特一样打几场胜仗！"

为什么林肯总统这么器重格兰特？

因为在当时的局势下，联邦军队大部分的将领一直在打败仗，南方军队差点打到华盛顿。他们中间没有一个人敢于主动进攻，更没有一个人能像格兰特那样：当还是上校时，他就开始打胜仗；当升为陆军准将时，他还是在打胜仗；当升为少将时，他仍然在打胜仗。他打的胜仗越来越多，规模也越来越大。他总是能利用手中有限的军队、有限的武器取得战场上的最大胜利。

格兰特升为联邦军队的总指挥后，更是创造了战争史上一个又一个的奇迹。

格兰特因为创造了无数影响后人的经典战役，所以被称为"战场上的想象大师"。

林肯总统是格兰特最有力的支持者，而格兰特也以他非凡的执行力赢得了林肯的信任。

林肯在后来的评价中曾说过："格兰特将军是我遇见的一个最善于完成任务的人。"

在战场中，林肯总统需要能够像格兰特那样将胜利而不是问题带给自己的将军，所以格兰特得到了林肯的赏识，成为了联邦军队的总指挥官。同样的道理，在职场中，领导也需要那些能够克服困难、将结果而不是问题留给自己的员工，如果有人做到了这一点，他必定能够赢得领导的赏识。而无数的事例证明，只要赢得了领导的赏识，就等于抓住了事业发展的关键。

领导能够决定你在某一单位内部的升迁，这已经是不言而喻的了，领导不会提拔他不赏识、不认可的员工。

领导还能够决定你在单位的工作环境，如果领导不重视你，把你安排在可有可无的部门，你便很可能要花几年时间待在对事业发展无益的地方。

领导如果有了更好的发展和去处，有时也会将自己信赖和认可的员工带走，如果你是其中一员，也许你就会因此而得到一个更好的发展平台。

一次，一家公司的营销部经理率领他的团队去参加某国际产品展示会。

在开展之前，有许多事情需要加班加点地做，诸如展位设计和布置、产品组装、资料整理和分装等。可营销部经理率领的团队中的大多数人却和往常在公司时一样，不肯多干 1 分钟，一到下班时间就跑回宾馆，或者逛大街去了。经理要求他们干活，他们竟然说："又不给加班工资，干什么活啊？"更有甚者还说："你也是打工仔，只不过职位比我们高一点而已，何必那么拼命呢？"

在开展的前一天晚上，公司老板亲自来到会场，检查会场的进展情况。

老板到达会场时，已经是凌晨 1 点，但让他感动的是，营销部经理和一个叫周健的维修工正趴在地上，认真地擦着装修时粘在地板上的涂料，两个人都浑身是汗。而让老板惊讶的是，他没有看见其他的人。见到老板，营销部经理站起来对老板说："我失职了，没能够让所有的人都留下来工作。"老板拍拍他的肩膀，没有责备他，并指着周健问："他是在你的要求下才留下来工作的吗？"

经理简单地把情况介绍了一遍。这个工人是主动留下来工作的，在他留下来时，其他工人都嘲笑他是傻瓜："你卖什么命啊，老板不在这里，你累死老板也不会看到的啊！还不如回宾馆好好地睡上一觉！"

老板听完叙述，没有作出任何表示，只是招呼他的秘书和其他几名随行人员一同参加工作。

参展结束回到公司后，老板就辞退了那天晚上没有参加劳动的所有工人和工作人员，同时将与营销部经理一同工作的周健提拔为安装分厂的厂长。

那些被开除的人都满腹牢骚地去找人事部经理理论："我们只不过多睡了几个小时的觉，凭什么就辞退我们呢？而周健不过是多干了几个小时的活，凭什么就当厂长？"

人事部经理对他们说的是："用前途去换取几个小时的觉，这是你们自己的行为，没有人强迫你们那么做，所以你们怨不了谁。而且，我还可以根据这件事情推断，你们在日常的工作里偷了很多懒，而这是对公司极端的不负责任。周健虽然只是多干了几个小时的活，但据我们调查，他一直都是一个一心为公司着想的人，在平日里默默地奉献了许多，比你们多干了许多活，所以应该得到提拔。"

要想得到领导的器重，有如下几个要诀：

1. 学会倾听

当领导讲话的时候，要排除一切使你不能全神贯注的意念，专心聆听。最好眼睛注视着他，不要埋着头，必要时做一点记录。当然，也不能死死盯着领导，这会使他显得不自在，从而对你产生不好的印象。他讲完以后，你可以思考片刻，也可问一两个问题，以真正弄懂其意图。然后概括一下领导的谈话内容，表示你已明白了他的意思。切记，领导不喜欢那种思维迟钝、需要反复叮嘱的人。

2. 向领导汇报工作时要简洁

一般来讲，领导的时间都比较紧，他只希望对一件事的整体情况有所了解，而不喜欢属下事无巨细都告诉他。所以，简洁是你汇报情况时的最好选择。所谓简洁，就是有所选择、直截了当、思路清晰，不要拖泥带水、啰啰嗦嗦。

在向上级汇报时，准备相关资料是个好办法，但你必须使领导在较短的时间内明白你报告的全部内容。如果必须提交一份详细报告，那最好在文章前面写一个内容提要。

3. 积极维护领导的形象

要经常向领导汇报工作，介绍你所掌握的新信息，使他掌握你工作领域的动态和现状。不过，要切记这汇报应该是私下的，千万不能在公开场合突然地冒出来，让他觉得你是在炫耀自己的"能干"。

如果你在工作中遇到了困难，而且这些困难与公司的某项不当决策有关，那么你千万不要在公开场合当众指责领导失误，而最好单独找领导沟通。有经验的下属很少使用"困难"、"危机"、"挫折"等词语，他们会把困难的境况称为"挑战"，并制订出计划迎接挑战。

4. 诚实守信

如果你承诺的一项工作没兑现，领导就会怀疑你是否能守信用。如果工作中你确实难以胜任，要尽快向领导说明。虽然领导会有暂时的不快，但是这要比领导到最后失望时产生的不满好得多。

5. 把握好与领导相处的尺度

你与领导在单位中的地位是不同的，这一点你一定要心中有数。与领导保持良好关系很重要，但不要使关系过度亲密，以免引起其他同事的误会。

揣摩领导的意图

杨修是曹操军中的主簿，是很有名的才子。他的遭遇以及由此得出的教训，我们可以借鉴。刘备亲自带兵攻打汉中，惊动了许昌，曹操也率领40万大军迎战。曹刘两军在汉水一带对峙。曹屯兵日久，进退两难。适逢厨师端来鸡汤，曹操见碗底有鸡肋，有感于怀，正沉吟间，夏侯惇入帐禀请夜间号令。曹操随口说："鸡肋！鸡肋！"人们便把这当做号令传了出去。行军主簿杨修一听，随即叫随行军士收拾行装，准备归程。夏侯惇大惊，请杨修到帐中细问。杨修解释说："鸡肋者，食之无肉，弃之可惜。今进不能胜，退恐人笑，在此无益，来日魏王必班师矣。"夏侯惇于是很信服，命曹营诸将纷纷打点行李。曹操是个权力欲望很强的人，知道此事后，他怒斥杨修并说杨修造谣惑众、扰乱军心，并以此为由把他斩了。

杨修的聪明在于能了解上司的意图，他察觉出曹操心中的不安和犹豫不决；但他的愚蠢在于他将上司的意图宣扬了出去，以致聪明反被聪明误。

无论是在古代官场还是现代职场，"揣摩领导意图"其实都是官场或职场人士最重要的也是最应当具备的基本素质。为什么这样说呢？因为官场作为一个管理体系，除金字塔的塔尖外，其余所有人都是管理中的一个层次，都有一个"认真学习、深刻领会、全面贯彻"上级"路线、方针、政策"的问题。这就要求为政者必须首先要弄懂、弄清上级的意思，然后才有可能贯彻执行好，这之后才会有政绩出现。作为官场或职场中的一员，这一素质是非常重要的。否则，职员们就会变成"歪嘴和尚"，即使有着良好的出发点也会"好心办坏事"。从这个角度上讲，"揣摩领导意图"实在是太重要了。

职场中的情况也是如此。要充分理解上司的意图，有些事要在上司交代之前就做好，不要让领导操心。另外，在分配任务的时候，更要充分理解上司的意图，对上司到底要求你将工作做到什么程度，你要有清楚的认识。

上司找你谈话，可能是想指出你的不足，但有时事先会赞扬你一番。这时你千万不要高兴过头，你必须明白他和你谈话的重心是什么，这样才不至于盲目乐观。

揣摩领导意图关系着职场兴衰，对我们有至关重要的作用。

某食品公司因产品质量问题，引起了社会公众的投诉。电视台记者到该食品公司采访时，最先碰到的是经理助理。他怕承担不起责任，就对记者推卸道："我们经理正在办公室，你们有什么事直接去问他吧!"这下可好，记者闯进经理办公室，把经理逮个正着。经理想躲躲不开，又毫无心理准备，只好硬着头皮接受了采访。事后，经理得知助理不仅未提前给自己报信，还推卸责任，很生气，很快就把他"炒鱿鱼"了。

小关是某信访办公室的科员，每天都会遇到大量的上访者要求见领导解决问题。但领导精力有限，如果事事都去惊动领导，势必会影响领导集中精力做好事关全局的工作，并且也会让他认为下属未承担起自己的职责。于是每当这时，小关总是利用自己的特殊身份勇敢地站出来，了解情况，解决纠纷，进行协调，必要时还使用一些强制手段把问题处理好。在排除一些无理取闹的事以外，如果查实确有重大问题，再向领导请示。所以，问题在他这儿总能被处理得有条不紊，众人心服，同时他也获得了领导的赞扬。

揣摩领导真实的意图之后，不妨采取以下行动：

1. 主动去做上级没有交代的事

在现代职场里，有两种人永远无法取得成功：一种人是只做上级交代的事情；另一种人是做不好上级交代的事情。这两种人都是首先被炒"鱿鱼"的人，或者是在卑微的工作岗位上耗费终生却毫无成就的人。

在现代职场，过去那种听命行事的工作作风已不再受到重视，主动进取、自动自发工作的员工将备受青睐。在工作中，只要认定某件事是要做的事，就应立刻采取行动，而不必等上级来交代。

2. 加强沟通，展现实力

工作是一股绳，员工就好比拧成绳子的每根线，只有各根线凝聚成一股力量，这股绳才能经受住外力的撕扯。这也是员工应该遵循的一种工作精神或职业操守。所以，无论自己处于什么职位，首先都要与同事多沟通，因为你个人的视野和经验毕竟有限，你在单位里的作为和表现又都被领导看在眼里，因而一定要避免给领导留下"独断独行"的印象。当然，同事之间有摩擦是难免的，但即使对一件事情有不同的想法，我们也应坚持"对事不对人"的原则，及时有效地调解好彼此的关系。从另一个角度来看，此时也是你展现自我的好机会。用实力说话，才能真正令领导刮目相看。毕竟，与同事之间的沟通和合作情况，也能成为领导对你进行考核的一项标准。

3. 不要自作主张

即使你能够揣摩出领导的意图，也不要对单位里的事擅自做主。你可以默默地做领导没有交代的其他工作，但绝不可以越位决策，因为这是对领导极不尊重的行为，必定会引起领导的反感。

做上司认可的员工

宗泽是北宋末年抗金的名将，他手下有一员赫赫神威的将士，那就是岳飞。宗泽很赏识岳飞，经常指导他、点拨他，希望有一天他能够成就伟大的功业。

有一天，宗泽对岳飞说："岳飞，你有过人的勇气和出众的才华，这是许多人都望尘莫及的，也是你值得骄傲的地方。但是有一点我要特别提醒你，那就是你十分喜好野战。你不喜欢战前做好周密的战略部署，而只是凭直觉掌握战机，这不是万全之策呀。"宗泽说着，又拿出一些布阵图给岳飞看。

岳飞聪明机敏，加上年轻气盛，并不理会布阵图的作用，而是说："您的教诲很中肯，布完阵后再战是从军打仗的常用战术，不失为上等作战方法。但是，战略战术的运用，难道不完全在于将领的一念之间（运用之妙，存乎一心）吗？"岳飞的意思很明确：战术有其固定的形式，但并不是说照搬照抄就能赢得战争，必须把它们用足、用活。而如何用足、用活，这就在于指挥官的智慧了。

听了岳飞的话，宗泽深深地感到岳飞是位天才军事家，而绝不是纸上谈兵、机械教条的普通军官，因而对岳飞更加器重。不久，宗泽在一次战斗中牺牲了，因岳飞的指挥作战才能已显山露水，所以他终于成为了可以取代宗泽的三军统帅。他后来率领宋军浴血奋战，逐渐收复失地，令金兵节节败退，闻风丧胆。

岳飞的大名和在历史上的功勋家喻户晓，案例中讲的是他成就伟业之前的事。他的"上司"宗泽很看好他，但是认为他还有一些缺点。当岳飞向宗泽说明了他的想法之后，他的才华和想法得到了宗泽的认可。后来，他越来越受"上司"的重用，终于成了可以独当一面的朝廷重臣。

从这个故事中，我们可以看到下属得到上司认可的重要性。只有成为上司认可的员工，你的仕途才会一帆风顺，否则就有可能事事碰壁。

在生活中，我们经常遇到这样的事：如果一个人看另一个人顺眼，无论那人做什么，他都会觉得他做得对，即使有时真错了，他也会原谅那个人。相反的情况也是如此，如果一个人不认可另一个人，那么这个人付出再多的努力，也很难在那个人的心中留下良好的形象。

上司也是这样，他们虽然因为有足够的才华和能力而走上领导岗位，但是他们的内心深处也和普通人一样：对他们认可的员工，有信任也有原谅；对他们不认可的员工，则既挑剔又怀疑。

相信所有人都希望成为前者，成为上司认可的员工，这是个人在职场中立足和发展的关键。

来到上海之前，Amily 一直在深圳一家化妆品公司工作。由于业绩出色，她从一名普通的美容顾问做到了化妆品销售主管。

Amily 的女上司一直对踏实上进的 Amily 以及她勤奋努力得来的业绩赞誉有加，而 Amily 也一直认为，女上司的认可是自己在这家公司得到良好发展的主要原因。女上司让 Amily 相信，只要她一直努力，踏上公司领导层的可能性是很大的。

然而，就在 Amily 不断努力拼搏的时候，上司被一纸调令调到了上海分公司任职。Amily 将面对新的老板，这意味着她以前的努力要被一笔勾销，一切都要重新再来。

然而上司在调离去上海的前一周，突然打电话约 Amily 谈话，她们相约在一家咖啡馆见面。女上司恳切地同 Amily 谈了到上海发展后的各种前景和规划，说虽然一切要重新做起，但是机会却绝不比深圳差。而且她们从前配合得相当默契，如果能够再同去上海发展，将会有更好的前途。女上司一再强调自己非常欣赏 Amily 的工作能力，说只要她愿意一起跟过去，将会给她的事业提供一个新的发展平台。

见上司如此器重，Amily 未来得及多想就答应了。于是跟随旧上司到上海一展宏图，成了 Amily 满心的憧憬。

来到上海后的 3 个月，分公司运营良好。Amily 的销售运营业绩频频创新纪录，得到了公司总部的嘉奖。由于 Amily 自己的不断努力和女上司对她的器重，很快她就被提升为分公司副总兼市场开拓部总监。

下面是一些争取领导认可的实用方案：

1. 在领导下达命令之后，表现出责无旁贷、绝对服从的态度和超强的执行力

冷静、迅速地对领导的传唤作出肯定的回答，会令领导直觉地认为你是个办事有效率、听话的好部属，会很快赢得领导对你的好感，获得领导的信赖和提拔。相反，犹豫不决的态度只会惹得领导不快。

2. 对其他同事提出的好建议进行由衷的赞赏

有一位同事想出了一条连领导都赞赏的绝妙好计，与其拉长脸孔、暗自不爽，不如偷沾他的光。方法就是对其进行赞赏。在这个人人都想争着抛头露面的社会里，一个不妒忌同事的部属会让领导觉得此人本性纯良、富有团队精神，因而另眼看待。而赢得领导好感，也就为自己打好了贵人相助的基础。

3. 当领导问到你并不了解的事时，不要立刻说不知道，你可以请他给你时间想一想，然后再作出答复

领导问了你某个与业务有关的问题，而你不知该如何作答时，千万不可以说"不知道"，可以请他给你时间想一想。不过，事后你可得做足功课，按时交出你的答复。

4. 与领导共处时，谈论与公司发展相关的事宜

许多时候，你与领导共处一室，不得不说点话以避免冷清、尴尬的局面。这是一个能够让你赢得领导青睐的绝佳时机。但说些什么好呢？每天的例行公事，绝不适合在这个时候被搬出来讲；谈天气嘛，又根本不会让领导对你留下印象。此时，最恰当的莫过于一个跟公司前景有关，而又发人深省的话题。问一个领导关心又熟知的问题，在他滔滔不绝地诉说心得的时候，你不仅获益良多，也会让他对你的求知上进之心刮目相看。

5. 由于一时疏忽犯错时，必须巧妙地承认错误，但不能引起领导的反感

犯错在所难免，但是你陈述过失的方式却能影响上司对你的看法。勇于承认自己的疏失非常重要，因为推卸责任只会让人觉得你是个讨人厌、软弱无能、不堪重用的人。不过这不表示你得因此对每个人道歉，其中的诀窍在于别让所有的矛头都指到自己身上，而是坦承却淡化你的过失，转移众人的焦点。你可以这样对领导坦承："我一时失察，不过幸好……"

超级人脉术大全集

执行命令是不容商量的事

艾梅莉是美国经济学家葛尔布莱的女管家。一次，葛尔布莱感到特别劳累，便吩咐艾梅莉在他午睡时不要打扰他。一会儿，白宫打来电话。

"请找葛尔布莱，我是约翰逊。"原来是总统的电话。

"他在午睡，嘱咐过不要叫他，总统先生。"艾梅莉回答道。

"把他叫醒，我有要紧事。"总统焦急地说。

"不，总统先生，我是替他工作，而不是替您工作。"艾梅莉坚持道。

事后，葛尔布莱向总统表示歉意，而总统却显得喜不自胜："告诉你的管家，我要她到白宫来工作。"

作为下属，在没有接到关于决策变动的情况时，不要因为听到小道消息或根据自己的主观判断而停止贯彻执行决策。

接受任务，就意味着你负担了这份责任。如果在执行决策过程中执行不力，那么以后你就很难再得到重要的任务了。

领导希望看到的是决策的执行，而不是变更、拖延。一旦领导发觉你有一次没有按照他的意图去办理事情，也许他就会另外怀疑到其他事情。

退一步想，即使领导的决定是错误的，与你的关系只是你没有提醒而已，错误应由领导承担，但如果你没有按照领导的决定（或者是集体通过的）去做，一旦出现问题，后果却都将由你自己承担。

执行命令是一个责任问题。

在商业界，流传着这样一句话："责任是最好的管理。"有责任感的员工，不需要刻意的督促，因为自觉执行命令已成为他的一种融入血液的习惯，在使命的驱动下，他们会出色地完成任务。相反，推卸责任的人，不会主动执行命令，更不会对执行情况作出正确的认同，久而久之其倦怠的情绪会漫延开来，从而让自己陷入职场生涯的泥淖。而不愿意执行命令的员工，则容易在浮躁、急功近利的心态下迷失自己。责任感和执行力的缺失，与之相伴的，往往是惨剧的发生。因此员工要完成公司交付的任务，就必须具有很强的执行力。接受任务，就意味着作出了承诺；作出了承诺，就要无条件地去实现。

"无论什么工作，都需要这种不找任何借口坚决执行的人。对员工而言，无论做什么事情，都要记住自己的责任；无论在什么样的工作岗位上，都要对自己的工作负责。"

所以，在企业中应该像在军队中那样，将执行命令看成一件不容拒绝、不容商量的事。

执行命令应注意以下几点：

1. 拒绝拖延

拖延会侵蚀人的意志和心灵、消耗人的能量、阻碍人的潜能的发挥。处于拖延状态的人，常常陷于一种恶性循环之中，这种恶性循环就是：拖延——低效情绪困扰——拖延。

今天该做的事拖到明天完成，现在该打的电话等到一两个小时以后才打，这个月该完成的报表拖到下个月，那么这个季度该达到的进度就要等到下一个季度。凡事都留给明天处理的态度就是拖延，这是一种十分有害的工作习惯，我们都应避免。

2. 坚持到底，有始有终

一个人在工作中一旦养成了有始无终、半途而废的坏习惯，就永远不可能出色地执行命令。这时他也许会靠一些小伎俩来蒙混过关，可惜重过程更重结果的老板很少会连续上当。

如果你有能力，业绩却远远落后于其他人，那不要埋怨别人，最好自我反省一下：自己是否善始善终地把工作进行到底了？如果不是，就要正视你失败的原因。对于任何一件工作，要么不做，要做就要有始有终、彻彻底底地去完成。

一个人的工作成功与否，要看他有无恒心，能否善始善终。持之以恒是每个人应有的美德，也是顺利完成工作的重要因素。

3. 不为失败找借口

在生活中，不知有多少人一直抱怨自己缺乏机会，并努力为自己的失败寻找借口。成功者不善于也无须编造任何借口，对于自己的任务和目标，他们能够承担起责任，当然也就能够享受自己的勤奋和努力所带来的成果。他们不见得有超凡的能力，但却一定有超凡的心态。他们能够积极主动地执行任务，而不是一遇到困难就逃避、退缩，为自己寻找借口。

4. 做事做到位

做任何工作都要讲究到位，半到位和不到位是不可行的。任务执行时做到位，就是要有严谨的工作态度，对要做的工作不敷衍、认真去办、不打折扣。

唯有敬业，才能晋升

在美国标准石油公司里，有一位小职员叫阿基勃特。他在任何书信及收据上，甚至每次住旅馆时，都总是在自己签名的下方顺手写上"每桶4美元的标准石油"字样。如此日复一日，年复一年，他因此被同事戏称为"每桶4美元"。

签几个字，这是谁都可以轻松做到的事情，可是只有阿基勃特一个人去这样做了，而且持之以恒、乐此不疲。董事长洛克菲勒知道这件事后说："竟有职员如此努力宣扬公司的声誉，我一定要见一见他。"于是他邀请阿基勃特共进晚餐。再后来，阿基勃特成了公司第2任董事长。

阿基勃特从名不见经传的小职员一跃成为公司董事长的秘诀只有两个字：敬业。一个无论在何处都想着公司、努力宣传公司声誉并长期坚持下去的人，必定是一个敬业的人。只有这样的人，才能赢得上司的赏识，并被委以重任。

敬业精神是全社会所普遍需求的一种最关键的工作品质，也是企业最欢迎、最需要的一种工作品质。由此我们可以看出：一个人在单位是否"吃得开"，最关键的因素在于他是否踏踏实实地工作。

被誉为"全球第一CEO"的杰克·韦尔奇把员工分为A、B、C三类。

A类是指这样一些人：他们激情满怀、对使命负责、忠诚于任务、执行讲究效率、及时进行复命、积极主动、勇于创新……他们不仅自身充满活力，而且有能力帮助和带动自己周围的人。他们能提高企业的生产效率，同时还能使企业经营充满乐趣。

B类员工是公司的主体，也是业务经营成败的关键。公司投入了大量的精力来提高B类员工的水平。公司希望他们每天都能思考一下为什么他们没有成为A类员工，经理的工作就是帮助他们进入A类。

C类员工是指那些不能胜任自己工作的人。他们惧怕困难，更多的是逃避与推诿，不及时向上级复命，因而总使得目标落空。你不能在他们身上浪费时间，也不必花费资源把他们安置到其他地方去。

很显然，失去A类员工是一种损失。每一次失去A类员工之后，领导都要做事后检讨，并一定要追究造成这些损失的管理者的责任。可以看出，在杰克·韦尔奇的理论中，A类员工是最敬业的群体，也是获得奖励和提升机会最多的那一部分员工。

敬业的员工会给公司带来效益，带来新的创意，带来好的形象，带来好的发展。提拔他们，就是为公司的未来铺路。

一个名叫源太郎的日本人，凭借擦鞋成就了自己辉煌的人生。

多年前，身为化工厂工人的源太郎失业了。一个偶然的机会，他从一位美国军官那里学会了擦鞋。他很快就迷上了这种工作，只要听说哪里有好的擦鞋匠，他就千方百计赶去请教，虚心学习。

日子一天天地过去了，源太郎的技艺越来越精。他的擦鞋方法别具一格：不用鞋刷，而用木棉布绕在右手食指和中指上代替，鞋油也自行调制。好些早已失去光泽的旧皮鞋，经他匠心独运的一番擦拭，便会焕然一新、光鉴可人、耐用且光泽持久。更绝的是，凭着优秀的职业素养，源太郎与人擦肩而过时，便能知道对方适合穿何种鞋，并能从鞋的磨损部位和程度判断出这人的健康情况和生活习惯。他的精湛技艺打动了东京一家名叫"凯比特东急"的四星级饭店的领导们。他们将源太郎请到饭店，让他为饭店的顾客擦鞋。

令人惊讶的是，在源太郎来到"凯比特东急"之后，演艺界的各路明星一到东京便非"凯比特东急"不住。一向挑剔的明星们对此情有独钟的原因非常简单，就是享受一下该店擦鞋的"五星级"服务。当他们穿着焕然一新的皮鞋翩然而去时，他们都牢牢地记下了源太郎的名字。

源太郎炉火纯青的技术、一丝不苟的精神和不同凡响的工作效果，为他赢得了众多顾客的青睐。他的老主顾不只来自东京、京都、北海道，甚至来自香港、新加坡等地。他简朴的工作室内，堆满了发往各地的速寄纸箱。如今的源太郎，早已成为"凯比特东急"的一块金字招牌。

一个高度敬业的人，一般会在工作中表现出如下品质：

1. 对待工作有一种恭恭敬敬的态度，非常重视自己的工作

在工作单位，领导当然会重视每个员工的工作能力，但他更重视他们的工作态度。即使一个人很有才能，如果他的工作习惯不好，比如办事拖拉、经常不守时、做事马虎，领导也不会重视他的。

2. 在工作中，具备很强的责任感和主动的精神

在一个工作单位中，领导最感到头痛的就是这样一类工作人员：你让他抬胳膊他就抬胳膊，你给他指一他就做一，你给他指二他就做二，而绝不会做到三的。这样的人不是在用大脑工作，而只是在用四肢工作。他只是一个工作木偶，纵然得到侥幸晋升，也不可能作出成绩。

3. 追求完美，勇于付出

"追求完美"是我们并不感到陌生的词，在报纸、杂志上我们经常能看到这个词。世界上有相当多的企业把追求完美作为自己的企业精神。

4. 拥有敬业的习惯

有很多人，在日常工作中都会自觉或不自觉地对自己持有一种完全肯定的态度，认为自己是非常优秀的。但单位领导对他们的印象却并不好，好像既不承认他们的价值，又处处刁难他们。其实大多数情况下，事实并

中篇 超级人脉的黄金法则——人一生要依靠的14种人

非如此。多数人都是因为没有敬业的态度又十分自高自大，才引起领导反感的。这是职场人士尤其要注意的一点。

忠言不必逆耳

战国时期，并无多大能耐却又不施行仁政的齐宣王认为自己将来能统一天下。有一天，他召见孟子，问道："怎样才能统一天下呢？像我这样的人能够办到吗？"这个刚愎自用、专横跋扈却又自称仁义的暴君居然也想统一天下，孟子觉得实在可笑。但他没有予以否定，相反却是反过来予以肯定："能。"齐宣王听后大喜。孟子接着说："像大王这样有着恻隐仁爱之心的人，怎么不能统一天下呢。"齐宣王问道："此话怎讲？"孟子回答说："我听说，有一年新钟铸成后，准备杀一头牛来祭祀，但你看到这么好好的一头牛无罪被杀，就感到不忍心而不让杀。有这么一回事吗？"齐宣王高兴地回答说："有，有这么回事。"孟子接着说："大王啊，这就是你的恻隐仁爱之心呀！凭着你这种恻隐仁爱之心，怎么不能统一天下呢？"齐宣王听了后更加乐不可支："请详细说一下。"孟子接着就陈述了齐宣王"行王道统一天下，只是不肯干，而不是不能干"的问题，使得齐宣王终于大悟，承认错误，并请孟子教诲。

孟子所采用的方法是一种进"忠言"的好方法。其实，就连唐代著名的"诤臣魏徵"也经常采取委婉的方式向皇帝进言。

在现代职场中也是如此，很多时候，上司是被说服的对象。由于种种原因，上司可能会作出错误决断，这时一个有责任心的下级就应该尽全力提醒和说服上司改正错误的决策，这既是对上司的爱护，又是对工作尽职尽责的表现。

对于下属来说，发现上司的问题并不难，难的是敢不敢当面提出，或者知不知道该如何提出。拙劣的建议、方法很可能会毁了你的前程。通常情况下，人们存在一种消极防卫心理，担心多嘴多舌会触犯上司，招致打击报复，故而对上司的问题睁只眼闭只眼，听之任之，明知不对也不会提出来，认为反正出了问题责任也不在自己。其实，这种明哲保身、三缄其口的态度是不正确、不负责任的。一切称职的下属都应出于公心，多一点大无畏精神，敢于对上司的问题给以同志式的说服。更何况，绝大多数领导者还是非常愿意倾听下属意见、希望把工作做好的。

要想说服上司，首先需要有一点勇气。当然，由于彼此地位、职务的差异及隶属关系的制约，部属说服上司必然不同于说服下级或同事。只有善于把握上下级关系的特殊性，采取得体的口气、恰当的方式和技巧，讲究说服的艺术，才能收到良好的效果。

这就像喂生病的人吃药一样，药当然是苦的，但是如果你肯花心思、想办法，在药片的外面包上一层糖衣，效果就截然不同了。给药加点糖就是向上司提建议的正确方式，这样既能不伤害彼此的自尊和和气，又维护了公司的整体利益，十分巧妙。

长此以往，你也会因此而赢得领导的赏识。

赵礼曾经在一家广告公司任职。她工作上能吃苦，且待人热情、聪明能干，所以自然得到了老板的赏识。有一天，老板找到她，说自己订了一份公司经营规划，想让她给提提意见。赵礼于是就把她直率的个性显露出来了，她对老板的经营规划提出了不少批评意见，而且有的地方还批评得异常尖刻。当然，她的出发点是好的，而且她的很多意见也都很有见地，照理说应该得到老板的赏识。但不足 1 个月，她就被老板炒了"鱿鱼"，尝到了"忠言逆耳"的苦果。

巧妙地向领导进言有以下几个原则：

1. 要说服领导，就要把道理讲清楚

讲清道理也是有技巧的，只讲大道理，会让人不易接受，不如从小道理入手，层层深入，加以分析，使自己的话听起来更有道理。

2. 维护上司的尊严，才能说服他们

如果指责上司，使他们当众出丑、难堪，你的上司一定会把你列入

"罪人"一列的。平常人尚且希望别人维护他的尊严，更何况是领导呢。抱着趾高气扬的态度、采用指责的口气去说服别人的人，纯粹是去找碴儿。如果产生了争论，千万不要把你的上司驳得张口结舌才"鸣金收兵"，你也许自以为得意，其实这种做法很蠢。步步紧逼的说服非但不能促使领导者改变其立场、观点，而且会使其因自尊心受到挑战而变得固执起来，从而让你的说服归于失败。因此把握说服的分寸感十分重要。一般情况下，只要陈述了自己的看法，对方就会定夺，并以自认为恰当的方式予以接受。下属要相信领导的判断力，对于正确的意见和建议，他们是会给以充分的考虑的。

3. 不要企图"立竿见影"

要给领导充分的思考时间，他们会权衡利弊、得出正确结论的。这时，你也就达到说服的目的了。

4. 先赞美后提意见

向领导提出意见往往是这样的：直接的指正只会使领导产生厌烦情绪："什么样的事情还需要你来替我操心，难道我还不如你？"所以不妨首先恭维领导，随后通过请教的方式，适时提出自己的意见，这样领导就会欣然接受。

推卸责任是不负责任的表现

通用电气前CEO杰克·韦尔奇还是工程师时，曾经历过一次极为恐怖的大爆炸：他负责的实验室发生了大爆炸，一大块天花板被炸下来，掉在了地板上。

为此，他紧张得失魂落魄，自信心就像那块被炸下来的天花板一样开始动摇。但是他还是决定主动承担责任，于是他找到了他的顶头上司理查德解释事故的原因。

他的上司也非常通情达理，他所关注的是韦尔奇从这次大爆炸中学到了什么东西，以及如何修补和继续这个项目。他对韦尔奇说："我们最好是现在就对这个问题进行彻底的了解，而不是等到以后进行大规模生产的时候。"由于韦尔奇的负责态度，理查德没有对他进行严厉的批评，相反却表示完全理解。

从此，韦尔奇对工作更加用心、更加一丝不苟了。

当事情办砸、情况糟糕的时候，上司听到的最多的就是"我不知道"、"我不知道怎么会这样"、"我想尽了办法，但不知道怎样才能改善"、"都是他们出的主意，我不知道他们的初衷"……或许事情确实像这些人所说的那样，但此种态度却不可原谅。遇到问题时，你所应该做的是想办法解决，而不是两手一摊"我不知道"。

自己把事情办砸了，诿过于同事，结果只能给自己带来麻烦。韦尔奇的实验室出了事故，肯定不是他一个人造成的，但他没有将责任推卸给他人，因而得到了上司的谅解和改正错误的机会。

在工作中，像韦尔奇这样的员工并不多见。在工作的过程中，很多人会假装不知道有责任和任务的存在，当事情中途出现了糟糕的局面时，便推说自己并不知道有关的任务或责任，以此来逃避，或者推卸自己应该承担的责任。

现在，在企业里，老板越来越需要那些出现问题总是积极想办法解决，而不是把责任推给别人的人。

"我警告我们公司的人，"美国塞文事务机器公司前董事长保罗·查莱普说，"如果有谁说'我不知道，这不关我的事'被我听到的话，我马上开除他，因为说这话的人显然对我们公司没有足够兴趣——如果你愿意站在那儿，眼睁睁地看着一个没有穿救生衣、只有2岁大的小孩单独在码头边上玩耍。那么好吧，你可以走人了！我是绝对不会容许你这样做的，你必须跑过去保护那2岁的小孩才行。"

"同样的，不论是不是你的责任，只要关系到公司的利益，你都该毫不犹豫地加以维护。因为，如果一个员工想得到提升，那么任何一件事都是他的责任。如果你想使老板相信你是个可造之材，最好最快的方法，莫过于积极寻找并抓牢促进公司利益的机会。哪怕不关你的责任，你也要这么做。"

由此可见，只有一出现问题就会主动去承担、积极想办法去解决的员工，才是老板心目中的优秀员工。

王路是一家大型公司的工程部经理。一次，他的上司安排他去处理一项难缠的事件——公司的一桩工程引发的公司与当地居民的纠纷。本来，这些事务并不在他的职责范围之内，但公司一时找不到合适的人选，总裁认为他能言善辩又极懂周旋，于是便让他暂时放下手中的工作，到外地与分公司的几位负责人共同协商，妥善处理这件对公司业务发展至关重要的事务。

到了当地之后，王路自恃是总部派下来的人，不屑与分公司的几位负责人积极协商、共同处理，而是我行我素、一意孤行。可由于不了解当地的民俗民情，结果不但事情未能得到妥善处理，他还与当地民众发生了尖锐的冲突。

当总裁责怪他把事情办砸时，他因怕影响到自己以后的升职和加薪，便把责任通通地推到了分公司的几位负责人身上。可总裁对事情进行了一番详细的调查，了解到事情的全部过程，知道后果如此之严重完全由于他的自作主张时，便把他责罚了一顿，并因此对他的人品和能力提出了质疑。

事隔不久，王路又因为公司工程上的一些业务需要与分公司的那几位负责人进行合作。但人家因对他当初嫁祸于人的做法耿耿于怀，所以都借机报复他。最终，因业务受挫，王路不得不引咎辞职，离开了这家极有发展潜力的公司。

要想做到在工作中不推卸责任，必须拒绝以下观念和言论：

1. 他们做决定时根本就没有征求过"我"的意见，所以这个不应当是"我"的责任

许多借口总是把"不"、"不是"、"没有"与"我"紧密联系在一起，其潜台词就是"这事与我无关"，"我不愿承担责任"。这就把本应自己承担的责任推卸给了别人。

一个团队中，是不应该有"我"与"别人"的区别的。一个没有责任感的员工，不可能获得同事的信任和支持，也不可能获得上司的信赖和尊重。如果人人都寻找借口，无形中就会提高沟通成本，削弱团队协调作战的能力。

2. 这段时间"我"很忙，"我"尽快抽时间做

找借口的一个直接后果就是容易让人养成拖延的坏习惯。如果细心观察，我们就会很容易发现在每个公司里都存在着这样的员工：他们每天看起来忙忙碌碌，似乎是尽职尽责了，但他们其实只是把本应1个小时完成的工作变得需要半天甚至更多的时间了。因为工作对于他们而言，只是一个接一个的任务，他们只要寻找各种各样的借口拖延、逃避，就能少接点"任务"。这样的员工最让管理者头痛。

3. 我们以前都是这样做的，"我"只是在按照既定的方式做事

寻找借口的人都是因循守旧的人，他们缺乏一种创新精神和自动自发工作的能力，因此，期望他们在工作中作出创造性的成绩是徒劳的。这种借口会让他们躺在以前的经验、规则和思维惯性中舒服地睡大觉。

4. 如果能够接受一次全面培训就会更好了

这其实是为自己的能力或经验不足而造成的失误寻找的借口，这样做显然是非常不明智的。借口只能让人逃避一时，却不可能让人如意一世。没有谁天生就能力非凡，我们应有的正确态度是正视现实，以一种积极的心态去努力学习、不断进取。

5. "我"已经尽力了，这已经是"我"所能争取的最好结果

避免或逃脱责罚是人类的一种强烈本能。多数人在"有利"与"不利"两种形势的抉择中都会选择趋吉避凶。通过各种"免罪"行为，人们可以暂时逃脱责罚，保持良好的自身形象。但如果你只愿意接受表扬而不愿承担责任，那么你就永远也别指望改正错误的东西。

"功高震主" 会害了自己

在功绩面前沾沾自喜，难以把持住自己，这是人类天生的弱点，也是招致灾祸的常见原因。保持冷静的头脑，谦虚处世，低调做人，就会增大生活中的安全系数，减少别人嫉恨和打击你的可能。

经验告诉我们，有时立了功也许是件很危险的事情。上司一旦给你安个"居功自傲"的罪名就把你给灭了，还很得正嫉妒你、眼红你的人的心。所以记着，自以为有功便忘了上司，特别容易招惹上司的嫉恨。自己的功劳，自己表白虽说合理，但却不合人情的捧场之需，而且是很危险的事情。把功劳让给上司，是明智的捧场、稳妥的自保。

1978 年的一天，美国著名企业家、时任著名汽车企业福特公司总裁之职的李·艾柯卡，遭遇了他职业生涯最惨重的"滑铁卢"：在事业的巅峰时刻，他却被福特公司突然解职！

艾柯卡 1946 年进入福特汽车公司，当了一名普通推销员。20 世纪 60 年代初，福特公司面临危机，濒临倒闭。艾柯卡主动请缨，要求推出"野马"（Mustang）系列。此时执掌福特的亨利·福特二世（创始人亨利·福特的孙子）虽对此全新概念车并不"感冒"，但形势逼人，只好采纳。谁知"野马"系列一经推出，便很快成为市场竞相追捧的"宠儿"，当年便创下总销售量 418812 辆的纪录。公司净赚 35 亿美元，书写了福特历史上最辉煌的篇章。这样一来，艾柯卡仅靠"野马"的销售奇迹，就拯救了整个福特公司。于是，艾柯卡同时成为《时代》、《新闻周刊》两大知名杂志的封面人物。

1970 年，当艾柯卡被任命为总裁，正式成为福特汽车王国的第二号人物时，老板福特二世还表现出对艾柯卡非常倚重的样子。但艾柯卡当了总裁后，由于个性张扬、威风凛凛并且开始"才高盖主"，一切都发生了改变，直到某一天风云突变。

防止功高震主，虽不需要十分紧张，却也要比较小心。总的来说，要注意以下几点：

1. 要守规矩

从历史上看，"循吏最易保全"。《史记·循吏列传》中，司马迁所说的循吏，就是遵循法规，忠实执行命令，能知时务、识大体的臣子。

后世人以为只有慈爱仁惠、和善愉快，以仁义为准则的官吏才称得上"循吏"，那就大错特错了，因为首先应该是遵守规矩、严格约束自己。

2. 不自傲

古人说："懔乎若朽索之驭六马，栗栗危惧，若将殒于深渊。"即身居高位所面临的危险惊心动魄得就像以腐朽的缰驾驭着六匹烈马，万分危惧。所以千万不要居功自傲，要时时谦让。

3. 不手握"重兵"

在古代，功高的臣子如果能够主动交出兵权，那么对君主的威胁就减少了，他就可能因此而得以保全。所以不手握"重兵"，就是自我远离权势、以求自保的意思。

4. 多请教

古人说，三人行必有我师。作为你的上司，他必然有其独到之处，所以尽量在做事之前主动向你的上司请教，了解他的意见，这样在办事时你就能有所凭借。

第十二章
以德服人，下属是你的未来人脉

水能载舟，下属是你真正的贵人

联想集团创始人柳传志把培养下属当成自己的三大任务之一。在新生代职业经理人中，包括杨元庆、郭为、朱立南等人在内的联想 CEO 团队久享盛誉。可以说，联想老一辈为了培养这些年轻经理人费尽了心力。还是很早以前，柳传志就已经在不断地告诫杨元庆"要有理想，但是不要理想化"。

1991 年，杨元庆担任了联想 CAD 部门总经理。CAD 部门的主要业务是代理惠普公司的产品。柳传志给了他一个温暖的环境和适合的土壤，杨元庆就拼命地"长"。从 1991 年到 1993 年，CAD 部门的销售额迅速增长，从 5000 万元人民币长到 1.1 亿元人民币，再从 1.1 亿元人民币长到了 1.8 亿元人民币。后来，柳传志将杨元庆拉到身边培养。接触一段时间之后，柳传志发现杨元庆是一个执行力很强的"将"才，而不是运筹帷幄、决胜千里的"帅"才。因为杨元庆事业心很强，政治野心很弱。这样的苗子，柳传志最喜欢。

1994 年 3 月 19 日，香港联想上市后 1 个月，30 岁的杨元庆便被任命为电脑事业部总经理。在很短的时间之内，杨元庆重组电脑事业部，使电脑的销量大幅度提升。柳传志对于杨元庆的表现基本上满意，但他认为在推行改革的策略和手段方面，杨元庆还是显得有些"急躁"，缺乏"全局观"。柳传志告诫杨元庆说："要有理想，但是不要理想化！"但杨元庆置若罔闻，柳传志决定教育教育他。

有一天，当杨元庆为一个上海的项目又和公司大多数同事发生争论时，柳传志抓住这个机会，当着公司的许多高层和杨元庆的一些下属的面，将他劈头盖脸地臭骂了一通。在场的所有人都愣住了，大家跟随柳传志这么多年，还从未见过他发如此大的火。杨元庆很快就明白了柳传志对自己的良苦用心，于是逐渐学会了妥协，学会了做事要有全局观，学会了运用策略而不是蛮干。从此之后，杨元庆对柳传志说过的话都必定会好好琢磨、细细推敲。

柳传志在"敲打"杨元庆的同时，也尽自己的所能为杨元庆扫清障碍。最后，柳传志在杨元庆身上的付出获得了丰厚的回报：1996 年，联想电脑的销售额第 1 次登上国内市场的第 1 名，联想电脑在杨元庆的带领下开始在世界个人计算机市场上崭露头角。

杨元庆在柳传志的指导下，为联想集团的发展作出了重大贡献。从这个角度讲，杨元庆是柳传志的贵人。

下属能够成为贵人，原因大致有以下几点：

1. 下级是工作成绩的真正创造者

虽然领导的谋划水平对政策的成败至关重要，但是要使其成为现实还离不开下级默默无闻的细致工作。如果上司的成绩是长城，那么每个下属的辛勤劳动就是一块块砖石。如果上司是舵手，那么下属便是发动机、螺旋桨。

2. 下属手中握有选票

正如《宰相刘罗锅》的主题歌所唱的那样："天地之间有杆秤，那秤砣是老百姓。"领导若想坐稳位子，就必须真正地关心下级，注意他们的态度和反应，因为他们手中握有选票。

现在，在干部制度中正在推行一种民主评议制，其做法就是由群众来投票，作为干部考核和升迁的标准之一。如果领导不注重与群众搞好关系，那么关键时刻就很可能造成对他不利的局面。

3. 下属可帮助领导树立良好的社会形象

俗语云："痒要自己抓，好要别人夸。"对领导形象的最好宣传莫过于借他人之口，收己之惠。这要比领导自吹自擂有效得多，也更有说服力和真实感。而且，下属广泛的人际关系网络还会把这些好名声传送到一个很广泛的范围内。

4. 下属不一定永远是下属，也许有朝一日会成为你的上级、客户或者合作伙伴

社会关系是不断变化和发展的，下属可能成为你未来的贵人。

所以，务必处理好与下属的关系。能够做到这一点的人，才是真正有长远眼光和整体眼光的人。

李启明是北京一家著名房地产公司的总经理，也是一位精于授权的领导者。他很少介入具体的管理工作，公司的经营管理、具体业务方面的事情他出面的时候很少，甚至厂商都不认识他，李启明也很少和厂商打交道。他倾向于把人员组织起来，把责、权、利充分地分派下去，他只考核结果。只有发现结果不大对劲的时候，他才去看一看这人有没有选对。

李启明有七个知根知底、合作多年、十分能干的副总，所以，他就可以"啥具体事也不用管"，"我不可能帮他们做他们分管业务的事，我的思路可能和他们不一样。我做浅了，他们不满意；我做深了，又可能会对他们的风格产生影响，这样更麻烦。"

李启明经常出差，去各地转转，"不是具体指导他们做什么，就是和经理们聊聊，也不解决什么问题。别人一提什么问题，我就说，好吧，你把这事跟副总经理说说。我要做的主要是人际方面、理念方面的沟通，以及看看不同城市市场的变化情况。"真正需要李启明做的事，通常是晚上和人吃饭、谈贷款、谈合作、沟通联络等等。白天，李启明没有具体明确的事要做，就可以自由安排自己想做的事，如给经理打打电话、上网逛逛，或者看看报等，李启明有时一看报纸就看半天。

李启明总能如此地潇洒清闲吗？"有些事情急的时候也很急，贷款没

有如期下来，那也是焦头烂额的，但这个急不是企业具体事务的急。我所做的都是单件事情，而且是由我来出面相对比较好的。他们出面比较好时，我肯定不管。出了问题，肯定是他们的事。我一管，他们的责任心反而下降了。"

看来，李启明对自己的长短认识得非常清楚，他是比较少见的承认自己有能力缺陷的企业家。他认为自己并不是一个最好的领导者，所以愿意寻找能力互补的人建立职业管理团队。虽然业内对李启明知之甚少，对其下属的名字反而更熟一些，但这正是李启明想要的效果。他善于找到每项业务的最佳管理者，并使其把该项业务做到极致。

与下属搞好关系不是一件容易的事，遇到难以相处的下属时，就需要一些技巧了，比如以下几种类型的下属就应该运用适当的方法去"驾驭"：

1. **对待心急、易怒的下属**

对付发怒者的秘诀就是保持冷静。如果下属生气是工作上的事情造成的，并不直接牵涉到你，那你就可以找一个借口暂时回避。"你也许是对的……我不怪你……"诸如此类的话是有益的。

气头上的人需要有一个同盟军，你就可以扮演这样的角色，以使对方慢慢平静下来，但事后必须严肃地指出他的不对之处，告诫他以后不可再如此随心所欲。

2. **对待猜忌、多疑的下属**

领导者在管理工作中，一定要掌握爱猜忌的人的这些特征：他们永远不会感到满意，总是无任何理由地提防别人，分析问题多从坏的方面去考虑。对待这样的人不要急于表白自己，而要提供可靠的信息和有力的证据，这样才会在无形之中提高你的威信，消除他的疑心。

3. **对待悲观、失望的下属**

对待悲观、失望的人，不可轻视他们的人生观对你神经的麻痹，以及使你放松警惕。一个集体内，要是某一个人有悲观的情绪，就可能阻碍整个集体的前进。必须注意两种结果：一是这个集体的整体成绩是否欠佳；二是你本人的热情和干劲是否降低。

对待悲观主义者除了思想帮助外，给他一个合适的工作岗位也是应该的。如将他放在流水线的末尾，在这种地方，悲观主义者可以成为良好的监督者。即使没有问题，他也会鸡蛋里挑骨头；要是确实存在差错，他就会比别人更能把差错找出来。

4．对待愤世嫉俗的下属

如何对待愤世嫉俗的下属呢？这里介绍一种夸张消极法：故意模仿愤世嫉俗者的言行和举止，甚至有过之而无不及，不过在说话时要尽量显示出大智若愚的样子。这样做就可以消除他们对单位的消极传染性影响。

5．对待争强好胜的下属

对待此类下属，不可以同样咄咄逼人的态度，或以其人之道还治其人之身的方法对待，而应该一方面从正面引导他们，以使其发挥其积极的一面，促进企业人力资源的有效利用；另一方面找准机会，指出其消极影响，以助克服自身缺陷。

6．对待奉承拍马的下属

"马屁精"如果有朝一日掌权，便会培植出更多的小人。一旦如此，最后公司就会陷于工作效率低下、业务瘫痪的境地。因此，领导者一定要杜绝奉承拍马现象的发生，加强自身修养，提高素质。

不拘一格用人才

领导者对人的看法，不能以个人的好恶标准和传统观念甚至世人的偏见来决定，因为人的兴趣、爱好、性格各异，不能只凭自己的爱好或以己之见来断定某人是否为贤。有的领导者往往感情用事，看到某人的脾气和志趣与己相投，便不再注意这个人的其他方面，就把他当成了人才。这样，往往会形成领导者自己的"人才小圈子"，出现只有符合领导者心意的人才能被重用、不符合领导者心意的人只能被埋没或者另寻出路的现象。

管理是一门艺术，领导者运用理性的眼光处理人事关系，可以赢得下属的尊重，进而赢得下属的支持与配合，造就一个协同作战的团队，并且能更迅速、更顺利地制定和贯彻各种决策，实施更有效的管理。

1984 年，河北石家庄造纸厂的新任销售科长马胜利自告奋勇承包了上级下达的 70 万元的利润计划。

他在市领导的支持下，立下承包"军令状"。年底，马胜利果然完成了计划的目标，并对第 2 年的工作作出了更高标准的规划。

马胜利成功的诀窍主要有两条：一是恰当地选择人才和大胆地重用人才；二是把握时机，因势利导。

在经营承包中，承包者固然很重要，但仅靠匹夫之勇是很难取得成功的，还必须要有一班得力的人马作战才能获胜，因而"择人"极其重要。

深谙"择人"之道的马胜利在其"组阁"的 14 人中，有 4 人是工程师，8 人是经营管理行家，平均年龄 45 岁。

卫生纸车间有位 60 年代初毕业的中专生，因为出身不好和爱提意见一直未得到重用，职称只是助理工程师。马胜利得知后，提升他为车间主任。他果然不负众望，发挥自己的知识优势，采取科学的办法解决了多年未能解决的出口卫生纸超重问题，使每卷卫生纸重量下降了 10 克左右，达到了标准。仅此一项，就为工厂节约了 27 万余元。

有位女工程师果敢又肯钻研，被提升为技术科长。她大胆实验，选用价格便宜、资源充足的废棉代替短绒做原料，把纸的每吨成本降低了 600元，这样厂里 1 年就可节约开支 66 万元。

显然，马胜利取得的成果离不开这些人才的汗马功劳。

领导用人应不拘一格，以下几点是必须注意的：

1. 正确识别下属能力

世上的人虽然各种各样，但是，以企业家用人的眼光去看，大致可分为以下几类：

（1）可以信任而不可大用者。这是指那些忠厚老实但本事不大的人。

（2）可用而不可信者。这是指那些有些本事但私心过重、为了个人利益而钻营弄巧甚至不惜出卖良心的人。

（3）可信而又可用的人。

作为企业家，都想找到第 3 种人为我所用，但是这种人不易识别，往往与用人者擦肩而过。而为了企业的发展，企业家必须各种人物都要用。只要在充分识别的基础上恰当使用，扬长避短，合理配置，就能最大限度地发挥他们的作用。

2. 提拔重用员工不要论资排辈，要依知识、能力和对企业的贡献而定

在同等条件下要把处在底层的员工提上来，比如企业缺一个部门经理，一个一般员工和一个副经理条件相当，你如果把副经理扶正，他会认为这是顺理成章的事；而你如果提拔一个员工当经理，他就会感到意外和感激，对企业的忠诚和积极性都会比原来的副经理高得多。虽然原来的副经理会受点影响，但是，这会给许多能力强、资历浅的员工带来希望。

3. 大胆放权，分级管理

企业稍有发展后，就要采取分级管理。多当"裁判员"，少当"运动员"，切莫事事亲自过问。这样，一可以满足中层人员的权力欲，调动他们的积极性；二可以客观公正地处理企业出现的各种问题，防止出现"不识庐山真面目，只缘身在此山中"的情况；三是可以避免与员工的直接对立，在员工眼中留下"恶人"的形象。

4. 雪中送炭胜过锦上添花

在目前社会就业形势严峻的情况下，选人、用人有了很大的可选择性。选人、用人时，在同等条件下，最好选择那些经济条件较差、生活困难、急需工作的人，因为雪中送炭胜过锦上添花，这些人的积极性和对企业的忠诚度大多都能令企业满意。

"巴掌加甜枣"的驭人艺术

公元199年，曹操与实力最为强大的北方军阀袁绍相拒于官渡。袁绍拥兵10万，兵精粮足，而曹操的兵力则远远不及袁绍，且粮草匮缺，明显处于劣势。

当时，很多人都以为曹操这一次必败无疑。所以曹操的部将以及留守在后方根据地许都的大臣，都纷纷暗中给袁绍写信，准备一旦曹操失败便归顺袁绍。

相拒半年多以后，曹操采纳了谋士许攸的奇计，袭击袁绍的粮仓，一举扭转了战局，打败了袁绍。

曹操在清理从袁绍军营中收缴来的文书材料时，发现了自己部下的那些信件。但他连看也不看，就命令立即全部烧掉，并说："战事初起之时，袁绍兵精粮足，我自己都担心不能自保，何况其他的人！"

这样一来，那些动过二心的人便全都放了心，这对稳定大局起了很大的作用。

曹操这一手十分高明，他以自己的"德"将已经开始离心的势力"收"了回来。不过，没有非凡气度的人是很难做到这一点的。

作为上司，如果你做到了这一点，不用去求，下属就会心甘情愿为你做任何事情了。

领导者要赢得下属追随，使他们心悦诚服，一定要懂得恩威并施的御人艺术。

日本有位企业家归纳自己的用人经验时说："打一巴掌给个甜枣吃。"意思是高明的领导者既要善于对下属施威，对之施以批评或者责罚，使他警醒于自己的错误，又要懂得在恰当的时候给他一点甜头，使他愧疚的心平息下来，引导他朝正确的方向走。

我们可以把领导的发威喻为"火攻"，把领导的施恩视为"水疗"。水火并进，双管齐下，这样才能更好地驾驭下属，发挥他们的才能。

所谓恩，主要是指亲切的话语及优厚的待遇，尤其是话语。要记得下属的姓名，每天早上打招呼时，如果亲切地唤出下属的名字再加上一个微笑，这名下属当天的工作效率一定会大大提高，因为他会感到："领导者是记得我的，我得好好干！"

所谓威，就是必须有命令与批评。一定要令行禁止，不能始终客客气气、为了维护自己平和谦虚的形象而不好意思直斥其非。必须拿出做上司的威严来，让下属知道你的判断是正确的，必须不折不扣地执行。

可见，领导的"火攻"发威是强硬的一手，可用以镇住局面，而"水疗"则可把恩泽缓缓传递下来，浸润到各个下属心中。

恩威并举，能令下属不得不佩服你的手段。

比尔是一家大石油公司的总经理，但他把大部分的时间都花在和他的雇员一起在油田里工作上了。有一次发生的偶然事件，虽然其本身不太重要，却让比尔认识到，该怎样笼络员工的心。

这天，比尔在油井工地上注意到一个名叫麦克斯的搬运工动作懒散，他生气地骂起来："你在干什么？振作起来，笨蛋！"

"好的，老板。"麦克斯平静地回答道。不过，他奇怪地看了比尔一眼。

麦克斯的神态让比尔莫名其妙。不一会儿，他了解到了麦克斯有手伤。麦克斯本来可以回去接受治疗，但他因为不愿让工友和老板失望，于是留了下来。得知这个情况后，比尔走到麦克斯身旁，说："抱歉！我刚才不应该发火。我开车送你进城去找个医生看看你手上的伤。"听到老板这句话，麦克斯和他的伙伴久久地以一种全新的眼神注视着比尔，然后都笑了。

关于"恩威并施"的方法，有如下几点参考建议：

1. 记得所有下属的名字

尤其是那些身处下层、不常见面的下属的名字，在电梯上或门口遇见时，点头微笑之余，叫出他们的名字，会令下属受宠若惊。

关心下属的生活，聆听他们的忧虑，他们的起居饮食都要考虑周全。

2. 敢于放权，也要高标准要求

对下属布置工作、交代任务时，一方面要敢于放手让下属去做，不要自己包打天下；另一方面在交代任务时，要明确要求，说明要什么时间完成，达到什么标准。布置了以后，还必须检查下属完成的情况。

当然，领导者在具体的管理中应当注意把握适当的"度"。善于发威的领导深知对个别人而言，"威"应有不同的发法。对于确实出色的人才，这种"千里马"是不能重鞭的；而对于好胜心特别强的人，对于极有反抗精神又能力非凡的人，就更不能再用威风压制得他们无法喘气了。

3. 对待不易屈服的下属

有些下属是用高压无法使之屈服的，这时就要演示给他看：我对普通人是发威的，但对你不同，因为你特别出色。好胜心特别强的人也极敏感，一旦体会到这种信息，他们就会以"士为知己者死"的态度来回报你。这种情况其实领导也是在发威，不过其"威"施于无形之中。

别揪着下属的错误不放

战国时，楚庄王赏赐群臣饮酒。日暮时分，正当喝得酣畅之际，灯烛灭了。这时，有一大臣因垂涎于庄王美姬的美貌，加之饮酒过多，难以自控，便趁黑暗混乱之机抓住了美姬的衣袖。

美姬一惊，左手奋力挣脱，右手趁势抓住了那人帽子上的系缨，并告诉庄王说："刚才有人扯我的衣襟，我扯断了他头上的系缨，现在还拿着，赶快拿火来，看看这个断缨的人是谁。"

庄王说："赏赐大家喝酒，让他们因喝酒而失礼，这是我的过错，怎能为显示女人的贞节而辱没人呢？"

于是命令在座大臣："今天大家和我一起喝酒，如果不扯断系缨，说明他没有尽兴。"

于是，群臣扯断了帽子上的系缨，继续热情高昂地饮酒，一直饮到尽欢而散。

3年后，楚国与晋国打仗，有一个臣子身先士卒，奋勇杀敌，给庄王留下了深刻的印象。

庄王感到惊奇，忍不住问他："我平时对你并没有特别的恩惠，你为何这般卖力呢？"

这位臣子答道："我就是那一次在酒宴会上被大王的宠姬扯断了帽子上系缨的人。"

如果楚庄王当时按照美姬的话去做，他就失去了一个愿意为他赴汤蹈火的臣子，在战争发生的时候也就缺少了一位浴血奋战的勇士。

这个故事告诉我们：当下属犯错误时，对于他们的处理一定要慎重。许多领导人的处理办法是狠狠地训斥，使下属在离开办公室的时候闷闷不乐，甚至心存报复之意，这其实无助于解决问题。错误已经犯了，损失已成事实，领导者应该做的就是如何尽可能减少错误造成的损失和避免重复犯错误。

心胸宽广、真诚、有远见的领导者十分精通驾驭人才的方法。他们的工作以人为主，在赚取利润的同时更关注人自身的发展。他们会根据不同的人才采取不同的方法，还会视情况调整自己的办事原则，而绝不会让下属心存怨恨。

下属犯错误的时候，既是公司遭受损失的时刻，也是领导收揽人心的大好机会。抓住这个机会，不要揪着下属的错误不放，是领导者对自己及所在团队负责的表现。

某玩具公司有一位负责人，曾由于工作严重失误造成了100万美元的巨额损失。为此，许多人向董事长建议把他革职。但董事长却认为一时的失败是不可避免的，如果继续给他工作的机会，他的进取心和才智有可能超过没有受过挫折的常人，因为挫折对于有进取心的人来说是最好的催化剂。

第 2 天，董事长把这位负责人叫到办公室，通知他调往同等重要的岗位。这位负责人十分惊讶，问："为什么没有把我开除?"董事长一笑说："若是那样做，我岂不是在你身上白花了 100 万美元的学费?"后来这位负责人果然以惊人的毅力和智慧为该公司作出了卓越的贡献。

即使是下属犯了错误，领导者不得不批评他（她），在批评的时候也要言之有理。既要坚持原则，又要以理服人，切不可口出恶语、挖苦讽刺、侮辱人格。同时要做到情理结合、情真理切，特别是对落后者的批评，更要注意亲近他们，满腔热情地帮助他们进步，这样才能收到好的效果。

1. 不要乱发脾气，必须允许申辩

批评和发脾气不是一回事。发脾气不但无助于批评的效果，往往还会把事情搞僵。下属做了错事或说了错话，你难免会生气，但生气归生气，做上级的总要有气度和涵养，要能够把握自己的情绪，批评时千万不要声嘶力竭。

2. 不要恶言相向，必须实事求是

批评宜以理服人，摆事实，讲道理。一味地挖苦污蔑，或者以对方的缺陷为笑柄，过分地伤害人的自尊，往往会适得其反。而对方一旦产生抵触，就很可能以其人之道还治其人之身。

3. 不要不分轻重，必须就事论事

批评应就事论事，一就是一，二就是二，哪儿疼就治哪儿的病，而不能夸大其词，借机整治人。另外，也不能因一时一事的失误，就将人的过去全盘否定，或形成否定印象，觉得此人"朽木不可雕也"，更不能当面断定此人"不可救药"。

4. 不要当众批评，必须顾及尊严

在例会上或者工作时间当众点名批评下属，会让他们感到丢了面子、下不来台，所以他们很可能当面顶撞或愤而辞职。恰当的做法是私下里找其谈心，或严厉或轻松都不会导致不可收拾的后果。

为下属们设置"擂台"

被称为"现代科学管理之父"的德里克·泰勒在费城米德维尔钢铁厂当工程师时，管理自己的下属就是用了"竞争"的方法。

有一次他对一个一向很努力的熟练工人说："杰克，为什么我叫你做一件工作，你这么慢才做出来呢？为什么你不能像汤姆那样快呢？"而他对汤姆却这样说："汤姆，你为什么不以杰克为榜样，像他那样做事很快呢？"

过了不久，汤姆因为公事出外旅行刚回来，泰勒便留下一张纸条叫他做好一个铸件，马上送到铁道开关及信号制造厂去。

这个条子是星期六写的，但是星期日早上汤姆便把这件事办好了。星期日早晨，泰勒在制造厂里看见了汤姆，便问："汤姆，你看见我留下的纸条了吗？"

"看见了。"

"你何时去铸呢？"

"已经铸了。"

"啊，什么时候可以铸好呢？"

"已经铸好了。"

"真的吗？现在在哪里呢？"

"已经送到制造厂来了。"

泰勒听了十分高兴，他看到这种用竞争的方法激励员工赶快做事的效果如此之好，实在感到很惊奇。而对汤姆来说，看见上司泰勒对自己那种嘉许的态度，他也感觉非常快乐。

每个领导者都明白下属之间总会存在竞争，但竞争分为良性竞争和恶性竞争。良性竞争可以提高下属的工作热情，提升工作业绩；恶性竞争则会破坏组织成员之间的合作，造成"内耗"，严重的甚至会导致优秀人才的流失。要更好地激励下属工作，领导者就要遏制下属之间的恶性竞争，积极引导下属的良性竞争。

心理学家认为，每个人都有自尊心和自信心，其潜在心理都希望"站在比别人更优越的地位上"，或"自己被当成重要的人物"。从心理学上来说，这种潜在心理就是自我优越的欲望。有了这种欲望之后，人类才会努力成长，也就是说这种欲望是构成人类干劲的基本元素。

这种自我优越的欲望，在有特定的竞争对象存在时会特别鲜明。

只要能利用这种心理，并设立一个竞争的对象，让对方知道竞争对象的存在，就一定能成功地激发起他的干劲。让下属被动地服从去实施决策目标，带来的结果只能是低效，甚至无效、负效。只有想方设法激励他们主动地去干，才能充分发挥人的主动性、创造性，获得高效益。

由此可见，良性竞争对于组织是有益处的，它能促进员工之间形成你追我赶的学习、工作气氛，使大家都积极思考如何提高自己的能力、如何掌握新技能、如何取得更大的成绩……这样一来，公司组织成员之间的凝聚力和工作热情就会大大提高。

日本有一家铸造厂的经营者经营了许多工厂，但其中有一个厂的效益始终徘徊不前，从业人员也很没干劲，不是缺席就是迟到早退，交货也总是延误。该厂产品质量低劣，使消费者抱怨不迭。虽然这个经营者指责过现场管理人员，也想尽办法想激发从业人员的工作士气，但始终不见效果。

有一天，这个经营者发现，他交代给现场管理员办的事一直没有解决，于是他就亲自出马了。这个工厂采用昼夜两班轮流制，他在夜班下班的时候，在工厂门口拦住一个作业员问："你们的铸造流程一天可做几次？"作业员答道："6次。"这个经营者听完一句话也没说，就用粉笔在地上写下了"6"。紧接着早班作业员进入工厂上班。他们看了这个数字后，竟改变了"6"的标准，做了7次铸造流程，并在地面上重新写上了"7"。到了晚上，夜班的作业员为了刷新纪录，就做了10次铸造流程，并且在地面上写上"10"。过了1个月，这个工厂变成了经营者所经营的工厂中成绩最高的。

一般说来，公司领导者可以通过下述几种方式来引导下属的良性竞争：

1. 领导者要创造一套正确的业绩评估机制

要多从实际业绩着眼评价员工的能力，不能根据其他员工的意见或者是自己的好恶来评价员工的业绩。总之，评判的标准要尽量客观，少用主观标准。

2. 领导者要在公司内部创造出一套公开的沟通体系

要让大家多接触、多交流，有话摆在明处讲，有意见当面提。

3. 领导者不能鼓励员工搞告密、揭发等小动作

领导者不能让员工相互之间进行监督，不能听信个别人的一面之词。

4. 清除害群之马

领导者要坚决惩罚那些为牟取私利而不惜攻击同事、破坏公司正常工作的员工。清除那些害群之马，整个公司才会安宁。

给下属展现才华的机会

驰名全球的日本松下电器公司创始人松下幸之助是一个精明的领导者，他能够为有能力的下属提供展现才华的机会。山下俊彦原本是一个普通的雇员，他被提升为松下分公司部长时只有 39 岁，后来又历任要职并当上了公司的董事。他具有出众的才能，经营管理成绩卓著，而且对公司内部因循守旧等弊端看得准，又锐意改革。松下幸之助发现了他的才干，认为他是个难得的人才，是个优秀的"将才"。于是，松下幸之助力排众议，破格启用了山下俊彦。

1977 年，山下俊彦从一个名列第 25 位的董事被直接提升为了总经理。山下俊彦当了总经理后，亦颇有松下幸之助的风度。他重视有才干的"少壮派"，亲自提拔了具有战略眼光、能力出众的新董事。

人才是企业的活力和生命。在山下俊彦当总经理的第 2 年，该公司的经营状况就从原来的"守势"经营变为了积极进攻的态势。1983 年，该公司的利润总额已达到 1891.1 亿日元，比他 1977 年刚上任时的利润额 978.8 亿日元几乎增加了一倍。

其实每个人都有他的长处，只要能很好地掌握他们的特点，给他们发展的机会，把他们放到最能发挥其作用的位置上，你的公司就会变成人尽其才、物尽其用、团结一致的公司。

有些老板总是抱怨公司里能人太少，他恨不得把自己的部下都变成能杀能闯的"猛将"。其实导致这种状况的根源在于他自己，他不懂得发展和运用下属的才华和能力，在任其埋没的同时也给自己和公司带来了极大的困扰。

不用说，这种想法是不对的。在现代社会里，社会分工越来越细，作为老板或其他管理人员，也必须做到"抓大放小"，给你的下属以充分发展的空间。这是衡量一个老板、一个领导能力大小的一把尺子。

看到"事必躬亲"，许多人想到的肯定是《三国演义》中那个"鞠躬尽瘁，死而后已"的军师诸葛亮。这个为了帮助刘备以及刘备的儿子恢复汉室的丞相诸葛亮，在刘备死后，为了使摇摇欲坠的蜀政权不至于很快灭亡，可以说做到了"事必躬亲"。可惜的是，诸葛亮的本事再大，也没能够挽狂澜于即倒，使汉室复兴，最后只好抱病死在了五丈原。不过，诸葛亮与其说是病死的，倒不如说是累死的，他就是让"事必躬亲"给活活地累死了。

所以从某种意义上说，《三国演义》中的诸葛亮聪明了一世，也糊涂了一世。他的聪明我们皆已熟知，而他的糊涂就在于太相信自己，而没有将别人也可以做的事情让别人去做，没有充分"放权"。毕竟他的能耐再大，也不可能将所有的事情都做了。

他的这种做法不仅害了自己，也害了别人，因为其他下属的才华和抱负都无从施展，一定也是很抑郁不得志的。

现代社会生产的一个突出特点，也就是它不同于过去"作坊式"的生

中篇 超级人脉的黄金法则——人一生要依靠的14种人

产，是以流水线式的生产为基本模式的，即集体的力量越来越重要，甚至任何一个产品，单靠一个人的力量都是根本无法生产的。

在这种情况下，就更要给下属机会，让他们提高能力，以带领团队获得更大的发展空间。

在《福布斯》工作的人都有这种感受：在自己的职位上可以充分发挥想象力和创造力，可以自主地处理自己的业务，完全不必担心老板会对自己指手画脚。事实的确如此，《福布斯》的总裁布鲁斯·福布斯和马孔·福布斯都极少对下属的工作指指点点，而是完全交给他们，让他们放手去做，只要能出成果。

雷·耶夫纳每天早上到《福布斯》对面的餐厅喝咖啡，在那里他会和《福布斯》各部门主管轮流会谈，了解各部门的进展状况，决定哪些主管该和布鲁斯·福布斯面谈。"那是我第一次感到手中握有无限大权。"雷·耶夫纳如是说。

精神抖擞的他来到《福布斯》采取的第一步行动是扩大版面，并且加大行间距离，以便于读者阅读。此外，他让手下有事直接向他汇报，而不必像以往那样层层报告。6个月后，《福布斯》果然重振往日雄风。雷·耶夫纳由此声名鹊起，各界纷纷邀请他演讲、担任临时顾问。这一切和布鲁斯·福布斯的充分信任当然是分不开的。

同样，马孔·福布斯也习惯于将所有重大事务交由下属去做而从不插手。正像吉姆·麦可斯所说："在马孔·福布斯底下做事，我可以为所欲为——只要别把事业搞砸就行。"

吉姆·麦可斯可以一眼看出什么样的报道内容能吸引读者。在他的激励下，记者们可以发挥出连自己也意想不到的潜力，而且经过他的魔笔一点，再枯燥的文章也能让人读得津津有味。他的润笔技巧绝佳，可以只根据手边的数据资料就把一篇文章的论点整个颠倒过来，而且更为精练。

马孔·福布斯充分信任吉姆·麦可斯的编辑天分，并请他任《福布斯》的总编，全权处理编辑事务。那时，吉姆·麦可斯的权力很大，可以全权决定编辑记者的聘用、加薪、解聘等事宜。吉姆·麦可斯当时制定的编辑方针是：加强记者的报道能力，把火力集中在揭发各公司管理不当或

超级人脉术大全集

制度腐化方面。

此时，《福布斯》的原则是：有问题就要揪出来讲，绝不容情。其报道内容翔实准确、火药味很浓，这都是吉姆·麦可斯调教出来的。后来人们评价《福布斯》的发展前景，往往是以它的批评性强不强作为标准。

《福布斯》的记者法兰克·赖利第1天上班的时候，被人领着穿过数不尽的走廊，最后来到他的办公室，他看到里面有电话、书籍、铅笔、纸，还有一台打字机。在这里，他不必听命于任何人的指挥，不需要遵守任何时间表，没有人指派他完成某项特别报道，他只需按自己的习惯自由创作。

有一次，赖利想到了一个很好的报道题材，可当时吉姆·麦可斯不在城里，于是他就自作主张开始搜集所需资料。后来他从东京打电话给吉姆·麦可斯，告诉他说："吉姆，我找到个好题材，可以做封面专题报道。"谈过之后，吉姆·麦可斯表示很满意。"在《福布斯》，我很自由，只要想到可写的报道专题，不用请示上级也可出国。"后来，赖利提起此事，仍感触颇深。

这就是《福布斯》的风格：相信你的才华和能力，给你绝对自由，完全不加限制。只要你的想法独特、新颖，想怎么干就怎么干。这是《福布斯》能一直向前猛冲、取得成功的秘诀之一，也是值得我们学习和借鉴的可贵之处。

给下属充分的展现才华的机会就要做到合理授权。那么，一个领导者应该将哪些权力授予部属呢？

1. 你不想做的事

如果你能将自己不想做的事委派他人去做，那你十分幸运。然而没必要将你对这项任务的厌恶感告诉被委派者，以免引起负面的影响。

2. 你没时间做的事

你没有时间去做，就找一个合适的人去做吧。

3. 别人能做得更好的事

如果别人去做比你自己亲自去做更好，那么就把这项工作毫不犹豫地交给别人吧。

4. 你喜欢做并能做好，但未能充分发挥你的才能的事

在你的领导生涯中，不要让自己吊在这些工作上。记住，你可能在"适当"地做某项任务，但是否在做你最适合做的事呢？

5. 他人为了积累专业经验而必须做的事

当然，通常你会比下属或助理干得更快、更好，但为了让下属或助理提高专业水平，最好把某些工作交由他们去做。而且，随着你不断晋升，你将享受到将任务委派他人而来的自由感。尽管你一直做着一项具体工作，而且做得相当不错，但抽出时间教会别人，长期来看，这也是值得的。

共享才能共赢

位于苗栗广源科技园区的友旺科技公司，成立的历史并不久，规模也不大，知名度更不高。但是，在仅仅 200 名的员工中，却有 20 多位亿万富翁。

为什么这样一个小公司能短时间内造就这么多的富豪呢？原因就在于总经理欧阳自坤具有"利润分享"的观念，他采用"切蛋糕哲学"实现了"利润分享"的"公平性"。公司内人人都可共享成功的幸福，这产生了巨大的激励作用，使公司的业绩成倍增长。

以新台币 500 万创立友旺公司的欧阳自坤表示，他在大学毕业之后曾在好几家公司任职，但是他发现这几家公司的老板在财富增加之后都很少将利润与员工分享，以致许多优秀的员工在失望之余都纷纷离职。留不住员工的公司，后来当然都倒闭了。欧阳自坤认为这是老板"自肥"、"独肥"，导致的"财聚人散"的恶果。于是，他兴起创业的念头，同时决心要将"利润分享"的观念付诸实施。他的公司之所以取名"众旺"（友旺的前身），意即希望众人皆旺，"友旺"则是希望所有的朋友都旺。

欧阳自坤说："所谓'切蛋糕哲学'，就是对利润分享。员工如有意见

或不满意时，就由那个人负责切。不过切蛋糕的人，要最后才能拿蛋糕。如此一来，就不会有不公平的情形产生。"

从"利润分享"的观念开始，到"切蛋糕哲学"的实践，欧阳自坤领导的友旺公司资本额已达到4.5亿元，营业收入更是成倍增长，并从1996年开始连续4年创造出每股税赢利维持在4.5元的佳绩。

由于"利润分享"，目前"友旺公司"的股份约有5成是由员工持有的。因为"公平性"，所以员工对工作会全身心投入。欧阳自坤说："只要员工开心，工作就会专心，公司的发展自然跟着走。"

美国著名的足球教练伦巴尔弟在谈到他的球队如何建立团队精神时说："如果有什么事办糟了，那一定是我做的；如果有什么差强人意，那一定是我们一起做的；如果有什么事做得很好，那一定是球员做的。这就是使球员为你赢得比赛的所有秘诀。"

这是一种很高的领导风范，这种与下属共享荣誉的精神鼓励了球队的每一个人。能做到这一点，就能使团队精神牢不可破，这样球队每战必胜就在情理之中了。

在企业中，领导也要有这种和下属共享荣誉以及利益的精神。成功的荣誉领导者虽当之无愧，但因通往荣誉的路途离不开团队的协作、配合，所以，与下属共享荣誉和利益，更是每一个成功的领导者必须做到的。

例如，不少主管拿到奖金后，会请贡献大的中层干部、骨干员工到饭店"撮"一顿，这实际上就是共享利益，这是物质的，更是精神的。

一位获得上级表扬的厂长在全厂大会上讲话，他不是泛泛地说"成绩是归于大家的"的套话，而是颇有感情地把所有在工作中有突出贡献的员工的事迹一件件列举出来，甚至连一位员工休假提前上班的事也提到了。最后，他说荣誉是全厂员工的，没有他们的努力，就没有今天，并向大家表示深深的谢意。他一边讲一边向大家鞠躬，然后又提议全体员工高唱《十五的月亮》，当唱到"军功章上有我的一半，也有你的一半"时，厂长的眼睛湿润了，大家的眼睛也湿润了。可以肯定地说，这位厂长的话起到了巨大的激励作用。

试想，如果他将光环紧紧地罩在自己头上，将一切成绩归为己有，那就不但容易树立对立面，而且也会让员工失去继续努力的积极性。

与下属共享荣誉和利益，而不是争功抢赏，将好处尽捞在自己手中，就能用自己的人格力量感召下属，鞭策和激励他们，调动起他们的积极性，让他们最大可能地发挥出自己的才智。而这样做，领导者最终也将赢得下属的感激和支持。

邢先生领导的语音邮件开发小组取得了重大突破，老板把邢先生叫到了办公室。秘书送茶进去后，回来告诉大家，老板正在夸奖邢先生呢！他从来没看到老板这么高兴过。开发小组的几个组员一听，立刻小声议论了起来："那都是他一个人的功劳吗？没有我们从旁协助他会成功吗？""就是啊！太过分了，忘了我们连续加班 17 天的时候了！"但是不一会儿，老板亲热地拥着邢先生走了出来："谢谢你们，研发小组的同仁们！刚才邢组长已经跟我说了，你们为了这次任务付出了很大的努力！听说有两位还带病加班是吗？辛苦你们了，本月给你们发双薪！""万岁！"老板话音刚落，大家就欢呼起来。同事们冲上去抱住邢先生，把他抛向了空中。

可见，邢先生就很精通人情世故，他有功不独贪，结果受到了大家的爱戴。可以想象一下，在未来的工作中，他一定会得到大家的支持，他的工作也一定会越做越顺，人缘也会越来越好！

"利益与下属共享"体现在工作中的方方面面，以下 3 点是其中比较重要的方面：

1. 利润共享

这一点沃尔玛公司的做法值得借鉴。沃尔玛的雇员大多都被称为"合伙人"，因为他们几乎都拥有公司的股份，都可以在年底根据股份分红。所以他们既是雇员，又是雇主。这一制度从最早的老板山姆·沃尔顿开店时就开始实施，他当年采取的与众不同的措施是：同雇员利润共享，把供应商融入沃尔玛。

2. 荣誉共享

这是每一个成功的领导者都必须做到的。

共享荣誉，也就是说，领导者在获得各种荣誉后，应该不"贪污"，而是以各种形式让下属分享荣誉及荣誉带来的喜悦。这样会使下属得到实现自身价值和受到领导器重的双重满足，这种满足会让他们在以后的工作中释放出更多的能量，也会在无形中冲淡人们普遍存在的对受表彰者的嫉妒心理。

3. 快乐共享

很多领导者遇到高兴的事，总是喜欢找个角落单独享受。其实，如果不涉及个人隐私的话，把高兴的事拿出来与下属一起共享，更会激起下属的工作热情。同时，这也是拉近领导者与下属距离的一个好办法。

作为领导者，在处理与下属的关系时，要注意以下几个原则：

1. 公正

公正是领导者处理下级关系的基本原则之一，是领导者职业道德的核心。这条原则要求领导者待人处事公平合理，不偏不倚，即通常所说的"一碗水端平"。

在现实生活中，坚持公正原则主要表现在公平合理地处理上下级之间以及下级之间的利益冲突和机会冲突上，对于升迁、调资、晋级、调动、批评、表扬等问题，坚持"一碗水端平"。然而做到这一点并非易事。由于下级成员具有不同的出身、背景、资历、特长、性格等，使下级之间以及下级与上级之间存在着复杂的互动关系。这种关系常常使领导者在处理上、下之间以及下级之间的利益冲突和机会冲突时，不自觉地受"自然偏正效应"的影响，从而脱离公正原则的轨道。

2. 平等

上级与下级在真理面前平等，同时上级与下级在人格上也平等。因此，坚持平等原则处理下级关系，首先要求领导者在真理面前把自己摆在与下级同等的位置上，相互之间可以平等地商讨、争论和批评。在这里特别要警惕权力效应。即认为真理须以权力做后盾，没有权力就没有真理。所谓"理"，只不过是"王（权）"与"里（理）"的结合，没有"王"难成"理"。按照这种逻辑，各级领导既然都是一定权力的拥有者和行使者，那么真理一定在领导那里了，而下级则只能惟上是遵，惟命是从了。

其次，平等原则还要求中层领导干部坚持上下级之间在人格上的平等。

人与人之间的所谓的上下级之间，只有分工的不同，而没有人格上的高低贵贱之分。然而在有些人那里，"地位效应"还在起作用。即在这些人眼中，地位越高人格越高贵，地位越低人格越低贱。也就是说地位在人格评价上和人格认同上具有决定意义。这样，上级领导较其下属就具有更尊贵的人格。

3. 民主

处理下级关系除了必须坚持公正、平等原则，还需要坚持民主原则。

4. 信任与授权

领导者处理下级关系需要坚持的另一重要原则，就是信任与授权。对领导者来说，信任与授权是联在一起的，只有充分信任下属，才能充分授权予下属。尽管在上级与下级之间存在一定程度上的行政距离和心理距离，但通过对下属的充分信任和授权，就可以大大缩小这种距离。一般说来，领导者对下属越信任，就越愿意授权与下属，而下属就越尊重和感激领导者，上下级关系就越融洽。相反，如果不信任下属，抱着"如果你想把事情办好，最好自己动手"的信条不放，则必然"事必亲躬"，不肯授权。而一旦下属受到过度的控制和指挥而使工作受阻时，就会出现上下埋怨的现象，甚至把关系搞得很僵。

第十三章

商务常青，客户是你的黄金人脉

客户是上帝，也是贵人

日本的"推销之神"原一平先生年轻时曾在一家机器公司当推销员。有一次他在半个月内就和30位顾客做成了生意。但不久，他却发现他现在所卖的这种机器比别家公司所生产的同样性能的机器价钱要贵。他想：如果客户知道了，一定会以为我在欺骗他们，从而对我的信用产生怀疑。为了妥善解决问题，原一平便带着合约书和订单逐户拜访客户，如实向客户说明情况，并请客户重新考虑选择。他这种诚实的做法使每个客户都深受感动，结果，30个人中不但没有1个解除合约，反而都成了更加忠实的消费者。

从此，他与这些顾客之间有了更多的业务往来，并成了朋友。这些客户还将他的产品介绍给其他人，使他因此拥有了更多的新客户。

原一平赢在与顾客做朋友。他善解人意，能从客户的角度想问题，为客户的利益着想（至少他给了客户此种印象），所以，他取得了难得的成功。

这就是顾客，他们既是销售者的上帝，又是销售者的朋友，同时也可能是销售者的黄金贵人。

说顾客是上帝，就是说要以对待上帝那样的恭敬之心和不欺瞒的真诚态度对待自己的顾客。

说顾客是朋友，是因为有的时候，一旦与顾客建立了朋友关系，便会增加彼此之间的了解和信任，让销售和购买的活动更加顺利地进行。

说顾客是黄金贵人，是因为顾客会使商家获得利益，并且他们还是产品的主要消费群体。

在商品经济社会，一切商品和服务的目的都是为了营销，也就是为了获得利润，而客户是商品价值的最终承担者。所以，无论从哪个角度讲，抓住了客户就等于获得了"商务常青"的保证书。

可见，客户这一类贵人对我们的重要性不容忽视。

有一位自由撰稿人曾经与某出版社的主编多次进行出书条件的交涉。虽然他一直试着找出令双方都能满意的条件，但是一直也没有成功。

在这种双方僵持不下的情境中，撰稿人决定采取"攻心"战略，他决定先与该主编建立良好的私人关系。于是某一天，他请主编到了一家咖啡馆。

主编是一个爱好打保龄球的人，而自由撰稿人也喜欢这个运动，所以坐下来时，自由撰稿人先开口说道：

"上个礼拜天，我到保龄球馆打球，可是手气很差，没什么战绩。"

果然不出他所料，他话一说完，主编便兴致勃勃地问：

"怎么？你也喜欢打保龄球吗？"

"我虽然不擅长，不过却很热爱这种休闲活动，常常去打。"

"哈哈！其实我也蛮喜欢这玩意儿，几天不摸球就手痒痒。"

"战绩如何？"

"最高分是258。"

"嗬！这可是专业水准了。"

谈到感兴趣的话题，主编情绪越来越高涨，并约他下次一同去打球，而且还说了一句："这个约定和出版的条件无关，完全是两码事。"经过几次交往，他们成了好朋友。结果，尽管在以后的交往中他们没有过多提及出书的事，但没过多久，双方便签订了合同，而且是按照自由撰稿人所要求的条件签订的。

要与顾客成为朋友，并建立起长期的协作关系，有一些方法可供借鉴，这就是世界一流行销大师亚伯拉罕的营销技巧：

1. 创造一种所谓"宾主两益"的关系

如果甲公司同意将一个销售讯息传递给乙公司，或者甲公司同意鼓励他们的客户购买乙公司的产品或服务，甚至大加吹嘘、赞扬，那么一旦你获得了这些资讯，就可以和这些能发展合作而非竞争的商家企业进行接触，要求他们将你的产品或服务推荐给他们的顾客，并尽量将有关产品或服务的资料提供给他们，并附上一些高品质的证言。

你应该找到那些可能偏爱你所提供的产品或服务顾客群的公司。你可以和这些公司合作，请他们将你的产品或服务都做一份背书，并保证他们可以得到一部分利润为酬金。

2. 给顾客提供"特殊待遇"

对客户而言，担任产品及服务推荐者及背书角色的"主体"公司，必须让他感觉受到重视，例如可经由协商，让客户得到比市价偏低的价格，或得到高于市场的利润、福利或保证提供额外的价值。要将这个客户和其他的客户分开，让他们感觉自己很特殊、很重要。

3. 建立一个正式的推介系统

任何对你客户重要的人，都自然会变成对你重要的人。

尽可能地开发及使用推介系统争取生意。据此说法，应关注四周你所接触到的主动与被动客户，因为他们可能会介绍很多的客户及新朋友给你。

了解客户的心理需求

美国加州的爱丽美食品公司，人们称它为"今明后公司"。这家公司为了迎合消费者渴求新鲜感的心理，雇佣了42位食品设计师兼配方师，每天都会设计出10多种新食品。

当然，他们并不是盲目地推出新设计，而是设立了一个"今明后"柜台，在这个柜台，每天都有几种新食品的样品陈列，供大家品尝。今天出样，明天认购，后天公开出售。这样一来，被品尝得多的"今"天的食品，到了"明"天订货必多，"后"天则肯定十分畅销，所以该公司被称为"今明后公司"。

公司根据出样品尝多订货则多、订货一多便可公开出售赢利的规律，总是今天出样，听取顾客的意见；明天订货，观察顾客的反应，经过2天的测试，如果反应热烈则订出后天的上市量，反应不热烈的则干脆不上市。

这个方法果然奏效，而且顾客对这个经营方法表现出很大的兴趣，因为该经营方式抓住了顾客渴求新鲜感的心理需求，让他们感觉自己可以左右哪种食品能够公开出售。而每一个品尝到自己喜欢的食品的人都希望自己看中的食品能够公开销售，所以他们是绝对要订购的，甚至会动员朋友和家人一起来订购。

后来，公司一不做二不休，索性搞起了每周最佳"流行口味顾问奖"的评选，即大家根据自己的眼光和品味来预测下周哪些食品会受到大家的欢迎，哪位顾客预测得最准确，哪位便得奖，公司将奖励一份特别为他设计的食品。

该公司的这些销售策略取得了空前的成功，并在加州引起了轰动。

在企业的销售队伍中，经常出现的抱怨是"我们的客户不需要"、"我们的客户没有钱"、"客户说要等一段时间"……而之所以发出这些无法开发和征服客户的声音，根本的原因是由于他们不了解客户的真实需求。销售人员在销售时漫无目的地向客户介绍或者演示产品，结果徒费口舌，不但没有把自己产品的特色向特定的消费者阐述清晰，还误导了其他的销售人员，致使整个销售队伍萎靡不振。他们不是主动地去开发客户，而只是在消极地应对工作。

事实上，成功的销售不是如何去说服客户，而是对客户的需求作出最精确的定义，然后再根据定义出来的需求选择和解释产品。一般情况下，产品销售成功的几率取决于消费者的需求和产品功能的结合程度，所以关键是把握消费者的真实需求，按照消费者的需求来对产品的款式、颜色、功能进行组合设计，提供给客户最适合的产品。

一个情人节的黄昏，在一个小镇上，许多青年男女伫立街头。他们中间有不少人是等待与情侣相会的。而在路旁边，两个擦鞋童正高声叫喊着以招徕顾客。其中一个说："请坐，我为您擦擦皮鞋吧，又光又亮。"结果很少有人理他，那个男孩无事可做，有些垂头丧气。而另一个男孩很聪明，他对顾客们说道："约会前，请先擦一下皮鞋吧！"这句话收到了意想不到的效果，一个个青年男女纷纷请他擦鞋，于是第 2 个小男孩的生意"火"了起来。

只有弄清楚客户的真实需求，才能迈出成功销售的第一步。在销售的过程中，客户接受销售信息宣传、购买销售商品大致出于以下几种需要：

1. 便利心理的需要

客户普遍要求在购买商品时享受到热情周到的服务，要求合适的购买时机和购买方式，得到携带、使用、维修及保养等方面的便利。

2. 爱美心理的需要

"爱美之心，人皆有之"，这句话说的便是客户追求美的消费心理需求。随着社会文明的不断进步和人民生活水平的不断提高，人们的审美要求也随之水涨船高。

3．好奇心理的需要

许多客户对一些造型奇特、新颖的商品，以及刚投入到市场的新式产品或服务活动会产生浓厚的兴趣，希望能够马上购买和使用。

4．求实心理的需要

这一类客户在选择厂家和购买商品时，比较注意是否经济实惠、物美价廉，尤其是他们对产品价格的变化十分敏感。

5．从众心理的需要

这是一种赶时髦、追新潮、紧跟时代潮流的心理需求。在现代社会，人们会受社会舆论、风俗习惯、流行时尚的引导，所见所闻对他们的需求触动很大，而且一般的客户都会迎合时尚。

6．特殊心理的需要

有这种心理的客户大都希望自己在判断能力、知识层次、经济地位、价值观念等方面高于他人、独树一帜。

值得强调的是，客户的购买需要是多种多样的，一个人往往受几种消费心理需要的左右和支配。"购买需要"是一个弹性很大的因素，在考察和分析客户的购买需要时，要充分考虑到重要的突破口，这有利于提高自身的业务水平和企业适应市场变化的应变能力。

善待每一位顾客

1988 年 10 月 25 日，英国航空公司的东京至伦敦航线 008 航班因某种特殊原因在快要起飞时停飞了。为此，英国航空公司对所有乘客作出了解释，同时又承诺了许多优惠条件，如全力提供换航班和退票、安排住宿、提供各类食品并送到家等等。

200 名乘客中的绝大多数都通情达理地接受并离开了飞机，只有一个 17 岁的日本女孩大竹秀子就是不愿下飞机。她坚持说："我买了机票，就相当于与这个公司签了合同，你们凭什么要违约？"机组人员劝了半天，甚至有一个老太太也特意来劝，但这女孩就是不听。

这就难为了机长，他只得向总部请示。没想到总部在 3 分钟内就给予了答复：准备起航，并且向小姑娘道歉。

于是全体机组人员立即改变态度，将小姑娘请到头等舱，让她独享该机的 353 个飞机坐席以及 6 位机组人员和 15 位服务人员的周到服务，然后为她一个人飞了这趟航班。

第 2 天，几乎所有的报纸都刊登了这样一条新闻：英国航空公司护送了一个 17 岁的"女王"。新闻一出，英国航空公司名噪一时。这件事也成为了英国航空史上的美谈。

善待顾客就是善待自己，这句话很好理解：

首先，顾客就是商家的财脉和"财神"，商家生产的商品或提供的服务只有到了顾客手中，才能转变成价值形态。而只有善待顾客，顾客才会乐于接受你的商品和服务，并为之付钱。

其次，商家善待顾客，就是在为自己树立良好的企业形象，这会使之赢得更多顾客的好感和信任。这一点，在英国航空公司的停飞事件中体现得十分明显。

再次，商家中的业务员善待顾客，也是为自己和企业树立形象。顾客是企业利润的"源头活水"，企业里的领导人物自然希望手下的员工都能善待顾客，所以，善待顾客的员工也必定会得到上司的赏识。

最后，顾客会招来其他顾客。如果商家善待顾客，那么顾客数量就会以几何倍数增加，商家的利润也会像滚雪球一样越滚越大。

善待顾客能带来的好处实在是太多太多了，但因为顾客多种多样，商家或销售人员本身也有喜怒哀乐，所以要做到"善待"二字并不容易，也正是因此，这个问题才需要单独提出来谈。

一个年轻人在一家商场工作了 4 年，业绩平平，老板并不喜欢他。这个年轻人向他的朋友抱怨说："老板根本就不器重我，我不想再为他工作了。在我的生命中就不曾有过贵人出现，我是难以成功的……"

正在他和朋友谈话时，有个顾客走到他的面前，要求看一些帽子。但这个年轻人却置之不理，继续与朋友谈话，直到说完了，才转身不耐烦地对那名顾客说："这儿不是帽子专柜。"

那名顾客又问："帽子专柜在什么地方?"

这位年轻人不耐烦地回答说："你去咨询台问问吧，他会告诉你帽子专柜在什么地方。"

这位年轻人还在抱怨命运的不公，殊不知刚才那位顾客就是他"微服私访"的老板。老板此行就是要考察员工的服务态度。后来，这位年轻人被辞退了。他找到了另一份工作，并继续向他的同事抱怨着老板对他的忽视。

怎么才能做到"善待顾客"呢?

1. 在顾客身上投入更多的时间

花更多的时间与顾客待在一起，为顾客着想，与顾客建立商业上的友谊。

与顾客相处的时候，一定不要赶时间。你必须向他表明，你愿意花足够的时间去帮助顾客作出正确的购买决定，而绝对不应该对顾客没耐心。

2. 真诚地关怀顾客

你越关怀你的顾客，他们就越有兴趣和你做生意。关怀的感情因素是那么地强烈，往往使得价格、相对品质、交货效率、公司在市场上的规模都敌不过它的威力。一旦顾客认定你是真正关怀他和他的处境，那么不管销售的细节或竞争者怎么样，他都会向你购买。

3. 绝不批评、抱怨或指责顾客

绝对不要站在你的立场上批评任何人或任何事，也不要恶言相向或批评你的竞争者。

超级人脉术大全集

4. 毫无条件地接受顾客

希望被他人毫无条件地接受，是所有人最重要的欲求之一。你只需要用微笑，并且表现得温和友善，就可以表达你接受他人的态度。一般人都喜欢和那些能够接受他们本性的人在一起，而不想受到任何评判和批评。

你越能够接受顾客，他们就越愿意接纳你。

5. 赞同

每当你称赞并同意顾客所做的事，他们就会感到快乐而变得更有精神。他们的心跳会加快，会觉得自己很棒。当你在每个场合都竭力找机会对他人表示赞扬及同意的时候，你就会成为到处受人欢迎的人物。这一点对于经营你与顾客之间的关系尤为重要。

点燃顾客的购买欲

化妆品推销高手、后来的美国"化妆品大王"玫琳凯有一次上门去推销化妆品，女主人非常客气地拒绝了她："对不起，我现在没有钱，等我有钱了再买，你看可以吗?"

但细心的玫琳凯看到了女主人怀里抱着一条名贵的狗，知道"没有钱购买"只是她拒绝自己的一句托词。于是，她微笑着说："您这小狗真可爱，一看就知道是很名贵的狗。"

"没错呀!"

"那您一定在这个狗宝宝身上花了不少的钱和精力吧?"

"对呀，对呀。"女主人开始很高兴地为玫琳凯介绍她为这条狗所花费的钱和精力。

玫琳凯非常耐心地听着女主人兴奋的介绍，在一个非常适当的时机，她插了话："那是肯定的，能够为名贵的狗花费足够的钱和精力的人，一定不是普通阶层。就像这些化妆品，价钱比较贵，所以也不是一般人可以使用得上的，只有那些高收入、高档次的女士才享用得起。"

女主人听后，很高兴地买下了一套化妆品。

购买欲的重要性简直不言而喻。只有顾客有购买的欲望，他才会掏出钱来购买你的产品。但是越简单的道理越容易被人忽略，很多人在销售的具体实践中忘掉了这一点。

很多人总是拼命宣传自己的产品，把整个销售过程的重心都放在此处。但是他们忘记了顾客本身，顾客有什么理由一定要购买你的产品呢？销售工作应该以客户为本才对！案例中的玫琳凯就很聪明，她的夸赞让顾客心中升起了一种尊贵感，以致顾客由此而认为只有买她的高级化妆品才符合自己的身份和地位。这就点燃了顾客的购买欲望，于是销售也就成功了。

在进行销售实践时，必须要注意到这一点，即掌握顾客的心理和欲望比什么都重要，因为顾客的欲望点就是你的销售点，也是你的赢利点。这也是一种换位思考的方法，就是站在顾客的角度上想问题。想一想，如果自己是顾客，那么自己此刻最需要什么？这最需要的东西怎样才能与自己要推销的产品相联系？如果你有这种本领，就离成功不远了。

有一位推销员，他的室内空调机的销量始终在业务部排名第一。他从不滔滔不绝地向客户介绍空调机的性能和优缺点，他认为一个人购买一种产品并非完全因为东西好才想着要拥有，而是在有了对产品的需求后才会感到东西好。因此，他在向客户推销他的产品的时候并不说"这么炎热的天气，如果没有空调，实在是让人受不了"之类俗套的话，而是把有购买潜力的客户当成刚从烈日下回来的、满头大汗的人，"诱导"他们进入到一间没有冷气的房间里，然后说："您工作劳累了一天，又在烈日炎炎下回到了家，迎接您的却是一间更加闷热的蒸笼。推开窗，没有一丝凉风；打开风扇，迎面而来的也是一股股的热浪。这显然会使得您原本就疲劳的身体更加烦闷、燥热。这种时候，您想过没有，假如您一进家门，迎面吹来的便是阵阵凉爽的风，生活该有多么惬意啊！为什么不享受生活呢？"结果，听到这番话的顾客大多都动了购买空调的念头。

这位推销员的成功之处就在于，他在进行有关产品介绍的时候不以产品常规的物理性能为限，而是在产品性能的基础上勾画出可以预见的舒适情境，从而增强了产品更为人性化的吸引力。

激起顾客的购买欲，可以参考以下方法：

1. 让客户产生紧迫感

在你的推销过程中，恰当地给客户制造一点悬念，让客户有点紧迫感，产生一种现在是购买的最佳时机的感觉，这能促使他与你立即成交。

2. 使用激将法

有的客户对商品的各方面都基本满意，且资金上也支付得起，但就是不知什么原因使他总觉得往后会出什么问题，因而总举棋不定，迟迟不敢下定决心。激将法对这种客户尤其有效。你可以这么说："先生，世界上就是有这样的情况：一个人对它愈是感兴趣、愈是喜欢的东西，就愈是不敢勇敢地去追求并争取拥有它。我想这是一种很可悲的情况。"

"我想，先生您一定不是这种人吧？如果您觉得这种商品还行的话，那就行动起来吧。"

经过这样一激，往往不会再有沉默的客户了。

3. 调动客户的购买欲

在与客户交谈时，给他提供一些经过适当夸张的市场信息或与商品有关的行情等，让客户依照你提供的信息赶快采购商品。比如，你可以这样说："这种商品的原材料已经准备提高价格了，所以这种商品也将会因此而价格上涨。"或者说："我公司从下个季度开始，可能会因人手不够而减少这种商品的供应量。"

这种方法就是积极主动地去刺激客户，调动起客户的购买欲。这在推销过程中是很重要的。如果你只是一味等待客户来与你洽谈，让主动权掌握在客户手中，那你的推销工作将不会成功。

中篇 超级人脉的黄金法则——人一生要依靠的14种人

成为"贩卖信赖感"的专家

　　一次，日本"推销大师"夏目志郎去拜访一位绰号叫"老顽固"的董事长。不管夏目志郎怎么滔滔不绝，怎么巧舌如簧，对方就是三缄其口，毫无反应。

　　夏目志郎也是第一次接触到这样的客人，于是，他开始试着与这位"顽固董事长"交心。

　　夏目志郎故作冷漠地说："把您介绍给我的人说得一点没错，您任性、冷酷、严格、没有朋友。"

　　顿时，这位董事长面颊变红了，他望着夏目志郎，开始有反应了。

　　夏目志郎继续说："我研究过心理学，依我的观察，您是面恶心善的人，您想以冷淡和严肃筑起一道墙来防止外人侵入。"

　　这时，董事长第一次露出了笑脸："我今年73岁了，创业历经50年，但我是第一次见到像你这样直言不讳的人，你很有个性。是的，我拒绝别人，是为了保护自己，不让别人靠近我身边。"

　　"我想这是不对的。您知道中国汉字中的'人'字是怎么写的吗？'人'这个字，包含着人与人之间相互支持与信赖的意思，任何生意都是在人与人的交往中产生的。人不需伪装，虚伪的面具只会使内容变质。"夏目志郎说。

　　他们越聊越投机，最后成了好朋友，当然也开始了生意上的来往。

　　正像案例中所说的那样，一旦掌握了与客户沟通、赢得他们信任的窍门，行销就会变成一件很简单的事。有的时候，你越是想与对方成为业务往来上的客户，就越是达不到这个目的，所以倒不如抛开这个念头，坦然与他交心。俗话说的"先做朋友，后做生意"就是这个道理。向顾客"贩卖信赖感"，是成功行销的有效方法，这是因为：

现代营销充满竞争，产品的价格、品质和服务的差异已经变得越来越小。推销人员也逐步意识到了竞争核心正聚焦于自身，懂得了"推销产品，首先要推销自我"的道理。而要"推销自我"，首先必须赢得客户的信任。没有客户信任，就没有展示自身才华的机会，更无从谈起赢得销售成功的结果。很多时候，可以说我们贩卖的不是商品，而是信赖感。

推销员最重要的是赢得顾客信赖。不管采用何种方法达到此目的，都离不开从一些微不足道的小事做起。莎士比亚说："最伟大的爱情用不着说一个爱字。"套用莎翁的话，最伟大的推销员也用不着说："我是非常守信用的。"因为你的一举一动、一言一行便能表明你是否值得信赖。有时，哪怕是一个极不起眼的细节，也可能使你信誉倍增。

赢得顾客的信任之后，你就不必多费口舌向他们吹嘘和推销自己的产品了，他们会主动地对你的产品表现出兴趣。

你听说过带闹钟的推销员吗？他就是齐藤竹之助。

据说，齐藤竹之助每次登门推销时都随身带着闹钟。当会谈一开始，他便说："我就打扰您 10 分钟。"然后就将闹钟调到 10 分钟后的时间。时间一到，闹钟便自动发出声响，这时他便会起身告辞："对不起，10 分钟时间到了，我该告辞了。"如果双方商谈顺利，对方就会建议继续谈下去，他便说："那好，我再打扰您 10 分钟。"于是，他又将闹钟调了 10 分钟。

一部分顾客第一次听到闹钟的声音很是惊讶。他便和气地解释："对不起，是闹钟。我说好只打扰您 10 分钟，现在时间到了。"

齐藤竹之助以时间感来博得对方的依赖，给了人一种说到就会做到的感觉。这样，在对方的心目中，他就成了一个可靠的人，成了一个可以信赖的人。

赢得顾客的信任有以下方法可以参考：

1. 守时

与顾客约会，一定不要迟到，最好能提前几分钟到，以表示你的诚意。如果实在有事耽误了，务必要与顾客取得联系，并请求对方谅解。

2. 与顾客说话时，要看着他的眼睛

眼睛是最不会骗人的，如果你的目光坚定而真诚，那么对方是一定能够感受得到的，他会因此而对你和你的产品产生好感。当然，这不是说要盯着顾客看，那样做是不礼貌的，而且会把顾客吓跑。

3. 重视承诺

如果你对你的产品和服务作出过某种承诺，那一定要不惜一切代价去实现这些承诺。

4. 穿着打扮得体

衣着整洁、得体，会增加你的印象分，让顾客对你产生诚实可靠的印象。这样做也是文明礼仪的要求，能体现出一个人的基本素质。

"不完美法则" 的巧妙应用

唐纳德·道格拉斯在创业初期时，十分希望东方航空公司能购买他的公司制造的首架喷气式飞机。为此，他专程去拜访东方航空公司总裁雷肯巴克。

雷肯巴克告诉他：这种新型的 DC－8 型喷气式客机能够同波音 707 抗衡，可是 DC－8 喷气式客机同波音 707 一样，噪音都太大。

因此，雷肯巴克说，如果道格拉斯能保证降低噪音，他就能击败竞争对手取得订单。

道格拉斯同工程师经过认真研究后，再次去见雷肯巴克，他第一句话就说："说实话，先生，我不能确保噪音降低。"

"我也不能。"雷肯巴克说，"但我很想知道的是，你是不是可以对我诚实无欺。"

接着，雷肯巴克告诉道格拉斯："你现在得到了 1.65 亿美元的订单，

超级人脉术大全集

它能让你着手建造飞机，所以，试着把引擎的噪音降低吧！"

"金无足赤，人无完人"是至理名言，而现实中的推销人员往往有悖于此，面对客户经常造就"超人"形象，极力掩饰自身的不足，对客户提出的问题和建议几乎全部应承，很少说"不行"或"不能"。从表象来看，似乎你的完美将给客户留下信任。殊不知，人毕竟是很难做到十全十美的，每个人都会有或大或小的毛病，不可能做到面面俱"美"，你的"完美"宣言恰恰在宣告你的"不真实"的缺憾。

真诚、老实是绝对必要的。千万别说谎，即使只说了一次，也可能使你信誉扫地。如果你自始至终保持真诚的话，成功就离你很近。

所以，宣扬自己产品的优点固然是推销中必不可少的，但这个原则在实际执行中是有一定灵活性的，在某些场合下，对某些特定的客户，只讲优点不一定对推销有利。在有些时候，适当地把产品的缺点暴露给客户是一种策略，一方面可以赢得客户的信任，另一方面也能淡化产品的弱势而强化优势。适当地讲一点自己产品的缺点，不但不会使顾客退却，反而会赢得他的深度信任，从而使他们更乐于购买你的产品。因为每位客户都知道，世上没有完美的产品，就好像世上没有完美的人一样，每一件产品都会有缺点。

而平庸的推销员奉行一个原则，就是永远只讲自己产品的优点，从来不讲自己产品的缺点。他认为，那样自曝家丑，怎能卖出去产品呢？而优秀的推销员就懂得这个道理，他知道在什么时候巧用这个规则，使推销取得成功。

聪明的人知道应该学习优秀推销员的做法，摒弃平庸推销员的做法，因为只有这样做，才真正对自己的行销有利。

一个不动产推销员有一次负责推销 K 市南区的一块土地，面积有 260 平方米，且靠近车站，交通非常方便。但是，该地附近有一座钢材加工厂，厂里不断发出的铁锤敲打声和大型研磨机的噪音不能不说是个缺点。

于是他决定向一位住在 K 市工厂区道路附近、整天在噪声中生活的人推荐这块地皮，原因是其位置、条件、价格都符合这位客户的要求，最重要的一点是他原来长期住在噪音大的地区，已经有了某种抵抗力。他对客户如实地说明了情况并带他到现场去看。

"这块土地比周围其他地方便宜得多，这主要是由于附近工厂的噪音大。如果您对这一点并不在意的话，那么其他如价格、交通条件等都符合您的愿望，所以买下来还是合算的。"

客户回答道："您特意提出噪音问题，我原以为这里的噪音大得惊人呢，其实这点噪音对我家来讲不成问题，因为我们一直住在 10 吨卡车的发动机不停轰鸣的地方。况且这里一到下午 5 时噪音就停止了，不像我现在的住处，整天震得门窗咔咔响，我看这里不错。其他不动产商人都是光讲好处，像这种缺点都设法隐瞒起来，您把缺点讲得一清二楚，我反而放心了。"

不用说，这次交易成功了，那位客户从 K 市工厂区搬到了 K 市南区。

使用"不完美法则"时，需要注意以下几点：

1. 要对顾客承认那些会被他人一看即知的缺点

就是说有些缺点是显而易见的，即使你不说，对方也很清楚。这时不妨大方地说出来，以增添对方对你的好感。

2. 你所说出的缺点不要影响商品的销售，因为你的最终目的是要赢得客户

如果你说的缺点引起了对方的反感，甚至到了影响购买的程度，那你就要反省自己了：是不是没有掌握好暴露缺点的"度"？你这样做，有可能会给公司造成极大的损失。

3. 不要对自己的产品过于谦虚

诚然，缺点是存在的，但是你说出的优点一定要足够盖过这些缺点，让顾客对这些缺点不放在心上，这才是高明的推销法。

第十四章

取长补短，合作伙伴是你的互补人脉

与伙伴合作，是成功的一大捷径

著名企业家韦尔奇是一个有合作精神的人，在自己的公司面临困境的时候，他主动求助于一位成功人士——汤姆逊电子公司的董事长阿兰·戈麦斯。

韦尔奇事先约好第2天去戈麦斯的办公室拜访他。在他们见面的时候，情形和韦尔奇第一次与别的商家会谈时没有什么两样——他们彼此的企业都需要帮助。

汤姆逊公司拥有一家韦尔奇想要的医疗造影设备公司，这家公司叫CGR，实力不算很强，在同行业内排名只占第4或第5名。而韦尔奇的GE公司在美国医疗设备行业则拥有一家首屈一指的子公司，这家子公司几乎垄断了美国从X光机、CT扫描仪到核磁共振治疗仪等医疗设备的全部业务，但是他们在欧洲市场却没有明显的优势。尤其重要的是，由于法国政府保持着对汤姆逊公司的控股，实际上这就等于将韦尔奇的公司关在了法国市场之外。

在会谈中，阿兰·戈麦斯明确地表示他不想把他的医疗业务卖给韦尔奇。但韦尔奇决定看看他是否对进行业务交换感兴趣，因此他向戈麦斯说明，他可以用自己的其他业务与他们的医疗业务进行交换。

在此之前，韦尔奇非常清楚戈麦斯不喜欢 GE 的哪些业务和公司，当然，戈麦斯不会做赔本的交易。于是，韦尔奇站起身来，走到汤姆逊公司会议室的讲解板前面，拿起一支笔，开始在上面列出他能够卖给他们的一些业务。

韦尔奇列出的第一个项目是半导体业务，对方不想要。然后他又列出了电视机制造业务，结果阿兰·戈麦斯立刻表示对这个想法很有兴趣。在他看来，他的电视业务规模目前还不算很大，而且全都局限在欧洲范围之内。所以他认为，通过这项交换可以把那些不赚钱的医疗业务甩掉，同时又能使他在一夜之间成为第一大电视机制造商。

他们两人对这项交易很是兴奋，于是马上开始谈判，最后达成了协议。阿兰·戈麦斯之所以同意这场交易，是因为他的电视机公司规模太小，根本无法同其他人竞争。而这笔交易可以使他获得一个相对稳定的规模经济和市场地位，从而使他可以应对一场巨大的挑战。对韦尔奇来讲，他在国内电子产品的业务年销售额为 30 亿美元，而买进汤姆逊的医疗设备，自己的业务年收入则将增加 7 亿 5 千万美元。这笔交易将使韦尔奇在欧洲市场的份额提高到 15%，从而使他更有实力来对付 GE 的最大竞争者——西门子公司。

在余下的 6 周之内，这两家公司交易过程中的所有手续全部顺利完成，并于 7 月份对外宣布。除了交换医疗设备业务之外，汤姆逊公司还附带给了 GE 公司 10 亿美元现金和一批专利使用权，这批专利权将会每年为 GE 带来 1 亿美元的收入。而同时，汤姆逊公司则变成了世界上最大的电视机生产商。

合作是取得成功的捷径，就像案例中韦尔奇和戈麦斯所做的那样。

有一句名言说："帮助别人往上爬的人，会爬得最高。"如果你帮助另一个孩子上了果树，你因此也就得到了你想尝到的果实。而且你越是善于帮助别人，你能尝到的果实就越多。

但是有些年轻人却信奉另外的一种哲学。他们认为，财富总是有一定的限度，你有了，我就没有了。这是一种享受财富的哲学而不是一种创造财富的哲学。财富创造出来固然是为了分享的，但是我们的注意力并不应在这里，我们更应关注的是财富的创造。

同样大的一块蛋糕，分的人越多，自然每个人分到的量就越少。如果斤斤计较，相信自我享受财富的哲学，我们就会去争抢食物。但是如果我们是在联手制作蛋糕，那么，只要蛋糕能不断地往大处做，我们就不会为眼下分到的蛋糕太小而倍感不平了。因为我们知道，蛋糕还在不断做大，眼前少一块，随后随时可以再弥补过来。而且，只要联合起来把蛋糕做大了，就根本不用发愁能否分到蛋糕。

每年的秋季，大雁都会由北向南以"人"字形状长途迁徙。大雁在飞行时，"人"字形的形状基本不变，但头雁却是经常替换的。头雁对雁群的飞行起着很大的作用，因为头雁在前开路，它的身体和展开的羽翼在冲破阻力时，能使它左右两边形成真空。其他的雁在它左右两边的真空区域飞行，就等于乘坐一辆已经开动的列车，自己无须再费太大的力气克服阻力。这样，成群的雁以"人"字形飞行，就能比一只雁单独飞行要省力，雁群也就能因此飞得更远。

人只要相互合作，也会产生类似的效果。只要你以一种开放的心态做好准备，只要你能包容他人，你就有可能在与他人的协作中实现仅凭自己的力量无法实现的理想。

有一个果农培育出了一种皮薄、肉厚、汁甜而少虫害的新果子，收获季节时引来不少果贩纷纷购买。这位果农于是发了大财，增加了不少财富。

当地不少人羡慕他的成功，就想借用他的种子来种果树。但这位果农认为"物以稀为贵"，如果其他人也种这种果子的话，就会影响自己的生意，所以还是自己独享成功的喜悦为好，于是他全部都拒绝了。其他人没有办法，只好到别处去买种子。可是到了第2年果熟季节时，这位果农的果子质量却大大下降了，于是果贩们都不买他的果子了。这位果农伤透了脑筋，只好降价处理了。

果农想弄清楚产生这种现象的原因，于是就来到城里找专家咨询。专家告诉他，由于附近都种了旧品种果子，而唯有他的是改良品种，所以开花时经蜜蜂、蝴蝶和风的传媒，把他的品种和旧品种杂交了，以至于他的果子变质了。"那可怎么办？"果农急切地问。

"那还不好办？把你的好品种分给大家共同来种就行了。"

果农立即照专家的说法办了。这一年，大家果然都收获了好果子，所以个个都喜笑颜开。

这位果农自以为能独享财富，岂料独享就那么短暂，而且还带来了毁灭性的后果。后来，他把改良的品种分给大家来种，不仅自己获得了财富，也帮助别人获得了财富，从而获得了双赢的成果。

下面为你介绍5条与别人合作的原则，它们能帮助你无论在什么位置，都能成为"令人赞叹佩服、乐于追随"的成功人物。

1. 做每一件事情都要符合人性的要求

为此，至少要做到两点：一是抱着"真情、友爱"的处世态度；二是把这种态度随时随地付诸行动，同时还要戒除对人苛刻冷漠、与人斤斤计较、与人争得头破血流的陋习。

要把真情和友爱渗透到每一件事情当中去，因为真情、友爱能产生成功所需要的一切。

2. 多贡献，多施与

一个人的成就程度大致上是与他的施与程度成正比的，成功的人也往往都是慷慨施与的人物。那些肯大力布施、慷慨奉献的人物往往受益良多，然而苛刻、自私、吝啬的人却无法做到这一点。

3. 要使你周围的人觉得他们自己很重要

如何使别人觉得他很重要？请你记住这项基本原则：人们都渴望感到"他们是你生活的一部分，在你心目中占有一定分量"。如果能满足别人的这项要求，你就能轻易获得他们的赞美、尊敬，以及通力合作的回报；而当人们感觉到被其他人置于事外时，往往就会显得漫不经心，转而采取对立的态度与行动。做到这一点最行之有效的办法就是，请求别人帮你一些忙，使他们觉得自己很重要。

4. 要以平易近人的方式说话

平易近人是最好的沟通技巧。说话者有两项基本职责。一是要说出必要的知识；二是吸引对方的注意力，把对方吸引住。

5. 要能替人保守秘密

替人保守秘密，正是你赢得"对其他人的影响力"的重要方法之一。

朋友一旦深知"他们所告诉你的事情都会就此停住，不再流传出去"，就会对你更亲切、格外关照。他们认为你是很可靠、很值得信任的人，所以一旦获得什么消息，就会自动告诉你。

因此可以说，别人对你的忠诚程度，通常与你保密能力成正比。

如果能够合理地掌握以上 5 条原则，你就能寻找到值得信赖的合作伙伴，这对你的人生将有很大的帮助。

合作——实现共赢的唯一道路

曾经名噪一时的香港房地产业新鸿基企业有限公司，就是依靠合作伙伴的力量才取得了巨大的成功的。

新鸿基企业有限公司源于 1958 年香港商界"三剑侠"组合的"永业企业公司"。所谓"香港商界三剑侠"指的是 3 位在经营上取得了重大成就的企业家，即地产巨子郭德胜、证券大王冯景禧、华资探花李兆基。他们在 20 世纪 50 年代看好香港的房地产业，但又缺乏单独作战的实力，于是经过协商而"誓师结义"，提出一个同仁企业的基本纲领来，这就是他们所说的"同心协力，进军地产，你发我发，大家都发"。

当时英国殖民政府是把"官地"用"官契"形式批租给公民使用的，公民只要交了租金，如何使用土地政府基本上不过问，这样任何人只要能租到土地，就可以获得转租土地使用权的利润。而香港地少人多，各业兴旺发达，土地转租的利润必然越来越高。为此；从 1950 年起，冯景禧就与人合伙购买土地官契，进入了房地产领域。到1958年时，他已经积累了不少经验。所以郭德胜来找冯景禧，确实是找到了一位行家。

李兆基对香港的实业进行了多方面的考察，也认为进入房地产领域是最佳选择。他反应敏捷，足智多谋，有他参加"永业企业公司"，相当于刘、关、张"桃园结义"的同仁企业请出了诸葛亮来做"总经理"。

"永业企业公司"以"三剑侠"为核心再和另外5位股东合作，首先以买入沙田酒店表现出了不同凡响的志向。郭德胜精于谋略，冯景禧精通财务，李兆基胆大心细，3人上阵，可以说是珠联璧合。他们3位都是后来进入香港10大富豪行列的企业家，能够在一家公司共同奋斗，算得上是中国现代经济史上的一段佳话。

由于起家时资金有限，所以永业最初的经营方式是以低价买进旧楼，拆掉重建，再伺机收购一些无人问津却又有发展潜力的土地，然后进行转手买卖，并且制定了"分层出售，10年分期付款"的营销政策，从而赢得了用户的信任。

5年下来，永业虽然没有大发，却为后来的大发奠定了基础。他们3人继续合作，"甩掉"了其他"永业"股东，重新组合了"新鸿基企业有限公司"，并获得了巨大的成功。

"三剑侠"进行合作，是因为他们认为在前进的道路上会有风浪，只有靠3人同心协力才能闯过险滩。新鸿基创业的10年，是"三剑侠"以"桃园结义"精神合作奋斗的10年。据说3人都是全身心投入，每人每天都要工作15～16小时，他们说那是相互比赛"苦干"。这或许正是"新鸿基"得以成功的原因之一。

合作是指两个或两个以上的个体为了实现共同目标或者共同利益而自愿地结合在一起，通过相互之间言语和行为的配合与协调而实现共同目标，最终使个人利益也获得满足的一种交往活动。

大凡明智的人都懂得与他人联合起来改变自己的命运，如历史上六国联合抗秦就得以互保，而联合一旦破裂，它们就都被强秦所灭。协作思考，1＋1大于2，这样明显的道理一旦被掌握和运用，就能产生巨大的推动力，让应用它的人获得成功。

合作是件快乐的事情，有些事情，人们只有互相合作才能做成。不合作不仅别人不能得，你也不能得。两个伙伴通过彼此配合弥补个人能力的有限，最终促成双方利益的双赢，这就是合作。

一个出色的球队，并不是几个"大腕"球星就能支撑起来的，要取得好的成绩还需要整个团队的合作和一个好的教练……

一堆沙子是松散的，可是它和水泥、石子、水混合后，却比花岗岩还坚硬。

所以说，在工作和生活中，我们只有时刻保持合作的意识才能取得更大的成绩，才能有所成就，从而开拓自己的辉煌人生。

史蒂芬是一位演员，刚刚在电视上崭露头角。他英俊潇洒，很有天赋，演技也很好，开始时只扮演小配角，现在已成为主要角色演员。从职业上看，他需要有人为他包装和宣传以扩大名声，因此他需要一个公共关系公司为他在各种报纸、杂志上刊登他的照片和有关他的文章，以增加他的知名度。

不过，要建立这样的公司，需要很大一笔资金，史蒂芬并拿不出那么多钱来。偶然一次机会，他遇上了 Rose。Rose 曾经在一家很大的公共关系公司工作了好多年，她不仅熟知业务，而且也有较好的人缘。几个月前，她自己开办了一家公关公司，并希望最终能够打入公共娱乐领域。但到目前为止，一些比较出名的演员、歌星、夜总会的表演者都不愿同她合作，她的生意主要还只是靠一些小买卖和零售商店。当史蒂芬把他的想法告诉 Rose 后，Rose 与他一拍即合，立刻与他联合干了起来。

史蒂芬成为 Rose 的代理人，而她则为他提供出头露面所需要的经费。他们的合作达到了最佳境界，史蒂芬是一名英俊的演员，并且正在时下的电视剧中出现，于是 Rose 便让一些较有影响的报纸和杂志把眼睛盯在他身上。这样一来，她自己也变得出名了，所以很快就为一些有名望的人提供了社交娱乐服务，而他们付给了她很高的报酬。这样一来，史蒂芬不仅不必为自己的知名度花大笔的钱，而且随着名声的增长，他在业务活动中也处于了一种更有利的地位。

合作是很有益处的，但是一定要选对合作伙伴，下列几种人就不宜与之合作：

1. 自以为是、刚愎自用的人

这种人总认为自己比别人聪明、分析力比别人强，往往不听别人的劝告，总以为自己的观点与看法是最好的、最权威的。当别人对他的一些观点或看法提出异议时，他就会嗤之以鼻，轻易地否定别人的意见或建议，但自己却又提不出更好的方法来。这种人的思维方法完全是以偏概全、以点带面，所以当然不能与这种人合伙创业。

2. 好话说尽、食言自肥的人

这些人老爱耍小聪明，自以为对人情世故懂得比别人多，因此总想在与别人合作中多捞一点、多占一点便宜。他们在与别人合作时对合伙人没有半点诚意，总是把对方当傻瓜，时刻以自己的利益为主，很少为别人打算；对个人得失也斤斤计较，总想自己多占一点便宜，少付出一点。对于这类人，你根本不能与他们合伙。

3. 眼高手低、耐心不足的人

这种人不甘心替别人打工，再加上筹措一笔资金也不太困难，于是便有了自己当老板的念头。他们认为，只要有钱，做生意是最简单的事情，只要自己往靠背椅上一坐，自有手下的人替他效力卖命。听起来，他们的想法一点也没有错。只要肯出高薪，就不怕请不到人才。但问题是，请来的人才如何用，才是决定够不够资格当老板的关键所在！

4. 贪图享乐、好高骛远的人

还有些人本身贪图享乐，不能从事艰苦复杂的创业工作，每月的收入都不足以维持自己的高消费水平。看到当老板的很神气，他们便想自己去当老板。其实，他们只看到了成功后的享受和荣耀，而没有看到创业的艰辛。

以上这些人好高骛远，很难脚踏实地地开创一番事业，所以都是不宜与之合作的对象。

寻找优势互补的合作伙伴

托马斯·贝茨公司的创办人兼第一任行政主管 R·M·托马斯，自从公司于 1898 年建立以来就一直与他的普林斯顿大学的同学赫巴特·贝茨合作。托马斯是管技术和生产的"内务大臣"；贝茨则是管推销的"外交大臣"。后来，创办人的侄子 G·C·托马斯接任直到 1960 年退休，期间麦克唐纳是他的第一行政主管副主席。G·C·托马斯是一个非常严厉和纪律性很强的人，他提出了一系列明确的价值观，包括绝对完善的组织机构和产品高质量标准；而麦克唐纳则是一个具有超乎常人能力的推销员、市场经纪人和对外联络人员，他建立了托马斯·贝茨公司与电器批发公司之间的密切关系。另外，麦克唐纳也曾与公司创办人的儿子鲍勃·托马斯搭档。鲍勃是一位性格内向，但办事效率高的"内务大臣"。麦克唐纳说得好："我们这个有 100 年历史的公司，先后有 6 位行政主管。每次都是 2 位个性不同的人结合在一起，从而产生了理想的领导人。"

另一组引人注目的 30 年以来一直配合默契的搭档是帕尔公司的行政主管亚伯拉罕·克拉斯纳夫和创办人戴维德·帕尔博士。克拉斯纳夫曾是个会计，1951 年被帕尔博士动员加入了他刚成立的公司。几十年来，帕尔博士一直是产品的创新者、发明家，而克拉斯纳夫则是组织建立者。帕尔公司之所以能从竞争激烈的过滤器行业中获得不寻常的成功，其主要原因是他们两个人互相尊重、互相支持、互相合作。据《金融世界》杂志报道："亚伯拉罕认为，帕尔是公司的秘密武器。他对过滤的科学、理论和技术作出了重要贡献。"

有调查表明，很多公司所表现出来的相似的优势互补的人员搭配给人们留下了越来越深刻的印象。如：

在克雷研究中心，技艺高超的创办人西摩·克雷与擅长管理和组织建设的董事长兼行政主管约翰·罗尔温根搭档，使他们生产的超级电脑跃居世界前列。

在米利坡公司，创办人杰克·布什和董事长迪·戴勃洛夫配合得很默契。戴勃洛夫是主要战略决策人兼对外发言人，布什则是意志坚定的内务管理人；但是两个人都参与制定公司的主要决策。

的确，同仁之间共同努力，相互合作，能够在借助别人优势的同时弥补自身能力的不足，壮大自己的力量，从而为事业的成功奠定坚实的基础，达到"1＋1＞2"的影响和效果，并最终实现自己的人生目标，实现事业的辉煌。

选择合作伙伴就像选择婚姻伴侣，好的伴侣能带来幸福，坏的伴侣则只能引起不幸。尽管谁也不会在结婚时就能预料到离婚的那一天，但美满的婚姻不仅仅需要婚后保持温度的技巧，也需要在婚前对伴侣进行深入、细致的了解与调查。因此如果你想获得更好的发展，选择什么样的合作伙伴就显得非常重要。只有选择合适的合作伙伴，你才能够和他互相配合和扶持，共同创造事业的辉煌。

商人张源在建造一座酒店时，突然出现资金困难问题，导致了工程无法继续下去。在没有任何办法的情况下，他突然心生一计，找到那位卖地皮给自己的商人，告知他自己没钱盖房子了。地产商漫不经心地说："那就停工吧，等有钱时再盖。"

张源马上回答："这我知道。但是，假如一直盖不下去，恐怕受损失的不止我一个，说不定你的损失比我的还大。"

地产商十分不解。张源接着说："你知道，自从我买你的地皮盖房子以来，周围的地价已经涨了不少。如果我的房子停工不建，你的这些地皮的价格就会大受影响。如果有人宣传一下，说我这房子不往下盖是因为地方不好，准备另迁新址，那恐怕你的地皮就更是卖不上价了。"

"那你要怎么办？"

"很简单，你继续把房子盖下去，盖好再卖给我。我当然要给你钱，但不是现在给你，而是从营业后的利润中分期返还。"

虽然地产商十分不情愿，但仔细考虑，觉得他说的也有道理，何况他对张源的经营才能还是很佩服的，相信他早晚会还这笔钱，所以便答应了他的要求。

那么，怎样找到一个好的合作伙伴呢？

其实，选择一个好的合作伙伴并不难，一个首要的原则就是尽量"不要与陌生人说话"。仔细研究真正通过合作创业成功的企业选择合作伙伴的方向不难发现，选择熟悉、了解的人通常是条捷径。但是并非所有的熟人都可以成为我们的合作伙伴。我们必须要找到那些合乎我们胃口并且能够带来合作效益的熟人才行。

合作伙伴要具备哪些素质呢？一般而言，具备如下素质的合作伙伴是最受人欢迎的。

1. 有最基本的道德观

做事先做人。把人做好了，才有可能成就自己的事业。

2. 行动力强

只有行动才会有结果。行动不一样，结果就不一样。知道不去做，等于不知道；做了没有结果，等于没有做。不犯错误，一定不会成功，因为不犯错误的人一定没有尝试。错了不要紧，只要善于总结，然后再做，就一定会得到正确的结果。

3. 不甘心

21 世纪，最大的危机是没有危机感，最大的陷阱是满足。人要学会用望远镜看世界，而不是用近视眼看世界。顺境时要想着为自己找退路，逆境时要懂得为自己找出路。

4. 要懂得付出

要想杰出一定得先付出。没有点奉献精神，是不可能创业的。要先用行动让别人知道你有超过所得的价值，别人才会开更高的价。

5. 诚恳大方

每个人都有不同的立场，不可能所需利益都一致，关键是大家要开诚布公地谈清楚，不要委曲求全。只有诚信才是合作的最好基石。

6. 有强烈的沟通意识

沟通无极限，这是一种态度，而非一种技巧。一个好的团队当然要有共同的愿望，但这并非一日可以得来，而需要无时不在地沟通。从目标到细节，甚至到家庭等，都应在大家沟通的内容之列。

7. 学习力强

学历只代表过去，学习力才代表能否掌握将来。要懂得从任何的细节、所有人的身上学习和感悟，并且要懂得举一反三。学习，其实是学与习两个字。学 1 次，做 100 次，才能真正掌握。学、做、教是一个完整的过程，只有达到教的程度，才能算真正吃透了。在更多时候，学习是一种态度，只有谦卑的人才真正能学到东西。这正像大海之所以成为大海，是因为它比所有的河流都低。

别让自己成为一座孤岛

在 2004 年结束的雅典奥运会上，中国女排在冠军争夺赛中那场惊心动魄的胜利证明了本文题目所提的这一点。

2004 年 8 月 11 日，意大利排协技术专家卡尔罗·里西先生在观看中国女排训练后认为，中国队在奥运会上的成败很大程度取决于赵蕊蕊。但是在奥运会开始后中国女排的第一次比赛中，中国女排第一主力、身高 1.97 米的赵蕊蕊因腿伤复发，无法上场参加比赛了。媒体惊呼：中国女排的网上"长城"坍塌。中国女排只好一场场去拼，在小组赛中，中国队还输给了古巴队。这时，国人已经对女排夺冠没有多大的信心了。

然而，在最终与俄罗斯争夺冠军的决赛中，身高仅 1.82 米的张越红一记重扣越过了 2.02 米的加莫娃的头顶，宣告了这场历时 2 小时零 19 分钟、出现过 50 次平局的巅峰对决的结束。就这样，经过了漫长的、艰辛的 20 年以后，中国女排再次夺得了奥运会金牌。

观众们熬夜看完了整场比赛，惊心动魄后是激动的泪水，就像在 20 年前看到郎平、周晓兰、张蓉芳等老一辈中国女排夺冠时一样激动。

女排夺冠后，中国女排教练陈忠和放声痛哭两次。男儿有泪不轻弹，其中的艰辛，只有陈忠和及女排姑娘们最清楚。

那么，中国女排凭借什么战胜了那些世界强队，凭什么反败为胜，最终战胜了俄罗斯队呢？陈忠和在赛后说："我们没有绝对的实力去战胜对手，只能靠团队精神、靠拼搏精神去赢得胜利。用两个字来概括队员们能够反败为胜的原因，那就是'忘我'。"

大豆必须与根瘤菌"相依为命"，藻类与菌类结合在一起才能形成地衣，高大的红杉树一丛丛地生长、共同交缠在一起的庞大根系才能保证它们不会被风暴连根拔起。所有这些都是自然界中常见的共生现象。

植物、动物尚且能够合作，更何况作为"万物之灵"的人类呢？所以在人类社会中，合作更是随处可见。优秀乐队就是很好的一个例子。制造"音响效果"的不是鼓手、吉他手、萨克斯管吹奏者或演唱者中的任何一个，而是所有人组成的整体。但是，与动植物不同，人类对合作的追求不只是基于本能，更是在充分认识到合作的益处后所作出的理性选择。早在 2000 多年前，我国古代著名军事家孙子就强调过"天时"、"地利"不如"人和"的观点。著名的思想家、教育家孔子也强调过"独学而无友"的害处。我国的民间故事、谚语、俗语中强调合作的更是数不胜数。

在合作关系形成之后，个人就必须融入到团队之中。几个人单独工作，只能发挥出几种力量，但几个人一起合作，就有可能发挥出大于彼此之和的力量，所以说团队的力量大无穷。

将个人融入团队，才能让个人发挥出超越自身的能量，赢得事业的辉煌。

国内有一家合资企业招聘中层管理人员，12 名优秀应聘者经过初试后从上百人中脱颖而出，闯进了由公司经理亲自把关的复试。

经理看过这 12 个人详细的资料和初试成绩后，相当满意。但是，此次招聘只能录取 4 个人，所以，经理给大家出了最后一道题。经理把这 12 个人随机分成甲、乙、丙 3 组，指定甲组的 4 个人去调查本市婴儿用品市场，乙组的4个人调查妇女用品市场，丙组的4个人调查老年人用品市场。经理解释说："我们录取的人是用来开发市场的，所以，你们必须对市场有敏锐的观察力。让大家调查这些行业，是想看看大家对一个新行业的适应能力，每个小组的成员都务必全力以赴！"临走的时候，经理又补充道："为避免大家盲目开展调查，我已经叫秘书准备了一份相关行业的资料，走的时候自己到秘书那里去取！"

3天后，12个人都把自己的市场分析报告送到了经理那里。经理看完后，站起身来，走向丙组的4个人，分别与之一一握手，并祝贺道："恭喜4位，你们已经被本公司录取了！"看见大家疑惑的表情，经理呵呵一笑，说："请大家打开我叫秘书给你们的资料，互相看看。"原来，他们每个人得到的资料都不一样，甲组的4个人得到的分别是本市婴儿用品市场过去、现在和将来的分析，其他两组的也类似。经理说："丙组的4个人很聪明，只是互相借用了对方的资料就补全了自己的分析报告。而甲、乙两组的8个人却分别行事，抛开队友，自己做自己的。我出这样一个题目，其实最主要的目的是想看看大家的团队合作意识。甲、乙两组失败的原因在于，他们没有合作，忽视了队友的存在。要知道，团队合作精神才是现代企业成功的保障！"

将个人融入团队，必须做到以下几点：

1. 和大家拧成一股绳，因为工作需要奉献与分享

一位著名的企业家曾说过："当别人遇到困难时，我不会坐视不管，我会尽力帮助他。这样做不但不会让我损失什么，反而会给我带来荣誉，会让我的事业更加顺利。"这就是集体智慧中的奉献与分享。我们在帮助别人的时候，无形之中就会体现出自己的价值，也会让自己赢得竞争中的成功。因此，我们应善于利用集体的智慧，用无私的奉献和分享，润滑合作中的摩擦，从而使双方的成果得以扩大。

2. 不要互相依赖

集体的智慧，在于能指导彼此如何克服自身的短处、发挥自身的长处，而不是完全依赖对方的优点、忽视自己的缺点。

有这样一对朋友，一个动手能力强，一个动脑能力强。他们本来是一

对很好的合作伙伴，并且有希望通过双赢的理念成功地做一些事情。可是在具体合作的过程中，擅长动脑的人经常不切实际地幻想，让擅长动手的去做事。他认为自己就是负责想，想出来后就完全依赖另外一个人做。而擅长动手的人也很盲目，他没有把一些切实的改进建议反馈给动脑的人，而认为动脑就是别人的事，他应该想得周详，自己只要负责实施，能做就做，不能做就扔下不管即可。可想而知，他们这样是不可能拥有双赢效果的，因为他们没有拧成一条心，而是把希望都寄托在了别人身上。这样做的后果必然是：动脑的人越来越不知道怎样想，动手的人越来越不知道怎样做——他们的依赖致使双方的长处都没有充分发挥出来，短处反而更加明显。所以说，在集体的合作智慧中，一定要摒弃依赖的心理。

3. 学会欣赏别人、尊重别人

有时候，我们中的一些人会出现这样的情况：自己有了进步就欢呼雀跃，高兴得手舞足蹈，可当别人有了成绩时却视而不见、充耳不闻，甚至挖苦别人。我们应该十分清醒地认识到这种做法是没有修养的表现。一位学者说过："学会欣赏每个人会让你受益无穷。"智者尊重每个人，因为他知道人各有其长，也明白成事不易。

学会欣赏别人、学会与人合作是人生一笔宝贵的财富。

让信任为合作奠基

有个大富翁，过河的时候翻了船，大喊救命。一个船夫听到喊声，划着小船去救他。船还没到，大富翁就说道："快来救我！上了岸我给你100两金子，我有的是钱。"但船夫把他拉上船，送他上岸后，富翁却只给了船夫10两金子。

船夫说："方才你说给我100两金子，如今才给10两，怎么能这样！"大富翁听了斥责道："你不过是个船夫，一天才能挣多少钱？现在一下子就

中篇 超级人脉的黄金法则 ——人一生要依靠的14种人

赚了 10 两金子，你还不满足？再啰嗦，连这 10 两我也不给了！"听到这话，船夫沉默不语，摇摇头走了。

不料，过了 1 个月，大富翁乘船顺江而下，船撞在礁石上翻了，他又落水了。刚好同一个船夫在岸边钓鱼，但听到大富翁喊救命，他动也不动。有人问他："你为什么不去救他？"船夫回答说："他就是那个没有信用的人。"听了船夫的话，在场的没有一个人去救大富翁，最后他被淹死了。

船夫和大富翁之间建立了暂时性的合作关系，但是由于富翁的失信，他最终尝到了苦果。

超级人脉术大全集

人人都厌恶虚伪和欺骗，向往人与人之间的真诚与信任。信任是人们交往与合作的前提，也是我们社会得以有秩序、和谐运转的前提。如果你仔细观察我们周围的人和事，并且把人们对他人的信任程度与他们在生活中的幸福与充实指数相比较，你就会发现，那些老实人，涉世不深的人，那些认为别人都像自己一样诚实的人，比疑心重重的人生活得更加美满、更加充实。即使他们偶尔受骗，也同样比那些谁也不信的人幸福。

只有相信别人，我们才能与别人更好地合作。相信别人可以驱散我们心头的猜疑和顾忌。学会信赖别人，并且努力让自己变得值得信赖，我们与他人的交往和合作才会变得更顺利。

让信任为合作奠基，合作的基础才会更加牢固，前景也才会更加美好。

一位心理学教授曾和自己的学生做过这样一个实验：他让同学们前后站成两排，然后让后一排的同学做好保护准备，说待他喊"开始"之后，前一排同学就要往后一排相对位置的同学身上倒。他说："前面的同学别有顾虑，要尽力往后倒。好，开始！"

前排的同学们只是觉得有些好玩，所以才按照心理学教授的指令让身子一点点向后倾斜。但是，大家都明显地暗自掌握着身体的平衡，并不敢一下子把自己全部倒在后排人的身上。

可是，这里面有个例外——一位男生在听到心理学教授的指令之后，紧紧地闭上了双眼，扎扎实实地向后面倒去。他的搭档是一位小巧玲珑的女生，当她感到他毫不掺假地倒过来时，先是微微一愣，接着就倾尽全力地去抵住他。看得出，她有些力不从心，但却倔强地抿紧了双唇，誓死也要撑起他……

她成功了。

心理学教授笑着去握他和她的手，告诉大家说："他俩是这次实验中表现最为出色的人。这位男生为大家表演了'信赖'——信赖是什么呢？信赖就是去除心中的猜疑和顾忌，完全地相信别人。这名女生为大家表演的则是'值得信赖'——值得信赖，其实是信赖催开的一朵花。如果信赖的春风吝于吹送，那么这朵花就有可能遗憾地夭折在花苞之中，永远也休想获取绽放的机会。当然，如果信赖的春风吹得温暖，吹得和畅，那么，被信赖的人就会被注入一种神奇的力量——就像你们看到的那样，一个弱不禁风的女生可以撑起一个虎背熊腰的男生。同学们，值得信赖是幸福的，而信赖他人是高尚的。让我们先试着做高尚的人，然后再去做幸福的人吧！"

信任是合作的基石，同时也是我们生活的需要。在日常生活中，我们总是希望得到别人的理解和信任，青年时期是走向心理成熟的时期，这种心理需求指向更是尤显迫切。那么，如何提高别人对你的信任度呢？

1. 真实地表现自己

信任，不会在凭空的梦幻中产生，也难在乞求恩赐中获得。它需要你首先要有被人信得过的地方，就是说别人的信任之光只能从你自己的言行这个"光源"中产生。因此，坦诚、不加掩饰地展现自己的本来面目，是获得信任的基础。请注意，与人交往，能把自己"推销"出去，是一种有胆有识之举。你得适度地暴露自己，让人们一定程度地注意你，这样你才有希望找到释放能量和获得信任的机会。若躲躲闪闪、故作姿态、忸忸怩怩，给人以捉摸不透的感觉和模模糊糊的印象，那别人是很难确定信任的意向和对你投掷信任的砝码的。所以，如实地表现自己，是取信于人的基石。

2. 注意第一印象

为别人办的头一件事，对别人说的第一句话，都会在对方心里留下潜影，成为他对你最终评价的参照。有的人不注重第一次交往的"效应"，事后又不懂如何弥补，因此给人留下了"此人不太牢靠"的印象。而印象一旦形成，再要改变它就得多花费好多精力。

3. 慎许承诺

提高信任度，最关键的一点是把握好允诺与兑现的尺度。一旦与人商定，就一定要想方设法尽力去办。如果实在存在困难或出现了意外，就应向对方解释清楚，寻找补救办法，但切忌变换过多，给人敷衍了事的感觉。办事要扎实，不要拍胸夸口或模棱两可，应具有时间观念和信用意识。确实难以做到的，应直接说明适当的理由，给人以讲究实际和礼貌的感觉。生活中最忌讳随随便便允诺，因为轻率地允诺既会害苦自己，也会使别人大失所望，还会直接影响别人对你的信任和尊重。

下 篇

超级人脉的厚黑心法
——人一生要防范与应对的 15 种人

我无论到哪儿，似乎总能找到良师益友，若非这些人鼎力相助，我会一辈子默默无闻。

——通用电气公司前总裁 杰克·韦尔奇

第一章

小人，游离于道德圈外的社会细菌

小人无处不在

"小人"一词的出现大概在2000多年前，其含义起先并不完全是"君子"的反面。伴随着每一个时代、不同社会中一群特殊人的长盛不衰，"小人"一词成为他们的专有称呼，沿用至今。"小人"的生存和繁衍，与"君子"的行为始终相随，就像有真必有假、有阴必有晴一样。究竟何为小人？大体而言，"小人"就是做事做人不择手段、损人利己、挑拨离间、造谣生事、睚眦必报、人品极差、毫无气量的人。

这样一群可怕的小人到底存在于什么地方呢？可以说，无处不在、无时不有。每个人在其工作、生活的圈子里都有可能遇到种种"陷阱"，明里拉帮结派、哥们义气，暗地里互相拆台、使绊子的现象屡见不鲜。有陷阱的地方，必有小人的出没。生活工作中，常常都能听到谁被谁给暗中陷害，谁又耍手段搞垮了谁。小人藏匿之广，实在让人感叹与惊愕。

张明就没少吃过小人的苦头。毕业后他与李亮一起分到了一家大型国企，因为他们年龄相仿，所以很快成了好朋友，在工作上两人无话不说。可是张明没想到，后来自己竟成为李亮升官发财的垫脚石。

在半年多的相处里，李亮精心地搜集各种"有利证据"，比如张明某月某日说经理的新衣服不好看，李亮都会在"适当"的时刻"不经意"地说给经理听。

后来，当张明得知经理对他的印象那么差是因为自己被出卖了时，他很愤怒，心想在这样的公司里，与其受气呆着，还不如选择离开。于是张明很快逃离了这"是非之地"。

后来他进入了一家外企公司。在他的想象中以为换一个工作环境，就可以避免小人的侵扰。

由于工作表现突出，他很快就得到赏识，从部门普通文员晋升为执行秘书。

原来的执行秘书陈小姐由于工作不够卖力，被调到行政部门做文员。可是，陈小姐不愿意放弃原先的职位，便拖延时间，在上司面前，老数落张明的"不是"，搬弄是非，抓住一切机会踢开他。在这般攻势下，张明再次失足于小人，丧失了领导的信任。

经过这两件事，我们和张明一样，必须明白这样一个事实：这个世界上，没有无小人的"真空"地带，他们无处不在。

如果我们非得给小人界定一个特定的性质，那么只能说：小人是游离于道德圈外的社会细菌。就如张明的遭遇所展示的，小人可能就在你的身边，是同事、是朋友或是亲戚。他们隐藏在道德阳光的阴影里，啃噬社会的良知。每个阴暗的角落，都可能成为小人的滋生地，那里是道德阳光照不到的黑洞，他们在"快乐"地生活。

办公室里、家里、火车站、电影院、学校、宿舍……谁敢保证某个地方就没有小人？我们不能再天真地寻求一个无小人之所，一定牢记：小人无处不在！

心机吞噬人性的良知

小人在社会上总当蛀虫，吃掉社会的营养成分，始终都是一个潜在的危害。

张琴的母亲要回老家探亲，因没有直达火车，要在广州火车站中转。考虑到母亲年事已高，且在广州要等待4个多小时，张琴便在母亲上车时电告广州的同学邵先生届时给照应一下。

火车到广州后，正当张琴的母亲在车厢门口东张西望时，一位西装革履的男士走来，亲切地搀扶着老人来到了站口附近的茶楼。他自称姓邵，是其女儿的同学，特意来照顾老人的，老人十分高兴。

在茶楼闲聊了一会，邵先生打了一个电话，说是单位让其在火车站附近的某公司购买一些仪表。邵打开钱包后说钱不够，遂向老太太借500元钱，说一会儿买好仪表后让老太太一起到公司看看，再把钱还给她。考虑到是女儿的同学，又对自己无微不至的关照，老太太没有不借的理由。

邵先生去后没多久，老太太接到一个电话，说是女儿的同学邵先生，一会儿就到，路上塞车，耽误了一小会儿，实在对不起。老太太一听声音就蒙了，这不是刚才那个邵先生啊！

原来，刚才接老太太的邵先生是假冒的。他在深圳上车时听到张琴给邵先生打电话，到广州火车站后，他见接老太太的人未到，就灵机一动临时客串了一把，演了一次邵先生，一会儿工夫，就拿着500元的出场费跑了。

"邵先生"也够可以的，"客串"了一把假同学，贼心一起，连老人也成为被骗的对象，逐利的心机压扁了他的良知。

坑蒙拐骗无所不能，人们总是大受其害，有时候连生命也搭了进去。

公元前660年，晋献公老了，骊姬想废掉太子申生，改立自己的儿子为嗣君。为此她设计了一条蜜蜂计。

当时，申生太子在外地。骊姬让献公将他招来都城，并设宴款待，席间骊姬向申生连连劝酒，夸奖他仁德忠厚，要他善待弟弟。

酒席散时，骊姬悄声对申生说，请他于明日陪她在花园赏花。申生见后娘如此盛情，难以退却，便应允下来。晋献公年老耳聋，当时没听清他们说什么，事后，骊姬却把话倒过来说。这就引起晋献公的疑心。

第二天，申生在后花园等候，果见骊姬如期而来，他们边走边赏花。忽然一群蜜蜂向骊姬飞来，围着她的头上和身上转动。骊姬顿时手足无措，忙喊申生来帮她驱赶群蜂。申生怕后娘挨蜇，便走过去撩起宽大的衣袖为她驱赶蜜蜂。这个情景被躲在后山的献公看到了，以为申生在摸骊姬的头面和耳朵，便出来加以阻止。骊姬便趁势扑在献公身上，说申生调戏她。申生为人忠厚，不敢申辩，退身而出。后来，骊姬又在申生进献的祭肉里下毒，结果给狗吃中毒而死。她就以此为据，说申生想毒死自己的父亲。晋献公派人去向申生问罪，申生无法自辩就自杀了。

终于，骊姬让自己的儿子奚齐做了嗣君。

一计接一计，就像一根根毒箭，让人猝不及防，小人心机之重，重到欲置人于死地而后快。

世上的小人没有一个固定的面貌，或丑或美，甚至有些小人长得玉树临风，一副正人君子的模样，以至于我们往往难以辨识。小人尽管外表不一，其窝藏的心机却是师出一门，泯灭良知，屡屡让我们栽倒在他们手下，小则失财，大则赔命。弱势群体本是社会上最需关注的人，他们却最常遭小人暗算，小小的一个伤害足以让他们大伤元气，久久难以抚平伤痕。心机如毒蝎，吞没良知，害人不浅。

扭曲的价值滋生社会细菌

"人之性恶，其善者伪也。"荀子用这句话告诉我们，人性如果看来是善的，那是他努力装扮成这样的，因为人性本来是恶的。且不论人性本善或本恶，可以肯定的一点就是，小人完全归属于性恶者。他们把道德踩在脚下，就像费无忌那样。

公元前527年，楚国大夫费无忌受楚平王之命前往秦国为太子迎亲。费无忌到秦国看到姑娘后大吃一惊，这姑娘太漂亮了。他开始琢磨起来，这么美丽的姑娘应该献给正当权的楚平王。

当车队接近国都，费无忌抢先一步到王宫，向楚平王描述了秦国姑娘的美丽，并说太子和这位姑娘还没见面，大王可先娶了她，以后再给太子找一位更好的姑娘。

楚平王好色，被费无忌说动了心，于是便同意了，并让费无忌去办理。在费无忌的一番暗箱操作下，原本是太子的媳妇，转眼间成了楚平王的妃子。

然而，费无忌却在成就一桩"美事"的兴奋之余，忧心忡忡：虽然楚平王越来越宠信他，但因这件事他得罪了太子，而太子早晚会掌大权的。于是费无忌又对楚平王说："那件事之后，太子对我恨之入骨，我倒没什么，关键是他对大王也怨恨起来，望大王戒备。太子握有兵权，外有诸侯支持，内有老师伍奢的谋划，说不定哪一天要兵变呢！"

楚平王顿时心生戒备，认为费无忌说得很有道理，应当迅速采取行动，以防万一。于是他便立即下令杀死太子的老师伍奢及其长子伍尚，进而又要捕杀太子，太子与伍奢的次子伍员只好逃离楚国。

费无忌身为人臣，却丝毫无人臣之德，先是为迎合讨好皇帝，做丧失伦理之事，后又为保全性命，大进谗言，误国误民——真是个十足的无德小人！

利益之下，道德荡然无存。

俗话说，"人为财死，鸟为食亡。"世界上充满了太多的诱惑，太多的诱惑就有了太多的追逐。在追逐欲望的过程中，每个人的人性都将得到洗礼。高尚还是卑鄙，君子还是小人，在利益面前都会图穷匕见，而小人正是为自己"打算盘"的人。

欲望面前，小人甘当追逐者，抛弃他们所认为的包袱——道德，不达目的不罢休。没有了道德约束，他们人性丑恶的本质展露无遗，各种面目手段瞬息万变，让初出茅庐的你怎么也捉摸不透。林子如此之大，在利益的驱使之下，什么鸟都飞出来了。为了寻求属于自己的食物，各自纠缠不休，小人也就出现在你的身旁。

小人做事做人从不循正道，而以邪恶的手段来达到目的：他们喜欢造谣生事而另有目的，并不是以造谣生事为乐；他们喜欢挑拨离间，为了某种目的，他们可以用离间法挑拨同事间的感情，制造不和，好从中取利；他们喜欢拍马奉承，也喜欢在上司面前说别人的坏话；他们喜欢阳奉阴违，谁得势就依附谁，谁失势就抛弃谁；他们踩着别人的鲜血前进，利用你为其开路，而你的牺牲他们是不在乎的；他们落井下石，只要有人跌跤，他们会追上来再补一脚；他们喜欢找替罪羊，抓一个人来背负原本自己犯下的罪行，逃脱责任，溜之大吉。

种种小人的勾当，无不渗透着一个不争的事实：小人没有道德，他们的行为原则，就是与道德分道扬镳。

小人磕绊你的人生

战国时期，楚王的妃子郑袖长得美貌，又聪慧机敏，楚王十分宠爱。后来楚王又得一智慧与美貌兼具的年轻姑娘，她一下子就把楚王给迷住了。

郑袖眼见自己一天天失宠，非常不快，但表面上却装得若无其事，不但没有一点怨言，还百般讨好这位新妃。新妃喜欢穿什么衣服，希望用什么东西，郑袖都叫人给她送去；她住处的陈设要怎么布置，郑袖也叫人侍候得顺心如意。可以说处处做到体贴入微、关怀备至。郑袖在楚王面前还经常对新妃表示赞美。

这位新妃没想到遇上这样好心的一个老大姐，从心眼里对郑袖表示感激，并且很是信任她。

楚王见郑袖和这位新妃相处得这么和美，心里非常高兴，对郑袖说："你们女人多半凭着自己的美貌和聪明赢得男人的喜欢，而且差不多都有强烈的妒忌心。我看你就不是这样，你能理解我，你知道我喜欢这位新人，就比孝子侍奉父母，忠臣侍奉君王还尽心尽力。"

郑袖听了楚王这番话，相信他绝不会怀疑自己对新妃有什么坏心眼了，不由得为自己的作为感到高兴。

一次，郑袖和新妃闲谈的时候，流露说："大王经常在我面前夸奖你，说你能歌善舞，活泼热情，又温柔体贴，只有一点，大王嫌你的鼻子稍矮了点儿。"

新妃听了，有些不安，摸了摸鼻子，问郑袖说："您看这有什么办法吗？"

郑袖就等她问这句话，可还是装着若无其事的样子说："这有什么大不了的？你以后见到大王时，用手帕把鼻尖轻轻遮一下不就好了吗？"

新妃以为郑袖给她出了个好主意，以后只要见到楚王来就把鼻子遮起来。楚王开始没注意，后来看她每次都这样就感到很奇怪，又不好直接问，就问郑袖："新妃近来每次见到我时，为什么总把鼻子遮起来？"郑袖勉强回答："我听她说过，好像……"她故意看了看楚王，吞吞吐吐，欲言又止。

楚王觉察到这里有什么隐情，就追问说："你说吧。你和我做了这么多年夫妻，还有什么不好说的，即使有什么事，我也不怪罪你。"

郑袖说："她说过你身上有一种恶心味，不愿闻到！"

楚王一听火冒三丈，怒气冲冲地说："什么？敢说我身上有恶心味，岂有此理！传我的话，立即把那个小贱人的鼻子给我割下来！"

郑袖再次得到恩宠。

被陷害的新妃，其容已毁，皇宠亦失，小人让她的人生由顶峰跌入低谷，遭受重大挫折。小人很多时候如绊脚石，冷不防你就会因此摔跟头，再难有重新站起的机会。小人设下的陷阱很多，掉到里面，难见天日。

牵着鼻子走向死胡同

魔鬼我们也能和他合作，但要领着魔鬼走。可惜有人总是不知此道，让魔鬼牵着他的鼻子。不过也难怪，身边有小人，哪容易做到不受害！

毛人凤与戴笠是小学同学，在国民党军统中深得戴笠的赏识。戴笠死后，毛人凤想当局长，但自觉力量不足，又怕被唐纵抢去，就支持郑介民，挤走了唐纵。在毛人凤的帮助下，郑介民坐上了局长的交椅。郑介民昏庸无能，正在春风得意之时，毛却设下圈套。郑介民50岁生日时，毛人凤指使保密局总务处长沈醉鼓动下属给郑局长送礼祝寿。郑怕招惹是非，不让大张旗鼓。但郑介民一向怕老婆，沈醉就极力怂恿郑妻非给郑祝寿不可，以便大收寿礼。郑说服不了老婆，只好在生日那天去上海躲避。沈醉派人把郑家装饰一番，将许多贵重物品布陈在寿堂上，并大摆筵席。正在饮酒热闹之际，沈醉暗中把郑介民祝寿情况告诉了那些被冷落的特务遗属。于是大批孤儿寡母涌到寿堂，连哭带喊要饭吃，这时沈醉又出面解围充好人。事后，毛人凤立即把郑介民铺张祝寿的情况报告给蒋介石。接着，毛人凤又买通蒋介石身边的亲信俞济时等，在蒋介石耳边说郑的坏话。毛人凤同时还罗列郑介民多年来贪污罪行，直到把他从局长位上扳下来。

郑介民虽然昏庸无能，但不至于连毛人凤的诡计也看不清，他也想避寿逃离嫌疑，可是无奈其妻中计。然就算其妻不落入毛人凤的套，就凭毛人凤的一番"苦心经营"，一样也能把郑介民拉下。

所以说，是小人让郑介民当局长，也是小人让他落马。一路上，郑介民被小人拉着走，走向死胡同。小人之害，不容小视！小人可以给你糖吃，更可以用棍棒打你。

春秋时，齐中大夫夷射在王宫参加酒宴，喝得酩酊大醉，靠在回廊门上。有个仆人刖跪请求道："把您喝剩的酒赐给我一点可好？"夷射大骂道："滚一边去，仆奴也敢向贵人要酒喝。"刖跪赶忙跑开了。等夷射走后，刖跪就在回廊门边儿洒上水，就像有人撒了尿一样。第二天，齐王出门，看见了，就问："是谁在这里撒尿？"刖跪回道："我没有看见。不过昨天中大夫夷射在这里立了一会儿。"当时，这种不规矩的行为在宫中是要受到惩罚的。齐王于是就把夷射处死了。

尤其当满足不了小人之愿时，好日子也会很快成为梦想。

反之，也并不意味着：满足小人一时之快，就能脱离小人的纠缠，他还是时不时拽着你下水。

小人很容易被取悦，但是你很难与他相处。生活中这样的人不在少数。比如说你给他施一点小恩小惠，帮他一个小忙，甚至你请他喝一顿酒，这个人就会很高兴了。即便你取悦他的方式是不合乎道义的，是不正当的，他也还是会很高兴。但你千万不要以为取得了他一时的欢心，他以后就会非常忠诚地一路给你开绿灯，虽然你费了很多力气，花了很多钱财，打通了关节，但等到他真要用人的时候，他不会根据你的才干给你安排工作，而是求全责备，觉得你这儿也不够格，那儿也不达标，你以前所做的一切都算白费。他会想法刁难你，甚至捉弄你，让你觉得很尴尬。

身边的小人就想拖着你走，扰得你心神不宁。

察言观色识小人

莎士比亚曾写道："一个人可以尽管满脸是笑，骨子里却是杀人的奸贼。"不可否认的是，现实生活中许多人将其最真实的一面掩藏起来，在为人处事方面，总是表现得真真假假，假假真真。

要想不受小人之害，要想从险象环生的人生汪洋中，绕过波涛汹涌的暗流，穿越错综复杂的险礁，到达梦想的彼岸，具有一双识人的慧眼是决定性的关键。它让你的人生航向不至有失偏颇，使每个人摆脱无可适从的困惑；它让你具有认清环境和辨别小人的能力，使每个人在风云突变之际，从容地让自己找到宁静的归宿。

俗语说："言未出而意已生。"在人们的现实生活中，常常会有欲言又止、吞吞吐吐的现象发生，其实那一刻他内心的心理密码已经泄露了他的真实动机。

在正式场合中发言或演讲的人，开始时就清喉咙者，多数人是由于紧张或不安。

说话时不断清喉咙，改变声调的人，可能还有某种焦虑。

有的人清嗓子，则是因为他对问题仍迟疑不决，需要继续考虑。一般有这种行为的男人比女人多。

故意清喉咙则是对别人的警告，表达一种不满的情绪，意思是说如果你再不听话，我可要不客气了。

口哨声有时是一种潇洒或处之泰然的表示，但有的人会以此来虚张声势，掩饰内心的惴惴不安。

内心不诚实的人，说话声音支支吾吾，这是心虚的表现。

内心卑鄙乖张的人，心怀鬼胎，因此声音会阴阳怪气，非常刺耳。

有叛逆企图的人说话时常有几分愧色。

内心渐趋兴盛之时，就容易有言语过激之声。

诬蔑他人的人闪烁其词，丧失操守的人言谈吞吞吐吐。

浮躁的人喋喋不休。

…………

言语、脸色是识别小人行为的一方面。人是世界上最复杂的动物，每个人的表现和内心活动更是千姿百态，绝不能从某一个侧面就贸然作出判断。对一个人进行真正的了解，是一门艰深的学问。这不仅需要理论上的知识，更需要在具体的操作实践中反复学习、总结。

只有具有识人的本领，你才能在瞬息之间，看透周遭发生的人与事、看出一个人的真伪，洞悉他内心深处潜藏的玄机，以不变应对万变，顺利地窥探出情绪变化的温差，辨别出气色蕴藏的内涵，使你在人生的旅途上左右逢源。具有这样的本领，就可以掌握他人的长短优劣，辨人于弹指之间，察其心而制其人，观人于咫尺之内，识其言而审其本，在和小人博弈中占据先机，因为你看懂了他。

防人之心不可无

俗话说，人心隔肚皮。社会中各种人都有，我们并不知道他们的来历，因此真得防着点。

"人的本性看来如果是善的，那是他努力伪装成这样的，人性本来就是恶的。"荀子这样评论人性。人性究竟是善还是恶，至今学术上还有争论，但是在现实生活中与人交往时的确要谨慎小心，对别人不妨把他看得不好，而考虑一些防备对策，预防万一，否则待他真的伤害你时就为时晚矣。

在现实社会里，行骗的人大有人在。大到国际的争端，小到个人的利害关系，欺诈无处不在。

人生从某种角度看也是一场战争。在这场战争中，为了求生存，必须要有谨慎的生活方式和态度，这样才不至于上某些人的圈套。才不至于当自己发现上当时，却爬不出陷阱，逃不了小人的魔掌。所以说，防人之心不可无。

松懈了防备的林群就是个教训。

林群在一家广告公司工作，过着平静安稳的生活，和同事们打成一片，关系相当不错。但不久这样的生活被公司新来的一个业务员瑶瑶给完全扰乱了。瑶瑶嘴很甜，处处讨好林群，林群也很快就和她成了好朋友，并且非常信任她，自己重要的客户资料瑶瑶都可以随意翻看。一次林群在工作中出现了一个失误，赵主管严厉地批评了她一顿。林群出了门，便怒气冲冲地约瑶瑶逛街，瑶瑶为了逗林群开心，便把赵主管大骂一通，还把赵主管叫做"变态女人"。林群觉得很可笑，也就跟着骂了几句。

一段时间后，林群发现自己的许多重要客户都不再跟自己联络了，便跑去调查。结果使林群震惊了，客户居然转到了瑶瑶手里，林群生气地去找赵主管告状，没想到赵主管却冷淡地对她说："工作做不好，也别去抱怨别人。还有，以后有什么意见请当面跟我说，犯不着背后骂人！"林群目瞪口呆地走出办公室，怪谁呢？只恨自己识人不清，三天后林群离职了！

想必林群压根就没想到瑶瑶会是一个暗地里告状的小人，也就放松了警惕，落得个离职的结果。知人知面不知心啊，小人岂能不防？

要说防人，唐朝大将郭子仪算是功夫高深。

郭子仪晚年退休后，常常在家享受天伦之乐。那时候，后来的宰相卢杞，还只是一个尚未成名的小角色。

有一天，卢杞前来拜访他。他正被家里所养的一班歌伎们包围着，得意地欣赏音乐。一听说卢杞来了，郭子仪马上命令所有女眷和歌伎，一律退到大会客厅的屏风后面去，一个也不准出来见客。

郭子仪单独和卢杞谈了很久，等到客人走了，家眷们奇怪地问他："您平日接见客人，都不避讳我们在场，说说笑笑，无所顾忌。为什么今天接见一个书生，却要如此慎重呢？"

郭子仪说："你们不知道，卢杞这个人，很有才干，但他心胸狭窄，睚眦必报。而且他的长相很难看，好像庙里的鬼怪一样。你们女人最爱笑，平时没事都要笑笑，如果看见卢杞，一定忍不住要笑。你们一笑，他就会记恨在心，一旦得志，你们和我的儿孙，就没有一个活得成了！"

不久，卢杞果然做了宰相。凡是过去那些看不起他或得罪了他的人，他一律给以杀人抄家的报复。只有郭子仪免遭祸害，卢杞丝毫不去动郭家一根毫毛。

学会像郭子仪那样防人于先，才能免于在人生道路上吃亏。

多听听老前辈的经验

小人该如何防范？不妨多听听老人们的经验，特别是曾经被小人所骗的人的经验。

大部分的人都喜欢听他人谈成功的经验、成功的实例，而忘了问失败的关键原因。

年轻人都不愿意承认自己过去的失败，但老前辈不同，他们现在的成功都是基于过去的失败，而且目前的成功是他们感到骄傲的，所以对自己的失败更津津乐道，以便让年轻一代能从他们曾经与小人搏斗的过去中吸取教训，也和他们一样走向成功。因此，不要以为自己在揭人疮疤而不敢问，要大胆地向对方讨教。

向充满信心的老前辈请教失败的经验，同时也要知道他们以何种方法来克服失败。在听了他们的谈话之后，你会发觉：他们现在能娴熟地防范应付小人了，但从前亦有被小人算计，败于小人之手的时候。了解了这一点，我们会更加对自己充满信心，对小人更加了解，做到知己知彼。

知人知面不知心，别人心里算计些什么，你根本无从知道，虽可以从过往经验中得出些教训，但也不十分可靠，最好不想那么多，只从现有的情况去考虑。

由于利益驱使，即使最值得信任的人也可能出卖你，所以每次做生意或作决定时，什么人也不要信，只信手上掌握的事实。任何谣言都不要乱传，因为既有利益引诱，自然会有人打歪主意。

反过来说，如果不关乎重大利益的，则不妨轻松点，放手让别人去做，因为别人也不会因蝇头小利而花精力和时间去算计你。多从实质利益中决定信任别人的程度，是对付奸佞小人的最佳方法。

方爷爷年轻时的故事值得我们去斟酌。

方爷爷年轻时积极上进，他进入一家工厂后，认真负责，业绩出色。没想到，工厂调来一位副厂长，提出人事改革建议，而他的第一把火就烧到方爷爷部门头上，从部长主管到员工，全部换成新经理的嫡系部队，方爷爷被调到调研部做分析员。方爷爷怎么也想不通，无论工作态度还是业务能力，自己都没的说，以前曾共过事的现任主任还直说要提拔他做副手。可如今到底怎么了？自己究竟把谁得罪了？让他做梦也想不到的是，作出这个决定的正是他一直深信不疑的那位主任。

提到这里，方爷爷总是语重心长地告诫人："不是所有的上司都能明辨是非、公私分明，在任何时候都能包容你；也不要指望老板都是教育家，在你陷入困惑时会对你谆谆教导。'黑哨'往往响起于无形，你要做的不是怨天尤人，而是适时亮出自己的绝技，让上司对你刮目相看。另外，还要注意方法，不要给上司造成太大的威胁。有的老板在没有发迹或有难的时候，善用情感来笼络人心，可一旦渡过了难关，便把知道他底细的人'干掉'。所以你不加以防范，怎么行呢？"

凡事要多一个心眼儿，所谓"防人"，实际就是采取必要的防卫手段，让人无法加害自己。

我们常说，不听老人言，吃亏在眼前。防范小人，何不多听听他们的过去，不去得罪小人，招惹小人，远离小人，避免犯同样的错误。

第二章
哈巴狗，奴性折弯了脊梁

马屁精有马屁经

马屁精之所以在很多地方生存，源于他们乐于拍人马屁，善于拍人马屁。马屁精是一群"优秀"的"口才专家"，没有统一的外表模样，但每个人心中都有一本马屁经，闲时拿出温习。

首先，作为马屁精必先学"心领神会"招，追着上司跑。

这招需要深谙心理学，他们往往从领导的一个眼神里就能尽悉其喜好，每句话、每件事都能投其所好，比如，知道领导之子所崇拜的某歌星要开演唱会，就不惜花高价购得甲等票送上，还装作随意的样子说是朋友送的。

他会倾力研究领导喜欢什么，不喜欢什么。领导的饮食习惯，业余爱好，办事风格，家有几口人，七大姑八大姨都在何处任职，甚至领导如厕时是喜欢读报还是抽烟，他们都会一清二楚，类似现在的追星族，不过追星族的内心要比他单纯。同台吃饭，小人眼睛不是看着自己的碗，而是时时瞟着领导的碗，什么时候饭少了，也就要出招了，如果领导推辞说吃饱了，那也不能就此罢休，深知心理学的马屁精，心知这是堂皇的借口。"不多吃点怎么行呢？"于是喜欢溜须的领导笑着点头。看到领导面有不悦，那必是招待不周。

马屁精的眼神专为别人的丝毫举动设置，领导的一根头发掉了，在他那儿就能引发一场心理地震。

其次，光能领会自然不够，手脚要快，主动出击——马屁精的第二真理。

汉成帝时，太后家族秉政，大将军王凤（太后兄，成帝舅）权倾天下。淳于长虽然是皇帝的表兄弟，但是因为其母与太后并非一母所生，所以不被看重，长时间得不到重用。后来王凤得了重病，淳于长主动上前侍候，每天送汤送水、殷勤周到，深得王凤喜爱。王凤临死前，特向太后和成帝推荐淳于长。于是淳于长时来运转，连连升迁。成帝喜欢赵飞燕，一直想立她为皇后，但是都因太后阻挠而作罢。成帝为此甚是苦恼，于是淳于长就有了用武之地，他发挥自己的专长，往来于成帝与太后之间，竭力协调。一年后，皇上如愿。赵飞燕被立为皇后，淳于长因功得以加封。

第三点，马屁经中藏有一独门秘诀：没有永远值得自己拍马屁的人，只有永远的权力。

对于品种纯正道行高深的马屁精，他们的字典里绝对没有"忠心"二字，他们并不会誓死效忠于任何人。这群训练有素的吹捧高手，总是不断地找寻符合膜拜标准的对象，一旦眼前的主子失势，他们便马上来个漂亮的后空翻，投奔他方，这使得他们在外面风雨飘摇的情况下始终能屹立不倒。只认权力不认人，这是马屁精的职业精神。

学会这三点的马屁精自然是"个中翘楚"，一身媚骨，嘴上沾蜜，脚上涂油，别人放的屁再臭都叫香，就算领导生命垂危，也不忘高呼万寿无疆。很多时候，不是人们就喜欢马屁精，只是他们的生存之道确实有一套，掌握马屁经的马屁精，拿着这些专业知识，以"马屁学校"本科毕业的学历就足能迷幻不少人的耳朵。

狐假虎威蒙蔽眼睛

王云公司里有这么一个秘书，她可以在上班时间内不穿工服，可以对销售部任何人员横加指责甚至讥讽挖苦，可以自由支配上班时间等等。当然她也有自己这样做的"资本"：她特别会打小报告，同时会将报告"精加工"。比如：某日有位销售人员迟到 2 分钟，王云及时提醒这位销售人员，如果下次再迟到就要被开罚单。秘书奴才知道此事后，添油加醋一番赶忙向自己的主子做了汇报："这位销售员在本月已经迟到 3 次了，可主管还不管他，他们一定比较要好。"而主子呢，凭着对她的信任以及先入为主的潜意识直觉，在重罚了销售员的同时也罚了王云。冬天里一天下班时下起了大雪，销售员们一时兴起纷纷打起雪仗，第二天王云无意中将此事在办公室说起，她得知后，连滚带爬地冲向主子的办公室，重新组织语言，什么销售部所有值班人员周末打雪仗都打到办公室了，有客户投诉销售主管也置之不理。紧接着办公室里开始硝烟弥漫，又是开大会批评，又是严肃纪律的，再看看这时的狗奴才，啃着刚从主子那得到的骨头，一脸媚笑，摇头摆尾。其实大家都心知肚明，秘书奴才不是个好东西，恨得人人牙根直痒。但谁也不敢拿她怎么样，每月评选服务之星，她都高居榜首，又是多发奖金，又是登报（内刊）表扬，原因就是她死心塌地地为主子做眼线。

当然奴才之所以有市场，必然倚仗主子的纵容，因为如果没了奴才这样的心腹，主子也就等于没了眼睛和耳朵，可见狗奴才在管理工作中也发挥着举足轻重的作用。

哈巴狗的一个特性是在要巴结的人面前耷拉着耳朵，一副知音加死党的面孔；转过头来，对下面的人龇牙咧嘴，告诉人们：老子后面就有尚方宝剑，你能把我怎样？于是四处打听，及时汇报最新消息，遇到不顺眼的人，制造点盗版新闻，足以蒙住上司的眼睛。

这种人天生姓"狗"，因为有了地位显赫的主人作为靠山，所以他们说话的口气很大，与卖菜的吵架了就说：你信不信明天我就叫人掀了你的摊子；与当官的吵架了就说：你信不信明天我就让你下台；与地痞吵架了就说：你信不信我明天就把你抓起来。他们说的话假不假呢？不假！他们的确有那个能耐，他们就凭这个过日子。

这世上，如狗一样生活的人太多了。有些人犯法了可以不用坐牢，因为他的七大姑八大姨是某长某员。有些人不能受到半点委屈，动辄以权势压人。

哈巴狗们站在奴才的制高点上，背后的尾巴长年不间歇工作，给下属的面孔贴着4个字：狐假虎威。但后面的人只是看到那条可爱的尾巴，毕竟摇多了摇久了，总难免摇花了眼。狐假虎威不是哈巴狗们的专利，但他们视之为权利。

马屁拍走了理智

春秋时期，晋国大夫伯宗，因一日早朝中诸臣们赞其能力，十分高兴。回到家中，他老婆眼看丈夫喜形于色，便问他说："什么事让你心情这么好？"

伯宗说："今天我在朝上发表了一些议论，列位大臣齐声称好，大家都称赞我的智慧与谋略不在前朝太傅阳处父之下。"

妻子听完后，脸色一沉说："哎，阳处父这个人虚有其表，就靠一张嘴，学问不怎样，却喜欢求表现，难怪后来会被刺杀。所以，人家说你像他，有什么值得高兴的呢？"

被自家老婆浇了一盆冷水的伯宗，当然不承认自己虚有其表，就又急着补充当时被称赞时的详细情形，而且说得口沫横飞，生怕漏掉任何一个足以证明自己光彩的细节。

他老婆听得有些不耐烦了，就干脆直接对他说："朝臣之间各怀鬼胎，因此，你不要对别人的称赞太过认真。何况，现在的朝政混乱，谁知道他们葫芦里卖什么药，冷不防哪天就是要给你好看！"

伯宗老婆说得不假，第二天就有人抓住伯宗的一个小失误力作文章。幸好他有心理准备，损失尚小。

江湖险恶，人心难测。拍马屁者吐的是蜜言，藏的是暗箭，要不是有"军师"在家，伯宗可就要吃大亏。那些没人提醒又难以自醒的被拍者，下场就没伯宗好了。

东汉时，南宫曾多次失火，为重建南宫，张让溜须拍马，让灵帝聚敛天下钱财。

南宫是洛阳宫殿中的一组庞大建筑群，殿堂众多，堪称宫殿中的精品。太后、皇后们常常喜欢居住在这里。在南宫所有大殿中，云台殿最为富有，里面珍藏着的皇家图书，卷帙浩繁，邻国外帮及各地郡县贡奉的珍玩奇宝，更是数以万计。然而自桓帝以来，南宫多次起火。公元185年2月，云台殿大火突起，蔓延成灾，半月才灭。迁都以来的豪华建筑和历年积累的无数珍藏，损失大半。

面对满目焦土，汉灵帝迫切希望重建南宫，但国库空虚，重建巨款无从支出，张让等人看到圣心不悦、龙体不安，急忙奏上一本，劝灵帝敛税天下。张让说，天下是皇上的天下，天下的钱财就是皇上的钱财，南宫遇火，陛下是用自己的钱财建自己的家，有何不妥呢？只是不要厚一处薄一处，不收太多，天下自然无事。只要每亩地增收十文钱的田税，再下令调发太原、河东等地的木材石料，以供修复南宫。只有这样，方能重现往日南宫之辉煌。

灵帝自是龙颜大悦，遂广征财税，搞得百姓怨声载道。张让怀得圣宠之心，献扰民之策，一番花言巧语博得皇帝欢颜。灵帝沉迷于张让精心调制的"蜜汤"里，丧失了理智，终于未能自省。

哈巴狗爱拍人马屁，拍得你舒服，以致甘愿撅起屁股给他施展拍功的机会。然而你却不知，不久就有人来咬你的肉，或是把你的丑态公之于天下，此时后悔又能怎样呢？你正常的思考能力融化在春风般的言语攻势里，享受着屁股之痒，一阵快乐后，痛苦就来临了。

拍马者的骗术

哈巴狗善行拍马之道，单纯无恶意的拍马尚能先放一边，至少不让人提心吊胆，但是在阴险的拍马者身边处处是陷阱，不留神就掉进去。先秦时期的"阳具能刹车"的典故就是一则颇具代表性的"阴险"拍马案例。

秦国太后与吕不韦私通，吕不韦见太后性生活要求太强烈，发展下去恐怕危及自己，于是就私下找来一个叫嫪毐的人作为自己的门客。那时咸阳盛行游乐，吕不韦就让自己那位有特色的门客在游乐场中用自己勃起的阳具插入正在旋转的桐木转轮，使转轮停止转动，并让太后知道这件事。事后，吕氏向太后推荐自己的门客，太后果然愿得到这个有特色的男人。

于是，吕不韦就派人告发门客犯了应处腐刑的罪，接着又偷偷地告诉太后："要想免遭腐刑，就得买通行刑的人。"太后按照吕氏的意思送厚礼贿赂主持行刑的人，结果就有了先把"门客"的胡须拔掉以冒充宦官的假太监出现，"门客"名正言顺之后，便堂而皇之地出入于太后的宫中，整日里"侍候"太后。太后得了这样一个"太监"后，十分满意。秦始皇九年，快活了多年之后的"宦官"被皇上所杀，并株连三族，连太后与之生下的两个儿子也没有放过。

吕不韦拍马屁拍得阴毒，找个替死鬼，名为迎合太后之意，实则自己抽身，让不知情的"苍蝇"撞上背后无形的网替自己买回一条命，这是曲线杀人，可怕至极！

也有人直接拍马，拉自己一把，平步青云，靠一字得来：骗！

袁世凯时的步军统领江朝宗早年家境贫寒，但他勤奋好学，粗通文墨，曾在台湾巡抚刘铭传手下当过书办——衙门里缮写文书的小职员。后来江朝宗落难来到天津，经人介绍给直隶某绿营参将高孝承当书办。这位参将乃行伍出身，不通文墨，因而对江朝宗格外重用，倚为心腹。

高参将早年丧妻，膝下无子，只有一个女儿，视若珠宝，迟迟未曾许配人家，所以女儿的婚事成了高参将的心病。可是有财有势的门户谁愿意来娶这位芳龄已过的老处女？但一般小户人家，高参将又不甘心降格以求，日复一日，就这样高不成低不就把姑娘的婚事给耽搁了，越发难以出阁。

自从江朝宗进了参将署，尽职尽责，凡事小心谨慎，亲力亲为，久而久之，高参将有欲将女儿许配给他的心愿，孰料一打听，江朝宗已有妻室，便不再提及此事了。不久，高参将的一位幕僚与江朝宗闲聊时，述及此中秘事，认定自己丧失了一个攀升之机。

江朝宗是个工于心计的人，为了自己一时失言而未能成为参将的女婿，终日心神不定，于是心生一计，放出长线钓大鱼。

有一天，江朝宗备置了一桌酒菜，请那位幕僚和几名同事共饮。大家推杯换盏，开怀畅饮，都已有了几分醉意之时，蓦然间，江朝宗举杯号啕大哭起来。众人一怔，不知所以，都说："江先生醉了！"江朝宗从怀中掏出一封"家信"，捧至脸前，涕泪俱下。那位幕僚先生拿过书信拆开一看，"哎呀"一声，说："原来是嫂夫人病故了！"江朝宗哭得更厉害了。

过了几天，那位参将的幕僚笑嘻嘻地登门见江，一见面就说道："江先生，贺喜贺喜！"江朝宗心想：果然计谋应验了，但却佯装不解地问道："我有何喜？"幕僚先生随即把受参将之托，欲把他的爱女许配与他的话说了一遍。江朝宗再也控制不住内心的喜悦，当即站起来向这位幕僚先生深深地三作揖。第二天，江朝宗梳洗整冠去参将府邸，又跪又拜，"岳父"叫个不停，喜得高参将眉开眼笑。高参将立刻请人选择吉日，为他们二人办了婚事。江朝宗从此青云直上，参将岳父关照爱婿，为他连捐带保得一个候补知县，加授五品衔，之后更是继承了高家全数遗产。

江朝宗之心计谈不上阴险之列，但其媚上的功夫完全骗住了高参将的眼睛，捏造假象，拼命挤入上司家门，此等人，功绩再高，成就再突出，让人知晓其内幕，又有谁敢恭维？后有诗言：

满身官爵，窝藏一脸奴气；今生发达，难洗百年之耻。

江称得上是又一版的陈世美，仕途的每一步攀升是用道德品行的殉葬堆积起来的，奴性挖了坑，埋掉这些陪葬品。拍马者身边的陷阱不只是为他人准备，更是为道德预订的。

不动声色咬人

"哈巴狗"或是察言观色，投其所好以博上司欢心；或是以甜言蜜语、奴颜媚骨使主爱怜；或是巴结宦官，借助公公们无毛嘴巴的巧荐而幸进；或是买通宫女，仗着娘娘们有色裙带的提携以攀缘……总之，他们都不是由正道进取的正经货色。此类人虽然手段各殊，但都是为了追求富贵、攫取权力，满足个人的卑劣欲望，他们除为自己加加奴才的颜色，给主子们脸上贴金，唱颂功德外，遇阻其前进之路者，必咬无赦，看似一片平静祥和之象，转眼间，波涛顿生。

李林甫在这方面可以称为"专家"。

唐玄宗年间，新任宰相李适之报告唐玄宗：华山下面发现金矿，开采出来可以富国。皇上听了很高兴，就去问李林甫。而李林甫这时却装作十分平静的样子说："这事我早就知道了。"唐玄宗很奇怪："那你为什么不早说？"李林甫回答说："华山是皇上龙脉所在，王气所在。所以臣子从不敢乱说。"唐玄宗听了，深为李林甫的一片诚心所感动，并对李适之产生偏见。皇上下令说："今后凡有事上奏，一定要先通过李林甫，不得草率从事。"李宰相吃了个哑巴亏。实际上，李宰相刚刚入朝时李林甫就告诉他："华山下面有金矿，皇上到现在尚不知道，如果你告诉他，他一定会很高兴的。"李宰相认为这是一件大好事，应该早上报，谁知中了李林甫的暗算。

不闻风吹草动，不见刀光剑影，来去两句话，但听拍马声，李林甫即咬了李适之一口。宋朝的阎文应何尝不是如此。

阎文应因善于巴结权贵，趋炎附势，不断升迁，到仁宗时，已升至内副都知。经过详细的了解，阎文应终于知道吕夷简遭免是郭皇后所致，于是，两人合谋，想寻找时机废掉郭皇后，苦苦久等后总算觅得良机。

宋仁宗的妻妾之间发生的一场冲突，被阎文应及时地利用了，当时，宋仁宗最宠爱的妃子有两个，一个是杨美人，一个是尚美人，两人相互争宠，但同时又联合起来对付郭皇后，生怕郭皇后专宠，会让仁宗弃了她们两人，因此，杨美人、尚美人和郭皇后的矛盾越来越深。郭皇后又是个好强斗胜之人，不甘于被两个美人分宠，经常训斥她们。一次，郭皇后当着仁宗的面训斥尚美人，尚美人见仁宗在场，就有恃无恐地顶撞了几句。郭皇后怒火上冲，一巴掌打在了尚美人的脸上，尚美人不敢还手，连哭带喊地跑到仁宗的背后躲避，郭皇后紧追不舍，竟一巴掌打在了仁宗的脖子上，留下了几条血印。仁宗大怒，但事已至此，郭皇后只好赔罪，仁宗拂袖而去。

阎文应看到这一幕，觉得捞权的机会到了，若能废了郭皇后，再立一位新皇后，哪有不受宠信的道理？他煽风点火，说了一番郭皇后的坏处，弄得仁宗更加气恼，决定废掉郭皇后，但仁宗生性谨慎怕事，胆小懦弱，他担心随便废立皇后会引起大臣的不满，就问阎文应该怎么办？阎文应一听，正中下怀，对仁宗说："陛下圣明，虑事周密，这本是陛下的家事，朝臣不应干涉，但陛下愿意交给朝臣讨论，实在是英明仁厚之举。不过，像您脖子上被打了几条血印这种事，恐怕不好当众展看，陛下可把宰相吕夷简召进宫来，让他验看，他若没有异议，其他朝官就不会阻拦了。"

仁宗觉得阎文应说得有道理，就把吕夷简召进宫来，吕夷简早由阎文应告知，一见仁宗脖子上的血痕，当即显出痛心疾首之状，而且引经据典，大谈君臣之道，高陈仁宗之功德前无古人，后无来者，郭皇后所为让仁宗颜面尽失，使其在群臣前原有的无上之威化为乌有。他极力主张废掉郭皇后，并建议谁不同意废掉郭皇后，谁就是不通君臣大义，就坚决罢掉谁的官。

仁宗在阎、吕合作的吹嘘前，自尊大增，深感一伟大之君岂能被一皇后所辱，遂决定废后。

一场阴谋的背后，未曾有狼烟四起，大动干戈，只需几句美言就足以置人于被动之地。哈巴狗尾摇得越起劲，大概就是要咬人的征兆了。

认清马屁精的恭维

没有人不喜欢听来自别人的赞扬，无论是言语的还是动作的，也不管这些恭维的话出自何人之口，即使是最不共戴天的人说出来，一样都让你备感兴奋。但当你对来自别人的赞美表示出极大的兴趣时，不要忘乎所以、迷失方向，要小心别人不良的动机，小心他对你别有用心。

要分清赞美来自何方，欣赏者属于哪类。假如欣赏你的人是领导和资深的元老，这是非常令人高兴的。能够得到上司的欣赏，那将是你飞黄腾达的开端，对你日后的发展起着很大的决定作用。如果赞美和欣赏的话语来自平时有过节的人口中，那就要认真仔细地品味和分析了，要提高警惕性，不要被你的对手当猴耍。

或者有些人带着巴结的口吻极尽谄媚之能事，恨不得口水用干，表扬得滔滔不绝。要注意了，哈巴狗出现。

如果有一天某位同事对你非常信服，常常会当众给你戴高帽子，声称"在我们公司里只有你可以胜任这项工作。果然不出我的所料，你把事情做得太棒了"，或者说"你真有能力，无论什么事情交给你去做，里里外外的人都喜欢跟你合作，如果这件事交给别人去做，就不会有这样的好结果"，这些恭维的话不断向你飞来，这时候你不要高兴得太早了，即使你确实如他所说的那样有才华，但这些话听到别人的耳朵里，却是会对你产生反感的。这时你应该仔细想想，这位同事当众夸你的目的是什么，如果他居心叵测，故意抬高你的功绩，制造你高不可攀的假象，让其他人看不顺眼，你就要对这种人小心提防。也有可能他见你前程光明，欲攀附于你。如果遇到这种情况，不妨公开说道："你过奖了，这件事让你去做，同样也可能干得非常出色，我跟你比并没有太大区别。"或者是私下里告诫他："多谢你的夸奖，不过我不太喜欢这样，以后请不要公开说赞扬我的话。"

面对马屁精的口舌攻势，你只要头脑冷静，不被夸奖冲昏头脑，他就不会对你构成威胁。

一位漂亮的女孩子，年近30尚未出嫁。有好些人不是实事求是地好心劝她不要太挑三拣四，而是一味地奉承说："没关系，像你这样的条件还不是随便挑，街上追你的保证一大群。"哪一句是真，哪一句是假，可谓扑朔迷离。飘飘然的结果到最后夫婿难求。

不要被客套的恭维话迷住了心窍，这是一种堂而皇之的欺骗。

有些人单靠一个得体的脱帽礼而无需迷药便能施展魔法，他们让那些爱慕虚荣的傻瓜迷了心窍。他们仅靠出售虚荣和甜言蜜语便能收获一身轻松，并想以此赢得你的好感，必要时能分得一杯羹。谄媚的人艳羡他人的财富，而不是崇尚他人高尚的品格。

对待马屁精得多长一份心眼，对他们送来的语言恭维，就当成一种习惯。马屁精的嘴里出来的话十之八九是奉承，他们的职业就是逢人说人话，见鬼说鬼话。反复说出来的话你大可左耳进右耳出，在脑袋里有一层膜，始终用来过滤这些言语赝品，给思考留一方清静的空间。

喜怒哀乐放在口袋里

哈巴狗是善于察言观色的一群人。他们通过观察人所展现的各种表情判断何时出手，怎样随机应变，见风使舵。所以，哈巴狗是人表情的晴雨表，更是你肚子里的蛔虫。

要想让他们无机可乘，那就关掉你对外的大门，把喜怒哀乐放在口袋里，用心去感受即可。

当然有些人觉得这样其实不就等同于压制情绪的表达吗？多痛苦啊！诚然，连喜怒哀乐都不能自由表达，这种人生没太大意思。不过，若因喜怒哀乐表达失当而招来无妄之祸，那人生不是更没意思？因此，人虽然没有必要做一个喜怒哀乐见不着痕迹的人，但何妨把喜怒哀乐放在口袋里？

这样做的目的有：

把喜怒哀乐从情绪中抽离，你便可以理性、冷静地看待它，思索它对你的意义，并进而训练自己对喜怒哀乐的控制，做到该喜则喜，不该喜则绝不喜的地步。

把喜怒哀乐放在口袋里就是不随便表现这些情绪，以免被别人窥破弱点，予人以可乘之机。

尤其对于哈巴狗明亮的眼睛，你的一举一动他都看在眼里，想在心里，揣摩着，研究着。我们不能低估这帮实践型"心理学家"的能耐。对他们来说，你的点头是松懈的开始；你的愤怒是哈巴狗大献殷勤的良机；你的低落是他们抚慰的对象；你的开怀大笑是他们举兵而入的最佳时刻。

见过哈巴狗的种种表现，不得不对他们有所防范。防范从脸开始，把表情先藏在口袋这张隐藏的脸上，三思而后笑。

在有些领导身边，那善于察言观色的"有心人"，不但对领导平时工作和生活上的习惯、特点一清二楚，就连吃喝玩乐上的癖好、家事私情上的心思，乃至收礼受贿时内心打什么样的小算盘也了如指掌，随时都在准备着出卖自己的人格以投领导之所好。很多领导对吹拍之类也是看不惯的，但他们中的一些人架不住马拉松式的"攻势"，久而久之便麻木起来，见到这些人的迎合，"体贴入微的关怀"，从心底里把默许赞同表露在脸上，也慢慢地入乡随俗了。这种畸形的人际关系一旦建立，"奴才"们的感情投资就初步达到了目的，收获利润的季节也跟着到来了。

今天忍受是为了明天不忍受

哈巴狗往往是领导、上司身边的红人，仗着后台的硬实，对下属颐指气使，俨然他就是领导的化身，你又拿他没辙。既如此，何不忍他一时呢？

清朝时太监李莲英受慈禧太后的宠爱，红极一时，有太后的撑腰，他无所不为，阴险毒辣比唐朝时的李林甫有过之而无不及。李鸿章以军功而升高官，最初看不起这些奴才，有时有点对李莲英不敬，有意无意间得罪了李莲英。

李莲英并非要整倒李鸿章，只是想教训他一下，让他知道自己的厉害。

慈禧太后有意静居，想把清漪园修缮一番，以便颐养天年，苦的是筹款无术，时常焦躁。李莲英趁机对李鸿章说："李伯爷是朝廷重臣，若能体仰上意，玉成此事，以慰太后，以宽圣心，当立下不世之功。"

李鸿章听到有这样贴近慈禧太后的好机会，岂肯轻易放过？当下满口应承，并马上献计献策，同李莲英商量，巧立名目，责成各疆吏岁拨定款，从中提取六七成作为造园经费。

李莲英自然是脸上笑嘻嘻地迎合李鸿章。其实他内心无比郁闷，表面声色不动，心中却有了主意。

他谦恭有礼地希望李鸿章进园踏勘一回，看看哪里该拆该建，做到心中有数。李鸿章看他想得周到，说得在理，当然点头赞成，哪能想到这家伙在巧施计谋呢！

到了约定的日子，李莲英借口有事不能奉陪，派了个伶俐的太监领着李鸿章，园前园后，园左园右，着着实实转悠了一整天。

事后不久，李莲英故意拣了光绪皇帝肝火最旺的时候，诬陷李鸿章在清漪园游山玩水。

光绪自当朝以来，慈禧太后在背后架空他，实际上他是傀儡一个，他最痛恨别人不尊重他的皇权帝位。听说权倾当朝的李鸿章竟敢大摇大摆地在他的御苑禁地游逛，顿时大怒，认为这是"大不敬"，是对皇权皇位的公然藐视和冒犯！

光绪帝一怒之下，不问青红皂白，立即下诏派李莲英"申饬"，将李鸿章"交部议处"。

李鸿章被御批"申饬"，他自然懂得其中奥妙，立即送上银子，没有当众受辱。

李鸿章自然很快悟出了吃亏的原委，从此以后便对这位"九千岁"刮目相看，敬礼如仪。这就是李鸿章的退让之法——不去冒险与狗腿子争斗，而以守住自己为重。

所谓奉旨申饬，就是由皇帝、太后或皇后派一名亲信太监，捧着"圣旨"去指着某人的鼻子，当众数落臭骂一顿，而被骂的人，既不能申辩，也不能回骂，还要伏在地上谢恩，因为那骂人的太监代表着皇帝、皇太后或皇后，更可恨的是那些太监总是用最不堪入耳的粗野的话滥骂一气，骂到最后还要跺着脚大喝一声："混账王八蛋滚下去！"

这"申饬"虽不伤皮肉，却是极使人难堪的侮辱性惩罚。因受辱不过，一气成病，甚至一怒而亡的都大有人在。

光绪年间，邮传部刚刚成立，委任张百熙为尚书、唐绍义为侍郎，张百熙向皇上谢恩后，就去拜见唐绍义，说了很多自谦的话，唐绍义用广东方言回答他，张百熙听不明白，彼此发生了误会。

第二天，唐绍义回拜张百熙，请张百熙面奏皇上，调任一些官员充实邮传部，并交了一份调任人员名单，张百熙答应了。

等上头宣布结果，唐绍义提交的名单没有一个人选中，唐绍义十分气愤。于是两人关系恶化，都写了奏折揭发对方，奏折都留在皇帝那里没有批示。他们两人又都请了病假、不到部里办公，被御史弹劾，两人都受到圣上的指责，着太监"申饬"。

唐绍义事先送了许多银子给太监，而张百熙不知道。等传张百熙跪着听宣读圣旨后，太监跺着脚大骂："混账王八蛋滚下去。"

而要唐绍义听宣读圣旨时，却没有像张百熙那样挨骂。张百熙更加气愤，回家后就生了病，没有多久，因忧伤而死去了。

类似太监这类长着哈巴狗嘴脸的人，心地歹毒，正当得势时不惹为好，忍一时风平浪静。说穿了他们是一群靠摇尾巴吃饭的狗腿子，别的本事不行，但害人的能耐不小。因此，我们应像李鸿章、唐绍义那样，先保护好自己，留得青山在，不怕没柴烧。

今天忍受是为了明天的不忍受。

第三章

墙头草，利就是风向

超级人脉术大全集

利就是风向

墙头草是用来形容这样一类人，见利思迁，唯利是图，见风使舵，哪里有好处就往哪里靠，他们行事的指标和方向是利。在利的驱使下，随时随地变换脸色，是十足的变色龙。

变色龙能够根据四周物体的颜色改变自己的肤色，以防其他动物的侵害。这里是只取其"变色"的特性，用以概括这种人。

俄国作家契诃夫在《变色龙》中用精湛的艺术手法，塑造了一个专横跋扈、欺下媚上、看风使舵的沙皇专制制度走狗的典型形象——奥楚莫洛夫。

奥楚莫洛夫在短短的几分钟内，经历了5次变化。善变是奥楚莫洛夫的性格特征。作为巡官，他对一只咬了金银匠手指的小狗是这样处置的——如果狗主是普通百姓，那么他严惩小狗，株连狗主，中饱私囊；如果狗主是将军或将军哥哥，那么他奉承拍马，邀赏请功，威吓百姓。他的诌媚权贵、欺压百姓的反动本性是永远不变的。因此，当他不断地自我否定时，都那么自然而迅速。"变色龙"——奥楚莫洛夫已经成为一个代名词。人们经常用"变色龙"这个代名词，来代表以利为导向的立场多变的人。对他们说来，毫无信义原则可言。只要是能尝到甜头，他们立马调转船舵，一切显得那么自然娴熟。

唐中宗李显在位期间，赵履温官任司农卿，用阿谀奉承的手段投靠安乐公主。他骄横的气势可以移山填海，他哈口气就可以变成霜雪。有人问张文成："司农卿赵履温为人怎么样?"张文成说："那是个得势便猖狂的无耻小人。心地奸佞而阴险，行为乖僻而骄横。而且弯腰俯首依附有势力的皇族，舐腚溜须投靠权贵豪门。攻讦事上，极尽献媚取宠之心；傲慢对下，穷竭侮辱作践之法。狂暴如食人猛虎，贪婪似饥饿凶狼。但是他生性爱吃人，终将被人所吃。"赵履温为安乐公主抢夺百姓田园修造定昆池，耗费掉国家府库中上百万亿钱。所谓"定昆池"，是取"必定超过天子的昆明池"之意! 赵履温为了讨好安乐公主，斜着撩起紫衫衣襟用手提着，亲自为公主俯身躬背拉着金牛车。在玄宗皇帝起事诛除叛逆的韦氏家族后，玄宗登上承天门，赵履温假做欢喜之状，手舞足蹈地高呼万岁。但是玄宗皇帝早就看破他的变色嘴脸，下命斩杀他。顿时刀剑乱下，将他与韦氏诸男一起杀戮。在场的人，一人割下他的一块肉，以解心头之恨。不一会儿，赵履温的骨肉就被人割尽。

像赵履温这样的人，成天思寻一个大树，当自己靠山，为得到大树的庇护，不顾一切攀附在枝干上，紧紧抓住不放，丑态毕现。

唐玄宗时代，宫中宦官总管、被特封为大将军的高力士，权倾朝野，极获玄宗皇帝的宠幸。高力士父亲去世时，左金吾大将军程伯献、少府监冯绍正二人，一直来到灵堂前，披散着头发，大声痛哭。其悲痛哀伤之状，胜过自己的亲爹死了。朝野听说这件事情后，都觉得特别可笑。

利的香囊里有权、有钱，闻着铜香，借助权的力量，人生就平步青云，官升三级；品尽人间美酒，享受山珍海味；逢人位高一等，说话嘴硬气粗；走路脚底生风，何不快哉! 墙头草看重的不就是这些吗? 利是他们人生大海中的灯塔，引着他们走向天堂，地狱却在天堂的背后哈哈大笑。

左右逢源，不禽不兽

凤凰是鸟界的王者，雍容华贵在百鸟中独树一帜。一次凤凰大喜的日子，百鸟都来祝贺，希望能够讨个吉利，唯独蝙蝠没有露面。凤凰很不高兴，就传话把它召来，训斥它说："你在我的管辖之下，竟敢这样傲慢！这么大的日子都不来给我道贺，是不是没有把我放在眼里啊？"

蝙蝠抬起脚，张口就说："我长着兽脚，你没看见吗，我是走兽国的公民。你们的事与我无关，你们飞禽国管得着我吗？"凤凰听它这么一说，就没有追究，毕竟不属于自己管辖的飞禽王国。

又过了几天，麒麟又做寿了。麒麟是百兽之王，因为它的威猛而使兽类敬畏。

百兽闻讯，都急忙赶来给它拜寿，但蝙蝠仍没有露面。麒麟不高兴了，它到处传话叫其他动物把蝙蝠找来。蝙蝠很快就来了，麒麟怒吼着训斥道："你在我的管辖之下，竟敢如此放肆！我的大寿都不见你来参拜！太不把我放在眼里了！"蝙蝠扑扇着翅膀说："我长着一双翅膀，应该是飞禽国的公民。你们走兽国管得也太宽了吧！"麒麟看它确实长着翅膀，因此就没有话说，放它走了。

有一天，凤凰和麒麟相会了，他们都说到了蝙蝠的事，这下才明白，原来蝙蝠在两边都撒谎。凤凰和麒麟双双摇头叹息，蝙蝠真是禽兽界的耻辱，简直不禽不兽！

蝙蝠左右变脸，欺骗了凤凰和麒麟，从而使自己的丑恶嘴脸得以暴露，增加了其他动物对它的鄙视和厌恶之情。在现实生活中，人们现在还常常把两面派的人物视为蝙蝠。这些人见风转舵，左右逢源，不断改变自己的原则和立场，来投机钻营，谋取私利。

他们是时势的预报者，眼观四路，耳听八方，何时晴转多云，哪里会有狂风暴雨，总有先知先觉。如发现势头不妙或难判谁方得势，则两头不得罪，暗向双方飞抛媚眼，邀宠讨好。一生做风向标，当墙头草，成不倒翁，哪边风硬哪边倒，左右逢源，两头讨好。

十月革命前的贝利亚既做临时政府的密探，同时又是"挺身而出"的革命者。当时，第一次世界大战正在进行，美国加入了欧洲战事，宣布支持俄国。

贝利亚认为这是个时机，想成为一名同美国人并肩作战的俄国士兵，当上志愿兵就更好了。如果战争结束后仍由克伦斯基内阁执政的话，那么军队中的志愿兵会特别得宠，因为他们是为祖国而战的"爱国者"。

贝利亚颇有心机地向基层布尔什维克提出去前线，向沙皇军队士兵进行共产主义宣传，说自己乐于为党的事业而牺牲学业。

基层领导深为感动。这个提议很快得到阿塞拜疆布尔什维克领导人之一的米高扬的批准，并接见了他。这样，贝利亚被编入俄军水利工程部队，从巴库开赴罗马尼亚前线。

然而，贝利亚并没有在沙皇士兵中宣传米高扬的思想，他要做的仅仅是个志愿兵而已。因为只要临时政府合法存在，他就可以成为一个热诚的爱国者和英雄；而一旦临时政府倒台，他也会因搞颠覆活动而成为布尔什维克革命的先驱者。

1952年出版的《苏联大百科全书》是这样描述贝利亚这一经历的："他在罗马尼亚战线的军队里进行了大量的牵制性活动。"

贝利亚真的做到了密探与革命者合一，左手积极地干光明正大的共产主义事业，右手时刻准备着抹布伺机擦干左手。

墙头草总是不停地切割自己的立场，为过去净身，当他们赤裸裸地站在坚定面前时，活像人性中的太监。

权势就是爹

我们常说忠孝两难全，这是君子的无奈；对小人而言，利义则从不会合一，哪一天，逐利而仍有义，小人就非小人了。墙头草之所以是墙头草，是因为勾搭上了利，抛弃糟糠之妻——良心。认权势做爹，有奶便是娘的事常有。

北宋末年"六贼"之一的王黼，就是见利思迁的能手。

王黼原名甫，因与东汉的一个宦官同名，宋徽宗改赐今名。此人相貌堂堂，一表人才，又是聪明有加，可惜用到不该用的地方。王黼的时运颇佳，虽然不学无术，但却中了崇宁进士第。王黼中进士后，任相州司理参军，与何志共同领局编修《九域图志》。司理参军这个官并不大，野心勃勃的王黼不甘心就此沉沦，他无时无刻不做着升官梦。

但是他知道，靠学术而出人头地，对于他是完全不可能的。对于武略他更是一窍不通，而且军戎之道又充满危险，他也无心靠此道去猎取高官厚禄。那么，就只有通过歪门邪道去投机钻营了，而这又正是他的强项。因而，王黼刚一涉足官场，便密切注视着时局的变化，窥伺着钻营良机，寻找着得力靠山。至于编修《九域图志》，他只不过是敷衍塞责罢了，其兴趣不在于此。

何志的父亲何执中为朝廷重臣，他虽然平庸碌碌，但由于地位高，实际权力和影响并不小。王黼认为他可资利用，便千方百计巴结逢迎，首先取得何志的好感，最后终于使何志向其父推荐了他。何执中一见王黼，即为其漂亮的仪表和出色的口辩所吸引，再加上巧妙的谄媚逢迎，庸相何执中果然喜欢上了王黼，并极力向皇上作了推荐，使王黼很快升为校书郎、符宝郎、左司谏。

初出茅庐第一步就轻松得逞，王黼的野心有增无减。王黼利用过何执中之后，随即转移了目光，开始寻求新的更大的靠山。善观风色的王黼，经过仔细的观察和认真的思考，最后将搜索的目光停留在蔡京身上。此时，王黼了解到，张商英虽居相位，但不被徽宗所喜欢，后来，又听说徽宗曾于钱塘召见蔡京，并遣使赐给其玉环，于是便准确地嗅到了徽宗再度起用蔡京的意向，因而他决定开始新的政治投机。他先是上书奏事，无耻地为蔡京歌功颂德，接着又以一副"义正词严"的架势对张商英进行弹劾。此举投合了徽宗的心意，因而张商英随之被罢免了相职。蔡京复相后，非常感谢王黼弹张助己之功，因此对王黼大加提拔，接连授王黼以左谏议大夫、给事中、御史中丞等职。只用两年时间，王黼便从校书郎这样的小吏骤升到御史中丞这样的高位，他的第二次投机又大获成功。投机给他带来了莫大的利益，他更加如痴如狂地迷恋上此道了。

找到了蔡京这个大靠山，为了进一步加深蔡京对他的好感，王黼又想出了一个新主意，谋划罢免何执中的官位，而使蔡京专执国政。为此，他不惜恩将仇报，上疏弹劾何执中，竟将何的"罪状"罗至20条之多。此时，他不仅一脚踢开了何执中，而且还落井下石，其人品之卑劣，实到了无以复加的程度！而在此过程中，何执中还蒙在鼓里，对王黼称赞不已，直至他获悉真相后，才气愤地大骂王黼"不是东西"。

宦官梁师成、童贯深得徽宗宠幸，权倾朝野，王黼更是竭力巴结之，尤其是对号称"隐相"的梁师成，王黼更是奴颜婢膝，以父礼事之，称为"恩府先生"。认贼作父，权势就是他的父母，只认权势，不知其他，为了权势，什么下贱的事都干得出来，这是历史上一切佞幸的共同特点。他们正是依赖这一常人所不具备的特殊素质而得以飞黄腾达。王黼为获得高官厚禄，不断寻求政治靠山，绞尽脑汁去巴结各种权势，但他们还都不是他最大和最后的靠山，他的最大和最后靠山是皇帝——宋徽宗本人。

王黼完全清楚这一点，因而在向徽宗献媚邀宠方面，他更加使出了浑身的解数。王黼凭着他"多智善佞"的天才，逐渐获得了徽宗的宠信，因而此后更是青云直上。宣和元年，拜特进、少宰，连超八阶，官至副相，成为"宋朝命相未有前比也"的特例。可谓宠倾一时。

宋徽宗喜欢微服出游以消愁解闷，有时甚至寻花问柳。王黼作为副相大臣，不但不予以劝止，反而大加怂恿，同时还经常随侍，君臣共作逍遥游。一次微行时，路遇墙头挡道，王黼便立即送上肩膀，徽宗踩着他的肩头翻越过了墙。

谈罢王黼的"光辉事迹"，无不让人惊讶于他的善变逢迎。我们耻于他的德行之余，再一次擦亮眼睛看到了忠义、道德无数次遗落在良心凋零的荒郊野岭，墙头草争相踩踏，趋之若鹜，生怕落伍当不了别人的儿子的情形。

秘密泄露在不断的变色中

朋友讲真心，墙头草类型的人却无法做到这一点。他们何时真何时变，完全根据现实的利益需要，这种人就像变色龙一样，一辈子会以几种面目示人，让你捉摸不透，更无法防范。

1898 年，以康有为、梁启超为首的维新派，掀起轰轰烈烈的维新变法运动。他们的活动得到光绪帝的支持，但光绪是一个没有实权的皇帝，慈禧太后控制着朝政。光绪帝想借助变法来扩大自己的权力，巩固自己的统治地位，打击慈禧太后的势力。慈禧太后当然感觉出自己权力受到威胁，所以对维新变法横加干涉。于是，这场变法运动实际上又变成了光绪帝与慈禧太后的权力之争。在这场争斗中，光绪帝感到自己的处境非常危险，因为用人权和兵权均掌握在慈禧的手中。为此光绪帝忧心忡忡，有一次他写信给维新派人士杨锐："我的皇位可能保不住。你们要想办法搭救。"维新派为此都很着急。

正在这时，荣禄手下的新建陆军首领袁世凯来到北京。袁世凯在康有为、梁启超宣传维新变法的活动中，明确表态支持维新变法活动。所以康有为曾经向光绪帝推荐过袁世凯，说他是个了解洋务又主张变法的新派军人，如果能把他拉过来，荣禄——慈禧太后的主要助手——的力量就小多了。光绪帝认为变法要成功，非有军人的支持不可，于是在北京召见了袁世凯，封给他侍郎的官衔，旨在拉拢袁世凯，为自己效力。

当时康有为等人也认为，要使变法成功，要解救皇帝，只有杀掉荣禄，而能够完成此事的人只有袁世凯，所以谭嗣同后来又深夜密访袁世凯。

谭嗣同说："现在荣禄他们想废掉皇帝，你应该用你的兵力，杀掉荣禄，再发兵包围颐和园。事成之后，皇上掌握大权，清除那些老朽守旧的臣子，那时你就是一等功臣。"袁世凯慷慨激昂地说："只要皇上下命令，我一定拼命去干。"谭嗣同又说："别人还好对付，荣禄不是等闲之辈，杀他恐怕不容易。"袁世凯瞪着大眼睛说："这有什么难的？杀荣禄就像杀一条狗一样！"谭嗣同着急地说："那我们现在就决定如何行动，我马上向皇上报告。"袁世凯想了想说："那太仓促了，我指挥的军队的枪弹火药都在荣禄手里，有不少军官也是他的人。我得先回天津，更换军官，准备枪弹，才能行事。"谭嗣同没有办法，只好同意。

袁世凯是个诡计多端善于看风使舵的人，康有为和谭嗣同都没有看透他。袁世凯虽然表示忠于光绪皇帝，但是他心里明白掌握实权的还是太后和她的心腹，于是又和慈禧的心腹们勾搭上了。如今他更加相信这次争斗还是慈禧占上风。所以，他决定先稳住谭嗣同，再向荣禄告密。

不久，袁世凯便回天津，把谭嗣同夜访的情况一字不漏地告诉荣禄。荣禄吓得当天就到北京颐和园面见慈禧，报告光绪帝如何要抢先下手的事。

第二天天刚亮，慈禧怒气冲冲地进了皇宫，把光绪帝带到瀛台幽禁起来，接着下令废除变法法令，又命令逮捕维新变法人士和官员。戊戌变法宣告失败，七君子命丧北京菜市口。

变脸的小人不可交，他们惯会当面一套，背后一套；过河拆桥，不择手段。他们很懂得什么时候摇尾巴，什么时候摆架子；何时慈眉善目，何时如同凶神恶煞一般。

视变脸小人为同盟，你的秘密就开了条地下通道，不胫而走，等你回过神来，都已经是公开的消息。你掏出的满腔真诚都付之东流，甚至搭上了性命。

变色龙再慷慨陈词，海誓山盟，都是虚无缥缈的大话。当昨夜的推心置腹和满怀期待成了今晨刀下鬼，你才知晓他的寡信与无耻。

六月的天，墙头草的脸

当你春风得意时对你媚笑的人，并不是对你个人有什么钟爱，他们看中的是你头上的乌纱，手中的大印，一旦你失去了这一切，你在他们眼中便一钱不值，最先抛弃你的，也就是这些见风使舵的小人。

包扬是一个建筑工人，每日起早贪黑，十年如一日，辛辛苦苦终有了两万元的积蓄。但不幸他患上了肝炎，又是单身，没人照顾，整日处于孤独之中，此时，一个人走上前来，同他聊天，两个人交上了朋友。一日，包扬让他帮忙汇款一万元给老家的父母，这人拿钱去了。不久，包扬的肝炎突然恶化，很危险，而那人却不露面，做着私吞钱财的美梦。后来包扬经抢救脱险，不久出院后问及那人汇款之事，他装聋作哑，矢口否认曾经拿过包扬的钱。

诸葛亮曾说过，"势利之交，难以久远"，这句话很有道理。"势利眼"两眼只看权势、利益，并以权势、利益作为交友准则。他们最喜欢也最善于趋炎附势。不管你发迹也好，还是有权势也好，只要在你身上他们感到有利可图，有势可攀，他们就赶紧跑到你身边围着你团团转，讨好你，与你交朋友。一旦罩在你身上的权势的光环消失了，他们便不劝自退，转向别的有势利的人了。

与墙头草交朋友确实是有害无益。

春秋末年，晋国的文子逃亡，从一个县城经过。随从说："这个地方有个乡官，是您的老相识、老朋友，为什么不在这儿歇歇脚，等等后面的车子？"文子说："我曾经喜好音乐，这个人就送给我鸣琴，又听说我喜欢玉佩，他就赠给我玉环。他这是助长我的过错，以讨好我，现在恐怕他要把我出卖去讨好别人了。"于是很快离开了这个县城。果然后来这个乡官扣留了文子后面的两辆车，献给了自己的国君。

墙头草最难成为同舟共济的依靠，与他们交朋友，尤其与他们一起共事时，他会让你感觉很难捉摸，没有任何规律可依。说变脸就变脸，本来你们共同制订好了计划，决定在哪些时间完成哪些事情，但由于他的变卦使计划十有八九不能实现。他们像一股乱刮的风，一会儿到你身边，一会儿又刮到别处，与这种人，怎能深交。

唐中宗李显一次在宫中设宴，酒酣耳热之际，忽然对窦从一说："我听说你早已失偶，对你很是同情，今天是除夕，我给你成亲吧！"话刚落音，便有一行人由内宫而出，前面是宦官持着灯笼为前导，后面，在金缕罗伞的遮掩之下，有一个女人，身穿花花绿绿的衣服，头上插满珠翠，由西阶进殿，坐到窦从一的对面，看来这一切是早已安排好的。

皇帝命窦从一按当时的习俗念一首《撤扇诗》，念完之后，罗扇撤去，去掉头上的顶戴，换掉礼服，再一瞧，竟然是个老太婆！这个老太婆是韦皇后的奶妈。此时的韦皇后已是将近50岁的人了，这个老太婆少说也有70岁，而窦从一却只有40多岁！这可真是一个恶作剧，李显及众位大臣都鼓掌大笑，十分开心，就这样，老太婆便成了窦从一的妻子。窦从一真是哑巴吃黄连，有苦没法说，圣命难违呵！但他很快也就想开了，皇帝做媒，这是多大的面子呵，更何况娶的又是皇后的奶妈，他正可利用这层关系去讨好、巴结皇帝皇后。当时人们将奶妈的丈夫叫"阿"，从此以后，窦从一每次谒见皇帝或上书朝廷，便自称"皇后阿"，别人都叫他"国"，他还欣欣然颇有自得之色。

不久，中宗侄儿、睿宗儿子李隆基与姑姑太平公主发动政变，推翻韦后统治，天下大变。窦从一立刻宣布恢复原来名字，斩杀丑妻，献出她的首级，以示与韦后断绝了一切关系。窦从一这种表现，居然得到睿宗的信任，还再做了几年宰相。

变脸作为墙头草的特殊素质，注定了窦从一会卖身投靠、攀龙附凤，将起码的人伦道德抛置脑后。有些人今天来找你，急切地与你合伙做买卖，明天又去找别人，把你丢在一边；今天说某某领导作风正派，明天又指责他营私舞弊；今天跟你斩钉截铁地说不在这儿干了，要你跟他一块儿走，可等你递交请调报告后，他又向领导表示一定要在这儿安心工作。

墙头草们此一时，彼一时，见人说人话，见鬼说鬼话。芸芸众生，百相皆有，墙头草们应该算是百相的集大成者，风云难测，阴晴雨雪轮流上演。谁在你得意之际靠近你，谁也就在你失足时逃得最快。

如何应对不同类型的墙头草

墙头草善拍马屁，不管能力大小，逢迎媚上都得心应手。

的确，有不少人被奉承得昏了头，谁对他毕恭毕敬、阿谀奉承，就等于佩服他，他就对谁恩宠有加，大加赞赏和关爱。无疑，这种人更助长了阿谀奉承之风的盛行。

作为上司，首先应当保持清醒的头脑。哪些是实事求是的评价之词，哪些又是阿谀奉承之词；在阿谀奉承之中，哪些人是出于真心而稍稍过分地赞美几句，哪些人又是企图通过奉承上司而达到自己的某种企图，哪些奉承之词中含有可吸取的内容，哪些奉承话都是凭空捏造、子虚乌有等等，都要分辨清楚。

1. 不学无术的墙头草，对付他的方法就是炒鱿鱼，让他卷铺盖走人

当然，如果他确是无能之辈，也该让他走人。况且他还专善阿谀奉承，你周围有这么一颗不知何时爆炸的炸弹，你说你还会有多少好日子可过。所以，及时让他走人比什么都强。

2. 有奉承爱好的员工，最好给他找个合适的位子

这类人不好简单辞掉，因为他还有一定能力。也不可委以重任，因为他忠诚度有待考验，一旦此人心猿意马，迟早会坏了你的大事。

超级人脉术大全集

3. 要注意批评教育，并采用不同的方式方法

要耐心，不能急于求成，这种毛病的养成不是一朝一夕的事，改正起来也一定不容易。在这个时候，你要格外注重策略，注意态度，争取从根本上扭转他们的认识，改正他的毛病，杜绝拍马现象，从压制逢迎之风开始。

4. 小心对待"墙头草"

这些人弄不好会造成极大的麻烦。对待这种人，首先你要依据他的实际能力委以相应的职务。起码在他们的眼中，你不能成为不识才的领导者。这影响着他们的工作热情，而且也带动着一批人。

5. 对一些较有能力但也有阿谀奉承劣行的"墙头草"要认真对待

如果只看到这类人的阿谀奉承，没有看到他们的才华，并且不给这类人以相应职务，那么这些有能力者就会离你而去。如果他们确实走了，对你也是一种损失。

朋友中的墙头草与上司所面对的墙头草也需要区别对待。朋友之间讲求真诚相待，墙头草利欲攻心，今天有利是朋友，明天可能就装作不认识。你对他再好，他不会记恩，因此慎交墙头草类的朋友，不让他们轻易接近你。

如果已经是朋友了，你才发现他的本来面目，最好及早抽身，远离他们，墙头草不会无缘无故对你好，越是突然殷勤越应值得提防：锁住秘密的保险柜，不随便透露自己的想法，和他们保持距离。

故意显示无利可图的一面

墙头草最大的特色便是见利思迁，见风使舵，哪边好往哪边靠。他们待人处世会以"利"作取向，也会为"利"而背叛良心、伤亲害友，可以

今天和你好，也可明天将你害。所以和这种人客套一下就可以了，不必有利益、人情上的往来，甚至宁可故意向他显示你"无利可图"的一面，以免他没事就来打扰你。

相传，明代才子伦文叙天资聪颖，勤思敏行。少时博学，才华横溢，但其家境窘困，一贫如洗，时常东挪西借，聊以度日。每至年关，债主就逼门讨债。一年年底，伦文叙料定债主再来，但无钱还债，便写一春联贴于门口：跃马挺枪，尔凭霸王勇武来讨债；整冠摇扇，吾用孔明妙计不还钱。后来伦文叙状元及第，一举成名，衣锦还乡，平时那些讨债的债主，一个个提着厚礼来巴结他，伦文叙于是又写一对联：穷居闹市，伸五爪金龙，抓不住至亲好友；富隐深山，舞三节铁棍，打不退鳖子龟孙。

别有用心、见风使舵的势利之徒，看后只得灰溜溜走了。

势利加上小人，就是墙头草。为了自己的利益，今天可以和你称兄道弟，甚至鞍前马后，明天你要是无利可图，他便说得你一无是处。为了达到自己的目的不择手段，说三道四拨弄是非，甚至降低自己的人格点头哈腰，围着权力者摇头摆尾。为了所谓自己的尊严，不顾影响工作、不顾百姓利益，用权斗气。这种人没有义举，只有利害，没有朋友，只有对手，就是今天看是表面的朋友关系，在他的心理也防犯着你对他的利益冲突。

势利小人，你给他好处，他可能会对你唯唯诺诺，但要没了东西给他吃，他溜之大吉尚好，有时还不忘落井下石。

与其把自己搞得功劳尽没，不如提早高挂无利牌，和他们划清界限，越少有瓜葛越好。

生存不易，人的私心根深蒂固，尤其是现在这竞争性极其残酷的时代，我们且拿出点小心来，观察这些墙头草，应付这些墙头草。

伦文叙以诗文智退势利之徒不失为明智之举。人有起伏升落，又有谁知道自己什么时候走进人生的低谷。墙头草是长在山巅的，谁占山为王，他们捧谁为主，谁滚落山谷，他们一样还在那边等待另一个主的出现。图一时之风光无限，引进一大批伪劣朋友，最后只能在不得意时独享寂寞无助的痛苦。因此宁可摆低自己，也不要让墙头草出现在你的周围。

勿让他逃脱责任

防范墙头草的势利，自古便有先贤告诉我们，也有活生生的例子提供经验，墙头草即使百般狡猾，终有露出马脚的一天，切不可让他逃脱责任，一走了之。

西汉御史大夫张汤为人狡黠多诈，滥施刑罚，办事专门迎合皇帝的心意；对于皇帝不喜欢的人，就妄加诬蔑，任意诽谤；对于皇帝喜欢的人，就胡乱吹捧，极力美化。他始终紧随皇帝的喜好，即使以前再讨厌的人，只要皇帝表扬，他立马跟上去，大示变脸术。他利用自己御史大夫的职权，经常随意罗织罪名，弹劾大臣，残害同僚。

张汤对他的副手御史中丞李文怀有夙怨。张汤最宠信的小吏鲁谒居，为了替主子铲除政敌，邀功献媚，就悄悄地派人上书皇帝，用罗织来的罪名检举李文。于是，皇帝命令张汤来审理这个案件。张汤借机滥引法律条文，施以酷刑，终于诛杀了宿敌李文。后来皇帝偶尔问起案发原因，张汤假装自己不知情，故作吃惊地说："可能是李文的仇家干的。"

其实，张汤做贼心虚。退出之后，急忙赶到鲁谒居家密商对策。此时，正赶上鲁谒居卧病在床。当张汤看到鲁谒居的两脚红肿时，就亲自给他按摩双脚。这事正好被赵王刘彭祖看见了，心想，从没听说过一个主管长官竟然如此服侍一个小吏，其中必有隐情；加上刘彭祖素来不满张汤的残暴，于是，向皇帝告发说："张汤身为国家重臣，竟然给一个卑贱的小吏按摩双脚，我认为其中有不可告人的勾当。"皇帝将此事交给刑部调查。调查期间，鲁谒居正好病死，事情牵连到他的弟弟身上，因而被囚禁了起来。一天，张汤恰好去监牢里提审犯人，看见了鲁谒居的弟弟。张汤本打算暗中营救，所以表面上假装不认识。这样一来，鲁谒居的弟弟误解了张汤的意思，心中既害怕又愤怒。于是，一不做，二不休，叫他的家人上书皇帝，揭发了张汤与他哥哥鲁谒居共谋陷害李文的经过。皇帝得到举报，命令立案审理。

赵王从细节中洞察张汤的阴谋，抓住了墙头草的漏洞，使其脱身的企图不能得逞。

墙头草善于察言观色，脸皮很厚，把自己当成商品，谋求在"人才市场"上讨个好价钱。这种人即使在工作上也好讨价还价，以使该公司的领导给他们以晋升或增加工资的机会。或者他们在工作上不安分，但却热衷于往上司那儿跑，为的是和上司套近乎，不是凭工作成绩得到上司的重用和提拔，是想通过和上司的私人关系去得到好处。

他们一般嘴甜、心细、脸皮厚，他即使是做错了事，也往往会把责任转嫁和推卸到其他人身上去，而一旦有了功劳，他又会极力地吹嘘自己的贡献和成绩，生怕上司不知道。还有，上司在场和不在场，他们表现就完全不一样，上司在的时候，他肯定是最勤劳的一个，连脸上的汗水他也不会去擦，就是想给上司一个好印象；上司一旦离开，他准保就待在一旁休息了。

墙头草最歹毒之处莫过于在你失志落魄时踹上一脚，一来想和你划清界限，二来向新东家表忠心。这种人一定不能放过，放过他是对其为人的纵容妥协，有对你的第一次，必有对其他人或你身边人的第二次；放过他，原来属于他应负的责任就落到你头上，你将付出惨重的代价。

超级人脉术大全集

超级人脉术大全集

第四卷

翟文明　编著

吉林出版集团
时代文艺出版社

第四卷 目录

超级人脉术大全集

第四卷 目录

超级人脉术大全集

第
四
卷

目
录

第四章

笑面虎，阴险藏在笑脸后

狐狸想吃鸡，脸上笑嘻嘻

《孙子兵法》写道："信而安之，阴以图之；务而后动，勿使有变。刚中柔也。"全句意为：取信敌方，不使之轻动，暗地里我方却另有图谋。要做好充分准备，然后再采取行动，不要使得敌方发生意外的变故，这就是外表上柔和，骨子里却要刚强的谋略。这就是笑里藏刀之计，用在军事上是一妙招，屡屡能出奇制胜，但如果跨越到人际关系，为人处世，那这种计策的使用者就十分阴险，也就是我们说的笑面虎。

笑面虎具有以下几个特征：

1. 心思难猜

2. 喜欢耍小聪明

3. 恶毒阴险

4. 任何人都不能阻碍他们前进的步伐

他们表里各一套，阴谋就藏在笑面里，一贯两面三刀。两面三刀的小人总是刻意隐蔽自己的意图，观风察事伺机而动；或故作糊涂愚顽，精心乔扮以掩饰真相；甚或面对仇敌也摆出一副欢颜！关键时刻一旦来临，则立马变化，呼风唤雨，叱咤一番。

《红楼梦》里的王熙凤就擅长玩弄两面三刀的把戏。

王熙凤对尤二姐当面一套，背后一套，耍尽了两面三刀的伎俩。她乘丈夫贾琏外出，先甜言蜜语地把尤二姐诓入荣府，置于自己的身边。然后她开始施展阴谋：一方面她往来于贾母、王夫人之间，为尤二姐说好话，以表自己的"贤良"；一方面她令心腹奴才旺儿去收买尤二姐的未婚夫张华往衙门去告贾琏"国孝家孝之中，背旨瞒亲，仗财依势，强逼退亲，停妻再娶"，向贾府施加压力，使贾府的主子们把怨愤集中在尤二姐身上。与此同时，又在暗地唆使丫头善姐儿虐待尤二姐。

当贾琏从平安州回来之后，贾赦为奖励贾琏在外办事有功而将房中的丫鬟秋桐赏他为妾时，王熙凤尽管对秋桐甚为反感，但她却暂时压下心头怒火，对尤二姐又使出了"借刀杀人"之计，挑拨秋桐给尤二姐以种种难堪，迫使尤二姐最后只好吞金自杀。

这个可怜善良的尤二姐至死都没有识破王熙凤两面三刀的诡计，甚至对她的"一片诚意"从不怀疑。就是贾府的主子们也都始终被蒙在鼓里，错认为王熙凤在处理这件事上很是"贤惠"。王熙凤的笑面虎功夫伪装得让谁都没识破，一条条诡计不断得逞，其人之阴险在《红楼梦》里无人能及。

一个人如果遇到棘手的事，正苦于无从下手，或自己正陷于困难中不知所措，这时候如果有人以真诚的语气和姿态为他出谋划策，他常会无所保留、毫无戒心地接受照办。如果此人并无坏心，那也罢了，反之，如果此人心怀鬼胎，他的所谓"好意"只不过是伸把手将人往火坑里推，让人跌得更重、烧得更惨一些。

口蜜腹剑的小人是最难提防的，他的馊主意总是裹着蜜糖送给你，如果你看不清他的真面目，被他害了时还要拿他当善人，供在心中当佛拜。

狐狸天性狡猾，吃不到鸡不会硬来，满脸鬼笑，麻痹鸡心，轻轻松松骗到手，人如狐狸者不在少数。

善面与邪念只在转眼之间

春秋时代，郑卫公打算吞并胡国，但因整体实力有限，相对较弱，故把爱女嫁与胡国君主，以此缓兵。为了进一步使胡国丧失警惕，制造假象，郑卫公召集大臣商议，他问："我打算用兵兴国，你们看，攻打哪个国家最有利？"大臣们纷纷发表议论。关其思坦率地说："依愚之见，攻打胡国最合适！"卫公一听，马上脸色一沉，愤怒地说："你居然建议向已经同我们结亲的兄弟国家胡国动武，把他给我拉出去斩了！"

关其思因此被杀。胡国国君知道此事后，认为郑国对自己非常亲善友好，就再也不对郑国有什么戒心了。可是，就在此后不久，郑国对胡国发动了突然袭击，胡国警戒很松，没有做什么抵抗，就被灭亡了。

李宗吾大师曾对笑面虎作出如下的评论："他们只要能达到自己的目的，别人亡身灭家，卖儿贴妇，都不会顾忌；他们的成功诀窍在于，凶字上面定要蒙一层仁义道德。"后来有著名人士补充道：表面笑脸，背后捅刀的人，变脸就像6月的天，善面与邪念只在转瞬之间。

李霞在一家电器公司工作，和同事小敏关系很好，由于李霞工作认真负责，办事能力强，口才又好，所以很受经理器重，几次受到领导的表扬，一次，公司要搞一个大型促销活动，并允诺谁如果表现出色就将获得提升。经理临走前意味深长地拍了拍李霞的肩，让她好好表现。散会后小敏热情地拉住李霞的手，说要跟她一组。李霞简直有点受宠若惊，她本来担心，小敏会因为经理器重她而不高兴，没想到小敏这么大方。她们联系好了一家客户，小敏主动提出负责进货，但因货车误时，到展销前半小时才到，展销即将开始，客户负责人让她们赶快离开，可此时李霞还没来得及核数呢！小敏拿着接货单催促李霞签名，李霞犹豫地说："可是我还没核数啊。"小敏笑了："不至于吧，我能害你吗？不相信的话我可以明天一大早陪你点数！"李霞迫于无奈只好在货单签上了自己的名字。

后来，小敏向李霞解释是因为车出了点故障，才迟到的，并说这一次李霞联系了这么多店，布置的又很妥当，一定会获得升职，并表示自己非常支持李霞，听了这些话，李霞对小敏充满了感激。

回来后不久，一天，经理就把李霞叫去了，把进货量与退货量的单子以及商场销量表都抛向了李霞，说："你负责的那家超市丢了5000多元的货，你怎么解释？"

李霞忙拿起来一算，真丢了5300元的货。不可能会这么多呀，李霞一下子意识到什么，向经理说了一句，我要去查一查，便快步走出了经理办公室。李霞找到了小敏，问了她有关方面的情况，而她却笑着说道："我怎么会知道，数是你点的，字是你签的。"

这时，李霞已经意识到发生了什么事情。便火冒三丈地向她嚷道："我要将此事告诉经理。"

"你告到哪里我也不怕，白纸黑字是你签的。"说完，小敏便转头回了办公室。

李霞思考了很久，没有真凭实据，没办法，只好自掏腰包赔了。

时机一到，笑面虎撕下面具，也就是那一转眼的工夫，你才明白什么是她的真面目。

明枪易挡，暗箭难防

森林王国里，老虎的实力首屈一指，面对面的交锋，老虎的失败记录上至今为零，即使是伤病缠身，它也能和对手打个几百回合，打成平手。

明枪易挡，可是暗箭难防，有猴子玩阴的，老虎也难逃死劫。

森林搬进了新住户，是猴子家族的一支，叫"猱"，它有着锋利的爪子。猱喜欢花言巧语，它经常向老虎献媚，博取老虎的欢心。

作为森林之王的老虎，总表现出霸气十足的样子，它觉得自己就是其他动物的主宰，大家都得孝敬它。因此，其他动物也都恭恭敬敬，从不敢怠慢老虎。老虎的头皮三天两头发痒，痒得不行了就在树干上蹭。一天，猱柔声蜜语地说："老虎大哥，在树上蹭多脏啊，再说也不解痒呀。我给您挠一下吧。"

说着就跳上虎头，用尖利的爪子给老虎挠痒痒。老虎感到舒服极了，眯缝着双眼，打起瞌睡米。猱发现机会来了，它越搔越用劲，慢慢地在老虎的后脑勺上抠了一个小窟窿，猱把爪子伸进去，一点一点地掏老虎的脑浆吃，吃够了，叫醒老虎，就把吐出来的残渣全都奉献给它。

"老虎大哥，您打瞌睡的时候，我弄到了一点荤腥。我不敢自个儿吃，这些是孝敬您老人家的，您可别嫌少啊。"老虎深受感动，感激地说："你对我真是忠心耿耿，宁愿自己饿着，也不忘孝敬我。我领情了。"说罢，一口就吞了下去。

天长日久，老虎的脑浆被掏空了，头疼得像要裂开一样。它这才发现自己上了猱的当，挣扎着要去找猱算这笔账。但是，猱早就躲到高高的树枝上去了。

老虎瞪着双眼，狂吼着，打了几个骨碌，就倒地而死。

阴险的人手段之歹毒不亚于猱，老虎都未能幸免于难，何况芸芸众生中的人？稍不留神，他们的暗箭携毒而至。

兰新想当科室长官，但要论实力，比不过好友建明，于是匿名投诉建明，几次投诉下来，局领导自然认为建明不能胜任科长职位而撤了他，兰新则自然而上。

兰新还在建明退职之日说："真为好朋友今天的结果深感可惜，他日如有机会必定帮你一把!"

建明看出此人的险恶,感叹一声:光明正大的竞争我又怎会输给他,暗箭难防啊!

社会就是一个大杂烩,里面什么货色都有,复杂得让人眼花缭乱,如果把它微缩分类,耍暗刀的也要占据半壁江山。暗箭难防,不只是因为它从背后而来,也因为数量不少。

蜜酒有毒

当有人端给你满杯的蜜酒时,你切不要轻易品尝,他为什么平白无故犒劳你,这其中必有因果。你必须学会人与人之间虚虚实实的进退应对技巧。因为在这里面,免不了会遇到出卖、敌意、中伤等种种料想不到的事情。

有句话说得好:天下没有免费的午餐。笑面虎送你一杯蜜酒,他必在算计着得到更大的蛋糕。

你曾遇到类似的事情吗?一天,一位与你稔熟的同事向你提出建议,一起合作帮助上司整理客户资料、公司的会议记录等,虽然此举会增加工作负担,却不失为一个表现的好机会,可以博取升职与加薪。你对于这样的建议大表欢迎,甘愿每天加班完成额外的工作,不敢发出半句怨言。

可是,你怎么也想不到,对方竟然把全部功劳据为己有,在上司面前邀功,结果他获得上司的提拔,你却有功无禄,成了小人向上爬的梯子。

听信他的话,跟着他走,功劳簿上一个记录也没有,白忙乎了一阵,当了笑面虎的手脚。这还算好,像董卓那样身在毒中不知毒,中了对方圈套才更可悲。

董卓自携兵入京之后，专横强暴，独揽大权。当时，董卓想要废汉献帝立陈留王，便与袁绍议论兴废之事。袁绍不以为然，遂与董卓发生争执，出京逃奔冀州。恰在此时，袁绍的说客们出现了，他们说，废立皇帝是天下最大的事，不是一般人所敢为的，应先捧袁绍使其心安，再晓以利害。说客的理由很堂皇，听起来也完全是为董卓着想，所以董卓便听信了他们的建议，封袁绍为渤海太守，却不知他们的建议完全是为了帮助袁绍脱困，并不是为董卓着想，对于董卓来说，是上了"笑里藏刀"之计，中了说客的圈套，为自己埋下了危机，后来袁绍成为讨伐董卓的核心力量。

蜜酒可以有多种形式，杜聿明、雷万霆等人正是喝了蒋介石的蜜酒，一醉难醒。

蒋介石对部下常称兄道弟，而且连部下的生辰八字、名号、喜好也是心中有数，对其父母的生日也记得很准，往往在他提起某将父母的生日时，使该将受宠若惊，十分激动。第十二兵团副司令官雷万霆调任他职时，蒋介石召见了他，蒋介石说："令堂大人比我小两岁，快过甲子华诞了吧！"雷万霆一听，眼泪都快流出来了，颤抖着说："总统日理万机，还记得家母生日！"

蒋介石说："你放心吧！到时我会去看望她老人家，为她老人家添福增寿。"

雷万霆自然死心塌地成了蒋的心腹。

当杜聿明在徐州为蒋介石打仗卖命时，蒋介石从小本子上查到了杜母生日，他立即命令刘峙在徐州举行仪式，同时又令蒋经国亲赴上海，送去了10万金圆券的寿礼，并且在上海举行隆重的仪式。这个消息传到徐州，杜聿明十分吃惊，因为陈诚因病去台湾疗养，蒋介石才批5万！

蒋介石如此厚待杜聿明，无非是让手下为他拼命死战。蒋介石对部属真可谓用笑脸换他人的性命，权钱人终有一好，蒋对手下一个个对症下药，各有不同。在陈布雷50岁生日时，蒋为陈书写"宁静致远，淡泊明志"8 个大字,并附书:"战时无以祝寿,特书联语以赠,略表敬慕之意也。"

蒋介石这一招起到很好的效果。陈布雷接到蒋介石亲书的这 8 个字,感慨万千。他常说:"蒋先生给我这 8 个字,使我特别感动!淡泊为立身之本,宁静为处世要着,淡泊则与世无争,宁静则坚忍不拔,和我平日自勉正直平凡相表里。能守正则不致为环境所左右,他物所引诱,自然宁静;甘平凡,则透彻了解本身之能力志趣,以谋对国家社会做适当的贡献。"

平平淡淡的 8 个字,使陈布雷认为蒋介石对他"知其最深"。士为知己者死,这是古代知识分子的信条。陈布雷正是奉行这一信条,兢兢业业为蒋介石效力,在蒋家王朝日落西山时,陈布雷以自杀表示他对蒋氏的忠诚。

即使在遗书中陈布雷还说:"布雷追随二十年,受知深切,任何痛苦均应承担,以期无负教诲……我心纯洁质直,陈忠于我公之外毫无其他私心。"

中国知识分子崇尚"士为知己者死",但也得看好对象而死,如蒋介石给你笑脸,恩宠倍至,只图能为他卖命,做替死鬼,这样死不得其所,死得不值。

当心蜜酒藏毒,喝下去悔恨莫及。

刀随时都会砍来

老杨在公司里勤勤恳恳,业绩突出,不断得到升迁,家里小日子还过得不错。

他性格直爽、乐善好施,掏腰包赞助朋友、解朋友燃眉之急是常有的事。应该说,人们之间互相关心、互相帮助,是理所当然的,但老杨助人为乐却受人利用，一群披着羊皮的狼早就虎视眈眈，有所打算。

一次，老杨的一位老客户也是他的老朋友葛同找到老杨，要购买公司的大批货。按惯例，老杨历来坚持"一手交钱、一手交货"，但又觉得葛同是老熟人、老朋友，如果拒绝恐怕会伤了老朋友的感情。考虑再三，最后老杨答应了葛同的要求，一次发出近 50 万元的货，葛同表示：货一出手就付款。谁知葛同一去不复返，几个月后，老杨才开始寻找葛同的下落，竟一无所获，这时，老杨才如梦初醒。原来，这葛同就是一个专门以诈骗为业的骗子，他在取得了老杨的信任之后，轻而易举地骗得了价值 50 万元的货物，老杨为此付出了惨重的代价。

而这仅仅是老杨霉运的开始。

没多久，公司里来了个小伙子——贾飞，他刚到公司的时候，对这个行业没什么经验。作为部门主管的老杨自然成了他的入行老师。那个时候的贾飞对老杨嘴可甜了，左一个"杨兄"右一个"杨兄"地叫，贾飞下班后还会到老杨家串门，顺手带上些好东西，聊表谢意，比如他常给老杨 2 岁的儿子买一个小礼物，老杨则经常手把手地教贾飞一些经验。

后来，贾飞就辞职到另一家公司，他竟然成了老杨公司最大的竞争对手。他抛出了老杨曾经向他透露过的一些公司的计划，来了一个"先下手为强"，搞得老杨措手不及，公司的出口市场被人抢占了先机。

真是祸不单行，更致命的还在后面。

老杨的一位多年的好友、太白公司经理王栋找到他说，公司正在做一笔有巨额利润的大买卖，但公司资金周转不开，请老杨做担保，从银行贷款。老杨本不情愿，但又怎么能不给老朋友面子呢？见老杨有些犹豫，王栋更详细介绍了自己有多大多大的赢利把握，保证到时一定及时偿还贷款，老杨所做的只不过是签个字，盖个章而已。老杨终于决定帮老朋友一把，王栋一次从银行贷款 100 万元。一年后，令老杨想也不敢想的事情发生了，那家贷款的商贸公司因资不抵债而宣告破产，银行因无法收回贷款，向法院起诉了老杨，结果让老杨偿还欠款。

阴险的笑面其实是一把利剑，随时都会砍来，让人闪避不及。

明辨不善意的恭维

口蜜腹剑的人善用双关语，初听来是夸赞之语，实则话里有话、暗藏杀机。你稍迟钝片刻便中了他的圈套，被他羞辱一番，却是有苦说不出，差不多是被迫吞下屈辱。

刚刚听到恭维话的时候，你还意识不到他话里有话，所以那些"好"话听得你很舒服，想都不想里面可能暗藏的贬义。可是细加思量，你便发现自己吃不准他是真的话里带刺儿，还是自己的疑心太重。

再次听到恭维话时，你就马上明白他的确是在羞辱你，而并不是你的脑子出了问题，想偏了。当他使用的双关语像倒钩一样扎向你时，明明知道他别有用心，也知道自己应该反击，可你却依然面带微笑谢他，这时你真想踹自己几脚。

面对口蜜腹剑的恭维，冷静地接受，但不要惊慌失措。唐代有个奸臣叫李林甫，对人总是恭维不绝于口，其实暗地尽做些害人之举，因此，素有"口蜜腹剑"之称。楚怀王的夫人郑袖也属这种人，遇上这样的人的恭维，也不要害怕，因为那一连串美妙动听的恭维话虽然隐藏着恶意，但它其实又是实用有效的清醒剂，使人在复杂的社会生活中时刻保持警惕。对这种当面说好话、背后摸家伙的人，要善于识别，保持清醒的头脑，不上当，不受骗，不留把柄，严加防范，让他摸家伙没用。

有些恭维则别有所求，你得小心地接受，但不要误人害己。这种恭维的目的是想讨好你，然后从你这里得到什么。对这种恭维要细心揣摩、小心对待，既不能拒绝、发怒，以免影响关系，也不能不加分析地"笑纳"。你可以在接受的同时，对所求的事情斟酌一番，如果所求的事合法合理，且又是你力所能及的，那么热心帮人解围分忧，当然是好事。如果所求的事于理于法不容，就不能贸然从命。如果是合理合法的事，但你力不从心，也不能勉为其难。一句话，面对恭维，切勿把做人的原则也奉送了。

当然也不是所有的恭维都不怀好意。面对真心实意的恭维，由衷地接受，但不要忘乎所以。当你取得成绩、显露才华、确实令人佩服时，有的人对你的赞美是情不自禁的，这是一种真心实意的恭维，并无歹意。你应该由衷地接受，道一声"谢谢"，但必须保持清醒的头脑。在这种心悦诚服的恭维面前，稍不注意。便会陷入自我陶醉、忘乎所以的泥坑之中。所以，你应该冷静地反躬自省，认真地自我勉励，把别人的恭维变成"更上一层楼"的动力。

真实的恭维是怡人的乐曲，在曼妙的夜晚悄然而至，只是忘我的陶醉中也有杂音盘旋，口蜜腹剑不怀好意的恭维也将混杂其中。

始终留一道心理防线

人心叵测，即使是好朋友都可能害你，对于笑面虎，如未能知其底细，当留一道心理防线。

刘秀和他的大哥刘縯举兵造反之时，自感力量单薄，便和新市、平林的农民义军王凤、陈牧等人联合，共同打击王莽的新王朝。

起初，农民义军王凤、陈牧等人对刘秀兄弟十分亲近，相处得如亲兄弟一般。刘縯对他们更是无话不谈，倾心结交。只有刘秀，他不仅和他们保持一定的距离，还为此多次劝刘縯说："王凤、陈牧等人，人既粗鲁，又多狡黠，我看他们对我们友好并不是发自内心，何况我们势力壮大之后，必有权位利害之争，到时哪会有所相让呢？大哥切不可在此失察，毫不防范啊。"

刘缤性情耿直，为人宽厚，他对弟弟反而责怪道："我们联合抗敌，若无诚意，只讲机谋，那就人心涣散，自行瓦解了，何来将来的胜利？你这个人心计太多，猜忌太甚，我是不会这样对人的。"

后来推举皇帝，本来刘缤最有资格当选，可是王凤、陈牧怕他不好驾驭，自己大权旁落，竟另立了能力平庸的更始陆军刘玄为帝。

刘缤心中感伤，常常对刘秀发牢骚说："这些人真是小人啊，我今天才算看透了。人说官场无情，不在此中厮混，又哪能知道这里的无情呢？"

刘秀每次都告诫哥哥说："事已至此，哥哥就不该有所怨言了。若让他们知晓，岂不引来杀身之祸？"刘缤性格倔强，虽有刘秀劝告，可他还是忍不住对人诉苦。王凤、陈牧等人心怀怨恨，便唆使刘玄把刘缤无端杀害。刘秀当时正在指挥那场著名的以少胜多的昆阳大战，回到宛城，这才得此凶信。面对如此剧变，刘秀心痛之际，却没有失去理智。他自知身陷人手，若是冲动报复，那就只有死路一条。出乎所有人的意料，刘秀见了刘玄，却自责说："哥哥罪有应得，只恨我平日没有劝导哥哥，让皇上忧心了。臣实在有罪，还请皇上为正法纪，莫予宽待。"

王凤、陈牧等人只想刘秀定会为刘缤讨个说法，那样他们就会借此把他也杀了，以除后患。眼见刘秀如此服帖，且又态度诚恳，似无虚假，他们反是无以加罪了，不得不暂时放过了他。刘秀草草葬过刘缤，装作无事一样。白天他和人谈笑风生，饮酒作乐，深夜却是暗中哭泣，咬碎钢牙，发誓报仇。

如此夜不能寝，他消瘦了许多。他的手下冯异看破了他的心事，私下劝他说："将军忍辱负重，虽暂时避祸，却不是根本之策啊。如若脱离牢笼，另寻发展，不是更好吗？"刘秀考察一番，确信冯异是一片真心之后，才口吐真言："我这般行事，正为此故啊。眼下无此机会，自不可草率行事。"他苦苦忍耐，直到刘玄想派人到河北发展势力，刘秀才经人举荐，借此离开宛城。他以河北为根据地，招兵买马，搜罗贤士，广揽人心，势力一天天壮大，为他建立东汉打下了坚实的基础。

放松警惕、轻信他人，容易栽倒在小人手中。留一道心理防线，正是给自己留一条路，既御敌于外，又可全身而退，不落入笑面虎的怀抱中，听任宰割。

莫当好好先生

好人的声誉不是凭空得来的，要有付出和代价。当代价超过心理承受底线时，多少会令人难以割舍，所以好人难当。做好人毫无过错，但要讲原则。"好人"被过分挥霍时，常会得到"好心当成驴肝肺"的后果。

在人际交往圈中，我们每个人都喜欢好人，欢迎好人，期望遇到好人，也想让自己成为好人！因为好人不具侵略性，不会伤害别人，甚至有时还会为了别人的利益而让自己作出很大的牺牲！这种好人岂止用一个"好"字形容，简直可以说是一种伟大的人。但在现实生活中，有一点我们要引以为戒：不可以做好好先生！

所谓好好先生，至少有以下特点：这种人不知是性格因素，还是有意以好人的姿态去讨别人欢喜，反正是对他人有求必应，也不管自己该不该去做；有时候，他也想坚持原则，可是别人声音一大，他马上就软下来；因为缺乏原则，导致是非不分，当事情不能妥善解决的时候，便以牺牲自己来成全大家；他有时也想"坏"一点，可是还不到坏的程度时，他就开始自责，检讨自己……

这种"好好先生"，其得到的效应和真正的好人是不同的。好人是有原则的，所以当他人颂赞好人时，往往带着几分敬畏。但好好先生则不然，他在人际关系中，往往得到的是"不能担此大任"的评语。而且别人因为深知他的弱点，甚至会算计他、陷害他，得寸进尺，随欲索求，反正他不会反抗，不会拒绝！于是所有人都从他那儿得到了好处，唯独这个好好先生一点好处都没有！

小娟借钱给她一个朋友，一次复一次，由3万多滚到14万，现在小娟自己被人追债，那人却一分钱也给不出，小娟给了她10多天的缓冲时间，结果她除了哭穷，拿不出任何解决的办法。期间，小娟给过她无数次的暗示，这位大姐就是榆木脑袋不开窍。小娟也不好说得太明白，本是因为同情才暗示她，但不能说得太透，怕把朋友情谊都说没了。可是，小娟做好人的结果是，为了给她让出时间，小娟被追着还债，手机不得不关机，座机也不敢接，某天小娟终于忍不下去了，补交了所有的费用。没想到，下午她居然给小娟打手机，缠着小娟谈减免的事情。说心里话，小娟已经忍让到骨子里了，没有多要一分钱，就是这样，她依然拿不出一个解决的办法，除了说"没有钱"，再无第二个字。直到最后，小娟查清事实后，才知人心难料。她手头资金不缺，这样做只为让小娟难堪。

为了当好人，让自己吃亏受累，不值得。

好人就是一支蜡烛，黑暗中照亮人们奔波的道路，但无原则地燃烧自己，四处发光，可能被人扔进水中，熄灭了光亮。

超级人脉术大全集

第五章

伪君子，污浊的心披着道德的外衣

伪装是"君子"最大的专利

我们常常把那些虚伪的人称为伪君子，虚伪是他们最大的专利。表面上道德文章，行侠仗义，暗地里窝藏不良居心。让人看起来难以一下明辨真实面目，毕竟他们披着道德的外衣。

有位老人发现海滩的沙里埋着一面神镜，他把神镜小心地挖出来，用手轻轻一擦，突然镜神冒了出来。镜神对老人说："我可以满足你一个愿望，你有什么要求只管说。"老人想了想："我和我的哥哥20年前打过架，从那个时候起他就没跟我说过话，我希望现在他能够原谅我，能跟我和好。"镜神听了立即作法，一阵电闪雷鸣过后，镜神说："你的愿望已经实现了。不过我觉得很奇怪，一般人要是有机会都要名利金钱，你却要兄弟情谊，佩服啊！"老人听了回答说："完全不是这样，是我的哥哥快要死了，所以我才想跟他和好。"镜神听了顿时肃然起敬，"原来你是不想造成终身遗憾了？"老人吞吞吐吐地说："是啊，如果他死后那万贯家财全都给了别人……"原来这才是老人的真实想法。镜神听后大怒："竟然是如此龌龊的想法，不行！我将收回我的指令！"

人一旦变得虚伪起来，道德就远离了他。

道德是伪装不来的。伪君子们最会在道德的香屋里熏着满身的香味，出来迷惑众人。

有些人面目狰狞、一脸凶煞，人们一眼即知其想法，但伪君子就不那么容易识别，他们夹杂在人堆里客串君子，君子的那一套为人标准，背得滚瓜烂熟，简直比君子还君子。盗版的唱片装在精美的盒子里，放在格调优雅的唱片屋里出售，谁能那么容易就认出是盗版呢？除非撕掉外衣，才能见庐山真面目。

他们标榜忠诚、友爱、守信、大方、正派……一副标准的道德塑像，只怕经不住摧毁。

有一位百万富翁整天向别人吹嘘自己是如何如何具有同情心。一天，一位十分贫穷的农夫来到富翁家中，向他讲述自己的贫穷以及人生遭遇的凄惨，他讲得那么真切生动，这位百万富翁感到从来没有这么被感动过。他眼泪汪汪地对自己的佣人说："哦！汤姆，赶快把这个家伙赶出去，他讲的故事实在太凄惨了，我的心都快碎了！"

富翁整天向别人吹嘘自己的同情心，然而当他真正面对凄惨的农夫时，虚伪的本质就暴露无遗了。他的行动与他的言辞正好相反，体现出了他残酷无情的一面。生活中的很多人不都像这个富翁一样，徒有伪装的各种道德外衣，却全无容得下道德的心吗？

最会说道德，最不讲道德

社会需要人们拥有许多的美德，美德不是花瓶，只供观赏，而是要付诸行动，在行动中体现美德的光彩。

话说得再好听、戏唱得再动人、计划再周全、目标再远大，只要不付诸行动，停留在口头，一切的一切都毫无意义。

如果不行动，天下所有最华丽的道德言词说得再动听，也不会让人动心，而只能让人感到恶心。比如，谁都会说"不要随地吐痰"，但不少人随地吐痰的恶习就是不改；谁都懂得"公共场所不要吸烟"，但不少人就是在"禁止吸烟"的标牌下抽烟；谁也都会说"不要乱扔纸屑"，但不少人就是乱扔，等等。

如果从言行两者中剥离出言语，而无行动，再感天动地的道德豪言都是为虚伪壮行。

如果不行动，最会说道德的人，其实是最不讲道德的人。

言行不一，主要是指说一套做一套，比如有一种人，你不小心踩了他一脚，他立刻给你一句不恭："长眼没有?!"你只好忍受。有一个笑话，说一个女子一边吃西瓜一边随便扔西瓜皮，结果摔倒在自己扔掉的西瓜皮上，弄得满身污渍时，她还在骂一句："哪个缺德的乱扔西瓜皮!"下面这则寓言，说的正是一群最会侃道德、最不讲道德的动物们。

夕阳西下，彩霞满天。山坡上的一群羊已经回家，只有一只公羊还留在那里，可能是初夏的晚景太美了，玩得高兴而忘了回去的时间。

一只狼突然从树林里窜出来，扑向羊。这羊也不示弱，勇敢地跳起来，用角拼命抵抗。战斗愈来愈激烈，狼吼着，羊也吼着。但狼毕竟是太凶猛了，羊不能敌，它越来越吃力了，只得向伙伴们发出求救声。

牲畜们都在向家里走去。听到求救声，牛从树丛间向这个地方望了望，发现是狼，便翘起尾巴，扬起四蹄，奔下山去。马低头一看，发现是狼，也一溜烟地跑向村子。驴停下脚步，发现是狼，悄悄地溜下山坡。猪经过这里，发现是狼，身子一扳，冲下山坡。兔子经过这里，发现是狼，箭一般地逃进村子……

山下的茅屋门前，一条狗听见羊的呼唤，急忙奔向山坡——比疾风还快，从深草丛中一跃而出，以迅雷不及掩耳之势咬住了狼的脖子。狼疼得直叫唤，趁狗换气时，仓皇逃向森林……狗扶着羊走回家来。

第二天，羊正靠在屋子一侧的墙边养伤。周围挤满了前来探望的邻居。

牛说："你怎么不告诉我？我的角足可以剜出狼的肚肠！"

马说："你怎么不告诉我？我的蹄子可以叫狼粉身碎骨！"

驴说："你怎么不告诉我？我一声吼叫，就会把狼吓得魂飞魄散！"

猪说："你怎么不告诉我？我一嘴拱去，可以叫狼摔到岩下！"

兔子说："你怎么不告诉我？我跑得最快，可以叫人来援救！"

在这闹闹嚷嚷的一群中，唯独没有狗。

人可以分为：君子、小人和伪君子。君子可交，小人可敌，唯独伪君子不易辨识。因为他们常常以朋友的面目出现，平日里和你吃喝玩乐，一副兄弟的模样，拍胸脯保证：有难同当！却在你遇到困难时弃你于不顾。在你摆脱困境时，他们又会蜂拥而至，为你送来"真诚的"祝福，可能还会埋怨几句：有困难怎么不找老朋友我啊？这时，就是你揭开他们伪善面纱的最佳时机。

总算认清伪君子的习性了吧，在他们的道德经书里，一切高尚的人品姓"说"不姓"做"。

伪君子是一群冲在大多数人前的道德呐喊者，除了呐喊还是呐喊；他们编织一张美丽无比的人性优点之网，挂起羊头卖狗肉，口头的承诺总是显得苍白而无力。

杯酒藏玄机

显山露水的真坏人并不可怕，我们对他有一道心理防线；真正可怕的人是假好人，他们脸上贴着"善"字。对你施以小恩小惠，让你心存感激，给你一杯酒，请吃一顿饭，他却专门在背后说坏话，耍手段，这种人是最难防范的。

社会上竞争到处都有。大家靠本事吃饭，靠业绩说话，能够从竞争中胜出的话本也无可厚非。可偏偏有一些人，也可能知道自己正面竞争难有制胜的把握，就要动些歪点子。表面上他对你的想法一百个赞成，让你平添一份信心，但转过脸就对上司说你的坏话，而且上司最讨厌什么，他专门把这些讨厌的东西跟你挂上钩。你卷铺盖走人的时候，还在念念不忘他给你的"无私"的支持呢。

魏国武侯即位后，任命女婿公叔为相，推翻了李悝的某些新法，以维护贵族利益，这样一来，力主变法的吴起便与公叔有了矛盾。

吴起是个死脑筋，是个不会见风使舵而明哲保身的人。每当公叔废除一条新法时，他便据理力争，把公叔气得咬牙切齿，最后终于下定了赶走他的决心。公叔明白，要赶走立有大功的吴起，还得国君发话。于是他设计了一个陷阱，等着吴起掉进去。公叔先找到魏武侯，闲扯中把话引到吴起身上。当时，魏武侯在军事上对吴起还是倚重的，便夸奖了一番吴起的功劳，表示还得重用吴起。公叔马上就说："那当然，但是，"他把话头一转，"就不知吴起是不是真正与咱们一条心，他终究是个外人呀！"一句话把魏武侯说得疑惑起来，沉思着说："对呀，他是不是真与咱们一条心呢？"公叔见魏武侯的神态，知道事情有门了，忙接口道："这个有办法，试探他一下就明白了。"魏武侯问："怎么试探呢？"公叔说："吴起自从杀妻求将之后，一直还没婚配。您可招他来，说要把公主配给他。他若高兴地答应，就说明他跟咱们一心。会尽心竭力地为咱们魏国出力。他若犹犹豫豫，就说明他心怀二意，不会在咱们魏国久住的。"魏武侯说："好吧，就按你说的办。"

公叔见第一步计划成功了，忙跑回家，对妻子说，他要约一个朋友来玩。朋友到来时，要妻子装出气势汹汹的样子。他妻子一向言听计从，答应了。

次日，公叔左一声兄弟，右一声好哥们，把吴起请到自己家中。一进门，公叔妻子就照公叔吩咐好的，迎上前来，劈面问公叔："今天不上朝，干什么去了？"公叔装出唯唯诺诺的样子说："去看了一个朋友，相约来家小酌。"妻子大喝："酌什么？天天灌马尿，也没见你干出什么事来！"那时还讲求男尊女卑，像这样的妻子，吴起还第一次碰上。于是他瞅个机会问公叔："嫂夫人怎么这般态度？"公叔装作无可奈何地叹了一口气，说："人家是公主，有国君撑腰嘛。"

这时，公叔妻子的贴身丫头听了安排，又模样汹汹地来找公叔，说公主在房中，要公叔快去，有事吩咐。吴起一见，有点火了，抱不平说："一个小小丫环，竟对男主人这般讲话，这不是造反了？"公叔又装出无可奈何的样子叹一口气，说："丫环也是从宫中带来的呀，自然主大奴也大了。"

吴起回到家中，许久还为公叔在家中的地位生气，却突然来人传话，说国君找吴起有要事商量。吴起不知国君有什么事，忙快步入宫。魏武侯热情接待，扯了半天闲话，便说出要将公主相嫁的事。吴起正在为公叔的处境生气呢，哪知国君又让自己也走上这条路，于是吞吞吐吐地说："在下出身贫贱，岂敢同公主匹配。"武侯以为他在自谦，忙说："我意已决，不计较什么出身。"吴起还是推推诿诿地不答应。武侯想起了公叔的话，以为吴起心怀二意，也就不再勉强他了。

自此以后，魏武侯对吴起渐渐冷淡起来。吴起察觉到自己在魏国不会再受重用了，便瞅个机会，投降楚国去了。

无怪乎以吴起之智仍要上公叔的当：谁能拒绝人家的一片好心呢？再加上他低估了"悄悄话"背后说的巨大威力，也就只能束手就擒了。这里问题的关键还是你不能缺少这份防范之心，尤其当一个跟你总是意见相左或不怎么投脾气的人突然向你大献殷勤，无不尽显好人的模样，和你百般套近乎，又是加饭又是送菜的时候，其实在给你铺一条往陷阱的羊肠之道，好酒中藏有玄机。

烫手的山芋全扔给你

有些人自己处于水深火热中，难以自拔，找不到好的解决办法，常制造幌子，拉人下水，把烫手的山芋扔给无辜者，自己逃之夭夭，置身事外，伪君子这种事情没少干过。

江涛是一公司里的会计，一日在处理账务时，发现遗失大笔贷款，便急匆匆向陈经理汇报。

陈经理沉默了一会儿说："这件事千万不能让人知道！""什么意思？"江涛不明白他话里的意思。

他诚恳地为江涛分析："你为人一向正直谨慎，毋庸置疑，我也很信任你，你刚才所说的，大概也不是谎话，可是其他人并不是都像我这样认为啊！"

江涛默不作声，没有明白他的意思。

陈经理说："公司也许会认为，这个职员说是遗失贷款，说不定是拿进自己的腰包里。大部分人一定会这么认为的。而我是十分信任你的，我肯定不这么认为，但是公司一定会持这种看法。你还年轻，可以说前途无量。如果被公司怀疑了，你以后的日子怎么过呢？作为我的下属，作为一个有才华的小伙子，我可真为你担心！"

江涛一下被他的话震住了，全身颤抖。

"这笔钱不是一笔小数目。但是，它却换不回你的大好前途。我若是你，不会把这件事张扬出去，而会想办法补足这一笔款项。"

江涛咀嚼着他的话，不知不觉中觉得他的话越来越有道理——那家伙说钱是被人偷走，其实全都放进自己的口袋里了——同事的这些指指点点如在耳边。就依经理所说的，想办法填补这些钱。

经理听后，大加赞赏："这才是最明智的做法。"然后又加上一句：

"为了你的将来，我绝对不会对任何人说。所以，你千万也不要对任何人提起这事。"

江涛拿出了自己和父母的积蓄，又托朋友向别人高利息借了钱，东拼西凑，总算补足了丢失的贷款。后来，江涛明白了，经理把这件事隐藏起来，说是为他着想，其实完全是为自己。

丢了这么多钱，他作为江涛的上司也要负很大责任，作为工作失误，江涛当然会受到处罚，但后者总比前者好，同事也未必如他说的那样怀疑江涛。

当我们遇到事情，特别是遇到让人措手不及的事情时，我们就会希望有人能帮我们出出主意，指点一下迷津，这时候就要注意一个问题：一是尽量不要找与这件事有关的人想办法，很明显，他也是当事人，他一定会希望事情朝着有利于自己的方向发展，你找他帮你出主意，无异于与虎谋皮，他不肯帮你出主意还算好的，万一他帮你出点什么馊主意，你可能就会因此而无法翻身了。在这个故事中，陈经理明明也应当为丢钱的事承担一部分责任，他却摆出一副事不关己的样子，并且把自己打扮得如君子般高洁、伟大，是一个处处为人着想的好上司。为了保住自己的职位，将过失全部转到江涛头上，在江涛还没弄清事情的严重程度前，让他成为唯一的牺牲品。

世界上有全心全意为别人打算的好人，但大多是在事不关己的情况下。像陈经理之类的伪君子，一旦危及他们的利益，自己尽可能少扛点，扛不了干脆一下推给别人。这些还算好的，可耻的是他们无不先来一套光明正大的说辞，把山芋打包得严严实实，扔过来其实是个伤人的炸弹。失去警觉的人们难免糊里糊涂，还一时膜拜感激，直至炸得遍体鳞伤才恍然醒悟。

超级人脉术大全集

好枪被当成大炮用

自己陷进沟里，拉个人替自己卖命，已是够损的招。但相比伪君子自身完好无损，又设下圈套，引你上钩，非得把你整得面目全非这种事，那是小巫见大巫。

正义者的人生本是一场除奸斗恶的战争。狡诈者的杀手锏无非是玩弄种种阴谋，使得不明真相者，忍不住假象的诱惑，吃亏上当。

他就瞅准了你这把好枪，在你跟前煽把风点些火，要你为他去冲锋陷阵。

有这样一位小伙子，干事有股闯劲，敢说敢做也敢担当。然而，这样一种本来很好的性格却被一些别有用心的人所利用。近日，他同学小唐和他天天混在一块，说是仰慕他的朋友义气，愿当他的铁杆 fans。这小伙子自然兴奋，脑袋里牛气冲天，是要当好这老大一次，小唐在校外与人打架，衣服扯烂了，身上也打出了血。跑到教室上晚课时，简直就像个活鬼。这位小伙子一见，也吃了一惊。这位同学本来吃了亏就心里不舒服、想报复，捞回面子。见小伙子问起此事，便添油加醋地大大夸张了一番，并且还把这位小伙子也扯了进去，说是对方也要"整他"，叫他"等着瞧"。这位小伙子不听则罢，一听便怒火中烧，当即便抄起一根木棍，跑去找人算账。结果，不分青红皂白地将那人痛打了一顿。后来，还为此挨了严厉的处分，赔偿了对方的医疗费和营养费。更恼火的是，据调查，小唐压根就没被人打过，身上那点伤是造假，之所以骗这小伙子，是想报复他，故先装得自己一副正人君子，再一步步设局。

事后，这位小伙子懊恼不迭，真是一杆好枪，被人当了大炮利用。可见凡事应好好想想他人是否另有所图，是很重要的。

当听说自己受到攻击、侮辱、谩骂时，尤其是熟人转告的时候，首先要冷静下来，认真仔细地了解全部的来龙去脉，然后再下决断，这是一种强者的作风和态度。

伪装的小人们常抓住你的弱点大做文章，扛着你这杆枪四处显摆，目的只有一个：让你和火箭炮死磕，撞个头破血流。他是渔翁，从中得利。刚才那小伙子算是用医疗费、营养费买了个教训：伪君子害人不浅，不可不防。

人不可貌相

赵先生是当地有名的大户人家，颇有一些家产，家族中人都以他为荣。

有一次，朋友介绍他认识一位"要人"，这人相貌堂堂，举止不俗，会多国语言，据说后台很硬。对这样一个有来头的人，赵先生当然巴结奉承还来不及。这人还说，如果有什么困难需要帮忙的，他会请亲戚协助解决。

不久，这个人送给赵先生一张亲戚签名的照片，然后说他正筹备一家大型商城，准备采购建筑的材料，油水很足。不过因为手头资金不宽，需要数百万元才能解决困难，如果赵先生愿意帮忙，他愿意让他成为股东，每年分红……

赵先生不禁心动，隔天就提了500万元给那位先生，谁知自此之后那人就再也没有出现，他的朋友也成了受害人。

对于伪君子，先贤孔圣人早就说过："花言巧语，一副讨好人的脸色，十分谦卑恭敬的样子，左丘明认为可耻，我也认为可耻。心底藏着对某人的怨恨，表面却要去和那人友好，左丘明认为可耻，我也认为可耻。"

在《学而》篇里，孔子说，花言巧语，一副讨好人的脸色，这样的人是很少有仁德的。在这里，又加上了"十分谦卑恭敬"一笔，进一步描画了那种表里不一的伪君子的丑恶嘴脸，并且还举出了具体的例证，那就是

超级人脉术大全集

"匿怨而友其人"。明明就想揩你油，表面上还和你友好得很，一脸和善。像这样的人，是典型的伪君子，"嘴巴说得蜜蜜甜，心里藏把锯镰"，其用心奸险，比那些明火执仗的抢匪不知要歹毒多少倍！

先贤都把伪君子刻画得很是惟妙惟肖，那你更不能轻易被他们骗了。相貌本是一人的外壳，壳里面有什么颜色的心，除非剖开才能见诸于人，商场、职场、官场等披着羊皮的狼不在少数，其心之凶险我们在前面早已领教过。他们最善于伪装，要想不成为狼口中的肉，切记：人不可貌相！

韩云是在 2003 年去英国的，可是初到英国，不仅人地两生，语言也不过关。她那一点可怜的英语连找工作所必需的几句话都说不清楚。她多么想在异国他乡能遇见一个中国人，特别是能够帮助她一下的中国人啊！一周后，她就真的遇见了一个老乡，其人见韩云的窘况，慷慨出手，帮助她。所谓"久旱逢甘霖，他乡遇故知"，韩云当时十分激动。

她这个老乡非常热情，给韩云介绍英国的情况，帮她办理许多该办的事务。当然了，这些日子的吃饭等花销都由韩云包办。加上这老乡长得眉清目秀，文质彬彬，韩云更是越发相信他。

一日，这个老乡称自己遇到困难，急需一笔金钱周转，才能解燃眉之急。韩云二话不说，出手就借给他自己身上所带一半的钱。谁知，老乡一得钱后从此消失。后经调查，此人惯以此手段讹钱，已多次作案。

相貌好、心地也好的人确实有，但更多情况下相貌不等于心地，看人须绕过相貌，方能识人心。

学会说"不"

有一句名言说："世上漫结交，其后每多悔。"意思是说，有些人随便交朋友，结果往往要后悔，所以，当我们发现对方不是真正的朋友时，要及时拒绝，以免被友情所累。

下篇 超级人脉的厚黑心法——人一生要防范与应对的15种人

伪君子的惯用招数里有伪装朋友这一条，所以面对伪君子，你更应该善于第一时间拒绝。

马斌从外地来天津做生意，租了一套三室一厅的楼房。一天，一位自称是马斌同学肖强的好朋友的人来找他。一进门，那人向马斌寒暄问候、热情得很。

马斌问朋友是如何找到地址的，朋友说是从马斌父母家要来的地址。马斌请他吃了饭，饭后这位朋友提出能不能先在他这儿住一段时间，等找到房子就搬走。马斌当即拒绝了，说："不行，我很忙，没时间照顾你。"朋友说："我不需要你的照顾，我只是在你这儿住几天。"马斌仍然不答应。

朋友非常不满地走了。不久，马斌从家乡朋友处得知这位朋友因贩毒正在被通缉。并且已有两次用同样手段骗了马斌的两个同学，还顺手牵着带走了几千块。马斌暗自庆幸当初的做法。

拒绝朋友可能难开口，但要清楚对方提出的要求是否合理，如果不合理，你则不能碍于情面，要明确干脆地拒绝。

只要拒绝得对，谁也没有理由指责你。而如果自己答应的事情却做不到，便会让人反感。

当然，我们在拒绝别人时要讲究技巧，要让对方容易接受。

1. 不伤害对方的自尊心

每个人都有自尊，如果你在拒绝时不顾及对方的自尊，会使他们无法接受，认为你不够尊重他们，不给他们"面子"，甚至引起他们的强烈不满与气愤。

2. 尽量使用间接拒绝的方法

直截了当地对他人说"不"当然是再好不过了，可是话到嘴边却很难开口，担心这样做会使对方感到难堪，甚至会伤害彼此的感情，从而失去了朋友，如果我们拒绝他人时，从对方的立场出发，阐明自己的观点，就会使对方自然而然地接受了。

3. 变相说"不"

当朋友向你提出某种要求时，不必正面拒绝，而是巧妙地把对方的话题引向别处，使对方不自觉地淡忘原来的要求，从而达到你的目的。这种转移话题的方式，十分奏效。

4. 以礼相待

拒绝人时，也要有礼貌。任何人都不愿被拒绝，因为被别人拒绝，会使人感到失望和痛苦。当对方向自己提出不合理要求时，你感到气愤，甚至根本无法忍受时，也要沉住气，不可大发雷霆，出言不逊，恶语伤人，敌人也会有露出真面目的时候，以合适的方式向他说"不"，在未拆台前，你已经先胜一筹。就算后来他想咬人，但已理亏。

总之，该说"不"时不管以什么方式，都要毫不迟疑地说出口。

打铁还需自身硬

有些人常和你打得火热，以知音相称，说自己如何如何痛恨虚伪的人，不与他们为伍，背地里却在领导面前大书特书你的罪状，一宗接一宗上呈，虚伪得很。

向领导打小报告，对于被报告者来讲没有任何好处，我们在气愤之余也要检查一下自己，从中吸取教训。对待伪君子的小报告，采取"有则改之，无则加勉"的态度。

几年前，某校学生处推举丁老师到学校教研室工作不久，投票现场对丁老师大加赞扬的伍老师却到校长处放风说丁老师阅历浅、底子薄、素质低，不能胜任这个工作，挑不起这个梁，还不如让某某去等等。谁知道伍老师的话不知怎么传到丁老师的耳朵里。但值得庆幸的是，这意外的小报告对丁老师并没有形成任何打击。他丝毫没有被陷害所困扰。相反倒是从小报告中看到了不足，看到了自己努力的方向。几年过去之后，这所学校的教研工作每年都有新的成果出现，他们承担的几个研究课题也都有了新的进展。

俗话说："苍蝇不叮无缝的蛋"，作为被选中的对象，首先一定是妨碍了对方的利益，工作突出；其次有可能在人际关系处理方面存在缺陷；也有可能自己的性格的影响等。从几个方面找到原因之后，采取措施，加强改正，完善自己，让伪君子们无空可钻。

完成了对自我的改造，就相当于向上迈了一个大台阶，这样小报告起到了促人觉醒的作用。

和伪君子打交道是实力的比拼，他们的实力当然是邪恶的各种无耻手段，而你的实力就是不断完善与提高的个人硬件能力和道德水平。在防伪君子时，一来不忘警觉之心常有，二来看到自己的不足，在一次次的交手中，把自己打造得更加强大，御敌于千里之外。

三国末期，吴国的君主孙皓也还有一定的力量，常常伺机进攻晋朝。对晋国大将石苞来说，他实际上担负着守卫边疆的重任。

在淮河以北担任监军的名叫王琛。他平时看不起贫寒出身的石苞，看到石苞受到重用，心中很是不平，总想伺机予以陷害。

于是，他秘密地向晋武帝报告说："石苞与吴国暗中勾结，想危害朝廷。"在此之前，风水先生也曾对武帝说："东南方将有大兵造反。"等到王琛的秘密报告送上去以后，武帝便真的怀疑起石苞来了。于是，武帝想秘密地派兵去讨伐石苞。

武帝发布文告说："石苞不能正确估计敌人的势力，修筑工事，封锁水路，劳累和干扰了老百姓，应该罢免他的职务。"接着就派遣太尉司马望带领大军前去征讨，又调来一支人马从下邳赶到寿春，形成对石苞的讨伐之势。

王琛的诬告、武帝的怀疑，石苞一点也不知道，到了武帝派兵来讨伐他时，他还莫名其妙。此时，有人劝他："既然大兵来讨，你连辩解的机会也没有了。武帝听信谗言，无辜怀疑你，你与这种糊涂君主拼了算了。如果能一举打败他，说不定还能白捡个天子呢！"但是，石苞心想："自己对朝廷和国家一向忠心耿耿，坦荡无私。出现这种事情一定有严重的误会。一个正直无私的人，做事情应该光明磊落，无所畏惧。"于是，他忍了忍，放下身上的武器，步行出城，来到都亭住下来，等候处理。武帝知道石苞的行动以后，顿时惊醒过来，他想：讨伐石苞到底有什么真凭实据呢？如果石苞真要反叛朝廷，他修筑好了守城工事，怎么不作任何反抗就亲自出城接受处罚呢？再说，如果他真的勾结了敌人，怎么没有敌人前来帮助他呢？想到这些，晋武帝的怀疑一下打消了。后来，石苞回到朝廷，还受到了晋武帝的优待。

与伪君子博弈，需三思后行，相信自己，坦率而行，强化实力，才能不轻易被伪君子"将军"，所谓不做亏心事，不怕鬼敲门。自身硬了，就不怕伪君子小人的攻击。

第六章

大嘴巴，"求知欲"与传播欲的结晶

谣言就这样产生

社交圈中有一群人，他们喝着自己的茶酒，扯着别人的闲篇儿，或透露一些别人的隐私，或影射一下别人的人格，不管是直接散布，还是委婉传播，不管是加油添醋，还是扬沙子泼凉水，都是对人际关系的一种亵渎，一种践踏。

然而，经常说别人是非给别人听的人，不知哪一天连听的人也会成了他的批评对象，因此慢慢的大家都会对他敬而远之。有些人一听到些杂琐的、无关痛痒的话，就会一传再传，慢慢的加油添醋使整个事件严重起来，或许这个谣言传到当事者耳中，会成了天大的笑话。

有一家人准备在家中打一口井，便请邻居帮忙。无聊之士，在闲话传来传去中，将有人帮他家打井变成了他从井中挖出了一个人。

爱谈论别人私事的人，大多有点不成熟，并且有点心理上的畸形。

他们的生活是无聊空虚、无所事事的，却偏偏要无中生有，惹出事端。

他们四处收罗信息，广集材料，以作为茶余饭后相互交流的谈资，并乐于传播扩散，我们称他们为大嘴巴。

偷窥之欲，人皆有之，有人明显，有人隐蔽。隐私，是传闲话的一大重头戏。尤其男女之事，总是让"有心者"倍加关注。

月华与清俊由于某个项目的合作交往频繁，传闲话的人就故弄玄虚地传出他们之间有了什么不能公开的秘密，甚至有板有眼，有枝有叶，形象生动。

有些人原本没有"红杏出墙"，在"热心人"的指引下倒是走上了伊甸园之路。大嘴巴往往会神秘兮兮地对你说："这事我就告诉你，千万不能对别人说……"他对每个人都视为知己地传播他的新发现，并且，擅自想象并将想象当做铁的事实。

"小喇叭"、"传声筒"是讨厌的，因为这些可能会引起家庭、恋人或领导和同事之间的矛盾、猜疑……你偶尔开玩笑说一句什么话，他们"听者有心"，将它制造成特别新闻，以至于给你造成不必要的麻烦、恼怒、误会和痛苦。大嘴巴在你所处的社交圈中绝不会漏过一个人，不管你说什么、做什么，他都能自成一体地创造一些情节和事端。对这样的人，人们是不敢轻易与之密切交往的。大嘴巴正是摸准了这种心理，得以暗施奸计。一方面他们设法取悦领导，一方面对自己的异己加以打击。他们深知，要扳倒、搞臭一个人，如果用正当手段达不到目的，就在一般人想不到的地方下手。有的时候，越是离奇的传闻越是有人相信，一个正人君子做了谁也没想到的龌龊之事，人们能不对他失望吗？大嘴巴利用此心理，其险恶用心常可得逞。

大嘴巴大多喜欢说些"趣闻"。有时，他不是原创者，而是传着别有用心的人所制造的谣言。他们大多是极不负责任地说说而已，从不考虑事情的来龙去脉，也不会进行理性的判断和分析。

谣言的起始端就是口。上帝给了每个人一张嘴，有些人三缄其口，金口难开，有些人却大用特用，造出一堆又一堆的传说、小道消息、秘密报告，接连不断砸向他人，直到有些人砸倒了，这些话才收进语言的垃圾堆里，这些人就是赫赫有名的大嘴巴。

长舌的背后

　　大嘴巴视收集、传播消息为职业，乐此不疲，那他们又是怎样获得这些"第一手"资料呢？

　　一般手段有以下 4 种。

1．从内泄露

　　有些传言所传之事是真实的，但一时还不宜公之于众。而内部有些嘴巴不严的人或有意或无意地透露出来，于是一传十，十传百，便形成了"传言"，越传越神奇、越离谱。

2．权威猜测成定论

　　某件事情正在筹划和酝酿之中，人们议论纷纷，当某些略有权威的人也加入到议论的话题中，有些人就会把权威者的猜测之辞当成事情的定论，这样传扬开去，也就形成了关于某一事件的传言。

3．联想加渲染

　　一般说来，大多数传言被人渲染得有鼻子有眼，很像是真的。因为传言总是与某些人关于某一事件的口风有关系。而一些好事者善于联想，于是听风即雨，把一些可能会出现的东西说得有根有叶，另外一些人则以讹传讹，传得多了，也就三人成虎了。

4．无中生有，恶意攻击

　　社会上总有一些别有用心的人，他们为了达到某种不可告人的目的，故意制造一些关于某人或关于某事的传闻，以便把一个人搞臭，或把一件事搞砸，他们利用舆论的力量和舆论所导致的心理效应，来达到自己的目的。当然，传言的生成还有其他一些原因，如误假作真、认虚为实等等，不一而足。

无论是以上哪种手段，无外乎都是大嘴巴的心理作祟，为的是满足他们内心畸形的需求。大嘴巴形成的原因有 4 种。

1. 从骨子里瞧不起你

某人与你在一起相处，对你的人品、才能、资历或家庭出身等瞧不起。认为你不如他高明，不如他更有能力，但他又抓不到你具体的缺漏和毛病，于是在背后议论你时，便毫无根据地大加贬斥，说你这也不行、那也不好，而那些不认识你或不熟悉你的听众便把这些贬损之辞传扬出去，于是便在社会上形成了关于你的流言。

2. 看不顺眼而生非议

有些与你学习、工作和生活在一起的人看不惯你的言行或习惯，认为你与他们格格不入，但又说不出你究竟哪儿错了，在背后议论和评价你时，虽然没有具体的根据，却一律是贬损之言。或者对你的某句话、某件事故意曲解，四处散布，于是对你不利的流言便产生了。

3. 拉不上关系反踩一脚

有些人对你的才能等各方面很服气，也想与你拉关系套近乎，但又自觉低人一等，攀不上你，此后他们便不再把你划定在他们的交际圈和势力范围之内，这样一来，他们便不指望用到你了。与其说你的好话让你爬上去，不如索性说你的坏话让你掉下来，这样也好为他们人际圈中的人倒出竞争的机会，于是，当别人问到你这个人怎么样时，他们便会说："不怎么样，牛气十足，自以为是，差极了！"其实呢，他们的每一句话都是毫无根据的，但这样的话流传出去，却给不熟悉你的人留下了"先入为主"的坏印象，所以，这样的流言显然是对你不利的。

4. 为搞臭与自己关系不好的人

某人与你关系不融洽，究其原因，未必是你的错，但对方却以己为是，以人为非，总认为是你不好，是你对不起他。加之这样的人心胸未必宽宏，芝麻大的小事本来不值得一提却也耿耿于怀，于是便四处说你的坏话，挑拨你的关系，有事添醋，无事生非，直到把你在社会上的名声搞臭而后快。

欣赏过大嘴巴的"演技"，再瞧瞧他们的心理，可以总结出他们那张长舌背后有一把失衡的秤，一端放着长角的心，重重地压着，他们不断抛出言语砖块，平衡那杆秤。

欲传之话，何患无辞

生活是鲜活的文学素材，文学家们善于发现其中的乐趣，成就一篇篇美文。对于大嘴巴，生活是一个空空的储蓄罐，他们捏造一个个百般无趣的硬币扔进里面，连人的声誉都一同锁在其中，想爬出来都不容易，让人慨叹：欲传之话，何患无辞。

某公司的技术部里有一位爱说人闲话的女士，平时她对你十分热情，可是一转身的工夫，就当着别人的面把你说得一无是处。她要是看你不顺眼，就想方设法挑出你的毛病，添枝加叶地说出去。不论你有没有这样的事情，她说得仿佛都和真事一样，不了解你的人，会真的以为你就是她说的那种人。一次，单位里有一女孩处了个对象，条件挺好的，她内心极度不平衡，于是就到外面说女孩的闲话："你们不知道吧？我们公司的小程，家庭条件一点都不好，而且她还有肺结核，谁要是找了她，那可就麻烦了。"

没几天，公司里上上下下就没有不知道的。这件事女孩的男朋友很快就知道了，她的男朋友找到她，问她是否有这回事。女孩十分生气，问他："你难道真的相信这些谣言吗？我是不会骗你的，如果我真的有肺结核，我肯定不会找对象的。"她的男朋友半信半疑的对她说："如果不是真的，怎么外面很多人都议论你？"男朋友不相信女孩的态度，使女孩十分伤心。男友说："要不明天咱们到医院去查一查！"女孩对他说："这纯属是造谣，你不相信算了，咱们分手吧！没什么好说的。"女孩就这样与男友分手了。这个女士听到这个消息，心里乐开了花，高兴得不得了。

嘴是他们的，想说什么就说什么，吕蒙正看得开这一点。

宋代著名的宰相吕蒙正被任命后准备上殿接受皇恩时，有人在底下对他指指点点地说："这小子也能参知政事，治理国家吗？"吕蒙正装作没听见，下朝后，有的同僚非要查出说这话的是谁不可，吕蒙正坚决不同意。他说："人人都有一张嘴，他们想造什么让他们造去，欲加之罪，何患无辞！越是知道谁造的谣，心里越不舒服，倒不如不知道算了。长舌妇都是这般模样，随便给你戴帽子，名头多的是。"

从前有个名叫仲子的小伙子爱上了一个姑娘，想偷偷地上她家幽会。姑娘因他们的爱情还没有得到父母的同意，怕父母知道后会责骂她，所以要恋人别这样做。于是唱道："请求你仲子呀，别爬我家的门楼，不要把我种的杞树给弄折了。并非我舍不得树，而是害怕父母说话。仲子，我也在思念你，只是怕父母要骂我呀。"

姑娘想起哥哥们知道了这件事也要责骂她，便接着唱道："请求你仲子呀，别爬我家的墙，不要把我种的桑树给弄折了。并非我舍不得树，而是害怕哥哥们说话。仲子，我也在思念你，只是怕哥哥要骂我呀。"

姑娘还害怕别人知道这件事要风言风语议论她，于是再唱道："请求你仲子呀，别爬我家的后园，不要把我种的檀树给弄折了。并非我舍不得树，而是害怕人家说话。仲子！我也在思念你，只是怕人家风言风语议论我呀。他们能说的多着呢！"

看了姑娘的苦楚，你应该明白有些人想说些不利于你的话很简单，随便编造一个场景，设计一个可以发挥想象力的情节，接下来什么话都有了。只要他们心有多大，言辞就有多少。

众口可以铄金

一句话一个人说，或许起不了什么作用，可一旦很多人都加入这句话的传播行列，那么总会使考究其真实与否的必要性失色不少，因为人们总会认为这么多人都在说了，与其信其无不如先信其有。于是众口就可以造出一个"事实"。

战国时期，有两个边境相邻的国家魏国和赵国，订立了友好盟约。为了使盟约更有效，两国之间决定互换人质作为担保。因此，魏王就把自己的一个儿子送到赵国的都城邯郸去做人质。为了儿子的安全，魏王决定派大臣庞葱陪同儿子前往赵国。

庞葱是魏国一个很有才能的大臣，他担心自己离开魏王以后有人会借机陷害他。于是临行之前他对魏王说："大王，如果有一个人说大街上来了一只老虎，您相信不相信呢？"

魏王回答："我不相信。老虎怎么会跑到大街上来呢？"

庞葱接着再问："如果有两个人一齐对您说大街上来了一只老虎，您相信不相信呢？"

魏王回答："如果有两个人都这么说，我就有些半信半疑了。"

庞葱又问："如果有三个人一齐对您说大街上来了一只老虎，您相信不相信呢？"

魏王有些迟疑地回答说："如果大家都这么说，那我就只好相信了。"

听魏王这样回答，庞葱就更担心了。他叹了一声说道："大王，您想，老虎是不会跑到大街上来的，这是人人皆知的事情。只是因为三个人都这么说，大街上来了老虎便成为真事了。邯郸离我们魏国的都城大梁，比王宫离大街远得多，而且背后议论我的人可能还不止三个。"

魏王听懂了庞葱的意思，就点点头说："你的心思我知道了，你只管放心去吧！"庞葱陪同魏王的儿子到了邯郸。

庞葱走后没多久，果然有很多人对魏王说起了庞葱的坏话，魏王还真的相信了那些人的话。后来，庞葱从赵国回到魏国以后，魏王就一直不许庞葱再去见他。

这就是"三人成虎"的例子，再看下面一例。

超级人脉术大全集

曾参是战国时一个有名的学者，在道德方面是无可挑剔的。一次曾参有事外出未归，碰巧一个与他同名的人杀了人被抓走了，曾参的邻居于是报信给曾参的母亲："你的儿子杀人被捕了。"曾参的母亲非常了解自己的儿子，坚信曾参不会杀人，所以依旧织自己的布。不一会，另外一人对曾参的母亲说："你的儿子杀人了。"曾参的母亲开始有些怀疑了，但仍然不信自己的儿子会杀人，不久第三个人对曾参的母亲说："你的儿子杀人了。"曾参的母亲彻底动摇了，吓得丢下手中的活逃走了。

语言的力量之大可以从上面的历史故事中看出，明明值得斟酌的事、一经推敲就无法立足的传言，一传十，十传百，人们纷纷滚进言流，这时候足以把当事人淹没。

人言可畏

大嘴巴做的事一般有两类，其一，四处传播对你不利的话，让周围人都用异样的眼光看你，用群体的力量"杀死"人；其二，左右开弓，离间关系，搞得大家一团糟，这一招是一箭双雕。

在一个单位或群体中，人们最忌讳其间存在一个挑拨离间的人，所说的"一条鱼搅得满锅腥"通常指的就是这种人。

挑拨离间的人大多都是油嘴滑舌的人，表面上很会说话，很会套近乎，很通情达理，与一般人接触、交往也很讲感情，在短时间内有比较好的人缘。所以，人们有时才愿意把心里话告诉他，甚至把对第三者的褒贬评价和是非好歹也倾囊吐出，孰知此人"狗肚子盛不了四两香油"，用不了几天时间，此话便被张扬出去，甚至连有关第三者利害关系的话也不胫而走，弄得你与其他人的关系越来越紧张。你因一言之失，不止得罪了一两个人，也会使更多的人对你顾忌重重，你很难摆脱这种不利的境状，有时甚至除非调换工作改变环境而别无选择。

不过群体的力量还是最可怕的，看看阮玲玉就知道了。

阮玲玉，中国早期影星，1910年出生于上海一个工人家庭。

由于父亲过早地去世，为了维持生活，她很小就随母亲去做帮佣，当婢女。后来，她进入一所学校读书并开始迷恋表演艺术，在学校举办的活动中登台表演，初次显示了她的表演才能。随着年龄的增长，阮玲玉出落得美丽动人，她被雇主的小儿子张达民看上，但由于张达民的母亲认为门不当户不对，就没有举行婚礼。1926年，他们开始同居。后来，张达民嗜赌成瘾，令阮玲玉很苦恼。1926年，阮玲玉被导演卜万苍选中拍摄她的第一部影片《挂名的夫妻》，影片公映后受到好评。后来，联华影业公司成立，阮玲玉便成为"联华"的基本演员。她主演了"联华"的第一部影片《故都春梦》，1930年影片公映，受到广大观众的欢迎。同年，她又担任了《野草闲花》的女主角，这部影片使阮玲玉一举成名，随后，她主演了《三个摩登女性》、《城市之夜》、《小玩意》、《神女》、《新女性》等多部影片。她演技精湛，饰演的人物类型各异，有纯真的少女，有迫于生活出卖肉体的妓女，也有追求新生活的知识女性；她将所演人物刻画得惟妙惟肖，令观众为之动情。但事业上的成功并没有带来家庭生活的幸福，在她与张达民的关系出现裂痕时，一位惯于玩弄女性的商人诱骗她上了钩，她与张达民离婚后，与这位商人同居。后来，两个男人打起官司来，弄得满城风雨，有人借机大做文章，详加各种情节，说她四处勾引男人，如何如何，加上当时报刊对阮玲玉的诽谤和攻击，令她无法承受，被逼无奈，于1935年3月8日服药自杀，年仅25岁。

阮玲玉死了，她究竟给中国电影史留下多大的空白并不重要，重要的是她的死留下了一个值得深思的问号。阮玲玉之死，使人触目惊心地发现了很多无聊透顶的人所散发的流言、传言之可畏，害人之深可以把人逼向死亡。在阮玲玉死后的一个多月，鲁迅发表了《论"人言可畏"》一文，深刻的提示了阮玲玉悲剧的根源所在：小市民无聊的心理以及种种阿Q似的优越感，归根到底那是个"驱人于自杀之余的环境"。

心事烂在肚子里

人群中常有毁人威望的非议流播，这非议一旦变成众口一词，就会使人声名狼藉。非议一般源自某一明显失误，或恰可成为街谈巷议话题的微小缺陷。倘若有敌人从你口中套出口实，再加以揣测，后于众人中传播，转瞬之间即能摧毁你的贞节牌坊。恶名易得，因为坏事易被相信而难辩白，因此，我们不可不把好口关，以免一失足成千古恨，等丢了羊再补牢毕竟是损失。

现实中，我们希望人人都能坦诚相待。人与人之间需要交流，需要友情，但谁都不愿与一个从不袒露自己的内心世界、对任何问题都不明确表态的高深莫测的人交往。然而，对于坦诚有一个正确的理解是十分必要的。所谓坦诚并不意味着别人要把内心世界的一切都暴露给你，也不意味着你要把内心世界的一切都暴露给别人。每个人都有秘密，这是正常的，也是必要的。

纪田把自己的重大秘密告诉了方年，同时再三叮嘱："这件事只告诉你一个人，千万别对别人说。"然而一转脸，方年把纪田的秘密添枝加叶地告诉了别人，让纪田在众人面前很难堪。这种背信弃义有时出于恶意，有时却是无意的，这与个人的品质修养有关。有的人透明度太高，这种人不但不能为别人保守秘密，就连自己的秘密也保守不住。有的人泄漏别人的秘密，不是为了伤害别人，而是为了抬高自己，"咱们单位的事，没有我不知道的"，"我要是想知道某件事，我就一定能了解出来"……这种人常这样炫耀自己，他们认为，知道别人的秘密越多，自己的身价就越高。用泄漏别人秘密的方法伤害别人、娱乐自己，甚至把掌握的秘密当做要挟别人的把柄，当做自己晋升的阶梯，这种人在现实中也大有人在，对这种人最应该提高警惕。把秘密心事抛给了别人，你就失去了把关的能力，要懂得把心事放在肚子里。

要把心事包严实一些，心事的倾吐会泄露一个人的脆弱面，这脆弱面会让人改变对你的印象，虽然有的人欣赏你"人性"的一面，但有的人却会因此而下意识地看不起你，最糟糕的是脆弱面被别人掌握住，会形成他日争斗时你的致命伤，这一点不一定会发生，但你必须预防。

其次，有些心事带有危险性与机密性，例如你在工作上承担的压力与牢骚、你对某人的不满与批评，当你快乐地倾吐这些心事时，听者可能已经心生诡计，准备让你倒霉。

反过来，把一切心事都放在心里也不利于身心健康。独自一人忍受心中的烦恼是痛苦的，有时我们需要找人倾吐衷肠。这种倾吐，有时是为了企求帮助，请对方出主意；有时只要能向人打开心扉就十分满足了。渴望找人诉说心事，你应该找准可以信赖的倾吐对象。人们倾吐的目的是为了驱除孤独，但如果向不该倾吐的人倾吐了心事，其结果会适得其反，你会因为遭到自己信赖的人的嘲弄和背叛而感到更加孤独。所以，在生活中你有必要找到关键时刻能替自己分担忧愁和苦恼的挚友，以免在需要找人倾诉时无处倾诉。

但面对大嘴巴之流的时候，该保留的一句也不能透露，要善于随机应变，谨防祸从口出。

不可以被激怒

大嘴巴散播流言飞语，除满足内心变态式的需求外，很多时候是要让你遭殃，激起你的愤怒，然后再更好地收拾你。当他们怀着种种目的来激怒你时，你稍有不慎，便会掉入别人为你设计的情绪圈套当中。

一般来说，激怒别人有两种方式：第一种是在言语上激怒你。譬如讽刺、嘲笑、挖苦，或指桑骂槐、无中生有、含沙射影……

第二种是在工作上激怒你。譬如故意为难，左一句"难以配合"，右一句"可行性不高"……

大嘴巴倾向于第一种。他们有时越是趁着你在，越发嚣张，恨不得把他所知道的都搬出来，再生产些没有的事实。一句句撩动你的火药库。此时唯一的办法只有忍下来，不动声色：他的言语，不要去理会，若要反驳，也要笑着反驳，轻柔地说明。

你千千万万不可被他激怒，你一怒，大家都会看着你而不看着他。大家只看到你丧失理性的怒火，而没看到他的卑劣伎俩，于是，本来你是无辜的，怒火一烧，你也变成理亏了！如果你不易控制自己的情绪，怒火可能让你说了很多不该说的话，做了很多不该做的事，也给了别人很多把柄。他分毫未损，而你已遍体鳞伤，甚至一蹶不振！

一个单身汉，住在用茅草搭起的房子里。

他勤劳耕种，自食其力，生活必需品越来越齐备了。但是令他恼火的是，草房里老鼠成灾，白天乱窜，晚上乱叫，终日闹个不休。

单身汉满腹怒气，却又无计可施。

一天，这汉子酒喝多了，躺在床上睡觉，这时老鼠们闹得更凶了，似乎是故意惹他生气。汉子怒火万丈，一把火把房子烧个精光，老鼠是全没了，可他的家业也没了。

丧失理智是人在冲动时的本性呈现，是异于常态的。在怒气的支配下，单身汉忘记了自己本来要保留的东西，最后竟做出了不理智的事情。想想我们在生活中又何尝不是常常犯这样的错误？

大嘴巴是流言飞语的制造者，流言飞语如同一块块顽石击破原来平静的心情水面，激起一圈圈躁动的涟漪。如果我们静坐于岸边，那么再大的躁动都是无用的。

作为被诋毁者，对于别人的诋毁，一定要冷静地正确看待，认真地思考分析，本着"有则改之，无则加勉"的原则，低调地处理，最好是置之不理，如果对方欺人太甚，则可以当面警告那个诋毁者。在对方造谣生事已经触犯自身正当权益时，则要毫不犹豫地拿起法律武器保护自己。别理睬流言飞语，默默地干好自己的事情，不急不怒不烦不躁不气不恨，才是上上之策。流言飞语像一把野火，你越是理睬它，等于是添了一捆柴，可能就会成燎原之势。

让别人说去吧

不同人对待流言态度、手法各有差异。有人面对流言迎头痛击，不惜与流言进行较量，有勇无谋；也有另外一种人，对流言采取不理不睬的态度，千万别认为这样的人好欺负，这样的人往往有点真本事，知道力气不能白浪费，既然流言这东西可以燎原，那它一定具有自生自灭的属性。有时大大方方地说一句：让他们说去吧！却能事半功倍。

既然知道了流言的根源和对付它的最好的办法，那流言还有什么可怕呢？在我们身边，流言这种东西很容易辨认，只要看看是否携带轻率的道德判断，就可使之原形毕露，而且，请你相信，流言飞语充其量是一个幻景，没有根基让它永久伫立。我们犯不着让它钻进耳朵里，扰乱平静的生活，且让它随风而过。

有个男孩曾问当律师的卡尔："卡尔，你听到刚才某某人对我说什么了吗？他告诉我应该到世界上最热的地方去。"

卡尔回答说："是的，我听到他说什么了。"卡尔告诉男孩："可是，没关系，你不要担心。我已经查阅了相关的法律，除非你自己想去，否则你根本不必去。"

卡尔的回答包含了简单的道理和冷静的智慧。别人对我们说了什么，或说起有关我们的什么事情，不会使我们感到烦扰，除非我自己愿意。因为，别人说了些什么，并不意味着实际情况就是如此。

我们过分地在意别人所说的事情，或者认为他们可能说了有关我们的事情，这是自寻烦恼。我们的许多烦恼都是自我折磨，因为我们总在想象别人会说我们什么。

无论男女都不需太在乎别人的想法，这世界上人这么多，每天沉迷于思考别人，对你来讲是庸人自扰。

英格兰一所著名大学的校门上这样写着："他们说。他们说了什么？让他们去说吧！"这是对每个人都合适的格言，不要让别人的饶舌毁了你的生活。

别人总是从外部来看待我们，他们不知道我们的动机和意图，如果他们把邪恶的意图强加我们，那恰恰暴露了他们自己的本质。

如果我们自己努力做得最好，他们只能就此罢休了。

"慈善与邪恶毫不相容。"不要到处窥视闲事，做最坏的推测。如果想到邪恶的动机，要问三个问题："这是真的吗？必须告诉别人吗？告诉别人有什么好处吗？"真正有伤害的不是别人如何说我们，别人说了什么可能让我们反感和不安，但那只是因为我们自己愿意。真正有伤害的是当独处时，我们对自己说什么，我们如何看待自己。只要我们行得正做得好，不怕别人背后指指点点。

"不予理睬、沉默以对。"做埋头于沙中的鸵鸟其实也是一个好方法。流言并不会空穴来风，它有对象、目的，如果你怒发冲冠，拍案而起，就等于自己对号入座，让流言有了主人，流言不仅止不了，反倒令人觉得你的辩驳是"此地无银三百两"。所以不要忙着为自己辩白，要彻底忽视流言，让它像打在棉花上的拳头，力气消失于无形，这不是比硬碰硬聪明吗？保持冷静、伺机以待，让流言的制造者失去对手。

"走自己的路，让别人去说。"做一个生活上的强者，勇于面对流言，并以此为动力，让自己活得更好。

第七章

瘾君子，难以自制的瘾劲

从好奇走向上瘾

"瘾"是什么？它为何有这么大的威力？"瘾"就是不沾毒时的难以自控，是久久未赌钱时的手脚发痒，是流淌在血液里的酒精效应。瘾君子倒在白粉堆、骰子粒和酒坛子里飘飘欲仙。

他，因为好奇，从此吸毒上瘾。为了索要毒资他挥举菜刀无情砍向父母，虐待妻子，后来还火烧房屋，他就是海南公开戒毒第一人——王哲博。

1992年，王哲博的父母所在的工厂经营不景气，两人纷纷下岗。夫妻俩办起了一个摩托车修理店，生活还算能过得去。不久，为了一家人生存，王哲博的父母来到澄迈老家红光农场承包土地种蔬菜。正是那个时候，阿博就一个人被丢在家里。

王哲博经常旷课，无心读书。

他14岁时便退学，从此不再踏进校园。

王哲博每天无事可做，就回到澄迈的老家，在老家，他结交了一些不良少年，学会了抽烟，打牌。

最早发现王哲博吸毒的是他的女朋友王玲，当时，王哲博将自己吸毒当成非常荣耀的事在女朋友面前炫耀。

王哲博之所以染上毒品，纯属好奇心作祟，与几个吸毒的朋友常混在一起，看人家吸，他也就学着吸几口，无知的他觉得吸毒很神气，结果一发不可收拾。

他是这样说的：

"第一次吸毒后，非常的难受、恶心，吐得很厉害，并没有什么兴奋的感觉，后来吸多了就上了瘾。"王哲博吸毒上瘾后，再也没心思工作，他靠骗父母的钱吸毒，每天除了吸毒就是睡觉，醉生梦死。

好奇是通往上瘾的一道门，它让人前脚踏进去，后脚想不进去都不行，自律能力不足的人拉不住缰绳，被毒魔牵着一步步堕入深渊。很多年轻人正是缺乏自我控制，加入了吸毒行列。

张云松，今年18岁，瘦小的身躯总让人认为他顶多十三四岁。然而凹陷的双眼却诉说着他不堪回首的往事，眉宇间流露出无神与忧郁。更让人触目惊心的是，他的两只手臂上全是密密麻麻的针眼，掀起裤子，小腿上也零星散布着针眼，这一切都是毒品所赐。

13岁那年，他每天出没在旱冰场、游戏厅和网吧里，在这里他认识了"朋友"朱进和任明——他们是无业青年，只知吃喝玩乐。3个人常常在一起玩。有一天，张云松发现两人在吸食一些白色粉末，这让他觉得很奇怪。两人告诉张云松这个东西叫海洛因，"吃了它，你会觉得很舒服，想啥有啥"。张云松从来没听说过海洛因，就在此时，两人劝张云松试一试，觉得很好奇的张云松很想知道"想啥有啥"到底是什么滋味，于是张云松按照两人的样子第一次吸食了毒品，但他并没有觉得很舒服，只是感觉嘴巴里很苦。

第二天，两人再次劝说张云松。这次张云松仍然没有拒绝，可是这次他仍然没有找到那种"舒服"的感觉。一个多月后，3人又在一家旱冰场里遇上了，这次两人依然给张云松提供了毒品。

第三次吸食后的第二天，张云松觉得浑身难受，心神不宁，坐立不安。于是，他疯了似的寻找朱进和任明，他隐约感到只有那些白色粉末才能"救"他。两人再次给张云松提供了毒品，而张云松再也离不开这个白色的恶魔了。从此以后，张云松天天与两人混在一起。很快，两人不再提供毒品给他，他们怂恿张云松去偷窃，但张云松因为害怕不敢下手，于是，他开始骗家里人的钱。

年幼的张云松彻底被毒魔控制了。

一朝尝鲜，终日难逃毒魔之手。在吸毒的人群里很大一部分是青少年，他们心志尚未完全成熟，经不住哪怕是一点点的诱惑，最终闹得人财两空，家破人亡，很多吸毒者来自好奇心的驱使，白粉、海洛因、酒精、赌场搭建无数个"安乐窝"，瘾君子一时的快活，换来的是长久的悔恨。强烈的心理需求如同黑洞一般，吸引着瘾君子越陷越深。

吸尽万贯家财，换来牢狱之灾

在一个包厢里，一名男子面色憔悴，精神萎靡不振。随后这名男子因涉嫌吸毒被民警带走，尿样检测呈阳性。据了解，这名男子叫徐凡，曾分别因贩毒、吸毒、容留他人吸毒被判刑和强制戒毒。此次他同样被强制戒毒，面临着被劳教的命运。

经突审，徐凡交代，他毒瘾发作时，经常从几个贵州、四川籍毒贩那里买毒品，然后带到歌厅包厢吸食毒品。

十几年前，徐凡开始经营汽车代理，收益很好，两年间就成百万富翁。自从染上毒品后，生意荒废了，做生意挣的钱全部花在吸毒上，没几年光景，家被吸空了，房产也被变卖了，徐凡成了一个名副其实的穷光蛋。

徐凡的毒瘾是很大的。通常吸毒人员一天吸食最多 1 克，而徐凡一天吸食量是 3 克。毒品市场上，一克的价格在 400 至 500 元之间，也就是说徐凡一天仅用在毒品上的开支达 1000 多元，就是金山银山也让他吸光。

吸毒的人自己追求一时的舒服，不顾家庭，工资储蓄、儿女的私房钱、父母的一点收入全抵作云雾，吸尽了万贯家财，得来牢狱之灾。

超级人脉术大全集

"爸爸，我很想你。"在戒毒劳教所内，桑田还没起床便接到儿子洋洋的电话。桑田将听筒紧贴着脸，眼泪一个劲儿地往外滚。谁也不会相信，眼前这位佝偻的男子，曾是某知名高校高材生，得过"慈善活动家"等荣誉，积蓄高达 1000 万元，住豪宅、开劳斯莱斯，迎娶了高校校花。但现在，这一切离他十分遥远。

"哐啷"一声，戒毒劳教所两扇厚重的铁门打开了。一个穿着白色 T 恤、面色蜡黄的"小老头"慢慢走了出来。

"我曾是家人的骄傲，是老家人教子成长的活教材，可是……"桑田出生于一个偏远的农家，学习成绩一直优秀，顺利地考取某知名高校经济专业。由于成绩优秀，他被分配到某省级单位工作。桑田所在单位主要负责贸易，工资与业务挂钩。桑田很快熟悉了整个工作流程，工作几个月后，其效益工资就超过 1 万元。一次，桑田第一次为公司签下一份大单，被奖励 15 万余元。此事对桑田触动很大，他更加积极，以领取更多薪水。

桑田对自己要求特别高，面对不断取得的业绩他并不满足。他因此常常感觉压力大，但他绷紧的神经却从不肯放松。不久，桑田娶了大学同学石萱为妻，石萱非常贤淑，对桑田寄予很高期望。"我一定要干出成绩回报妻子！"桑田将誓言扎根在工作中。在单位上，桑田无疑是位能人，单位因此授予他"优秀员工"等诸多荣耀。正是这样，桑田遇事总是力求完美，他的神经因此长期处于紧张状态。随着时间的推移，他经常失眠。

两年后，桑田购豪宅，买香车。事业有成的他结识了很多有钱朋友。一天晚上，他和朋友聚会时，一位朋友递给他一支"香烟"。看到大家一阵吞云吐雾后，一个个都飘然如仙，桑田非常好奇。朋友告诉他，烟里装有海洛因，吸食后便能安然入睡。桑田遂将那支"烟"带回家偷吸，果然睡得很好。以后，桑田离了"烟"就不能入睡，毒瘾越来越大，他不得不靠静脉注射来维持了。

不久后一天，桑田因注射过量晕倒在家，被发现后送到医院。妻子闻讯赶到医院后才获悉桑田吸毒的事。望着骨瘦如柴的丈夫，她痛哭失声。那时的他决定再难也要戒毒，但由于中毒太深，桑田想戒谈何容易？他曾换过血，吃过药，什么方式都用尽了，但毒瘾反而越来越大。

为凑毒资，他将崭新的车折价几十万元卖掉。积蓄也很快被吸光了，家中能变卖的东西也卖尽了。他每当毒瘾发作时，全身就像被千万条蛇吞噬一样难受。为此，他曾多次撞墙寻短见，但就是把头撞破也无济于事，只有继续吸。

后来，因与毒贩的交易过程中被民警当场抓获，桑田在牢房里蹲了好一段时间，几次进出戒毒所，等他再次从牢房出来时，妻子走了，家徒四壁。

每一个吸毒上瘾的人，背后都有段心酸的往事，辛苦赚来的钱一文不剩，那些"优秀"、"杰出"的光环化为泡影。这似乎很值得人滴一回情泪，但看看他们的家庭，妻女、父母的满腔期待彻底沦陷于毒魔之手，难道不更让人心生悲悯？他们被瘾君子连累，被他们毁掉原有的美好的一切。白粉的烟雾让再和谐的生活都变得虚无缥缈。

青烟几缕，悲歌一曲

几克粉末改变人的一生，多少人忽视、低估了它的破坏力。多少人在耳边劝瘾君子们回头是岸，但他们往往等到锒铛入狱，才明白吸毒的祸患，灾孽是一口一口抽出来的。听听老崔的狱中告白。

"我原来是江宁市一家服装公司的职工。2000 年 9 月的一个晚上，回家路上遇到两个外地男子，两个人满身是血，我就把他们救下。

"他俩很感激我，请我吃了顿饭，还塞了 2000 元感谢金。就这样，我们成了朋友。后来，在接触中我才知道，他们是毒贩子。后来，他们把贩毒的地点转移到我家，家里人都不知道。他们经常给我钱，当时我的工资仅有 300 元，他们给的钱对我诱惑很大，当时我想，钱是他们给我的，只要自己不参与就行了。一次在喝酒时，我说我与妻子的性生活不和谐，他们告诉我，吸点白粉会增强性欲。就这样，我渐渐染上了毒瘾。

"毒品都是他们给我的，开始我吸得很少，自己也能控制，他们不要钱。当我的吸毒量达到每个月至少4克时，他们就让我自己掏钱买。可我赚那点钱，哪里有钱买每克250多元的毒品？后来，我就帮他们贩卖毒品，赚毒资。我答应把交易地点定在我家，每次交易后，他们给我留4克毒品。

"2004年，他们离开江宁，我也失去了吸毒的来源，从那时起，我就开始骗老婆、亲戚的钱。半年里我将家里的积蓄给吸光了，还骗了我小弟3万多元用于吸毒。后来我再也没钱买毒品了，我就开始'以贩养吸'。

"贩毒也需要本钱，于是我便和一同伙干了一起偷窃案，目标是好友陈某家。没想到，不久我们就被公安机关抓了起来。我被判了16年有期徒刑。一念之差，让我家破人亡。

"出事前，我有一个非常幸福的家庭。妻子在行政部门工作，父亲是离休干部。失去家庭的幸福让我痛苦，坐16年的牢，我想这辈子就完了。我想过自杀。更让我无脸再活下去的是，我被公安机关抓后，大哥在给我找律师时被车撞死。当时我的父母已经八九十岁了，面对一个儿子坐牢，另一个儿子车祸死亡，二老受不了这种打击，全病倒了。后来父亲病逝了，临终前，父亲对全家人说，如果我能戒毒，就还是他的儿子，否则就不准我给他祭坟。父亲离去，做儿子的没见上最后一面，老人家的遗言更让我心如刀绞。后来母亲也去世了。我对不起父母，对不起我死去的大哥，对不起家人。对不起我的朋友！"

伤害已经造成，一切都难挽回，悔恨的泪水救不回逝去的生命。

凡云因为儿子陈铭吸毒屡教不改，终日以泪洗面，但仍不放弃一丁点的希望，她决定靠亲情的力量让儿子戒掉毒瘾。可是毒瘾远比她想象中的要厉害许多。为了让儿子戒毒，家人将他锁在家中，但是毒瘾发作时，小铭在地上翻滚着，痛苦不堪，他哭着求凡云让他去买毒品，他说有成千上万只蚂蚁在啃自己的骨头。见母亲不为所动，他竟不顾一切地从窗口跳了下去，一溜烟地跑了。当他回到家时，他又坚定地告诉父母自己一定要将毒品戒掉。这样一次一次地反复着，凡云已经被折磨得疲惫不堪。

一次，儿子的毒瘾发作，看着他难受的样子，凡云也是束手无策，只能不断地用话语去鼓励他。突然，小铭不知从哪里拿出一只装着海洛因的针管，颤抖着往身上扎去。当看到鲜血一下子从血管里冒出来时，凡云再也承受不了昏厥了过去。从此，只要凡云一看见陈铭往手臂上扎针，她就会昏厥。

母亲被折磨得不成人样。陈铭的毒瘾一刻也没停过，他每一口的痛快都是对母亲无情的鞭打。到走进铁窗时，他才明白母亲的爱被他残酷地肢解。

这是陈铭写下的忏悔：妈妈呀妈妈呀，你不要流泪，儿已忏悔！儿心已碎，眼里含着泪，有谁知道我见到了妈妈是什么滋味，年迈的母亲，白发苍苍，有谁来安慰，妈妈呀妈妈呀，你不要流泪，儿已忏悔！

天下有多少个吸毒者，就有多少个痛苦的家庭，就有唱不尽的悲歌，天底下最愿意禁绝毒品的人，只有吸毒者的母亲！远离毒品吧，朋友们，为了我们的母亲，更为了我们自己！

天下从来没有任何一个吸毒者在吸食第一口毒品的时候就发誓："我一定要吸毒上瘾！"但他们最终都上瘾了，说明什么问题？毒品万万不能吸啊！

一首首催人泪下的悲歌，发自肺腑的呼唤，亲情在这一刻才回来，但为时已晚。很多吸毒者何尝不想过正常的生活，让家庭父母不为自己操心痛苦，可是成功的几率不大，更多的是在亲情上屠一刀，对着伤口做迟来的忏悔。

贪杯误事

自有酒以来，关于酒害人的事没少发生过，是酒精的错吗？有谁逼自己强喝，非得把脑袋灌得迷糊不醒？那些终日与酒做伴，浑浑噩噩度日的人，能怪酒精吗？不，道理很简单，饭吃多了肚子不适，是饭的错误吗？只有贪杯误事，没有说喝酒就误事。

闽王朝是个在历史上仅存了 47 年的小王朝。然而，在短短的 47 年历史上，一幕幕内争相残的血腥惨剧，从来就没有停息过。公元 939 年（闽永隆元年），在王延羲一手策划的污血横流、火光映天的宫廷政变中，禁卫军首领朱文进、连重遇杀死了王延羲的侄儿、康宗王昶后，由他们拥立王延羲登上了闽王朝的帝王宝座。王延羲登基后，自称"大闽皇"。

酗酒之风在闽王朝也十分盛行。王延羲上任后，和他前任一样，更是个嗜酒贪杯的昏君。上台后他几乎把大部分精力和时间用在了和皇后李氏及朝臣喝酒上。毫无人性的王延羲，有一次宴请朝臣喝酒，那些不胜酒力的朝臣一个个被他灌得大醉而去，"侍臣皆以醉去"。只有身材矮小、酒量很大的翰林学士周维岳还没有醉。王延羲当时感到很纳闷，心想大家都被他灌醉了，为啥周维岳就不醉？于是不解地问别人："维岳身甚小，何饮酒之多？"身边的人就对他说，一个人喝酒醉不醉，不在身材大小，身材小的人，不一定就容易醉。王延羲听了，立马要将周维岳拉到殿外杀了，"欲剖视其酒肠"。幸好有个侍臣打圆场说，如果你把周维岳杀了，今后谁还能再陪你喝酒？这句话勉强救回周维岳的小命。

王延羲终日酗酒不止，他的皇后李氏，这个出生于朝官之家的女子，亦因成天跟着他狂喝滥饮，酒量十分惊人。公元 942 年（永隆四年），李氏被立为皇后之后，更是酗酒成性。从此，两人成天一醉不醒，全然不像一方君主，酒兴一起皆凭感觉做事，糊涂事出过不少。有一次，泉州刺史余廷英假冒王延羲之令，掠取良家女子，王延羲盛怒之下，召御史调查。余廷英十分害怕，遂"进买宴钱千万"，企图以此了之。谁知王延羲收了钱后，却嫌他没有给皇后李氏进贡，很不高兴，当场质问余廷英，"皇后之贡何在？"余廷英知道这个昏君不好惹，"又献皇后钱千万"，王延羲这才没有找他的麻烦。之后，各地凡是向王延羲进贡时，同时还要再给李氏一份贡品，"诸州皆别贡皇后物"。

贪杯之君，误事误国，显然没有好下场。王延羲最后死于李后的谋杀，李后则在一场政变中丧命。

今天也不乏贪杯误事的例子。

杨晓楠，号称"中国第一酒鬼"。他 1962 年出生在河南省信阳市的一个军人家庭，1983 年，从部队复员后进入信阳市公安局刑警大队工作，1993 年调入郑州市公安局金水分局，被授予二级警司。

在长年的"酒精考验"中，杨晓楠染上了严重的"酒精依赖症"，每天不喝酒就精神萎靡，无法正常生活。他的酒量大得惊人，每天需喝白酒 1.5 公斤以上，最高纪录是一天喝掉 3 公斤多的高度白酒。

由于酗酒，杨晓楠可没少惹祸。1993 年农历正月初四，他在喝下 1 公斤多白酒后，骑着摩托车沿 107 国道巡逻，结果酒劲发作，连车带人撞上一辆迎面开来的大货车。还有一次，杨晓楠在喝酒时与一位同事发生争执，竟掏出手枪向同事的头部开枪，好在同事下意识地缩头一躲，才保住了性命。这一次，他被停职反省 4 个月，记行政大过一次。

在这种嗜酒如命的日子里，杨晓楠根本无法正常工作和生活。1997 年 2 月，因为酗酒和连续两年公务员考核不称职，杨晓楠被公安机关辞退，成为无业游民。

好端端的二级警司成为无业游民，险将同事性命一枪解决，酒鬼的可怕一点也不亚于毒瘾发作的人，如果换作是一个统帅，为酒所迷，后果更难以预料。

春秋时，晋楚于鄢陵一战，以楚国溃退，主将子反被楚共王杀死结束。

原来在混战中，楚共王被射伤耳朵，但胜败未分。当时子反在战场上督战，口渴求饮。他的随从谷阳给他送上一杯酒，子反一尝，喝道："要水，这是酒，拿走！"经不住谷阳劝说，子反就喝了下去。子反这人本来爱喝酒，一杯下肚，就无法克制，连连叫添酒，终于大醉。这时楚共王下令进攻，派人召子反商议。子反醉了，谎称犯了心痛病，动弹不得。楚共王亲自驾车来找子反，一进营帐，嗅到一股酒气，立刻下令退兵，说道："今天的战事，寡人受了伤，所倚靠的只有子反了，子反却醉倒了，这仗还能打下去么！"回到楚国后，立即下令，把子反杀了。

楚共王要是未能察觉子反战前酗酒，及时撤回，他所要损失的将是三军将士，甚至整个国家，祸及人民。

喝醉是酒鬼的家常便饭，酒精在血液里多了就没好事。似醒非醒、糊涂办事、一切跟着醉意走，这就是典型的"酒精主义者"，误己误人，你让他往东，他偏认定朝西走，轻重缓急全乱了套，所以说，谁见过酒鬼办成大事？谁敢把信任交给酒鬼？

沉迷与堕落一起发酵

麻将、扑克、骰子——赌鬼每天生活的必需品。赌场之瘾是一块磁铁，紧紧地吸住赌鬼们的目光。有了大赢一把的痛快，激起赢得更多的欲望；他们心存侥幸，期盼幸运女神常驻；适可而止在那里是口头上的教条，沉迷才是最受欢迎的规则。

区法院刑事审判庭，审判人员正在宣读判决书：被告张建，因犯诈骗罪，判处有期徒刑 10 年，剥夺政治权利终身。赌鬼张建把自己赌进了牢狱。

张建是一家国企的管理员，有一个贤惠的妻子，一个活泼可爱的儿子，一个收入不错且稳定的工作，生活美满幸福。后来他不顾家人反对，辞职改行做起服装贸易，一开始他做得还挺不错，第一年赚了 350 万元。第二年，由于资金周转出现问题，张建去银行贷了 100 万元，但仍难以解燃眉之急。后来，张建与好友祁阳联系，以缺少资金为由，让祁阳汇给他 50 万元，承诺十几天将还钱，并付给其利息。后来让其他公司担保，农村信用社贷给他 100 万元。随即他接连做了几笔生意，但由于质量大部分不合格等原因，价格上不去，赚得少，赔得多。

一天，张建听一个客户说赌球能挣钱，便萌生用赌博把钱赢回来还上贷款的想法。他在客户的指导下，参与了拳王争霸赛的赌博，第一次就净赚了 10 万元。这玩意挣钱太快了，张建入了迷。但是，后来他的运气就没那么好了，压哪哪输，有时输二三十万，这时的张建已经输红眼，越输越想翻本。一个星期之内血本无归。

一次输掉这么多钱，连做生意的钱都输掉了，拿什么还钱呢？张建愁坏了。之后，他先后多次以生意发展受阻为由找朋友借钱，借了 150 万元。但这些白花花的银子大把地流入庄家囊中，几天光景，只剩几百块。

公司对张建而言，已经不可能再有起色，但贷款的一堆债还得还，无奈之际，他萌生骗钱念头。

他开始以各种理由骗取周围朋友、亲戚近 300 万元，并携款潜逃，最终落入法网。

赌是万恶之源。现今一桩桩活生生的事实也告诉人们：赌博害死人！然而，就有一些财迷心窍的人在恶友怂恿下，在赌魔的驱动下，迷上赌博，结果倾家荡产，甚至负债自尽。赵基也不例外。

赵基是银行的一位工作人员。一天，他在一位熟识的赌徒的怂恿下，跨进了赌博的大门。开始，他不敢大赌，赌注只有几块钱，往后赌注逐渐加大。有一天，他在赌友的引荐下走进了大赌场，一个月的工资一会儿便流进了他人的腰包。他有些气恼，但赌场的诱惑，使他激动不已。后来他又多次参赌，但每次都以输告终。

越赌越输，越输越赌。甚至透支工资当赌本，往往有去无回，对此，赌红了眼的赵基岂肯罢休。他想翻本，就借钱同另一伙赌徒赌，很快又把从朋友那里借来钱输得精光。赵基急了，为了翻本，不分白天黑夜出入赌场，赌注越下越大，却总是没有赢的运气。没有赌注怎么办？他打起了公款的主意，何不挪去碰碰运气？也许还能赢回老本。但是，他终未能挽回败局，一共花去公款 5000 元。

此事后来暴露，上级领导碍于情面，不想让他难堪，勉强留其职位，给予私下警告。

到这时赵基也该悬崖勒马了。但翻本的思想、赢钱的欲望，驱使他在犯罪的泥潭中越陷越深。他从拘留所回到单位的第三天，又携带公款1万元参与赌博，企图孤注一掷，但是过了几个小时，1万元又输得精光。

由于长期沉迷于赌博，赵基共输掉数万元。高垒的债台，压得他喘不过气来，有人经常上门要债。他终日提心吊胆，害怕贪污款被查出，会受到法律的严厉惩罚。

最后，他干脆自杀了结人生。

赢钱的想赢得更多，输钱的要捞回成本，但是赢者极少，输家很多。一输再输，屡战屡败，屡败屡战，到身无分文，赌鬼还不肯罢休，把手伸向别人的口袋，更深的堕落拉开序幕。

骰子摇出残缺家庭

对于一个家庭而言，嗜赌成性、酗酒、吸毒……甚至对工作或一种事物过分沉迷的人都是靠不住的。如果你的家人陷入赌瘾，不知道该何时收手，那你就该意识到危机的来临。他会赔进所有身家，你也会被他完全毁了。和这种人待在一起，你有的是遭罪，但又不忍轻易就把他放开，很多人只好默默忍受。

小石结婚了，丈夫竟然是那个和她交往了3年、喜欢赌博的张义。

当初小石并不知道张义赌博。毕业后，他俩分配到同一个单位工作，小石才发现张义经常无缘无故不来上班，问他是不是病了，他含糊其辞不说实话。经过调查，她发现张义是在赌博。小石非常震惊，感到痛心。朋友告诉她，张义在学校时，就喜欢打牌，而且是玩钱的，虽然钱不多，但性质一样，都是赌博。小石那时一点都没有发现，她被爱情蒙住了双眼，满眼看到的都是张义的优点。

但现在小石不能不管，这关系到她一生的幸福。小石对张义说，为了我们的幸福，你能不能戒赌？张义说，我也不想赌，可我管不住自己，他们一找我，我就得去。如果有个人管我，我一定能戒赌。小石说，行，只要你有决心，我一定帮你，我们结婚。

朋友们听说小石要和一个赌徒结婚，纷纷劝她不要往火坑里跳，赌博的人都言而无信，不是说戒就能戒掉的。小石却相信张义，相信他在本质上是个好人。

就这样，小石不顾家人和亲朋好友的反对，毅然嫁给了她的初恋情人——一个喜欢赌博的男人。

结婚后，为了帮助丈夫戒赌，小石严加管理，丈夫每个月的工资都必须交给她，下班后也要按时回家。丈夫知道妻子是为了他好，对这些并不反感，加上新婚的喜悦，那一阵子，丈夫果然收敛了不少。

小石结婚时，在物质生活上是非常困难的，他们没有从父母那里得到任何东西，结婚安家全靠自己。他们刚刚参加工作，工资不高，没有什么积蓄，生活相当窘迫。不过，小石是一个要强的女人，而且很能干，她没有向任何人求助。

一年后，他们的女儿出生了。

孩子出生后，母亲不可能帮她带孩子，婆婆也不帮她带孩子，小石只好休长假自己带。

她实际上只有丈夫这一个亲人。然而，从小在父母的溺爱下长大的丈夫，什么家务活都不会干，也不想干。小石不仅吃不上他做的饭，而且每天还要给他做饭，心里真是太委屈了，可她的委屈无处诉说，不能和父母讲，也不能和朋友讲，因为这是她自己的选择。

有一天，张义下班没有回家，一位同事带着妻子找上门来，他们是来要钱的。张义在外面赌博欠他们1200元钱，要了多少次也不还，他们只好来家里要。小石完全不知道张义又开始赌博了，非常吃惊，她说我不知道这笔债，等我证实后一定还你们。

这天晚上，小石与张义大吵一架，说他没有责任感，是个说话不算数的人。张义诅咒发誓说他再也不赌了，求小石帮他还了这笔赌债。小石无奈地帮他还了钱，说这是最后一次。然而不久，其他债主又找上门来，债主来一次，小石吵一次，张义就发誓说再也不赌了。可是，旧债主前脚走，新债主后脚来，已经形成了恶性循环。

不久，张义把月薪输掉不说，还偷了小石的嫁妆。张义流泪向小石忏悔、发誓，小石心软了。一年后，小石辛辛苦苦上班买的房子被张义输掉了，看到眼泪和哀求，她离婚的决心再度动摇……

然而，小石发现张义即使人在家里，心也不在家里，他的魂早就飞到赌场上去了，除了赌博，什么都拴不住他的心。

磕磕绊绊的两年中，张义却从来没有停过自己的手，他越来越变本加厉。赌输时，回家拿小石当"出气筒"，强迫她把工资、稿费如数上交，还卖光了家里所有值钱的东西。小石苦苦相劝，他不但不听，还逼她与赌徒睡觉以资抵债。赢钱时，便大吃大喝，胡作非为，有时还把外面的女人带回家当着她的面鬼混。此时，小石悔恨莫及。他俩的小家庭已到了解散的境地。

忏悔、诅咒立誓之后，仍旧去赌，把房子赌掉了，还是要赌。江山易改，本性难移。

"赌"是有成瘾性的，就好像吸毒、酗酒一样，上了瘾就会很难根除。从小小的玩到上瘾的玩，不是一朝一夕形成的。而且，越赌越上瘾，结果当然是越输越多，东借西借之下，最后走投无路。于是，就和其他赌友一起设计陷害他人，搞诈赌。即使有进账，也会很快在其他场合输掉。之所以说十赌九输，是因为每个赌徒都想赢，不到输个精光不松手。

规劝瘾君子迷途知返

对瘾君子，我们当如何与他们交往？避而远之？不全是。最好的"治病药方"也不是那些贴着晦涩难懂的化学名词的瓶瓶罐罐，而是心理上的沟通。尤其是"瘾君子"家人、朋友更应如此。

首先，我们应该清楚什么样的人有染上毒瘾的可能。

染上毒瘾一般有以下迹象：

（1）无故旷工、旷课，学习成绩或工作表现突然变坏。

（2）在家中或单位偷窃钱财、物品或突然频频地向父母或朋友索要或借钱。

（3）长时间躲在自己房间内或远离家人、他人，不愿见人。

（4）外出时行动表现得神秘鬼祟。

（5）遮掩收缩的瞳孔，在不适当的场合佩戴太阳镜。

（6）面色灰暗、眼睛无神、食欲不振、身体消瘦。

（7）情绪不稳定，异常地发怒、发脾气，坐立不安、睡眠差。

（8）经常无故出入偏僻的地方，与吸毒者交往。

人吸毒一旦上瘾，其强烈的生理、心理依赖不是靠其意志控制得了的。事实上，吸毒者在清醒的状态下也有戒除毒品的强烈意愿，可一旦毒瘾发作，极其痛苦的戒断症状就会迫使其依赖毒品以求解脱，所以，很多吸毒者在无法找到毒品的时候，甚至不惜以自残来缓解无法忍受的生理痛苦，这是常人无法想象的。

既然是病人就必须医治。由于毒品完全控制了患者的意志，扭曲了他们的人格，所以家属不能因为其一时失足而遗弃他们，既应从生理上积极帮助他们治疗，又应从心理上进行无微不至的关怀，帮助他们树立战胜毒魔的勇气和信心。

因为天天生活在一起，所以最容易察觉吸毒者的吸毒违法行为的是家庭，最直接最有效地帮助吸毒者戒毒的也是家庭。家庭帮助吸毒者戒毒应注意做好以下几件事：

（1）如发现家庭成员有吸毒违法行为，要督促吸毒者到自愿戒毒所或强制戒毒所戒毒。如已吸毒成瘾，最好送强制戒毒所戒毒。

（2）帮助与教育。在戒毒所期间，常去看望吸毒者，鼓励其交代清楚毒品来源，痛下决心戒断毒瘾，并经常保持与戒毒所的联系，共同做好教

超级人脉术大全集

育工作。

（3）吸毒者出所后，一方面要密切注视他的言行，特别是与之交往的人员，另一方面要正确地对待他们，生活上多关心，思想上多帮助。

（4）同社区和派出所对其实施帮教，并定期督促其到戒毒所接受尿检。

那我们又该如何面对酒鬼呢？

（1）找些借口试图把酒藏起来避免家人酗酒，这样的效果反而不好，要让他们亲身体会到酗酒造成的不良后果。

（2）和酗酒者交谈的最佳时机是在与饮酒相关问题刚刚提出后，如喝酒导致健康出问题，影响家庭和谐等。选择一个他或她冷静的时候，您可以有机会私下交谈。

（3）明白家庭成员很为他或她的饮酒问题担心。必要时使用些饮酒引起危害的例子，包括最新发生的一些事件。

（4）不出席一些提供酒精的社会活动，走出家门时远离酒精。不要做些没有考虑好的过激行为。

（5）搜集关于戒酒治疗方面的信息。如果他需求帮助，立即打电话预约治疗顾问。

（6）和他或她谈谈，或许很有说服力，但要有同情心和随和的态度。不止一个人，不止一次地去和其交谈，通常很有必要的，可以逐渐使酗酒者自愿去寻求帮助。

（7）家庭和亲戚朋友组成一个小组联合起来克服酗酒。这种方法的实施仅仅在有经验的专业机构的指导下进行。

（8）帮助家庭成员认识到他们不仅为个人的饮酒问题负责。

赌徒更应该从心理上着手。

心理专家认为4个因素让人嗜赌：心理因素、寻求刺激、冲动性格及反社会行为。要戒除赌瘾，心理疗法可以借鉴。

作为旁观者要认识到，赌瘾是一种不能强行控制的病态，要给嗜赌者以适当的支持。戒除赌博可能需要长期的工作，不是一下子能强制性戒除掉的，但是可以逐步地从减少赌注、减少赌博时间开始，到最后演变成纯粹地只打"卫生牌"，不再论输赢了。

其次对嗜赌人士要有耐心，让其感受更多的关怀。尤其是言语之间要注意，老是埋怨和恶语相向，可能导致赌徒破罐子破摔，造成心理上的一错到底的念头。要用家庭的温暖融化赌博坚冰，特别是当他开始戒赌，开始了正常生活，开始了努力工作时候，不要吝啬给予他们言语上的鼓励。

应该鼓励嗜赌人士参与有益身心的活动。比如参加社会义工，不取报酬地为一些弱势人群提供方便。还可以定期去看望孤儿院的小朋友们，给那些失去亲人的小朋友献出一份爱心。

总体而言，对瘾君子的规劝以攻心为上，沟通与关怀不可少。

拒绝为瘾推波助澜

昭阳毕业于上海某知名大学经济专业，刚毕业不久就有了自己的商贸公司。然而正是这么一个名牌大学的高材生，却策划了一起以 100 万元雇佣杀手，使青浦一家证券公司的老总及其妻子命赴黄泉的凶杀案。人们不禁要问，为什么他会走上一条不归路？

昭阳自小喜欢赌博、玩扑克，长大后每次放假必赌个没完。父母非但没有劝阻，反而鼓励他，理由竟是让孩子锻炼脑袋！他毕业后有了点小钱，又开始赌，但总觉得不过瘾。慢慢地，赌红了眼的昭阳又先后多次去澳门豪赌。他父母也不管，总认为宝贝儿子聪明，赢输也是难免的事，任由他去赌，但是，赌博并没有给他带来好运，短短半年时间，他输掉了几百万。这时，昭阳开始害怕了，他已输掉了大量的现金，并欠下巨额债务，如何填补这个大洞呢？

冥思苦想之际，他想到了时任一家证券公司的老总陈某。陈某和昭阳融到了 2000 万元的巨资，而这笔钱只有他们两个人知道。昭阳决定铤而走险，杀掉陈某，独吞这 2000 万去还债。于是，昭阳花 150 万元雇了杀手，把陈某和他妻子残忍地杀害了。

昭阳本应该有一个美好的人生，可是赌博让他陷入了深深的泥沼之中，无法自拔。

除了主观因素，家人的纵容不可推卸。

旺才最近生意有些起色，口袋里的钱也多了，偶尔跟着赌友进出赌场，染上了赌博恶习。他先是参赌，赌资较小，逐渐赌资加码。开始他还是下班以后赌一会，后来赌瘾渐大，上班也觉得没劲，于是，他就干脆泡病假，在家聚赌。他妻子想着反正老公赌能赚钱，生活也不忧，让他赌呗。

一天，旺才很背运。几圈下来，他已无钱可拿了，于是咬一咬牙，摘下了戒指。但这局结束了，刚刚摘下的戒指成了别人的囊中之物。旺才不服，想扳回老本，又将家里的 DVD 押上了，但 DVD 又易主了。他输红了眼，抬头环顾家里已没有什么更值钱的了，不由得叹了口气。一个赌友说："喂，把你里屋值钱的东西拿出来吧！""里屋的？我里屋还有东西？""什么东西，人呗。你老婆敢不敢赌？"赌友们笑着说。"老婆！"旺才心中一颤，眼中的亮光黯淡下来。他妻子虽说长相一般，可还算是贤惠，两人感情还不错，妻子终归不是钱物，怎能……他犹豫了。"敢不敢赌！敢赌咱就把本都押上，不敢赌咱就走了。"赌友们刺激地说。

旺才想翻本，他想赢回输掉的钱物！他利令智昏，赌欲占了上风，终于用颤抖的双手把自己的妻子押上了牌桌……然而，他又一次输了——输了妻子。

当然，人毕竟不是钱物，当旺才的妻子听说自己被丈夫输掉后，她终于警醒了，掀翻了赌桌，给了丈夫一记耳光，一扭头，收敛好衣物，离家而去。

她一路上气愤与悔恨交加，心情很复杂。

如果自己不纵容丈夫豪赌，现在就不会落到这个悲惨地步——连自己也被当成赌注……

赌徒走火入魔，更多的是自己难以抑制，缺乏自律。他们碰到麻将、骰子、扑克，就是干柴见了烈火，一烧就停不下来，如果再浇点油，那更加一发不可收拾。亲人的一个放松，无异于泼了一堆油，大开赌徒的心理戒防之门，他们将肆无忌惮。最值得吸取的教训莫如旺才之妻所遭遇的结局。

为瘾开门，实为助纣为虐。对赌徒的纵容，希望能以靠赌为生的想法都是自取灭亡的，只会让赌徒带着家人越陷越深。

远离瘾友

能把瘾君子劝回正途，重新做人是再好不过的结果，也是那些身边有瘾君子的人，特别是瘾君子就是自己亲人、朋友的人，都得努力去做的事。但是，当他们已经丧失理智，甚至没有了人性时，我们理当及早远离他们。

曾经发生过这样一件事：

在张村的菜市场，一天早上，两人在争吵，原来是一名60多岁的妇女与一名青年男子在争吵。

这名男子叫常连，36岁，住菜市场附近，长年吸毒。他正向母亲索要钱，但被母亲拒绝。

随后，常母向车站方向走去，该男子紧跟母亲身后。随后，其母又返回公园门前。

见常连不停地纠缠母亲，好友祝军前来劝阻，但无济于事。在公园门前，常连突然从腰间掏出折叠刀，刺向母亲。好友祝军见状欲阻止常连，没想到常连竟然又用刀刺向好友的腹部。

鲜血当即从好友身上流下来，众人见状，立即将其送到武警总医院抢救。在采访中记者了解到，因儿子长年吸毒，被逼无奈的常母只得从家中搬到娘家住。

在医院里，常母说，她昨日发了退休金、生活费，儿子看到后便向她要钱，遭拒后，儿子纠缠着她不放。

祝军被送到医院时已失血性休克。主刀医生说，患者腹部被划开了一个很深的口子，流血不止，由于手术及时，才没酿成大祸，救回了一条性命。

这样的瘾友手起刀落，往往让朋友措手不及。当你撑着一颗善意之心，向他靠近时，有时得到的却是丧失理性的攻击。甚至他们已经主动打起了你的主意。

一名男子在小区一居民楼攀爬入室盗窃时，被居民发现。民警随后在一简易居民房内发现了这名男子。经查，这名男子姓成，今年33岁，民警在对其审问时发现，成某萎靡不振，经尿样检测为阳性，同时还被查出性病。据介绍，成某一直无业，后来因吸毒被警方强制戒毒3个月，两年后因贩毒被市人民法院判刑，3年后被释放。本来生活就贫困的成某，为了应付吸毒的巨大开支，不惜铤而走险，干起偷鸡摸狗的勾当。而首当其冲的都是他的邻居，也是好友——赵涛。平日里赵涛一向以兄弟的身份照顾成某，有时出资相助，谁又能想到成某的手却悄悄地伸向了赵涛，他第一个成为受害者。

第八章

红眼病，狭窄心胸装满自卑与失落

心胸狭窄容不得他人

人世间，常听说"羡慕"一词，可有一种羡慕从枝上长出一节，叫嫉妒，和原来的完全不一样。

在《现代汉语词典》中，嫉妒是对才能、名誉、地位和境遇比自己好的人心怀怨恨。它是一种思想上的腐蚀剂，是一种不积极进取而消极忧伤的自毁心理，也是一种最容易导致事业失败的劣根性。自己才能不如人，不是努力奋斗去如何提高自己的竞争能力，而是暗自怨天尤人，一门心思地搞阴谋诡计来损人利己。

这些人面对真正的强者时，他们的心胸之狭窄，连蚊子要飞进去都要侧着身。

红眼病就是心胸狭窄的代表。他们就是不能容忍别人比自己强，自己是绿叶，别人绝不能当红花。他们自大自私的特性决定了他们的世界里只能有他们自己。如果有别人比自己强的话，他们就会感觉自己成了别人的陪衬，这是他们万万不能接受的，于是就烦躁不安、心神不定，简直连日子都过不下去。

强者向来是闪光灯的宠儿，在舞台上聚人们的目光于一身，耀眼如明星。本来人们都习惯于崇拜强者，对于强者经常抱着一种欣赏与向往的态度。而红眼病却不能接受身边存在比自己强的人，有时候是因为比自己强的人会妨害自己的地位和利益，狭窄的心胸使他们不能吃一点点亏。而更多的时候，这纯粹是一种心理上不接受和极度反感的情绪，乃是他们不愿意面对现实所致。他们没有能力成为最引人注目的人物，也不允许有比他们更引人注目的人物存在。

每个人都有争强好胜的心理，一个真正的强者也许不能容忍有别人比自己强，但他们的不能容忍和心胸狭窄之人的不能容忍是完全不一样的。

一个真正的强者，他的目标是要做到最好，他不能接受自己处在第二的位置，所以当他发现有人比自己强的时候，他会采取一种积极的态度，努力提升自己的实力，使自己成为最强的。他们的风格是激发自我潜能，通过对自我的超越来超越别人，使自己永远走在别人的前面，永远立于不败之地。

但是一个心胸狭窄的人，他本身知道自己并不是最强的，也许根本就算不上强，但是他不能接受在自己的视野范围之内有人比自己强，若是发现有人强过自己的话，他就会心烦意乱，只盘算如何削弱对手，而不是提高自己。他们的风格就是压制别人，通过压制使得人不能超过自己，而自己永远保住第一的位置。所以你与一个心胸狭窄的人打交道，就永远无法正常地发挥自己的能力，会感觉总有一个人在压着你，拖着你，让你举步维艰。

心胸狭窄的人，嫉贤妒能只是他们性格弱点的一个方面。红眼病心中装着嫉妒，丝毫不能容忍别人一点点的伤害或嘲笑，他们看到的总是风雨，看不到彩虹。

周瑜与诸葛亮的故事正是让我们看见了一个心胸狭窄、嫉妒心极强的典范。

周瑜是东吴的都督，诸葛亮是西蜀的丞相，他们为了抵抗曹操百万大军的南下，共商大计。周瑜见诸葛亮处处高自己一筹，便妒火中烧，屡次加害，一有机会就施计要孔明难堪。诸葛亮则处处从联合抗曹的大局出发，不计较个人的得失与荣辱，从而保证了吴蜀的军事联盟，打败了曹操83万大军，为自己的事业奠定了兴旺发达的基础。

这里的周瑜，就是一个心胸狭窄的人，其基本心理特征有二：一是容不得人；二是容不下事。心胸狭窄的人，对比自己强的人嫉妒，对不如自己的人又看不起。他们疑神疑鬼，芝麻大的事也能把他们从白天折腾到黑夜，做梦也难受。

嫉妒是长在自卑上的畸形果

一群魔鬼到处引诱人，和上帝争夺灵魂。这时有一个修道士，对上帝十分诚实，道行很深。魔鬼们都下了赌注，看看谁能把他从上帝手中夺过来。于是魔鬼们轮番上阵，分别用名利、情欲、恐惧和死亡等来引诱、威胁这位修道士，但全都没有得逞，个个无功而返。

魔王听说了这件事，想显一显身手，就对这群魔鬼说："你们这些方法都太笨了，只能对付那些道行浅薄的人。退到一边去，看我怎样对付他！"

于是魔王走到那位修道士身边，修道士正在进行祷告，魔王在他耳边轻轻地说："你的同门师弟已经当上主教，你听说了没有？"

"砰"的一声，修道士手中的《圣经》掉到了地上，他那原本庄严肃穆的面容刹那间变了颜色，罩上了一层阴影。

魔王的诡计成功了。

魔王诡计的成功，是因为利用了人们普遍的一种心理——嫉妒。

魔王清楚修道士的处境比他的师兄弟差，定会心生妒意，自卑里头的嫉妒也就会发芽。

嫉妒心强的人站在不如人的实力台阶上，仰视周围的人，他们自认为矮人一截，内心极度敏感，膨胀的自卑感中夹杂着一颗脆弱的自尊心。这种自尊往往是他们深度的自卑导致的。他人的言行就像一阵微风，如果你是一个强者，你就会像一株大树一样，微风拂过，对你没有什么影响；而嫉妒者就像是一株小草，微风拂过，也能让他们前俯后仰，方寸大乱。对别人一些无心的举动、一些随意的言谈，他们都很敏感，在心里形成挥之不去的阴影。所以很多时候他们对别人的怨恨是与别人的能力无关的，只是因为别人不经意伤害了他们，他们却无法释怀。他们只想着怎样让别人也受到更大的伤害，只有别人受到的伤害远胜于自己，他们才能感到一丝快感。和心胸狭窄的人在一起，会有一种防不胜防的感觉，因为你不清楚你的表现是否处于他们的敏感地区，也不知道他们会选择何时何地攻击你。身边有这样的人，得多长点心眼才是啊！

妒忌是一种有害的心理活动，也是自己没有本领的表现。因为妒忌的缘故，做出罪恶的事情，导致许多悲痛的惨剧发生，这种例子古今中外都不少见。一个妒忌别人的人，不但说明这个人是心胸狭窄的无能之辈，更能看出他难以抛弃的自卑心理。自卑孕育着嫉妒的畸形果，长出无穷的痛苦。

韩非即被李斯的畸形果所害。

战国末年，秦国侵犯韩国，形势十分危急，韩王不得不派韩非去秦国游说秦王。他到秦国之后，无疑会对从师荀子的同学李斯构成极大的挑战和威胁，李斯心知肚明，不论学术还是政治外交能力，自己都远不及韩非。现在，秦王若把他留下，一旦韩非被重用，他就没有出头之日了。

李斯是一个忌妒心极强的人，为了个人的功名利禄，他要千方百计地除掉韩非。他对秦王说："韩非是韩王安的从兄，大王攻打韩国，他自然不会乐意，爱父母之邦，而怨恨秦国，这是人之常情。"秦王说："既然不能用，就放他走吧！"

李斯又对秦王说："如果放他回韩国去，他会为韩王安出谋划策，这对秦国十分不利。韩非是当代奇才，无疑是放虎归山，必留后患，切不可放，最好把他杀掉。"李斯因嫉妒心理，对韩非进行大肆攻讦，秦王觉得他是个

难得的人才，即使有谋而来，但未见使用，不能定罪，便给了个监管待处
的决定。

不久，韩非被囚于云阳监狱，李斯用毒酒把一代奇才送上黄泉路。

不良心态带来对他人的伤害

当今时代，职场商场官场，大场小场竞争激烈，每天你都要和其他人
比拼，在这样的时代，最容易滋生嫉妒心理。

曾有一位容貌娇美、学习较好的女学生，引起了同班同学的艳羡和嫉
妒，被同班同学泼浓硫酸毁容。可见嫉妒心理的危害已经波及不同的年龄
和社会层次中，表现形式也越来越激烈。

法国作家拉罗会弗科就曾说过："嫉妒是万恶之源，怀有嫉妒心的人
不会有丝毫同情。""嫉妒者爱己胜于爱人。"嫉妒的人，因为容不下别人
的长处，所以他就通过说别人的坏话，破坏毁掉别人的前途来寻求一种心
理的满足。

三国时的曹操也免不了有嫉妒之心。他虽成就了一番大事业，也因心
胸狭窄，而葬送了手下一些杰出的人才。最突出的例子，莫过于杨修了。

有一次工匠建了一座花园，曹操看过之后不置可否，只取笔在大门上
写了一个"活"字就走了。大家都不明白这是什么意思，只有杨修说道：
"'门'字里面填一个'活'字，就是一个'阔'字，丞相是嫌大门建造
得太阔了。"于是工匠重新修建了大门，又请曹操来看。曹操看过之后大
喜，问道："是谁知道我的心意?"左右人说是杨修，曹操称赞了杨修的聪
明，但是心里却很嫉妒。

又有一次，塞北有人送来了一盒酥，曹操在盒子上写了"一合酥"三
个字，把盒子放在案上。杨修看见了，就拿勺子和大家把酥分食了。曹操

问他原因，杨修说道："盒子上明写着'一人一口酥'，我怎敢违抗丞相的命令。"曹操虽然笑了起来，但是心里已经很讨厌杨修了。

曹操唯恐别人会趁自己睡觉的时候加害自己，常常吩咐左右道："我梦中喜欢杀人，我睡着的时候大家不要靠近。"一天白天，曹操在帐中睡觉，被子掉在地上，一个侍卫过来帮曹操把被子盖好。曹操跳起来，拔剑杀了侍卫，又上床继续睡觉。醒来之后，曹操故意惊问道："是谁杀了侍卫？"左右把实情告诉了他，曹操痛哭，命令厚葬侍卫。

从此大家都相信曹操会在梦中杀人。但只有杨修知道曹操的真实用意，在埋葬侍卫时叹息道："丞相不在梦中，你才是在梦中呢！"曹操知道了越发厌恶杨修。

后来杨修又利用自己的聪明才智帮助曹植争夺王位的继承权，这越发引起曹操的不满，已经有杀死杨修的心意了。

一次，曹操在与刘备征战的时候处于下风，兵退斜谷，进退不能，犹豫不决，恰好厨师端上鸡汤来，曹操看见汤中有鸡肋，不禁有感于怀。正在沉吟之时，夏侯惇进帐请示夜间的口令，曹操随口道："鸡肋，鸡肋。"夏侯惇便传令官兵，以"鸡肋"为号。杨修闻号令是"鸡肋"，就教随行的士兵收拾行装，准备归程。有人告诉夏侯惇，夏侯惇大惊，问杨修为什么要收拾行装。杨修道："通过今晚的号令，就知道魏王不几天就要退兵了。鸡肋这个东西，吃起来没什么肉，丢了又可惜。现在我们进攻不能取胜，退兵又怕被人笑话。在这里没什么好处，不如及早回去。来日魏王必定班师，所以先收拾行装，免得临行慌乱。"夏侯惇道："你真是了解魏王的心意啊！"于是寨里大小将士，无不准备归计。

当夜曹操心乱，睡不着觉，就手提钢斧悄悄在营中巡视，只见将士们都在收拾行装。赶紧叫夏侯惇来问其缘故，夏侯惇便说主簿杨修知道大王想退兵的意思，曹操叫来杨修询问，杨修把鸡肋的意思告诉曹操，曹操大怒道："你怎敢胡言，乱我军心！"就命令刀斧手将杨修推出斩首示众了。

虽然杨修恃才傲物，遭遇非命，罪有应得，但反过来想想，如果没有曹操的嫉妒，杨修又岂会因其才而丧命？下属有才华是件好事，但遇到红眼病式的领导，那就十分危险了！

功臣战友一个不留

　　嫉妒是一支恶藤，他人的好处愈多，它的养分就愈足，它就会拼命吮吸，茁壮长大。曾有社会学者对嫉妒进行研究，发现嫉妒的三大特点：嫉近不嫉远，同一办公室一个能力比你强的同事升了，你会有几天失落感，单位里其他科室，能力比你差一截的人，升了你倒不觉得什么；嫉亲不嫉疏，朝夕相处的同事或朋友升职了，你会觉得心里不是滋味，相反和你素不相识的人高升你会无动于衷；嫉平级不嫉高或低级，你的上司猛升三级你会觉得很高兴的，若和你同一天入公司条件相当的同事升了小职，你会心里失衡，怨天尤人。

　　熊总督命猫头鹰和蛇一起捕鼠，哪个捕得多就奖励哪一个。猫头鹰和蛇领命而去，开始了捕鼠行动。一天，鹿在森林里看到蛇正在爬一棵大树，旁边一只老鼠过去，蛇看到了也不去捉。

　　鹿感到有些奇怪，于是问蛇："熊总督不是让你捕鼠吗？你怎么见鼠不捉呢？这树上没鼠，你爬上去干什么呢？"

　　"嘘——小声点，"蛇吐着红红的信子，说，"你没见猫头鹰在树顶上蹲着吗？我得爬上去咬死它。"

　　鹿十分吃惊："咬死它？熊总督不是命令你和它一起捕鼠吗？"

　　"哼！咬死它我捕老鼠才更容易，才能捕得更多，那样得到的奖励也就更多。"

　　嫉妒太可怕了！它会遮蔽一个人的眼睛，迷失一个人的方向，甚至会激发出人心底的邪恶与阴险，为了达到目的不惜做出伤害别人的举动。嫉妒使竞争不再公平，攻击别人、拆台或设置障碍等等事情层出不穷。嫉妒心强的人将战友当成了不共戴天的敌人。

嫉妒是一把杀人的刀。隋炀帝就容不得诗写得比自己好的人才，一名大臣就因诗写得太好，使隋炀帝妒火中烧而被杀掉。嫉妒的恶德滋长，并与权力结合，用以消灭才能超过自己的人。在历史上，这样的事例很多。

南京鼓楼岗的山坡上，从前有个功臣楼。这是明朝皇帝朱元璋登基以后，下令建造的。

听到造功臣楼，凡是跟随朱元璋南征北战、打下江山的开国功臣，无不深受感动，称赞太祖英明。只有军师刘伯温忧心忡忡，来到皇宫，见了朱元璋，恳求辞官归田。

刘伯温出了皇宫，来到徐达府上，向他辞行。刘伯温握着徐达的手说："徐兄，小弟走了。有一句话望你牢牢记住：功臣楼庆宴之日，你要紧随皇上，寸步不可离开。"徐达一时不明白，想问个究竟。

刘伯温说："照此行事，日后便知。"功臣楼建成了。这座楼，坐落在鼓楼岗的山坡上，楼身又宽又矮，看来很结实；窗户又高又小，看来很安全。朱元璋择定日子，邀请所有功臣前来赴宴。这一天，日头刚落，功臣楼里一片笙歌，灯烛辉煌。赴宴的功臣们互相恭喜、道贺，好不热闹。徐达心里记着刘伯温的临别赠言，哪有心思与众人寒暄。忽然，他把耳朵紧贴墙壁，用手对墙敲了几下，觉得声音"咚咚"发喑，他的脸"刷"的一下，白得像纸一样。

酒宴大开，热闹非凡。徐达平日酒量不小，今天却怎么也不敢多喝，一直盯着朱元璋的一举一动。酒正吃到兴头上，朱元璋忽然站起身来，向门边走去。徐达连忙随后跟上。朱元璋发觉身后有人，回头一看，见是徐达，便问："丞相为何离席？"徐达说："特来保驾。"朱元璋说："不必不必，丞相请回。"徐达哀戚地说："皇上真的一个也不留吗？"朱元璋暗暗一惊，心想：好精明的家伙！我的机密已被他识破。徐达见皇上不言语，又说："皇上如果执意，臣不敢违命，恳望日后妻儿老母得以照顾。"说毕，转身欲回。朱元璋忙说："丞相随我来。"

他俩刚走出几百步，突然，"轰隆隆"一声巨响，功臣楼瓦飞砖腾，火光冲天，可怜满楼功臣，全部葬身火海。

徐达从功臣楼死里逃生，回到家里，整天饭不想吃，门不敢出，没有多久，忧郁成疾，人瘦得脱了形。

一天，两名太监带人抬着一只清蒸公鹅来到徐达府上，说："皇上闻知丞相贵体不佳，特命小人前来问安。"徐达知道，公鹅是发物，害了病，再吃公鹅，岂不要命，这是皇上赐死啊。想着想着，两行热泪潸然而下，上前谢恩，收下了公鹅。没有多久，他就含恨死去。

妒火点燃兽性

红眼病嫉妒的方式常常翻新，敲开嫉妒的盒子，什么花招都有。如你的才华不能外露，你的积极性不能太高，你的成就不能太大，否则便会受压、受制、受卡、受害。轻的，让你坐冷板凳；重的，不仅让你受皮肉之苦、精神折磨，甚至还要了你的小命。一正职因妒恨副职的才华，怕阻碍了自己的仕途，竟雇凶谋杀了副职；有一个副职干部，为了扫除正职对自己仕途的阻碍，也同样采用了这样的丑恶伎俩。有一个人，因嫉妒富起来了的亲戚，竟去暗中放火烧人家的房子。

嫉妒之毒，表现多样，有些事听了不免让人一阵悚然，之后便是木然。

看一看贾似道之妒。宋理宗的宰相贾似道居西湖时，曾带着众姬妾"倚楼望湖"。正好有两个道装羽扇的小伙子"乘小舟由湖登岸"。有一姬便说："好漂亮的两个小伙子啊！"

贾似道说："你要愿意跟他们，我就叫他们下聘礼。"此姬笑而不答。过了一些时候，贾似道命人拿来一个盒子，并把众姬妾叫到跟前说：这是刚才为那姬收下的聘礼。打开一看，原来是那姬的头颅。众姬妾都吓得发抖。贾似道的这种嫉妒，实际上是色妒。他的嫉妒得跟禽兽一般，残忍得令人毛骨悚然。

嫉妒心过于严重的人，就会以一种敌意的眼光去看待他人他事，甚至造成变态。有一个未婚男青年，怕女友在背后和他人私通，竟用一把生锈的锁，锁住了女方的"私处"；还有一个小伙子，在与一位姑娘谈恋爱中，因没有成功，为了不让这朵"名花"落入他人之手，竟用刀把对方的容貌毁了，这是由于嫉妒所酿造的悲剧。

西班牙著名作家塞万提斯说过："嫉妒真是万恶的根源，美德的蠹贼！一切罪恶都掺杂些莫名其妙的快乐，可是嫉妒只会包含厌恨和怨毒。"英国著名文学大师莎士比亚也说过："嫉妒是一个绿眼的妖魔，谁做了它的牺牲，就要受它的玩弄。"

在嫉妒的背后，掩藏的是丑陋、自私的灵魂。因为嫉妒是诸种毒菌中最可怕的一种。妒，是德的天敌，是恶的毒瘤。哪里有妒，哪里的人才就不可能脱颖而出；哪里有妒，哪里就有残害善良，毁灭文明和进步的兽性存在。哪里有妒，哪里就有魔鬼泛滥。妒是一把烈火，烧去良知，残留兽性与之共舞。

妒火熊熊，其势猛烈。好嫉妒的人一旦屡遭别人比他好的心理冲击，塑料般的道德防线很容易就熔化，再也阻挡不住被泼了人性酒精的妒火，兽性一发不可收拾。

学会韬光养晦

有一位纪先生，以训练斗鸡而闻名于世。齐王听说这个人以后，重金聘他到宫中训鸡。纪先生才养了10天，齐王就不耐烦地问："养好了没有？"

纪先生答道："还没好，现在这些鸡还很骄傲，自大得不得了。"

过了 10 天，齐王又来问，纪先生回答说："还不行，一看到人影晃动，就惊动起来。"

又过了 10 天，齐王又来了，当然还是关心他的斗鸡，纪先生说："不成，它们还是目光犀利，盛气凌人。"

10 天后，齐王已经不抱希望了，但还是来看他的斗鸡。不料纪先生这回却说："差不多可以了，它们虽然有时候会啼叫，可是不会惊慌了，看上去好像木头做的鸡，精神上完全准备好了。其他鸡都不敢来挑战，只能落荒而逃。"

原来，呆若木鸡不是真呆，只是看着呆，而实际上已经成为了沉着善战的斗鸡了。活蹦乱跳、骄态毕露的鸡，不是最厉害的。目光凝聚、纹丝不动、呆似木头的鸡，才是鸡中高手。

人的各类形态就像这斗鸡的各个阶段，将能力表露于外面是人的本性。但貌似强悍、威风凛凛的人并不是最有能力的，真正有本领的人懂得保护自己的实力，不会轻易将才艺外露。做到韬光养晦才是聪明人之所为。

清王朝的开国元勋范文程，是努尔哈赤、皇太极、多尔衮、福临四朝元老，在清初政治舞台上活动了 50 年，对国家的统一作出了重要贡献。他始终注意自己的言行，韬光养晦，求得自保。范文程所活动的那个时期，民族矛盾异常复杂尖锐。在后金和清统治阶层，一直存在着对汉人的疑忌和歧视。范文程身为汉人，又是大臣，在这种微妙环境里，处境自然十分险峻。一方面，他要忠于清廷，建功立业；另一方面，他又要小心谨慎，在内部权力倾轧中保存自己。因此，他虽然深得清朝最高统治者的赏识，官至大学士、太傅兼太子太师，但他仍为人谦和，处处小心。他曾受命"监修太宗实录"时，知道自己一生所进奏章多关系到重大的决策问题，为避免"功高震主"，便把他草拟的奏章大部分焚烧不留，而在实录中所记下的，不足 1/10。后来，他"辟东皋为别业，稍构亭馆，植卉木，引亲故，徜徉其中，时以诗书骑射课子弟，性廉慎好施与"，度过安详的晚年。

木秀于林，风必摧之；堆出于岸，水必湍之；行高于人，众必非之。

古往今来，确实有不少智者、仁人，因为其才能出众、技艺超群、行为脱俗，招来别人的嫉妒、诬陷，甚至丢了性命。于是，韬光养晦就成为一些智者仁人从实践中总结出来的一种处世安身的应变策略。

三国时期曹操的著名谋士荀攸，辅佐曹操南征北战、建立功业，作出了重要的贡献。他在朝 20 余年，就在于他能谨以安身，避招风雨。曹操曾这样说荀攸："公达外愚内智，外怯内勇，外弱内强，不伐善，无施劳，智可及，愚不可及，虽颜子、宁武不能过也。"

可见荀攸平时十分注意周围的环境，对内对外，对敌对己，迥然不同。参与军机，他智慧过人，连出妙策；迎战敌军，他奋勇当先，不屈不挠。但对曹操、对同僚，却不争高下，表现得总是很谦卑、文弱、愚钝、怯懦。有人曾问及他当年为曹操谋取袁绍冀州的情况，他却极力否认自己的谋略贡献，说自己什么也没有做。他为曹"前后凡划奇策十二"，史家称赞他是"张良、陈平第二"，但他本人对自己的卓著功勋却是守口如瓶、讳莫如深，从不对他人说起。他与曹操相处 20 年，关系融洽，深受宠信，从来不见有人到曹操处进谗言加害于他，他也没有在一处得罪过曹操或使曹操不悦。荀攸死后，曹操对他高度评价："孤与荀公达周游 20 余年，无毫毛可非者。"所有这些，都是源自他善于不招风雨，谦逊为人。

韬光养晦并非消极的策略，它并不是一味忍让，什么都不做，任人欺负啥也不说。而是通过少惹是非、少生麻烦的方式，更好地展现自己的才华，发挥自己的特长。同时，对于一些谋士来说，运用避招风雨的策略，不仅可以保命安身，还可以求得一个好的终结。"运筹帷幄、决胜千里"的千古良辅张良，在功成名就时，汉高祖让其择齐地 3 万户为封邑。那时，连年战争，人口锐减，粮食奇缺。齐地素以富饶著称，对于立国不久、困难重重的汉朝来说，齐地的 3 万户是个极为丰厚的食禄。然而，张良却宛言谢绝了刘邦的厚赐，只选了个万户左右的留县，受封为"留侯"。张良置荣利而淡之，行"避招风雨"术，其明哲保身的用心，可谓良苦。

一朵花再美，失去了叶的呵护，只是意味着瞬间的荣耀。优秀强大之于养晦，如花之于叶，若不能避招风雨，优秀强大也将转瞬凋零。

与嫉妒心强的人适当沟通

防红眼病的时候，我们除了让自己不出风头的同时，还要善于和有嫉妒心的人和睦相处。

消除嫉妒心并不是一件容易的事，当你在工作中取得了一定的成绩后，同事的嫉妒也往往会随之而来。如果处理不当，也经常会给你带来很大的负面影响。

因为缺乏相互间的了解、交流而产生嫉妒是常发生的，在适当的场合，可以通过说服和交流的方式来化解，否则，隔阂越大，误会越来越深，以致严重干扰和破坏人际关系的正常交往。在说服时要注意心平气和，也要做好多次才能说服的准备。

除此之外，还可以通过对嫉妒者采取鼓励的方式来消除对方的嫉妒。因为嫉妒是在处于劣势时产生的心理失落和不平衡。对方虽表面气壮如牛，但内心是空虚的，且隐含着一种悲观情绪。

对嫉妒者采取交流和沟通的态度是十分必要的，我们应该客观地分析对方的长处，强化他的信心，转变他的错误想法，而且还要在力所能及的情况下，认真对待嫉妒者，引导他们让彼此间的关系趋向良性的竞争，告别不公平的比拼。

如果你发现你的同事突然一改常态，不再对你友好，事事采取不合作的态度，处处给你设难题刁难你，出你的洋相，看你的笑话，你就得当心了，这些信息向你传送了一个危险信号：同事在排挤你。

被同事排挤，必然有其原因。很多情况下，是由于嫉妒引起：近来升级连连招来同事妒忌，所以群起排挤你；你刚到本单位上班，你有着令人羡慕的优越条件，包括高学历、有背景、相貌出众，这些都有可能让同事妒忌等等。

所谓"不招人妒是庸才"，能招人妒忌也不是丢面子的事。其实只要你平日对人的态度和蔼亲切，同事们发觉你是一个老实人，久而久之便会乐于和你交往。另外，你可培养自己的聊天魅力，因为你的同事们的最大爱好之一就是聊天。通过聊天可以改变同事对你的态度。

另外，应尝试说服、鼓励嫉妒者。说服嫉妒者就是要明确地指出嫉妒者和自己的差距，澄清你和他之间的误会。鼓励嫉妒者，就是要使那些有强烈受挫感、意志消沉、陷入嫉妒无法自拔的人重新振作精神，建立信心。用你的真心换他的真心，嫉妒者或许会被你的真诚所打动。

总之，在与人交往中要避免别人的嫉妒，除了自己要注意不要刺激他人以外，还要注意与嫉妒者沟通彼此的感情和想法，力图赢得他们的好感，缓和并试着消除他们的嫉妒心理。这样才能有效避开嫉妒的暗箭。

不妨满足一下别人的虚荣

有的人认为自己的官比别人大，就是比别人有能力。对于才能高于自己的人，他的心胸气度就变得狭窄难容。在这种情况下，聪明人先得知晓这些红眼病的心理：想显示自己比人厉害，别人凭什么屁股坐的位子比他高？

既然如此，何不顺水推舟，卖个人情，满足一下他们极度膨胀的虚荣心呢？免得红眼病严重发作，中了他们的招。

胡常和翟方进一同研究经书，关系很好。胡常先做了官，而翟方进的名望却比胡常大。人们见了胡常，只是客客气气地打招呼，但一提起翟方进，就都伸出大拇指说："人才呀，要人品有人品，要学问有学问！"

时间久了，胡常感到自己总是在翟方进的阴影下面。自己除了比翟方进官大，别的似乎什么都比不上他。于是他心存不满，后来竟忍不住说起对方的坏话来了："他有什么了不起？不过是一介书生，就会空谈！"

这话慢慢就传到了翟方进的耳中："胡大人对你颇有不满，总是贬低你！"

"胡大人就是比我有能力嘛！"翟方进说。说话的人摇摇头走开了。以后每到胡常召集门生讲解经书的日子，翟方进就让自己的门生到胡常那里请教疑难问题，还把他讲解的话记录下来。一开始，胡常还不以为意，时间久了，他明白了对方有意地在推崇自己，心中感到不安起来，就不再讲翟方进的坏话了。后来，当人们开始称道起他的学问时，他也在赞扬翟方进了。两人化干戈为玉帛归于好。

胡常心胸狭窄，他当了官，就不能容忍没当官的朋友比自己强。于是他开始诋毁朋友了。这样下去，朋友还会是朋友吗？幸好对方度量大，不但不以为意，反而处处维护他、抬举他，让他的心理逐渐平衡，化解了矛盾。

在整个事件中，翟方进知道他和胡常没有本质上的矛盾，胡常对自己不满，无非是因为自己名声比他大。

他抓住了事件的要害，在这个节骨眼上迎合了朋友的需求，使得因嫉妒而产生的矛盾迎刃而解。

嫉妒者嫉妒别人往往是因为自己的自尊心没有得到满足。

如果持宽容的态度，不计言行，主动接近他。甚至在适当的时候，求助于嫉妒者，他会感到你的进步并不会对他造成威胁，成功的你还有求助于他的时候，这使他的自尊心在某种程度上就能得到一定的满足，妒火的温度就可能降下来。

第九章

好猜疑的人，在这个世界上只相信怀疑

自信抛到九霄云外

好奇心易让人产生猜疑，但更多的是人们对自身安全的不信任。猜疑是一根刺，不仅刺破别人的心，也会让自己的心流血。猜疑不仅是对别人的不信任，更是对自己的不信任。

本来应该信任的人，却无故地猜疑；本来可以成为合作伙伴，到后来却成为仇敌。

两个人结伴穿越荒原，水喝完了，其中一人中暑不能行动，剩下的那个人对同伴说："你在这里等我，我去找水。"他把手枪塞在同伴的手中，说："枪里有四颗子弹，记住，两小时后，每小时对空鸣枪一次，枪声会告诉我你在的位置，这样我就能顺利找到你。"

两人分手后，一个人充满信心地去找水了。另一个人满腹狐疑地躺在那里等候，他看着手表，按时鸣枪。但他一直以为只有自己才能听到枪声，他的恐惧加深，认为同伴找水失败，中途渴死；过了一会儿他又想一定是同伴找到了水，却弃自己而去。到应该开第四枪的时候，这人悲愤地想："这是最后一颗子弹了，同伴早已听不到我的枪声了，等到这颗子弹用过之后，我还有什么依靠呢？只有等死了。而在临死前，秃鹰会啄瞎我的眼睛，那时该多么痛苦，还不如一枪了决算了。"于是他颤抖着把枪口对准自己的太阳穴，扣动了扳机。不久，那个提着满壶清水的同伴寻声而至，但等待他的却是朋友的尸体。

虽然在生活中难免出现意外，我们免不了对情况产生一些怀疑，但如果对任何事都无端怀疑，而且在没有根据的情况下，不能坚定地相信自己的判断，不相信他人，整天疑神疑鬼，这就是不良心理现象了。

这种人整天忧心忡忡，对一切的事情都在担忧，总觉得无论自己做什么事、说什么话，都有人在评论着自己，议论自己的一举一动，甚至总有人在跟自己过不去。其实呢，大家根本没去注意他，谁都有忙不完的事，要是能有时间，不去好好休息才怪，哪个还去想别人的事情？这都是多疑的人自找的事。

多疑的人，把自信抛到九霄云外，连自己都不相信，他又能相信谁呢？一个人有了充分的自信，就不会时时为疑心所困，别人的态度甚至闲言碎语，就不会使自己敏感，也不会计较。"谁人背后无人说，哪个人前不说人？"几句议论又算得了什么？在许多情况下，不是别人对他有成见，而是多疑使他产生了别人对你有成见的错觉，这又会反过来影响他对别人的情绪和看法，从而真的使别人对他产生看法。生活中、工作上，如果自己确有不够检点的地方，又怕别人背后议论自己，以致疑心重重循环下去，就越来越不相信自己，认为别人没有承认他。

通常，人们对自己信得过的人，不大会产生猜疑；反之，越是自己不信任的人，越容易疑神疑鬼，总以为别人在同自己作对。

猜疑并非出自心灵，而是出自头脑。有的人生性多疑，别的人相互间讲句悄悄话，便疑心他们在讲自己；别人心里不高兴，脸色不好看，就疑心是对着自己的；别人无意间讲几句不满的话，又疑心是指桑骂槐等等。要知道，这种无端生疑的消极作用很多，既影响人际交往，又影响自己的情绪，有损心理健康，并且还可能引起一系列错误行为，轻则伤害了同事、朋友或夫妻的感情，重则给工作、学习和生活带来严重的后果。

培根说过："猜疑就像蝙蝠，永远在朦胧的夜里飞翔。"多疑之人的眼睛预设很多陷阱，其实眼前都是坦途一片。

生活中写满戒备

从前，卫国有一群演戏的艺人，因为遇上年岁饥荒，便到他乡卖艺求生。

他们在路上经过一座山。据说这座山里有许多恶鬼，还有吃人的罗刹。

夜里山中风大天冷，大家燃起火，在火旁边睡了。

半夜里，有一个人实在感觉寒冷，就起来穿上演戏用的罗刹服，对着火坐着。同伴中一个人从睡梦中醒来，突然看见火旁坐着一个罗刹，顾不上仔细看清楚，爬起来就跑。

这一下惊动了所有的伙伴，大家一起亡命奔逃起来。

那位穿着罗刹服的人一惊，也跟着大家狂奔，前面逃跑的人以为罗刹要来害人，更加恐惧惊慌。大伙不顾一切拼命逃生，有的跳进河里沟里，有的摔伤胳膊跌伤腿，疲惫至极。

到了天亮，大伙才看清楚后面追的原来是同伴。

每个人都有多疑的时候，疑心是在社会生活中保护自己的正常心理活动，但疑心的程度却有轻重，过于疑心和过于敏感却会拒人千里，给自己搭了道万里长城，防卫臆想的外人的进犯。

敏感多疑者，通常对外界事物的真相贴上伪造二字，认为它们会对自己有不良图谋。这与性格也有关系，有些人性格内向，生性不开朗、不豁达，什么事情都斤斤计较，造成性格不完善和缺陷，我们虽然不能认为这就是精神症状，但大多数精神疾病的发病却和性格缺陷有着千丝万缕的联系，可以说，大部分精神疾病患者中，疑心过重、四处防着别人都是主要的表现。

他们常常把周围环境中跟自己毫无关系的事物牵扯到自己的身上，看到别人吐痰，就认为是有意要和自己过不去；听到他人在交谈中说到自己的姓，就觉得那些人在酝酿一场风暴，暗算自己。

当然，适度的戒备自然对保护自己有益，但疑心过重，把别人的任何举措都当做是对自己的居心不良，必然是毫无益处。

与人相处，眼里坏人总比好人多，所以朋友很少，更无至交。多疑的人思想飘忽不定，心无主见，容易受人教唆，无中生有，怀疑一切。由于心理不健康，往往生出许多事端，自己给自己制造麻烦，事后又常常后悔不迭。我国古代名医华佗留有一句名言："多疑也是病。"多疑是一种心理疾病，是身心健康的"隐性杀手"。

有时来了一个朋友，多疑的人却把他当成要抢自己饭碗的死敌，内心终日不得安宁。

战国时，惠施在魏国当相国，庄周跑去要与他会面。惠施听人说，庄周这次来魏国的目的，是想取他相国之位而代之，所以十分紧张，命令官兵在都城搜捕了三天三夜，但还没抓到庄周。正当惠施坐立不安而又无可奈何之时，庄周却自己找上门来了，还对他讲了一个故事，"南方有一种鸟，从南海出发，飞到了北海。不是梧桐树它不会栖身，不是仙果它不会吃，不是清冽的甘泉它不会喝。猫头鹰弄到了一只死了好几天、身体都腐朽了的老鼠，正巧该鸟飞过，猫头鹰抬头看见了，以为这只鸟想吃它的老鼠，于是发出惊叫：'吓！'现在，你难道也要用魏国来'吓'我吗？"

好猜疑的人，脑袋里绷着一根弦，时时、处处用眼睛张望周围的事物，然而他又不相信眼睛看到的一切，总把自己当成是人们的公敌。别人靠近他、议论他、看他一眼似乎暗藏复杂的心机。如果生活对其他人来说是一张怡人的画，那么对多疑者而言，生活是无数魔鬼的脸拼成的万象图，他

狐疑是一面哈哈镜

"宋有富人，天雨墙坏。其子曰：'不筑，必将有盗。'其邻人之父亦云。暮而果大亡其财，其家甚智其子，而疑邻人之父。"这就是众所周知的"智子疑邻"的故事。

善成恶，忠成奸，猫成了老虎。狐疑是现实的哈哈镜，扭曲了人性中的良好形象。

猜疑，就是无中生有地起疑心，对人对事不放心，小心过甚。有了猜疑之心，对待朋友，看待事物，就不能从客观实际出发，进行合乎逻辑的判断、推理，而是凭借一点表面现象，主观臆断，随意夸大，进而扭曲事物，得出一个不切实际的结论，或者先入为主，先设框框，然后察言观色，甚至无中生有，把幻觉当真，把一些毫无关系的现象也当做事实材料，生拉硬拽来当做证据。

猜疑使人际交往中本来小小的疙瘩扭曲变成长期的不和。自古以来不知有多少人因为猜疑疏远了朋友，中断了友谊，甚至断送江山。猜疑实在是害己又害人。

猜疑面前，公正变成偏见。正像上面引用的"智子疑邻"的故事，同样是忠诚的劝告，富人对儿子称赞是因为亲近，忠告便显得聪明；对邻人之父非亲非故，结果"信而被疑，忠而被谤"，显然失去了公正的态度。

猜疑更是让群臣相忌，祸及家国。历史上，君臣相互猜疑则天下就会动乱。因而贤明的君主和精明的朝臣，都把猜疑视为相处的一大祸害加以避免。

三国时期的诸葛亮，一向被认为是一个精明能干且能选贤任能的人，但他也有一定的偏颇之处，就是过于明察，反生疑人之心，对人不信任，大事小事无不亲自过问。诸葛亮对受降之将魏延始终用而不信，怀疑他有反叛之心，致使军事上失去"股肱"之助。诸葛亮死之后，又发生魏延的冤案，蜀汉元气大伤，造成"蜀中无大将，廖化作先锋"的不利局面。

本是正常的东西，放到多疑的人眼前，经他一咀嚼，再揣摩思量，总能尝出怪味来。好端端的一盘菜，可能过一会就是发霉变质、恶臭无比的烂货。

从前，有一个樵夫上山去砍柴。他装了满满一担柴，还剩一半没有装。为了赶到市场上去卖，他急急忙忙挑起柴担就走，把砍柴的斧子失落在山沟里。卖完柴以后，看看天色不早了，就急匆匆回家了。

第二天早晨，他一觉醒来，又要上山去砍柴，发现砍柴的斧子没有了。于是，他把家里的人都叫起来，问他们看见斧子没有，家里的人都说没有看见。家里的人又帮他里里外外寻找一遍，也没有找到。

樵夫吵吵嚷嚷找斧子，惊动了四邻。邻居的儿子从院墙上探过头来，关心地问道："你们家丢斧子了？"

他没好气地说："斧子被贼偷走了，你看见没有？"

邻居的儿子摇摇头，然后迈着大步走出自家的院子，去办自己的事了。小孩子好奇，他走到大街上还回头看看樵夫找斧子的忙乱情景。

樵夫心想：斧子一定是被这小子给偷去了。看这小子说话的样子，斧子一定是他偷的，不然的话，他怎么第一句话就问我家丢斧子的事呢？看这小子走路的样子，匆匆忙忙的，一定是作贼心虚，怕露马脚，斧子一定是他偷的。看这小子的表情，探头探脑，就像小偷，这斧子不是他偷的还有谁呢？

过了几天，樵夫想起来山上还有一担柴。他想把这担柴卖了，再买一把斧子。他来到山沟里，捆柴装担，捆着捆着，从柴堆里找到了自己丢的那把斧子。

樵夫卖完柴，往家里走，在家门口又遇上了邻居的儿子。两个人交谈了几句，就各自回家了。这时，再看邻居的儿子，说话、走路、表情、态度，没有一样像是偷斧子的小偷，完全是一个正派的青年。

樵夫想到前几天对人毫无根据的怀疑，心里感到内疚。

多疑者目标众多，只要一进入他的搜索范围，对方的一言一行、表情神色都开始变得不正常；可是真相大白后，对方的一切就完全换了一副模样。是对方变了吗？不是，他还是原来的那个他，改变的是多疑者的眼光和心态。只有心中不再有怀疑，多疑者眼中的一切才恢复正常了。

理性为猜疑殉葬

雌雄二鹰居住在一起，秋天到了，它们一起出去采摘果实，然后放在窝里。

时间一长，果子风干了，本来满满一窝的果子就剩下了半窝。雄鹰就责怪雌鹰说："我们采摘果子那么辛苦，现在却不明不白地少了半窝，一定是你偷吃了！"雌鹰申辩道："我没有偷吃，果子是自己少的！"雄鹰说："果子又没有长翅膀，难道会自己飞走，你偷吃了，竟然还不承认，我真是认错了你！"说完就啄死了雌鹰。

过了几天，下起了大雨，雨水把窝里的果子一泡，果子又变成了满满一窝。雄鹰一看，才知道自己冤枉了雌鹰，可是已经没有办法进行挽救了。

雄鹰的悲剧就源于它对雌鹰的猜疑。猜疑的魔鬼拧住了理性的大门，等魔鬼退去，理性面对的只有后悔的泪水。

想想看，我们人与人之间常有的争执、吵闹、误会，乃至过去很多的冤假错案，哪件事情不与猜疑有关呢？

南宋绍兴十年，岳飞在堰城大破兀术"拐子马"，乘胜进军朱仙镇，创造了收复中原乃至北方更远地方的条件。然而，宋高宗、秦桧却以十二道金牌急令班师。岳飞接到诏令，痛心疾首，悲愤万分，高呼："十年之功，毁于一旦；所得州郡，一朝全休；社稷江山，难以复兴，乾坤世界，无由再复。"岳飞回临安后，被解除兵权，不久，被诬入狱，在风波亭以"莫须有"罪名被杀害。

岳飞之死是个人的悲剧，更是时代的悲剧。时代的悲剧通过他个人的悲剧，得到了强烈、集中的表现。

我们也许疑惑，缘何这样一位将领，一位被古今人民所崇拜的民族英雄，却惨遭杀身？像岳飞这样一位具有爱国主义的英雄人物，就是落到敌人手里也会待如上宾；可他誓死效忠的南宋朝廷却以"莫须有"的罪名来诬害他，用"烙铁"对付他，并在风波亭毒杀了他。这就不得不引起人们的深思。

可以从岳飞的悲剧中看到，若不是宋高宗对岳飞的猜疑，他又怎会中奸人的离间之计，一代名将岂会含冤九泉？

华佗又何尝不是受人猜疑而命丧黄泉？

在《三国演义》中是这样描写华佗之死的。魏国丞相曹操一直患有头痛之疾。一次突然发作，疼痛难忍，于是连夜差人将华佗唤来医治。华佗对其经过一番望、闻诊断之后，便对曹操说：头痛的病因缘于脑内，要先饮麻沸汤，后用利刃打开头颅，将病根"风涎"取出后，才有可能根治。曹操闻听后，以为华佗欲以此来陷害他，当即大怒，便令将士将其拿下，打入囚笼。而后又不断拷打追问，可怜一代名医便这样冤死于狱中。

猜疑就像心中的一颗毒瘤，随时将毒素扩散到人的血液中。猜疑是破坏团结的祸根，是化友为敌的障眼帘。猜疑时时啃噬着人的心灵，使人坐卧不安，丧失理智。

好猜疑者看起来就像一个思绪缜密的思索者，怎么都能找出理由掷给被怀疑的人，不知其癖好者，定以为此人处事理智。其实，如果用事实的筛子一过滤，又有多少理由能留住？他们不是多理智或多理性，而是理性不足，冲动有余。

逼出兄弟间的一堵墙

猜疑钻进了兄弟情谊，如果没有很好解决，亲情也会因蛀虫的侵入而腐蚀。

一个商人有两个儿子。当这对兄弟长大后，就留在父亲经营的店里帮忙，父亲过世后，兄弟俩接手共同经营这家商店。

起初一切都很平顺，直到有一天店里丢失了 10 美元，从此兄弟二人的生活开始发生了变化：哥哥将 10 美元放进收银机，与客户外出办事了。当他回到店里时，突然发现收银机里面的钱已经不见了！他问弟弟："你有没有看到收银机里面的钱？"

弟弟予以否认。

但是哥哥对此事一直心存疑虑，咄咄逼人地追问，不愿罢休。

哥哥说："钱不会长了腿跑掉的，你一定看见了那 10 块钱。"语气中隐约带有强烈的质疑意味，不久手足之间就出现了严重的隔阂。开始双方不愿交谈，后来决定不再一起生活，在商店中间砌起了一道砖墙，从此分居而立。

20 年过去了，敌意与痛苦与日俱增，这样的气氛也感染了双方的家庭与整个社区。

某一天，有位开着外地车牌汽车的男子在哥哥的店门口停下。

他走进店里问道："您在这个店里工作多久了？"哥哥回答说他这辈子都在这店里服务。客人说："我必须要告诉您一件往事：20 年前我还是个不务正业的流浪汉，一天流浪到你们这个镇上，已经好几天没有进食了，我偷偷地从您这家店的后门溜了进去，并且将收银机里面的 10 美元取走。虽然时过境迁，但我对这件事情一直无法忘怀。10 美元虽然是个小数目，

下篇 超级人脉的厚黑心法
——人一生要防范与应对的15种人

但令我深受良心的谴责，我必须回到这里来请求您的原谅。"

说完原委后，这位访客很惊讶地发现店主已经热泪盈眶并哽咽地请求他："是否也能到隔壁将故事再说一次呢？"当这位陌生男子到隔壁说完故事以后，他惊愕地看到两位相貌相像的中年男子在商店门口痛哭失声、相拥而泣。

20年的时间，怨恨终于被化解，兄弟之间存在的对立也因而消失。可是谁又知道，20年猜疑的萌生，竟是源于区区的10美元。

生活中，哪怕是一点点的猜疑，也可能让人失去最珍贵的东西。

猜疑是人性的顽疾。兄弟间无端无据的猜疑，玩的是危险游戏，用一块块砖头堆成隔离的高墙。哪一天消除了心中的结，才可能推倒情谊的"柏林墙"，重温旧日亲情。

历史上这类例子，数不胜数。封建帝王之家，为夺储位，皇子们各成一党，互为钩心斗角，猜疑彼此的野心。最后两败俱伤者有之，兄弟残杀有之，身陷囹圄者也不少。猜疑一日不少，争斗又岂甘于寂寞？

主动洗刷清白

怀疑，意味着不信任、不友好，并潜伏着更激烈的矛盾隐患。如果一个人的周围，到处可见怀疑的目光，那就说明他的处境很危险。被人怀疑总不是件好事。为此，聪明的人总是设法解除人们的怀疑。

陈平微服带剑出逃。渡河时，船夫见他长得相貌不凡，又是一人独行，为此，怀疑他是逃亡，腰中一定携带着金银财宝。

在划船的时候，他总是贼眉鼠眼地打量陈平。陈平害怕被船夫谋害，就解下衣服，光着身子，帮助船夫撑船。船夫发现陈平身上一无所有，才平息了谋财害命之心。

还有这么一件事：在悦来客栈里，一个客官拿着金石杯饮酒，老板以为是真金做成的杯，不停地盯着这客官。客官觉察出来以后，故意将杯子扔出窗外。老板既惊讶又惋惜。这时客官告诉老板："这不是真金做的，没什么可惜的！"

被人怀疑时，当怎样释除他人的疑虑，从上面两个小故事可以知道：一定要主动化解，尤其面对多疑的上司时更应这样。

谗言，也就是我们今天所说的"小报告"。谗言本身并不可怕，最可怕的是你的领导是一个爱听信谗言的多疑的人。如果领导不分是非曲直，疑神疑鬼，谗言就成了一件致命的武器。

古往今来，由于领导听信谗言而导致下属悲惨下场的事例屡见不鲜。爱国主义诗人屈原、民族英雄岳飞，不就是因为其君主多疑，听信谗言而遭受迫害的吗？

如果你遇到那种思想简单，遇事不加分析、不做调查就胡乱猜测的上级，碰巧又有小人向他进谗陷害你，你该如何呢？为了不至于和领导发生冲突，并且使他明白你是受到了谗言的陷害，你可以这样去做：

1. 巧揭穿谗言的真面目，为自己洗刷清白

有人向领导进谗诬陷你，偏偏领导又听信了谗言，这种情况对你极为不利。不过，你不要害怕，应拿出勇气来，在上司面前以积极的态度与其斗争，找出证据、采取技巧、揭穿谗言的真面目，还自己一个清白。

2. 不回避，不忍让

面对上级对自己莫名其妙地突然地冷淡疏远，或在会议上不点名、暗示性地批评你，甚至故意制造工作中的矛盾为难你、制裁你，应当有勇气主动找领导谈心，问清缘由，说明真实情况。

凡事如果拿到桌面上，公开地、坦率地说清楚，往往会收到较好的效果。回避的态度、忍气吞声的做法，只会使真相笼罩在一层迷雾中，加深上级对你的误解，加大双方的隔阂。所以应当敢于正视面临的困境，努力想办法摆脱被动局面。

3. 变被动为主动

如果确切无疑地知道了领导已经在猜疑你，你可以在领导没找你之前先找他，把一切实情坦然相告，这样就可以变被动为主动。另外，为了制止献谗者继续造谣生事，应当凛然正色地找到这位当事人，以暗示的口气给其以必要的警告。

既要让领导认清事实，澄清自己的冤屈，也要使好猜疑的领导身边少一些进谗言之人。这些都归结于面对别人猜疑的态度：主动出击。

三思后行释猜疑

官渡之战结束后，曹操从袁绍的图书案卷中，捡出一束书信，都是曹操手下的人写给袁绍的投降书。当时有人向曹操建议，严肃追查此事，凡写了黑信的人，统统抓起来杀掉。曹操不同意这样做，并下令将这些密信付之一炬。曹操为了团结安定军心，没有斩杀叛变者，而是以大局为重，消除部下余虑，很好地化解了猜疑。古往今来，有不少例子都告诉我们在猜疑面前，除了主动的态度外，更要三思而行。

吕后采取萧何的谋略，杀死了韩信。汉高祖听到这个消息后，从前线派使者还朝，封萧何为相国，加封五千户俸禄，还命令500士卒和一名都尉做他的护卫。在朝的官员都向萧何表示祝贺，只有陈平表示忧虑，说："大祸恐怕从现在开始了。皇上在外面作战，您在朝内守卫国家，您没有任何像前线那样的危险，而皇上却要加您俸禄和护卫，这不是宠爱您。如今，淮阴侯刚反，恐怕皇上有怀疑您的心理。我希望您能辞让封赏而不受，把所有的家财都拿去帮助军队。"萧何听从了陈平的话，高祖刘邦十分喜悦。

西汉时，大将军卫青出兵去定襄作战。苏建、赵信和3000多骑兵与敌军单于的部队遭遇。苦战一整天，军士差不多都阵亡了。赵信投降了单于，苏建一个人逃回来找到卫青。

这时，任议郎职务的周霸对卫青说："大将军从出征到现在，从未斩过副将。像苏建这样弃军而逃的人，应该被斩首。这样，可以振奋您的军威。"军中有个长史说："不能这样做，苏建仅以几千人的兵力，和几万胡兵奋战了一整天，士兵没有投降，全部战死。如今，他死里逃生，反而遭斩，这是告诉将士以后战败谁也不要回来。我以为，不应该杀他呀！"卫青说："我卫青以诚心诚意来对待他，让他带罪在部队，我不怕他损我的军威。而周霸让我杀掉苏建来振奋军威，这很不符合我的心意。即使是部将得罪该斩，以我的职位也不敢自己说了算，毕竟是在国门之外杀人呐！等回师把他交给皇上自己处理吧！这样，可以教育臣子不要专权独断，不也很好吗？"于是，把苏建囚禁了送到京城，天子果然赦免了他的罪。

常言道，将在外，君命有所不受，卫青把处置副将一事交给武帝处理，是经过深思熟虑的判断后决定的。卫青执掌重兵，一旦过于独立行事，必将引起武帝的怀疑。因此为避开皇上的猜忌，卫青没有冲动行事。

猜疑过度的人，他们的理由多是需要时间来提供佐证，他们无不认真捕捉战机，对目标的行动每一步都看在眼里，记在心上，如果不谨慎行事，只能是给他们口实，印证猜疑，长此以往，疑者更疑。敏感的神经，尖锐的眼光……防他们不可不慎重行事。

利用狐疑化危局

多疑者相遇，纠合在一起，难成大事。如果对手或敌人是一群多疑者的集合，何不利用他们的相互不信任，为自己赢得胜利呢？

在激烈的竞争中，对手之间为了共同的敌人会结成联盟，但联盟并非很牢固，甚至是脆弱的。

通过同盟势力来打击政敌，这是政治斗争中常有的现象。面对政敌的同盟，利用对手的互不信任，制造混乱。这样，既可削弱对手的力量，又可扩大自己的同盟，同时还有可能形成各个击破的态势。竞争者能得到盟友的相助，这是竞争者比较满意的结果；竞争者能得到盟友相助，并能造成对手同盟之间的相互残杀，这是竞争者所能得到的最好结果。

楚汉战争时，项羽与刘邦之间争斗不息。项羽"力能扛鼎，才气过人"，在战争初期以西楚霸王的名义号令诸侯，兵多将广，更兼善战，处于优势地位。刘邦"仁而爱人，喜施，意豁如也"，虽勇不及项羽，地不如楚多，但他能采纳部下建议，分化项羽同盟，故常能败而复振，逐渐化劣势为优势。

公元前205年，刘邦趁项羽东征田齐之时，率兵五十六万伐楚，一举攻克楚都彭城（今江苏徐州市）。项羽得知，亲率精兵三万回援，连续作战，收复彭城，驱赶汉军，竟连连斩获汉军二十万。刘邦慌忙逃窜，在途中竟将子女推下战车，老父也被项羽俘虏。刘邦逃至荥阳，所幸靠萧何等征发关中老弱全数赶来，方才稳住阵脚。

刘邦一面用陈平的离间计来离间项羽唯一的谋士范增，一面听从张良的计谋，趁项羽同盟九江王英布、魏相国彭越与项羽"有隙"之时，利诱彭越，使他在楚后方绝楚粮道；派使者随何前去九江游说英布。英布此时与项羽虽有矛盾，但畏惧项羽强横，还不敢与项羽为敌。随何凭三寸不烂之舌，说得英布心动，但英布仍然狐疑不定。于是，随何借楚使者前来九江催英布发兵之时，公开英布与汉有谋的事实，迫使英布最终下定反楚的决心。这样，项羽分兵去攻打英布，减轻刘邦的压力；英布兵败来投刘邦，也只能死心塌地助汉攻楚。刘邦不断地削弱项羽的同盟，扩大自己的同盟，这是成功地应用借刀杀人之计的扰其同盟，借对手狐疑而削弱对方的手法。

合作伙伴结成统一战线，齐心协力才能打败对手。然而合作伙伴中的多疑者会使统一战线未战先垮，眼看着胜利唾手可得，一回头让人给摧毁了。

灰兔在山坡上玩，发现狼、豺、狐狸鬼鬼祟祟地向自己走来，急忙钻到自己的洞穴中避难。灰兔的洞一共有3个不同方向的出口，为的是在情况危急时能从安全的洞口撤退。今天，狼、豺、狐狸联合起来对付灰兔，它们各自把守一个出口，把灰兔围困在洞穴中。狼用他那沙哑的嗓子，对着洞中喊道："灰兔你听着，3个出口我们都把守着，你逃不了啦，还是自己走出来吧。不然我们就要用烟熏了，还要把水灌进去！"

灰兔想，这样一直困在洞里也不是个办法，如果它们真的用烟熏、用水灌，情况就更加不妙。忽然，灰兔灵机一动，想出了一个妙计。它来到狐狸把守的洞口，对着洞外拼命地尖叫，就像被抓住后发出的绝望惨叫声。

狼和豺听到灰兔的尖叫声，以为是灰兔被狐狸抓住了。它们担心狐狸抓到灰兔后独自享用，不约而同地飞奔到狐狸那里，想向狐狸要回属于自己的一份。聚到一起后，狼、豺、狐狸忽然意识到灰兔可能是用的声东击西之计时，急忙又回到各自把守的洞口继续把守。它们哪里知道，灰兔趁刚才狼到狐狸那里去的时候，早已飞奔出来，躲到了安全的地方。灰兔把自己脱险的经过告诉了刺猬，刺猬说："你真聪明，你是怎么想出这个妙计来的呢？"灰兔说："因为我知道，狼、豺、狐狸虽然结伙前来对付我，但它们都互不信任，各怀鬼胎，我正是利用了这一点。"

破多疑者的围堵，当如灰兔，方可不失败。

第十章

忘恩负义的人，私利将了恩情的军

私利是吞噬情义的虎口

什么样的人称得上是忘恩负义？来看看几位名人遇到的事吧。塞缪尔·莱博维茨在当法官前曾是位有名的刑事律师，曾使 78 个罪犯免上电椅。你猜猜看其中有多少人曾登门道谢，或至少寄个圣诞卡来？一个都没有。

耶稣基督在一个下午使 10 个瘫子起立行走——但是有几个人回来感谢他呢？只有一位。耶稣基督环顾门徒问道："其他 9 位呢？"他们全跑了，谢也不谢就跑得无影无踪！如果跟钱有关，那就更没指望啦！查尔斯·舒瓦伯曾帮助过一位银行出纳，这位银行出纳挪用银行基金炒股而造成亏损，舒瓦伯帮他补足金额以免吃官司，这位出纳员是否感谢他呢？是感谢他，但只是一阵子，后来他还跟这位救过他的人作对。

你如果送你亲戚 100 万美元，他应该会感谢你吧？安德鲁·卡内基就资助过他的亲戚，要是卡内基九泉之下有知，定会很震惊地发现这位亲戚正在诅咒他呢！为什么呢？因为卡内基遗留了 3 亿多美元的慈善基金，但他只继承了 100 万美元。忘恩负义的人不会在心中印上"感谢"二字，尽管他可能嘴里会冒出"感谢"。

当一个人小有成就时，上谢天，下叩地，对父母感恩戴德，但归根到

· 674 ·

底，他仍认为自己的聪明才智居功最伟，试想他会感谢老师吗？一个人有所成就时，他首先会认为是自己的"功劳"，别人再有功绩，也是绿叶而已。口头上的虚伪，感谢好一阵子，但重点还是在"但是"上，转折后面真正想强调的是自己。

当他失败时，却没能先从自己反省做起。多半是要找到个自己和别人信服的推诿的道理。如果太难找到过硬的道理，勉强让自己信服的也将就，有时候甚至旁人都认为这是在自欺欺人了，自己还在陶醉其中，原谅自己。面对责任，人们首先推给旁人，其次推给环境，最后实在没有理由可找，那就想到了一个逻辑："自己办不到的事情，天下人皆如此。"

即使别人对他恩重如山，他却习惯性忘记，把责任推到别人身上，埋怨铺天盖地。

看下面这个家喻户晓的故事描摹的忘恩负义面孔。

一个从事航海贩运的商人屡屡战胜风险，各种各样恶劣的气候和地形都没有对他的货物造成损失，似乎命运女神格外垂青于他。他所有的同行都遭到过灾难，只有他的船平安抵港。人们追求奢侈的欲望使他财源广进，他顺利地贩卖了运回来的商货，一夜之间富可敌国。

他开始挥霍，一个朋友目睹了他的豪华盛宴之后，羡慕地说道："您的家常便饭就有这样的气派，真让我大开眼界！"

"这还不是靠我自己的努力奋斗，靠我的聪明才智，靠我的独具慧眼，才能抓住机遇获得今天的成就。"

这位商人认为赚钱是件极容易的事，因此，他把赚得的钱拿出来搞投机，但这一次可没有什么好运气了。第一条船设备很差，碰到一点儿风浪就翻了船；第二条船连必要的防御武器都没有，海盗连船带货都一齐掳了去；第三条船呢，虽然平安到港了，但一时间经济萧条，货物囤积了很久也卖不出去。他手下那些人整日大讲排场，白花花的银子费了不少。

他的朋友看到他如此迅速地陷入一文不名的境况，问他道："这是怎么回事？"

"唉，别提了，全怪那不济的命运。""您别放在心上，"朋友安慰他说，"如果命运不愿意看到你幸福，至少它会教你变得谨慎小心。"

或许他还不明白这个道理：他的成就一半是勤奋，一半是机遇的功劳。一朝失败，不从自身找原因，他日有所起色，便都是自己的功劳，就要把责任推到别人身上了。

一些人不但不谢人之恩，反辱骂陷害恩人。他们对恩情是健忘的，就如一把筛子，漏下的是别人的帮助，残留私利的沙砾。他们当时或许可能是很感激别人的帮助的，但岁月流逝，这个恩德和以后的是是非非相比太渺小了，很容易冲淡，直到忘记。

有人后来可能改变对以前恩惠的看法，如他拿到大学通知书时很感激高中照顾自己的老师，可到大学这个新的环境后，慢慢地他开始改变对高中老师的认识，"我要是能有个更好的老师，我会更厉害的"，他就没想过，换了老师他可能会变得糟糕。他开始怨恨已有的老师。

忘恩负义的人喜欢假设，今天别人给他一个馅饼，明天就恨你让他只得到一个馅饼，说不定他藏着大蛋糕呢！对此，只能说情义再大，也逃不过私利的虎口。

中山狼得志便猖狂

许多背信弃义的人往往外表道貌岸然，功成名就之时就抛弃了为他贡献和付出许多的结发妻子、多年朋友，这种人是要遭谴责的。

现实中不乏当代版的陈世美。

袁朗和谢颖自从有了孩子后，生活变得有些青黄不接。袁朗又不是那种做生意的料，工作一直都不让人满意。他心里还想着考研。谢颖极力支持，即使自己辛苦些也愿意。

超级人脉术大全集

之后，袁朗开始潜心读书，而谢颖却四处兼职，每天像个陀螺似的转个不停。没几年时间，她便感觉自己变成了一个萎靡不振的邋遢主妇，苍老而憔悴。

所幸袁朗终于顺利考上了研究生。但他考取的研究生是纯自费的，他自己又没有半点收入，家里的各种开支与日俱增。不过这一切，袁朗都当成了一个坎，他想，迟早会过去的。谢颖找了几份更为沉重的工作，决心要挑起全家的重担，做一个背后默默奉献的女人。

袁朗研究生毕业后，又觉得专业太冷门，只有读博士才有大出路。很多人都劝谢颖，这些年你一个女人又带孩子又养家糊口，还要供养一个丈夫，太辛苦了，还不如让袁朗先就业，缓解一下经济压力。

可谢颖想既然这么多年都过来了，还在乎这几年？再苦再累，只要能保证袁朗有一个更好的前途，自己也值得。袁朗也很争气，以优异的成绩考取了北京一所名牌大学心理学博士。

原以为是苦尽甘来，还没等谢颖松一口气，一场风雨从天而降。

谢颖无意中看到了袁朗抽屉中一个名叫小玉的女人写给他的情书。那字里行间的热切对谢颖来说，却无异于最刺骨的寒冷。

关于小玉的事，谢颖以前听袁朗提过。上大学的时候袁朗曾经暗恋过她，不过他们从来都没有说过话。就是这么一个人，谢颖哪里会在意呢，当时只是一笑了之。她没想到袁朗对这个同学竟然这么认真。

谢颖一气之下向袁朗提出了离婚。其实谢颖也只是想发泄一下心里的委屈，并没有真要离的意思。没想到袁朗语气平淡地说："也行。"谢颖顿时感到一阵窒息。

谢颖是一时气话，袁朗却是认真的，他开了口，就坚持一定要离婚。谢颖一时放不下满心委屈，也不相信真会离婚。

她想既然解不开袁朗心里的初恋情结，就应让袁朗明白，他的初恋情结只不过是一个不切实际的肥皂泡。谢颖想了很多办法，最后终于联系上了小玉，并和她见了面。

没想到，小玉现在竟然是袁朗的师妹，原来他们在考研究生之前，早就有了约定。

起初谢颖想，在袁朗心中小玉只不过是一个美好的幻影，袁朗的初恋其实不是具体的某个人，而是一个难以逾越的情结，一个跨不过的心理障碍。但她始终认为自己任劳任怨为袁朗的前途付出，不可能在感情上出现破裂，谁知袁朗竟是一个薄情郎。袁朗终于告诉她，等自己读完博士，一定要在经济上给谢颖很好的补偿和报答，他只是觉得和谢颖在一起越来越没有共同语言，因而婚姻对双方来说，都是一种负担。

眼看着自己苦心经营的男人，最终竟然以这样居高临下的语气跟自己说分手，谢颖真不知道该如何接受这一切。

有些男人，可以让女人一起受苦，却不让女人与其一起享福。窘困的时候，女人陪他一起吃苦，勒紧腰带过日子，他有对女人满腔保证；到了飞黄腾达之日，却不和妻子享福，早早地把她踢开。为了一己之私，这种男人可以抛弃曾经为他贡献和付出了许多的原配妻子。

他把妻子的付出当做理所当然。年轻时，他们可能吃过苦，也是经过一番拼杀才到这般模样，但是一朝"钱"到手，便四处享乐，"金屋藏娇"。夫妻的浓情蜜意没有与日俱增，反而被他淡漠的寡义刀切得支离破碎，情意如秋天里的落叶，在冰冷的爱河里腐朽。

吃水忘了挖井人

俗话说，饮水思源，吃水不忘挖井人。很多人乐善好施，以助人为己任，遍施善果却遇到领了情、忘了义的负心人，好心却没得好报。

动物王国里，狮子有一次食肉时，恰好被骨刺刺中嘴唇、痛苦万分。啄木鸟向它询问原委，同时也看见狮子口中骨头正卡在那里。啄木鸟便趁狮子睡着时探身其中为它取出骨头，然后对它说道："你为兽王，将来肯定有能力报恩，方便时请多多照应我。"狮子满口答应下来。

这只啄木鸟后被鹞鹰抓获，然侥幸又从其爪下逃脱。饥饿难耐时，恰逢狮子刚刚捕杀到一只野兽。眼见狮子正狼吞虎咽，饥肠辘辘的啄木鸟便向狮子讨要肉食。谁料狮子不但不给，反而恶狠狠说道："你当初能从我凶残利牙下活着出来，皆是我对你施恩所致，现在还来要什么肉食?"

啄木鸟只好伤心地走开。

狮子得啄木鸟的帮助，毫无感恩之心，还想吃掉它，幸亏没有得逞，可是黑熊就没那么幸运了。

有一游客只身探险，深入原始山林。突然天降大雨，他迷了路。

在万分焦急中，他东奔西走，寻觅隐藏的地方。很快他找到了一个山洞，环顾一看，一只黑熊，正卧睡在角落里，游客吓得不敢做声。

但是外面又下大雨，又没处可躲。于是，游客兀然僵立在那儿。谁知黑熊却对他很友善，一点儿害他的样子都没有。因此，他慢慢感到精神松弛而不害怕了，当晚，就在那里住下来。可是，连绵不断的大雨，一连下了好几天，这期间黑熊就像人一样，送给游客很多新鲜果实。

天晴了，黑熊便把游客带出山洞外，指示他的出路。在分别时，黑熊连连对游客叩头，像是有什么事要拜托的样子，游客懂得其心意，就抚摸着黑熊安慰道：

"黑熊! 你是怕我把你的住址告诉别人吗? 你放心，你救了我，你住的山洞我一定不会告诉别人!"

黑熊欣然点头，表示感谢。

游客走了不远，即遇到一个手持弓箭的猎者，猎者询问道："你好! 你从什么地方来? 有没有看见野兽?"

"呵! 我是看见一只黑熊的，但是他有恩于我，我不能告诉你他的所在!"

猎者逢迎谄媚道："你是人类，它是畜类，为什么要去庇护一只大熊呢？你应当告诉我它的住处，有了财利，我当然与你共分！"

游客一听财利，眼睛一亮，动了贪念，便把黑熊的住处告诉猎者。

猎者闻言大喜，随即依照指示，直奔前去，不一刻即将黑熊擒住杀了，分了许多熊肉给游客。

当一个受恩者吃一个施恩者的肉时，你心里是什么滋味？一个喜欢解人之急、慷慨助人者，很多时候是不求回报的，同时更不愿有成为受助者刀下鬼的"回报"。

如果你是个经常关心帮助别人的善者，无情无义的人向你乞求施舍，那就需提高警惕了！

鸿恩浩荡不敌恨水一滴

出门靠朋友，我们对于朋友有求之事，只要力所能及，必然赴汤蹈火，亲力亲为，不求朋友有什么回报，只希望友谊之树能在真诚的汗水浇灌下长青。

然而，这只是理想中的想法，现实生活中我们常常看到，有的人，朋友对他的好处他记不住，有一点让他感觉不好的地方就耿耿于怀，不是恶言相向，就是翻脸不认人。

高求的同学米扬，有一段时间在一家外企工作，因志不在此，总觉得对自己的处境不满意，又因家中无后台支撑，米扬便给高求打电话，希望能帮忙找个机会。

高求对同学的处境深表同情，就满口答应下来。他想到有个大学同学开了一家公司，就向他提出了要求。

人家一听便对他说："高求，我这儿确实需要人，但是你的同学这层关系，一是不知道他是不是胜任，二是在管理上会给我造成诸多不便。"

高求靠着与这位同学关系不错，便大包大揽："你放心吧，我不敢说他能力有多强，胜任工作没有问题。管理上你该怎么管就怎么管，真有什么事的话还有我呢。老同学就帮这个忙吧。"就这样米扬进了这家公司工作。

干了一年多以后，米扬已经取得了一定的经验，便跳槽到另一家公司当上了销售经理。后来，在高求的撮合下，米扬与高求系里的一个女孩结了婚，生了子。

几年下来，米扬在北京基本站稳了脚跟，房子有了，车子买了，美中不足的是，夫妻感情不是太好，他总嫌妻子学历低。另外，因为事业上始终没有再进一步，他也总感觉自己的才能没有得到应有的发挥。

感情上的问题也好，事业上的想法也好，这时候米扬应多从自身找原因，但是他把怨气都撒到了一心帮他的同学高求身上：什么入错了行影响了自己一辈子，选错了妻子耽误了自己一辈子。用米扬自己的话说：我这一辈子两件最主要的事都让高求给耽误了。

实际上，感恩说到底就是一种思维方式。像米扬这样的人考虑问题时只绕自己转，是不是合情与合理他就不管了。

如果你在大城市混得还不错，经常会遇到这样的情况：什么侄子侄女、表弟表妹、三姑六婆、见过的没见过的等等一个接一个冒出来找你。

对这些亲戚你再倾力帮忙总有照顾不到的地方，到最后不管你尽了多大的力、花了多少钱，往往以把人得罪告终。

他们把你的热心肠解读成理所当然，稍有不周、闪失之处，卷铺盖走人，还不忘说几句损你的话。

他们不懂得去感谢别人，不会发自内心地对你道声谢谢，成天念叨着你的不足，明明躺在别人的床上，还嫌侍候不周，闪了他的腰，扭了他的脚。有时，恨水一滴就能冲走你的浩荡鸿恩。对于这种人，每个善良的人都应用心提防，一旦发现身边的朋友有这样的苗头，走为上策。

下篇　超级人脉的厚黑心法
——人一生要防范与应对的15种人

狗还懂得摇尾巴

养过狗的人都知道，喂食时，狗尾巴摇个不停，吃饱了，他还懂得舔你几口，以示谢意，有些人连这些都不会，不说叫他对你感恩戴德，就连一句真心的"谢谢"都没有。

很久以前，有一卖花人，每日都需过河到对岸花园采集花朵。一次，他于河中捡到被水冲走的一个芒果，就将之送给国王卫兵，卫兵又将之送与国王，国王又再送与王妃。王妃食之感觉味道非常鲜美，便向国王请求说："望国王能时时赐我此等水果。"

国王就问侍卫："你从何处得到此果？"如此一一询问下来，最后问到卖花人。卖花人讲明情况后，国王要求他务必再找到这种果实。国王的命令他不敢不听从，自此之后，此人就准备好口粮沿河水一路找寻而去。

走了很远，他发现一山上有芒果树，但因此山陡峭，除了猴子外，无人敢攀。他为找到芒果，前后耽搁很长时间，已将口粮用尽，此时他想到：如再待下去，我会困死于此，看来还得攀上悬崖。然后他就手抓岩石奋力向上攀登。结果芒果未得，人倒先坠入深渊。

一只猴王住于此山，看见有人坠崖后便欲搭救。它先试抬一块与落崖之人身量大小相差无几的石头，结果发现尚能抬动，然后它就将此人从深渊中救出。此刻它已非常疲惫，便用人言询问他为何来此。卖花人向其叙述经过、原委，猴王对其为找芒果而遭遇的痛苦艰辛深为同情，便不顾自己劳累，又跃上芒果树去采摘果实。它让卖花人先吃一些芒果，又将很多芒果为其装入袋中。

此时猴王已筋疲力尽，而它对任何众生都非常信任，于是它便在卖花者面前休息起来，临睡前还叮咛他道："我已非常疲累，欲在你面前休息片刻，请替我巡视一番。"说完猴王就睡着了。

卖花人却想：我口粮已用尽，而袋中芒果又为供养王妃之用，若食之如何向国王交代？不如杀死这猴子，以其肉当做口粮。想毕，这毫无慈悲心的卖花人，就用大石块压死了猴王。

佛经说："若为真朋友，利他且报恩。恶人全不记，别人之恩德。"

忘恩负义之人，不是怕恩重如山承担不起，而是视恩如鸿毛，飘忽而过，不留痕迹。不坑害你就是万幸的了，更不用谈真心实意的言谢了。

不渴求别人的感激

一次，古罗马众神决定举行一次欢迎会，邀请全体美德神参加。真、善、美、诚以及各大小美德神都应邀出席，他们和睦相处，友好地谈论着，玩得很痛快。

但是主神朱庇特注意到有两位客人互相回避，不肯接近。主神向信使神述说了这一情况，要他去看看这是什么问题。信使神将这两位客人带到一起，并给他们介绍起来。

"你们两位以前从未见过面吗？"信使神说。

"没有，从来没有。"一位客人说，"我叫慷慨。"

"久仰，久仰！"另一位客人说，"我叫感恩。"

现实中，慷慨解囊未必能得到一个感激的眼神。如果想在人人那里都抠出几滴感恩的眼泪，除非你是催泪瓦斯。

白女士觉得老天对她不公平，总是遇上忘恩负义的白眼狼。先说她的老公，老公是搞科研的，为了工作常常是废寝忘食，家务活，还有照顾老人、孩子什么的半点儿也指望不上。为了支持先生的工作，白女士一狠心，就把工作辞了，回到家里来当了个全职主妇。本想老公应该感激得要命，但他却似乎一点也没有被感动，还反过来指责白女士越来越俗气了。

再说，隔壁那对小夫妻，他们之所以能在一起，那全是白女士的功劳，红线是她牵的，矛盾是她调解的，两家父母闹意见还是她劝解开的。结果呢，这对小夫妻有了矛盾才来找"白姨"，没事的时候就把白女士丢一边。白女士一想起这事儿，就气不打一处来。

还有，9月份的时候，丈夫的一个远亲的孩子要跨学区转学，因为知道白女士有点门路，所以就千求万请的，碍于情面，白女士只好披挂上阵，没想到接收学校的管理太严格，白女士费尽千辛万苦，求爷爷、告奶奶地折腾了几天，事情也没办妥；而那位亲戚一听事儿没办成，脸立刻拉了下来，对白女士的苦心没有半句感谢。不仅如此，那位亲戚还到处说白女士虚情假意、不地道。

白女士不但没得到感激，还落了一身不是，她这一气就病了一场，病好后，她逢人就说："现在的人都是狼心狗肺，以后啊就自己管自己，别人的事儿啊我再也不跟着瞎忙了！"

白女士也真巧，遇上了偏偏都是白眼狼，热心帮忙，结果还是一片功劳打了水漂。

白眼狼的脑袋是个无底的存恩库，给他的支持永远也就沉在库底，上面压着厚厚的利。他们总是这样，对怨恨十分敏感，对恩义却感觉迟钝。

老赵是个小肚鸡肠的人，街坊邻居公认他这人帮人做一点事，就得意得不得了，人前总要提几次，人家要是忘了说谢谢，他就得生气几天。可是如果是人家帮助了他，他就会患上一种健忘症，事情一办成，立刻就把办事的人忘了个一干二净。前两天，老易就被他给气坏了。老赵的一个亲戚来找老赵，说想要做点外贸产品的生意，但是得找人接收，亲戚问老赵有没有这方面的门路。老赵一想，老易不就在进出口公司上班吗？于是他就让亲戚回家等着，自己买了点东西就去找老易，老易见是街坊来求自己，就尽心尽力地把这事办成了。事一办成，老赵立刻就变了一个人一样，见到老易就趾高气扬地喊一声"易哥"。除此之外，什么也没有，好像一切都没发生过，回头还对街坊吹嘘自己有多神通广大，老易被气得几天吃不下饭，一提老赵就一肚子火。

生活中这样的人不少见，他们在别人帮助下，得了点蝇头小利，撒腿就跑不见人影。只知从别人身上得到好处，却不知回馈，往往令帮助他的人感到失望，不再给予支持。这类人多半自以为是，从不考虑自己的责任，仿佛全世界人都欠他的，别人对他好是理所应当。

消极的心态会使这类人离开对他有利的人，而和同类型的人在一起，然后逐渐深陷其中而无法自拔。

忘恩负义大多意味着自私自利。你若帮助他，你得到快乐，那就够了，渴求他们的一句感谢，望穿秋水也未必能见回眸一笑。

一手戴手套，一手支棍子

阿基为人厚道，在公司里人缘极好。

这次，组里来了一个新同事，阿基本着做人原则，尽力照顾，谁知这位同事不但不感谢阿基，还暗地打算盘，不把其他同事放在眼里，更且煽动一两位较不安分的同事，结成一个小"帮派"，三番两次要阿基给点好处。阿基因未事先防范，应变不及，为了维护办公室的安宁，只好向他们低头，真是哑巴吃黄连，有苦说不出。

阿基以为他们就鸣金收兵，谁知过了不久，他们竟连同其他单位的人向他发炮，欲逼他下台。由于阿基在工作上曾有一次不小的疏忽记录，加上事起仓促，无从防备，因而"中箭落马"，而接他位子的，正是那位新进的同事。

阿基防范不及，中的就是那群白眼狼的诡计。

要防好他们的进攻，还得明确这些人的心理发展路径。

刚开始他们口头谢谢你，你会觉得这人还懂得感恩，慢慢地，他们就露出不足之心，踏破门槛，索求更多好处。

　　大部分人的反应是，给一次好处，多少会有感激之情，尤其在他有需要时，这种感激尤其强烈；再给，他慢慢感到分量不足；又给，便得寸进尺，主动索要了。最糟糕的是，当你不能满足对方时，对方干脆采用激烈手段，争取这些"好处"。

　　当然，并不是给人好处必定会落到这步田地，但可能性是存在的，如果你手上有"好处"，就必须注意到这点。给好处要恰到好处，一旦勾起了他们无止的私欲，要趁早收手。

　　另外，这种人充分抓住了环境的脉动和主事者的弱点，甚至自己塑造环境，为自己营造有利条件，然后向资源拥有者叫阵，以求取利益。对于忘恩负义的人，他们强要你帮助，你是给还是不给？不给他们暗算你，给了又是群白眼狼，浪费资源。那要是给，又该怎样给呢？

　　对付这种情况，要一手戴手套，一手支棍子。

　　首先，他们向你索食或你给他们帮助时，警惕他们的大口，一次给予后不见反应，迅速收工。

　　其次，他们再次需求无所得时，可能失去理智，你应当支起棍子，远离为妙。

　　最后，如果他们变换脸色，假惺惺装正人君子，百般感恩，那更要注意了，敌人的反攻的信号灯在亮了，要时时观言察色，能不见就不见。

　　驯兽师之所以能在猛兽面前游刃有余，是因为他一边有防护的工具，一边又有制服动物的利剑。防范忘恩负义的人，何不学学他们呢？

错误只能上演一次

　　世界上不犯错误的人是没有的，犯错误是件再正常不过的事，如吃喝拉撒一样。但在同一个地方栽了两次或多次跟头就不该了。

超级人脉术大全集

从前，有个农夫牵了一只山羊，骑着一头驴进城去赶集。有三个人想捞一把，分别从不同地点出现，装得可怜兮兮，农夫心生怜悯帮了他们，但随后他们就行动了。

第一个人趁农夫骑在驴背上打瞌睡之际，把山羊脖子上的铃铛解下来系在驴尾巴上，把山羊牵走了。

不久，农夫偶一回头，发现山羊不见了，忙着寻找。这时第二个人一副比农夫还着急的样子，问他丢了什么。农夫说山羊被人偷走了，问他看见没有。骗子随便一指，说看见一个人牵着一只山羊从林子中刚走过去，准是那个人，快去追吧！

农夫急着去追山羊，把驴子交给这位"好心人"看管。等他两手空空地回来时，驴子与"好心人"自然没了踪影。

农夫伤心极了，一边走一边哭。他责备自己为什么会这么容易相信别人，"我后悔死了，为什么要把驴交给陌生人！"他哭得更厉害了。当他来到一条河边时，却发现一个人坐在水池边，哭得比他还伤心。农夫挺奇怪：还有比我更倒霉的人吗？就问那个人哭什么，那人告诉农夫，他的100两银子不小心掉进河里，现在身上一分钱也没有。

农夫听了流露同情之色，把身上仅存的一部分银子给了他，还带他去住客栈。结果，第二天醒来，他的衣服干粮和钱都不翼而飞，那人也不见踪影。

帮人一次，就被人从身上刮下一块肉。三个忘恩负义之徒都没有让农夫的警觉有所长进，错误一幕幕上演。

防范忘恩小人，要长点警觉，一次宋娜听几个人谈论炒股有多赚钱，她就心动起来：快点赚一笔钱把贷款还清，日子就会舒服多了。

宋娜就回家和丈夫商量这件事，想把还债的存款拿去赌一把，先生表示反对，他认为还是扎扎实实地存钱还贷比较心安。但宋娜没有听从丈夫的劝告，她提了5万元钱就去了股票大厅，站在大厅里，她茫然不知所措，正在这时，她遇到了以前的邻居蔡姐。蔡姐向她推荐了一只股票。说会稳赚不赔，宋娜一咬牙，就把5万元钱全投到那只股票上去了。结果那只股票大跌，5万块钱全部打了水漂。宋娜很是伤心。

不久，一个远房亲戚打来了电话，她告诉宋娜自己找到了一个赚大钱的工作，干一年就可以买车买楼。当宋娜问她具体是什么工作时，她模模糊糊地说是销售工作，听她说得天花乱坠，宋娜又动心了。这次，她瞒着丈夫把存款取了出来跟亲戚走了。

3个月后，丈夫把身无分文的宋娜从派出所带了回来，原来她被传销骗了。

真是丈二和尚摸不着头脑，这个亲戚之前要不是宋娜危难时刻扶他一把，他早完蛋了，今天却转过头来打宋娜主意，宋娜懊悔不已，连续让忘恩小人算计了。

帮了这种小人，可能你也遇到过，但是过去的事就让它过去吧，如果真要说那些过去的事有什么价值和意义的话，那就是让我们吸取教训，不再做类似让我们后悔的事罢了。当宋娜第一次失败后，本应记取这次教训；那些曾经受过你恩惠的人可能某一天突然出现在你面前，给你出谋划策，看似报恩，却是恩将仇报。

后悔是犯错误后暂时的自我发泄，但不会是一劳永逸的灵丹妙药。吃一堑，长一智，才不至于在同一条路上留下多个错误的脚印。你曾施人滴水，别人未必想涌泉相报，别忘了有些人会恩将仇报，所以竖起你警觉的耳朵，听到他们的风时，想想有可能是雨。

第十一章
贪婪的人，索取满足不了贪欲

欲海无边

欲望是海，贪婪是舟，海无边际，舟行无垠。

贪婪的人甘当欲望的奴隶，为欲所驱，10 个指头不停地掐算得失，张开大手，随时想把小利揽入怀中，但无论如何也填不满无边欲海。

在很多事情上，做到什么程度由我们自己控制。成功的人往往适可而止，而失败的人不是做得太少就是做得太多。多如重负，越多压得人越难受。

贪得无厌常常使人失去清醒的头脑，为了一点小利而失去很多宝贵的东西，亲情、友情、爱情，快乐、幸福、安逸，甚至生命，有自己的更有别人的。

人生之中，多少会遇到一些陷阱，而这些陷阱之中，最为可怕的一种是亲自挖掘的。因为贪心，人忽略了自己的弱点，不顾一切去满足欲望。这时，即使危险摆在面前，他也无法去理会、去避让，贪心遮住了眼，使他无法看到危险所在。

贪心的可怕之处，不仅在于摧毁有形的东西，而且能搅乱自己和别人的内心世界，再坚强、牢固的情感城堡，都可能在贪心面前垮掉。

贪心的人很像沙漠一样的不毛之地，吸收了全部雨水，却不滋生一草一木，不能孕育一个小小的生命。

贪者的心理，一心想着的是"拿来"。这个念头往往占据了他的整个心，而把其他的善念都挤了出去。

现实生活中，贪者常常嘲笑奉献者，说他们傻，说他们没有经济头脑。然而，真正要嘲笑的正是那些贪心的人，他们自认为占有了财富，而实际上是财富占有了他们，他们被财富牵着鼻子走。

很多时候，人们常常羡慕别人的富足。这种情感可以促使人们去奋发努力，但是一不小心，它也可能引起一些人贪心。贪念一起，他们便常常认不清自己的本来面目。

贪心的人是无法知道贪婪的结果的，因为贪欲早已迷住了他的心，遮住了他的眼，他不知道自己该在什么时候停下来。他就像一只拉磨的驴，只顾一个劲地往前走。

一个刚走出大学校园的青年，进入一家大型企业，工资待遇很高，几年后还被提升为主管，可他毫无知足之心，成天悲叹自己时运不济，既没当上总裁，也没能到总部任职，在哀哀戚戚中患上了抑郁症，最终把自己送进了精神病医院。

在一个永不知足的人眼里，没有一个地方能让他舒心。贪欲就如同一团熊熊烈火，柴放得越多，烧得越旺。而火烧得越旺，人就越有添柴的冲动。于是，人便奔来奔去，忙里忙外，难有停息的时候。

然而，人们如此劳苦的结果又怎么样呢？

贪欲无边无际，可以无限制地扩展，这其中的动力，我们可归结为私心。

自私自利的人脑子里只是装满着自己，他们不会爱别人，更不懂为别人而付出。他们总是认为自己是这个世界的中心，外在的一切都是他自己的一部分。因而，他们从不愿奉献，因为这无异于从他们身上割肉。这一特点往往阻碍了个人和集体的进步。

自私自利之人，连做梦都在思考如何在明天醒来时，枕边又多了座金山。

老子说过："祸莫大于不知足。"孟子也告诉过我们："养心莫善于寡欲；其为人也寡欲，虽有不存焉者，寡矣；其为人也多欲，虽有存焉者，寡矣。"他们都在强调知足常乐。可惜贪婪的人听不进圣贤忠告，奔波在名利工厂里，像一台机器忙碌工作，追逐财富，聚敛金银，就算是远如天上的繁星，他们依然无所顾忌，伸出沾满物欲的手，在财富堆积的危楼上摘取利欲的星辰。

名利的粉丝

金钱到底有多重要？金钱到底给了我们什么？

金钱可以买到漂亮的衣服、名贵的珠宝，能够买到豪宅名车，唯独买不到快乐。因为真正的快乐只能从生活中发掘，金钱不是万能的。名利又是何等角色，为什么有人追着它不放？

有一个老农，日出而作，日落而息，辛勤耕作于田间，日子过得虽说不上富裕，倒也和美快乐。一个晚上，老农做了个梦，梦见自己得到了 13 个金罗汉。说来也巧，第二天，老农自家后院竟然真的挖到一个价值连城的金罗汉，他的家人和亲友都为此感到高兴。可老农却闷闷不乐，整天心事重重，别人问他："你已经成了百万富翁，还有什么不满意的呢？"老农回答说："我在想，另外 12 个金罗汉到哪里去了？"

现实生活中，很多人以为金钱第一，有了钱什么都行得通，甚至说："有钱能使鬼推磨。"拥有了金钱、名利，仿佛拥有了一切，可以呼风唤雨。财富给他们贴上了成功的标签，送来了无数的鲜花和掌声。于是贪心驱使他们挤在名利场里，垂涎三尺，为钱所累，成了钱的奴隶，一生甘愿做名利的粉丝。

彭总一家4人都穿着最贵的衣服，各开一部奔驰高级轿车，他在北京拥有一幢豪宅，在屋子里就能从阁楼俯瞰全市。但彭总却说他从未觉得快乐：无论赚了多少、达到什么地位或获得什么名望，都无法刷去他内心深处那股永无尽头的欲念。

像彭总这类贪得无厌的人，似乎他们灵魂深处有个无限的空洞，必须用成就、名利和财富去填塞，可惜永远无法填满。彭总很懂得生活，也很不懂生活，他们不懂得享受生活，他们用黄金为自己打造了一个华丽的囚笼，和幸福快乐隔着高贵的栏杆。

现在的人越来越重视对金钱的追求，跟着名利的屁股，疯狂得难以理解。但很多时候，用金钱换来了享受，却赶走了家庭的和谐温馨。

以前有一个富翁，家财万贯，富得流油。

一天，富翁的小老婆听见隔壁夫妻俩唱歌，便对富翁说："我们虽然有万贯家产，还不如穷人开心！"富翁想了想笑着说："我能叫他们明天唱不出来！"于是拿了两根金条，从墙头扔过去。夫妻俩第二天打扫院子时发现不明不白的两根金条，心里又高兴又紧张，为了这两根金条，他们修鞋的活也丢下不干了。男的说："咱们用金条置些房宅。"

女的说："不行！金条让人发现，别人会怀疑我们是偷来的。"男的说："你先把金条藏在地下。"女的摇头说："藏在地下会叫贼偷去。"他俩商量来讨论去，谁也想不出好办法。从此，夫妻俩饭吃不香，觉也睡不安稳；当然再也听不到他俩的笑声和歌声了。富翁对他太太说："你看，他们不再说笑，不再唱歌了吧！办法就这么简单。"

那对夫妻之所以失去了往日的开心，是因为得了不明不白的金条。为了这不义之财，他们既怕被人发现怀疑，又怕被人偷去，有了金条不知如何处置，所以终日寝食难安。

很多人崇拜金钱，向往名誉，等他们真的获得了名利，便守住来之不易的钞票香车，继而不断为名利度过每一个日夜，始终不知道生活的原汁原味就在金钱美名之外。

当然，我们也不能因此就彻底否定金钱，金钱的作用还是非常大的。金钱会使我们生活得富足安定。但名利终归为身外之物，过多的渴求是贪婪的惯性，追求额外的不需要的名利，貌似忙碌，实则蹉跎岁月，泯灭亲人、朋友、爱人和儿女本应有的生活之真。

财富重于生命

财富与生命，二者孰重孰轻？也就是说是"要钱还是要命"。贪心的人是用行动回答了这个问题。

从前，在蓝蓝的大海深处，矗立着一座神秘的宝山。无数色彩斑斓的珠宝钻石乱纷纷地堆在山上，每逢太阳一出，就在半空中映出许多纵横交织的彩色光环。

某年，一个出海的人偶尔经过宝山，从那里拿走一颗直径一寸的珍珠。他把这颗珠子小心地揣在怀里，然后兴高采烈地乘船返回。船驶出不到100里，忽然，晴朗的天空倏地阴暗下来，平静的海面掀起巨大的波澜，这时只见一条狰狞可怖的蛟龙从海水深处破浪而出，在涛峰波谷之间翻腾飞舞。

富有航海经验的船老大大惊失色，急忙停住舵把，对身上揣着珍珠的人说："哎呀，不好！这是蛟龙想要你的珠子呢！快献给它吧，不然的话，别说你的性命难保，还得连累我！"

揣着珍珠的人犹豫起来，把珍珠丢掉吧，实在舍不得；不丢掉吧，就要大难临头。思来想去，他还是决定保住珍珠。于是，他咬牙忍痛，用利刃剖开大腿的肌肉，把珍珠藏在里面。珍珠被肉紧紧裹住，光芒透不出来，

下篇 超级人脉的厚黑心法——人一生要防范与应对的15种人

蒙骗了蛟龙，蛟龙于是潜入海底，海面也随之平静下来。

那人一瘸一拐地回到家，从大腿里取出宝珠。珠子完好无损，闪闪的光芒把屋子映照得五彩缤纷。正当全家人惊喜地赞赏宝珠的时候，那人却痛苦地合上了双眼——大腿的溃烂夺去了他的生命。

得到了珠宝，却丢了性命，这是多么不值得啊！相信这是大家都会发出的一声感叹。然而，在生活中，贪婪的人对"珠宝"与"生命"进行权衡时，经常作出不可思议的选择。

如果贪欲占了上风，头脑被欲望占据了所有空间，贪婪者所作出的决定便是令人匪夷所思的。

钱财终究是身外之物。"身外物，不奢恋"是思悟后的清醒，它不但是超越世俗的大智大勇，就是放眼未来的豁达襟怀。谁能做到这一点，谁就会活得轻松，过得自在。

贪婪是困扰人类永恒的难题。

人是感情的动物，无论是什么人，只要进入社会，接触到物质社会的利益，都会在心里产生种种欲望。

贪婪的人什么都要，既要生命，也不放弃财富，但他们把财富看得更重要，是比生命更可贵的心肝宝贝。连自己的生命也愿意换，更何况是别人的！真令人后怕汗颜。

不论在什么社会，什么国家，贪婪者、自私者都是卑鄙的、遭人唾弃的，都会受到社会的谴责，受到公众的鄙视。

有一个放羊的男孩，一个偶然的机会，发现了一个深不可测的山洞，这个地方很隐蔽，没有人发现过。好奇心促使他一步步地往山洞深处走去。突然，就在洞的深处，他发现了一座金光闪闪的宝库。小男孩惊呆了，他从来没见过这么多金子，

他小心地从金山拿了小小的一条，自言自语道："要是财主不再让我帮他放羊的话，这块金子也够我生活很长一段时间的了。"

然后，他从金库出来，不急不忙地将羊赶回了老财主家，又如实地将一天的发现告诉了财主。还把自己捡到的那块金子拿出来给财主看，让他辨别其真假。老财主认真辨别一番，啃了又啃，一把将男孩拉到身边，急切地问藏金子的洞在哪里。男孩把藏金子的山洞的大体位置告诉了他，老财主马上命令管家与手下的打手们直奔男孩放羊的那座山，还担心男孩的话不真，让男孩为他们带路。

财主真的很快看到了金山，高兴得不得了。他想：这下我可发大财了，他赶忙将金子装进自己的衣袋，还让一起进来的手下猛拿。就在他们把小男孩支走，准备带走所有的金子时，洞里的神仙发话了："老头子，差不多就够了，拿多了洞神会不高兴的。"可财主就是听不进去，他想山洞这么空旷，而且岩石又那么坚硬，就是天大的石头砸下来，也砸不到自己的头上，何况这里有这么多的金子呀！不拿白不拿，负重一点有什么怕，拥有了这些金子，出去后我不就是大富翁了吗？于是财主还是不停地搬运，非要把金山搬空不可。突然间，洞里刮起一阵狂风，随即洞神吼声大作，在巨大的声响过后，山洞被乱石吞没了，财主将自己性命也丢在了火山的岩浆之中。

人在进入社会后有各种各样的欲望，有的人的欲望是客观的、有节制的，这样的欲望则会是一种目标，一股动力，他可以使人具有方向性；而有的人的欲望则是主观的、无限制的，甚至连他自己也说不清楚需要多少才能得到满足。

欲望是贪婪者的包袱，他们一刻不辍向财富顶峰攀登，但从未想过减轻背上的包袱，而是一路拾名利之石，负于肩头，越来越多，越装越大，直至连生命也一起打包。

不要白不要

曹雪芹曾经留下这样一首诗。"世人都晓神仙好，唯有功名忘不了，古今将相在何方？荒冢一堆草没了。"俗语中也有"人为财死，鸟为食亡"的话，可见名利二字实在是害人不浅。古人将名利比喻为缰绳和锁链，它们紧紧地将人缚住，使其活得疲惫不堪。曾经有人以纤夫拉船为题写了一首诗："船中人被名利牵，岸上人牵利名船。为名为利终不了，问君辛苦到哪年？"可见世上之人总离不开名利牵绊。据说清代的乾隆皇帝下江南，看见运河上舟楫往来熙熙，便问左右："他们都在忙些什么？"左右随口答道："无非名利二字。"司马迁说得更透："天下熙熙，皆为利来；天下攘攘，皆为利往。"

视金钱如粪土的人小说里常见，现实中一些人则连粪土也视为金钱，反正不要白不要。

贪婪的人为自己辩护：一个人辛苦半世，为的不就是名利吗，为的不就是活得更好吗？

能得到的就去拿，得不到的，也得凑着闻闻香味。别人不要的，不属于他们的，我也要，总之不要白不要。

在阿尔及利亚有一种猴子，它们非常喜欢偷吃农民的玉米。尤其是晚上的时候，农民们没有时间照看，玉米常常会被洗劫一空。起初农民们拿它们没办法，后来他们发现猴子都有贪得无厌的习性，于是他们根据这种习性发明了一种捕捉猴子的巧妙方法。农民们把一只只葫芦形的细颈瓶子固定好，然后把它们拴在一棵大树下，再在瓶子中放入猴子们最爱吃的玉米，然后就等着猴子们上钩了。到了晚上，猴子们已经先在别处填饱了肚子，但见到瓶中的玉米还是十分兴奋，反正没人，吃不掉也要拿回去。就把爪子伸进瓶子去抓玉米。这瓶子的妙处就在于猴子的爪子刚刚能够伸进去，等它抓到一把玉米时，爪子却怎么也拿不出来了。而这些猴子十分贪婪，绝不可能放下已到手的玉米，就这样，它们的爪子也就一直抽不出来，于是只能死死地守在瓶子旁边了。

到了第二天早晨，农民们抓住它们的时候，它们依然抓着玉米不放。

人也如此，便宜有就先占。有些人为官入仕途，不为别的，就想去攥一把"公粮"，他们抓紧时间享受，一朝得志，戴上乌纱帽，管它国家，纳税人的钱就是给他花天酒地的银票。

北宋时的宋郊、宋祁兄弟，年轻时节衣缩食，矢志力学。兄弟俩同赴春试，同登一榜，郊夺魁首，祁居第十，被传为历史上的一段佳话。但居官后，兄弟俩的行为却大相径庭。在某年一个元宵节夜晚，宋郊当时位居宰相，上元夜在书院内读《周易》；闻其弟学士祁，点华灯，拥歌妓，醉饮达旦。翌日，宋郊派人对宋祁说："相公寄语学士，闻昨夜烧灯夜宴，穷极奢侈，不知记得某年上元，同在某州学内吃韭菜煮饭时否？"学士笑曰："却须寄语相公，不知某年同在某处吃韭饭是为什么底？"

大凡在事业上有一定成就的人，莫不是苦志力学，付出了辛勤血汗的人。但对"不知吃韭饭是为什么底"却有不同的答案。宋祁为了名利而苦学，一旦功成名就开始穷奢极欲，类似于现在的吃公款，喝国家的奶水，他们认为国家的钱是应该让他们挥霍享受的。

淡泊名利的人，往往为社会作出了很大贡献，却毫不为自己邀功请赏，只求留一份正气还天地。

居里夫妇发现了新的放射性元素镭以后，一封来自美国布法罗市的信，建议他们申请生产这种金属的专利权，当时，一克镭的价钱达70万金法郎，很明显，专利权能使他们获得巨大的物质利益，在贪心的人看来，就是不要白不要。

一辈子辛苦拼尽精力，不就为了"名利"二字，如今它来了，自然照单全收。

但居里夫妇不假思索地拒绝了申请专利权的建议，毫无保留地公布了研究成果。居里夫妇为了回避这种访问，他们就搬到乡下去住。有一次，一位女友发现居里夫人的小女儿正在玩英国皇家学会刚刚奖给她妈妈的一枚金质奖章，忙说："能够获得一枚英国皇家学会的奖章是极高的荣誉，你怎么能给孩子玩呢？"居里夫人笑了笑说："我是想让孩子们从小就知道，荣誉就像玩具，只能玩玩而已，绝不能永远守着它，否则将一事无成。"正因为居里夫人超越了名利，把自己的一切无私地贡献给科学事业，从而使她在科学事业上取得了卓越的成就，两次获得诺贝尔奖，还得到了107个名誉头衔、16枚奖章、10份科学奖金。我们看到现实生活中，有一些人为了追名逐利，处处钻营。溜须拍马、阿谀奉承者有之；瞒天过海、暗度陈仓者有之；无中生有、借刀杀人者有之。为了满足自己一官、一利、一职之贪，占尽便宜，抢夺利益的桥头堡。公家就是块大蛋糕，原本该做蛋糕的守卫者，却成了瓜分蛋糕的强盗，社会的寄生虫！

强求不属于自己的面包

一只饥饿的狗无精打采地走在路上，从早晨到现在，连一点面包渣都没找到，肚子瘪瘪的，两只耳朵也无力地耷拉着，着实可怜。

突然，另有一只小狗嘴里叼着一块沾满肉的骨头出现在它的面前，饥饿的狗真是喜出望外，铆足了劲冲着小狗狂吠，接着恶狠狠地向小狗扑过去。小狗吓出了一身冷汗，丢下骨头仓皇逃走了。抢到骨头的狗为了能独享美餐，决定寻找一个安全、偏僻的地方。它来到一条小河边，河水清澈透明，忍不住小心翼翼地向河中看了看。这一看可不得了，原来水中也有一只狗，一样叼着一块肉骨头，也在瞪着大眼睛瞧着它。

贪心的狗心想："这只狗长得傻头傻脑的，一副饿死鬼的样子，它怎能配吃这么大一块肉骨头？我非把它嘴里的那块骨头抢过来不可，那样吃起来多过瘾啊!"

想着想着,它再也忍不住了,也忘记了自己站在河边,嘴里正叼着骨头。

它张开嘴,想故伎重演,用它的吠声吓走那只狗。不料,还没有叫起来,嘴里的肉骨头就掉到河里去了。

骨头掉到了水里,打碎了饿狗在水里的倒影。贪心的狗眨巴眨巴眼睛,哪里还有什么傻狗和骨头?

贪心的狗为了抢得另一块骨头,却使自己嘴里的肉骨头也丢失了。这正应了我们常说的一句话:偷鸡不成蚀把米。

对于已经拥有的感觉不到满足,贪婪地想索取更多,强夺别人手上的面包,这不正是贪婪人性中表现出的常态吗?

有时,生活就像一场赌博,投注之后总想赢钱。然而,游戏无常,我们的结局常常是输。之后,贪心鬼想保住本钱、想赚取更多,便投下更大的赌注,非要把别人兜里的银两赚过来不可,否则愣是口水直流。

在舞台风情万种的模特永远是时尚和高雅的代名词,然而,曾经在拉萨参加世界精英模特大赛成都区决赛的佳丽们中,一名年方16岁的模特因一时贪念,偷走了队友放在室内的现金,此事轰动了模特界和界外人士。

媒体对此事进行了详细报道。8月14日晚,参加完比赛的全国模特从拉萨返回成都,代表北京赛区参赛的一位重庆女模特心情尤其轻松,刚满20岁的她首次参加全国性的模特大赛就顺利跻身三甲,夺得探花。然而,当她安顿下来回房间休息时,突然发现放在房里的钱包不翼而飞,而里面装有近2000元现金,这位重庆女模特马上找来保安。

在外来人员入室盗窃的可能性被排除后,同房间的另一名选手———一位刚满16岁的兰州模特很快成为目标。当着队友的面,这位小姑娘再也无法佯装清白,羞愧地承认了自己犯下的错误。第二天,两位模特和模特公司的负责人和小姑娘一起从酒店附近一幢大楼的杂物间拿回了她藏匿的钱包,又从招行卡上取回了她已存进去的赃款。

按照现行的法律规定，这种偷窃行为最高可判刑 3 年，贪念害己又害人。

模特圈近年频频发生丑闻，现在又是同居密友起窃心。众人注目的时髦职业，尽管一夜成名、鲜花包围可能是许多花季女孩的梦想，但模特日趋低龄化、不太成熟的心理、初涉社会的稚嫩，导致她们还难以抵制名利的诱惑。有些人出众的外表下隐藏着一颗不知足的心。

其实很多贪欲强的人，私家的库藏已经够他们享受，他们所贪恋的往往不过是其钱囊的一角，于他们拥有的财名而言都可忽略，顶多就是变换个位数的角色罢了。但这些人抵不住欲望的怂恿，狮子开口，就要把别人的面包从嘴里硬抠出来，不惜冒毁名危险长出第三只手。

为达目的不择手段

物欲太盛造成灵魂病态，使周围人精神上永无宁静，心灵也永无快乐，这是受到贪欲人性捆绑的后果。在一个完全物化的世界里，人性被欲望之绳捆得更紧。在欲望的海洋中泅渡是一种痛苦，不能摆脱贪婪人性的倾轧，人性的良知在挣扎中失去本色，为得到名利，不惜以生命之血遥祭一抹迷茫的财富之光，祈盼它如雨而至，滋养干涸的心灵沟壑。

从前有一个非常富有的国王，名叫米达斯。他拥有的黄金数量之多，超过了世上其他任何人。尽管如此，他仍认为自己拥有的黄金数量还不够多。他把黄金藏在皇宫下面的几个大地窖中，每天都在那里待上很长时间清点自己有多少黄金。

一天，米达斯国王又来到他的藏金屋。

"你有许多黄金，米达斯国王。"一位不知什么时候跟他进来的陌生人说道。

"对，"国王说道，"但与全世界所有的黄金相比，那又显得太少了！"

"什么！你并不满足吗？"陌生人问道。

"满足？"国王说，"我当然不满足。我经常夜不能寐，想方设法获得更多的黄金。我希望我摸到的任何东西都能变成黄金。"

"那么你将实现你的愿望。明天早晨，当第一缕阳光透过窗子射进你的房间，你将获得点金术。"陌生人说完便消失了。

第二天米达斯国王醒来时，房间里晨光微熹。他伸手摸了一下床单，什么也没有发生。"我知道那不是真的。"他叹了口气。就在这时，清晨的阳光透过窗户射进房间，米达斯国王刚才摸的床单变成了纯金的。"这是真的，是真的！"他兴奋地喊道。

他跳下床，在房间中跑来跑去，见什么摸什么。他穿着的长袍、拖鞋和屋里的家具都变成了金的，就连他平时最爱看的书也全都变成了金的。就在这时，一个仆人端着吃的东西走了进来。"这饭看起来非常好吃，"他说道，"我先吃那个熟透了的红桃子。"不料，他把桃子拿到手中，还没有尝到桃子是什么滋味，它就变成了金子。

这时，房门开了，女儿小玛丽格德手里拿着一支金灿灿的玫瑰花走了进来。米达斯此时已止不住对黄金的疯狂劲，他大步前去，摸了女儿的头。过了一会儿，她那漂亮的脸蛋变成了金灿灿的金子，双眼什么也看不到，双唇无法吻他，双臂无法将他抱紧。她不再是一个可爱的、欢笑的小女孩了，她已经变成了一尊小金像。

贪心的人如吸了鸦片，瘾劲一发作，生命如草芥，服从于欲望的指挥棒。在他的金库里，有用血凝铸的元宝。一个贪婪者尚且如此，再加上自己的同伙，那就更残忍了。

从前，有两个朋友看到一位哲学家从丛林中惊慌失措地跑过来。他们问他为什么这样惊恐不安。哲学家说："在那片丛林中，我看到一个吃人的东西。"

"你是不是说有一只老虎？"两个人不安地问道。"不，"哲学家说，"要比老虎厉害得多，我在挖一些药草时挖出来一堆金子。"

"在哪儿？"两个人赶忙问道。

"就在那片丛林中。"说完，哲学家就走了。

两个朋友立即跑到哲学家所指的地方，果然发现有一些金子。

"那个哲学家多蠢啊！"一个人对另一个人说，"竟把这贵如生命的黄金说成吃人的东西！"

另一个人说："让我们想想怎么办吧。在光天化日之下，现在就把它拿回村里是不安全的，必须在夜里悄悄拿回家去。我们留一人在这儿看着财宝，另一个回家去拿饭来吃吧。"当一个人去拿饭时，留下来的一个想道：太遗憾了，今天要是我一个人来多好。现在我还得把这些黄金分给朋友一半，这样谁也分不到多少，我有一大家子人，需要得到全部黄金。只要他一来，我就用刀子把他捅死。同时，另一个也在想：我干吗要把黄金分给他一半呢？我负债累累，一点为晚年准备的积蓄都没有，我不能分给他一半。我先吃饱饭，然后在饭里放上毒药，给他带去，他一吃就死了。想好之后，他带着下了毒药的饭菜，来到发现财宝的地方。他刚到那里，另一个人冷不防地给了他一刀，当即结果了他的性命。行凶后，凶手对朋友的尸体说道："可怜的朋友，是一半黄金送了你的性命。现在，我该吃饭了，饿得我真够呛。"他端起有毒的饭吃了下去。半小时后，他也一命呜呼了。他在临死的时候说："哲学家的话多么对呀！"

金钱猛于虎，比猛虎更厉害的是人的贪心。贪婪往往使人疯狂，使人利令智昏，失去理性，以致互相残杀，最终被贪心所害。

刀枪棍棒，利器俱全，下药蒙汗，无所不用，最毒应该是贪心。

巨贪的黑色档案

人性的菜园子大了，什么害虫都有，大号害虫中贪官占一席之地。他们位高权重，以权谋私，拿着官字号挡箭牌，干见不得人、对不起老百姓、有负人民期望的金钱交易。古往今来，贪官名额可以装上一大箩筐。严嵩、和珅都是重量级的人物。

这样的大贪官占据要职，不是任人唯贤，而是唯财是举，把诸多才华横溢但囊中羞涩的栋梁拒之门外，提拔了一群腐败无能的人充任官员。另者，大贪官本身也是半斤八两，治国之才鲜有，祸国本事一堆。左看右看，横竖瞧之，贪官就是附在老百姓身上的毒蝎，吸食得肥硕肥硕，仗着法律的大针头扎不到他。成克杰也是此档货里的成品，"成就"不小，否则怎会被冠以"共和国以来被查处的最高职位贪官"之名。

1993年初，一名叫周坤的人去一位领导家拜年，在那里认识了成克杰的情妇李平。是年年底的一天，香港商人张静海（李平的投资伙伴），带李平来到周坤任副总经理的广西银兴实业开发公司（以下简称银兴公司）。当时，银兴公司是广西国际经济技术公司的一个下属单位，经营房地产业务。闲聊时，周坤说开发西园饭店旁边的那块地，可以赚大钱，但是那块地除非有成克杰点头，否则谁也拿不到。李平听到这消息非常感兴趣，因为当时她跟成克杰正商议着，准备赚到钱后两个就结婚，成克杰当时正叫李平留心有什么项目可做。当晚，李平即与成克杰讲了这件事，成克杰顿时也来了兴趣。

第二天，李平和张静海去找周坤，告诉他有办法拿到西园那块地。李平问周如果能拿到那块地，给多少好处费，周说："送个股给你们吧，一两年就可赚两三千万。"

当晚，李平对成克杰说，开发那块地，周坤可送他们两三千万，成克杰听了非常高兴。

从此以后，周坤开始和成克杰拉上关系。李帮周给南宁市政府打了一份报告，要地建停车购物城。李平觉得送干股赚钱太慢，时间太长，于是干脆提出要好处费。按照当时的地价，那块地每亩价值为98万元。李平提出如果整块地（约85亩）以每亩70万元购下，就要800万好处费；如果以55万元购下，就增加到1600万元。周坤同意了。

为了方便自己干预该项目，成克杰指示区政府办公厅有关负责人，将银兴公司划归区人民政府直接管辖，并要办公厅任命周坤为银兴实业开发公司总经理。接着，他亲自主持区计委、区建委等部门及南宁市有关领导召开会议，在会上指定由银兴公司承建江南停车购物城工程项目，并提出该地价只能收取每亩55万元的土地出让金。就这样，这块地以每亩55万元的价格划给银兴公司建设。

土地到手以后，为了修建停车购物城，周坤请求成克杰帮助贷款。成多次找区建行行长落实贷款一事，建行最后分6次贷给银兴公司7000万元。后银兴公司将好处费2021万元打入李平指定的账户。

1995年，周坤了解到自治区准备修建民族宫，为了获得此项工程的开发权，周坤又通过李平去周旋。李平果真通过成克杰，帮助周坤把开发权拿到手。接着，周坤又提出请成克杰帮忙解决建设资金问题，成克杰知道事情解决以后必有好处，便指令有关部门通过拨款、贷款等方式帮助银兴公司筹划了上亿元资金。周坤又给李平、成克杰送上900万元人民币、804万元港币。

从1994年到1997年，为了拉紧与成克杰这层关系，经周坤决定，银兴公司还多次向成克杰单独行贿人民币、港币、美元、金砖、金狮子、黄金钻戒等款物合计人民币56万元。

一叠叠钞票让人闻到了浓厚的腐败气息，这还只是成巨贪事迹的凤毛麟角。但凡巨贪，无不以权开路，抬着官名当护身符，绕过法眼，聚敛钱财填补无底的欲洞，包养情妇来满足色心的空虚。

巨贪祸国殃民，本事再大，贪婪的钱财大树长得再结实，终归会在反腐大风中摇曳，化为乌有。

不贪小便宜

　　世间为什么会有那么多被骗的事件，原因很简单，是因为有许多骗子。可为什么会有许多骗子，原因更简单，是因为有许许多多的易于被骗的人。

　　贪心的人其实很明白一个道理，人人均有贪欲，强弱不同，控制力大小不同而已。他们想获得一大袋的便宜，会先付出点芝麻粒小的零头诱人。要想取之，必先予之，他们操持此道颇有心得。

　　有一个落网的神骗，在被问及他为什么要骗人时，惯骗的回答却出人意料。他说："你以为我愿意骗人吗？可那些人是那么容易受骗，想不骗他们都不成。"然后还委屈地说，"我骗人是贪恋钱财，可那些被骗的也是贪图钱财，两者有啥区别？再说，我骗成功了还有成就感，可被骗的算个啥，比我还不如！"

　　神骗的狡辩把草绳说成金条，马粪变成美食，固然是无理挣扎，但恰恰是他的说辞给我们敲响了警钟。对此，我们可以回想一下那些捡金戒指之类的骗术之所以能屡试不爽的原因，就能看到神骗的话中之话了。

　　对被骗者施舍以过多的同情，其实就是用一种"无形资产"去资助骗子，起码是对不受骗的人不公平。因为你同情被骗者，其实是默认的"贪"的合理性，捆绑了你和他的贪心，而这"贪"又是滋生骗子的肥沃土壤。

　　骗人可恶，被骗可怜，但同时又很可憎，因为他们是骗子的衣食父母。

　　骗人是一种邪恶，贪图钱财的受骗者其实也是一种邪恶，一个愿打，一个愿挨。

　　贪是一个魔咒。

　　有些人因为贪婪，想得到更多的东西，结果却把现在已有的也失掉了。

要想不落入贪心鬼的骗局，先关闭潘多拉的盒子，不让贪念钻出。一般说来，你在生活中如果遇到下列情况，就该多多把好贪心关，详细审视一下对方的目的和企图再审慎行事：

第一类是贱卖热情的人。出门在外，谁也不认识谁，这时有人主动过来和你打招呼，而且热情得令你感到过分的话，你就应该留神了。这时候，虽然你还不能就此断定这个人就是坏人、骗子，但是，你也不能排除这种可能。因为任何骗子都要通过语言和行为同他人发生关系后，才能达到行骗的目的。

第二类显摆的人。不管他炫耀什么，高贵的出身、骄人的财富、特殊的地位和与权贵名流的交往，乃至出众的口才，都是炫耀。他为什么要炫耀呢？当然是要引起你对他的注意。为什么要让你注意他呢？这就是你应该多加思索的事情了。

如果你是个有利可图的人，也许他想取得你的信任，撒一颗小种，收获一片名利树；如果你是个美貌的少女，也许他想让你崇拜倾慕他，按他的意志办事，最后跟他上床；如果你是个官员，手中拥有职权，他要以钱换权，给你一点好处，壮大自己的实力，甚至是用钱给你铺一条通向监狱的奢华大道。

凡此种种，都可能是他向你炫耀自己的目的，你甚至不必理睬他向你炫耀的一切究竟是真是假，戳戳自己膨胀的贪心气球，冷静冷静再冷静。

第三类是一见面就给你好处的人。这种人往往十分热情，一副自来熟的样子。几句交谈之后，或者是递上一支名烟，再帮你点着。看似平常，其实里面大有文章。葫芦里或许有勾魂药。

因此，行走世间，你自己先不要被花红柳绿迷惑，引得贪念丛生，不被贪婪的人带进迷宫里，骗得晕头转向。

适当给他几颗糖

贪婪的人也是一种难缠的人，为一点蝇头小利，豆大的事缠着你不放，惹得你心烦意乱，与其让他像苍蝇围着你转，还不如几颗糖打发了他，当然注意适可而止。

贫民窟里住着一个老乞丐，他每天站在街口乞讨，到了晚上就饶有兴致地朝着上帝唠叨，希望他的诚心能够感动上帝，创造奇迹让他发财。

上帝被他缠了好几个日夜，终于受不了，派遣天使下凡堵他的嘴。天使对他说："上帝被你的虔诚打动了，他可以帮助你实现3个愿望。"

老乞丐心中大喜，立刻许下了第一个愿望：要变成一个有钱人。刹那间，他就置身于一座豪华的大宅院中，身边有无数的金银财宝。接着老乞丐马上又向天使许下第二个愿望：希望自己能年轻50岁。果然，一阵轻烟过后，老乞丐变成了20岁的年轻小伙子。这时，他兴奋到了极点，说出了第三个愿望：一辈子不需要工作。

天使点了点头，他立刻又变回了那位老乞丐。

乞丐奇怪地叫道："这是为什么？天使，你是不是弄错了？"

天使的声音从天边遥遥地传了过来："你太贪心了，如果我答应了你的要求，你又会索求更多，工作是上帝对人类的恩赐，你都不想要，当然就一无所有了！"

贪婪的人对几颗糖显然是不会满足的，当他再开口要时，往往跨越了界限，违反了原则，此时我们当戛然而止。

有些人贪婪成性，祸害平民，那何不用大点的糖套套他，记住每一次吃糖的详细资料，当一回照贪的镜子，逼他露出马脚。

孙子良是市里某部高官，贪污受贿，权色交易，无恶不作，底下的人都看不惯他乌烟瘴气的作风，想揭露他的丑陋本性，但又苦于无计可施。

部下石敢冥思苦想，终得一妙计。

石敢去拜见孙子良，诚恳地说："孙子良大哥，过去我有对不起您的地方，是我错了，您一定要原谅我呀。"

孙子良见石敢登门认错，心里得意，摆出大仁大义的样子说："没什么，过去的事情就别提了，咱们团结一致向前看。"

石敢与孙子良倾心长谈，并积极为孙子良出谋划策，临走时，非要留下点小礼品不可。孙子良觉得也不能太不给石敢面子，就收下了，反正石敢也没有什么要求。

石敢隔三差五就经常来走动，每次来都带些礼品，不轻不重，孙子良渐渐地也习以为常了。

有一天，石敢对孙子良说："我的一个同学想承办这次市里的成铭工程，您看能不能帮说几句话？"

这件事孙子良是知道的，不是什么大事，就替石敢办了，之后，石敢拿了更多的礼品来感谢。

长此以往，石敢求孙子良办的事也越来越多，当然礼品也越来越多，不知不觉中，超过原则的范围也越来越远。

在石敢对孙子良行贿记录中，孙的受贿额累积突破千万，受贿次数高达百次。

在一次严打腐败分子的活动中，孙子良落网了。后来他才知道石敢是上级派过来考察他的专员。

人的欲望是无穷的，尤其是对于外部物质世界的占有欲，更是一个无底深渊。现实生活中，到处都是诱惑，人的占有欲往往就这样被强烈地激发起来。

贪心如火，贪官烧得最旺，看准时机，给他们添油加柴，让它烧得噼啪响，烧到最旺时浇一盆水，他们也就原形毕露，残留灰烬一堆。

不与贪者争名利

人皆有好名之心，内心常有一种出人头地的渴望，期待着有一天能"一炮走红"而成名人。那些对功名利禄充满饥渴的人，钻营投机，争功夺利，见别人头上的光环就觉得刺眼，心生邪念，找机会也要把它夺过来戴在自己头上。名利可以让他们不择手段，丧失理智，做出伤害你的事。这时的光环反而让你成为招风大树，小人都争着以你为目标，展开不可告人的行动。

放弃与他们争功名，反而是一种豁达与解脱。这时，你的内心会升起一种奇妙的平静感，你的成功自然地昭示着一种无须声张的厚实，你会越来越受人欢迎。

能让功名的人，反而会留下美名。能把光环让给别人的人，反而得到更多的荣耀与赞美。

后汉隐帝时，大将郭威曾任两军招慰安抚命。他领兵平定以李守贞为首的三镇（河中、永兴、凤翔）割据后，回到了大梁。

郭威入朝参拜后汉隐帝，皇上对他进行安慰，并赐予金帛、衣服，玉带等一大堆奖品，郭威一一加以推辞，道："为臣自领命以来，仅仅攻克一座城池，有什么功劳可言呢！况且我又领兵在外，而镇守京城，供应所需，使前方不缺粮，这都是朝中大臣的功劳啊"。后来，后汉隐帝又提出加封郭威为地方藩镇，郭威还是不受："宰相位在臣上，未曾分封藩镇，还有节度使也有功劳。"后汉隐帝越发欣赏郭威的为人为官之道，当时朝中难有像他那样的淡泊名利之人，于是决定再次奖赏他。郭威第三次推辞道："运筹策划，出于朝廷；发兵供粮，来源藩镇；冲锋陷阵，出于将士，功独归臣，臣何以堪之！"

郭威反反复复推辞，将功名归于大家，实在是一个很高明的做法。他这么做，避免了追名逐利小人的嫉妒，而且在朝廷中留下了好名声，真是"桃李不言，下自成蹊"！贪心的人，汲汲以求得名，然而名声却离他而去；淡泊名利者，拒名声放弃利益，把自己的光环让给别人，却往往能够留得美名传。

有一个叫姚一祥的小吏，曾经救济过一个外地的秀才，这秀才发迹后正巧做了姚一祥的上司。为了报答姚一祥当年的周济之恩，上司让姚一祥为几名真正冤枉的死囚说情，然后由上司将他们释放，并让姚一祥从囚犯家属那里每人收取一千金的人情。姚一祥乘此机会开脱了 7 名真正冤枉的死囚，救了他们的命，然而并没向他们的家属索要金钱。上司以为姚一祥替囚犯洗冤，已得到了七千金的酬银，也足以报答当年对自己的周济之恩了，便让他带着七千金回家养老。姚一祥没有为自己声辩，而是按照上司的指示离开了衙门。事后，上司了解到姚一祥分文未取，十分感动，应众人之请，将姚一祥载入名宦祠中。人们说道：

"而今姚君不得银子，竟说得了七千，谁肯如此冒空名，失实利？既能雪人之冤，又不利人之财，又不邀己之誉，以讨上台的奖赏，岂不大圣人、大菩萨的心肠？只怕这样人，古今来不多见。"

姚一祥不争名夺利，邀功请赏，视名利为身外之物，一旦真相大白，他得到的是"又不邀己之誉，以讨上台的奖赏"的"大圣人、大菩萨的心肠"的好名声，既不被同行中的贪婪小人算计，又得了一生清誉。

名利是一样奇怪的东西，你越是追逐，越是把自己赶进死胡同，贪婪小人为了它会和你火拼，你越是躲开名利的光环，它越是主动眷顾，来自众人的称赞，来自对手的折服，更显得踏实坦然。

吊起敌人的胃口

　　战场上，刀光剑影，和敌人拼得你死我活，耗尽心力，仍未见分晓，徒劳一阵。兵法有云：能使敌人自重者，利之也。也就是说，"利"对于贪小便宜的人来说，屡试不爽。

　　春秋时期，晋国的赵穿就曾用此计谋赢得晋灵公的信任，吊足了他的胃口，然后一举铲除了他。

　　晋灵公是中国历史上有名的荒淫暴虐之人，他厚敛于民，广兴土木，曾下令在绛州城内建了一个桃园，收罗天下的各种珍稀花草于园内。

　　桃园修好后，晋灵公时常登临俯瞰、饮酒取乐，并以张弓弹鸟为戏。但是时间长了，他便玩厌了这样的游戏，渐觉不如弹人有刺激。

　　于是，这个暴君就以弹人的方式来找乐趣。对准台下的百姓，一声令下，乱弹齐发。百姓头破血流，目毁牙落，号哭遍地，抱头逃避，相互践踏。民谣："莫看台，飞丸来。出门笑且忻，归家哭而哀！"正是从此事而来。

　　赵盾是历史上有名的忠臣，可惜生不逢时。他是朝中的一个元老重臣，曾经多次劝谏过晋灵公，希望他能够礼贤远佞，勤政亲民。开始的时候，晋灵公还假意检讨，继而就拒谏饰非，最后竟积厌生怨，杀死了赵盾。

　　赵盾有一个堂侄名叫赵穿，他接受了叔父的前车之鉴，对晋灵公采取了利诱的计谋。他首先向晋灵公叩头谢罪，请求辞职，说："我是赵盾的侄儿，叔父曾犯过错误，因此我无颜再当您的手下，请罢免我吧。"晋灵公见其词卑貌恭，认为他真诚可信，便安慰他说："赵盾的事与你无关，你安心地当你的官吧。"

　　在初步取得晋灵公的信任之后，赵穿就开始百般投其所好，晋灵公喜欢游玩，赵穿就说："所贵为人主者，唯能极人生声色之乐也。"

晋灵公好美色，赵穿就建议派使臣屠岸贾为他尽选国中美色，同时，赵穿还以桃园侍卫单弱为由，以晋灵公的名义，从自己指挥的军队中精选出了200名勇士，并暗地里同他们制订了除暴计划。一次，赵穿趁着深夜桃园侍宴的绝佳时机，一举铲除了晋灵公这个暴君。

赵穿成功之处就在于他不失时机地饲养晋灵公的贪婪之口，取得信任。有时不妨多让他吞下更多的利饵，化解警惕心，再待机出击。

春秋战国时期，强大的楚国发兵攻打绞国，大军行动迅速。楚军数万人马兵临城下，气势旺盛，绞国自知出城迎战，凶多吉少，决定坚守城池。

果然楚军屡攻不下，两军相持一个多月。楚国大夫屈瑕仔细分析了敌我双方的情况，认为绞城只可智取，不可强攻。

他对绞城进行深入分析后说道："攻城不下，不如利而诱之。"他建议：趁绞城被围月余，城中缺少薪柴之时，派些士兵装扮成樵夫上山打柴运回来，敌军一定会出城劫夺柴草。在开头的几天里，让他们得一些小利，等他们麻痹大意，大批士兵出城劫夺柴草之时，先设伏兵断其后路，然后聚而歼之，乘势夺城。这又是一条利诱之计。

楚王却担心绞国不会轻易上当，屈瑕说："大王放心，绞国虽小但轻躁，轻躁则少谋略。给他们这么好的机会，肯定上钩。"楚王立即下令，命一些士兵装扮成樵夫上山打柴。绞侯听探子报告有挑夫进山的情况，忙问这些樵夫有无楚军保护。探子说，他们三三两两进出，并无兵士跟随。绞侯马上布置人马，待"樵夫"背着柴火出山之机，突然袭击，果然顺利得手，抓了多个"樵夫"，夺得不少柴草。这样一连几天，果然收获不小。

尝到甜头的绞侯对抓"樵夫"袭柴草的事情慢慢失去了戒心，绞国士兵出城劫夺柴草的越来越多。楚王见敌人已经吞下钓饵，便决定迅速出击。一天，绞国士兵像前几天一样出城劫掠，"樵夫"们见绞军又来劫掠，吓得没命的逃奔，绞国士兵紧紧追赶，不知不觉被引入楚军的埋伏圈内。绞国士兵毫无准备，又被切断后路，成了待宰的羔羊。

与贪得无厌的敌人对弈，收起刀枪，施予小利，往往能抓住其要害，轻易瓦解敌阵，起到事半功倍的奇效。

第十二章

赖皮鬼，无理与无信的集合体

耍赖的几种类型

诚实守信是社会提倡的美德，言出必行向来被视为信守承诺的标尺；与人为善，和气待人则是人们追求和力行的道德准则，偏偏有些人抛弃二者，游走在街头、路边，夹在人群里，擦着诚实的边缘，把赖皮耍到底，无理走遍天下。

赖皮主有如下几种情况：

1. 犯了错误逃避批评，找来一堆借口搪塞

2. 为了"攻击"对方无理取闹

3. 推卸责任制造说词

耍赖的主体一定是不占理的那一方。因此若想耍赖成功，必须要把心态调整好，即要坚决奉行耍赖有理的信条！他们始终只有认为自己"啥都对"了，在耍赖的过程中做到理直气壮、临危不乱。

不管是蛮横型、可怜型、娇媚型，还是装傻型乃至诡辩型都把自己认为是答案的正确选项，道理是他制造的。

蛮横型赖皮常做出非常强大、具有攻击性的样子以吓退对手。翻老账、声东击西，把对方过去的小错误无限扩大化进行上纲上线，把注意力转移

到对方的错误上去，以掩盖现阶段自己的过错。你说我长得丑，我就说你太过胖。

装傻型耍赖。这类赖皮堵住别人的嘴的方法就是装傻，或者和稀泥。要是批评他，他就"哇哇哇"的叫盖过别人的声音，一停，他的哇声也戛然而止。接着说，他又接着"哇哇哇"还扮着鬼脸逗你乐。反正就是不让人说话。遇到这号装傻型耍赖的，也只有等他口水干才好办。

诡辩型耍赖喜欢狡辩或善于偷换概念。表面上是在和对方理论，实际上是在混淆视听，越辩越乱。不过运用这种方法取得的胜利往往只是表面上的。赢得了嘴皮的战斗，以填补心理虚空。

至于可怜与妩媚型不在防人之列，更多的是俗称女人的赖皮。

无论赖皮鬼姓蛮横、姓傻、姓诡辩，他们都是纠缠人们的一个不易摆脱的群体。你若是甜点，他就是苍蝇，你还有血，他就是蚊子。只要有点利可沾，他就张开翅膀蛮不讲理地扑来，盯住；或是从你身上冠冕堂皇拎着点东西，从此销声匿迹。

视承诺为儿戏

承诺是什么？在有些人眼里，它是追逐明天的艺术，给明天的订单，却迟迟不兑现，走得不见人影，携承诺潜逃。可是做生意，打交道，又少不了印章、合同绑定的信用，于是也就这里放一枪空响炮，那里吹一个大气球，之后便坚持奉行空谈主义。

2003年4月，舒畅接下江洋钢笔制造公司加工木制笔杆的订单，40%预付款，款到发货。后来做成货到追款，拖了个把月总算收齐了此货款。9月份该公司要货，1万套，价值20万元。合同拖着没定，却急着要发货，舒畅要求先打预付款，由于圈内该厂口碑并不好，舒畅没发货。该厂主管陈卫说："又没少你货款，要不先发几千套看看，好用我先打2.5万元，货发齐了余款即付清。"其实货已做过一批，尽管如此，舒畅碍于面子，于

10月半日发了3000套，计2.4万元。收到舒畅的货后确认质好，并答应2日后打1万元货款，要求舒畅把余货一周内发给他。结果款也没打，舒畅也停止发货。舒畅多次提及货款，陈卫说过几天就打来就是不打款。到2004年初时，竟说这样不信他，货不发齐不给他！舒畅好言相求，说不给就是不给！一副老赖形象。

五一过后不见陈卫的影子，便又开始了没完没了的长途电话，又是不在，没人接，偶尔通了，接电话的人也是回答不知陈总上哪儿去了。他又失踪了！

舒妻说："把电话费收据都留起来，到时候好跟他算账。"舒畅心想，还算什么电话费，它耗的是我们的生命，这是能用金钱计算的吗？只要能还回钱来，别的就不用说了。

舒畅一直找到国庆，仍找不到陈卫。

一日，王米来舒畅家，告诉舒畅他们知道的消息：陈卫说要宣布破产啦……"看来，这个陈卫要玩咱们。得想办法，找律师咨询，咱们该怎么办？"

王米说："我看哪，这里边有鬼，一开头就是欺诈。陈卫肯定有钱，要破产，是陈卫的主意……咱们一起商量好，做个决议，把钢笔厂管起来，不能让他宣布破产哪！"

"咱们的血汗钱就这么白扔了？咱找找律师，看怎么告他们吧。"

是该想想办法了，舒畅跑到邮局，排队打长途电话，这次真找到了陈卫。

"怎么办哪？又几个月过去了，什么时候还账啊？"

陈卫说："一定还，一定……"

舒畅说："你别说一定了，说具体的吧，要不我找你面谈……"陈卫说："我想办法吧。"

陈卫把电话放下了，纯粹是应付人！陈卫还不耐烦了。

难怪有人说：如今你若想当大爷，让别人求你，你就想法借钱贷款吧。你借了钱不还，你就是大爷，那借给你钱的人反而成了孙子。他要求你还账，你不还他，他也没有办法。你设法贷出银行的款来也不还贷，银行也不敢惹你，你便成了银行的大爷……也许这类现象太普遍了，逼得戏剧家出了一个小品：杨白劳借了黄世仁的钱不还，让黄世仁也没了办法。其实，换个位，那些赖账的才是那要坑人害人吸别人血汗的黄世仁式的人物。

只会口头上应允却极少用行动买单，这都是演戏，而且是儿戏。

一个自以为一生无任何缺憾的人死去了。阎王爷笑一笑，问："你有什么条件可以进入极乐世界？"鬼魂于是把阳间他所有的东西统统抖搂出来，带着炫耀的口气，反问："所有这些，难道不足以使我去极乐世界吗？"

"难道你不知道你缺少进入极乐世界的最重要的一种东西吗？"阎王爷并不恼怒。

鬼魂嘿嘿地笑着："你已经看到了，我什么都有，我完全应该进入极乐世界。"

"你忘记了你曾经抛弃了一种最重要的东西？"阎王爷面对这个恬不知耻的鬼魂，有了一点不耐烦，便直截了当地提醒他："你一生都在答应别人，却很少能做到。"

鬼魂想起来了：那次他回家后，答应母亲要好好照顾她，答应妻子永远不背叛她，答应朋友要一起做一番事业。后来，后来……他回想着，自己在外面有了情人，母亲劝阻他，他对母亲再也不闻不问。他不允许母亲破坏他的"幸福"；他和朋友做生意，最后却私吞了朋友那一份，死都不给朋友……

阎王爷打断他，说："看到没有？由于不守承诺，你做了多少背信弃义的勾当。极乐世界是圣洁的，怎么能容你这卑污的鬼魂？！"

鬼魂沉默了，他不是无所不有，而是一无所有，亲情、友情、爱情……统统随背信弃义而去。他，一个卑污的鬼魂，只能下地狱！

今天拿承诺开玩笑，明天就会成为地狱的鬼魂。极乐世界与地狱只有一线之隔，赖皮们不断地在突破界限。

超级人脉术大全集

赖皮的商家

奸商奸商，无奸不商。当然，这是大体而言，诚信买卖的人还是有的，但就有那么一些人，好占便宜，玩弄阴招，稍不留神就想和你赖，还把责任往你身上推，嘴巴赖不过，亮起眼睛告诉你，就是吃定你了。

小林的公司有一些废料、零件之类的堆了一大屋要卖给回收废料的厂商。老板提前一天吩咐小林，说有个厂商要来看看货，让小林带他们到仓库看看。一起来了 4 个人，个个长得一脸横肉，看起来横冲冲的，走起路来威风八面，不知道为什么会给小林这样的感觉。做废料回收的大多是本地人，比较神气，小林想也就这德性，反正挺不爽的。他们看了看货问价格怎样，小林说这个要跟老板谈。他们说不用跟他谈了，然后他们就礼貌地走了，记下了联系方式。

第二天一大早老板又打电话说那几个人过来了，价格说是 41 元/千克，因为行情价在 45 元/千克左右，让小林跟他们再谈谈。结果那 4 个人来了以后说 4.1 元/千克，小林以为听错了呢，问老板，他说没这个价，昨晚上谈好的是 41 元，可这些人硬是讲老板娘说的是 4.1 元。这时老板娘过来了，她把这件事交给小林处理，如果太低的话就不用谈了，加点价，差不多就可以了，说完就走去接待一客户了。小林过去跟他们谈，他们坐在前台沙发上还跷个二郎腿，一口咬定说老板谈的是 4.1 元。小林说这个都不重要，算是双方耳误，现在重新谈清楚，大家商量个实在的可以接受的价格就可以了，并要他们注意形象。他们硬说车子都开来了，谈好的事情怎么变卦了，要面见老板。小林怎么能同意呢，说如果一直咬定 4.1 元的话就没得谈了，他们在前台拨了老板的电话，不知说些什么，讲完后，说"太不够意思了！老板不承认了"。怎么可能是 4.1 元呢，一定是他们听错了，因为前两天有人用 38 元来收，老板都不卖。这下好了，他们要求老板出来，嗓门不断加大，而且表现出不卖给我我就不走的样子，攥紧了拳头，摆出一副要定你的架势。什么年代还强买强卖不成，考虑到有客户在公司，直接叫来保安把他们轰出去了。这事惹得小林很不爽，想讨价还价谁都想，没见到这么无理取闹的商家，明摆着要欺人。

做生意，做买卖遇到强买强卖，拐弯耍赖的情况很常见。这些人一心尽想着多捞一杯羹，仗着人高马大，或凶神恶煞，就要蹂躏公道，踩扁别人的理由，硬要把人往死胡同里挤，认蛮力不认理。

超级人脉术大全集

借口如山堆

生活中有两种人：一种是努力去做想做的事，必须完成的任务；一种是冥思苦想为失误、言行找借口，给拖延台阶下。后一种人有说不完的借口托词，遇到别人的责备、催促，不是去想想自己，而把一系列原因归给张三李四、天气环境。他们从不缺少借口，真的有这么多理由可以为他们保驾护航吗？只要想就有。

柳宾就是一个借口比什么都多的人。他答应帮朋友一个忙，却给自己找了种种借口不去兑现。

上个周末，答应带孩子去公园玩，但后来又抬出工作当挡箭牌，孩子就去不成。

他告诉他的属下，如果他们工作出色就加薪，但是柳宾总能找到不加薪理由。

他早就对爱人说陪她去旅游，却一次一次地让她失望。

上司交给他任务，柳宾满口答应下来，最后却忘得一干二净，只好告诉上司说这件事太有难度了。

这个月，他的好友因为他迟到两次以上而表示不满。

柳宾答应请兄弟吃饭，却因为别的事或者懒惰一拖再拖，而且最可恶的是，他并没有为此作出解释和弥补。

他的时间观念太差，8点约了客户，往往8点半才到。

赖皮鬼从早上起床就开始在透支信用，每天都会让身边的人失望好几次，一生的信用还能透支到何时？"好累啊"、"今天太忙"、"下次吧"，都能成为他们不守承诺的借口，也不知道这些人还有多少这样的借口。

在我们的生活和工作中，经常会听到这样和那样的借口，借口在我们的耳畔窃窃私语，告诉我们不能做或做不好的理由，它们好像是"理智的声音""合情合理的解释"。事情做砸了有借口，任务没有完成有借口，只要用心去找，借口无处不在。做不好事情，完不成任务，有成千上万的借口回应你，其实借口就是掩饰弱点、推卸责任的"万能器"。寻找借口的唯一的好处就是把属于自己的责任转嫁给社会与他人。这样的人，你托付事情给他，等于要提前买份保险。

借口是拖延的温床，习惯性的拖延者通常也是制造借口的专家，这样的人，凡事都留待明天去完成，这是一种很坏的工作习惯。我们难明白，为什么有的人如此善于找借口，无法将工作做好？因为他们在事情尚未开始时就先花心思找好了借口。

拖延的背后是人性在作怪，或许他们是真忘了，但习惯性找来借口搪塞敷衍，如果不是记忆的缺失，那就是故意拖延，然后用貌似经过加工的理由粉饰，推去责任，给自己的信用判个死缓。其实谁看不出他在敷衍，推卸身上的担子！

赖皮的多米诺效应

钱是一个重要的东西，当然钱不是万能的，但没有钱是万万不能的。赖账的人在借债者的脖子上卡了一把重重的刀，压力随之而来，自己如果没有点后备储蓄，就中了赖皮的多米诺效应。房子倒了，墙角的花花草草到时也得遭殃。

元元是来自某高等学府的大四学生。即将面临毕业的她，为了尽早适应社会，已提前为自己谋划工作和前程了。她的第一份工作，是在市城关区的一家医疗器械生产厂家做业务员，月薪最高可达 3500 多元。对于一个涉世不深的大学生而言，3000 多元的月收入应该算是很不错了。但元元告诉记者，因为一些客户的恶意欠账和赖账，致使她不能按时领薪。元元说："有的客户简直不把业务员当人看。有一次，因为厂里生产原因导致给客户的产品送晚了，我被那个药店老板不分青红皂白就狠狠地臭骂了一顿。回去后，我委屈地哭了好几个小时。"说到这里，元元的脸上满是伤感与无奈。"其实，还有比这更让人难受的！"元元顿了一下，语气间情不自禁地充满了气愤，"有几家客户，我大老远拿着有他们签名的单子去结账，可他们死活就是不认账，还指着我大骂……"从 5 月干到 7 月中旬，元元终因无法承受客户的无理和刁难辞职了。

据元元说，到如今她还有几笔账被赖收不回来。她说，这辈子她再也不想干这个工作了！

元元算是走运，大不了就一走了之，离开那个破地方，又获了新生。可要是承受力有限，生命都不保。

别人欠了郑关父亲的钱，父亲去世了现在却没办法要回陈年旧账，何时才有个了结？

2000 年时，郑关父亲的一个朋友姚运在做生意，需要到银行贷款，当时找到郑关父亲作担保人，郑关父亲同意了。于是在这一年的 6 月份，来到当地农村信用社办理了相关的手续，贷款 1 万元，借期写明为一个月。利息按当年的贷款息计算。一个月后也就是当年的 7 月份，姚运一时还不出钱，还想继续贷款。郑关父亲用自己的钱还了信用社这笔钱，并告知了姚某，并要姚在贷款单的背面立下了借款字据，还要姚还了贷款银行一个月的利息钱。欠条的内容很简单，就是写明：本人欠某某 1 万元钱，利息照正面支付。再就是借款人的名字和日期。从此这 1 万元钱就是欠郑关父亲的了。此后姚某做生意亏了，远走他乡，居无定所，很少回老家，详细情况不太清楚。这事一直是瞒着郑关一家。

后来郑关家里经济告急，资金周转不及，郑关父亲承受不了突如而来的打击，病倒了。2003年郑关父亲病重，深知自己不久于人世，于是说出了实情，交出了欠条。母亲又因伤心过度，晕厥过去。随后儿子们就打电话给姚某，要求其还钱。姚以没有钱拒绝，后再打也没有结果，有时干脆不接。姚某也一直未和郑家见面。2004年父亲去世，大家都沉浸在失去亲人的悲痛之中，没有认真去咨询此事的处理方案。觉得欠钱有欠条总是可以收回的。但是知道这事以后，郑关母亲一年要打好几次电话，姚运也一直未更改手机号码，每次通话，虽然态度不好，还提起还钱的事他都推说过年回老家还给他们的。

直到2005年正式咨询了律师。律师说借钱三年内如果没有还，而且又没有换欠条，改日期，就错过了诉讼期。郑关家也提出了是否通过电话录音取证，他说也没用。更关键的是找不到姚某的确定地址。

后来银行计算了一下利息，有7000元，郑关承诺只要本金，其他算律师费报酬。律师提出两点要求：一要积极打听姚某的确切地址，这一点努力了没有办法；二要到当年贷款信用社取证。郑关去了，结果出人意料，欠条的正面也就是贷款凭证上只是公章，没有经手人私章，也没有私人签名，条子的内容是郑关父亲所填写的。提出找当年的营业账单，遭到拒绝，取证未果。既然这样，律师也没有办法受理这桩棘手的官司。

郑关一家要不回欠款，父亲还因此而病逝，母亲晕倒，真是赔了夫人又折兵。拖款不还，带来一连串负面效应，犹如抽了大厦的根基，摇摇欲倒。

不与赖皮鬼做交易

交友做生意，得看对象，碰上了赖皮的人，经常会吃亏。

由于罗妮公司没有食堂，同事们经常一起去外面吃饭，由一人付账之后，大家都会自觉地分摊，有个男同事经常是吃完不给，欠罗妮的都不知多少次了。有一次帮他买火车票 250 元，他当时缺钱，给了罗妮 150 元，那 100 元就再也没提起过。还有一次当时手机充值卡搞活动，充值 100 元送 50 元购物券，罗妮在营业厅排队帮他带了一张，给他之后说没 100 元的，到现在提都没提过。

当然，那男同事借钱，有故意不还的可能，就应该要回来，明确地告诉他借得钱一定要还，哪怕是很少的数目，因为是"借"而不是"给"，这样他以后再借钱的时候就会少很多。

另外对于这种人可以采取敬而远之的方法，尽量避免与他有经济上的来往。如果再遇到他让代买东西的时候，应该让他先拿钱，后办事，这没有什么不好意思的，可以明确地告诉他，咱先小人后君子，一般情况下是不会影响同事间的关系的。

小数目还好，要是大笔外借，一被赖住，后果就严重多了。

蒙城大酒店的老板唐强拿着 2 张白条（共计 20 万元）颇无奈地告诉记者，朝阳公司欠他 20 多万元久拖不还，导致酒店关门停业。朝阳公司则称自己经费不足。

公司副总裁承认，这白条盖有公司财务章，欠款没还的原因是财政收入不景气，发工资都是借的钱，就连办公电话都已欠费停机，出差乘车都是谁坐车谁掏油钱。

然而公司的部分人士则看法不一，认为蒙城的倒闭是经营问题。

唐强对此说法极其气愤，表示如果不是欠款不还，他的酒店不会落得如此境地，朝阳公司应该对此负责任。

借别人的钱不还，让别人遭遇困境，没有诚意道歉，还反唇相讥。这种债借不得，要慎与赖皮做交易。

生活中，谁也免不了遇到赖皮找你借钱的事。倘若因各种原因不想借予时，巧妙地拒绝，才能避免借钱不成造成情感危机。

对自己实在无力帮忙的情况，坦诚说明，直接拒绝不失为一个好的方法。当然，这些状况应该是对方也能认同的，这样，不仅不会伤害彼此的感情，还能够赢得对方的理解。这一招最关键的因素是要提前掌握有关信息。在对方未开口之前，先将自己的"经济状况"亮个底，告诉他你现在也缺钱。此招可谓"先发制人"，避免让人觉得你是在找借口。

其次，可以施缓兵之计，不给予答复，当对方提出要求时你表示很愿意帮助他，但是出于某些客观原因，不得不再等一等才能予以答复。不管怎么样，拖是缓兵之计，对方可能会另想办法，还可能给自己找到合理的借口。

拖也是一种体面的借口，不伤害对方的面子，容易为对方所接受。

当不好正面拒绝时，只好采取迂回的战术。转移话题也好，提出理由也可，主要是善于利用语气的转折但也不至撕破脸。比如，先向对方表示同情，或给予赞美，然后再提出理由，加以拒绝。这样对于你的拒绝也较能以"可以体会"的态度接受。

对于没有信誉的赖皮，用谎言来拒绝不失为好方法。比如，你可以告诉他这段时间手头正紧等等。

讨债有法

借给别人钱的人不都是富得流油，即使万贯家财也有囊中羞涩的时候，不得不思考一下讨回债款。很多人觉得讨债很没面子，不借债才是对人的考验。他们敢启口借钱，你也可以伸手要回，钱归钱，朋友归朋友。针对不同情况，不同类型的赖皮，讨债的方法不一。

4年前，小郭的朋友卓君说要和别人合伙做生意，向小郭借了5万多块钱，当时并没给小郭写下借据。4年多过去了，一直也没提还钱的事。而卓君现在的情况是：香车豪宅一样不少，生意正走向巅峰。

有段时间银行升息，小郭把10年的存款都还了一部分房贷，没想到11月份连续两笔大支出：暖气费、物业费，老公又整天念叨着要买个电脑，小郭感觉手头越来越紧。

老公建议把借给卓君的那笔钱讨回来，小郭前天晚上鼓起勇气给卓君打电话，聊了十几分钟，但最终还是没好意思开口。小郭一直想对方是自己的好朋友，彼此很有感情，过一段时间肯定会还的。老公倒是想去开口，但觉得对方毕竟是妻子的好朋友，而且当初也没有写下借条，硬碰硬地去要又怕不合适……这事让他们着实苦恼了一把！

俗话说，"亲兄弟明算账"，无论是朋友、同事，还是亲属和邻里，一旦有借贷发生，从法律的角度来讲，二者之间就只存在着一种关系，那就是债权与债务的关系。

一般私人之间的借款都发生在亲戚朋友和同事、邻里之间，越是熟悉的人之间就越有可能发生债权和债务关系。所以，很多人认为都是自己人，留借据太伤关系，所以也就什么凭证也没有。

可是，借钱容易要钱难。债务问题处理不好，不但让你心中不爽，搞不好还伤了大家的和气。对于有些人，你的借款不但是关键时刻帮助了他，而且还会很直接地维系了亲情，增进了友情。但是对于有些人，你的借款就是得罪他的开始。要知道，欠债不还往往都是发生在你意料之外。

因此，往外借钱的时候一定要慎之又慎。首先要考虑对方由于种种原因而不能及时还款的时候，你们的关系损失的程度是否会比金钱损失的多。所以，立下借款字据还是很有必要的。有了它，讨债也方便得多。对于有些忘性极强的欠债人，恼羞成怒的你又无法用直接的讨钱办法来对付他们。如此一来，难免会愁眉不展大伤脑筋。

其实大可不必，俗话说，"以其人之道，还治其人之身"，编个充分的理由，花言巧语，分文不揣地约上欠债人逛商场，见到你喜爱的东西直接开口向他借钱。他欠你多少你就借多少，最好把利息也加进去。

至于那些善装糊涂的人，往往把钱借给他以后就有去无回。而且他们恐怕对你的讨钱招数也早有防范。不过也没关系，同样有方法对付。

首先注意观察属于欠债人的财物，其价值最好稍微大于或与所欠钱款等值。之后，找个最佳时机，装出没有任何动机的样子将其"借"到手。

直到欠债人还清所欠债务之前你也拒不归还。这样就算是亡羊补牢，也不会为时过晚。

实在无法直接对付欠债人，那就只能另寻他途了。找一个和欠债人熟悉的人，当然，此人必须和你也很熟悉。然后，围绕目前你的经济困境对其大诉其苦，并把占用你钱财的欠债人罗列一番，旨在让对方出面替你向欠债人说出你难以启齿的讨钱话。

此法也可以套换使用，直接找到欠债人表述一番，同样可以起到相同的作用。不过这招需要一定的演技，千万不能被人发觉你是指桑骂槐，要不然容易弄巧成拙。

对付那些耐磨的欠债人，也许你即使是使尽浑身解数也依然无效。那就只能动用最后一招——诉诸法律。因为法律注重证据，当白纸黑字的借条存在时，如果借债人不按借据约定支付欠款，法律就是对付上述类型欠债人的最有力的武器。

摸清底细再出牌

俗话说：知己知彼，百战不殆。必须要弄清这些欠贷赖债户的心理动态，然后根据其不同类型，有针对性的采取切实可行的措施，各个击破，达到清收的目的。对付赖债户有以下几种常见的方法：

1. 对一切都无所谓的人

这种类型的欠贷户普遍存在着这样的心理动态，认为"债务拉也拉了，欠也欠了，还一点不见少，全还也还不起"。这可真是虱子多了不痒，债务多了不愁，最后是破罐子破摔，爱咋地咋地，看你能给我整啥样！其具体表现是：无论信贷员说破嘴皮，还是苦口婆心，使尽任何方法催要，这些欠贷户态度蛮好，就是认账不还钱，活活气死人。

针对这种类型的赖皮户，要求你必须坚持常年催要，发扬蚂蚁啃骨头的精神，软磨硬泡，死死缠住赖债户，大打心理攻势这张牌，有针对性地做好他们的思想工作。采用温火慢功，耐心说服规劝，逐渐打消这些欠贷户的抵触情绪；然后，再一步一步，一点一点地清收，逐步蚕食；最后完全收回这些不良借款。对付这种类型的赖债户，一忌急火猛药，二忌囫囵吞枣，三忌好大喜功。如果不这样，不仅达不到预期的效果，还会使其产生抵触情绪，给清收不良贷款工作增加不必要的难度。

2. 仗着有人撑腰，嚣张蛮横的欠债人

这种类型往往是自己的三亲两故是衙门里的头头，他们身上也沾了点光环。因此，就借着这层保护伞作为挡箭牌，推诿搪塞，明目张胆，就是不还款。其具体表现是：欠款不假，可是我有关系，就是不还你，你能奈我何，说话硬气得很，也不知道究竟谁欠谁的钱。

针对这种类型的欠贷户，你要敢于碰硬，要有敢把皇帝拉下马的精神，坚持原则，义正词严，同这种类型的赖债户做针锋相对的斗争。同时，要必须拿起法律武器，依法打击这些欠贷户的嚣张气焰。

3. 存有侥幸蒙混心理的人

这种类型的人普遍存在着这样的心理：你有这么多钱，我借些来花，反正你又不缺这么点。说不定哪天高兴了，债也不用还了。其具体表现是：以各种方式试探你，说最近手头紧，再宽限些，您大人有大量！

话是这么说，心里就想着别人说算了吧，不用还了！这类人应当使他们从虚妄的幻想中尽快回到现实生活，让他们真正明白欠债还钱，是天经地义的道理，然后加大催收力度，彻底摧毁这些人的侥幸心理。

针对这3类人的独特心理，你不能一根棍棒打到底，摸清底细再出牌，为时不晚。当然，手中缺钱是件急人之事，但光急而不去讲求策略，一扑上去就大呼小叫想咬回自己的那块肉是不现实的。狐狸能吃着乌鸦嘴里的美味，不也是深谙乌鸦"秉性"的结果吗？

我比你更无赖

乌龟怕什么，铁锤！因为铁锤比龟壳硬。以此类推，无赖的人最怕比他的更无赖的人。遇到无赖，惩治无赖，比他来得更无赖是好方法之一。

武则天登基后，在都门设立"铜匦"。下令任何人都可以告密，将告密信扔进"铜匦"之中，由专人取出，以此来诛杀行为不轨或对她不服的大臣。如果密奏确凿，即可封官。胡人索元礼，因告密而得了个游击将军之官。于是，周兴、来俊臣等纷纷效仿，竞相罗织他人罪名，从此平步青云。

其中，周兴最为机敏狡诈。他不久便担任了刑部侍郎之职。手下特地蓄养了数百名无赖，专门从事告密活动。每每想构陷一人，便使各处都来告密，因为辞状相同，当然使人信以为真。他还根据多年的经验，总结出了数千字的告密经文，作为秘本传教徒弟。

周兴还制造了一系列别出心裁的刑具，死猪愁、求破家、反是实、"凤凰晒翅"、"仙人献果"、"五女登梯"、定百脉、突地吼等。每当审讯犯人，还没开审，见到这般刑具先没了魂，不如随口诬供，反能速死，省得熬受酷刑。

坏事做多了，也有泄露的一天。终于他被人告了一密，说是他与人串通谋反。武则天便敕令来俊臣尽速审案了结。

来俊臣深知周兴的手段，要让他招供绝不是一件容易的事情。于是设下一谋，特请周兴一同饮酒言欢。席间来俊臣向周兴说了不少赞美话，说他堪称唐朝第一办案高手。然后十分诚恳地向他请教："现在我碰到一个十分狡猾的囚犯，种种刑具都已用过，可他就是不肯招供，你说该怎么办呢？"正飘飘然自鸣得意的周兴，乘着酒兴不假思索地对他说："这还不好办。我告诉你一个最好的办法：取一只大瓮，把囚犯放进瓮中，然后在大瓮四周架起炭火，慢慢儿地烧烤。我看犯人在被烤熟之前，你必已得到了口供。"

来俊臣一听乐得拍手称妙，当即笑着命人搬来一只大瓮，并在四周架起了炭火。周兴搞不清朱俊臣的名堂："难道你要在这里审讯那罪犯？"来俊臣这才拿出武则天的敕文，然后对周兴说："请君入瓮！"

效果比周兴预料的还要来得快：周兴在被推进大瓮之前，便把来俊臣所需要的口供详详细细地交代清楚了。

来俊臣以其人之道，还治其人之身，巧妙地拿下周兴。商业竞争中，对于那些无赖、狡诈的奸商、奸徒，若能巧用"请君入瓮"之计，当推最为经济有效的办法。原因很简单，以毒攻毒、以奸攻奸、以无赖治无赖。

民国时，英国商人威尔斯向香港一家皮箱行订购价值为港币20万元的皮箱。合同明确规定在一个月内交货，若逾期不能按质按量交货，则卖方须赔偿损失50%。

一个月内，皮箱行经理冯灿如期向英国交了货。威尔斯却大言不惭地说，皮箱内层使用了木材，因此这批货不是皮箱。显然，再去重做"真正的皮箱"，为时已晚，原来的皮箱将被积压尚不待言，这50%的损失费还得白白贴出来。冯经理怒不可遏，可面对威尔斯无赖说法又一时找不出反驳的话语，两人便对簿公堂，走上了法院。

开庭了，不料港英法院居然也有意偏袒威尔斯，冯灿经理似乎已触犯了"诈骗"之罪。此时，他不知当做何处理。

冯灿委托的律师罗锦文不慌不忙地站了起来，顺手从口袋里取出一只英国伦敦出口的大号金怀表，高声问法官："法官先生，请问这是什么表？"

法官说："这是大英帝国的名牌金表。可是，这金表与本案毫无关系啊！"

"有关系！"罗锦文面向法庭上所有的人继续说："这是金表，法官已有定论，没有人表示异议了吧？但是，我要问，这块金表除了黄金以外还有没有其他成分？它除了表壳镀有少量黄金以外，内部机件都是金制的吗？"

威尔斯和法官这才发觉已中计，自己的口实成了对方的最好证据。然而为时已晚。罗锦文接着说："既然金表中的部件可以不是金子，那么，皮箱中的部件为何非要全都是皮革的呢？很显然，在这个皮箱真假之案中，原告威尔斯纯系无理取闹，存心敲诈！"

众目睽睽之下，威尔斯理屈词穷。法官不得不给威尔斯判下诬告罪，以罚款5000元港币了结此案。

罗锦文对法官也来了个请君入瓮，避开了直接争辩，又让法官无言以对。实为高招！罗锦文以对手的思路驳斥对手的观点，真好比用对手的手枪让对手自己瞄准自己的胸膛猛放了一枪，让他们走进自己制造的谬论里窒息。

无赖者，其理少有不破之处，只要我们仔细斟酌，从漏洞处下手，把他们引领到陷阱里，即可一击毙命，这就是比他们的更"无赖"之处。

第十三章

窝里霸，温顺与蛮横隔着一道门

超级人脉术大全集

窝里当霸王

一天，一对老夫妇的独生子娶了一个姑娘。

这个姑娘口碑一向甚好，品貌俱佳，温柔善良，邻里街坊都说老夫妇有福气找了个好儿媳，由于儿子常出差，儿媳掌家后慢慢有些"总管"的气派，对公婆吆喝谩骂，竟让公公给她捶背，还让婆婆给她洗脚。稍有不顺，就狠狠地骂他们。

最后，婆婆给她逼死了，只剩下公公一个人过着悲惨的生活……

有一次，儿子走了大半年，媳妇越发嚣张。

一天，老人坐在马路边，一边看着街上的车辆，一边吃着鸡和蛋糕。

突然，媳妇走了过来，打断了这和谐的一幕……

"我让你吃！吃死你！"

老人终于落下了泪……

然而，这时儿子回来了，媳妇大惊……

最后，他们离了婚，儿子娶了一个真正秀外慧中的女孩，一家人其乐融融。

还好，挽救得及时，老父亲没和老母亲走上同一条路，算是老天有眼，否则也要像下面的老人那样遭尽非人待遇了。

一位年过古稀的老人，每夜与猪相伴而眠，受尽不孝子媳非人待遇。在樊头村，引起当地百姓极大的愤怒。

老人名叫楚琳，今年80岁。儿子在长沙打工，家事由妻子祁燕打理。

从3年前儿子盖新房开始，老人被赶到破败不堪的猪圈旁居住。老人"居所"是用柴火围成的一个小围子，人要弓着腰才能进入。地上铺上一层稻草就是床，一堵矮矮的土墙隔壁，就是猪圈，猪圈里臭气四溢，让人不愿久留，但老人每天就睡在这里。

当地居民介绍，祁燕每次出门都把各个房门锁上，有时老人饿得受不了，就吃剩余的猪食。有一次，老人突然晕倒在屋旁，邻居急忙给她端了一大碗饭。

邻居老陈说，老人患有严重的风湿病，走路十分不便。可怜的老人只得靠好心乡邻的施舍，才得以活到今天。

遇到有子女如这般者，实是不幸，一切都得依着他，让着他，细微的意见就是忤逆"圣旨"，违者自然是又打又骂。除了霸道之外，更添了浓厚的不孝。不孝使他们完全不顾长幼先后，人伦道德，父母甚至沦为家中的奴隶，不得不说是莫大的悲哀。

不是每一个窝里霸都丧失人性，但其中确有无德无义者，在家庭这个社会小细胞里胡作非为。

专捏软柿子

有些人之所以敢横，而且横得要命，并不是他真的胆大到自信自己无人能敌，要横之前，他也得瞧瞧周围的气候，哪里有软柿子哪里才能蛮横。

在山里，有一个恶霸村。

恶霸村里住着一个大恶霸，他统治着整个村庄。

恶霸是个残暴的人，然而他也很聪明。村里人在他的淫威下不敢有二话。

一天，村子里有几个知识分子，他们看不惯恶霸的独断。在他们的书里，告诉他们世界上还有一种没有恶霸的生活。在那里，村子里的人民可以自由地选择自己的领袖。读书人很向往，虽然，他们自己也没有太大的把握，但他们愿意尝试。

他们越读书，越无法忍受恶霸的独断。外面世界的吸引力是巨大的。与此同时，被恶霸欺负的村民们也越来越对恶霸有些不满。

知识分子觉得时间到了。于是他们鼓动了自己的学生，去找恶霸算账，要求恶霸自动放弃村子的领导权。他们希望尝试一个新的制度，一个外面的世界用着的制度，一个书本上被描述得十分诱人的制度。

然而，恶霸从家里拿出了枪。学生们则手无寸铁。胜负一眼可以看明。

学生死了，知识分子流亡了。

恶霸村村民依然过着受欺压的生活。

村民们刚一开始还有些反抗，后渐渐"听话"了，习惯了。"恶霸毕竟是恶霸，我们不去惹他就行，反正生活还可以，那外面的世界实在太遥远了，为什么我们一定要尝试着自己做主呢？"他们经常这样自我安慰。

每每提起那死去的孩子们，村民们无不捶胸顿足。他们的愤怒绝不敢指向恶霸，那是要吃机关枪的。所以，自然地，读书人成了那些愤怒的发泄对象。

"若不是你们想要权力，我的孩子会死吗？若不是你们鼓动造反，我的孩子会吃子弹吗？"

恶霸出面了。恶霸说："既然你们这样恨那几个秀才，不如我们立一个碑，永远地谴责他们，好吗？"

村民们拍手称快，弹冠相庆。

碑很快被立了起来。碑文上说：

"任何敢于煽动对抗村领导的人，罪该万死！任何不满村长领导方式的知识分子，罪该万死！任何诱惑村民走歪门邪道，企图颠覆村长英明领导的内部势力，外部势力，罪该万死！！"

碑树立在恶霸村的村口，长长的影子覆盖过每一家的屋顶。恶霸村的村民们，继续地过着小康而屈辱的生活。死去的孩子们的坟头上，伸出一支小小的枝芽。

直到后来走出去的村民觉悟了，获得外面的同情和支持，更多的人加入了反恶霸的队伍，拿起法律的武器和恶霸作斗争，终于清除了贻害人间的祸害。

村民手无寸铁，没有寻找外部支持的渠道，在恶霸的压制下忍气吞声，这恰恰最适合恶霸的胃口。鸡蛋敢撑硬，不是它强至刀枪不入，是因为还未遇到石头。柿子越软，他们越吃得肆无忌惮。俗话说：天高皇帝远，恶霸们没见到能惩治自己的"敌人"，于是放开手，干无法无天的事，他们眼里自己就是法，就是天。

主意打到老子头上

家里有个窝里横的人，终日不得安宁，什么都得听他的，吃饭睡觉样样招待到位都可能不称心，哪一天不在家，还不知会闹出什么名堂来。

古时候有一个很仁义宽厚的财主，他白手起家，很快就拥有很大的家业，因为家业大，一个人管不过来，想有个儿子帮忙。一日财主施舍做善事正碰巧看见一个满脸污垢的流浪儿，看似忠厚的男孩，饿得差不多快要死了，好心的财主就把他领回家，很快那个男孩就恢复回来了。财主十分宠爱他，不肯让他受半点累，吃半点苦，一切都把他像亲儿子对待。因其做事很有一定能力，财主很赏识他，渐渐地把家产全部都让他掌管，很信任他。财主因为信任他，几年都没有过问过生意，忙着施舍做好事，几年一直住在另外的一套清净的房子里。5 年过去了，财主想回去看看那家里面怎么样了，谁知一到大门就被一些陌生面孔的家丁拦住了，财主以为是新家丁不认识自己就不和他们计较，随和地说："我是东家，你们新来的不认识我。"谁知那些守门的家丁说："我们东家在里面，你不要乱冒充，小心吃官司！"财主纳闷怎么回事呢？想进去看看被守门家丁用大棍轰出来。财主悄悄打听，原来是当年他收留的小男孩是"东家"，财主一听两眼发黑，你个狼心狗肺的东西，我叫你不得好下场！仔细打探了解后，财主差点晕过去，他的几个女儿都被那男孩赶出家门，一分钱也不给她们。

财主再也忍不住了，随后就去找官府，状告霸占财主家业的那个当年的男孩（已成人），谁知道那个狼心狗肺的男孩不屑一顾地在公堂上说："我根本不认识你，你血口喷人！你叫官家查看，我是不是这些家业的拥有者？"官府一查，那个男孩还真是白纸黑字的"合法拥有者"，当即把财主轰出大堂。财主无奈，备感痛心，悔不该当初带回一个"霸道王"。

原来那个当年的男孩利用财主不在家的几年偷偷地把家业的拥有者改为自己的名字，把原来的财主的忠实家丁收买了，现在也得到了商场人士的认可。财主看到这个已无法改变，就想把剩下的一点家业也给那个小男孩算了，把财主的心愿实现——把他的商号做成大的商号。财主后来在跟随他的几个人的劝说下才重新开张另一家业，无奈已经没有名气，财主心思也不在那里，最终含恨而死。

横气越来越大，贪欲越来越强，窝里霸得寸进尺，彻彻底底地把窝冠上自己的"大名"，揽入怀中，据为己有，财产、基业随他使唤，亲人一脚踢在旁边，独享大餐。

有仇必报

窝里就是自己的天下，横行权当是家常便饭，谁敢拦住这些横行的螃蟹，很可能就等着他们的大钳一夹，一命呜呼。

这人经常没事骑一辆摩托车在村里闲逛。如果有人胆敢违抗他的意愿，不是遭到公开侮辱、恐吓，便是遭到毒打。直到他犯了命案，被逮捕半年后，村民们议论起他时，还下意识地四处张望："嘘，小声点！"他就是徐家沟里的乡村独裁者——徐光。

不太宽阔的一条小河从那里流过，鸭子们在河里悠闲地凫水，田地里玉米秧抽出了一尺多高，一股乡村特有的浓香发酵着，萦绕在路的上空。通常，村支书徐光或者开着别克轿车，在这条路上"呼呼"地奔来奔去，扬起阵阵尘土；或者牵着三四条大狼狗沿着这条路在村里巡视。这时候，村民们通常看到他昂着脑袋，挺着肥硕的肚子，迈着阔步，"威风得很"。

徐光"管理"着徐家沟近3000人口。已经有半年多，村民们没有看到他肥胖的身影了。在徐光指使两个儿子砍死了村民白力后，父子三人当天便被逮捕。

但因为尚未宣判，人们担心他还有可能被放出来。直到半年后，一些村民提到他的名字时，还要下意识地四周张望一下，紧张地将食指压在嘴唇上"嘘"一声，朝不远处的人群努一下嘴，说："小声点，有眼线！"

事实上，案发后，公安人员到村里调查案情，有人还迟疑着不敢说出死者白力的家在哪里。半个多月后，一家报纸的记者前来采访时，人们还不敢接受采访。在那位记者的再三劝说下，他们最终开口了，但一再要求不要透露他们的姓名。徐光到底有多大能耐，其余威竟能搞得村民人心惶惶延续这么久。

白力的父亲白清认为，儿子的死，跟他平时在背后批评徐光有关。长年做小生意，去年卖些水果，每隔半个月左右回家探望一次，与徐光并没有发生过直接冲突。但他"好跟人叙个闲话"，言谈间常常批评村支书徐光"独裁专断"，为了霸道，不把村民当人看。"做法与电视里宣传的上面的政策和精神不符合"，甚至有一次还向一名村民表示"哪里有压迫哪里就有反抗"。

说完这句话后，白力就回了家，不想村里的广播响起来了。白清听到村支书怒气冲冲地在广播里点名骂白力："你不就做个小生意吗，有啥了不起的！"

白清慌忙去找徐光赔不是，但"看来从那时起他心里就已经有了俺儿咧"。

而导致白力被砍死的直接起因则是：他参与了反抗村支书的行动。

因为一条正在修建的调水路线将从徐家沟穿过，征用了村民的承包土地，因为各农户被征的土地多少不同，所以，县政府决定，平分征地补偿款，然后重新调整剩下的土地。但是，村委会并未公开账目，也没有召集过一次会议，村民们并不知道征用了多少土地，发放下来多少补偿款。他们要求公开账目之后再分配土地。

徐光当然不能满足他们的要求。他带着几名村干部将村里的土地强行划分了，并做上标记。村里20多户村民不想就此妥协，便悄悄将徐光做好的标记给填上了。专程回家割麦子的白力也参与了这次行动。

当天下午白力等人填平标记后徐光从邻庄开着桑塔纳停在了白家的地头，这时白力正跟他的父亲、叔父一起割麦子。

有人说是邻庄的村民惹了他一肚子气没处撒，于是迁怒于白力。总之，在白力承认了他参与这次"反抗"行动后，双方先是发生了短暂的冲突，很快，徐光打电话叫来了两个儿子。白清看见他们从怀里抽出一柄约两尺长的明晃晃的刀，"魂都吓飞了"。

白力身受重伤，死在麦田里。他的血溅到了他父亲和叔父的身上，腰部的一刀伤口很长，内脏流出了体外。

最后根据徐光的口供，他是记了白力上次的账，对他屡屡在众人面前批评自己耿耿于怀，加上喝了几杯，便要了白力的命。

如果没有一定的实力，少去惹窝里霸，否则他们有仇必报的心态一作祟，后果不堪设想。

小区里的地痞

窝如果只是家里、公司里影响总难免有限，但万一窝成了社区，几百号人的生活秩序也将受到干扰。小区里的地痞可以搅得小区鸡犬不宁。

一装潢工作队在给"华清别墅"的业主运送装修材料时遭遇一群不明身份人员的野蛮阻拦而被迫返回。据了解，遭遇无端拦截的该小区业主不在少数，这群人为兜售自己的沙子、水泥等装饰材料，强行拦截其他装饰材料车辆，致使业主无法装修。

"华清别墅"是一个新建小区，绝大多数业主正忙于装修。业主们反映，两个多月前，一伙不明身份的人常"隐身"在小区门口附近，见到有运送装饰材料的车辆进小区时就突然出面，蛮横地扣住车辆，小区业主怕惹祸上身，只好忍气吞声，将装饰材料退掉，装修一度中断。一个多月来，遭遇拦截的业主不在少数。

这伙人自己经营着沙子、水泥，为了垄断生意，独占"华清别墅"这块市场，他们采取了"拦截"这种野蛮手段，凡是业主在其他地方买的沙子、水泥，一律不允许运进小区，逼迫业主买他们的沙子、水泥。业主们反映，这些人卖的沙子、水泥，不仅质量差，而且价格高。

除垄断沙子、水泥的销售权外，其他装饰材料的搬运权也被这伙人垄断。像业主在市场购买的地板砖等装饰材料，送货人员只能送到小区门口，接下来必须由这伙人指派人员将东西搬运到房间内，搬运费自然高出很多。

业主们说，这伙人非常霸道，就连附近的装饰材料商也受其欺负。曾有人装成顾客来到距离小区不远的跃进路装饰材料市场，在一家装饰材料商店内，假称买一些沙子，当老板听说是送往"华清别墅"的，便不肯做这个生意："小区门口有地痞拦道，我们的货根本运不进去。"他连找好几家都没人敢卖。

"华清别墅"的物业公司的工作人员告诉记者，他们对此情况也无能为力，尽管他们多次报警，在警方的干预下，他们也消失了一两天，但很快又会跑回来。该工作人员说，这些人就住在附近，物业和业主不敢招惹他们，目前只能寄希望于警方。

这群地痞独霸一方，无人敢惹，小区里的生活也被打乱。窝里霸不是在用水泥、沙子给业主们装修房子，而是用横气装饰小区的生活气氛，肢解区民的安定秩序。对内围起了小区体的碉堡，和警方打游击，对外群体行动，强卖货物，好似一方强盗占据山头，不听令者，别想在这儿混。

这类窝里霸是社会这台机器正常运作时遇到的沙石，磕磕绊绊，贻害民生。

软弱没有抬头的日子

"软的怕硬的，硬的怕不要命的"，鸡蛋不会找石头自杀。生活中一些蛮横霸道的恶人之所以能够得意一时，就是因为社会上有些人忍气吞声惯了。他们作威作福、发火撒气往往找那些软弱善良者，因为他们清楚，这样做并不会招致什么值得忧虑的后果。在我们身边的环境里到处都有这样的受气者，他们看起来软弱可欺，最终也必然为人所欺。因为一个人表面上的软弱事实上也助长和纵容了别人侵犯你的欲望。

人是应该有一点锋芒的，虽然在待人处世中没必要像刺猬那样全副武装，浑身带刺，至少也要像那些凶猛的动物一样，让人觉得你不好惹才是。特别是对于那些没事找事的恶人，你必须随时准备好反击，不可让他们把你当成蚯蚓宰割。

树立一个不好惹的形象，是确保自己不受欺侮的一条很重要的做人"心计"。这一形象在时刻提醒别人，招惹你是要承担后果并付出更大代价的。

在一个菜市场上，有一个泼皮无赖，仗着自己练过几天功夫，会要几手三脚猫的拳脚，在小镇的菜市场上为非作歹、为所欲为。

最令人气愤的是，他拎了这个摊位的菜，又拿了那个案子上的肉，却总是不给钱。谁要向他讨，他就说先赊着以后一块儿给。可谁真向他要时，他便会大打出手，或是想法子弄得你无法在此地待下去。大家对这样一个无赖小人真是敢怒而不敢言，只有默默忍受，任他欺压。

然而有一天，这个无赖却碰到了茬儿上。一大早无赖就来到市场上，只见他走到一个猪肉摊前，点着一块肉要摊主割下来给他。那位摊主也是位青年，听他一说，二话不讲，操起刀就在案子边的条石上霍霍地磨了起来。

这个无赖见此，也只好站在那等着。此时，摊边上的人开始聚拢过来，一半是看热闹，一半是想亲眼目睹一下这个无赖如何横行霸道。岂知，好几分钟过去了还没有罢手。此时，无赖急了，张口就骂，要摊主快点儿。只见这位摊主不慌不忙地应了一声，把磨得闪亮的刀往阳光下一摆，一道寒光直照到无赖的眼睛上去。无赖心中一惊，不由得打了一个冷战。他又催摊主赶快割肉，但语气明显缓和了一些。摊主拿着刀，对着这个无赖想要的那块肉就砍下去，只听"刷"的一声，一大块齐整整的肉就被割了下来。更令人叫绝的是，也就这一刀，把肉中连着的骨头也齐齐地砍断了。见此情形，这个无赖心中又是一愣。然而，事情还没有完，摊主把肉砍好之后，并不是像往常那样，把刀搁在案子上就算了，而是出乎意料地朝身边几尺远的一块木板上扔去。随着"啪"的一声响，那把剁肉刀便插在木板上，与其他几把并排，排列得非常整齐。哦！原来这是他的刀板。同样令人奇怪的是，这回无赖并没有像往常那样，拿起肉扬长而去，而是叫摊主称了称，乖乖地如数把钱交了。

这个事例传递给我们这样的信息：通过某种形式、某种物品、某个动作，给小人一种暗示，自己绝对不是好惹的，更不是好欺负的。实际上是在告诉小人，一旦被逼急了，羔羊也会变成猛虎的，"兔子急了还会咬人"，更何况人！在待人处世中，学会对人的性格作具体分析，看人下菜碟，对善良谦恭者可以不计得失，打成一片。

对于霸道不讲理的人，强硬就是最实在的有力武器，把握分寸，行事得当，反击适度，既很好地教训了他们，又树立了自己高大不可欺的形象。

强悍面对刁难

现实生活中经常有不少小人的故意刁难，以显示一下他们的能力，非在别人身上占到便宜不可。让人陷入困境，因此，我们不得不拿出点勇气和智慧来反击，出奇制胜，化险为夷。

在一次国际会议期间，一位西方外交官挑衅地对我国外交代表说："如果你们不向我们保证，不用武力解决台湾问题，那么显然就是没有和平解决的诚意。"

面对这种挑衅性的无稽之谈，我国外交代表回答道："台湾问题是中国的内政，采取什么方式解决是中国人民自己的事，不需要向他国做什么保证。"说到这儿他话锋一转，反问道："请问，难道你们竞选总统也需要向我们做什么保证吗？"这种针锋相对的反诘，使对方无言以对。

对方迅即狡猾地把话题一转，又说："阁下这次在西方逗留了一段时间，不知是否对西方有了一点开明的认识？"

我国外交代表淡然一笑，揶揄道："我是在西方受教育的，40 年前在巴黎受过高等教育，我对西方的了解可比你少不了多少，遗憾的倒是你对东方的了解可真是太少了。"

对方讨了个没趣，满脸窘态。

这位西方外交官所提出的理由本来就是一条强加于中国人头上的不合理的、荒谬的理由，不符合国与国之间平等相处的原则。然而法则对于蛮不讲理，耀武扬威的人而言，形同马其诺防线，在他们面前，只有被践踏的份。面对这种强权霸道的作风，我国外交代表反诘而问，使他们无言以对，搬起石头砸了自己的脚。

在与人交往的过程中，我们也会遇到这样的情况，对方以蛮横之势，强词夺理，以不正当甚至荒谬的理由来反对我们，阻止我们的行动。这个时候，我们应变的最好方法就是以谬制谬，按照他们的逻辑、理论形成一种说法，去反诘对方。以子之矛，攻子之盾，从而使对方的谬论不攻自破。

古城县县官欺压百姓，鱼肉乡民，凡是来打官司的人如果不给钱，他就会把他们打得死去活来。当地有人编了一出戏，叫《要钱县官》。演出那天，县官也去看戏，他一看演的是他，当时就火冒三丈，没等戏演完，就回到县衙，命令衙役把这个人传来审问。那个人听说县官传他，就穿着龙袍大摇大摆地跟着衙役去了。县官一见艺人来到，便把惊堂木一拍，喝道："大胆刁民，见了本官，为何不跪？"

艺人指了指身上的龙袍说："我是皇帝，怎能给你下跪？"

"你在演戏，分明是假的！"

"既然你明明知道演戏是假的，为什么还要把我传来审问？"

县官被问得张口结舌，只好眼睁睁地看着艺人大摇大摆地走出县衙。

当蛮横之人向你掷出刀枪，企图让你难堪时，冷静应对，强悍出击不失为制胜法宝。

在与敌人博弈中，他们往往突然袭击，让你措手不及，你此时也要毫无拘束地对各种各样的人说话，对蛮横无理的人应以牙还牙。你必须在一段时期内克服你的胆怯和习惯心理。突破心理防线，才能击破他们的盾。

当然，更不可以随便说话示弱。

"我也就这样！""我可没什么能耐"，或者"从来不懂那些法律方面的事"，诸如此类的推托之辞就像是为其他人利用你的弱点开了许可证。当陌生人故意撞你时，你依然默不作声。那你就是暗示他，你是个好欺负的人。

当你碰到吹毛求疵的、好插嘴的、强词夺理的、令人厌烦的，以及其他类似的欺者时，冷静地指出他们的行为。你可以用诸如此类的话声明："请不要如此无理"，"请注意你的言行"，这种策略是非常有效的教育方式，它告诉人们，他们的举止是不合情理的。你表现得越平静，对那些试

下篇 超级人脉的厚黑心法

——人一生要防范与应对的15种人

・741・

探你的人越是直言不讳，他们越不敢轻易跨雷池一步。对待家里的窝里霸，家外的皇帝都应该选择适当的时机，亮出你的强硬之剑。

好汉不惹地头蛇

超级人脉术大全集

一样米养百样人，在没弄清楚对方状况时，冲动行事，往往后患无穷。有些人"雄踞一方"，为非作歹，而根基不倒，逍遥法外，可见来头不小。即使你看不过，认为自己可以为民除霸，也要讲求方法，硬碰硬，使不得。

公元前594年，晋国发生大饥荒，灾民成群，许多贫苦百姓流落他乡。有些人迫于无奈，只好去当贼。一时间晋国盗贼蜂起，民心惶惶。对此混乱局面，晋国中军元帅荀林父十分担心，千方百计寻访能察捕盗贼的人。终于找到了一个人，此人姓名雍，自称能察色捕盗。荀林父将信将疑，派他到市上抓捕盗贼。

第二天，雍来到街坊上，仔细观察着每一个过往的行人。他忽然指着一个人大吼一声："他是盗贼，给我抓起来！"左右立即将此人抓起来审问，此人果然是一个盗贼。荀林父感到奇怪，问雍道："你怎么知道此人是盗贼呢？"雍不慌不忙地回答说："我观察此人表情与众不同，他看市井中的行人时流露出羞愧的神色，听说我来这里捕盗则表现出恐惧的神色，因此知道他是盗贼。"荀林父听了这番话十分高兴，命令他到城中各地抓捕盗贼。雍果然不负重托，每日成果丰硕，抓盗贼达十余人。

一天，大夫羊舌职对荀林父说："元帅任用雍捕盗，盗贼抓不完，恐怕雍的死期快到了。"

荀林父大吃一惊，忙问羊舌职何以出此言。羊舌职回答说："察见渊鱼者不祥，智料隐匿者有殃。凭雍一个人的能力，不可能将盗贼全部抓尽，而群盗联合起来却能制雍于死地，他怎么会不死呢？"没过几天，雍果然在郊外被群盗击杀，并割去了他的脑袋。

这件事说明了一个道理，流氓恶棍确实坑害民生，破坏社会稳定，必须除之而后快，但手段要对头。何不逆向而行，采取以巧制胜呢？瞧瞧汉朝时的朱博。

有个大户人家出身的名叫尚方禁的人，强奸良家妇女，屡犯不改，后被人用刀砍伤了面颊。如此恶棍，本应重重惩治，只因他大大地贿赂了地方官员，还被调升为守尉。

朱博上任后，有人向他告发了此事。朱博觉得太没有道理了，就召见尚方禁。尚方禁心中七上八下，硬着头皮来见朱博。朱博仔细地观察了一下尚方禁的脸，果然发现有伤痕，便叫左右退下，假装十分关心地询问究竟。尚方禁作贼心虚，知道朱博已经了解了他的情况，接连给朱博叩头，如实地讲述了事情的经过。他头也不敢抬，只是一个劲地哀求道："请大人恕罪，小人今后再也不干那种伤天害理的事了。"

朱博突然大笑道，"男子汉大丈夫，本是难免会发生这种事情的。本官想为你雪耻，给你个立功的机会，你能效力吗？"

于是，朱博命令尚方禁不得向任何人泄露他们的谈话情况，并要他有机会就记录一下其他官员的言论，并及时向自己报告。尚方禁已经俨然成了朱博的亲信、耳目了。

尚方禁自始至终把朱博对他的恩宠记在心，所以干起事来特别卖命，不久就破获了多起盗窃、强奸案，工作十分见成效，使地方治安情况大为改观。朱博遂提升他为连守县县令。

朱博化恶人为良民，以迂回的手法让恶人改邪归正，既省去硬拼的精力，又成功地使他"放下屠刀"，堪称对付窝里霸的范例。而个人方面，同样也可以试着用"软刀子"对付他们，巧妙地化用敌人，而不是把自己当手榴弹和他们同归于尽。

第十四章

自身狂，无自知之明

站在海市蜃楼上的狂人

自负的人往往过高地估计自己。人的自我意识主要包括 3 个方面：自我认知、自我意志、自我情感体验。人评价自己，要靠自我认知，有的人过高地评价自己，就表现为自负；有的人过低地评价自己，就表现为自卑。

自负往往以语言、行动等方式表现出来。自负的人让人感觉很牛。有一些人表面上也让人感觉很牛，但是不一定是自负。

自负实质是无知的表现。主要表现在不自知。俗话说："自知者明"，"人贵有自知之明"。无知有两种表现，一是盲从，二是狂妄。自负有时表现为狂妄。

自负的人没有摸清自己的底细，给他一点阳光，还以为自己就是救世主，其实他们常站在虚无缥缈的海市蜃楼上，大呼小叫。

自负与看不起人还不完全相同。自负主要是把自己看得太高，有时表现为看不起身边的人。

另有一种情况，有些人给自己建立一个貌似强大的外壳，心里面却常会感觉自己技不如人，自负的人恰恰正是缺乏对自己的客观认识，所表现的多是夸张的自我，或是幻想中的自我。自负就是人们通常所说的"过于自尊"。而实际上,对自己的夸张和炫耀——自负的主要表现之一,有时候正是其不自信或自信心不足的表现。

自信是一种感觉。一个人的成长,直到最后成功,往往靠这种感觉。这种感觉引导了一个人的判断。一个正确的判断,不仅决定着一件事情上的成败,更重要的,它就是走向哪个方向的起始点。比如有两个人,有着同样的环境,其中一个突然就上去了,另一个人可能永远都上不了这个台阶。最重要的原因是他作出的判断不一样。这个东西无法用考试分数来衡量,但却具有决定意义。

自负的人分不清一时的成就来源何处,功劳尽往自己身上揽,殊不知要不是没有别人的帮助,哪来的成功。

一片干枯的树叶被风儿吹拂着,飘飘悠悠地来到一只鸟儿的身边。

"瞧,"它得意洋洋地发出簌簌的声音,"我能像你一样飞翔。"

"你会飞,那是因为风的力量,我看你还是安静地待在地上吧,跟着我,如果没有风,你会摔一个大跟斗的。"鸟儿说完掉转头,拍拍翅膀迎着风儿飞走了。

树叶对鸟儿的忠告嗤之以鼻,它得意洋洋地跟在鸟儿的身后继续飞翔。突然,风儿停了,树叶被狠狠地摔在地上,它摸着被摔伤的屁股,不停地咒骂着鸟儿,责怪鸟儿没有帮它的忙。直到后来风儿又突然朝它吹了一口气,使它飘落在一条小溪里。

小溪里的水清澈见底,溪水唱着歌儿欢快地奔流着。树叶在浪尖上漂浮,它向小鱼儿道:"你瞧,我能像你一样游水,我该是多么的伟大啊!"

善良的小鱼儿回答道:"你游水的姿势的确漂亮,但水面不是你待的地方,你应该回到陆地上去。"

"呸!我看你是嫉妒我,见我游得比你漂亮,你心里很难受,对吧?"树叶继续喋喋不休地吹嘘,"我游得多好啊,姿势多漂亮啊,你们谁也比不上我。"

一连好几天,树叶仍在随波漂流,它怎么也没有想到,这时它的身体已经膨胀起来,并开始逐渐腐烂了。

自负的人蒙蔽了自己。他就是不明白：他能翱翔在天际之间，是借助了风的力量；他能自由地漂游在海面上，是借助了海水的力量；他能攀上事业的高峰，是借助了许许多多同事朋友的力量。

他认为自己的力量是无穷的。于是，他要生活在天空中，以为那是他的天堂；要漂浮在海水里，以为那是他的舞台。直到那一天，在天空中找不到前进的方向，沉没于海底寻不到自救的方法时才翻然醒悟：自己只不过站在别人的肩膀上。

自命不凡贬低别人

人要是站在高塔上，俯视地面，会发现下面的人太渺小了，完全和自己不能比。这种人得意于往下看，沉迷于现状，把一小点成就感无限放大，却不知天外有天。

汉朝的时候，在西南方有个名叫夜郎的小国家，它虽然是一个独立的国家，可是国土很小，百姓也少，物产更是少得可怜。但是由于邻近地区以夜郎这个国家最大，从没离开过国家的夜郎国国王就以为自己统治的国家是全天下最大的国家。

有一天，夜郎国国王与部下巡视国境的时候，他指着前方问说："这里哪个国家最大?"部下们为了迎合国王的心意，于是就说："当然是夜郎国最大!"走着走着，国王又抬起头来、望着前方的高山问说："天底下还有比这座山更高的山吗?"部下们回答说："天底下没有比这座山更高的山了。"后来，他们来到河边，国王又问："我认为这可是世界上最长的河川了。"部下们仍然异口同声回答说："大王说得一点都没错。"从此以后，无知的国王就更相信夜郎是天底下最大的国家。

有一次，汉朝派使者来到夜郎，途中先经过夜郎的邻国滇国，滇王问使者："汉朝和我的国家比起来哪个大？"使者一听吓了一跳，他没想到这个小国家，竟然无知地自以为能与汉朝相比。却没想到后来使者到了夜郎国，骄傲又无知的国王因为不知道自己统治的国家只和汉朝的一个县差不多大，竟然不知天高地厚也问使者：汉朝和我的国家哪个大？

这个故事十分可笑，然而竟还有很多人沉浸于夜郎自大的心态中。他们常挟几分高傲，表现得气势恢弘，却始终难成大业。这些人问起功劳沾沾自喜，对手不值一提。秦末农民起义军领袖项羽，自封为西楚霸王，未坐定江山便大封诸侯，颇有秦始皇"普天之下莫非王土，率土之滨莫非王臣"的气概，忽视汉王刘邦的力量，终为其击败，在乌江自刎。

没有人敢随便说自己天下无敌，除非他太自负了，从未认真审视自己，也不曾抬头看比他强大的人。

一个圆滚滚的鸟蛋，不知为什么，忽然从灌木丛上的鸟窝里骨碌碌地滚了出来，跌在灌木丛下厚厚的落叶上。奇怪的是居然没有跌破，一切完好如初。

鸟蛋得意了，对着鸟窝里其他的鸟蛋大声笑着说："哈哈，我是一只跌不破的鸟蛋！你们谁有我这样的本事，就跳下来比试比试看！"

窝里的鸟蛋们听了，一个个探出头来看了一眼，吓得忙缩进头说："我们害怕，不敢跳呀。我们谁也没有对你刚才的行为不服气，还要比试什么呢？"

"哼！我早就料到你们没有这个胆量！"地上的鸟蛋神气地向窝里的鸟蛋们大声嘲笑起来。

这只鸟蛋在地上滚来滚去，一会儿滚到一棵小草边，向小草碰了碰，小草连忙仰起身子往后让；一会儿鸟蛋又滚到一株树苗边，向树苗撞一撞，树苗也仰着身子给它让路。

鸟蛋更得意了。它认为自己力大无比、天下无敌，更加勇气十足地在山坡上滚过来，滚过去。

窝里的鸟蛋们劝告说："小哥，刚才你只是碰到一个偶然的机会，才没有跌破的，不要就此认为自己是个铁蛋蛋了，你仍然是一个容易破碎的鸟蛋呀！这点自知之明你总该有吧？"

"铁蛋蛋有什么了不起？"鸟蛋仍然挺着肚皮神气地说，"你们刚才没看到小草和树苗吗？它们对我都要让几分，不敢跟我碰撞，难道这山坡上还有什么我不能去碰撞的吗？哈哈！"

鸟蛋一阵大笑，蹦跳翻滚，想到山坡下的路边去显显威风。谁知被山坡上一块小石头挡住了去路。

鸟蛋气愤地望了小石头一眼，厉声喝道："你是什么东西？居然敢挡我鸟蛋蛋的去路？想找死么？"

小石头昂着头说："嘿，今天的太阳是从西边出来的么？一个鸟蛋对我也如此神气起来，告诉你吧，我是一块阻挡山坡上泥沙往下滑的小石头，这里是我的岗位，我站在这里是绝不会后退一步的，你敢把我怎么着？"

鸟蛋更气愤了，仰着头对小石头说："你知道我的脾气吗？我是一个勇气十足的鸟蛋，在这山坡上是颇有名气的。小草和树苗都已经领教过我的厉害，别人怕你小石头，我可不怕。到时候，你可别说我不客气啊！"

小石头也生起气来，大声说："你想对我干什么？还想打架么？别不知天高地厚了，快滚回去吧！"

鸟蛋为了显示它的勇气，不听小石头的警告，鼓足气，猛地一滚，向小石头冲去。只听到"啪"的一声，鸟蛋碰得粉碎，流出一摊蛋汁。

邻居山雀大婶从这里飞过，看到这情景，伤心地说："唉，这孩子也太任性了，竟然硬要与石头过不去。要知道，越是无自知之明的人，后果就越不妙啊！"

小鸟蛋在一次又一次"畅通无阻"之后，过于沉浸于自己取得的成就，沾沾自喜，不能自拔，于是盲目自大，更加猖狂。它从来都没有看清自己的处境和地位，以至于敢与强大自己百倍的石头碰撞，所以它的结局就只能是自取灭亡。这在人性中也是表现得淋漓尽致的。

像小鸟蛋那样的无知者不在少数，俗话说：谦受益，满招损。取得了进步的人尚且须戒骄戒躁，何况没有实力，貌似强大，却不堪一击的人。

不自量力等于狂妄自大

人人心中有杆秤，有人对自己心知肚明，了如指掌，也有人当自己是无所不能，没有他干不了的事，他们的秤砣叫狂妄自大，稍微有点本领就觉得是老子天下第一。

小老鼠咪咪有一面镜子，那可不是普通的镜子，而是一面奇怪的哈哈镜。不论谁照，都显得仪表非凡，而且能放大许多倍。这只小鼠经常在这面奇特的镜子面前自我欣赏，它总觉得自己很了不起，举世无双，形象高大，气力无穷。压根看不惯其他比自己高大的动物，更不用说同类。

它每天必须做的事就是，装腔作势，搔首弄姿，或者理着小胡子，或者用爪子在地上拍打几下，然后再把耳朵贴到地面上听一听大地是不是在抖动。

这小家伙根本没有想过世界上能有谁比它更强大有力。

咪咪有一个饱经世故的妈妈，有一天妈妈告诫它说："好儿子，你可要注意，现在大家都说你过于骄傲，自以为是兽类中的佼佼者。当心点，大象是不喜欢你说大话的。"

"大象？大象是个什么东西！让它马上过来，我要叫它粉身碎骨！"

妈妈经历多，见识广，听了小鼠的话，觉得很可笑。她说："大象是世界上一种庞大的动物。"

咪咪很不服气，大声叫嚷道："大象比我还强大？这绝不可能！"说完，它决定去寻找大象，想同大象比个高低，较量一番。

它往前走了不远，遇到了一只蚯蚓。

"喂，你大概是大象吧？"咪咪问。

一提起大象，蚯蚓显得很胆怯。它连忙摇头否认说："不，不！我可不是大象，我是蚯蚓。"

"那就算你福星高照。不然的话，我非把你踩成烂泥不可。"

蚯蚓听见咪咪自吹自擂，只是冷笑了一声。这时候咪咪又把爪子高高举起，使劲往地上一拍，但是这一次却没有听到雷鸣般的声响。它又使劲地顿了顿足，仍然连一点轻微的响声也没有听到。咪咪想：可能是土地太潮湿，发不出声音来。

咪咪又跑向别的地方。刚走不远，它就看到树下有个怪模怪样的家伙，一副愁眉苦脸的样子，伏在地上一动不动。它想："这可能就是大象，它看见了我，知道自己马上就要倒霉，所以才愁眉不展。"

咪咪轻蔑地问了一声："快说实话，你是不是大象？"

那个动物笑着回答说："我不是大象，我是猫——是世界主宰者的忠实朋友。"

"谁是世界的主宰？"

"当然是人。"

"哼！狗屁！真是有眼不识泰山，我才是世界的主宰。"

猫想嘲弄一下这位吹牛大王，于是说道："你说的对极了，伟大的动物。连人也要为你效劳——他种出来的粮食由你来糟蹋掉。"猫说完便走开了。

咪咪继续往前走，来到了密林深处。它看到了一个动物像小山一样高大，腿像树干一样粗，似乎是前后两头都长了尾巴——前面的略长，后面的稍短。

"你是大象吗？"尽全身的力气高声喝问。

大象往四面张望了一下，什么也没有看见。只是当咪咪跳到它鼻子下的时候，象才发现了它。

"是的，我是大象。"

"你胆敢嘲笑我，而且你还吓了我一跳！"咪咪用小爪子拍打着地，大声尖叫着。但是这一次仍然没有发出雷鸣般的巨响。

咪咪的愤怒在大象那里并没有引起任何反响。大象泰然自若，无动于衷。它不慌不忙地吸满了一鼻子水，把水喷向狂妄的咪咪。一股巨大的水柱把咪咪冲出 10 多米远。

咪咪终于醒悟过来，勉强地爬出水洼。它完全没有料到和大象的决斗竟会这样收场。

它一跛一拐地回到了家。

从此它知道了世上有比它强大得多的动物，它再也不敢自命不凡。自我吹嘘了，它再也不对着那面宝贝镜子孤芳自赏了。

自负的咪咪看到镜里的自己，就以为自己真的像镜里的影子一样高大强壮了。实在可笑。

真正的强大来自外界的认可，不需粉饰和声张。自负者用语言筑起了一座空虚的碉堡，却经不起现实的轻轻一击，狂妄自大便化为一潭死水。

"我比阿尔卑斯山还要高"

一天，庄子乘着马车到友人家办事。马车在笔直的大道上奔驰着，庄子坐在车上想着自己的心事。

这时，他忽然发现前面不远处，有一只虫子在道路中央蠕动。庄子怕车轮碾压了虫子，叫车夫停住马车，让虫子先过去。可是，马车停住后，好长时间也没有启动。庄子问车夫怎么回事，车夫回答说："一只螳螂挡在车轮前，尚不肯离开。"

庄子一听这话，觉得很奇怪，于是下车看个究竟。庄子来到车轮前一看，果然看见一只大螳螂愤怒地举起它的前足挡住车道。庄子不由得感慨道："可怜的螳螂，你以为你举起螳臂就可以挡住前进的车轮？螳臂是挡不住车子前进的。"

不自量力、狂妄自大的人往往认不清局势，以为自己强大无比、无所不能，敢于向任何人挑战。但正是这种建立在不自知基础上的盲目自信终将招致他的失败。同样也会给人带来不小的伤害。

法兰西第一帝国的缔造者拿破仑·波拿巴，据说他在一次过阿尔卑斯山时说："我比阿尔卑斯山还要高。"何等傲气十足！的确，他率兵一度降服大半个欧洲，使法国资本主义得到充分的发展，但他的自负使之对外侵略扩张的欲望日益强烈，终于发动了以争霸、掠夺和奴役别国为目的的侵略战争，正是这份自负使他有了最后滑铁卢战役的失败，被流放而死在了圣赫勒拿岛。

自负，是走向失败的催化剂，全然没有使自己得以继续生存或生存得更好的作用，是属于人自身的一种缺陷！拿破仑手下的千军万马命悬于他的指挥之下，然而一连串的胜战，冲昏了他的头脑，已经让他看不清形势，欧洲战场因此留下了更多因穷兵黩武而死于刀剑之下的残尸。

一颗小火焰在温热的炉灰里隐隐地闪出几丝红光。它不想在瓦灰色的炉灰中无声无息地熄灭，就尽量往炉灰的深处钻，以减少身上能量的释放。

到了吃饭的时间，人们又把一些干树枝和劈柴塞进了渐渐冷却的炉子里。

火柴一划，盛着热汤的生铁锅底下的干柴堆冒出了火焰，快要熄灭的小火焰又复活了。

炉子里一下子又填进这么多干柴，火焰这下可高兴了。它越烧越旺，把不流动的空气渐渐地从炉子里赶出去。顽皮的火焰不停地逗着木柴玩耍，它淘气地跳上跳下，燃烧得更加起劲了。

火舌顽强地穿透劈柴，喷射出许多焰火似的小星星。厨房里的暗影快活地跳起舞来，不停地在地上转来转去。调皮的火焰兴高采烈地发出呼呼声，它努力想穿过炉盖跑出来。炉子很快就呜呜地响起来，忽而活泼地吹几声口哨，忽而豪迈地发出一阵呼啸，歌儿唱得和谐而动听，使原来幽暗寒冷的厨房一下子变得既明亮又暖和了。

火焰看到劈柴已乖乖地听从自己的指挥和调度，就得意忘形起来，狂妄自大的念头涨满了它的脑子，它不愿再待在炉子里，只觉得这地方太小又太挤了，再也容不下它这个了不起的人物了。

于是，骄傲自大的火焰发出了吱吱的威胁声，它把刺眼的小火星狠狠地射向炉膛四壁，企图冲出那讨厌的炉膛，到外面去展现一下自己的本事和才能。火焰东冲西撞，好不容易找到了一个缝隙，它兴奋异常，趾高气扬地向外冲去。

结果是可想而知，正因为火焰的肆意妄为，把整屋子烧成灰烬。

有时，自负的人就像火焰一样，取得些许成就便狂妄自大起来，不自量力地认为自己无所不知、无所不能。殊不知，这样的成就集结了多少人的力量与智慧。离开了他们的帮扶与协助，任有三头六臂也断然是无法成功的。

不听忠告，自食苦果

关心他人的热心肠总能给人适时的提醒，自负的人很少把别人的忠告当一回事，或是不屑一顾，或是当做没听见。固执地干自己的事，依然我行我素，结果可想而知。

隆冬的一个黄昏，有一头驴子驮着主人的一包粮食，迷了路，心急地在旷野上徘徊不前。它已经累得连走回自家驴圈的力气都没有了，这一年的冬天又特别寒冷，所有的道路都封冻了。

"我实在累得受不了了，就在这里躺下休息一会儿吧。"疲惫不堪的驴子说着就躺倒在了冰地上。

此时，一只觅食归来的麻雀正好从这里经过，它跳到驴子耳朵上，好心地对它说："老兄，躺在这里太危险了。你睁开眼睛瞧瞧，这地方可不是道路，而是结了冰的湖面啊！"

驴子虽然太累太困了，但它只要把麻雀的话当成一回事，挪动一下身子的力气还是有的。遗憾的是，驴子根本听不进麻雀的忠告，它随便眨了眨眼睛，表示自己已经听到了，就是不愿挪动一下。它索性闭上眼睛，呼呼地睡起觉来了。

好心的麻雀急得大声骂了起来：

"蠢驴，再不动你就要遭殃了！"

驴心想："老子又不是没在冰上躺过，会不会掉进去还用你来说！"便倒头大睡。

驴子身上的热量把湖面上的冰层一点一点地融化了，突然，一声闷响，驴子身下的冰层裂开了。可怜的驴子终于吓醒了，可是，它已经掉进了冰湖里，还好奋力挣扎捡回性命，但主人的粮食已经不知去处。

人们都喜欢听赞美之声，而不愿意听取忠告，因为忠告往往逆耳，不如赞美听起来甜美、入耳。

然而，这些忠告可以使人规避危险，取得进步。

不听取忠告，不但会将自己陷于危难境地而无法自拔，还会辜负亲朋好友的一番好意和信任，伤害他们的心。可是自负者想到了吗？或许有，但他们还是只相信自己，继续伤害他人。

淝水之战是东晋击败前秦的重大战役。也是中国历史上一场著名的战役。前秦苻坚于373年（宁康元年）攻占东晋的梁、益二州（今陕南、四川大部），又于376年（太元元年）兼并了前凉和代。统一北方以后，积极准备南下灭晋。382年，苻坚召集群臣商议，要亲率大军南下，一举吞并据有东南一隅的东晋。除秘书监朱彤表示赞同外，其余诸臣普遍提出异议，引起苻坚的不满。其弟苻融也表示反对，理由是前秦连年战争，兵疲将倦，人民又不愿与东晋作战。一旦大军南下，被征服的鲜卑、羌、羯等族的贵族，就会起来反叛。苻坚自以为强兵百万，资仗如山，投鞭断流，灭晋就在眼前。这时鲜卑族将领慕容垂和羌族将领姚苌希望前秦失败，以便恢复自己的割据，都怂恿苻坚伐晋。

苻坚渐骄，急于统一全国，不顾群臣劝阻，不听王猛遗言，倾前秦之力，调集步骑九十余万，分兵三路南下，以图一举消灭东晋。公元383年大败于淝水，至此前秦走向衰弱。

不听忠告而酿成大祸的事不在少数，更关键的是这些人是身居要职，统领一方百姓，百姓们也跟着受罪。

语言的巨人，行动的矮子

自负者失败的例子很多，归结起来，他们堪称是语言的巨人，能说会道，引经据典，却是行动上的矮子，他们的豪言壮语很少能成为现实。

蜀汉建兴六年春，诸葛亮兵出祁山，南安、天水、安定三郡都反叛魏国而响应诸葛亮，关中震动。

魏明帝只得再次派司马懿率军拒敌。诸葛亮得知军情，料定司马懿出关必然要首先攻占秦岭西边的要塞街亭，于是便派人前去抢占。参军马谡自告奋勇前往。诸葛亮说："街亭地方虽小，却是一个战略要塞。一定不能被魏军攻占，否则我军就十分危险了。"马谡再三要求，并立下了军令状。诸葛亮便给了他2.5万名精兵，又派王平作为副将随他一起去。

二人领兵到街亭看了地势后，王平建议把营寨扎在路口，马谡说："当道怎么能够扎营下寨呢？"这侧边有一座孤山，与四面都不相连，是天然的险要之处，我们应该把营寨扎到山上。王平说："把营扎在山上，万一魏兵大军把山四面围死，断了我军取水的路，那怎么办呢？"

马谡嘲笑说："你真是女人的见识！兵法说：'凭高视下，势如破竹。'孙子也说：'置之死地而后生。'我从小熟读兵书，丞相有事都经常问我，你怎么不听我的呢？"王平再三苦劝马谡不听，于是便提出分兵在山下扎营。马谡只给了他5000人，王平便离山十里驻扎，一面派人连夜回报诸葛亮。

司马懿率大军来到，发现蜀军已守街亭，先是一惊，感叹自己不如诸葛亮，后又是一喜，因为发现蜀兵居然把营寨扎在山顶上。于是大驱军马，一拥而上，把山四面团团围住。

马谡在山上看时，只见魏兵漫山遍野。马谡摇动红旗，命令蜀兵冲下山去。蜀兵你推我挤，无一人敢动。马谡大怒，连杀二将。士兵们只得努力冲下山去，魏兵围得铜墙铁壁一般，岿然不动。蜀兵只得又退回山上来。

魏兵从上午直围到晚上，山上无水，蜀兵没有吃的。军心涣散。到半夜时分，山南蜀兵大开寨门，下山投降，马谡禁止不住。司马懿又派人沿山放火，山上蜀兵大乱。马谡只得驱赶残兵杀下山西逃奔，虽有王平和诸葛亮后来派来的魏延、高翔等人接应，仍被魏军打得落花流水。街亭失守，蜀军惨败，蜀国伤了元气，又没占得要地。才有了后来的挥泪斩马谡。

说总是比做容易许多，狂傲的人深谙此道，夸夸其谈，如果没让人抓住要他展示一番，他也就嘴皮里扯个不停，真给他表现的时候，却原形毕露。

有两只蟑螂，一只居住书房里，另一只居住在厨房里。

有一天他们两个相遇了。书房里的蟑螂摆出一副学者的架子，傲气十足地对厨房里的蟑螂说："可怜的家伙，为了填饱肚子，你们甘愿住在潮湿、憋闷的厨房里。那里除了餐桌上那点吃剩的小菜之外什么也没有。可想而知，只有物质满足、缺乏精神享受的生活该有多么乏味啊！书房是多么安静啊，古今中外，经史子集，我都能见到。"

"这么说，您一定是位知识渊博的学者。"厨房里的蟑螂虔诚地说道。

"那当然，每本书的一字一句我都要细细咀嚼，一页页装进肚子里。"

"这太好了，我正有一事需要请您这样知识渊博的老兄帮忙。"

说完，厨房里的蟑螂把书房里的蟑螂带到一座厨房里，指着墙角的一个瓶子说："你认得字，请看看这标签上写的是'香麻油'还是'蟑螂药'。"书房里的蟑螂根本不认识字，看见标签上3个黑糊糊的大字，不知道是"香麻油"还是"蟑螂药"，就在它进退两难之时，有一股香油味从瓶口飘出，于是，它就凭直觉猜测："这是香油。"

"真的？您看清楚了吗？"

"我敢保证百分之百没错！"为了证明自己博学多才，同时也是为了一饱口福，书房里的蟑螂扳倒瓶子就喝了起来。厨房的蟑螂也跟着喝了，谁知喝了几口，两只蟑螂就浑身抽搐，不久，便腿一蹬，死了。

明明不懂，却装得一副高深的样，书房的蟑螂也就能糊弄一下厨房的蟑螂，当然也糊弄了自己的小命。现实中最怕矮子用嘴皮子捏出来的一个高大英武的巨人，巨人如一幢空壳的大厦，倒塌的瞬间可以压死一堆仰望他的人。

识破气球的真空

防范自负狂，主要还是防他们做事，领导要防自负的手下，员工要防狂妄的上司，大多数人要注意亲朋好友的极端自信。面对目中无人的他们，要学会识破气球的真空。

有些人很少关心别人，与他人关系疏远。

这种人时时事事都从自己的利益出发，从不顾及别人，不求于人时，对人没有丝毫的热情，似乎人人都应为他服务，听从他的差使。

有些人固执己见，唯我独尊，总是将自己的观点强加于人，在明知别人正确时，也不愿意改变自己的态度或接受别人的观点。

还有人过度防卫，有明显的嫉妒心。这种人有很强的自尊心，事无巨细都不希望或不愿意别人在己之上，对别人的成绩、成功非常嫉妒，对别人的失败幸灾乐祸，不向别人提供任何有益的信息。同时，在别人成功时，这种人常用"酸葡萄心理"来维持自己的心理平衡。

这些都是自负的表现。

自负者缩小了自己的短处，夸大了自己的长处。自负者缺乏自知之明，同时又把自己的长处看得十分突出，对自己的能力和学识评价过高，对别人的能力和学识评价过低。

一些人的自尊心特别强烈，为了保护自尊心，在挫折面前，常常会产生两种既相反又相通的自我保护心理，一种是自卑心理，通过自我隔绝，避免自尊心的进一步受损；另一种就是自负心理，通过自我放大，获得自卑不足的补偿。例如，一些家庭经济条件不很好的学生，生怕被经济条件优越的同学看不起，装清高的样子，在表面上摆出看不起这些同学的样子。这种自负心理是自尊心过分敏感的表现。

也有人放不下架子，耻于求教认为比自己能力低的人，常常闹出笑话。

一个博士被分到一个动物研究所上班，成为这个所里学历最高者。有一天周日，闲着没事，博士到单位的池塘里去钓鱼，恰巧一正一副两个所长也在钓鱼。博士向它们点了点头，这两个本科生，有什么共同语言呢？不一会儿，正所长放下钓竿，伸伸懒腰，噌噌噌从水面上如飞地走到对面上厕所。博士眼睛睁得都快掉下来了。水上漂？不会吧？这可是一个池塘啊。正所长上完厕所回来的时候，同样也是噌噌噌地从水上漂回来了。怎么回事？博士又不好去问，自己是博士生哪！过一阵，副所长也站起来，走几步，噌噌噌地飘过水面上厕所。这下子博士更是差点昏倒：不会吧，到了一个江湖高手集中的地方？博士也内急了。这个池塘两边有围墙，要到对面厕所非得绕10分钟的路，而回单位上又太远，怎么办？博士也不愿意去问两位所长，憋了半天后，也起身往水里跨：我就不信本科生能过的水面，我博士生不能过。只听咚的一声，博士栽到了水里。两位所长将他拉了出来，问他为什么要下水，他问："为什么你们可以走过去呢？"两所长相视一笑："这池塘里有两排木桩子，由于这两天下雨涨水正好在水面下。我们都知道这木桩的位置，所以可以踩着桩子过去。你怎么不问一声呢？"

我们的生活中有很多人，因为自己的学历比别人高，自己的工作能力比别人强，自己的学习成绩比别人好，就变得自以为是，骄傲自大，认为自己无所不知、无所不能。即使有不懂的问题也不屑于向"比不上自己"的人请教，却犯了再幼稚不过的错误，最后只能成为别人的笑柄。

不可投放过大的希望

自负者不一定意味着失败，但和失望是联系在一起的。在他们身上撒播希望的种子，得到的是失望之果。

鲁能泰山足球队是中超05赛季的冠军，代表中国参加A3联赛，然而从打平就能出线到打平就能夺冠，从汉城到济南，鲁能泰山足球队在乡亲父老面前终究没有为自己救赎，反而掉进了一个更深更大的坑。

8分钟连丢两球，鲁能已经是第三次（前两次是亚冠客场对城南一和、A3主场对浦和红宝石），如果一个希望能够在洲际比赛中有所作为的球队在短时间内总是会犯下如此错误，那么那样的"希望"只能是一种奢望，甚至是一种绝望。

鲁能先前的几次惨败除了以0比6毫无斗志地输给韩国水原三星，其余的都有点悲壮，无论是在望嘉锡对阵日本磐田喜悦还是在沙特挑战伊蒂哈德，鲁能基本上一上来还是在场面上占有优势的，只不过比赛中的转折点让他们有些措手不及，进而导致了全队习惯性的崩溃，并且开始逐渐掉进自己和媒体联手挖的深坑里。

每掉一次，鲁能都似乎学到了些什么，可终究还是没有跳出来。这一次，鲁能主教练同样尝试着在改变，从亚洲冠军联赛时的主动出击变为了此番的适当回缩，只可惜鲁能收获的结局没有改变。在第一场被孙祥防得找不着北的崔成国，仿佛一下子回到了3年前绝杀国奥队的那一刻，让鲁能再一次掉进了深渊。

有人说鲁能缺乏一种气质，一种舍我其谁的霸气，这的确有些牵强。鲁能的霸气在国内尽显，在亚冠和A3联赛最后一场之前也都存在，为什么每次到了最后一场却会习惯性地掉进坑里呢？因此不是霸气不足，而是过于自负，继而在遭受了挫折之后就手足无措。望嘉锡惨败是如此，这一年亚冠和A3同样如此！赛前不敢把姿态放下来，这样也许在国内联赛可以凭借绝对实力震慑住对手，可是在亚洲赛场上那样只会激发对手的斗志，只会让自己对困难估计不足。

冠军又一次拱手相让了，鲁能是否能从又一次的栽跟头里学到什么？

一个有一定实力的人，取得了一些成绩的队伍，背上了自负的包袱，也将视敌如草芥，这时候我们投了过大的希望，只会收获扼腕叹息。

举凡狂妄的人，都过高地估计自己，过低地估计别人，他们口头上无所不能，评人评事谁也看不起，总是这个不行，那个也不中，只有自己最好；在他们眼里，自己好比一颗宝珠，别人都是垃圾。

三国时的祢衡，就是狂人一个。他第一次见曹操，把曹营中勇不可当的武将、深谋远虑的谋士，人人贬得一文不值。"荀彧可使吊丧问疾，荀攸可使看坟守墓，程昱可使关门闭户，郭嘉可使白词念赋，张辽可使击鼓鸣金，许褚可使牧牛放马，乐进可使取状读诏，李典可使传书送檄，吕虔可使磨刀铸剑，满宠可使饮酒食槽，于禁可使负版筑墙，徐晃可使屠猪杀狗，曹子孝呼为'要钱太守'。其余皆是衣架、饭囊、酒桶、肉袋耳。"

而他自己却是"天文地理，无一不适；三教九流，无所不晓；上可以致君为尧、舜，下可以配德于孔、颜。岂与俗子共论乎！"更有甚者，当曹操录用他为打鼓更夫时，祢衡击鼓骂曹，扬长而去。对这种人，即使他再有能耐，也难有所作为，在他身上耗费过多精力，寄予厚望，必将付之东流。

天不自言其高，地不自言其厚。自己有无本事，本事有多大，别人都看得见，心里都有数，不用自吹，更不能狂妄。没有多少人乐意信赖一个言过其实的人，更没有一个人会对一个出言不逊的人抱过大的希望。因为希望越大，失望越大。

第十五章

假面人，内向紧锁沟通之门

喜怒不形于色

"此人冷静、大事不慌，面不改色，在什么事情面前都能保持惯有的那份气质。"形容人喜怒不形于色常这么说，但在不同人身上喜怒不形于色不不意味着都是这份翩翩风度。我们可以认为他遇事泰然自若，沉着镇定。但喜怒不表现出来，有时候不是修养和气质包容了它们，而是个人被迫地强行浇灌了怒火，抑制住了火山的喷发。其实，自己原本并不能接受别人的观念，不满于别人对自己的态度，只是都抑制到无意识中去，短时间内看不到有什么反应。

喜怒不形于色的人戴着假面具，不流露任何真情，他不但违反了人性，而且常常使自己付出惨重代价。

他们有很强的自我防御心理，也常好竞争、多疑，不敢信任别人，自己和别人总保持距离，却又恨别人对自己保持距离。他们不敢对别人推心置腹，不能真正肯定自己，缺乏勇气表露真我，当包装越成功时，其内心越空虚，越痛苦。和别人保持距离是他们用来应付别人所带来潜在危险的手段。当他受到威胁而引起强烈的焦虑和罪恶感时，将自动打开自我防御的大门，以某些特殊的方式来保护自我，缓和或消除不安和痛苦。

他们也常常找来一堆借口，通过似乎有理的解释或实际上站不住脚的理由来为其难以让人接受的情感、行为或动机辩护以使其可以接受，掩盖其错误或失败，以保持内心的安宁。喜怒不形于色的假面人为此常常努力压抑情绪，往往表里不一，处于一种矛盾冲突之中，遇到王婆侃西瓜，遇到李哥说疯话，但都没有说出最想表达的话；或者是压根就搞封闭式生活，独自承担内心的重负。遇到不如意的状况时，他们没有和朋友亲人一起探讨解决的方案，而是不断走向失落的深渊。

　　庆祥，身穿一身休闲西装，头发上打着发胶，看上去很有形的样子，但凡大场合都以面不改色的高姿态示人，从来一副军人面孔，不知道内情的人是不会相信他其实一直都生活在郁闷之中。

　　庆祥出生在一个比较幸福的家庭，父母虽然不是大富大贵，但是从小到大他也没有为生活担忧过。他是一个很聪明的孩子，上小学时候很爱玩，但是成绩一直都很好，上中学后，一时无法适应环境，成绩开始下滑，在那个时候，成绩好的学生意味着同学的尊重和老师的喜爱，这样大的落差让他无法适应，他开始学会了逃避，当然可想而知，成绩越来越差，和同学之间的距离越来越远，也就是那个时候，开始第一次感到了自卑的味道，这样浑浑噩噩的生活持续了3年。上了高中后，学习有点进步，后来考上了医学院校开始了大学生涯。

　　很快，上大学的激情就被现实与梦想之间的强烈反差浇灭了，沉闷的气氛、一成不变的生活让他又开始消沉，从大一下学期开始经常逃课，在网吧里没日没夜地看电影、打游戏，他不愿意告诉父母他的压抑，几乎就没有和家人有过正常的交流。同学朋友更少了，经常可以看到他自己一人在校园的某一个角落，当静坐者。他从小就是这样，有什么事情自己承受，单枪匹马上战场。4年的时间很快就过去了，大学4年基本上就是一片空白，马上要毕业了，他选择了考研，他说这是当时他逃避的一种选择。可是，他又一次失败了。面对现实，他选择了寻找工作。在一个月的奔波后，他终于找到了一份工作，虽然公司条件一般，但是这是他的第一份工作啊，他很有热情，每天很早就到公司，也是走得最晚的一个，可是好景不长，几个月过去了，公司一点进展都没有，老员工也一个接一个地离开了公司，这让他很失落。再加上每天面对电脑的技术工作，他变得疲惫不堪，最后终于选择了离开那家公司，就在这个时候，他开始又一次感到迷茫了，不知道该走向何方。

有进没出，最终都要堵塞管道。自然现象被人为地改变后，总是要产生其他相应的结果，不会就这样立即消失，它们常以伪装的形式出现。同样，把喜怒阉割后，这些人还是会在其他地方衍生出枝节，他们对痛苦或创伤性事件的持续性记忆以及低迷的情绪就是压抑过头的表现。

弱点心中藏

在敌人面前暴露弱点是军事上的是莫大忌讳，相当于敞着胸怀告诉别人，枪口瞄准这里打吧。所以，为安全起见，很多人选择了保护弱点，这并没有错。可是保护过了头，不免会成了逃避现实。对别人指出他的弱点讳莫如深，拼命要作出一副完美主义者的样，不敢正视自身的不足，别人善意的提醒就是吹毛求疵。

假面人平时就喜欢把自己圈养起来，以一副让人难辨的面目出现，什么斑点、痣点、缺点、弱点一并粉黛施之，怎么看怎么别扭。怕别人发现弱点的人越把自己装得不像自己，他会明争暗斗，摆出强者姿势，这种假强者，表面上坚强，有能力控制一切，其实内心敏感小气，不能忍受批评，自尊心脆弱，禁不起任何挫折，越是这样做，就越怕别人的发现自己的真面目，一直活在这面具之下，越处处提防他人，感情不能真情流露，一个字：累。

很多主管为了在属下面前树立自己的威信，害怕犯错误，担心会被属下认为不如从前的主管，因此在进入新的工作后，拼命地努力学习掌握新工作部门中的各项作业，同时又把形象塑造得威严十足，以保持神秘感，避免不足之处的外露。如果留意周围生活中，你会发现，他们周围没有愿意与其近距离亲密接触的人，大家都习惯地保持一定的距离。

在进入新的环境中，现在很多企业主管心里都不自觉地害怕暴露自己的弱点，并且会随着自身职位的升高而强烈。虽然人们的心理行为中有着对权威的崇拜，但是作为一名管理者其实不是一位高高在上的伟大神人，即便是一名高薪空降来的管理人才。刻意掩盖自己弱点的领导人，通常会努力地与大家保持距离，拒绝信任他们，同时他们努力希望建立的良好形象也不能如愿。

避免让自己变成一位"永远都对的人"。世界上没有这样的人，即便是伟人同样会出现错误。具有这种心理的人往往出现在表面上显得谦虚和顺，但是当你深入接触以后你会发现他们非常自负，从来不喜欢听任何人的建议，如果别人给他提出一些不同的意见时，任何的不认同他们或者指责他们错误的言词都会激起他们即时的反应。他们特别喜好辩论，常常以驳倒对方为乐，他们也只按照自己的思维模式去思考理解周围的人或事。更明显的会非常生气甚至直接发脾气，因为在他们的心里这是对他们自尊的蔑视和能力的否定，这些人的内心对自己非常自信，自信到完全的自我。

他们可能长期生存在自我陶醉的状态下，久了就认为自己是从来都是正确的；成长经历中一路平坦，青云直上，阅历浅薄，从没有遇到过任何人生磨砺；或是由于一向习惯于别人请教他，自身又缺乏向上学习的经验，长时间以上向下来教训或者指导别人，看不到自己。突然有人出现在他面前指责的时候，一时接受不了自己也会出错的事实，拼了命也要把瑕疵掩盖。

其实归结起来，他们都有一个共同的心理期待，就是希望永远的维持自我形象大格局，因此表现高人一等或比人聪明，不知不觉开始装腔作势、匠气十足，以维护龙头假象。

金无足赤，人无完人，这个道理小学就教了。隐藏了弱点，不会代表他就是一个完美的人，更不代表他能把弱点藏匿一辈子，不让人发现。真正的强者就像汪洋中的水，柔中带刚，刚中带柔。弱点就是弱点，从不承

超级人脉术大全集

载太多的意义，一个残疾人不会那么随意被人认为是智障，除非他急于掩饰，不敢正视现实。

胸中有波涛

人不可貌相，一个人的外表和内心不一定能画上等号，大多数情况下是不能从外表推及一个人在想什么，除非你是他肚里的蛔虫。何况假面人很善于伪装、变色、拟态，大自然的很多自我保护手法都学会了，你又怎么能识破哪些是真哪些是假，至于他的心理活动姑且就放一边了。假面人着实可怕，表面上一副正人君子，也不知道待会要造出什么名堂来。有时候和你套近乎，难说就是在怀疑你了，只差没说出来。

他们敏感极了，力求保护自己，也就要不断地设置假想敌进行实战演习。有点风吹草动，他就在想象台风过境；大家都相处得不错，他会认为这就是黎明前的黑暗，大战前的死寂。多疑的人往往带着固有的成见，通过"想象"把生活中发生的无关事件凑合在一起，或者无中生有地制造出某些事件来证实自己的成见，于是就把别人无意的行为表现，误解为对自己怀有敌意，没有足够根据就怀疑别人对自己进行欺骗、伤害、暗算、耍弄阴谋诡计，甚至把别人的善意曲解为恶意，以致与人隔阂，在人际交往中自挖鸿沟，严重时还有可能反目成仇。

多疑心态一旦形成，相对就比较顽固。但没有点动静，他们也不随便发挥多疑的能耐。如妻子因社交需要与异性接触就怀疑妻子不忠，听到别人的善意批评就怀疑别人存有敌意等。即只有在一定的情景下，具有多疑心态的人会"疑心生暗鬼"，以主观想象代替客观事实，产生愤恨甚至报复心理。平时他们则是样如常人，很难看出他们在硬扯些不着边际的联系。代雄就有一个这样的老婆。

"我和她从大三就开始在一起，现在我们结婚，我们的爱情依然很坚固。平日里，她也会发短信，会打电话，如果我不忙的时候，她表现得很正常。可是我在忙工作的时候，有的时候真的顾不上给她答复，所以她总是无理取闹，变得神经兮兮，阴阳怪气，甚至有时我说我在干什么的时候她都会说：'有女生吧……'我以为这都是女人的敏感，没在意。后来连我何时上网她都会知道得一清二楚，原来我每天都生活在她的监视之下。

"看她平时也是落落大方，我的异性同学、朋友来找我，必是礼遇有加，茶水糖果招待得特周到。有时候我问她，异性朋友常来家里会不会不太好。她表现得一点也不在意，说没什么，大家都是朋友。好一个识大体的老婆！我当时就这么为自己庆幸找了个贤内助。没想到，这都是她给我的烟幕弹，其实她经常搞地下调查，四处布她的眼线，随时掌握我的最新情报。"

很难想象吧，两口子也玩猫捉老鼠的游戏，丈夫还被玩得团团转。其实代雄的老婆心里就是放不下，但嘴上不说，脸上不漏颜色，还装得一本正经，戴个假面具连共枕的人也骗过了。如果说只是搜查，能查出些所以然来还算得过去，可是无端猜测，编造事实就很难让人接受了。就这样，日子也不好过啊。

超级人脉术大全集

离群之鸟

一只远离了父母、亲戚、朋友的鸟，形单影只，独来独往，广阔的天空在它眼里却是无垠的寂寞，任何一朵从身旁飘过的白云都给它带来十足的危险感。它幻想眼底下布满了无数的弓箭，一支支都要朝它射来。于是这只孤僻的惊弓之鸟。飞得心有余悸，张开翅膀极力保护自己。人也难免这样。

孤僻的人对他人怀有厌烦、戒备和鄙视的心理；凡事与己无关、漠不关心，一副自我禁锢的样子；即使与人交往，也会缺少热情和活力，显得漫不经心、敷衍了事。有时看上去似乎也较活跃，但常给人一种做作的感觉，仿佛有点神经质，因而人都不愿主动与之交往，不得不与之相处时，也会有如坐针毡之感。

孤僻是一种人格缺陷，尽管自视甚高，常显出一副瞧不起人的样子，但内心虚弱，害怕被人刺伤，因而不愿与人交往，在不得不与人交际时，也显得行为怪僻、奇特和做作，常会给人很不舒服的感觉。一些正常得不能再正常的现象也会被贴上不怀好意的标签。

范为宜是南晋高中的学生，在校期间成绩优异，为人和善。然而，这样一位拥有光明前途的好学生，却因犯罪被判入狱，葬送了大好青春。

范为宜本拥有一个幸福快乐的家，但这种幸福随着他父亲的不幸去世而消逝了。伤心的母亲不得不为了生活终日奔波，很少顾及孩子。范为宜每天放学回到家，就被一种悲伤、清冷与寂寞的氛围所笼罩，他渴望一个倾听者，渴望能得到别人的关怀，然而这些都已成了奢想。于是他变得越来越沉默寡言，很少和同学说话。

终于，精神快要崩溃的范为宜向班里一位男同学林伟倾诉内心苦水，原以为会博得对方的同情与安慰。可是事实不是他想的那样，林伟当时由于学生会临时有事，不得不中断他的话，先离开了。后来林伟觉得很对不起他，如果能发动同学来帮他摆脱困境就更好了，于是他把情况向其他同学说明。范为宜知道后，反而认为林伟太侮辱人，当时不听他把话说完就走，现在又是到处散播，实在让他忍无可忍……于是，一天夜晚，范为宜叫上几个人围殴打林伟，导致林伟当场气绝。范为宜最终也受到法律的制裁。

当孤僻的人不受别人理睬而不得不独处时，常会有失落感和自尊心受伤感，这时就会显得更加孤僻而不愿与人交往；当与别人交往而当众受到讥讽、嘲笑、侮弄和指责时，常会产生神经过敏，以为别人都瞧不起自己，这时就会闷声不响、郁郁寡欢，或者恼怒异常、撒手离去；当遇到各种挫折时，常会产生虚弱感和自卑感而心灰意冷，这时就会自我孤立起来，闭门谢客。

一个好心换来一件命案，在孤僻者精神崩溃的悬崖边行走，别人深感后怕。离开了群体的保护，人显得那么彷徨和无助。

老天就是不公

"老天真是不公，怎么就让我投胎在贫穷人家，有的人怎么就一生下来就当公子哥？"一些生活困难的学生有着这样的想法，他们嘴上不说，心里百般抱怨。他们认为生活没有给予他们和其他同学一样的机会。其他同学除了学习，就是玩乐，而他们除了紧张地学习，还得为学费、为养活自己操心、奔波。他们认为出身的不平等造成了机会的不平等，他们对社会不公平愤慨，对自己境遇不满，甚至对周围人充满了敌视。

由于自身经济条件的原因，一些学生常常存在不同程度的自卑心理。当别人接到父母的汇款时，自己却为背负的沉重助学贷款而叹息；当别人穿着时尚服装时，自己却总是担心被别人笑话"土气"；当别人过生日大方地请客时，自己却时常为节省一顿菜钱而精心算计；当别人天南地北侃侃而谈时，自己却因插不上嘴而自怨自艾：同样在一个社会里，同样是一个学校里的学生，为什么老天如此不公？

很多尚未工作的青少年因贫穷而自卑、委屈，为自己是生活困难而羞耻，进而生怨，从怨恨父母、怨恨家庭，发展到怨恨他人，怨恨社会。他们表面上显得很自强，甚至很自负，但事实上内心很脆弱、很自卑。他们往往自暴自弃、不思进取，或者是不切实际地盲目攀比，甚至走上犯罪的道路。

粟复是上海某大学一年级学生，出生于一个平凡的农家，父母靠饲养家畜维持生计，并供养他读书。粟复说："很难能赚上多少，鸡蛋一斤也就两块多，顾客还要压价。"高中时代他一直深感自卑，"我不愿意告诉别人自己是农民的孩子，在人面前都说自己从城市来的。有段时间，我甚至仇视我的家庭。"他为了和同学们一样，拥有一台自己的电脑，铤而走险，去学校的机房偷盗；看到学校旁边富人的别墅，半夜爬墙出去砸烂人家的窗子。两个案件过后，他就被学校开除了。

很多生活困难的学生有不平衡心理，对家庭和社会有所抱怨，对其他同学有所排斥，甚至产生仇视财富、仇恨社会的心理。这种心理使这些同学无心读书，厌倦大学生活，严重地影响了他们身心的健康及社会稳定。他们喜欢把自己伪装得很强大，不让别人看不起，用一个空虚的套子将孱弱的内心包装得不留缝隙；看到富人，一脸的不屑，背后却想着凭什么他们就有那样的生活，而自己却要在底层摸爬滚打。其实他们非常想逃脱现状，像有钱人那样衣食无忧，走起路来闲庭信步，站在人群中就是绝对的主角；但又不许别人比他们有钱，大有只许州官放火，不许百姓点灯的"风范"。于是也就有了非得把富人砸个稀巴烂，让他们回到初级阶段的想法，最少也要让他们知道不该过得比他舒服，非得这样他才感到平衡。

试着走进内向人的心灵深处

内向的人表面上沉默，而内心未必安于沉默。他们喜欢把很多的心事在日记中宣泄，喜欢写下自己的秘密，喜欢回忆，喜欢幻想，喜欢独自托腮思索，喜欢专注地做听者。内向的人不愿意有求于人，宁愿自己走些弯路，也不愿主动请他人帮忙。他们很要面子，宁愿自己吃些亏，也不愿让别人小看自己。内向的人很自卑，很容易忽视了自己的优点，而在乎别人的优点，也很在乎别人的看法，遇事总是犹豫不决，拿不定主意，有时为了迎合别人甚至失去自己。在感情表达中处于劣势，喜欢在恋爱中处于被动的地位，享受被爱的感觉与甜蜜。内向的人受伤时喜欢躲在一个角落偷偷哭泣，所有的委屈痛苦都让自己的泪水去冲洗。

他们的释放都是自我的，而非互动双向的，当委屈、愤恨、压抑都失去了合理释放的渠道时，他们可能就走向另一个极端，寻求特殊的方式来发泄积累的郁闷。可以想象一下，他就像干裂的土地久旱后遇到滂沱大雨，立马倾泻满身的酷热。方式有很多，但往往独特，或是大发雷霆，或打人泄愤，动不动就会引爆"炸弹"。实在控制不住了，一个斯文小伙也能变成野蛮大汉，这时你就会看到他们最真实的一面。可是他们真的不可理喻吗？他们就那么害怕和人说话吗？不是的，他们也是人，现在缺少的是能了解他们，懂得他们内心的知音。

对于怕人的内向性格者，首先要引导他们对周围环境里的事物产生兴趣。你可以带他到一个热闹的场所待一段时间，然后回家让他把观察到的一切记录下来。这种做法的目的是想将他从个人世界里拖出来，让他投入一些以前不敢置身的环境，并对这些环境作出详细的观察。过了一段时间以后，他对一切接触过而向来没有留意过的事物逐渐产生兴趣，去接触自己之外的事物的想法也就有了。

其次，要真诚、坦率地与他交往。凡说话、办事都要本着"以心换心"的原则，否则就难以消除他易于多疑和前后顾虑等内向人常见的不良心理。要想真正赢得他的友情，就得使他充分地信任你。

同时也要注意尊重他的个人隐私。凡是他暂时不愿透露的事情切不可急于打听，因为这时他也许正在考虑是否应该告诉你。所以不要因为你的鲁莽而使他觉得难以启齿。

当他需要你的帮助时，你应该尽全力热情相助，并告诉他，今后有事尽管来找。这点对增进友谊十分重要，因为内向人总是在闭锁自己内心世界的同时，又非常渴望别人真诚的帮助。

要有耐心和恒心。性格内向的朋友往往脾气古怪，容易得罪人，你不要因此误会他、疏远他，要表现出涵养，并逐步了解他真正的用意，这就需要耐心和恒心。这样才能更好地与他交流，走进他的内心深处。

交流是最好的办法

　　人与人是要发生联系的，最常见的联系方式就是交流，口头的、书面的、网络的等。化干戈为玉帛，相逢一笑泯恩仇，都是人之间互相交流结下的好果。不怕瞎子，就怕哑巴。吵架、有矛盾是常有的事，这都不可怕，可怕的是完事后谁也不理谁，误会和怨恨就结下来了。

　　一天晚上，岳群和妻女去公园散步。去的时候，一家人高高兴兴，有说有笑，妻子还时不时地与女儿嬉戏打闹。回来的时候，女儿和岳群走在了一块，并不知不觉把妻子远远地落在了后面。谁知当岳群回到家的时候，妻子突然变得不高兴起来，也不说话，进了屋以后一个人暗暗的躲进了房间。岳群有点丈二和尚摸不着头脑，不知道妻子为何无端端的就生了气。岳群于是就问女儿："你知道妈妈为什么不高兴吗?"女儿摇摇头说:"不知道。"

　　妻子平时是一个沉闷，不善于表达自己更不主动与人沟通的人。在受到委屈的时候，总是喜欢把事情藏在肚子里，默不作声，这常常令岳群很苦恼。有时候，因为妻子的莫名生气，岳群也很恼火，甚至会和妻子吵起来。但每每这样，妻子就越发沉默了，她既不和你说话，也不也你吵架，有时候一两天都不搭理你，和你打冷战。

　　岳群知道，如果放任这种情绪，让它蔓延下去，势必会造成家庭矛盾激化，事情也会变得越来越糟。这个时候岳群就会通过与妻子沟通来找到问题的原因，从而化解矛盾。因为这世上没有无缘无故的爱，也没有无缘无故的恨，妻子突然生气是肯定有原因的。于是在晚上睡觉的时候，岳群就主动和妻子说话，谈他们美好的过去，聊日常生活中的点点滴滴，希望其中某件事或生活中的某个细节会触动妻子。最终，岳群得知了妻子突然生气的原因:原来妻子是埋怨岳群不喜欢她，说岳群为什么一见到熟悉的朋友就急急地走开而不愿意与她一起同行。天啊！原来这就是妻子生气的理由，这就是女人伤心的借口。其实那天晚上岳群和女儿之所以走得那么急，是因为女儿急着要去买冰棍。后来经过与妻子的沟通，妻子的脸上终于又有了灿烂的笑容，岳群家的生活又恢复了往日的安静和谐。

遇到沉闷性格的人时，要学会多沟通。多和家人沟通，多和朋友同事沟通，多和邻里沟通，只有多沟通，多了解，才能找出问题的原因，矛盾的焦点，也才能更好地化解矛盾，解决问题。然而现实生活中，有许多的人却恰恰不喜欢与人沟通。有的家长，自己的孩子突然变坏了，学习退步了，小孩又是属于很内向的，此时不是去和小孩沟通，不去找问题的原因，而是对孩子一味的责备、打骂、体罚。孩子不但不理解父母的良苦用心，反而心生抵触，人也变得越发糟糕了，甚至离家出走，乃至走上犯罪或是自杀的道路。有的领导，在职员工作中出现过错的时候，不是去和职员沟通、交流，而是简单的、粗暴的斥责下属，动不动就扣工资、扣奖金，职员的自尊心大受伤害。结果呢？职员心情压抑，满腹厌气、消极怠工，甚至出现职员攻击领导的现象。

社会是一个大舞台，纷繁复杂。一个人生活在这世上难免会与人产生矛盾，难免会出现这样或那样不愉快的事情。有了矛盾怎么办？出现了问题怎么处理？这就需要我们去沟通，多交流。尤其要和不善沟通的人去交流，打开他们封闭的内心。交流是一盏大海中的灯塔，指引我们前进的道路。沉闷的人没有了交流，那就意味封闭自己，封闭的结果很可能是极端化。因为有了交流，我们才能更和谐地相处。

超级人脉术大全集

第一卷

翟文明　编著

吉林出版集团

时代文艺出版社

图书在版编目（CIP）数据

超级人脉术大全集：全4册／翟文明主编.
—长春:时代文艺出版社，2012.5
ISBN 978－7－5387－4028－8

Ⅰ.①超…　Ⅱ.①翟…　Ⅲ.①人际关系学－通俗读物
Ⅳ.①C912.1－49

中国版本图书馆 CIP 数据核字（2012）第 090369 号

出 品 人:陈　琛
责任编辑:刘瑀婷　杨　迪
封面设计:世纪鼎

　　　　本书著作权、版式和装帧设计受国际版权公约和中华人民共和国著
作权法保护。本书所有文字、图片和示意图等专用使用权为时代文艺出版社
所有。未事先获得时代文艺出版社许可，本书的任何部分不得以图表、电子、
影印、缩拍、录音和其他任何手段进行复制和转载,违者必究。

超级人脉术大全集

翟文明　主编

吉林出版集团　时代文艺出版社　出版发行
长春市泰来街 1825 号
邮政编码:130062
总编办:0431－86012927　发行科:0431－86012939
网址:www.shidaichina.com
全国新华书店经销
北京中创彩色印刷有限公司　印刷

开本 710×1030 毫米　1/16　印张 50　字数 750 千
2012 年 5 月第 1 版　2012 年 5 月第 1 次印刷
ISBN 978－7－5387－4028－8
定价:368.00 元(全四卷)

图书如有印装错误　请寄回印厂调换

前 言

在美国好莱坞流传着一句话:"一个人是否成功,不在于你知道什么,而在于你认识谁。"卡耐基训练大中华区负责人黑幼龙指出,这句话并不是说人不需要学习和提高专业知识,而是强调"人脉是一个人通往财富和成功的入门票"。

斯坦福研究中心曾经发布一份调查报告,结论指出:一个人赚的钱,12.5%来自知识,87.5%来自人际关系。这是一个令人震惊的结论,同时,也是一个让人清醒的结论。这让我们明白为什么世界上有那么多才华横溢的人郁郁不得志,为什么我们的周围有那么多怀才不遇的抱怨者,事实上,人脉的力量超乎你的想象。

人具有社会性和群体性,每一个人都生存于社会之中,没有人能够独立于世界之外,因此,每个人一生下来就形成了一张属于自己的人际关系网,而且随着人的成长,这张关系网不断地得到编织和完善。人一出生,就有了父母和亲戚,产生了家族里的人际关系;一上学,就有了老师和同学,产生了师生和同学的人际关系;参加工作,有了老板和同事,产生了单位里的人际关系;此外,还有社会上的各种朋友、同乡、合作伙伴等人际关系。可以说,我们每一个人都生活在一张巨大的人际关系网之中,这张能够无限扩大的人际关系网就是我们的人脉资源,是我们的一笔巨额无形资产。

你是不是经常感到自己势单力薄? 是不是经常期望获得他人的支持? 是不是意识到自己力量有限,并不能解决所有的问题? 全美人际关系专家哈维麦凯甚至直白地问了这样一个问题:"如果凌晨两点,你急需70万美元,你有多少个朋友会不问理由、二话不说、迅速到银行汇钱给你?"能否利用人脉关系,决定了人生的成败;能否善用人脉关系,决定了可否快速走向成功。

好人脉是人的生存之本。有人说,中国人一辈子都在讲"关系",对于一个中国人来说,从出生到死亡,一生中要动用无数次的"关系"。从孩子的出生、入学,到自己的择业、升迁,人脉广的人总是成为众人羡慕的对象,在焦头烂额之际,一个电话、一声招呼就能化解所面临的危机,解决自己力所不及的问题。俗话说:"在家靠父母,出外靠朋友。"如果没有广阔的人脉,难免到处碰壁。

好人脉是人的发展之需。红顶商人胡雪岩就是凭借聪明的头脑,善于经营人脉,在晚清混乱的局势中站稳脚跟,圆通有术,左右逢源,进退自如,最终创下商界传奇。这一切正是他对人性有深刻认识、善于积累人脉资源的结果。如果没有四通八达的人脉资源和圆而通的处世本领,那么他也不会有这么大的成就。一个人能否成功,与他所经营的人脉关系网有密切的关系。"不要期望一个人付出100%的能力去帮助你,要善于结交更多的朋友,让100个人在关键时刻各付出1%的能力去帮助你。"人脉广,意味着机会多。都说机会只降临有准备的头脑,但是只准备好头脑却没有机会,成功依旧遥不可及。"一个篱笆三个桩,一个好汉三个帮。"在关键时刻,如果有贵人相助,将事半功倍。

好人脉能够改变人的命运。美国前总统西奥多·罗斯福曾说:"成功的第一要素是懂得如何搞好人际关系。"没有富爸爸的照顾,没有灰姑娘的运气,经营好自己的人脉可以为你赢得第三次扭转命运的机会。成功学家戴尔·卡耐基说:"人脉是人一生中最大的财富,有人脉就有力量,有人脉就有竞争力。人脉就是你的财脉,你的成功人生就赢在人脉中。"人脉是成功的秘密捷径,谁拥有好人脉,谁就能改变自己的命运,更快速、更省力地走向成功。

本书是迄今为止内容最全面、方法最实用、技巧最丰富的人脉术大全集,分为上、中、下三篇,分别为"超级人脉经营的道与术"、"超级人脉的黄金法则——人一生要依靠的14种人"、"超级人脉的厚黑心法——人一生要防范与应对的16种人",将理论与实践相结合,深入浅出地论说了人脉的价值、如何获得极佳的人脉关系、经营人脉的方法以及在经营人脉的过程中应当注意的问题等,让你以一种高瞻远瞩的战略眼光拓展自己的人脉,为自己走向成功之路奠定坚实的人脉基础。阅读本书,可以帮助你找出生命中的贵人、规避生活和职场中的小人、通晓分辨贵人与小人的方法,让你在广阔的人脉中获取最大的利益,获得更多的发展机会,办事更顺利,生活更幸福,从而快速走向成功。

第一卷　目录

上篇　超级人脉经营的道与术

超级人脉术大全集

第一卷　目录

超级人脉术大全集

上 篇

超级人脉经营的道与术

完整的人际关系包含三个阶段：发掘人脉，经营交情，出现贵人。

——全球卡耐基训练机构大中华区负责人 黑幼龙

第一章
人脉是你的生存之本

储藏你的"人脉基金"了吗

中国素有把风水宅地称为"龙脉"一说，秉承其意，那"人脉"即是能给你成功、给你好运的相互交织的人际关系网络。人脉，可谓价值百万！从你生命开始的那一天，你就和它打着交道，它是你生存的支点，没有这个支点的存在，你的生存状态将失去平衡，更谈不上辉煌灿烂。所以，有人把人脉比作钱脉、机遇、运气、资源……它确实名副其实——人脉的价值不可估量。那你注意到身边这么重要的资源了吗？你储藏你的"人脉基金"了吗？

人类社会就像万花筒，人脉网中出现不同类型的人也就自然而然。参考某杂志采访到的8位业界精英的说法，我们归纳总结出如下几种类型：

1. **铁齿型**

这种人通常都很有工作实力，做事有自己的一套，喜欢单打独斗，缺乏团队合作意识。

2. **软脚型**

软脚型的人比较内向，不善交际，经常错失与朋友交往的机会，生活空间狭小，朋友甚少。

3. **腐烂型**

属于腐烂型的人，对人脉关系有急功近利的不良倾向，只知道一味地从别人身上榨取，却不想自己能给别人多少。

4．全灭型

属于全灭型的人基本上人脉已经亮起红灯，这种人几乎没有什么人脉关系，周围人已经把他看透，因为这种人往往是用一种错误的观念经营自己的人脉。

5．和谐型

这种人一般善用交际，讲究分寸，处理人脉关系恰到好处，有很好的人缘。

以上这些只是大致的分类。但事实证明前四种人得不到人们的认可，我们适当提出一些建议，希望这四种人尽快找到自己的人脉入口，尽早储备自己的"人脉基金"！铁齿型的人应该注意适时地与别人分享你的经验，多帮助别人，多与人合作，这样可能事半功倍！软脚型的人虽然不善言辞，不善周旋，但可作为倾听者来得到对方的信任，有时无声胜有声。第三种人要改变对人脉价值估量的态度，正确地使用人脉，那样才会真正创造你所要的"利润"。第四种人则应多多进行学习，多多审视反省自己，重新组建你的人脉。

你想真正了解自己的人脉吗？你想真正发现自己储藏"人脉基金"的潜力吗？下面我们来做一个心理小测试。

在一张空白的纸上，你会将心目中的太阳画在哪个方位，你会选择以下4个答案的哪一个呢？

A．在纸上的东方

B．再画一座山，把太阳画在山峦中

C．日正当中

D．把太阳画在纸上的西方

解析：

A．你有强烈的企图心，真叫人抵挡不住你的威力。对于未来，你怀抱着乐观的态度，是奋勇向前、不顾一切往前冲的先锋人才，但请你不要忘记睁开你的大眼看清前方的障碍，别一个劲地埋头猛冲。其实你的决断力与行动力是同行之中的佼佼者，只不过有时行事太冲动而欠熟虑，凡事

三思而后行，才不会有太多的后悔！

B．当你在画这幅画时，心中想的景象是旭日东升，还是日薄西山？其实会为太阳再画一座山的人，通常个性较温和且缺乏安全感，但因为个性善良，常能得到他人帮助。换言之，你身边常常有贵人出现！

C．你是不是很自傲呢？对于社交关系，你好像不太及格，对吗？这都是由于你对事情的是非有独特的见解及敏锐的判断，从不委屈自己做你认为不合理的事，因此常给人不通情理的感觉。虽然世上像你这样拥有一身傲骨的人已濒临绝种，但还是要劝劝你，偶尔同流合污一下也未尝不可！

D．你是一个最佳的辅佐人才，有稳扎稳打的基础，是踏实的实力派。虽然你缺乏主导性的性格，然而你总能观察入微、善解他人心意。由于你的细心体贴，常赢得别人对你的信任，而且不论你遇到什么挫折，总能愈挫愈勇，努力克服。

不管是哪一种类型的你，都是先天的造化，而关键的是要通过后天的努力找到你的"人脉入口"，进行你的"人脉基金"储备，更加精心地打造自己。可见要想成就完美，那只有从你的"人脉基金"储备开始！

人作为万物之王，要想在一个包罗万象的宇宙里生存，就需要与万物保持和谐，而和谐的首要条件是人与人之间的默契。正如 19 世纪美国诗人翰·唐恩在《钟为谁鸣》一诗中写道：

谁也不能像一座孤岛

在大海中独踞

每个人都是一块小小的泥土

终须连接成整个陆地

若有一块泥土被大海冲走

欧洲就会缺掉一隅

这宛如一座山峡

亦同你的朋友和自己

所以无论是哪种类型的人，我们都不应该放弃触手可及的"人脉"基金，请把它存入你的人生存折吧！相信它会创造你意想不到的财富！不信，你试着改变一下自己，试着去适应一下人脉，试着去尝尝关于"人脉基金"的甜头！

人脉来了，机遇还会远吗

《堂吉诃德》中有一句经典台词："有关着的门就有开着的门。"那扇为我们敞开着的大门，就是机遇。

学会把握机遇，这是为人处世的一门重要学问。要知道，机遇不是随处可见的。机遇很宝贵，你应该像珍惜你的生命一样去珍惜它，因为它来之不易而且稍纵即逝；机遇很富饶，你应该像开发你的人生价值一样去开发它，因为它创造机缘而且前程似锦。

机遇的出现是难以捉摸的。善于抓住机遇的人，处处是机遇；轻视机遇的人，即使良机来敲门，也会错过。所以，面对机遇，我们要主动创造机遇、寻找机遇，千万别错过机遇，让自己后悔一生。

你是否注意到你身边现有的机遇呢？其实，你的人脉就是你的机遇，俗话说，一个人要想成功，"天时、地利、人和"必须具备。"天时"、"地利"这些非人为的因素我们不好去把握，但"人和"，只要我们去与人进行良好的沟通，这种机缘随时可以光顾你！

凌航科技董事长许仁旭，就是一个靠人脉寻找到适合自己发展机遇的例子。从偏僻的彰化县鹿港小镇只身到竹科闯天下，他成功了。外界估计他目前的身价值数亿元，并身兼十几家科技公司董事长，但他没有显赫的学历，更没有可以让自己无忧无虑的家世背景做屏障。那是什么成就了他的成功呢？

问他成功的秘诀在哪里？他说："就是靠朋友。朋友越聚越多，机会也越来越多。很多的机会当初自己没想过，也没看到。这些，都是机缘。"

出身台积电业务人员的许仁旭回忆："凭我这样的学历（中山大学毕业），要进台积电，或任何一家科技公司做业务，谈何容易？一切都是靠朋友的介绍。"许仁旭在台积电时，负责凌阳的接单业务的同时也与凌阳董事长黄洲杰建立了深厚的感情，也就给自己创造了更多的机会。现在，他是凌阳集团转投资业务的重要顾问。

"天大的面子，地大的本钱"，说的就是这回事！人脉来了，机遇还会远吗？成功还会遥不可及吗？编织人际关系的同时为我们引来了很多的可能，你不仅认识了别人，别人也了解了你，彼此间形成了一种很好的沟通、互换，这种交往会让你喜获丰收，甚至一举两得，既加深了友谊又获得了发展的机遇。交际活动是机遇的催产术。善于开发人脉资源，捕捉机遇，成功的彼岸便离我们更近了。

人在职场，身不由己，但有一点可以做到，就是你可以营造自己的好人脉，选择自己的关键人物，给自己创造更多的机遇。

2002 年，中国百富榜上 30 位左右的企业家最看重的十大财富品质中，"机遇"排在第二位；而在 MBA 学员眼中，"机遇"则是十大财富品质的首选。现在流行说"机遇"的潜台词是"关系"，对于它的理解就是人脉关系越好，机遇相对就越多。中国内地兴起的 MBA 热潮就是一个佐证，读书不仅为了"充电"，更为了搭建高品质的人脉关系，并从中寻找商机，寻找成功的机遇。即使是哈佛商学院的毕业生，在总结读书的收获时，也把"建立朋友网络"放在第一位。

哈佛商学院建院 90 多年来，有超过 6 万名的校友，这些校友多半已是各行业的精英，在团结精神的凝聚下，织成了一张强固的人脉网络。在中国创业的哈佛 MBA 体会最深，他们在没有其他背景的情况下，靠的就是哈佛 MBA 这块金色敲门砖，这张庞大的人际网。在华尔街，在几大风险投资基金中，对哈佛 MBA 来说，找到校友，就是找到了信任，找到了成就自己事业辉煌的机遇。

但这并不意味着建立人脉、经营人际关系就是要认识成千上万的一块儿吃吃喝喝的朋友；就是善于利用利害关系牵动许多人帮你做事；更不意味着要费尽心机地拉关系。健康的人脉在于用自己的真心和他人建立一种相互交流和提携的关系。夹杂太多的势力和利害关系的人脉就变味了。

然而，有些人在建立人脉网络的问题上，往往表现出虎头蛇尾的倾向。人脉建立之前，他们竭尽全力，绞尽脑汁，勇于付出，从不懈怠。可是，一旦人脉的桥梁搭建好了，他们就沾沾自喜，以为万事大吉，便松懈下来。

如此不珍惜人脉，也就放弃了成功的机会，其结果可能导致前功尽弃。

总之，要想脱颖而出，你就要用你闪亮的眼睛捕捉每一次成就你的机遇，你就要更善于利用你的人脉网络。

缔造人脉，时来运转的关键

美国著名杂志《人际》2002 年发刊词中有这样一段话：

"如果不信，你可以回忆以往的一些经验，就会发现原本你以为是自己独立完成的事，事实上背后都有别人的帮助。因此，在社交场合你应该尽量表露真正的自我与自己真正的才华，它们将会给你许多有用的建议。绝不可低估人脉的力量，否则将白白失去许多有利的帮助之力。"

一个人的发展道路不可能一马平川，坎坎坷坷是自然的事。如何将这些坎坷踏平？假设没有运气，那可能要重复愚公移山的话题；可如果有运气的爱戴，那你的路则可能又是另一番风景，不能说平步青云也至少走了捷径。那这个运气又是谁赐予你的呢？

人脉的力量是巨大的。任何一个人不管能力有多强，如果在他的人生道路上，没有幸运女神的光临，要想办成一件事会比登天还难，其中会有很多的不如意是你想都不敢想的。

如果你希望自己在成功的路上快马扬鞭，毫无疑问，人脉必不可少。实际上，所谓的"走运"多半是由畅通的人脉带来的。一个能认同你的做法、想法与你的才华的人，一定会在将来的某一天为你带来好运。

究竟谁会对你伸出援助之手？这个问题没有人能够猜得到答案。只能这么说：任何人都有可能成为对你施予援手的友人，他可能是你工作上的伙伴或上司，可能是学校里的同学，甚至有可能是一位从不曾相识的陌生人。但一般来说，人脉的范围愈广，则开创成功未来的几率愈大。

就人脉这方面来看，运气往往是从你意想不到的地方降临的，譬如你的顾客、同事，或朋友的朋友，等等。

人生的路上，有些运气是白给的，例如中福利彩票，但那是一种不值得提倡的博弈，它只有几十万分之一的几率或者可能更少；有些运气是时势造就的，但这需要具有超人的眼光；而有些运气则是他人给的，这就需要你在日常生活中广施善行，广结善缘！相比之下，哪一种运气我们更能抓得住呢？

运气不是时时刻刻都有的，我们不能把它当作我们的守护神。在遇到麻烦时，有的人常常叹息自己的运气不好，因此，许多人学会了用祈祷的方式来达到寄托自己精神的目的。而少数的强者却学会了征服，巧用人脉，砸碎缠绕在脚上的"倒霉"锁链，最终获得了成功的机遇。

现在，你还会否认人脉是你时来运转的关键吗？

搭建好人脉，生活更精彩

人脉，在我们的生活中无处不在，可以说它是生活的调味剂，没有它，生活平淡无味；有了它，则变得有滋有味。但是人脉只是一种客观的存在，它的发挥还需要人为因素的参与，如果巧用人脉，生活一定会和谐美好；反之，生活则是一团糟。

例如，夫妇口角，在所难免，无辜的小孩也常常因此受连累，这样的生活真让人苦恼！

吵架时，大家都脸红脖子粗，尽可能地把心中的不满与委屈说出来，觉得都是对方的错——莫名其妙、不可理喻！但是，对方的好，对方的辛劳，我们却常"忘记了"或视为"理所当然"！

夫妻之间的沟通，不是"讲理"，更不是争"谁对谁错"。感情之事，很难用"对错、是非"来衡量；感情之事，是讲求"体谅、理解、宽容、忍让"的！

在发脾气前，如果"先想对方的好"，"宽容他、体谅他"，家庭中的暴力就会少很多，甚至消失！

在咬牙切齿地大声咒骂前，让我们先静下心想想，口中说出恶毒的话，会不会"刺伤对方"？站在对方的角度想想，如果对方也用那些话来刺伤自己，自己会不会生气？更何况当时说的话是气头上的冲动，绝非真心话。

所以，沟通时有话好好说，你便会觉得生活奇妙无比！

有位 60 多岁的妇人说，她刚结婚时，对煮饭做菜等家事一窍不通。有一天，这妇人做午饭，煮了一锅糊成一团的饭，又软，又难吃，自己觉得很不好意思。可是她婆婆却说："我牙齿不好，这样软软糊糊的饭最合适！"

第二天，这妇人又煮了一锅饭，没想到这次水放得太少了，米饭好像没熟，硬硬的，很难下咽。可是婆婆又说："你公公最喜欢吃这样硬硬的饭！"

这妇人一听，心中很感动：婆婆竟然如此善解人意，处处为她解难，不大声责备她，使她始终感恩在心里。她暗暗下决心一定要好好善待公公婆婆。

这妇人的婆婆是一个很聪明的人，处理好了婆媳的关系，相安无事，生活自然其乐融融！

哲学家们一直在思考人与人相处问题的解决之道，最后都得出一个结论，就是人与人之间只有建立起相互尊重的情感关系，才能抵达最后的和谐，才能达到生活的最高境界。

如果你想每天都生活在欢乐之中，那么请不要责怪你的妻子没有把家管理得有条不紊，也不要拿她和别的人特别是你的妈妈作比较。你应该公开表示你娶了一位十分贤惠的女人，你要经常赞美她把家打理得很有条理；甚至她做事有时毛手毛脚或是把事情办砸了，你也不要埋怨，只说没有她平时做得那么好就行了。她下次一定会努力达到你的期望。

但切忌不要突然开始这么做，否则她会不适应，甚至怀疑你。

你可以从今天晚上和明天晚上开始，买一束鲜花或者一盒巧克力，多讲一些关心的话，多给她温柔的微笑，或者在临睡前和她说声"晚安"，你们的生活一定会更加美满。

很多人都在别人不喜欢自己的现实和想象中经受痛苦，但是如果你学会尊重别人，搭建好你的人脉，给他人温暖，让他人满足自己的成就感，

超级人脉术大全集

下面的事情就自然而然了，你的收获将会是意想不到的！

相信吧，搭建好你的人脉，你的生活定会更精彩！

人脉，离不开的护身符

天有不测风云，谁能肯定自己的路就一定畅通无阻，谁能防患未然？恐怕这个答案就连神仙也难以肯定地回答，更何况无法独立生存的人类呢？

俗话说："在家靠父母，出外靠朋友。"每个人生活在社会上，都离不开朋友，离不开朋友的帮助。自古以来，社会上已形成了平时礼尚往来、相见甚欢的风俗，这样身边的朋友也像滚雪球越来越大。其实你在交朋友的时候，已经给自己又投了一份人身保险，同时也就给你的生命多了份保证，你的人际网络就像你的救生圈，让你自由大胆地在水面上尽情地展现自己的风采，尽情地享受海水的滋润；当然，人脉是你离不开的护身符。现代人生活、工作两点一线，没有过多的时间和朋友联络，日子一长，许多原本牢靠的关系就会变得松懈，朋友之间逐渐互相淡漠，友谊也慢慢褪了色。这真是得不偿失啊！友谊、朋友绝不能和金钱相提并论的，它和时间一样一去不复返，这种缘分大家一定要珍惜，因为它真的难能可贵，就算工作再忙，生活再累，也别忘了常联络朋友，沟通沟通感情，交流交流思想。

你有没有这样的经历：当你遇到了困难，你认为某人可以帮你解决，你本想马上向他发出求救信号，但后来想一想，过去有许多时候本来应该去看他的，结果都没有去，现在有求于人就去找他，会不会冒昧了？甚至因为太唐突而遭到他的拒绝或者给自己脸色看？

这时，你不免有些后悔"闲时不烧香"了。

"平时多烧香，急时有人帮"，这话是不假，而且帮的还理所当然。而平时就自己和自己相处，遇到困难，甚至在你生命危险的时候，就算你是七十二变的孙悟空，你一个人也没办法真正解救自己，这时朋友就是你的护身符了。

尽管现实生活中的人际关系要复杂许多，但说到底，人生的幸运与厄运，不正是人际关系的良好或恶化而造成的吗？

有的人很懂得怎么去经营人脉，怎么去帮助别人，这是好事，可是不能把你对别人的帮助当作"口头禅"，随口拈来，让别人听了总以为是他欠你的。其实，朋友之间是没有欠与不欠的，只有帮忙之说，所以帮忙完后不要急着找后账。对于知恩图报的朋友，如果不给他机会，他会觉得欠你的人情，有可能还会因此而失去一份真挚的友谊；对于那些本身就认为帮忙属应当的人也不必去提什么回报，你提了反而会使自己被别人误以为是小人，帮忙是有目的的，闹不好还会戴上一顶"目光短浅"的帽子。

帮忙归帮忙，也要注意量力而行，不要打肿脸充胖子，为了某些面子而应承下来，有时不但帮不了忙，还会越帮越乱，最后落得个埋怨。对于力所能及的朋友之间的帮忙当然义不容辞，可对于自己不敢保证的事是没有必要再承担这个责任的。经营人脉，要有策略，你可以帮他牵个线或者别的，但真的不能时，要勇敢地拒绝。

俗话说，患难见真情。引申而言，患难见人脉之威力。这话说得一点不夸张，因为有真人真事见证。

两个登山爱好者贺兵兵和田力暑假里决定一起徒步旅游，同时也可以增进彼此间的友谊。当贺兵兵和田力终于攀上了山顶，兴奋地站在山顶四处眺望，一幅美丽绝伦的画映入眼帘：蓝天、白云、耸入云海的楼群、随风起舞的绿色精灵，这种诗情画意的感觉是在城市里终年都感觉不到的。对于终日忙碌的他俩，这真是一次难得的旅游和享受。两个人手舞足蹈，高兴得像小孩子。

悲剧正是从这个时候开始的。田力不小心一脚踩空，高大的身躯打了个趔趄，随即向山谷滑去，周围是陡峭的山石，没有可以手抓的地方。短短一瞬，贺兵兵就明白发生了什么事情。他下意识地一口咬住了田力的上衣，但同时他也被惯性快速地带向岩边，仓促之间，贺兵兵抱住了一棵树。

田力悬在空中，贺兵兵牙关紧咬，他们艰难地定格在蓝天白云大山悬崖之间。

一个小时以后，过往的游客救了他们，由于贺兵兵长时间咬着牙，牙齿和嘴唇早被鲜血染得鲜红。事后，有人问贺兵兵怎么会只用牙齿就能咬住一个人而且能坚持那么长时间，贺兵兵回答道："当时，我头脑里只有一个念头：我一松口，田力肯定会死。"

一个朋友救了田力，这不能说是奇迹，但其中贺兵兵的所作所为是大家难以想象的。在那种危急关头，什么样的可能都会发生，说不定田力就把贺兵兵拽下去了，而且这种可能极有机会发生。可为什么只用牙就能救了他人的性命呢？深究其因，用最通俗的一句话说："他们关系太铁了！"难道不是吗？

所以说，经营好人脉，就给自己的生命多了层保障，多了份保险，多了个护身符。

人脉，施展你魅力的舞台

俗话说："心有多大，舞台就有多大。"而在今天我们不得不承认"人脉有多大，你的舞台就有多大"。你能力的支持，魅力的展现，就算有上天的本领也难以凭借你自己一个人的力量去好好地实现，而如果你广结善缘，说不定到处都会给你创造发展的机遇，给你成功的捷径。

当很多年轻的女孩子刚刚走出大学准备进入职场的时候，朱艳艳已经是兰生大酒店的公关部经理了。她可谓是中国改革开放以后第一批在本土成长起来的公关人才，但当时的她并不理解自己的真正职责。每天都是在忙碌中度过的，"比如说我们要把中国文化介绍给外国客人，圣诞节的时候举办餐会，举办各种新闻发布会"，工作的跨度很大，从举办各类宴会到媒体联络，从企业关系维护到政府关系。但是几年风风雨雨的历练使朱艳艳对当初自己的角色、对今后的目标不再懵懂。她变得成熟了，她变得自信了，她变得善于交际了，她拥有一张无所不包的关系网。

朱艳艳拥有一大帮记者和编辑朋友，娱乐、经济、体育记者面面俱到，办宴会展会，她的人脉资源可以一直从主持人、明星延伸到诸如食物安排之类的所有流程，还有政府部门上上下下的工作人员，朱艳艳也都混了个脸熟。人生中的第一份工作，为朱艳艳打开了一扇通向成功的门，也为她积累了第一桶"金"——人脉的无形资产。

不过真正体会到人脉资源的价值，还是由于一件小事。"当时有一个朋友在策划一个记者招待会，发布新闻，但是他自己和媒体不熟悉，就找我帮忙联系相关的记者。"朱艳艳说，这是她第一次强烈地感受到市场对于公关服务的需求，有需求就有市场，这令她萌发了创业的念头。

公司逐渐步入正轨之后，被朱艳艳称为"转折点"的客户是美国的家用电器巨头惠而浦。"外国公司对公共关系是非常重视的，而且也有请公关公司服务的习惯。当时惠而浦进入中国市场没几年，几乎是一年换一家公关公司，但一直没有找到一家满意的。"1997年底，眼看着上一家公关公司的合约即将到期，朱艳艳的一位在惠而浦工作的朋友向老板引荐了她。

对这次早已期待的见面，朱艳艳做了充分的准备。短短的十几分钟内，她妙语连珠般的讲述恰到好处地解释了公司能为惠而浦提供的服务。老板随即拍板，OK，就用你们吧！

之后就一发不可收拾了。联合利华旗下的诸多品牌，比如力士、多芬、奥妙，还有其他世界500强公司像三菱电机、通用磨坊等，都成为朱艳艳的客户；而且最令她骄傲的是，这些客户的"忠诚度"极高，至少到现在还没有放弃和她的合作。而随着经验的丰富，他们的业务也从原来简单的媒体联系，发展到策划活动、政府关系和公共事务、社区关系、危机公关、全球新闻发言人，等等。

卡耐基训练大中华负责人黑幼龙曾经说："完整的人际关系包含三个阶段，发掘人脉、经营交情、出现贵人。"其实说起来，等待"出现贵人"的阶段，除了人缘关系处理的艺术外，更重要的还是内涵。如果朱艳艳不是一个值得帮助的人，想来那些曾经帮助她的人也不会提供这样的机会。

无论做什么都是向别人传递信息的机会，一个懂得把握机会，同时又能善于经营人际关系的人，最后才能依靠人脉开创事业的舞台。

超级人脉术大全集

人脉，延伸你能力的法宝

人与人的能力总有高低之分，而能力的大小不是一个有限值，如果利用得好，它可以无限发挥，所以关于"能力"的"利用"也就成了一个大家永远都关心的话题。如果你够细心，你会发现其实人脉也是延伸你能力的一大法宝。

有的人可能觉得自己天生就没什么能耐，所以只能天天劳碌奔波，挤公车上班，坐地铁回家，然后到菜市场买菜，有时为了分分角角和摊主斤斤计较。其实他也想住豪宅、开洋车，但他觉得自己没有能力去赚取这么多的钱。天下真有笨得赚不到钱的人吗？如果有，你甘愿那个笨蛋是你吗？每个人都会回答"不"！

大家都看过《射雕英雄传》吧？郭靖看似呆头呆脑的，比起会耍心计耍阴谋的杨康差远了。但是他却成了人人佩服的大英雄。因为郭靖的师傅既有以侠义自称的江南七怪、擅长内功心法的马钰道长，又有武功盖世的洪老帮主、童心未泯的周伯通，而且身边还有聪明过人的黄蓉。这简直是天时、地利、人和都具备，不想成就一番事业都不行了。郭靖虽然脑子反应比较慢，但他深深懂得，独腿走不了千里路，要真正在江湖上闯出一条路来，立稳脚步，必须兼收并蓄，集众家之长。因此，他用心地、真诚地"学"出了自己的人际网络，并最终成为一代大侠。

其实，郭靖一点都不笨，他比谁都聪明，因为他懂得人脉的重要性，深知众人拾柴火焰高，集聚众人的智慧延伸自己的能力，何乐而不为？

为什么人脉能延伸你的能力呢？

首先，透过人脉了解你的竞争对手，从而促进自己。

所谓知己知彼，方能百战不殆。你必须掌握竞争对手的特点、动向。了解了这些，你才会跟上别人的步伐，甚至越过他们，了解了这些，你的智谋才能得到真正的印证，你的策略才能真正地实施。

你的人脉网是了解这些信息的最佳渠道，而且大部分真实可靠。你的朋友只会帮你，而不会去帮你的竞争对手。

了解竞争对手的情况很重要，但更重要的是取长补短：优势要保持，存在差距就应该追赶。

其次，人脉可以让你了解这个世界，进而提高你的能力。

也许你有许多次走出国门的机会，当你"身在异乡为异客"时，你会深切地感到，没有什么比身在国外一个人也不认识的感觉更空虚、更无聊了。

你独自一个人走在国外的土地上，却没有一个人可以帮助你体验这个国家真正的文化，没有一个外国朋友邀你到他们家了解一下他们的实际生活，这是非常糟糕的事。

如果你身边有许多不同肤色的朋友，那你对这个世界的存在就会充满希望，有了希望你自然会想方设法提升自己。

我们以安东尼的名言作为座右铭：人生中最大的财富便是人脉关系，因为它能为你开启所需能力的每一道门，让你不断地成长，不断地贡献社会。

超级人脉术大全集

第二章

人脉是你的发展之需

人脉，决定成功的暗码

放眼全球，成功的人毕竟是少数，他们是我们人类中的精英。观察其成功的幕后，原来人脉资源就是他们成功的暗码。

可见人们成就事业的条件中，最重要的一项要属人脉了。在需要群策群力的事业中，如果人心所向，那么事业的成功不过是水到渠成的事，即便是在险境之中，也会出现"人心齐，泰山移"的奇迹。

现实社会告诉我们：在这个讲究双赢或多赢的时代里，大家也逐渐认识到，一个孤军奋战的人是难以成就大业的，就算他是英雄也难显英雄本色，只有通过强大的人脉平台，才能造就传世的伟业，才能成就你一生的成功。

人际网络背后的意义，其实比我们所能想得到的还要深远。正如魏斯能在采访了 280 位企业总裁后写《不上，则下》一书时说："那些企业的总裁们，非常致力于发展'双赢'互需关系的基础。他们每个人都有如何步步高升到金字塔顶端的精彩故事，而大多数人把他们的成功归功于身旁人的提拔。"

美国作家柯达同样认为："人际网络非一日所成，它是数十年来累积的成果。你如果到了 40 岁还没有建立起应有的人际关系，麻烦可就大了。"

可见，人脉已经被赋予越来越大的意义与责任，而人脉今天的地位当之无愧，是人脉成就了事业。

一个人本事再大，也不能保证完成所有的工作，纵使浑身是铁，又能打几根钉呢？富于挑战、思维跳跃、观念创新的人很容易明白这个道理，于是他们主动扩充自己的大脑，延伸自己的手脚，借外力助自己成功，借势力助自己成功。

众所周知，美国前总统克林顿成功竞选正是由于他拥有众多高知名度的朋友，而这些朋友在他竞选中扮演了举足轻重的角色，具有不可估量的作用。这些朋友包括他小时候在热泉市的玩伴，年轻时在乔治城大学与耶鲁法学院的同学，以及当学者时的旧识等。当演说家罗安数年前应邀在阿肯色州热泉市为旅游业年会演讲时，他才深刻地体会到这些人对克林顿总统的支持，才明白了克林顿总统在竞选中的人气。

大人物就是依靠他们所拥有的人脉成大人物的。

美国石油大亨洛克菲勒在总结自己的成功经验时曾表示："与太阳下所有能力相比，我更关注与人交往的能力。"正是这种卓越的人脉沟通能力成就了他辉煌的事业。

每个人都将成功作为自己追求的人生目标，因为在竞争的社会里只有拥有事业的成功才是完美的人生。一个人的成长、发展、成功，都是在人际交往中完成的，甚至一个人的喜怒哀乐也都与他的人际关系息息相关。没有人际交往，人们无法预测自己的前途，无法面对困难，无法面对天灾人祸；没有人际交往，人们就组不成家庭、社会和国家，更谈不上个人的前途和发展。

以前，每个组织都是独立的单元。在这些单元中每个人都权责分明。分工程度、次序及内部程序都是统一规定的。如今，那些等级森严、分工明确、井然有序的组织结构已经被可变的、有机的和充满活力的架构所取代，面貌焕然一新了。

这种新的架构能够很快适应组织不断变化的需求。人们不再把各层面的工作定义为一些毫无人情味、机械性的操作了。社会就是这样根据每个人对变革的适应能力、反应能力和应变能力对他们的成果作出反馈的。而他们的成功取决于如何编织他们的关系网络、如何营造他们的人脉天地。

这是社会赋予每个人的使命，我们义不容辞！

不论是大自然赐给我们人类的福祉，还是我们在漫长的物竞天择中进化来的必需的生存能力，总之，正是无数人脉资源的延伸，我们才得以实现伟大的梦想，才得以成功，得以辉煌。如果谁能编织一张这样的人际交流网络，那他注定就要成功，因为他已经牢牢把握住了属于成功的暗码。

在我们的日常生活和平常工作中，可以作为"人脉暗码"的朋友，大抵可分为以下三类：

第一类朋友与工作无直接关系，但又是我们生活中必不可少的，称为"游伴"。原则上不是同行，通常是我们在参加各种研讨会、同乡会和各种社团时认识的朋友，有些可能还是"吃"出来或"喝"出来的酒肉朋友。他们不但可以成为我们掌握各行各业知识信息情报的"提供者"，帮助我们了解周围的动态，有时甚至可以成为我们的知心朋友或"监护人"，有什么事都可以拿出来商量或发泄，这种朋友俗称"哥们"。

第二类朋友提供给我们有关工作情报和意见，称为"情报提供者"。这种人大都从事记者、杂志和书刊的编辑、广告和公关工作还有政府行政人员，他们信息来源及时广泛，即使你不频频请教打扰，对方也会经常提供一些宝贵的意见。

第三类朋友提供给我们有关工作方式和生活态度的意见，称为"顾问"。这种人多半是专家学者，甚至是本行业内的权威人士，我们可以把他们视为前辈或师长。我们要对他们万分尊敬，而你所得的也将是超过万分的惊喜。

无论哪一类朋友，我们都应该尽力和他们处好关系。来日方长，总有他们大显身手的一天，也有你收获的一天。

经营好你的人脉关系网，然后，你就可以像"稳坐中军帐"的蜘蛛，猎物自然会送上门来——只需要迅速出击就可以稳操胜券地美餐一顿，甚至以后再也不愁吃了。

有了人脉，意味着你就有了成功的潜在能力，只要利用适当、发挥适当，成功非你莫属。

莫洛最初只不过是一个医院的书记员，后来升任美国摩根银行股东兼总经理，年薪高达100万美元，后任美国驻墨西哥大使，一时威震全美。这位莫洛先生，缘何有如此惊人的成就呢？

原来莫洛一生中最大的转折点，就是他被摩根银行的董事们相中，才一跃而成为全美商业巨子，登上摩根银行总经理的宝座。据说摩根银行的董事们选择莫洛担当此任，不仅因为他的聪明才智和果断干练在企业界久负盛名，更因为他具有极佳的人脉关系。

可见，有了人脉，不但意味着你会比一般人更富有成就，而且就连成功都有捷径，真是百利而无一害啊！

那你还犹豫什么，快抓好你手中成功的暗码吧！

人脉，为你的人生镀金

人脉，是无法用颜色来定义的，它五花八门，不管人脉属于哪种颜色，只要你善用它，它绝对会让你的人生变得金黄灿烂，就像镀上了金！

在现代，任何巨额财富的起源，建立在借贷基础上是最快捷的。就是说，要发大财先要借贷。而这种借贷意义千万不能限定在某一特定的金钱上，我们同样可以在人脉上进行借贷，俗称"借势"。没有本钱怎样发大财呢？别忘了借贷是行之有效的成功的手段。当然，借钱就得付出利息，借人也得欠个人情，但你不要害怕，你利用别人的钱来赚钱，借用别人的势来镀金，你赢得的部分，可能远远超出了你所付的利息。

史泰龙在18岁时，找到了工作，节省下了一点钱，除此之外，他并不比其他十几岁的孩子更富裕。他每星期六都定期到一家银行存款，该银行的一位职员对他有了兴趣，他感到这个18岁的小青年有能力，也懂得钱的价值。因此，当史泰龙决定做文化传播生意时，这位银行职员就贷款给他。这是史泰龙第一次用银行贷款，当然它不会是最后一笔。于是，他明白了银行家这个朋友的重要性，后来，事实证明他是对的。

后来史泰龙成了影视经纪人，一年后他又成了书刊商人。他做了书刊商人几年后，有一个人找到他，请他为自己工作。这一位是成功的保险推销员，他受到鼓舞，开了一家保险公司，可惜他是很蹩脚的商业管理人员，他的保险公司总是赔钱。见到史泰龙时，他对史泰龙说："我们是优秀的推销员，但现在我明白了应当坚持自己的专长——销售。史泰龙，你有良好的经营理念和丰富的人脉资源，我需要你，我们合作一定能成功。"

他们就这样开始了合作。

几年后，史泰龙购买了那个推销员所办的公司的全部股票，靠的仍然是银行贷款。他首先想到的是州立德拉斯银行。在得克萨斯州，大家都知道这个银行愿意帮助建设本州，而贷款给史泰龙这样正直、有计划又懂得如何执行计划的成功人士也是这个银行的业务范围。他得到了贷款。这一事实更加坚定了史泰龙关于人脉的理念，因为它再次证明了人脉的力量。

充分借助信贷制度，史泰龙在 8 年间把保险公司营业总额从 50 万美元发展到 5000 万美元以上。正是因为他在投资活动中善于动用人际关系、借用他人资金，他还拥有了对若干企业利润的控股权。

资金或信贷是那些原来贫困的人诚实致富的手段，仅有这些还远远不够，而社会关系则是打开成功之门的暗码。

一个成功的企业家必须培养自己的商业和社会关系网。没有人可以在真空中取得成功。企业家需要建立一个广泛的关系网，包括银行家、律师、顾问、会计师、分析师、投资人、政客、记者，以及最重要的——顾客。建立并发展关系网就像种树一样——如果成功，分枝会不断延伸，而且枝枝交错相连。这是每个人成功的第一要素。

有了人脉也就有了利润，有了利润就有了财富，这是一连串的、不可间断的。人脉资源在你人生财富的创造过程中首当其冲。

由于社会生产力的限制，真正的公平、地位的平等还难以实现，所以无形之中，就有了老板和员工之差，但不管你属于哪一层，人脉都是一视同仁的。

对于更多的员工尤其是销售人员来说，被其他业务员遗漏的顾客，就是一个金矿，只要你愿意并且能够使用它，你就有享受不完的资源。

失败的销售人员离开一个客户时，他们丢掉的不只是一个客户，还有看不见的东西。在他们的后面是什么？他们的金矿。

很多人之所以在销售上失败，是因为他们不知道追踪跟进。第一次碰了一鼻子灰，那就意味着又有第二次了，这种观念在当今销售行业是万万行不通的。聪明的销售人员会发现在你公司里，那些失败的销售员所放弃的客户可能成为你的客户群。

日本近20年来唯一连续名列"世界富豪排行榜"前100名左右的大亨山英太郎白手起家，凭自己的能力，30岁即拥有几十亿元资产，经营18家公司，32岁投身政治，成为日本历史上最年轻的参议员。除了具备在金钱、股票、政治及黑白两道中打滚的精彩人生经验外，他也坦诚地表示，他能够成为一个成功的事业家、政治家以及投资家，是因为他拥有帮助他、支持他的广大人脉。是啊，只靠个人的力量是难以成大事的，就算个人再有能耐，如果孤注一掷，那么也只能是付之东流；相反，有了人脉做靠山，那他离成功就不远了。

他说，带他踏入财经界的关键人物，就是前富士银行的总经理岩佐凯实。当他促销别墅公寓，引进长期购屋贷款时，也获得了岩佐凯实的鼎力协助。他能与财经界维持广阔的沟通渠道，全拜岩佐所赐。他从政的恩师，则是田中角荣。虽然他是中曾根康弘的秘书，但田中还是很照顾他，因为田中就是那种胸襟开阔、敢于重用敌对派系人才的人物。他从田中身上学到，即使对方是敌对阵营的人，也还是要以尊重人才的心态与他交往。

山英太郎的事实告诉我们，人脉是形形色色的，不是单调的，里面什么样的人都要有，因为说不准什么时候就可以助你一臂之力，甚至包括仇人。

赢家手中的秘密武器——人脉

14世纪，只有教堂里才有风琴，而且必须派一个人躲在幕后"鼓风"，风琴才能发出声音。

有一天，一位音乐家在教堂举行演奏会，一曲既终，观众报以热烈的掌声。音乐家走到后台休息，负责鼓风的人兴高采烈地对音乐家说："你看，我们的表现不错嘛！"音乐家不屑地说："你说我们？难道是指你和我？你算老几？"说完他又重回台前，准备演奏下一首曲子。但是他按下琴键，却没有任何声音奏出。音乐家焦急地跑回后台，对鼓风的人低声下气地说:"是的,我们真的表现不错。"一位音乐家没有他人的配合,他便无法完成演出工作。

同样,一个天才没有别人的协助,那他也只能做个平凡的人了。

合力的作用是巨大的。做事情不能一盘散沙,而是要把大家的力气往一处使,是成大事者的合力之道。这就是赢家手中的秘密武器,建立了人脉,还要把人脉中每个人的力气往一处使,实在是高明。

雅虎的成功是偶然的,而这种偶然是缘于其创业人之一杨致远结识了大卫·费罗。

杨致远上中学时学习不算勤奋,甚至有点懒,但成绩却相当优秀。1990年他以优异的成绩进了斯坦福大学,只花了4年就取得了学士、硕士学位。毕业时觉得自己还欠成熟,就留校从事研究工作。正好,大卫·费罗也留校从事研究工作。两人的邂逅和结交无疑成为 Yahoo 成功的关键因素。

杨致远和费罗其实是旧识。费罗1988年毕业于杜兰大学,而且曾当过杨致远的助理教授。一向全拿"A"的杨致远在费罗的判官笔下却只得了"B"。对此,杨致远至今还发牢骚。后来两人同班听课,还在作业方面开展合作。以此为起点,两人成了最佳搭档。费罗内秀,喜沉思,而杨致远活跃,是社团中的领袖,他们的性格能力有了完美的互补。费罗善于在屏幕上整理资料,有一种"只要在终端前,就能统治全世界"的感觉。不久,他俩同去了日本。在那里两人都成了外国人,友谊与日俱增。

回到斯坦福,两人在一辆学校拖车上成立了一间小型办公室。两人都想建立自己喜欢的网站名单。后又决定集合起来,形成了"致远万维网导航"。不久,网站招徕了许多用户。人们纷纷反馈信息,还附上建设性意见,使内容更加完善。"要不是有这么多外来的回应,我们就不会继续下去,更不会有今天的雅虎。"

当时,网上有许多竞争者,但他们都靠软件自动搜索。虽范围广泛,但不准确。而雅虎则纯粹是手工制品,搜索准确,更加实用。实际上到1994年底,雅虎已成为搜索引擎的领导者。

1995年上半年,两人与好几家风险投资公司接触。此时,他们的网络已是世界上网络访问率最高的网址。最后是"美洲杉"慧眼识英雄。这家公司曾投资过许多国际知名的大公司，如今他们骄人的业绩上又添加了Yahoo。

1995年4月，在"美洲杉"资助下，他们成立了自己的公司，资产约400万美元。

杨致远赢了，他赢得的不光是金钱，还有名誉、声望，更重要的是朋友的加盟。有了朋友的鼎力相助，不赢也得赢，这已经成为一个定律。而赢家手中的第二个秘密则是着眼于长远，在对待盟友和竞争对手时善于处理好眼前利益和长远利益的关系，不四面出击，而是广交朋友，周密考虑，谨慎从事。

有"巧手大亨"之美誉的张果喜深明事物的利害，1979年在开拓日本市场时照顾好方方面面的利益，善待盟友和对手，很快便成为日本佛龛市场的"龙头老大"。

在这之前有个小小的故事。

张果喜在日本取得了一定的市场地位以后，就与日商建立了稳固的代理关系，全部佛龛产品都由日商代理经销。随着张果喜生产的佛龛在日本市场的畅销，一些颇富眼光的日本商人看到有利可图，为降低进货成本，一些销售商就想走捷径，绕过代理商直接从张果喜那里进货。

张果喜慎重考虑了这个新情况。

从眼前利益看，销售商的直接订货，减少了中间环节，厂方确实可以多得一些钱，捞到实惠。但从长远考虑，接受直接订货，就意味着将失去已花费了很大力气开辟的销售渠道，甚至使以往的销售渠道背向自己，走到自己的竞争面，这无疑得不偿失。

从这种思路出发，张果喜婉转而又坚决地回绝了那几家要求直接订货的零售商，日本代理商知道此事后，很受感动，增强了对张果喜的信任，在推销宣传方面下了不少工夫。向来不轻易买账的日本代理商这次果敢地打出了张果喜是"天下木雕第一家"的招牌，从而使张果喜的产品在日本市场越来越稳定。

人无远虑，必有近忧。张果喜清醒地看到，生产佛龛是一种利润丰厚的行业，除了他的果喜集团公司，韩国制作的产品也有相当的渗透力，更不用说在日本本土还有成千上万的同类中小企业了。如果照以前那样，单靠原有的销售网络和一两个合资的株式会社与强大的竞争对手抗衡，那就只能坐以待毙了。

权衡利弊，张果喜决定扩大"同盟军"，把一些原先的对立派拉到自己一边。张果喜为慎重起见，还与他的智囊成员对此细细地作了分析研究，选择了分散在日本各地的有代表性的一些中小型企业。经过多方协调，于1991年成立了"日本佛龛经销协会"，这种方式变消极竞争为积极合作，当年便立竿见影，张果喜在日本佛龛市场的份额占到六成，取得了更大的市场主动权。

张果喜赢得了市场、赢得了成功，正是由于他赢得了日本市场上的人脉，建立了彼此的信任，扩大了自己的同盟军。

人脉，看不见的手，看不见的资产

人脉是一笔无形资产，是一笔不可忽视的巨大财富。对于企业而言，经营人脉是事业健康、持续发展的关键。对于个人而言，经营人脉更能助自己一臂之力，平步上青云。

1. 以人为镜，可以明得失

一般人都爱犯一个毛病，就是自以为最了解自己。事实上，我们对自己的所知极为有限，几乎无法具体地描述自己的个性、能力、优点和缺点。正所谓当局者迷，当你以为"这就是真正的自己"时，通常只看到"有意识的自我"和"行动的自我"，而这些都只是自我的一部分而已。

我们很难把握自己，唯一的办法只有拿自己与周围的人比较，或者从与人的交往中逐渐看清楚别人眼中的自己，有时候必须在多次受到长辈的斥责和朋友的规劝之后，才能恍然大悟，了解到真实的自我。可以说，除非有别人作为镜子，否则你永远不会知道自己是什么德性。

贞观年间，魏徵是唐太宗手下的一名能够犯颜直谏的臣子，即使在太宗大怒之际，他也敢于据理力争，从不退让。

贞观十六年魏徵病逝，太宗亲自吊唁感叹道："夫以铜为镜，可以正衣冠；以古为镜，可以知兴衰；以人为镜，可以知得失。我常保此之镜，以防己过。今魏徵殂逝，遂亡一镜矣。"正是魏徵等忠臣的帮助，唐太宗才开创了唐初的贞观盛世。

2. 知己知彼，百战不殆

所谓"知己知彼，方能百战不殆"，强调的是你必须掌握竞争对手的特点、动向。比如他们是否重视教育训练？是否鼓励员工进修以加强他们的技能？他们在同业中的名声如何？是否参加商展？有没有加入商业性组织？

你的人脉网是了解这些信息的最佳渠道，而且大部分真实可靠。你的朋友只会帮你，而不会去帮你的竞争对手。

当然在了解竞争对手的情况后，重要的是取长补短：优势要保持，存在差距就应该努力缩小。

3. 积累生活财富

我们习惯于从日常生活中了解这个社会，殊不知别人的生活经验、书报杂志和传播媒介也可以帮助我们了解这个社会。可是从生活体验中捕捉到的社会信息毕竟太有限了，就如"井蛙窥天"一样，使我们不能作出准确的判断。报纸和其他传播媒介所提供的也只不过是一张"地图"，光靠这张地图，当然很难控制活生生的现实。像这样经由褊狭的个人经验塑造出来的世界观，都可能随着人际关系的扩大，慢慢得到修正。我们都记得从学校刚毕业时，父母师长告诉我们："外面的世界很精彩。"的确，外面的世界和我们理想中的世界是太不一样了。简单地说，只有与人交往才有可能掌握真正的现实社会，进而延伸自己的世界观。

正泰电器老总南存辉的亲身经历就可以为我们做一个最好的例证。13岁的南存辉因为父亲卧病在床，只好辍学当了一名小鞋匠。南存辉一手出色的修鞋手艺，使他结交了十里八乡走南闯北的生意人。南存辉从这些做生意的朋友那里了解到，社会正在发生着巨大的变化，国家开始允许个人经营了。当时全国五金电器市场资源短缺，柳市镇的许多人开始从事旧机器回收工作，他们将机器零件拆卸清洗，再当作零配件卖出。

南存辉感到自己开创新事业的时机成熟了。他拿出修鞋积攒的积蓄，和几个伙伴开了一个电器门市，从此便一发不可收拾。十几年后，南存辉的小门市发展成今天的大型企业集团正泰电器。

仔细搜寻一下你的人脉中，你有多少朋友？如果不多，你该去发展发展了。

因为，我们的一生中会受到无以数计的人影响，这些人可能是父母亲友，也可能是自己的上司和同事，还有可能是世界各地的人。从他们身上，我们可以看到自己，掌握整个社会，同时也可以从他们的生活态度了解到不一样的人生。

人脉，一种可再生资源

有一则寓言故事，故事的主角是一个小国的国君，他要出门到远方去。临行前，他把自己身边的三位信臣召集起来，按照各人的才干，给他们一些银子经营。

后来，国王回国了，就把大臣叫到身边，了解他们经商的情况。

第一个大臣说：

"主人，你交给我 3000 两银子，我已用它赚了 4000 两。"

国王听了很高兴，赞赏地说：

"好，你既然在赚钱的事上对我很忠诚，又这样有才能，我要把许多事派给你管理。"

第二个大臣接着说：

"主人，你交给我 1500 两银子，我已用它赚了 1500 两。"

国王也很高兴，赞赏这个大臣说：

"我可以把一些事交给你管理。"

第三个大臣来到主人面前，打开包得整整齐齐的手绢说：

"尊敬的主人，看哪，您的 500 两银子还在这里。我把它埋在地里，听说您回来，我就把它挖了出来。"

国王的脸色沉了下来，说道：

"你这又愚又懒的大臣，你浪费了我的钱！"

于是收回他这500两，给了第一个大臣，并说：

"凡是能赚钱的还要多给他；不能赚钱的，原来的也要收回来。"

这是历史上流传下来的有名的"马太效应"，第一位大臣很会利用手中现有的资源，使其实现增值；第二位大臣也不错，使手中资金翻倍；而第三位大臣一叶障目，认为手中的动了就不是原有的了，小心翼翼地藏着，却不知手中资源的潜在发展。这三位大臣手中的钱就像我们自己所拥有的人脉资源一样，形不同而质同。

把"马太效应"放到我们现实生活中，在你刚刚开始准备创业、准备开展一个项目的时候，你可能没有钱、没有设备、没有技术。不要紧，只要你拥有掌握这些资源的人就行。

人脉对现代人而言，已经成了成功与否的最大关键，因为谁也无法预知自己的下一步如何。工作上的协助、生活中的资助、团队间的互助，就连最简单的日常生活中的细节，也能瞧出一个人的"关系"好坏！

有人5块钱只能买一斤苹果，偏偏就有人能5块钱买一斤半苹果还带一个橘子，或许有人会说那只是贪小便宜，也对，但是请仔细思考，得到便宜不是人人能做得到的！

这很简单，因为这个人和卖苹果的关系很"铁"，这个人拥有了人脉资源，那他自然而然要比别人得到的多。

睁开你的眼睛，用心看看你周围的人群，也许他们中很多就是你可获得的人脉资源，最贴近我们的有朋友资源、职场资源、亲戚资源，还有当今流行的网络资源。

1. 朋友资源

"朋友"正是志同道合才能走到一起，他们之间有种天然的吸引力，或者是共同的爱好，或者是共同的志向，或者是共同的追求。正是有了朋友的互相帮助，才有了许多场合的和谐，许多人士的成功。

北京大学有一个由"金融投资家进修班"学员组成的同学会，仅有200余人，控制的资金却高达1200亿人民币。

一位创业者在接受《科学投资》杂志采访时说，他到中关村创立公司前，曾经花了半年时间到"北大企业家特训班"上学、交朋友。他开始的十几单生意，都是在同学之间做成的，或是由同学帮着做成的。同学的帮助，在他创业的起步阶段起了很大的作用。

同乡因具有共同的人文地理背景，而使彼此之间有一种天然的亲近感，自然而然也就很好处朋友了。历史上，曾国藩喜用湖南兵；而徽商和晋商不管在哪里，都拉帮结派。正是同乡之间的互相支持，才成就了徽商和晋商历史上的辉煌。在很长一段时间内，中国几乎所有商业繁盛之地，其最惹眼、最气派的建筑都是同乡会馆。如今，一个人要外出创业，比如一个湖北人要到北京创业，或者一个温州人要到旧金山创业，老乡众多仍然是最有利的条件之一。这也是近年来各地同乡会风起云涌的原因。

2. 职场资源

效用最明显的应属职场资源。职场资源即是指创业者在创业之前，为他人工作时所建立的各种资源，主要包括项目资源和人际资源。创业活动有不成文的"不熟不做"的教条。在国内目前还没有像美国或欧洲国家一样，普遍认同和执行"竞业避止"法则的情况下，职场资源恰好可以弥补创业者创业项目缺乏的困难。

从利用职场资源入手进行创业，已经成为许多人创业成功的捷径和法宝。据调查，国内离职下海创业的人员，90%以上利用了原先在工作中积累的资源和关系。

3. 亲戚资源

亲戚资源是与生俱来就形成的，也是每一个创业者发展的基石。它是人脉资源中最稳定也是最牢固的资源。

利用亲戚资源创业者大有人在。"打虎亲兄弟，上阵父子兵"，李泽楷作为李嘉诚的二公子，一天就赚了他老爹一辈子赚的钱。但不可否认的是，李泽楷的成功无疑也是借助其家族丰厚的人脉资源，才一举成为香港首富之一的。

4. 网络资源

网络可谓是近年来提升人气最时尚快捷的工具，通过互联网，真正让世人体会到了"地球村"的魅力，"海内存知己，天涯若比邻"不再是人们的幻想。太多的人利用网络聚集人脉，走上致富之路。

"在家靠父母，出门靠朋友"，一个创业者若能广交朋友、善交朋友，在意想不到的时候就会派上用场。亲戚、同学、同乡、同事、朋友犹如资本，对创业者来说是多多益善。人脉，从这个意义上来说，真正是个人成功路上的可再生资源。

某些正人君子会认为只要自己行得正，坐得端，一切按照准则行事，哪里会需要靠任何关系？原则上没错，但从取得支持的角度而言，经常会让自己被泼冷水，中冷箭；换句话说，自恃才华过人，但人缘奇差无比，行事作风缺乏协调性，平日又很少与人交往，这就摆明了要让自己与世隔绝的心态，既然如此，"局外人"又凭什么伸出援手呢？

"生时靠人带，死时靠人拜"，人际关系的重要再明白不过了。中国人注重"人情关系"，如果能以情感性的人情维系人际关系，必然会出现人生中用之不竭的资源！

人脉，事业前进的推动器

在我们的人脉意义里，包含了许多人，有领导、有下属、有同事、有朋友、有家人、有亲戚，这全部都是我们的人脉，而一个成功的人就是利用这些人脉来推动自己事业发展的。在许多的人脉资源中，人才无疑是一个不可忽视的关键。

常言道：人才犹如金子，是事业发展的推动器。成功创富的老板们更离不开各种人才的鼎力合作。只有把优秀的人才精致地编成一张高效的网络，发挥他们的长处，才能推动事业的发展。从这个意义上讲，真正的帅才也是老板们梦寐以求却不是轻易可得的。

中国俗话讲：兵熊熊一个，将熊熊一窝。

西谚有云：一只绵羊率领的一群狮子，斗不过一只狮子率领的一群绵羊。

可见，无论是商战、经济战，还是政治战争等，起决定作用的是人的因素，人是其中最活跃的因素，而尤为重要的是，人才的因素。而那些管理者，正是有着慧眼，找到了时代画卷中浓墨重彩的主角——人才。

对于真正的人才，不少老板都有类似"萧何月下追韩信"、"三顾茅庐"这样的事例，简直举不胜举。

大家都知道王永庆这个大人物吧，他被称为"台塑大王"，而他事业成功的推动器就是靠人才，他曾经为了事业的发展上演了一幕现代的"三顾茅庐"，被企业界传为美谈。1996年，王永庆看中了一项很有前途的事业，就是把山林废弃的树梢残材，经化学处理后变为高价值的纤维。这可是一本万利的好买卖，可是他手中的资金周转不过来，而这时他的朋友银行董事长陈逢源独具慧眼，看好化学纤维的前途，果断地把在金融圈很有地位的丁瑞央介绍给王永庆。最初丁瑞央婉言谢绝了王永庆的邀请。王永庆不灰心、不气馁，先后五次盛邀丁瑞央，终于打动了丁瑞央，同意到台塑任职。丁瑞央到台塑后，经他的策划与奔忙，使台塑企业开创了民营企业直接向国外银行取得长期贷款的先例。

这就是人才带来的效益，无可厚非！

在我们今天这样的社会里，可以下一个定论：人才决定了你事业的发展方向，决定了你事业的成功。或者换一句话说，对于成功，人才的作用是绝对的。一部"发生学"不就是人才发展的学问吗？没有人才，哪有发展！所以，人才创造了自己事业的发展，同时也创造了自己的对手——失败者。这种道理不言而喻、不用细说，大家都会明白透顶，这样古今中外的事例信手拈来。

在中国上下五千年的发展史上，追溯到汉朝，让我们看一下：汉朝的开国之君刘邦。

刘邦在取得天下后总结成功的原因，他对他的大臣说："各位都说心里话，我得天下的原因是什么？"有人就说，刘邦打了胜仗，利益和大家共享，项羽却嫉妒有功之臣，怀疑有才之士，这就是一成一败的原因。

刘邦却说得明白："你们知其一不知其二，我的成功在于能用人才。论运筹帷幄之中，决胜千里之外，我不如张良；镇守后方，稳定百姓，供应前方粮饷，使转运粮草的道路畅通无阻，我不及萧何；统率百万大军，战必胜攻必克，我不如韩信。这三位人中豪杰，我却能用他们，这是我能得天下的真正原因。项羽有一个范增，却不能用他，这就是他被我消灭的原因。"真是一语道破天机。

这只是字面的解释，要想真正尝尝它的滋味，你还得亲身实践。

可见有人才则成功！

无人才则失败！

大家都知道比尔·盖茨，都羡慕他的成功，都把比尔·盖茨作为人生奋斗的目标。可是光是看表面的东西你还只是"鹦鹉学舌"，要想真把比尔的工夫学到家，下面的故事让你大开眼界。

创业之初的微软公司基本上都是年轻人，搞业务、搞推销都是一把好手。可是做起内务和管理方面的杂事，没有人能有耐心。第一任秘书是个年轻的女大学生，除了自己份内的工作，对任何事情都是一副不闻不问的冷漠劲。盖茨深感公司应该有一位热心爽快、事无巨细地把后勤工作都能揽下来的总管式女秘书，不能总让这方面的事情分他的心。他要求总经理伍德立即解雇现任秘书，并限时找到他要求的那种类型的秘书。

几天后的早上，一个 42 岁的女人露宝成为比尔·盖茨的第二任女秘书。

露宝到公司不久，发现盖茨工作很辛苦，为软件设计倾注了大量的心血，经常躺在地板上就睡着了。刚开始露宝以为是盖茨晕过去了，没想到是他太累了，后来她就像母亲呵护儿子一样给他盖好衣服，悄悄掩上门。关心盖茨在办公室的起居饮食，成为日常工作的一项内容。这使盖茨感到了一种母性的关怀和温暖，减少了家庭带来的种种不适感。而盖茨也像对母亲一样对待他的这位雇员。

露宝在工作上是一把好手。盖茨是谈判的高手，不过第一次会见客户时，也会使人产生小小误会。客户见到盖茨时，总不免怀疑眼前这个年轻人是不是微软公司的董事长。他们伺机打电话到微软公司核实，露宝接到这些电话，总是和蔼可亲地回答："请您留意，他是一个年纪看上去只有 17 岁，长一头金发、戴眼镜的男孩。如果见到的是这样的形象，准没错。自古英雄出少年嘛。"露宝的话化解了对方郁积在心头的疑问。

露宝把微软公司看成是一个大家庭，她对公司的每个员工，对公司里

超级人脉术大全集

的工作都有一份很深的感情。很自然，她成了微软公司的后勤主管。

慢慢地，她成了公司的灵魂，给公司带来了凝聚力，盖茨和其他员工对露宝有很强的依赖心理。当微软公司决定迁往西雅图，而露宝因为丈夫在亚帕克基有自己的事业不能同去时，盖茨对她依依不舍，留恋不已。盖茨、艾伦和伍德联名写了一封推荐信，信中对露宝的工作能力予以很高的评价。临别时盖茨握住露宝的手动情地说："微软公司永远给你留着空位置，随时欢迎你。你快点过来吧！"3年后，露宝先是一个人从亚帕克基来到西雅图，后又说服丈夫举家迁来。

事实证明，比尔·盖茨知人善任，从工作需求出发，他选择了露宝，也同样选择了事业的成功。

如果没有露宝的尽心尽责，那盖茨就不可能全部身心地投入到工作中，那他的事业可能就不会如日中天了。

人脉，事业发展的情报站

现在是一个信息化资讯型社会。

资讯化社会是从工业化社会转换过来的，引发这一转换的不是土地或是资本，而是资讯。

在未来激烈的竞争中，谁拥有资讯谁就能成为赢家。

在中国古代科举时代，人们推崇"一心只读圣贤书，两耳不闻窗外事"。在今天却不行了，因为窗外的世界每时每刻都在发生变化。如果两耳不闻窗外事，那么，很有可能你读的某些书在社会上根本无用武之地，更别说发展了。

富豪们之所以成功，是因为他们的收入渠道有很多种，既有主动收入，也有被动收入。当然，他们生命中大部分财富都是来自于被动收入，而信息是产生被动收入的主要来源。

他们知道两条真理。

第一条真理：拥有多个收入渠道的必要性。聪明的人认识到有必要维护多个收入渠道——不是一个或者两个，而是来自完全不同的多种渠道的收入。如果其中一个渠道"枯竭"了，另一个渠道还有，这也就是信息的灵活性。

第二条真理：沉淀收入的力量。比如，当你在银行户头里的资金为你赚取利息的时候，那种收入就是沉淀收入。它会每天24小时不断汇入你的户头，而不需要你额外付出任何精力与努力。

关于信息的重要性，在商场中更为突出。

商场上称人际信息为"情报"。一个生意人怎样获得工作上急需的情报呢？最可靠的方法是：养成读书的习惯、经常看报、与人建立良好的关系。但是生意人最重要的情报来源是"人"，对他们来说，"人的情报"无疑比"铅字情报"重要得多。

越是精明的经营人才，越重视这种"人的情报"。日本三洋电器总裁龟山太一郎被同行誉为"情报人"。对于情报的汇集他独出心裁，最有趣的是他自创的"情报槽"理论。他说："一般汇集情报，有从人身上、从事物身上两个来源。我主张从人身上加以搜集。如此一来，资料建档之后随时可以活用，对方也随时会有反应，就好像把活鱼放回鱼槽中一样。把情报养在情报槽，它才能随时吸收到足够的营养。"把人的情报比喻成鱼，简直恰如其分。一位有名的评论家也说："我每一次访问都像烧一条鱼一样，什么样的鱼可以在市场买到，应该怎么烹调最好，我得先弄清楚。"对于生意人来说，从人身上得到情报并及时处理情报，其实是和做编辑一样。许多记者都知道，在没有新闻时，设法找个话题和人聊聊。生意人也是如此。也许没有办法随时外出，那就利用电话来向朋友们讨教吧！

日本前首相宫泽喜——有一个闻名的"电话智囊团"。宫泽在碰到记者穷追不舍时，往往要求记者给予一个小时的时间考虑。如果碰巧在夜里，则只要一通电话就可以得到满意的答复，这些答复就源于他的10名智囊团成员。

一个人打拼的时代已经过去了，建立品质优良的情报网，成了决定事业成败的关键。或许你会说"我已经有很多朋友了"，我们这儿所说的"朋友"不是年幼时的朋友、同学或同事就能涵盖的，彼此间的交情也不是建立在快乐和利害关系上。严格一点说，我们所指的朋友应该是人生旅途中可以同舟共济、同患难共甘苦的朋友或工作伙伴。

而我们的"情报站"里储存的就是这样的信息。

在蒙萨多化学公司服务的席柯罗博士，就强烈赞同建立个人通讯网络的做法。"如果同事之间因为没有内部通讯系统而导致彼此缺乏沟通，许多研究计划都可能因为重复而白白浪费掉。"

具备沟通与建立人际网络的能力可以增进经营成果。发明"戴克公开演说法"的戴克就曾说："沟通是一种接触运动。"

敞开胸怀打入人群，并与人分享信息，是个人成功的基本要素。

认识的人愈多，获得信息的过程也愈快，信息也就越多。

广泛的人际关系网络对我们的工作与事业的好处是很多的。

让我们回顾一个洗发水的广告："我告诉了两个人，他们又告诉了另外两个人……"接下来的屏幕便是数不尽的女性，个个拥有漂亮而干净的秀发。

与人沟通、分离资源并建立人际关系网络，不仅使我们有能力管理自己的生活，更让我们能充分享受生活并应付其中的可变情况。在决定选择这条路之前，仔细评估建立人际网络的好处。潜在的好处便是常说的"信息就是力量"，我们因此有东西可以与人分享。一方面，我们通过公司的通知、报告与自己所做的研究获得"正式"的信息；另一方面，通过同事、朋友和闲聊所获得的非正式情报，也同等重要。

第三章
依靠人脉改变命运

命运并不完全掌握在自己手里

美国老牌影星寇克·道格拉斯年轻时落魄潦倒，包括许多知名大导演在内，没有人认为他会成为明星。有一天，寇克·道格拉斯乘火车去某地，与他同座的是一位女士。由于旅途漫漫，时间难以打发，于是他便主动地与身边的女士攀谈起来，没想到这一聊就聊出了一个重大机会。没过几天，寇克·道格拉斯被邀请到制片厂报到——原来，这位女士是位知名制片人。

从此，道格拉斯的事业有了一个新的起点。在这位女制片人的帮助和提携下，他很快获得了更好的发展。不久之后，他因在《冠军》一片中扮演残酷无情的拳击手而一举成名。后来，他又出演了《生活的欲望》、《光荣之路》等电影。

这位女制片人就是道格拉斯生命中的贵人，因为她的出现，道格拉斯的人生得以彻底改变。

好莱坞流传一句话：一个人能否成功，不在于他知道什么，而在于他认识谁。一个人的能力终究是有限的，更何况即使有足够的能力，也不一定会有展现才华的机会。当一个人确立了自己的奋斗方向，并朝着正确的方向努力奋斗时，如果他费尽心思、耗尽心力都无法取得成功，那么这时，他就需要一位贵人来指点他、帮助他、提携他。这正应了那句俗话"万事俱备，只欠东风"。在人生中，"贵人"就是这"东风"，借助他的力量，你可以更好地实现自己的梦想。

每个人的生命中，都可能存在着许多贵人，他可能是你并不在意的朋友、你的上司、你的同事，甚至是你的下属。不管有道理、没道理，是好人、是坏人，只要能教导你领悟一些事情的人，能够让你发生正向变化的人，其实都是你命中的贵人！

名人的故事在普通人的眼里总是有几分传奇色彩，道格拉斯遇贵人而成名这样的事看似难以置信，其实却在现实生活中确确实实地存在着。每个人的生命中都有无数贵人，关键在于你能否找到他们、发现他们、让他们帮助自己。

雷丽是北京一所名牌大学外语系的学生，她来自农村，家境贫寒，但学习十分刻苦用心，大学期间屡次获得奖学金。大三的时候，同学们都开始为毕业后的工作做准备，但雷丽心里特别希望能够出国深造。因为她感觉到如果能够出国，一来可以开阔眼界，学习到本专业的世界前沿知识，了解先进理念；二来到外语环境中熏陶几年，自己的外语水平一定能上一个新的台阶。但是苦于囊中羞涩，这几年勤工俭学的薪水也只是勉强够她的生活费用而已，至于出国的费用，那对她来说简直是天文数字。她为此一筹莫展，几欲放弃这个念头。

周末的时候，她和往常一样去做家教。这份家教她已经做了2年，学生的母亲是个女强人，不到40岁就已经拥有了一份丰厚的家业。她事务繁忙，无暇照顾孩子，但雷丽却帮助她的孩子提高了成绩，所以这位母亲很是感激雷丽。也许正因如此，有一天，当她知道了雷丽想要出国的想法之后，主动提出资助雷丽，这是雷丽没有想到的。她说："你帮我的儿子提高了成绩，我本来就希望能有一个机会表示一下我的感谢。何况，这笔钱对我来说只是一个小数目，对你的意义却十分重大。我只当成是一种投资，他日你学成归来，或许还可以助我一臂之力呢！即使不能，我也算是做了一件好事。"雷丽十分感动，她抓住了这个千载难逢的机会，靠这位家长的资助在国外完成了学业。

这位家长就是雷丽的贵人。类似的事例还有很多：一个乞丐被一个商人的话语点醒，从此发愤图强，成为大企业家；一个小职员由于尽职尽责的小细节感动了前来视察的总裁，从此步步高升，成为领导人物；一个小偷被慈祥的长者所感化，从此改邪归正，为社会造福……

无数事实证明：贵人确实能够改变人的命运；贵人确实就在我们身边。

既然如此，我们是不是只要坐等贵人的降临，整天做着白日梦，就能麻雀变凤凰呢？抱着这种心态的人就大错特错了。

"不要先问别人能为我做什么，而是问问自己能为别人做什么。"这是畅销书《别自个儿用餐》的作者克斯·法拉利摸索出的最重要的结识贵人之道。

事实上，提升自我、广结善缘，就是为结识贵人而做的最好的准备。

基于此，我们应该：

怀有渴望之心。若你是一个愿意去相信他人的人，贵人就有可能真的会从天上掉下来。

懂得欣赏他人的优点，以谦卑的心向人请教，贵人自然会靠近。

学习欲望强烈。先不要判断贵人对你是不是有所帮助，而要问自己，是不是能耐下心性多方学习，吸纳消化他人的智慧。不要让自己的脑袋成为别人思想的跑马场。

不断提升自己、充实自己。只有自己能力强了，成为一匹真正的"千里马"，在贵人到来之时，才有展现才华、脱颖而出的机会。要知道：贵人不会帮助一个一无是处的人。

成功可以抄近路

张良，字子房，是西汉初年的重要谋臣。张良为战国时期韩国人，秦灭韩以后，张良曾组织刺客暗杀秦始皇，却没能成功。以他当时的力量，想灭掉秦国是十分困难的，于是他隐姓埋名，藏匿下邳。就在这时，他遇到了生命中的第一位贵人。

有一次，张良独自散步，走到一座大桥上，见一位穿土黄色大褂的老人坐在桥头上。他见张良走过来，故意将一只脚向后一缩，让一只鞋掉到桥下去了。

老人不客气地对张良说："年轻人，下去把我的鞋子捡上来。"

张良听了有点不高兴，可是一想，他是老人，不必多计较，就到桥下拾起鞋子，走上来递给老人。

谁知那老人不接鞋子，却把脚一伸，说："给我穿上。"

张良没说什么，又顺从地给老人穿上了鞋。

那老人这才微微一笑，站起身来走了。

张良觉得这位老人好奇怪，不是一般人，所以就站着没动，目送老人走远。

谁知老人走了很远又返回来了，对张良说："年轻人，不错呀，我倒乐意教导教导你。过5天，天一亮，你到桥上来见我。"

张良听后忙跪下答应了。

第5天，张良一早来到桥上，谁知那老人已先到了。他生气地对张良说："你跟老人约会，怎么叫老人等你呢？"

张良急忙认错。老人说："走吧，再过5天，早点儿来。"说完，一甩袖子走了。

又过了5天，张良一听鸡叫就跑向大桥，但还没上桥，就看见老人了。老人瞪了他一眼，说："过5天再来吧！"

到了第4天半夜，张良就来到桥上等。一会儿，他才看见老人一步步走来了。这次老人露出了慈祥的笑容，对张良说："这才对了。"然后他从袖子里掏出一部书交给张良，说："回去好好读，将来可为国家出点儿力。"

张良还想再问，老人却不再说话，头也不回地走了。

这时天才亮，张良趁着晨光一看，这部书原来是一部珍贵的兵书——周朝姜太公编的《兵法》。

从此，张良刻苦钻研《兵法》。后来他成了有名的军事家，为灭秦和建立汉朝立下了汗马功劳。

古希腊诗人荷马在史诗《奥德赛》中讲述了奥德赛在特洛伊战争后，回家途中的种种经历。奥德赛临终前，把爱子泰莱马科斯托付给忠实的朋友门特抚养。直至今天，"门特"一词仍旧用来形容受欢迎的老师、具有洞察力的朋友、经验丰富的教育家、成熟老练的向导。在每个人的人生中，都会有不同的"门特"在我们最需要的时刻出现，给我们以帮助。

这些"门特"就是我们生命中的贵人。他们在关键的时刻为我们指引前进的方向，讲解解决问题的方法，从而在我们的生命中发挥极其重要的作用。

在人生的道路上，如果得到此类贵人的指点和帮助，就能使你少走弯路。历史上不乏这样的例子，有的人竭尽平生之力也在事业上一筹莫展，结果朋友的一句话却使他茅塞顿开。"与君一席话，胜读十年书"就是这个意思。

莫泊桑在拜福楼拜为师以后，才学会了"观察"这项文学基本功；罗曼·罗兰也是在托尔斯泰的指引和鼓励下，才坚定了学习写作的信念；卡耐基追随斯考特先生后，才在事业上不断获得新发展。这些例子就是有力的证明。

指点迷津的贵人就在你身边，他们看似平凡、普通，却在你的生命中发挥着很大的作用。贵人可以向你传授他的知识和智慧，可以锻造你的人格，可以帮你指正错误，可以教给你方法，为你指引方向，使你的成功来得更快。

陈池大学毕业以后就开始自己创业，开了一家广告公司。

做了一番市场调查之后，他从父亲那里"借"了2万块钱，租了一间小小的门面，搬来自己入学时买的一台旧电脑，另外又购置了一些必要的办公设备，最后挂了个广告公司的招牌。

可是，开张1个多月，他竟然没有任何业绩。那一阵子，他除了焦急，便是坐在店里望着街上来来往往的行人发呆。正在一筹莫展、走投无路时，他突然想起了自己一位做企划的朋友。他向朋友诉说了自己生意上的烦恼，朋友听了没多说什么，只是说第2天要陪他上一天班。

第2天，在朋友的陪伴下，陈池像平常一样坐在自己广告公司的门口，看着街上来来往往的行人。他偶尔看见一两个人在公司门口驻足观望，也懒得走上前去搭理。当时，他认为：如果别人想做广告，肯定会走进店里来主动询问；如果只是在门口张望，大多是出于好奇，并没有做广告的意向。就这样，他又闲坐了一天，依然没有业绩。

朋友在旁边观察了1天，晚上向他指出了失败的原因，并为他提出了两条建议：第一，要热情。只要有人在公司门口驻足观望，就要迎上前去，用最简洁的话告诉他们公司的业务范围，并了解一下客户的需求。即使客户暂时不想做广告，只要他们驻足观望，就说明他们有这方面的隐性需求，以后他们想做时，也会考虑到这里来，这无形之中就等于做了免费宣传。第二，自己一定要忙碌起来。即使没有一点事情可做，也要假装忙碌。一旦你闲坐在那里，就会让人产生一种错觉：这家公司承接业务的能力很差，或许是广告的制作水平不高。这样，即使别人有制作广告的意向，也不会把业务放心地交给这样的公司。久而久之，就会形成恶性循环，自然也就没什么业务了。

陈池听了朋友的忠告，茅塞顿开。他改变了原来那些不良的做法，变得热情和忙碌起来。不久，他就拿到了第1张订单，生意很快有了起色。1年之后，陈池成了一位有名的广告人。

可见，能遇到贵人的人不一定是叱咤风云的大人物，普通人的身边也有很多贵人。只要善于发现，朋友、同事、老师、上司……都能成为你的贵人。

指点迷津的贵人就在每个人身边的人群之中，但这个人可能默默无闻，可能貌不惊人，只有真正的"有心人"才能发现他们，让他们帮助自己。

下面几条建议会对你寻找贵人有所帮助：

1. 认清"贵人"的含义

"贵人"不是指大富大贵之人，也并非特指一般意义上的功成名就之士，"贵人"是指能够帮助你、提携你、指点你，对你产生正确影响的人物。所以，对于那些阅历丰富的长者、那些有着非凡业绩的人士、那些在某一领域有特殊专长的小人物、那些公司里比你更有经验的同事，你都要足够地重视，因为在这些人群中，最容易出现贵人。

2. 尊重并求助于那些"好为人师"的人

虽然在传统的观念中，"好为人师"几乎是一个贬义词，但这样的人一般都比较热心，乐于帮助别人。而且，他们大多经验丰富。前人的经验是通向成功的最便捷途径。但是，在与这一类人交往时要注意，对于他们的建议和想法要去粗取精、去伪存真，以找到对自己有帮助且正确的那一部分。

贵人是人际网上的重要"结点"

在全球寿险界，谈到寿险销售业绩的时候，人们常常说："西有班·费德雯，东有柴田和子。"

柴田和子出生于日本东京，从东京"新宿高中"毕业后，进入"三洋商会株式会社"就职，后因结婚辞职回家做了4年家庭主妇。

1970年，31岁的柴田和子进入日本著名保险公司——"第一生命株式会社"新宿分社，开始了其充满传奇色彩的保险行销生涯，创造了一个又一个辉煌的保险行销业绩。

1978年，柴田和子首次登上"日本第一"的宝座，此后连续16年蝉联了日本保险销售冠军，因此荣登了"日本保险女王"的宝座。

1988年，她创造了世界寿险销售第一的业绩，并因此而荣登吉尼斯世界纪录。此后她逐年刷新纪录，至今无人打破。她的年度业绩能抵上800多名日本同行的年度销售总和。

虽然她从1995年起担任了日本保险协会会长，但业绩依然不衰，早已超过了世界上任何一个推销员。柴田和子说话机智幽默，衣着奇特，已经成为当今营销精英分子们心中的"顶级大姐"、最酷偶像。

柴田和子是如何取得这样辉煌的成就的呢？答案潜藏在她的人际关系之中。销售行业离不开大幅度铺开的人脉网和众多支持她的客户。

柴田和子善于处理与客户之间的关系，她能让所有的客户都成为她的贵人，一面支持她的事业，一面帮助她结识新的客户和朋友。而随着人脉网越来越大，她的生意当然也越来越好做。具体来说，她在以下两个方面表现得十分出色。

第一，总给客户留下一个好的第一印象。

柴田和子虽然一说话便显得神采飞扬，但她认为自己的身材比较肥胖，没有明显的特征，在初次会面时无法吸引对方的眼球。因此，她一般会借着"服装"给人清新而明朗的第一印象。

第二，人情练达造就成功行销。

柴田和子绝不拖延与别人的约会时间，也绝对不带给别人不愉快的感觉。即使是自己的秘书，她也认为让他在严寒或是酷热的地方等候是不对的，如果必须让某个人受热或受冻，她宁可自己来遭受。

柴田和子说："保险行销要成功，必须要懂得体谅别人，即人情练达。"

行销绝不是一个人唱独角戏、单打独斗地埋头苦干。如何使对方打开心扉，使对方依赖自己，这才是最重要的。而要达到这个目的，就要体谅对方，要有为对方着想的心意。

一个人的成功并不是我们想象中的那么简单，在他的背后肯定有坚强的后盾，而柴田和子的后盾就是她的客户——也是她的贵人。

人际关系网对一个人事业的成败及工作的好坏具有极大的影响，所以说成功在很大程度上取决于你拥有多大的权力和影响力。与合适的人建立稳固的关系至关重要。

成功建立关系网的关键是选择合适的人建立稳固的关系。良好的人际关系能开拓你的视野，让你随时了解周围发生的事情，并提高你倾听和交流的能力。

柴田和子成功的关键就在于她的客户就是能够帮助她扩大人脉网的贵人，每一位客户都能为她发展新的客户，结果她的客户数量以乘方的速度增长，最后终于到了让人惊讶的程度。

对于柴田和子来讲，拥有广大的"客户网"是十分重要的；而对于从事其他领域工作的人来说，高品质的"人脉网"也必不可少。建立人脉网的关键在于找到人际关系的结点，这个结点联结着人际网上的各个方向。抓住了它们，就抓住了不断结识新朋友的关键。贵人就是充当这一结点的最好人选，通过贵人你往往能够认识许多新的朋友和新的贵人，而且这些新朋友和新贵人都会对你有所帮助，这也是"贵人"作用的一个重要方面。

汤姆斯的女朋友就是他的贵人，她帮助汤姆斯规划周末的社交生活，并且透过她的关系圈让他结识了她朋友的母亲，那也是对他有帮助的人。她还介绍了一个女性朋友的丈夫给汤姆斯，后来，那人成了汤姆斯的合作伙伴和新朋友。汤姆斯本来是一个很内向的人，朋友不多，而他的这个女朋友让他认识了许多朋友。最后在越来越多的朋友的帮助下，他的事业打开了局面。

每个人的具体情况、社会关系都有不同方面的不足，这些不足一般都可以通过"贵人"的作用得到弥补。社会关系的不足表示人的能力出现了漏洞，而贵人就是那个助你一臂之力、帮你堵住漏洞的人。能够帮助你拓展人际关系的贵人特征比较明显，你可以根据一些特征判断他们的所在：

1. 这类贵人一般是很有影响力的人物

你会发现，在一些聚会中，无论他们的社会地位、薪金状况如何，他们都是众人关注的核心和焦点；他们往往是各种非正式聚会和社团活动的发起者；在群体的各种大讨论中，他们也经常成为所谓的"意见领袖"。

2. 这类贵人往往热衷于帮助别人建立关系，从而起搭桥牵线的作用

比如当他发现他认识的两个人在某些方面有许多共同之处，便有可能创造机会，如组织秋游或足球赛，让他们互相认识并交流感想。

3. 重视那些在新环境中最先与你打招呼的人

他们往往乐于结交朋友，性格外向，人缘极好。认识他们，会对你扩大交际网有所裨益。

每个人的身边都有一座金矿

比尔·盖茨成为世界首富，是因为他掌握了世界的大趋势以及他在电脑上的智慧和执著。但是，比尔·盖茨之所以成功，除这些原因之外，还有一个最重要的原因，那就是比尔·盖茨遇到了一些"贵人"。

比尔·盖茨创立微软公司的时候，只是一个无名小卒。后来，他借助了一些"贵人"的力量，不断地获得了大的发展。

第一，比尔·盖茨的母亲就是他的贵人。

他20岁时签到了第1份合同，这份合同是跟当时全世界第一强电脑公司——IBM签的。

当时，他还是个在大学读书的学生，没有太多的人脉资源。他怎能钓到这么大的"鲸鱼"？可能很多人不知道：原来，比尔·盖茨之所以可以签到这份合同，中间有一个介绍人——比尔·盖茨的母亲。比尔·盖茨的母亲是IBM的董事会董事，母亲介绍儿子认识董事长，这是很理所当然的事情。假如当初比尔·盖茨没有签到IBM这个单，很难说他今天能不能拥有几百亿美元的个人资产。

第二，他的合作伙伴也是他的贵人。

比尔·盖茨最重要的合伙人——保罗·艾伦及史蒂芬，他们不仅为微软贡献他们的聪明才智，也贡献他们的人脉资源。

第三，发展国外的朋友，让他们去调查和开拓国外市场。这些朋友也是他的重要贵人。

比尔·盖茨有一个非常好的日本朋友叫彦西，他为比尔·盖茨讲解了很多日本市场的特点，为比尔·盖茨找到了第1个日本个人电脑项目，以此来开辟日本市场。

第四，雇用非常聪明、能独立工作、有潜力的人来一起工作，让下属成为自己的贵人。

比尔·盖茨说："在我的事业中，我不得不说我最好的经营决策是挑选人才，拥有一个可以完全信任的人、一个可以委以重任的人、一个为你分担忧愁的人。"

没有人可以靠一己之力取得成功，再聪明、再能干的人也需要借助他人的力量，连世界首富也不例外。

智商、能力、眼光、学识……都可能成为开启成功之门的钥匙，但贵人却是获得成功的隐形密码。不知道这一密码的人，只能在奋斗的道路上左冲右突，接连碰壁，空耗才华和精力，慨叹"世道无常、怀才不遇"，陷入"斯人独憔悴"的悲凉境地。

财富是每个人的梦想，任何人都有获得财富的权利和机会，关键是你能否把握得住获取财富的捷径。不要靠非法手段牟取暴利，那样只会害人害己，而要借助贵人的力量。无论是创业、经商还是投资，拥有贵人的帮助，都会令你事半功倍。

贵人就是一座金矿，这些金矿在每个人的身边均匀分布，但只有发现它们、开采它们的人才有可能摆脱贫困，成为真正的富人。

能够帮助你实现"财富梦"的贵人往往存在于以下几种人群之中：

1. 已经拥有财富而又希望赢得声望的人

对于这一类人来讲，"金钱"已经不是那么重要，他们愿意用金钱去帮助他人、赞助慈善事业、为自己树立良好的公众形象。很多成名的企业家和大牌明星都属于这一类型。

2. 拥有财富并希望通过招揽人才增长财富的人

如果你是一个人才，他们会愿意投入资金栽培你，希望他日你能够帮助他们将事业做大做强。

3. 拥有小额财富并想通过投资获取更多财富的人

这些人需要合作伙伴，如果你手中握有某项技术、较大范围的人际关系或者某一领域的丰富知识，他们有可能看中其中一点，与你合作，从而实现双赢。

贵人是成事的一大筹码

西汉初年，刘邦登基后，立长子刘盈为太子，封次子如意为赵王。后来，见刘盈天性懦弱，才华平庸，而次子如意却聪明过人，才学出众，他有意废刘盈而立如意。刘盈的母亲吕后听闻，非常着急，便遵照开国大臣张良的主意，聘请了"商山四皓"。商山四皓，指的是秦末汉初（公元前200年左右）的东园公、角里先生、绮里季和夏黄公4位著名学者。他们不愿意当官，长期隐居在商山，出山时都已80有余，眉皓发白，故被称为"商山四皓"。刘邦久闻四皓的大名，曾请他们出山为官，却遭拒绝。有一

超级人脉术大全集

天，刘邦与太子一起饮宴，他见太子背后有4位白发苍苍的老人，问后才知是商山四皓。四皓上前谢罪道："我们听说太子是个仁人志士，又有孝心、礼贤下士，我们就一齐来做太子的宾客。"刘邦本来就知道大家很同情太子，又见太子有4位大贤辅佐，于是消除了改立赵王如意为太子的念头。后来刘盈继位，为惠帝。

有时候，做事就像赌博，筹码越高，胜算越大。在现实中，"贵人"也是成事的筹码，能加大成功的几率。就像故事里讲的那样，如果没有张良出的主意和"商山四皓"的帮忙，刘盈虽然也有可能维持太子的地位，但希望已经十分渺茫。有了这些贵人的帮助，他才真正在太子的位子上坐稳，并顺顺当当地成了下一任皇帝。

在生活中，人们常常遇到这样的情况：为了做成某一件事，自己已经费尽心思、耗尽力量，无奈此时离成功尚差一步。这时，如果有一双贵人的手伸出来推自己一把，就很容易到达成功的彼岸；如果没有，就只能在中途停下，望着胜利的曙光深深叹息。

人生变幻无常，成败之间往往有数种力量和因素在融合、抗衡。当你徘徊在成功边缘却无力前进时，贵人就是适时出手相助的正面力量和推动因素。有了他们，你才能对成功有更大的把握。

徐浩在出版社工作已经有一年多了，他发现自己并不喜欢这份工作，在内心深处，新闻系毕业的他十分想当记者。但遗憾的是，大学毕业的时候，就业形势十分严峻，他只能先抓住出版社这个机会。一年多平淡的工作之后，他内心潜藏的愿望又开始波涛汹涌了。于是，他参加了一家知名报社的招聘。由于他在大学时期就曾在校报工作，已经具备了良好的新闻敏感和流畅优美的文笔，所以第一轮的面试很轻松就通过了。复试的时候，主编对他的表现也较为满意。可是，录取通知却迟迟没有到来，他也不清楚是什么缘故。有一天，他的一位大学同学来看他，他就说起了此事。不想他的同学竟对他说："你应该早一点来找我啊！我太太就是这家报社的部门主任，让她帮你一把，这事一定能成。"徐浩没想到还有这一层关系，于是赶忙谢了同学。

果然，1周之后，报社打电话通知他去上班了。他在登门答谢同学的时候，同学的太太对他说："这只是一件小事，你大可不必放在心上。其实本来主编就对你比较满意，只是参加复试的人中还有 2 个人的能力也很强，主编一时之间拿不定主意。当我和他说了你的情况之后，他便很快决定了。其实，在当时的情况下，录取谁都是一样的。只是主编听到了我的话，感觉对你多了份信任罢了。"这件事让徐浩感慨颇多，原来，在人生的路途上，"有贵人"和"没贵人"是这么不一样。

想要办事成功，就必须找对帮助你办事的贵人。这一类贵人没有固定的特征，要根据自己要做的事情来具体选择。

1. 寻找此类贵人必须有明确的针对性

有些人的能力很强，但他总是有不太擅长的方面。所以，千万不要请他办这些不擅长的事，否则是不会取得理想的效果的。

2. 尽量找一些"直接"的贵人

就是说你找到的贵人可以直接帮助你，而无须再求助于其他人。当然，有时"人求人"的情况在所难免。只是你要尽量缩短这一"求人链条"，免得付出过高的成本，毕竟两点之间最短的距离是直线。

3. 找到热心助人的贵人

在你锁定了几个有能力帮助你的贵人之后，要凭借经验和智慧选择其中最有可能帮助你的一位，这就需要一点识人的本领。这本领来自于平日生活的积累。找到了有能力帮你且愿意帮助你的贵人，你才不至于步步受阻。

借贵人之力激发生命潜能

海伦·凯勒生于美国亚拉巴马州北部的一个城镇，出生后的第 19 个月，一场突如其来的高烧使她变成了一个又盲、又聋、又哑的残疾人。在没有声音、没有光明、没有交流的世界里，海伦·凯勒却成长为一名慈善家、演讲家、教育家。1904 年 6 月，她以优异成绩从哈佛大学拉德克利夫女子学院毕业。1906年，美国海外盲人基金会颁发了"国际海伦·凯勒奖金"，以奖励那些为盲人公共事业做出杰出贡献的人。1964年，林登·崔元总统授予了她"总统自由奖章"，这是美国公民所能获得的最高荣誉。她去世后，《华盛顿邮报》撰文道："她的一生不愧是我们这个时代最伟大的辉煌之一，她的辞世是整个世界的损失。"

海伦·凯勒在黑暗中摸索着长大。本来她对自己的人生感到十分绝望，不认为自己还能有什么作为，但是，7岁那年，家里为她请了一位家庭教师，也就是影响海伦一生的沙利文老师。沙利文在小时候眼睛也差点失明，所以她了解失去光明的痛苦。在她辛苦的指导下，海伦用手触摸学会手语，摸点字卡学会了读书，后来又用手摸别人的嘴唇，终于学会了说话。

沙利文老师为了让海伦接近大自然，就让她在草地上打滚，在田野中跑跑跳跳，在地里埋下种子，爬到树上吃饭；还带她去摸刚出生的小猪，到河边去玩水。海伦在老师爱的关怀下，竟然克服失明与失聪的障碍，完成了学业。

沙利文老师用极大的爱心、耐心和毅力，从尊重孩子的天性、引导孩子的兴趣出发，在摸索中成功地将海伦·凯勒从一个心智未开、任性无知的小女孩逐渐培养成一个知书达理、才华横溢的少女，直至她进入大学。之后，沙利文老师又陪伴并辅导海伦·凯勒完成了大学课程，并多次陪海伦·凯勒进行巡回演讲。

沙利文成了海伦·凯勒的导师和伙伴，为海伦·凯勒的成功提供了莫大的助力。

每个人的生命都蕴藏着丰富的潜能，就连海伦·凯勒这样高度残疾的人都不例外，更不用说身体健全的普通人了。每个人都有"龙"的血统，都有"成功"的基因。

据科学家研究发现，人脑蕴藏着无穷巨大的潜能，其中绝大部分仍未被人们发掘利用。据统计，人的大脑一生可储存1000万亿信息单位，相当于全世界图书馆所藏的7.7亿册书，仅人脑的网络系统就比北美洲的全部电话、电报通信网络还要复杂。但遗憾的是，人脑的相当一部分潜能未被利用，这部分约占90%。为此，美国心理学家陆哥感叹说："我们最大的悲剧不是令人恐惧的地震、连年的战争……而是千千万万的人们活着然后死去，却从未意识到存在于他自身的人类未开发的巨大潜力。"

受到知识面、性格、心态等因素的限制，多数人无法认识乃至开掘自身的潜能，而"贵人"正是在这一方面起到了重要作用。有些贵人就像顶级的激励高手，他们认识到人们潜藏的能力，并挖掘这些才能，增长人的自信，鼓励人们做到以前自认为做不到的事。这一类贵人也是不可或缺的，他们是人不断向前发展的重要推动力。

一般来讲，下列几种人可以成为助你挖掘潜能的贵人：

1. 有自觉的"潜能意识"的人

就是说这一类人懂得潜能理论或者是成功励志方面的高手，他们能够用专业的眼光看到他人某一方面的潜能并助其不断挑战自我。这一类贵人对人的帮助就像心理医生治病一样，是目标明确、有的放矢的。

2. 乐观上进的人

这一类人就是在你提出某种计划和设想以后，为你增强信心的人。在遇到问题的时候，他们不会提出反对或消极的建议，而是会不断鼓舞你战胜困难并积极地寻找解决问题的方法。他们对生命充满热忱，并能够以此种情绪影响他人。

3. 不断给你更高挑战的人

这一类贵人常常给你一些看似不可能完成的任务，从而使你在挑战新高度的同时，将自身的潜能也在无形之中挖掘出来。

4. 你的对手

在某一领域你倘若有竞争者，那么为了赢得竞争的胜利，你自然会用尽全部心智，这也是开发潜能的一个大好机会。

让别人为自己的成功铺路

唐代大诗人王维年轻的时候到京城长安，投靠好友张九龄。张九龄当时在朝野中颇有声望，他为人热心，愿意提携有才华的年轻人。但王维的才学并不为人所知，张九龄为此很是着急。

一天，京城来了一位卖胡琴的，索价百万。许多有钱有势的人都竞相传看，但没有识货的。张九龄得知后，就倾尽所有积蓄，买下了这把胡琴。许多熟悉他的人都觉得奇怪：你又不会演奏这种乐器，花这么多钱买它干什么？

张九龄说："我虽不会演奏，但我的一位朋友是演奏它的专家。明天我在酒楼里设宴，请大家来欣赏演奏。"

第2天，长安许多官宦名流都赶到酒楼，想一睹演奏胡琴者的风采。张九龄却对大家说："我这位朋友王维是写诗的好手，有上百首好诗等着请大家欣赏。可他来到京城后，却一直淹没在世俗人群之中，不被大家所了解。而弹琴的技艺，是低贱乐工的事情，哪是大诗人所为呀！"

他说着，猛地把价值连城的胡琴举起，摔得粉碎，然后把王维的诗稿分给大家。就这样，王维的名声传遍了京城。

在人生路上，能遇到张九龄这样的贵人真是一大幸事。成功之路从来都不是一帆风顺的，上天在每个人的人生路上都布置了关口和障碍。对于年轻人来说，扫除这些障碍并不是一件容易的事。王维成功的障碍就在于他的"不知名"，张九龄想方设法让他名声大振，也因此成就了王维的前程。

"贵人"们往往能够通过自己从前的经历，总结出成功的方法。他们知道初涉世事的年轻人最需要什么，由此帮助年轻人实现他们的梦想。

有这样的贵人相助，就像走一条铺得很厚的雪路，靠自己当然会深一脚浅一脚，费尽周折。而如果有一位贵人帮助就大不一样了。他们或者熟悉方向和路程，率先走了出去，后人只要踏着他们的足印前进就可以了；或者拿出工具，把积雪清扫干净，开出一条好走的小路来，从而使后人可以轻松通过。

每个人都渴望成功，但这并不意味着每个人都必须在成功之路上筚路蓝缕、披荆斩棘。这样做既虚耗时间，又浪费资源。与其这样大费周章，不如用心取巧，通过别人开辟的道路取得成功。也许这会需要你交些学费，却是一条难得的捷径。

陆明和李孚是从小一起长大的朋友，也是大学同学，毕业几年之后春节相聚在一起，大家都有了很大的变化。大学毕业后的李孚去了南方，经过几年艰辛的打拼，她终于从一名普通的公司职员一步步走到了一家跨国公司技术部门主管的位置。她通过自己的努力和聪慧的头脑赢得了好的发展。而毕业后的陆明则选择了回家乡教书。老家的生活是安安静静的，一份比较稳定的工作让他可以守着家门过着淡然而轻松的小城生活。这次春节相会，他们之间聊了很多。和李孚的聊天、攀谈中，陆明觉得自己获益匪浅。他和李孚是同一个专业方向，看看李孚的成就，陆明觉得自己不应该就这样满足于现状。于是他向她说了说自己的想法，希望能跟李孚一块儿去实现自己新的梦想。李孚答应了。

春节之后，陆明和李孚一起南下。刚到南方的陆明举目无亲，只认识李孚一人。在李孚的帮助下，陆明在这个陌生的城市里开始开创自己的事业。李孚通过自己的客户给陆明介绍了一份工作。陆明凭着自己的那份耐力和专业上的功底，现在已经成为这家公司的部门经理。这对于一个刚开始新的事业、在新的环境下生存的人来说是非常难得的成就了。

如今，陆明谈起这件事，总会满脸的感激之情，说是李孚改变了自己的现状，改变了自己的人生轨迹。

寻找能够帮助你开辟道路的贵人，可以从以下几类人入手：

1. 在你即将涉足的领域已经取得较好业绩的成功人士

他们从自己开辟的道路走向成功，这条道路即使不完全适合你，也会为你提供有益的启示。

2. 那些有开拓精神、敢于冒险尝试的人物

这些人走在时代潮流的前端，敢为天下先，能在没有道路的地方开辟

出道路来。正是这些人，凭借勇气和胆识取得了非凡的成就，也正是这些人，成为了同一领域后继者的贵人。

3．不畏困难、不服输的朋友

当你的事业遭遇阻碍时，他们会鼓励你，给你打气，帮助你找方法解决困难，而不是找借口纵容自己去逃避。他们会为你驱除前方的"拦路虎"，让你在成功之路上走得更加顺畅。

不是怀才不遇，是没找到贵人

2001 年 11 月 16 日，布什总统提名赖斯担任新一任国务卿，顶替前一日辞职的鲍威尔。

赖斯出生于美国阿拉巴马州伯明翰市的一个黑人家庭，父母从小就培养她的自信心和远大志向。母亲经常这样教育她："你要拥有这样的自信：即使我现在不能从伍尔沃斯连锁店获得一份汉堡包，但我总有一天会成为美国总统。"

赖斯像常人一样，有她的爱好，喜欢疯狂购物，喜欢穿艳丽的服装，喜欢用黄金珠宝来装饰自己，她也喜欢看足球比赛，喜欢体育锻炼，但她最喜欢的还是音乐。

3 岁时，赖斯就开始学习钢琴，并曾经获得美国青少年钢琴大赛第 1 名；2002 年，她曾和世界著名的大提琴演奏家马友友一起表演过二重奏。因此，赖斯曾梦想当一名职业钢琴家。

然而，一场主题为"斯大林时代与政治"的讲座改变了她的志向，使她决定弃乐从政。此后，赖斯开始攻读政治学，并获得了博士学位。

她知道，在美国政坛，如果没有贵人相助是很难成功的，特别是像她这样一个黑人家庭出身的女人。于是她开始积极寻找她生命中的贵人。1995 年，她去得克萨斯州拜访前总统老布什。在那里，她第 1 次见到了现任总统小布什，但当时小布什还是新当选的得州州长。他们那次相谈甚欢，但话题不是政治，而是他们都最喜欢的体育。

1998年，赖斯和小布什第2次相见。当时小布什已开始将目光瞄准白宫，两人在老布什位于缅因州的夏季度假别墅见了面。赖斯回忆那次见面时说道："除了打网球，我们还常出去划船，并坐在别墅后门廊上进行了多次聊天，话题是下一任美国总统将面临的外交政策。"就这样，随着小布什当选总统，赖斯的政治梦想也得以实现，并迅速问鼎了国务卿这一宝座。

一匹好马可以带领你到达你梦想的地方，一个贵人可以带你实现自己的愿望。

在现实生活中，大多数人都有属于自己的梦想和愿望，其中也有一部分人像赖斯那样，拥有十分远大的理想和抱负。但是最后，能够达成自己所愿的人并不多，很多人对此的解释是没有机遇。

是的，机遇是人梦想成真的关键，但机遇不是某个人守株待兔等来的，而是需要自己去创造。要想创造机遇，就必须首先认识到贵人的重要性，因为贵人就是机遇的潜台词。

贵人与机遇的关系虽然是隐性的、并非显而易见的，但是这种关系确实存在，并发挥着常人难以想象的作用。

无数成功者的成功历程，就是无数场伯乐相马的故事的大集合。如果你拥有梦想，拥有成功的"野心"，即使你只是个普通人，也必须鼓起勇气，找到自己的贵人，以获取通向成功的关键门票。

赵勇是清华大学毕业的博士，他在清华读书14年，毕业后就参加了国家重点项目的研制开发工作。后来，赵勇与在长虹电子集团工作的恋人结婚，但因工作原因，他们夫妻二人不得不长期两地分居。1993年，出色地完成了工作任务的赵勇，专程来长虹与长虹电子集团的领导倪润峰商量调妻子回京工作一事。

但当倪润峰得知赵勇是一个不可多得的人才时，他却主动找赵勇商谈，希望赵勇也能留在长虹。这看起来有些不可能，可是倪润峰锲而不舍。经过两次倾心长谈，他终于打动了赵勇的心。结果，不但妻子没调走，赵勇自己也留在了长虹。赵勇说："是倪总的人格魅力吸引了我。"

留住赵勇后，倪润峰马上给赵勇安排了一班人马，任他调度使用，让他攻克大屏幕彩电模具难关。对于一个热衷于科研事业的人来说，这是最大的鼓励和诱惑。领导的充分信任、自由的实验空间、充足的资金来源，让赵勇干劲十足。仅在1年内，他就为长虹填补了这一设计制造上的空白。

倪润峰对赵勇的贡献也给了相应的奖励——1995年赵勇就住进了180平方米的专家楼宿舍，1996年他又被提升为长虹设计四所所长。

机遇贵人并非可遇而不可求，他们往往就在人们身边。只要学会辨识和利用，你也可以为自己赢得成功的机遇。

上司和领导是最好的贵人，他们往往能够为人们提供好的发展机遇，这一点不言而喻。

如果有机会，不妨多认识一些在你较感兴趣的领域工作的朋友，尤其是从事人力资源工作的人士，因为他们对于"职位空缺"有最早的感知，可以为你提供有用的信息。

主动结交善于编织人际关系网的交际高手，因为他们往往乐于雇用朋友的孩子、提携球友或牌友的女婿、拉拢将来可能对自己有利的人。这样，一旦自己需要寻求别人的帮助时，手上便有一堆现成的人情债可以讨，而且往往不费吹灰之力便能讨得到。即使他们由于某种原因不能直接提携你，也有可能把你介绍给其他朋友。这样，你的机会就更多了。

山重水复疑无路，贵人相助又一村

1915年5月，袁世凯为了换取日本对他称帝的支持，接受了灭亡中国的《二十一条》。全国民众尤其是那些爱国人士纷纷谴责他卖国求荣的无耻罪行。有一位爱国将领叫蔡锷，当时是国民政府参议院的议员，他对此事件表现出了强烈的愤慨，力主拒绝这个丧权辱国的条约，还制订了秘密的作战计划，并上书袁世凯，希望他回心转意，以国家和民族的命运为重，采纳自己的意见。结果，袁世凯对蔡锷顿生敌意。他借助商议国事的机会，将蔡锷及其全家调进北京，予以软禁。蔡锷终于看清了袁世凯这个窃国大盗的庐山真面目。为攘除奸凶，他寝食难安，生命安全也受到了严重威胁。后来，他很幸运地遇到了一个人，并因此得以脱险。此人便是北京城里一位孤傲多才且具爱国之心的艺妓，名叫小凤仙。

蔡锷为了迷惑袁世凯，经常在京城的风月场中闲逛，他就是在这个时候遇到了小凤仙。小凤仙见到这位客人时，就感到他与普通的客人不同，心事很重，谈及国事时则表情很不自然。而蔡锷本人也是非常惊讶，原来只知道"商女不知亡国恨"，没想到眼前这位女子却悉知天下之事，确实不简单。小凤仙通过向来者求字，终于知道眼前这位客人就是大名鼎鼎的蔡锷将军。最后两人谈到深夜，相见恨晚。后来，蔡锷为小凤仙赎身，两人公然同居，引起了满城风雨。

袁世凯得知这些消息后，以为蔡锷已沉醉于温柔乡中，丧失了斗志，所以心里暗自高兴。然而，他哪里知道蔡锷却在暗中紧急联络反袁势力。当被袁世凯觉察到一些蛛丝马迹后，蔡锷清楚地知道，留在京城时刻都有生命危险。但是蔡母、蔡夫人和子女都在袁世凯的监控之下，如何得以脱身呢？小凤仙为蔡锷想出了一条妙计：蔡府上下闹翻了天，蔡夫人大骂蔡锷道德败坏、留恋娼妓、抛妻弃子，蔡锷则暴跳如雷，大打出手。蔡夫人恼羞成怒，砸碎了家里所有的瓷器和古玩，把家里弄得不像样子。后来经过调解，蔡夫人提出与蔡锷离婚，其母也因为对儿子不满而与蔡夫人一起带着儿女回到了云南老家。这一出戏更乐坏了窃国大盗袁世凯，他欣慰地说道："松坡（蔡锷字松坡）家事尚不能了，哪顾得了国事！"但就在他放松警惕的时候，蔡锷悄悄离开了京城，东渡去了日本。

就这样，蔡锷一家在小凤仙的掩护下，得以顺利脱险。如果没有小凤仙的出现，蔡锷也许就会被袁世凯杀害了。如果那样，不仅他家人的性命不保，连后来轰轰烈烈的革命事业的历史恐怕也要彻底改写了。

这个故事告诉我们：当艰难险境来临之时，一位挺身而出的贵人可以帮助你摆脱厄运，从而改变你的命运。

有的时候，人会面临人生的困境乃至绝境，但在你以为山穷水尽、无路可走之时，贵人的出现却会给你的人生带来希望和转机。对于这样的贵人，你一定要加倍珍惜。

所以说，有的时候找到了贵人，就等于让自己的生命多了层保障，多了份保险，多了个护身符。

天有不测风云，谁又能肯定自己的路就一定畅通无阻？谁能防患于未

超级人脉术大全集

然？恐怕没有人能够十分肯定地回答这个问题。

贵人对于人的帮助并不只限于"生命"这一方面，也许有很多人都能平平安安地度过一生，很少遇到大灾大难。即使当你遇到一些小挫折时，贵人也会挺身而出，帮助你摆脱困境。

比如，当一个人的生活落入困顿的时候，当创业者偶尔周转不灵的时候，当有人遇到事业上的重大发展阻碍的时候，如果在此之前，他结交了贵人或在他的身边存在着贵人，那么这时候贵人就有可能助他化险为夷。

在普通人的身边并不缺乏此类助人绝处逢生的贵人，以下几类贵人尤其能在关键时刻设法助人一臂之力：

1. 有侠义心肠或慈善心的人

"大侠"在现代社会虽然不存在，但那种济困扶危的侠义精神还没有消失，人们身边的那些疾恶如仇者就很可能是其中之一。慈善的人乐于做好事，况且很多人还相信"善有善报"，所以在别人遇到困难时，他们乐于伸出援助之手。

2. 亲人关系

十分亲近的亲人当然不用多说，即使那些不甚相熟或者来往不多的亲戚，一般也会由于血缘或者情感的原因，不遗余力地帮助那些困境中的亲人。

3. 生死之交、有通财之谊的朋友

这些朋友是至交，可能有人一生也只有一两个这样的朋友。他们愿意为你的事竭尽全力，在关键时刻甚至愿意付出巨大的代价助你脱险。

第四章

未雨绸缪，建立人脉"储备库"

建立高品质的"人脉网"

吴榹华曾担任上海香港商会理事兼公共事务副会长、香港体育会会长、上海市公共关系协会副会长、上海利苑金阁餐饮有限公司董事、上海威顺康乐体育咨询有限公司董事长等。

吴榹华是1993年来上海的。他在来上海的第1年是担任一家珠宝公司的总经理，负责在上海筹建业务，开设零售店。这份工作是他香港的朋友推荐的。

利用在同一个商厦办公的便利，吴榹华逐渐认识了他来上海的第一批朋友。这些朋友中，做各种生意的都有，其中有很多都是在上海的香港人。在这些香港朋友的介绍下，吴榹华加入了上海香港商会。后来香港商会一位任副会长的朋友由于工作调离上海，推荐吴榹华做了香港商会的副会长。而利用香港商会这个平台，吴榹华又认识了一大批在上海工作的香港成功人士。

之后不久，吴榹华辞去了珠宝公司的职务，因为一家美资烟草公司请他担任上海的首席代表。当时吴榹华手下只有2个人，推广、调研、制定策略，他都要亲自行动，最后终于把市场从起初的一小块拓展到了江苏、浙江等整个华东地区。

直到集团被收购，公司将他派驻其他地区，他才猛然发现，他已经离不开上海了。他的绝大部分朋友都在上海，他觉得离开上海，自己辛苦建立起来的人脉就浪费了。于是，他决定离开烟草公司。2000年，在朋友的引荐下，他担任了一家外资咨询公司的高级副总裁，手下有100多名员工，但是几个月后，他又辞职了。

由于自小就喜欢体育运动，吴榫华参加过许多体育培训班，还拿到过风帆教练资格，并开班教过人。另外，受父亲的影响（吴榫华的父亲曾经是香港东方体育会的会长、东方足球队的领队），在香港商会的时候，吴榫华还组织过足球队等体育活动，进一步促进了商会成员的感情。这期间，吴榫华有了创办一个体育会的想法。

吴榫华说："那个时候，我来上海也有五六年了，对上海也比较熟悉，知道来上海的香港人都很忙碌，又没有合适的团队一起做运动、休闲。"于是，1997年吴榫华创办了香港体育会并担任会长。这是一个自发的群体性体育组织，最初才20多个成员。为了能够做运动、进行休闲活动，大家经常凑在一起。渐渐地，大家在玩的同时成为了好朋友，有些自然就成了生意上的伙伴。结果，朋友介绍朋友，这个圈子越来越大。而作为会长的吴榫华，更是花费了更多的时间和精力来经营这项"工程"，这也给他带来了更多的朋友。

"我们不光是在一起进行体育锻炼，玩的过程中也促成了信息的交流。"吴榫华说，"这几年来，我们已经发展到了200多个会员。几乎每个会员的名字我都叫得出。"即使在大家都很忙的情况下，吴榫华组织大家活动的时候，每次也都有五六十人参加。

为了"寓商机于休闲"，吴榫华成立了上海威顺康乐体育咨询有限公司。在吴榫华的名片背面，印着公司的经营范围："会所项目前期策划咨询及管理；餐饮项目策划咨询管理；会员卡销售策划咨询管理；康乐体育相关项目之投资咨询及策划管理……"

吴榫华曾经说过："其实通过我手上的人脉关系，做什么事情都会比较轻松。然而我认识这些朋友以来，我从来没有以什么商业或者生意上的目的去找过朋友，都是朋友主动帮助我的。朋友有什么生意，会马上想到我并且通知我。"

就拿利苑金阁来说，就是一个朋友看到吴榫华拥有如此广阔的人脉，力邀他加盟投资成为董事的。"开餐厅人脉是最重要的。我的一些朋友有什么聚会或者公司聚餐，会马上想到去吴樾华的那家餐厅。"

俗话说："在家靠父母，出外靠朋友。"朋友犹如鸟之羽翼、车之四轮，能够助你轻松飞上高空，快速驶向成功的顶点。

吴樾华的成功就得益于他高品质的人脉关系网。在现实生活中，很多成功人士的成功都是靠"人脉网"网住的。

普通人如果想要取得成功必须在平时重视人脉的积累，并且需要重点强调"高品质"3个字。虽然说任何人都可能帮你的忙，但是不同的人能给你的帮助也是不同的。"人脉网"的高品质就体现在网中的人大部分是能人，也是能意识到人际关系的重要性并乐于助人的人。也就是说，在"人脉网"中"贵人"的含金量越高，对你就越有利。

一天，有一大群人围在一起议论一个名叫约翰的人。

"约翰的朋友真多啊！看，出入他家里的那些人都那么气派！"

"那是因为他事业有了起色，生意上的朋友当然会敬重他了。"

"是啊！工人们都对他很忠心，还有他那些朋友和他就像亲兄弟一般。"

"依我看，他这个人真不错，每次碰到他，他都会主动跟我打招呼！"每天都会给约翰家送牛奶的工人也微笑着说道。

这时一个蓬头垢面的乞丐向他嘲讽道："你再喜欢约翰，他也不会邀你到他家喝香槟酒的！我看你还不如他家的那条尖鼻子狗呢！"

乞丐捋了捋蓬乱的头发，冷笑着继续说："他人缘好，会交朋友？简直就是睁眼说瞎话！他的朋友也不过都是这个小镇上的人。我每天都在镇上，他还不认识我呢！要比朋友，他比我可差远了。我认识伦敦的好多人，约翰他有吗？"

停了一下，这个脏乱的乞丐又接着说道："在伦敦时，只要是有点善心的人都会主动靠近我。说到气派的朋友，伦敦市长够体面了吧！我每天都和他打交道，以至他穿什么颜色的袜子我都一清二楚。还有……"

可是没人理会他，因为大家都知道他又在胡言乱语了，他以前只是一

超级人脉术大全集

个跪在伦敦市街边上乞讨的人，现在整天游荡在小镇上。

为了不犯故事中那个乞丐的错误，我们必须在自己"人脉关系网"的质量上下工夫，这就需要我们遵循 80/20 法则。此法则最初是犹太人经商的智慧经验，意思是关键的少数往往是决定全局成败的主要因素。

1. 在交往的程度方面，有些人没有必要深交

人来人往中有很多是远离你生活的人，也有很多人是人走茶凉的人，还有很多是萍水相逢的人……对于他们，我们有必要时就聊聊侃侃，愉快地打发一段时间就够了。而对于那些可能对你产生深远影响的人，则应努力结交。

2. 在结交之人的品质方面，还有些人绝对不可深交，即"择善而交"

对于那些思想堕落、行动腐化、不思上进的人，为避免和他们混在一起把自己也引上歧途，最好还是远离他们较好。

对于那些品质不高但又无大恶，并且有可能成为你的贵人的人，你要与之交往，但不要太深，保持一定距离为妙。

3. 在精力投入方面，也要区别对待

结交贵人也要耗费人的精力、时间，甚至财力。所以，对于那些对自己帮助大的贵人要多多投入；反之，则适当就好，不必花太多心思。

牢记姓名好处多

吉姆·佛雷从来没有进过中学，但是在他 46 岁之前，已经有 4 所学院授予他荣誉学位，并且他还成了民主党全国委员会的主席、美国邮政总局局长。他成功的秘诀在哪里呢？原来，他有一种记住别人名字的惊人本领。

吉姆·佛雷 10 岁那年，父亲就意外丧生，留下他和母亲及另外 2 个弟弟。由于家境贫寒，他不得不很早就辍学，到砖厂打工赚钱贴补家用。他虽然学历有限，却凭着爱尔兰人特有的热情和坦率处处受人欢迎，进而转入政坛，最后还担任了邮政总局局长之职。

有一次有人问起他成功的秘诀，他说："辛勤工作，就这么简单。"那人有些疑惑，说："你别开玩笑了!"

他反问道："那你认为我成功的原因是什么?"

那人说："听说你可以一字不差地叫出1万个朋友的名字。"

"不，你错了!"他立即回答道，"我能叫得出名字的人，少说也有5万。"

姓名是一个神奇的语言符号，人们如此看重它，是因为它包含着特殊的意义。姓名与本人的尊严、地位、荣誉、心理，以及彼此间的感情、友谊紧密联系在一起。甚至可以说，名字就是你，你就是那个名字。这一点在交际中表现得尤为明显。当人们的名字被遗忘、被搞混，不管有意无意都可能带来不良的影响，轻者让人家心理上反感，拉开彼此的距离；重者会影响彼此的感情，损害人际关系。

因此，在结交贵人的时候，我们至少应记住贵人的姓名、职务，见面时能道出其名、其职。这样做，一方面是出于礼貌，表示尊重；另一方面又是珍视感情的表现。从一定意义上说，记姓名是一种廉价而有效的感情投资。记住他人的姓名就等于把一份友谊深藏在心里，记忆时间越久，情谊就越深，如同一瓶陈年好酒，越放就越醇。在交际中记住对方的姓名，对方必定能从中体验到你的深情厚谊，感受到他在你心目中的位置，进而增加对你的亲切感、认同感，加深彼此的感情。

我们应该注意一个名字里所包含的"奇迹"，并且要了解名字是完全属于与我们交往的这个人，是没有人能够取代的。名字能使人出众，也能使一个人在多人中显得独立。我们所需的要求和我们要传递的信息，只要从名字开始着手，就会显得特别重要。

一切奇迹的创造中都蕴涵着无数的玄机，而一个人的名字就是这无数的玄机中最神秘却又最浪漫的一个。

掌握了这一玄机，你就可以更顺利地敲开贵人之门，你们之间的相处也会更加和谐、融洽。

在一座城市的中心，有一家酒店的生意特别红火。

一天，一位常住的外国客人进到饭店来。当他走到服务台时，还没有等他开口，服务员就微笑着主动把钥匙递上，并轻声称呼他的名字，这位客人对此大为吃惊。由于饭店对他留有印象，使得他产生了一种强烈的亲切感，有旧地重游如回家一样的感觉。

还有一位客人在服务台高峰时进店，服务员小姐突然准确地叫出："××先生，服务台有您一个电话。"这位客人又惊又喜，感到自己受到了重视，受到了特殊的待遇，因此不禁添了一份自豪感。

另一位客人第一次前往住店，前台接待员从登记卡上看到客人的名字，便迅速称呼他以表欢迎。客人先是一惊，而后他作客他乡的陌生感顿时消失，并显出非常高兴的样子。显然，简单的词汇迅速缩短了彼此间的距离。

此外，一位VIP（非常重要的客人、贵宾）随带陪同人员来到前台登记，服务人员通过接机人员的暗示得悉其身份，遂马上称呼客人的名字，并递上打印好的登记卡请他签字。这使得客人感到了自己地位的不同，并由于受到超凡的尊重而感到格外的开心。

借着这项优势，这家饭店的生意越来越好，顾客也越来越多。

要想记住一两个人的名字并不难，但要记住成百上千的名字就难了，在这里提供一些记忆姓名的小技巧：

1. 脸庞形象化

如果你只想通过死记硬背来记住别人的名字，可能会很快就将他们忘掉，但假如你把他的名字和脸庞戏剧化成难忘的形象，那你就会轻易地记住他们了。记住新名字的最佳办法就是采用"联想——夸张"法，即在两个不相同的事物之间构建一定的联系。具体办法是：当你刚刚结识一张新面孔时，要聚精会神地凝视他的脸庞，看是否有特别令人感兴趣、吸引人或与众不同之处，例如他的头发是否又黑又整齐、眉毛是否很浓、眼睛是否特别明亮等，从这些特点中选出一个，然后再通过夸张等方式储存到记忆中去。比如，如果某人的眉毛特别重，则可将它比喻为一把利剑或刷子。

2. 不断重复

认识一个新贵人后，在与他的交谈中，要尽可能多地重复他的名字。这样，在谈话结束时，这个名字就会深深地刻在你的脑子里了。事后，你也可以将这人的名字及你所记住的形象写下来，为将来的进一步加深印象做好准备。训练自己记住别人的名字可能需要多次锻炼，而一旦你掌握了这一门技巧，就可以肯定人们也会记住你。

3. 常翻名片

对于记忆力不太好的人来说，不但要用心去记，而且还应动动笔。不管什么时候结交的贵人，在打过交道之后都应把姓名记在小本上，或者保存好对方的名片，有时间就翻一翻，借此回忆往事，加深印象。这样就可以获得长久记忆的效果。

有事没事常联系

三国时蜀的创建者刘备就有一段依靠同学才得以脱离险境的经历。

刘备在读私塾时，由于讲义气、聪明，因此成了同学中的头儿。在那几年中，他经常帮助其他同学，与他们的关系处得非常好。后来长大了，大家都有自己的道路要走，刘备与这些要好的同学也就各奔东西了。

但是，虽然大家分开了，刘备却很注重经常与同学保持联系。其中有一位叫石全的人，是刘备读书时最合得来的朋友。他不再读书后，回家供奉自己的老母亲，以尽孝道，并靠打柴、卖字画为生。刘备不嫌其清贫，经常邀请石全到他家做客，共同探讨当时的天下形势。这样的聚会每次都很成功，刘备与石全的关系也在不断地加强，情同手足。

后来，刘备为了实现自己心中宏伟的目标，就带一支队伍参加了东汉末年的大混战。初时，刘备军事实力很小，不得不依附其他人。在一次交战中，刘备所带的军队被全部歼灭，只有他一人侥幸逃脱。因为他被石全给隐藏了起来，才逃过了这一劫。

与贵人之间的交往，就像银行业务中的存钱，平时一点一滴的储蓄，过几年之后就有一笔钱了。与贵人之间的关系同样需要维护和经营，平时互相不来往，相当于不存钱；有事才想到找朋友帮忙，相当于从存折中取钱，而只取不存，存折迟早会空的。以这种方式和贵人相处，贵人资源最终会枯竭，这种情况我们肯定都不愿见到。因此平时要多与贵人联系，感谢贵人的关心和帮助，同时也要适当地拜访贵人，主动关心贵人、帮助贵人，以互增互进、培养感情。我们承认结交贵人有功利性目的，但并不是与贵人之间的每一次来往都要以利益来估价。与贵人之间的大部分交往都是出于感情交流的目的，其实也就是不断地为你的人脉关系添加润滑剂，以使你的人脉关系更柔韧。

对于那些已经退休的老前辈、老上司，要设法与他们多亲近，并博得他们的赏识。毫无疑问，令退休者最难过的是退休后那种门可罗雀的寂寥景象。"热庙"变成了"冷庙"，他们在心理上自然不平衡，这时若有人肯像以前那么尊敬他，他必会为之感动不已。所以，你不妨在平时馈赠他喜欢的东西做礼物，以虔诚的态度向他请教，对于他的经验之谈也表现出乐意倾听的样子，使他有重温过去美好时光的感觉。要知道，退休者并不等于没有发言权，有时候甚至还具有意想不到的影响力。对这些"冷庙"菩萨，多去烧香可谓有百利而无一害。

另外，你在日常生活中要广织"关系网"，且不要与人失去联络，不要等到有急事时才想到别人，因为"关系"就像一把剪刀，常常磨才不会生锈，若是半年以上不联系，你就可能已经失去这位贵人了。万一由于自己的大意而发生了这种情形，你就要赶紧设法补救，最好的方法就是学古人"负荆请罪"。若是因为时间、地点和情况有所不便，你也可以直接以电话或书信和对方取得联系，并向对方解释自己疏于联络的原因，以求得对方谅解。以后最重要的就是要重拾交情，并继续经营下去。

为了不使好不容易才建立起来的人际关系毁于一旦，你就要不厌其烦地勤打电话、写信以及登门拜访。其实，这些对你来说，都是举手之劳，在维护彼此的关系及沟通情谊的前提下，你又何乐而不为？

程海是某学院学工处的一名普通职员，他与经管系的系主任刘某关系处得非常好。而据小道消息说经管系系主任很可能年内就会调任学工处处长一职，这样看程海将来的日子会比较好过了。然而世事难料，年底人员调整时，刘某却被调去当图书馆馆长了。这样一来，许多原本巴结刘某的人立刻散得一干二净，让刘某见识到了什么叫人走茶凉。可就在这时，程海拿着瓶好酒上门来了，"刘主任，让嫂子做点菜，咱们喝一盅吧！"这正是刘某最难过的时候，程海的出现感动得刘某真不知道说什么好。而且从那以后，逢年过节程海照样给刘某送点礼物，有事没事过去聊聊天，喝点酒。1年半后，该学院的院长调走了，新来的院长把刘某提拔为了主管人事的副院长。不用说，程海自然也跟着时来运转，他成了新一任的学工处处长。

平时与贵人联系要注意以下几点：

1．抓住适当时机联络"关系"

大忙人虽不好找，但并不表示他们绝对无法接近。你不必浪费时间在上班时间打电话给他们，这些人上班时间不是在开会就是在打电话，要不就是出外办事了。要学会利用空当，"拉关系"的高手认为，傍晚六七点钟是与这些忙人接触的"黄金时刻"。秘书、助理等大概都走了，只剩下一些"工作狂"还舍不得走，希望自己的"埋头苦干"能给上司留下深刻的印象。此时正是联络这些"贵人"的最适当的时机。

2．牢记"关系"无所不在

关系无所不在，三人行必有我师。不经意的人事交往之中，就可能发展出很不错的关系。

善于拓展"关系"的有心人，不论是洽谈公事时还是在私人聚会上，总是会掌握恰当的沟通时机。对这些有心人而言，人生就是一场游戏——会议室、酒吧、餐厅，甚至在澡堂里，处处都可以"增长见识"。跟人谈上一两个小时，一定可以学到一点东西。另外，出差、旅行也是拓展"关系"、提升沟通力的好机会。

3．及时记录"关系"的进展

记录自己关系网的发展要像写日记一样，数十年如一日。这可能不容易做到，然而如果有恒心、有耐力，一定会成绩斐然。你如果一直在很认真地增进自己的"关系"，那么你认识的人一定不少。而要巩固成果，找出真正的"人尖儿"，不妨记录下每一次联系的情形，而且在记忆犹新的时候就要赶紧记下，如果等到日后再来补记，那效果就要大打折扣了。可记录的要点包括：姓名、地址、电话号码、你的看法以及日后的联络方法，用不着咬文嚼字地像在写一篇动人的散文。

没有机会，就自己创造

李莲英出身贫苦，个子瘦小，若以当时清朝宫廷太监的标准来衡量，他是根本不够资格的。可一次偶然的机会，李莲英听说在宫廷中有一个太监是他老乡，且是同一村的。于是，李莲英便大胆地去找了这个老乡。

李莲英很穷，没有钱买东西去送礼。他知道这位老乡很重乡情，但怎样做才能引起老乡的注意却一直困扰着他。

终于，他想出了一个办法。一天，他瞅准了正当这位老乡出来当值时才去报名，然后用一口地道的家乡话说出了自己的姓名与籍贯。李莲英的这位老乡听了这声音，身体不由得抖了一下，于是抬头看了看眼前的这位小老乡，心里暗暗记了下来。

后来，在这位老乡的帮助下，李莲英做了慈禧太后梳头屋里的太监，并深得慈禧宠爱，最后成了慈禧太后面前的大红人。

结交贵人确实需要机会，并且这机会中也并不排除机缘的存在性。就是说在你自身能力一定的情况下，有可能通过一种完全偶然的机缘遇到一个贵人，从此人生发生了变化，但是这种情况是很少的。

事实上，机会从来都偏爱那些有准备头脑的人。如果机会的"馅饼"确实不曾砸在你的头上，那么就自己创造一个吧。为了成功，为了实现自己的梦想，这又有什么不可以呢？

上文中的李莲英，就是通过自己创造机会，达到了自己的目的。也许你会对他的为人感到不齿，为他的巴结行径皱眉头，但是，不可否认的是，单纯地从他寻找和结交贵人的方式这一点来看，他确实是很聪明的。本来他与那个太监不认识，人家根本就没有理由帮他，他偏偏就想到了办法，还创造了机会：在老乡当值时露出乡音。一切都天衣无缝、顺理成章，他就这样为自己铺了一条平坦的大路。

如果你也只是个普通人，如果你与要结识的贵人的生活之间没有任何交集，你也可以试试这一方法。

上篇 超级人脉经营的道与术

2004 年，温州有名的印刷设备经销商李方源决定移师南京，但是，怎么在这个人生地不熟的地方开展业务呢？

李方源自然有他的办法。这是每一个浙江商人经商的套路。

首先，他摸清一大批在南京经商的温州人的下落，然后挨门逐户地拜托他们为其承揽一点业务，拉开了一张有几百户的"老乡网"。

其次，他利用全国个私企业工作会议在温州召开的机会，在会场上结识了不少南京商客，尤其是与本行业有关的客户。

最后，他开始在南京招兵买马。

在推销产品的过程中，李方源又遇到了麻烦——由于多年前"温州货"质量低劣的负面影响在南京人心目中烙印很深，他的产品无法一下子让南京人接受。但是，李方源并不担心，他只是耐心地等待机会。

机会终于被李方源等到了。

在全国印刷材料展销会上，他请许多专家介绍他的产品，并给企业免费使用。通过这一招，国内的企业都知道了他的产品质量。在产品质优的声誉下，产品的推销就容易多了。现在，李方源的公司已经不再上门推销了，他们的产品在南京已经有了良好的声誉，客户都会直接找上门来，公司也开始赢利了。

想要创造机会，可以参考以下做法：

1. 主动搜集和整理与贵人有关的信息，并从中找到一个对自己有利的突破口

贵人可能与你并不相识，但他可能与你有某种间接的关联，或者某种相似之处，找到这些关键的点，下一步的工作就容易了。

2. 根据你找到的点采取相应的行动

比如，如果贵人是一个书法爱好者，是某书法协会的理事，不妨参加一个该协会举办的大型活动，并想办法请贵人题字；如果贵人喜欢读书，不妨在读书会上接近他，与他交流心得。当然，这一切都要有备而来，争取博得贵人对你的好感。

3. 不断寻找机会，创造"偶遇"，加强联系

但是要以不影响贵人的工作和生活为原则，注意保持应有的礼貌。如果急于求成，那也许会适得其反。

让贵人环绕在你的身边

三国时期，孙氏兄弟的用人之道，一点也不次于刘备和曹操。孙策活捉了太史慈，却亲自为他松绑，说："你是青州的名士，只是跟随的主人不对而已。我是你的知己，你不必担忧在我这里不如意。"张昭担任长史，北方士大夫来信，说了许多赞美张昭的话。孙策听到后，说："管仲担任齐国丞相，使齐桓公成就了霸业；而今张昭这样贤能，我用了他，他建立的功名不也有我的一份吗？"正因为孙策善于用人，与部下意气相投，才招揽了许多人才。

孙权呢？周瑜向孙权推荐鲁肃，孙权就让鲁肃接任周瑜的职务。孙权对大将军甘宁的粗暴脾气很恼火，吕蒙劝他说："像甘宁这样善战的大将很难得呀！"孙权从此就能善待甘宁。

刘备进攻吴国时，有人谣传诸葛瑾（诸葛亮之兄）已暗地里派人去了蜀国。孙权说："我和子瑜（诸葛瑾）有生死不渝的情义，他必不负我，就像我不负他一样。"

吴、蜀和好时，陆逊镇守江宁，孙权刻好自己的印章交给陆逊，让他行使权力。每次和刘禅、诸葛亮通信时，孙权常常请陆逊过目，如有不妥，就叫陆逊改完，然后封好送出。对臣下如此相信，臣下能不被这深厚的知遇之恩所感动而竭尽全力效忠吗？

孙权还不袒护自己的过失。有一次，他准备派张弥、许晏乘船从东海北上到辽东，去招抚加封公孙渊。张昭竭力劝阻，孙权不听。后来，派去的张弥、许晏二人果然被公孙渊杀害。孙权自感惭愧，亲自登门向张昭道歉，不想张昭就是不出来。孙权进门叫他，张昭便以生病为由推托不见。孙权只得放火烧门，吓唬张昭。但张昭关紧门窗，仍不肯出来。孙权只好叫人把火扑灭，停在门口等候。好长时间过后，张昭才由儿子扶着出门相见。孙权请他上车，一同回宫，向他深刻检讨了自己的过失。

历代杰出的有作为的名臣、帝王都很注重揽集人才，为自己的政权服务，他们都是善于罗织人才的专家。

战国时期齐国的孟尝君田文以善于养士著称，但他最初也并非来者不拒，对不太喜欢的士人，他常驱逐之。后来，经过他人的劝说，他才真正懂得了用人不拘一格成就大事的道理。

善于网罗人才、利用人才不仅在管理学上有重要意义，对于个人来讲，如果能够将对自己有帮助的人集中到身边也是一件非常了不起的事。这些在你身边帮助你的人就是你的贵人。

借贵人之力为自己打天下，此可谓驾驭之术。一个能够驾驭能人的人，才是真正的能人，因为他是招纳贤才的一等好手。

要取得最广泛的支持，可不是一件简单的事，它需要有人为你出谋划策，也需要有人去执行。一个人再神通广大，也无法事必躬亲，没有得力的人才相助，他注定难以成功。

要想得到帮助，首先自身要是"好汉"。

只有充分认识到人才的重要性，尊重人才，礼遇人才，才能得到人才的帮助，才能将团队效应发挥到极致。

三国时代人才辈出，人们谈论三国时常说："曹操挟天子以令诸侯，占了天时；孙权雄踞江东，占了地利；刘备既无天时也无地利，靠的是人和。"确实如此，论个人才干，刘备并非一流人物，他的才能极平常，但他却成就了一番大事业。他靠的不是个人才干，而是人和。

如果刘备不礼贤下士，不"三顾茅庐"，不请出诸葛亮，则必然只会是四处奔劳，一无所成，空余惆怅悲叹，而且后来也不会有那么多人才投到他的门下。

在很大程度上，刘备礼贤下士的做法起到了一种"形象"的作用。

礼贤下士，赤诚相待，确实可以招揽到大批人才，其具体方法也是多种多样：有的是用权术驾驭的，有的是因为自身的优良品格而与手下人配合默契，有的则因为意气相投而志同道合，等等。虽然这些人使用的方法各异，但都能赢得人才为自己服务。

这些理论对于个人结交贵人也同样适用，只是管理者用人可以借助权力的力量，而个人赢得"贵人团"的相助只能靠发挥个人的影响力来实现。总而言之，把贵人们集中到自己身边是十分重要的。

当克莱斯勒汽车公司深陷危机、濒临破产的时候，李·艾柯卡试图通

超级人脉术大全集

过招揽合适的人才扭转乾坤，并最终取得了良好的成效。

艾柯卡首先毫不手软地把公司的一些身居高位而毫无建树的平庸之辈一概撤掉，接下来又连"挖"带拉先后从福特公司搜罗到数名得力干将。

第1个被他"挖"过来的是福特公司委内瑞拉子公司的总经理杰拉尔德·格林沃尔德。这个人有着机敏的头脑和实干精神，善于逆水作战。第2个被他请来的是早已离职退休、65岁的原福特公司副总裁保罗·伯格莫泽。此人在福特公司副总裁的职位上干了30年，既埋头苦干，又足智多谋，艾柯卡意在借助他的丰富经验来扭转当时的不利局面。第3个是由格林沃尔德举荐而来的史蒂夫·米勒。米勒过去是格林沃尔德手下主管财务的得力助手，被艾柯卡称为"当家理财的一把好手"，把他招来正好解决公司当时混乱的财务管理问题。第4个是在艾柯卡手下干了24年的哈尔·斯帕利奇。此人其貌不扬，但谋略水平高，预测能力强，能料知三四年以后市场上最需要什么样的汽车，所以可以使公司在摆脱目前困境后还保持可持续发展。

艾柯卡确定了最佳的用人方式，将贵人们集合到自己的身边，终于扭转了乾坤。

聪明人会在自己身边集中一批有才干的人，对于这些人的条件，他们不会过分苛求，但能够保证以下3点：

1. 不论资历

荀子说："对于那些贤能者，不应按照常规的升官次序提拔，而应破格选用；对于那些软弱无能不称其职的人则要立即罢免；对于那些大奸大恶者，无须再对他们进行教育感化，立即得而诛之。"只有这样，才能"贤不肖不杂，是非不乱"。因为论资排辈主要看的是资历，没有德才的资深者可能会被提拔重用，有德才的资浅者反而不能被选用，这就等于是非不明。不论资排辈，以德才作为选用贤能的唯一标准，才能避免优劣混杂，做到是非不乱。

南朝周朗针对当时森严的用人制度，坚决反对论资排辈，一再强调等级、资历和年龄不是衡量人才的标准。金世宗完颜雍同大臣们谈话时也曾指出，取人应不拘资格，及早用之。

2. 不论出身

用人反对看出身的观点，早在春秋战国时期的论著中已有所反映。如墨子主张只要有德才，贱者应使贵，"虽在农与工肆之人，有能则举之"。韩非子主张从基层选拔人才："宰相必起于州部，猛将必发于卒伍。"他还进一步警告世人：若官职能够因权势而得到，爵禄可以用钱财而谋求，国家就一定要灭亡。甚至孟子也认为，杰出的人才不一定出自达官贵人之家，用人不应当论出身，更不应当计较个人的恩怨。

3. 不论地区

唐太宗李世民是运用这一原则的典范。不论在即位前或即位后，他都重视人才的选拔，注意搜罗各方面的人才为己所用，而不计较人才来源于何种政治集团。他手下的文武大臣既有隋朝的旧臣，如萧瑀等，也有来自李密、窦建德、王世充等集团的人员，如秦叔宝、程咬金等。

发挥"智囊团"的巨大威力

据说，钢铁大王卡耐基的墓碑上有这样一行字：这是一个能让比自己强的人为自己做事的人。

卡耐基原来是一个毫不出名，且对钢铁生产和经营知之甚少的一个小工。但当历史将他推向钢铁事业之时，他毫不犹豫地接受了命运的挑战。他虽然没有钢铁知识，但他却相信只要他把世界上那些专业知识比自己丰富得多的人物集中到自己的麾下，充分利用他们的钢铁生产和经营知识，他就一定能够成为钢铁王国的巨无霸。正是有了这种信念后，卡耐基才开始网罗天下人才，组成了一个近50名专家的智囊团，并充分调动了每一个人的积极性，充分施展了自己的领导才能。在他的创业过程中，正是经由无数专家的出谋划策，才使他解决了生产经营中的许多疑难问题；正是团队凝聚成的巨大力量，才产生了美国历史上的第一个财团；正是众人的力量，才创造出了卡耐基这个钢铁王国里的巨无霸。

俗话说："一个篱笆三个桩，一个好汉三个帮。"善于发现自己和别人的长处，并能够加以利用，不嫉妒别人的长处，不护自己的短处，能够协调别人为自己做事，与别人之间建立良好的信誉，是成功者的法则，也是人与人之间共同发展的主旋律。

如果你觉得有必要培养某种你欠缺的才能，那不妨主动去找具备这种特长的人，请他参与相关团体。三国中的刘备，文才不如诸葛亮，武功不如关羽、张飞、赵云，但他有一种别人不及的优点，那就是巨大的协调能力，他能够吸引这些优秀的人才为他所用。能让别人的才能为我所用也是一种才能，而且通过这种渠道结识的人，也将成为你的伙伴、同事、专业顾问，甚至变成朋友。能集合众人才智的公司，才有茁壮成长、迈向成功之路的可能。

能够发现别人的才能，并能为我所用的人，就等于找到了成功的力量。聪明的人善于从别人的身上汲取智慧的营养补充自己，从别人那里借用智慧，比从别人那里获得金钱更为划算。读过《圣经》的人都知道，摩西要算是世界上最早的教导者之一了。他懂得一个道理：一个人只有得到其他人的帮助，才可以做成更多的事情。

在现实生活中，普通人如果能为自己建立一个"智囊团"，无论是正式组织还是非正式的形式，都会给自己带来莫大的帮助。

美国的罗宾·维勒开始创业时，经营着一家规模很小的鞋厂，全部雇工加起来才十几个人。后来，罗宾为工厂的出路提出一个设想，那就是改革皮鞋款式，追赶市场潮流。如果不断有新产品、新样式上市，从而引起顾客的注意，那么，鞋厂的前途必然就会好起来。

于是，罗宾把所有的雇工召集在一起，要求他们各尽所能设计新款皮鞋。他还专门制定了奖励制度，凡是所设计的新款鞋样被工厂采用者，均奖励 1000 美元。重赏之下，必有勇夫，不出 1 个月，罗宾就收到了很多种设计的草样，其中不乏很有创意的设计。他和那些熟练的老工人一起研究挑选了几个晚上，终于选定了 3 个款式别致的鞋样作为试制品。而且，第 2 天他便在全体工人的面前把奖金分别发给了这 3 个工人。

罗宾将这 3 个新样式的鞋分别制了 1000 双，然后立即送往各个大城市进行推销。都市人群早已穿厌了那些式样单一、颜色黯淡的旧式皮鞋，忽然看见了这些样式新颖的皮鞋，眼前为之一亮，仿佛看见了一个新的世界，于是争相购买。不出几天，这 1000 双样品就被抢购一空。

一星期后，罗宾的工厂收到了如雪片般飞来的订货单，总数达 2700 多份。罗宾捧着这沉甸甸的订货单，知道自己的心血并没有白费。

有了市场做后盾，罗宾的工厂日益壮大起来。几年之后，罗宾已经拥有了10多家颇具规模的皮鞋制作工厂了。

智囊人员不可能只有一两个人，由多个智囊人员组成的智囊团更有威力。这样大家集思广益，更容易得出最合理的意见。作为一个智囊团，其结构要合理：

1. 年龄结构要合理

既要有老谋深算、老马识途的老年人，又要有年富力强的中年人，还要有朝气蓬勃的青年人，以使他们在经历、气质、智能等方面进行互补。

2. 知识结构要合理

科学决策是多目标、多因素、多变量的综合性极强的工作，因此必须由多学科的专家组成。既要有社会科学工作者，又要有搞自然科学的人，这样，智囊团才会不仅能集中各种专家的智慧，全方位地考虑问题，而且能多学科交叉融合，还可能形成新的有益的思想。

"贵人网"也需要及时升级

美国前总统克林顿当时能够成功地赢得竞选，与他拥有众多的贵人有关。在他的竞选过程中，他那些高知名度的朋友们扮演了举足轻重的角色。这些朋友包括他小时候在热泉市的玩伴、年轻时在乔治城大学与耶鲁法学院时的同学，及日后当罗德学者时的旧识等。他们为了克林顿能够成功四处奔走，全力地支持他。

所以当克林顿竞选总统成功后，不无感慨地说，朋友是他生活中最大的安慰。

克林顿为什么能够拥有这么多的贵人呢？这与他对于"贵人网"的精心维护和及时调整有关。他在一次答记者问时说："每天晚上睡觉前，我都会在一张卡片上列出我当天联系的每一个人，注明重要细节、时间、会晤地点以及与此相关的一些信息，然后输入秘书为我建立的关系网数据库中。这些年来，朋友们帮了我不少。"

人际关系网对一个人事业的成败及工作的好坏具有极大的影响，所以说，成功在很大程度上取决于你拥有多大的权力和影响力。这也说明了与贵人建立稳固的关系至关重要。

在维护人脉关系网时，有一个问题值得重视，那就是"贵人网"的调整和升级。

世界上的一切事物都处于不断的运动、变化和发展之中，所以我们的人际体系如果不随着客观事物的发展而发展，就会逐步处于落后的、陈旧的甚至僵死的状态。

克林顿总统每天整理名片，就是一种调整和升级人脉网的行为。这种做法为他保证了人脉网的新鲜和灵动，一旦出现需要贵人的情况，他就可以轻松应对了。

我们必须随时调整、升级自己的"贵人网"，让它时刻保持有效、充满活力的状态。

小徐是一家保险公司的推销员。众所周知，保险是一个对人际关系依赖性很强的行业。人缘好、懂得推销的人根本不用花心思招徕客户，仅凭借自己的人际关系和被信任度，就经常会有很多人主动来买保险。但是那些人缘不好的推销员就惨了，他们很难找到客户，也很难发展自己的事业。小徐属于前一种人，他在保险业内如鱼得水，工作几年之后，他已经是高级别的代理人了。

公司里新来的同事们向他请教秘诀，他笑了笑，说："其实做保险就是与人打交道、搞好关系，所以你要把人际网络的经营当成一项重要的工作去做。客户就是我们的贵人，平时有联系的客户、新结识的潜在客户，都要做到心中有数，不仅如此，还要记在纸上，如果有名片就要整理在一处，记下客户的基本情况和他的保险需求情况。然后，隔一段时间就打个电话联系一下，看看他们的生活有没有什么变化，以便根据情况推销一些新的险种。而且你要记下客户的多种联系方式，比如固定电话、手机、住址、E-mail等。如果其中一种方式变化，你还可以通过其他方式找到他。不断在你的本子里添加新的内容，这样就能保证你的客户源绵绵不断了。"

总的来说，小徐就是通过"升级关系网"的方式实现了与贵人之间的长久联系。

"升级贵人网"是指调整自己的人际关系网，使之更加适合自己的现实生活。升级贵人网必须费些心思，有步骤地进行。

1. 对关系进行筛选

把与自己的生活范围有直接关系和间接关系的人记在一个本子上，把没有什么关系的记在另一个本子上，就像是打扑克中的"埋底牌"——把有用的留在手上，把无用的埋下去。

2. 给筛选出来的人排队

要对自己认识的人进行分析，列出哪些人是最重要的，哪些人是比较重要的，哪些人是次要的，即根据自己的需要排队。

这就像打扑克中要"理牌"一样，明白自己手里有几张主牌、几张副牌，哪些牌最有力量，可以用来夺分保底，哪些牌只可以用来应付场面。

由此，你自然就会明白，哪些关系需要重点维系和保护，哪些只需要保持一般联系和关照，从而决定自己的交际策略，合理安排自己的精力和时间。

3. 对关系进行分类

很多时候需要求助于人的事情会涉及很多方面，这时你就需要很多方面的支援，不可能只从某一方面获得。

比如，有的关系可以帮助你办理有关手续，有的能够帮助你出谋划策，有的则能为你提供某种信息，虽然作用不同，但它们对你可能都是至关重要的。所以你一定要进行分门别类，对各种关系的功能和作用进行分析、鉴别，把它们编织到自己的关系网之中。

设计"网"也许不难，但是把它的内容落到实处就不那么容易了。有两点需注意：

一是要识门。也就是说，对于与自己求助的事情有重要关系的部门人员一定要清楚，要熟悉他们的工作内容和业务范围。

二是要识路。也就是说，要熟悉办事程序，对于先从哪里开始、中间有哪些环节、最后由什么部门决定都应非常清楚，省得跑来跑去，重复找人。

有了一张好的"网"后，聪明的人就会懂得如何保护和维系这张网，使它一直有效。如果你不懂得维护，到你真正用时，就会发现这个"关系网"已经停止运转了。

超级人脉术大全集

第五章
主动靠近人脉

为感情多开几个账户

在生活中，你必须在银行里储蓄足够的金额。你毫无储蓄，到需要用钱时，也就必然无钱可用，只有欠债了。但欠债总是要还的，到头来还会债务重重，压得你喘不过气来。

人与人之间的关系也是这样。每个人的心中都应该有一个银行，都设有一本感情账户。而能够充实感情账户，使感情储蓄日益丰厚的，只能是你对他人真诚、热情的关心支持、帮助。互助互利是彼此信任的基石，没有较深的感情则没有彼此的信任。重视情感因素，不断增加感情的储蓄，就是汇聚信任度，保持和加强亲密互惠的关键。

你在感情的账户上储蓄，就会赢得对方的信任，那么你遇到困难，需要帮助的时候，就可以利用这种信任，即便犯了错误，也容易得到别人的谅解；你即便没有说清楚，有点小脾气，对方也能理解。

这就是多开几个感情账户的好处。

这种互助互利不仅指物质利益，而且还有精神利益。作为被求的一方不一定非要你给他什么帮助和好处不可，而且人际交往的互利互惠也不同于做买卖那样必须等价交换、立即兑现。但作为求助者最好能让对方了解助人也会助己。

你请某人来帮助你搬家，说好干半天，他可能干了不到一个小时就走掉了；你拜托某人为你办理开办公司的手续，他也许只起了牵线搭桥的作用，具体的手续还要你自己去四处奔波……遇到这类情况，千万不要埋怨，不可指责对方说话不算数。因为事实上人家已经帮了一点忙，这就值得你表示认可和感谢。你感谢对方帮忙一小时，下回他可能会帮忙两小时，你感谢人家为你办手续指明了路线，下回他也许会好人做到底。

自己乐于助人，多主动帮助别人，会不断增加感情账户上的储蓄。如上所述，求人与被人求，是一笔人情账。尽管是人情账，无法精确地计算，但是也应当多开几个账户，存储更多的人情。

如何为你的感情多开几个账户呢？

1. 记住别人的名字

吉姆法利说："记住人家的名字，而且很轻易地叫出来，等于给别人一个巧妙而有效的赞美。因为我很早就发现，人们对自己的姓名看得惊人的重要。"

吉姆法利看到了人性的一个弱点：对自己的名字是如此关注。不少人拼命地不惜代价使自己的名字永垂不朽。古时，一些有钱的人把钱送给作家们，请他们给自己著书立传，使自己的名字留传后世。现在，我们看到的所有教堂，都装上彩色玻璃，变得美轮美奂，以纪念捐赠者的名字。不言而喻，一个人对他自己的名字比对世界上所有的名字加起来还要感兴趣。

如果您能记住某个人的名字，并在以后再见面时能毫不费劲儿地一口叫出他的名字，这就是对他的一个小小的恭维，但是忘记了或记错了，那么感情账户上就会缺一笔资金。

在交际场中，经过介绍之后，往往仍会发生忘记对方姓名的事情。把管小姐说成邢小姐，或将邢小姐说成程小姐，这种张冠李戴的"乌龙"，是社交中的大忌，又是十分不礼貌的事。叫错了姓问题还不大，把小姐叫成太太，那就更是失礼了。

遇到这种情况，不要自作聪明随便称呼对方。以下有两种做法，其实都是十分不礼貌的。第一种姑且名之为"开门见山法"："是呀，我们好像见过面，不过，我一下记不起你的尊称。"另一种是"以退为进法"："啊！您老哥还记得我吗？"前一种说法简而言之："你是什么人，我不认识你！"这态度简直是使人反感。从礼貌上说，这已经得罪了对方。后一种似乎不会被人看作瞧不起他，但至少低估了别人，把自己看得太重了的意思。在社交场中，上述这两种办法，都是万万不可采用的。

2. 多参加应酬

应酬是一门社交艺术，只有善用心思的人，才能达到联络感情的目的。

一位同事过生日，有人提议大家去庆贺，你也乐意前行，可是去了以后发现，这么多的人，偏偏来为他贺岁，他们为什么不在你生日的时候也来热闹一番？这就是根源所在，这说明你的应酬还不到位，你的人际关系还有欠佳的时候。要扭转这种内心的失落，你不妨积极主动一些，多找一些理由，在应酬中学会应酬。比如过生日啊，晋升啊，生子啊，都是机会。

经过自己的努力，你会发现，你的户头上会有越来越多的"人情资金"投入！

天涯海角常联络

如果你是企业领导人，"没事常联络"所包含的对象就更扩展了范围，在没事的时候不仅要与自己私人的朋友经常保持联络，而且要与政府、供应商、经销商等利益相关群体中的重要部门或人员联络，增进彼此的沟通。尤其要重视与政府建立良好的关系，主动与政府合作，积极与政府常来常往，勤于向政府汇报自己的构想、计划，企业的情况、困难，并经常向政府提供有关企业的信息，让政府了解企业的发展情况，通过长期来往培养企业与政府之间的感情，慢慢地消除或消化彼此之间的矛盾与摩擦，这对企业或自己事业的成功都非常有用。特别是当在交往中建立了良好的关系后，对企业与政府的沟通、企业问题的解决以及个人事业的成功都是很有帮助的。

很多人都有忽视"感情投资"的毛病，一旦关系好了，就不再觉得自己有责任去维护它，特别是在一些细节问题上，例如该告诉的信息不告诉，该解释的情况不解释，总认为"反正我们关系好，解释不解释无所谓"，结果日积月累，形成难以化解的积怨。

可见，要避免"无事不登三宝殿"的现象，"感情投资"就要经常实施，不可似有似无，从生意场到日常交往以及求人请托，都应该处处留心，善待每一个关系伙伴，从小处、细处着眼，时时落在实处。

在常联络的前提下，培养人脉关系的时间管理也就变得重要起来。

每个人都不可能有足够的时间去应付这些联络，那如何在既省时又省力的情况下，保证关系的互通呢？

1. 分类

把与自己的生活圈子有直接关系和间接关系的人记在一个本子上，把没有什么关系的记在另一个本子上，这就像是打扑克中的"埋底牌"，把有用的留在手上，把无用的埋下去。

2. 整理

生活中一时有困难，需要求助于人，有的事情往往涉及很多方面，你需要很多方面的支援，不可能只从某一方面就能打通。

比如，有的关系可以帮助你牵线带路，有的则能够帮助你出谋划策，有的则能为你提供某种信息。虽然作用不同，但对你都可能是至关重要的，所以一定要分别整理，对各种关系的功能和作用进行分析、鉴别，把它们编织到自己的关系网中。

3. 排序

要对自己认识的人进行分析，列出哪些人是最重要的，哪些人是比较重要的，哪些人是次要的，根据自己的需要排序。这就像打扑克中要"理牌"一样，明白自己手里有几张主牌，几张副牌，哪些牌最有"杀伤力"，可以用来夺分保底，哪些牌只可以用来应付场面。

由此，你自然就会明白，哪些关系需要重点维系和保护，哪些只需要保持一般联系和关照，从而决定自己的交际战术，合理安排自己的精力和时间。

4. 调查

世界上的一切事物，都处于不断的运动、变化和发展之中。我们的人际体系，如果不随着客观事物的发展而发展，就会逐步处于滞后的、陈旧的甚至僵死的状态。因此，一个合理的人际结构，必须是能够进行自我调节的动态结构。动态原则反映了人际结构在发展变化过程中前后联系上的客观需要。

所以，要不断检查、修补关系网，随着部门调整、人事变动及时调整自己手中的牌，修补漏洞，及时进行调整，不断从关系之中找关系，使自己的关系网长期有效。

在实际生活中，需要调节人际结构的情况一般有三种：

（1）奋斗目标的发展。也许你的奋斗目标已经实现，也许你的奋斗目标变了——比如弃医从文，这需要你及时调节人际结构，以便为新目标有效地服务。

（2）生活环境的变动。在当今这样的信息社会，人口流动性空前加快，本来在甲地工作，忽然调到乙地，这种环境变动，势必引起人际结构的变化。

（3）某些人际关系的断裂。天有不测风云，朝夕相处的亲人去世了，在伤痛的同时，不能不看到人际结构的变化。

可见，调节人际结构有被动调节和主动调节两种，不管是何种调节，都要求我们能迅速适应并经营新的人际结构。

酒席宴上无远近

何为"酒席宴"？无非"一饭""一酒"。

其实"一饭"的真义，是指它的无形价值。换句话说，是凭借一次餐建立起彼此的交情，达到沟通的目的。

由"一饭"而定友谊，往后，便可凭这份交情而得到别人的帮助，使困难迎刃而解。现今虽已进入讲求实际的商业社会，但人们厌恶"势利"的共同心理还是存在的，所以，如果在平时不多结善缘，等到急难关头才"无事不登三宝殿"，四处请求救援，恐怕你只能得到别人幸灾乐祸的眼神。

中国是个礼仪之邦，有句话叫做"无酒不成礼仪"，在酒席上趁着酒劲套近乎，相互之间也能敞开心扉，于是，在酒酣耳热之际，相互之间开诚布公的探讨就显得和谐起来。

像这样的友情，可说是"吃"出来的。有人认为吃吃喝喝的"酒肉朋友"不值一提，事实上如果"吃得好"，不但不会结交到见利忘义、一切向钱看的朋友，反而会"吃"出一大堆情同手足的朋友。

当你有了这种知交，人生不再孤独，因为朋友随时能帮你的忙，为你指点迷津、排忧解难。有了这样的人际关系，还担心没有共同创业、同甘共苦的伙伴吗？

所以说，"吃"应该算是社交应酬中最重要的人情往来。

一家网络公司准备上市，但资金上有点困难。负责此事的副经理找到了一家信托投资公司，但双方提出的条件相差太大，经过几个回合谈判都没有达成一致意见。

网络公司经理非常着急，于是亲自出马到投资公司。对方见是总经理出马，会谈显得略微和善一些。借此机会，请负责人吃饭。席间大家各说东西，不谈公事。总经理把酒打圈，酒至半酣开始讨论公事。各自诉说自己公司的难处，总经理明察秋毫，针对投资公司的为难之处，提出了大的原则……筵席散尽时，那位负责人拉着总经理的手，略有醉意地说："冯总，看到你的酒量就看到了你的豪气，也看到了你们公司的大好形势。回去我同经理商量一下，希望咱们能够进行合作。"

不久，双方就确定了合作的原则，并就相关细节进行了商量，达成了协议。

利用酒席，套出对方的老底，再采取相应的对策，事情也就水到渠成了。

很多人喜欢在酒席上根据他人的性格、脾气秉性来确定合作公司的形势，特别是酒为催化剂，能够使人原来的警戒淡化，从而获得情报，见机行事，当然能够得到好的效果。

的确，酒作为一种交际媒介，迎宾送客，朋友聚会，彼此沟通，传递友情，发挥着独特的作用，所以，摸索一下酒桌上的"分寸"，可以有助于增进感情，巩固关系。

大多数酒宴宾客都较多，所以应尽量多谈论一些大部分人能够参与的话题，得到多数人的参与。因为个人兴趣爱好、知识面不同，所以话题尽量不要太偏，避免我行我素，天南海北，神侃无边，出现跑题现象，而忽略了众人，也不要邻座二人长时间地窃窃私语，影响了酒宴气氛。

在应酬场合中，如果有三个人，那么其中一个人可能会是本次应酬的"次要者"。如果在应酬过程中，这位"次要者"遭到了忽视，在心里产生不被关注的感觉，那他将会非常尴尬，而且以后他便会找出各种各样的理由，拒绝出现在这样的场合，这样你就有可能因此而失去一个可以在某个方面向你提供帮助的朋友。

不以尊卑定冷热，不以亲疏定远近，让每一个人都感到你重视他的存在，请客的目的便成功了百分之八十。

适当地让"次要者"参与到你们的谈话中，不仅可以打消"次要者"的尴尬，同时还可以为你赢得朋友的感情。

但是，喝酒吃饭一定要把握住自己，否则别人骗局将使你遭受损失。

李先生是个暴发户，手边多的是现金、不动产，罗先生是个成天四处调资金、开支票的贸易商。在商场上，人人都知道李先生喜欢泡酒家、舞厅，于是，找了一个借口，罗先生特意安排了一次宴会，请李先生大驾光临，当然，地点选在某某大酒家。

酒过三巡，李先生已有几分醉意了，于是罗先生开始自吹自擂地胡侃自己的公司是如何有发展、有前途，末了还来一句"只是少了一点资金，如李先生能鼎力相助的话……"这时候，李先生身边的女秘书也张开樱桃小嘴，甜甜地说："是呀！罗先生是青年才俊哟！谁不知道他是苦干实干的人？李董事长啊，500万对你不过是九牛一毛而已，提拔提拔后生嘛！"

好了，迷汤一灌，李先生醺醺然，飘飘然，糊里糊涂地拿出500万。

这只是个司空见惯的小骗术，在这些场所，不知还有多少罪恶之事，不断在上演着。所以说，在这等地方交际应酬，能不"众人皆醉我独醒"吗？还是学学古人"唯酒无量不及乱"，保持适度的清醒吧！

酒这玩意既是好东西，又是坏东西，既可以为你营造一片光明，又可以把你毁于一旦，所以一定要注意分寸，既不要"势利"，也不要"贪杯"。

常言道，"自立而后立人"，"天助自助者"，可见我们立身处世，不能只靠别人，而任凭自己怠忽疏惰。不过社会是集体创造的，个人能力是有限的，因此，如何与人维持良好的关系，使困难时能够安渡危机，这就靠平日所做的各种努力了。

登门拜访，叙旧迎新

有的人总怕麻烦，不愿打搅别人，一年半载也不会去朋友家做客，近的不去，远的就更别想了。但是，登门去拜访拜访老朋友，叙叙旧，说不定还能碰到新的朋友呢，收获肯定会很大！

关于拜访的好处很多：

在对方住处谈话比在公共场所气氛容易融洽，使双方都在一种无拘无束的情调里面畅所欲言，并且比较容易接触到彼此的私生活，给大家的友谊发展做了更进一层的铺垫。如果能够常到对方住处去拜访，双方的关系会很快地密切起来。

到对方住处去拜访，还可以有和他的家人接近的机会。如果我们同时也结识了他的父母、兄弟姊妹、妻子儿女，或是和他同住的亲戚朋友，那么，我们与对方的关系，就更和睦，更巩固了。如果我们对一个人真有好感，我们必定会对他的亲人和挚友同样产生兴趣的。

容易对对方有较深刻的认识，因为对方所住的地方、对方的家人和对方家里的布置装饰等，都会使我们更加深入地认识对方，了解对方。譬如，对方家里有一架电子琴或高级音响，那多少可以知道他对音乐有兴趣。从对方所有唱碟的种类，又可以看出对方崇尚哪一种音乐，是古典音乐还是流行音乐，是中国音乐还是外国音乐。此外从对方墙上所挂的图画、相片以及他所有的书籍、报章杂志、小摆设、纪念品等，都可以增进我们对他的认识。有时，对方向我们解说他的相册，那我们对他的过去也会得到更多的了解。

拜访朋友，会给你带来很多的好处，但是拜访一定要注意时间的合适性、距离的远近性、交谈的共同性、彼此的融洽性，等等。

1. 要选择合适的拜访时间

最好是在工作时间内，应尽量避免占用对方的休息日、休假日或午休时间，如果没有急事，应绝对避免在清晨或夜间去拜访。拜访之前，最好以电话或通信方式与对方联系，约定一个共同的时间，使被访者有所准备，不要做"不速之客"。最好讲明此次拜访需占用对方多长时间，以便对方安排好自己的事情。凡是约定的时间要严格遵守，提前5分钟或准时到达，以免对方等得不耐烦。如果因特殊情况不能前往，应及时通知对方，轻易失约是极不礼貌的。

拜访对方的时间，最合适的时间多半是在假期的下午，平日的晚饭后；避免在对方吃晚饭的时间去找他；如果对方有午睡的习惯，也不要在午饭后去找他；当然，更不要在对方临睡的时候去找他，一般在晚上9点半以后已经不适宜去访问了。如果在晚上11点后还去找人，可能被认为你神经不正常。

一般人最容易犯的毛病就是过于重视自己的事情，如果得不到圆满的解决就无限制地纠缠下去。结果呢，耽误了别人的时间，扰乱了别人的生活秩序，使对方对你产生了不良的印象，这很容易破坏了彼此刚建立起来的友谊。

2. 开头的客套话少不得也多不得

一见面，肯定朋友间会说一些客套话，但是客套话一般只作为开场白，不宜过长，因为过于客气显然会让人痛苦。请大家谨记这句至理名言。

开始会面时的几句客气话倒不成问题，如果继续说个不停就不太妥当了。谈话的目的在于沟通双方的情感，在于增加双方的兴趣，而客气话则恰恰是挡在双方中间的墙，如果不把这堵墙搬走，人们只能隔着墙做极简单的敷衍应酬而已。

朋友初次见面略谈客套后，第二第三次的见面就应竭力少用那些"阁下"、"府上"等名词，如果一直用下去，不在相当时间以后废去，则真挚的友谊必然无法建立；客气话的"生产过剩"，必然损害轻松的气氛。

客气话是表示你的恭敬或感激，不是用来敷衍朋友的。

如果拜访对象是熟人、老朋友，客套话过于滥用，彼此保持"过远"

的距离，就会使双方都感到别扭、不舒服，甚至还可能导致相互猜疑，产生误会。

拜访比自己级别高的人，或握有某种权势、或拥有某种优势的人，不宜靠得很近，至于拍拍打打之举更不可随便用。否则，对方就会认为你是与他"套近乎"，或者引起对方心理警惕，或者让对方瞧不起你，或者引起旁人的嫉妒等，都会影响拜访效果。

3. 说一些平常的话

著名作家丁·马菲说过："尽量不说意义深远及新奇的话语，而以身旁的琐事为话题作开端，是促进人际关系成功的钥匙。"

一味说一些令人不懂与吃惊的话，容易使人产生华而不实、锋芒毕露的感觉。受人支持与信赖的人，大多并不属于才情焕发、一鸣惊人的人。

尤其对一个初识者，最好不要刻意显出自己的显赫。宁可让对方认为你是个善良的普通人。因为一开始你就不能与他人处于共同基础上，对方很难对你产生好感。如果你摆出一副盛气凌人的样子，别人也会用同样的态度对待你。

4. 尽量谈一些共同的话题

任何人都有这样一种心理特性，比如，同乡或同一公司的人往往不知不觉地因同伴意识、同族意识而亲密地联结在一起，同乡校友会的产生正是因此。

如果你想得到对方的好感，利用此种方法，找出与对方拥有的某种共同点，即使是初次见面，无形之中也会涌起亲近感。一旦缩短彼此心里的距离，双方很容易推心置腹。

5. 投其所好，"诱敌深入"

任何人都有值得自鸣得意的事情，但是，再得意、再自傲的事情，如果没有他人的询问，自己说起来也无优越感。因此，你若能恰到好处地提出一些问题，定使他欣喜，并敞开心扉畅所欲言，你与他的关系也会亲密起来。

心理学家认为：人是这样一种动物，他们往往不满足自己的现状，然而又很难突破，因此只能各自持有一种幻想和期望，他们在人际交往中，非常希望他人对自己的评价是正面的，比如胖人希望看起来瘦一些，老人愿意显得年轻些，急欲提拔的人期待实现的一天等。

所以去拜访别人的时候，一是要察言观色、投其所好，引导对方谈一些他得意的事情，并时时给予好的评价。

6. 谈话也要有一些爱好

表现出自己关心对方，必然能赢得对方的好感。

卡耐基认为：在招待他人或是主动邀请他人见面时，事先应该多少搜集对方的资料。这不仅是一种礼貌，而且可以满足他人的要求，使他感受到你的关心和热忱。

记住对方说过的话，事后再提出来当话题，也是表示关心的做法之一，尤其是兴趣、嗜好、梦想等。对对方来说，是最重要、最有趣的事情。一旦提出来做话题，对方一定觉得开心。

7. 拜访时的寒暄不能忽视

拜访对方时要多利用寒暄，它是人们之间、尤其陌生人见面时的必要桥梁，似乎是上帝派来的隐身使者，能为人们搬走产生阻隔的山峦。寒暄，更为争分夺秒者赢得必要的准备时间、积极进攻或防守的力量，为拜访双方驱走冬日的严寒。由此可见，寒暄并不是使人"寒"，而是给人"暖"。

拜访时，我们还要注意 9 个禁忌：

（1）进门前要敲门或打招呼。冒昧地闯入房门会使主人措手不及，让主人觉得你没礼貌，缺乏教养。

（2）初次相见，要注重自己的仪表，不然会给别人不悦之感。若有必要，给老人或小孩带点小礼品，礼轻情义重。

（3）若带有小孩，应看好不要让孩子乱闹乱翻。若主人用瓜子糖果招待，应尽量注意房间卫生。

（4）做客要有时间观念，有话则长，无话则短，不要东拉西扯，废话不断，否则会使主人没有耐性。切记："浪费别人的时间等于谋财害命。"

（5）不要乱翻乱动主人的东西，甚至乱闯主人卧室，这样并非亲热之举，而是对主人不尊重，若触及人家隐私，岂不彼此都尴尬？

（6）若主人想留你吃饭，应考虑是否有必要，不可以就婉言谢绝；当

上篇 超级人脉经营的道与术

和主人一起进餐时，应注意不要"太淑女"，也不应狼吞虎咽，旁若无人。

（7）做客既不要过于拘束，也不要轻浮高傲，落落大方才是做客应有的尺度。

（8）告别主人时，应对主人的款待表示感谢，如有长辈在家，应向长辈告辞。

（9）若主人送出大门要及时请他们留步。切忌在门口废话太多拖拖拉拉，使主人在门外站立过久。

礼尚往来

中国人素来崇尚友情，互相送礼更是友情交流的一种方式，这种礼尚往来，已经成为中国上下五千年的一个传统。

唐朝有个封疆大臣，他派一个叫缅伯高的人去给皇帝送礼，礼物是一只天鹅。这位老兄途经沔阳时想给天鹅洗个澡，哪知一不小心让天鹅给飞跑了。送给皇帝的"贡品"弄丢了，岂不该有杀头的罪过，吓得他号啕大哭，越哭越伤心；伤心之后，却想出了首打油诗：

将贡唐朝，

山高路遥，

沔阳湖失去天鹅，

倒地哭号号，

上复唐天子，

可饶缅伯高，

礼轻情义重，

千里送鹅毛。

据说，他后来真把鹅毛并这首打油诗送给了皇帝，皇帝不但没杀他，还拿美酒款待了这个马大哈。这便是"千里送鹅毛，礼轻情义重"的来历。

世事洞明皆学问，人情练达即文章。在复杂的社会里，要求得一席之地，就必须通晓人情世故，而要懂得人情世故，首先必须知"礼"。所以，孔子说："不学礼，无以立。"

知"礼"之后，即懂得进退之道、处世之略，使你在人生奋斗的旅途上减少严重的伤害，有利于你在创造美好前景时得到较多的帮助，所以说，礼虽不大，用途可大。

在礼节的范畴里，送礼就是最能表现人情的方式。逢年过节送给长辈、老师、上司一份礼物，恭贺他节日愉快，对方必定欣然接纳，并会在内心称赞你的有"礼"；朋友结婚、生子，备上一份礼，并附上祝贺之词，必给对方带来无比的感动，在感念你的体贴周到之余，彼此友谊也会因此增强。

由此可见，送礼虽然表面上是"施"，实际上却是"爱"。因为亲朋好友都接纳了你的情意，你在他们心目中已投下了"富有人情味"的印象，有人情味的人，必然受到人们的喜欢。

有一次秦桧宴请客人，主藏吏说："蜡烛用完了，正好广东方任德送来了蜡烛，还没有敢用。"秦桧就叫他把蜡烛拿来点上。不一会儿，香气飘满房间，很是受用。仔细寻味，香气是从蜡烛中散出的。于是秦桧赶快下令把其余的蜡烛收藏起来。数一下，还有48根。把骑快马的兵卒叫来问明缘故，他回答说："方统帅特意制造这种蜡烛供献宰相，只制造了50根。造成以后，恐怕效果不佳就试点了其中的一根，而又不敢以别的蜡烛来充数，所以是49根了。"秦桧一听，非常欢喜，认为方任德对自己很忠心，因而对他也特别宠爱。

礼物是传达感情的桥梁。任何礼物都表示送礼人特有的心意：或感谢、或祝贺、或尊重、或爱慕、或爱、或友情。所以，我们选择的礼物必须能够表达自己的心意，并使受礼者觉得礼物非同寻常，备感珍贵，以达到增强情谊的目的。人情往来中，最好的礼品是那些根据对方兴趣爱好选择的、富有价值而耐人寻味的礼品。比如，我们为住院朋友送去一支康乃馨，定

上篇　超级人脉经营的道与术

会使对方心情放松，增强战胜疾病的信心；为远方的同窗寄一册母校的照片，定能唤起他对学生时代的美好回忆；给爱好文学的朋友送上一套名著，必然使其欣喜若狂、爱不释手……

千里送鹅毛，礼轻情义重。在打造人脉王国的过程中，我们一定要做个有"礼"之人，人不到礼到，结交新朋友，不忘老朋友。如此我们的人脉圈才会越来越坚固。

社交生活离不开"送礼"，也是表达感怀之意或关切之情最直接的方式。诗人黄庭坚说："鹅毛千里赠，所重以其人。"可见礼不在大，心诚则灵。小小礼物表寸心，送给朋友的礼物更是如此。

朋友间的送礼，讲究的是礼尚往来，今天你送给我，我明天再送给你，所以，不论怎样的礼品，应来者不拒，真心收下。他来送礼，你执意不收，岂不叫人难堪？倘若你估计到送礼者另有图谋，推辞有困难，不能硬把礼品"推"出去，可将礼品暂时收下，然后找一个适当的借口，再回送相同价值的礼品。实在不能收受的礼物，除婉言拒绝外，还要有诚恳的道谢。而收受那些非常礼之中的大礼，在可能影响工作大局和令你无法坚持原则的情况下，你宁可撕破脸面不收，也比你日后落个受贿嫌疑强。这叫做"君子爱礼，收之有道"。

"鸿雁传书"

"千山阻隔，鸿雁传情"，千百年来，信函就一直是人类交流信息和感情的一种工具。

通信，是人际交往中迄今为止最古老、最实用的一种沟通方式，在日常生活里，个人与个人、个人与组织、组织与组织之间都可以利用书信来传递信息，互通情报，交流思想，表达情感。

在现代社会中，随着科技的进步，已涌现出了多种多样的新型通联方式，除了电话、电报之外，还有图文电视、可视电话、语音信箱、电子邮件等。与它们相比，书信可谓既没有速度，又原始。尽管如此，万万不能认为在当前的人际交往中，信函已经可有可无，甚至即将退出历史的舞台。

就目前而言，在传递信息、互通情报、交流思想、表达情感诸方面，书信所发挥的某些特殊作用，还是其他新兴的通联方式所难以代替的。

举例来讲，与电话、语音信箱相比，书信尽管时效性较差，但却具有可读性与易藏性，既可以反复阅读，细心体会，又便于收藏纪念；通过书信，还可以委婉地表达一些口头上不能言语的意思，进行提醒暗示。

与电报、电子邮件相比，虽然通信速度太慢，然而费用也因此很低。更重要的是，由于它是发信人亲笔书写，所以可使收信人"见字如面"，顿生亲切之感。

对现代人来说，在人际交往中适当地巧用书信，并不意味着自己落伍、守旧。与此恰恰相反，掌握必要的通信技巧，并且在人际交往中尽可能地利用书信与他人保持联络，依旧是人人要做的必行之事。

有的人埋怨自己身边知己太少，其实普通人只要有心也能知友满天下。寄信问候旅途中所邂逅之人，或者写信联络远调他方的同事以及学生时代的同窗好友等，这么一来即可不受时空限制拓展个人人际关系。总而言之，要和萍水相逢的人结缘的话，须以某种形式主动发出信息才行，这点很重要，通信是较好的方式，比通几次电话更具有亲近感。

卡耐基建议：除了公司研究会和关键人物的介绍之外，另一种培养人际关系的方法就是书写慕名信函，当然其间多少需要一些勇气。

包括所谓"关键人物"在内，社会上存在着许许多多成功人士、风趣之人。因此，不妨平日就从报章杂志、电视广播当中选取理想中人，伺机主动发出慕名信函。

一般而言，默默无闻的平民百姓即使写信给活跃于媒体的大众明星，那也仅是单纯的慕名信函，而非对等的互通信息。此人收到的类似信函想必为数众多，而您所寄发的也不过是其中之一。再者对于事业忙碌的当事人来说，书写慕名信函或许是一种难以消受的思想困扰吧！

既然如此，为何还要建议各位寄发慕名信函呢？那是因为万一你的来信感动其人之心，或万一他有来信必回的习惯。

不管怎么说，一旦不肯主动发出任何信函，绝对无法创造双方互通信息的契机。

因此姑且一试有必要，尤其当对方是位名人时更需试试。这种情形之下，如果你没什么特殊之处的话，想要期待对方回信或许希望渺茫。但也不能放过任何一丝希望。

写信就要做文章，也有一定的文法可循，譬如言简意赅、意思明白、礼貌待人等。

1. 礼貌待人

写信人在写信时，要像真正面对收信人一样，以必要的礼貌，去向对方表达自己的恭敬之意。其中的一个重要做法，就是要尽量多使用谦词与敬语。

例如，在信文前段称呼收信人时，可使用诸如"尊敬的"、"敬爱的"一类的称词。对对方的问候必不可少，对对方亲友亦应以礼致意。在信文后段，还应使用规范的祝福语，等等。

2. 言简意赅

写信如同作文一样，同样讲究言语简洁明快，适可而止。在一般情况下，写信应当"有事言事，言罢即止"，切勿洋洋洒洒、无休无止、空耗笔墨。

当然应当避免为使书信简洁而矫枉过正，走另一个极端，过分地惜墨如金，而使书信通篇枯燥无味。比方说，像"爸：没钱，快寄!"这样一封某大学生写给其父的电报式家书，连起码的人情味都没有，便是简洁过头了。

3. 明白清楚

书写信函时，必须使之清晰可辨。要做到这一点，需注意以下四条：

（1）是字迹应当清清楚楚，切勿潦潦草草，信手涂鸦。

（2）是要选择耐折、耐磨、吸墨、不残、不破的信笺、信封，切勿不加选择，随意滥用。

（3）是要选用字迹清楚的笔具与墨水。在任何时候，都不要用铅笔、圆珠笔、水彩笔写信，红色、紫色、绿色、纯蓝等色彩的墨水也最好别用。

（4）这是至关重要的一条。在书信里叙事表意时，要层次清、条理明、有条有理，切勿天马行空、云山雾罩，令人疑惑丛生，雾里看花。

超级人脉术大全集

我们前面提到的都是写信，但是当你收到信的时候，也要回信，这是对人起码的尊重。

信函有来有往。我们重视写信给人，也应重视回别人的信。

回信必须及时。晚回信也就没多大意义了。对方寄信给你，希望你有所回应，但你却迟迟不回，那封信有如石沉大海。即使你后来回信了，但为时已晚。

对于他人的来信，不仅要及时给予回复，而且在回信之中，还应当善解人意地对对方来信中需要回应的问题，一一作答。

特别需要注意的是，对于他人来信之中提及的问题，如有可能，应当热心在复信中给予答复。对于确需延后回答或不能解答的问题，在复信时要说明具体理由，或者是将延后回答所需要的大致时间，及时通知于对方。不要避而不谈，或是含糊作答。

对于他人在来信之中求助于自己的问题，能够出手相助，最好竭尽所能。由于种种原因，难于相助于人的话，亦应及时复信，并在信中声明具体处境，向对方致歉，或请求对方予以体谅。

另外信有以下几种类型：

1. 感谢信

感谢信专用于答谢收信人曾经给予的帮助或支持等，可以寄送，也可写在大红纸上张贴在被感谢人所在单位，感谢信有时可不写抬头、启词、过渡词等。

2. 慰问信

慰问信多用于节庆之日或特殊背景下，向有关人员或有关单位表示安慰、问候、鼓励及关怀。

慰问信往往又是对被慰问对象精神的一种赞美。所以可以公开登载于传媒或张贴于布告栏中，而单位内部的某些慰问信，还可直接寄到被慰问者家中。

3. 致意信

致意信是典型的礼仪文书，应用范围极广，祝贺、感谢、慰问、邀请等融为一体，表示一种真挚的情意。

4．贺信

贺信可用于对各种重大事件的成功庆祝、对重要会议的召开庆祝、对纪念日的庆祝以及企事业单位、重要人士的各种庆祝事宜。

贺信有长有短，一般在对某些纪念日的贺信中可加述这个纪念日的某些历史和意义，篇幅因此也可稍长。

5．拒绝信

因公务繁忙、学习等事项，不能进行或继续致信，此类书信中，态度既要明确，又要婉转。在写明拒绝理由时，尽量从写信人方面找原因，需要说明情况时，可用"我们很遗憾地看到"说法。

6．致歉信

交往中稍有忽略，就会酿成不良后果甚至恶劣影响，这时除了立即解决问题外，也常需要向对方去函致歉，有时还需要在公开传媒上致歉。写作这种文体，关键在于真诚。

既致歉意，可见已有不愉快的事发生，所以这类文书更重礼仪，以礼仪来消除已有的矛盾，缓冲那份紧张。同时，要真诚，一片真情才能取得对方原谅。

7．致哀信

给逝者的家属致信，表达哀思，这种致哀信往往不同于唁电的简单，而侧重于追思。

第六章
搭建人脉网

拓展你的交际版图

卡耐基训练大中华负责人黑幼龙曾经说："完整的人际关系包含3个阶段，发掘人脉、经营交情、出现贵人。"

无论做什么都是向别人传递信息的机会，一个懂得把握机会，同时又善于经营人际关系的人，最后才可能依靠人脉开创事业的舞台。

贵人可能出现在陌生人中，但那属于一种个别的情况。大多数时候，贵人是出现在你的人际网络中，贵人最有可能是你认识的人、与你有交情的人。所以说，你的"人际版图"越大，在其中出现贵人的几率也就越大。贵人的数量几乎与朋友的数量成正比，这也正是强调人脉网的重要性的原因所在。

人脉网的关键在于高品质，要多结交一些成功人士、有能力的人、在某一方面强于自己的人。并且你必须保证这些人愿意在关键时刻帮助你，否则，即使他们的能力再强，也与你的发展无关。结交那些不能帮助自己的朋友，是徒劳无功的。

生活中，我们谁都缺不了贵人。多交一个贵人就多一条路，在你困难的时候，往往是你的贵人帮助了你；离开了贵人，你往往就会陷入无助之中。贵人，是你人生中一笔巨大的基金，是关键时刻可以靠一把的人脉大树。

刘师傅从洛钢下岗1年多了，如今他又上班了。令他想不到的是，这次居然是工作主动找他的，当然这得益于几年前刘师傅结识的一位朋友。

5年前刘师傅为了给儿子筹集上大学的学费，决定将自己的房子出租。在出租房子时，刘师傅认识了一家房屋中介公司的陈女士。在会谈中，双方商谈得十分愉快。后来，刘师傅把家搬到了别的地方，与陈女士的公司离得远了，双方联系得也少了。

不久后，刘师傅工作的厂子破产，个人承包之后，刘师傅被迫下岗了，赋闲在家。一次刘师傅去河西办事，又遇到了陈女士，双方聊了起来。在得知刘师傅下岗在家待业后，陈女士说自己的公司正在扩大，需要一个办理产权手续的员工，不知道刘师傅是否愿意屈就。刘师傅想，自己和人家只是为了出租房子打过几次交道，双方又有好长时间未曾谋面，认为这不过是一句客套话。因此，他并未往心里去，只是口头应承着说回家考虑一下。

可哪里知道，刘师傅刚办完事回到家，陈女士就打电话问他是否下个星期就能上班。陈女士说，办房产手续对公司而言是一个重要岗位，交给陌生人不放心，刘师傅是个热心肠，又是熟人，如果方便的话，可以马上上班。

就这样，过了1周，刘师傅就到陈女士的公司上班了。如今陈女士的公司又扩大了，刘师傅成了河西分部的经理。

对此，刘师傅深有感触地说：朋友多了路好走，这话一点儿也不假呀。

扩大交际网的前提是培养、提升自己的气质，改善自己的交际。如果你希望拓展人脉圈，那么照着以下建议去做，你就会有意想不到的收获。

1. 乐于结交朋友

采取主动的姿态参与各种社交活动是拓展交际圈子的一个必然途径。我们可以选择一个社团，加入一个集邮社或健身俱乐部，等等。被动的方式最常见的是，旅途中，我们必须学会和陌生人相处。所以我们要乐于结交朋友，无论何时何地，如果有人想主动结识你，绝不要当场拒绝，而应马上作出友善的回应，向对方展示你的友善和真诚。永远记住，多善待一个希望结识你的人，你就能多增加一份人脉，并可能因此多得一次事业良机。

2. 自信

每个人都有一套拓展人脉的方式，接待人的特点和方式也都不同，但是有一点可以肯定，善于社交的人必然是个自信、开朗的人，一个腼腆、保守的人很难打入新的社交圈子。

对抗这种"社交紧张症"的最根本方法是培养自己的信心。一个人如果很不自信，他就不愿意走出去主动与人交往，更甭说拓展人脉了。

3. 培养受欢迎的性格

俗话说："千人千面，各人各性。"有一种人尽管有很高的社交要求，但他们仍然会觉得和别人交际来往会让他们心神不宁，会带给他们莫名的紧张。对于这类人，锻炼自己的"耐性"可以让自己在人际交往上得到长足的发展。

4. 以开放的心态容纳朋友

开放的心态包括要勇于听取朋友们的意见和批评。只有善于吸收意见的人，才成长得最快。如果你想有更多更好的朋友，就应该养成开放宽容的心态。我们建设人脉的目的之一就是为自己增加发展的外力，能够为自己提意见的朋友是世界上最珍贵的朋友。处处寻找朋友，并听取他们的建议，才是理性和成熟的体现。

5. 多参加应酬

生活中的应酬是一门人情练达的学问。为人处世有许多事需要应酬，张三结婚，李四生日，王五喜得贵子，马六新升了职务，这些事要避当然也能避开，但别人会说你不懂得人情世故。那些善于社交的人，常常会伸长耳朵来打听这些事，帮人凑份子，送礼请客，使双方都皆大欢喜。为什么？因为他们懂得，日常生活中的应酬可以帮助他们在感情账户上多存储资源。

不是富人也要搭几次头等舱

有一个美国人叫彼克，他出生于贫穷的波兰难民家庭，在贫民区长大。

他只上过 6 年学，也就是只有小学文化程度。为生计所迫，他从小就干杂工、当报童。这样一个苦孩子，看起来命运十分惨淡。但是，他 13 岁时，看了《全美名人传记大成》后突发奇想，要直接和许多名人交往。他的主要办法就是写信，每写一封信都要提出一两个让收信人感兴趣的具体问题。结果许多名人纷纷给他回信。再一个做法是，凡是有名人到他所在的城市来参加活动，他总要想办法与他所仰慕的名人见上一面，只说两三句话，不给人家更多的打扰。就这样，他认识了社会各界的许多名人。成年后，他创办了《家庭与妇女》杂志，约请他所认识的许多名人撰稿，从而使这份杂志特别畅销。就这样，彼克自己也成了名人和富翁。

彼克是一个聪明人，他的聪明主要表现在两个方面：第一，他了解到凭借自己的地位和经济条件很难取得成功，所以必须求助于贵人；第二，他知道要主动接近贵人，并且知道到哪里去寻找他的贵人。由于抓住了写信和名人做活动的机会，他成功地实现了自己的目标。

彼克的做法和"搭乘头等舱"的做法是一个道理，这就是所谓的"醉翁之意不在酒"。彼克参加活动是为了结识名人，人们搭乘头等舱也是为了结识名流，而不是为了活动和旅行本身。因为搭乘头等舱的乘客大都是政界人物、企业总裁、社会名流，他们身上可能存在许多重要的资源。由此，搭乘头等舱就可能为自己搭建更高层、更高品质、更高价值的人脉关系网，因为这里出现"贵人"的频率要远远高于其他场所。

这样的例子并不少见，有的人在短短几个小时的飞行中就能说成几笔生意，或者结下难得的友谊，而这在经济舱内的旅行团体中是很难完成的。

在现代社会，越来越多的人懂得了这个道理。所以，读 MBA 的人可能不是为了充电，考托福的人也未必想出国，考司法的人也不一定要当律师。这些人中，许多原本是为了一张证书进入了这个圈子，后来却变成了融入这个圈子，顺便拿张证书。证书对于他们来说，仿佛已经不是一张许可证，而更像是一张融入某个社交群体的准入证。

当然"搭乘头等舱"的意思并不狭义地指出入高级场所，而是指找到贵人出现频率最高的地方和最易接近贵人的方法，这也算是寻找贵人的一个小窍门。

某电子商务有限公司总经理刘建 30 岁以前就拥有了 1000 万元的资产，那时的他真的有点骄傲得不知天高地厚。后来，当他参加了 EMBA 班，才知道"天外有天"。

刘建原打算读 MBA，但最后还是多花 10 万元选择了 EMBA。2 年下来，许多同学成了他的股东，刘建的生意也越做越大。这是因为读 MBA 的同学一般是二三十岁，工作没几年，实践经验也不多，还没形成自己的风格；而来读 EMBA 的人层次就大不一样了，他们都有 8 年以上工作经历，很成熟，而且都是某个领域的开拓者和领头羊。和比自己更成功、更出色的人在一起，刘建的收获大大超过付出。

刘建认为，受什么样的教育并不重要，关键是和谁做同学。他花巨资就是为了改变自己的"社会交往结构"。过去是在饭局中拉关系，现在则是在 MBA 或者 EMBA 班上建立起自己的超值"人脉"，EMBA 的开放式教育更加促进了同学交往的升温。"要知道，在这里汇集的都是中国管理层的精英，今日的同学关系也许就意味着明日的财富，'同桌的你'、'同班的你'都很重要。"

"搭乘头等舱"的做法看起来很容易，但未必懂得这个道理的人都能做到，这就需要掌握一些相应的要领了。

1. 要舍得付出，不要计较一些"小账"和眼前利益

去乘头等舱，出入一流地方，当然需要比较大的花销，但这笔花销所带来的利益和好处是显而易见的。所以，如果你总是舍不得手里的一些小钱，便等于将自己与贵人的圈子划清了界限，缩小了自己的格局。这样的人恐怕很难成就大事。

2. 要历练自己的风度和气质，让自己成为一个举止优雅、文明大方的人

这样你在一个较高层次的圈子里才能如鱼得水。这就是说要努力让自己融进这个圈子，而不是被圈子里的人嘲笑、被这个圈子排斥。试问，一个在餐桌上表现失态的人，怎么可能与一位上层社会的贵人相谈甚欢呢？

3. 不要表现得过于急功近利

无论你抱有什么样的目的，付出了多么大的代价，结交贵人都不是一天两天就可以大功告成的事。如果过于急切地表明自己的意图，甚至不惜作出谄媚的样子，那么你将失去贵人对你的好感和尊重，最终得不偿失。

用显微镜看他人的优点

超级人脉术大全集

歌德与席勒之间的友谊向来为人称颂，歌德就是一个善于发现他人"闪光点"的人。

歌德比席勒年长 10 岁，当席勒还是一个小青年的时候，歌德已名扬天下。作为后起之秀，席勒的才华并不亚于当年的歌德，他 21 岁就以剧作《强盗》一举成名，接着又写了《阴谋与爱情》等 3 部风靡一时的悲剧。

文人难免相轻，两人相处不再如从前那样长期共存自如了，感情上也产生了距离。不过，歌德毕竟具有伟大的胸怀，他钦佩席勒的长处——不受周围环境的影响，专心致志努力创作，同时忘记了席勒的短处——骄傲自满、目中无人。

若干年后，他还保持着与席勒深挚的友谊。他对席勒说："你给了我第 2 次青春，使我作为诗人复活了。"

两人在写作上多次合作，成为终身好友，死后还同葬在一起。

歌德的宽容和欣赏既促进了他与席勒之间的友谊，也为两人提供了相互学习和促进的机会。

对一个人感兴趣才会去发现对方的优点。而你对对方的关注，更是你重视对方的一种表现，这会让对方感之于心而发于情，从而对你产生很深的好感。

这让人想起了小说《飘》中充满积极人生态度的梅兰姑娘的一句话："假如你用挑剔的眼光看待这个世界，那么，你眼中将遍地荆棘。"这句话告诉我们：要用欣赏的眼光看世界。

在我们的生活中，最平常的人身上也有闪光点。你可以尝试真诚地欣赏你周围的每一个人、每一件事，以使对方备受鼓舞。这时，你也会发现，欣赏会让你的生活更加美好。

欣赏别人，可以建立一种健康和谐的人际关系。在节奏飞快的现代社会，在一个无暇沟通的生活环境中，学会欣赏别人尤为重要。只有这样，人与人之间才会多一分融洽、少一分隔阂。

对于处理与贵人之间的关系也是如此。在结识贵人以前，你应努力去挖掘他人身上的优点，或者向他们学习，或者让这样的优点、优势为我所用，那么这些人就成了你为自己"创造"的贵人。

在结识贵人之后，努力发现并指出他们身上的优点，会让他们感到更加自信，从而促使彼此之间的关系向更深的方向发展。这是一件一举两得的好事，何乐而不为呢？

有一次，维克去邮局寄一封挂号信，他发现那儿的工作人员对自己的工作感到很不耐烦。见此情景，维克心里说："我要使这位仁兄喜欢我。显然，要使他喜欢我，我必须说一些好听的话。"

维克问自己："他有什么值得我欣赏的吗？"维克仔细寻找着，立刻找到了工作人员能让他欣赏的优点。

当工作人员在磅秤上称维克的信件时，维克很热情地说："我真希望有你这种头发。"

那人听后抬起头，有点惊讶，面孔露出微笑，说："嗯，不过它不像以前那么好看了！"

维克说："虽然失去了一点光泽，但看上去仍然很好看。"

那人听后高兴极了，他们愉快地交谈起来，就像相识多年的老朋友一样。

要想培养欣赏他人的修养，就要注意以下几点：

1. 提醒自己欣赏他人优点

应该将互补者的优点一一列举出来，并时刻提醒自己，他们哪些优点是自己不具备的。也正是这些优点值得自己学习，并让他们看起来更可爱。

2. 理解他人也是欣赏他人的一个基础

心理学家研究发现，关系转淡的朋友有一半左右是因为彼此的个性比较强，因为彼此看不惯而相处得很别扭。

要学会欣赏他人尤其是贵人，还要明白我们身边的贵人是最切实的老师，要以他们为豪，这样我们才能以真挚的友情加上谦虚的态度去学习。有一些人不但不会欣赏贵人，反而排斥贵人的成就和优点，这种做法是不可取的。

3. 欣赏别人如果变成了廉价的吹捧、无原则的夸奖，那就成了拍马屁，只会适得其反

欣赏贵人并不是投其所好的精神按摩，更不是卑躬屈膝的精神行贿。欣赏贵人是要发现贵人的长处，并真心加以尊重和学习，使之变成促进自己进步的力量。

寻找贵人也要对症下药

莫尔先生是一位美国商人，他看中了中东石油带来的利益，于是便移居沙特。

莫尔移居沙特后，人生地不熟，所以一连在几个地区都没能获得石油开采权。如果向沙漠纵深开采，那必须得到当地政府的特批许可。

通过一名外国朋友，莫尔认识了一位王子。莫尔得知，王子喜欢枪支，于是他便特地从德国高价买来镶有钻石的手枪和无弹壳的新式冲锋枪相赠。哪知王子无动于衷，因为给他送枪的人太多了。

随后，莫尔在法国购进一辆奔驰 6005 型防弹车。王子虽然收下了礼物，却没有多少特别的表示。

不久，莫尔又从非洲买来几头狮子，送到王子的私人动物园。最后，莫尔为王子订制了一架小型豪华客机。他将订单送到王子手里，并说明了自己的意图。

王子问莫尔："你送我的礼物都很值钱，既然你这么有钱，为什么还想着地下的石油？"

莫尔说："为陛下送礼物，我已负债累累。"

王子说："难得你这么专一和诚心，我就给你想个办法吧。"

终于，莫尔拿到了沙漠深处的石油开采特批许可证，达到了自己的目的。

贵人能给予我们提携和帮助，所以找到贵人是很重要的，但需要注意的是，找"对"贵人才是重中之重。

"对症下药"是医学词汇，指根据病人的不同症状来开药才能够保证药到病除。我们找贵人也要遵循这个道理，即根据自己的需要寻找能为自己办事的贵人。

在你遇到棘手之事的时候，可能身边会有几位贵人可以帮你的忙或者你可以通过关系网络找到几位贵人，但是究竟让哪一位贵人来办这件事能收到最佳效果，就需要你用心思考、反复思量了。

找到一个不合适的贵人，只会空赔人情，对事情的解决没有用处；找到一位勉强合适的贵人，可能会将事情办好，但你要为这种"可能"提心吊胆，因为他没有办成的把握，更糟糕的是，最终事情也可能办得不那么如意；只有找到最合适的贵人，像莫尔先生找到中东王子那样，才能将事情办得精彩、漂亮，超乎寻常地好。

一个偏僻的小学破烂不堪，校长多次按规矩层层请示拨款事项，却始终没有结果。无奈之下，他决定向本市木材厂的厂长求援。校长之所以打算找该厂长，是因为这位厂长重视教育，曾捐款 1 万元发起成立"奖教基金会"。

遗憾的是，最近该厂经营出现了一定的困难。校长虽然深感希望渺茫，但也只好"背水一战"了。

于是，校长敲开了厂长办公室的门。

校长开门就夸："厂长，我近日在省城开会时听到教育界同仁对您的称赞，实是钦佩！今日途经贵公司，特来拜访。"

厂长说："不敢当！过奖了。"

校长又说："厂长您真是一位有远见，有卓识的人，首创'奖教基金会'，不但在本市能实实在在地支持教育事业，更重要的是，您的思想影响还很大。'奖教基金会'由您始创，如今已由点到面，由本市到外市，甚至发展到全国许多地区了，真可谓香飘万里……"

校长紧紧围绕厂长颇感得意之处，从各个方面予以充分肯定，夸得厂长满心欢喜。

此时，校长诉说了自己的"无能"和悔恨："身为校长，明知校舍摇摇欲坠，危及师生的生命安全，我却毫无良策排忧解难。要是教育界领导都能像厂长您这样支援教育，只要拨 1 万元钱就能卸下我心头的重石，可是至今申报十几次，仍不见分文。"

这时，厂长的脸上立刻起了微妙的变化。他沉默了一会儿，然后说：

"校长，既然如此，你就不必再打报告求三拜四了，1万元钱我捐献给你们。"校长听完后，紧紧握住厂长的手，满意地笑了。

"对症下药"这一原则在结交贵人时是十分重要的，它涉及的范围很广，以下几个问题就是其中的重要方面：

1. 寻找贵人时要"对症下药"

即首先找到自己遇到问题时的"症结点"，然后根据自己需要的帮助找到合适的人。比如需要资金要找有钱的商人，需要职务调动要找人力资源管理方面的高手，这样做才不至于缘木求鱼，找错方向。

2. 结交贵人也要"对症下药"

即了解自己的贵人，根据贵人的为人来与之相处。比如给贵人送礼，就要留心他们的喜好，如果贵人是一位高雅、有艺术细胞的人，可送古籍字画；如果贵人爱钱，视"阿堵物"如命，则不妨直接以利益相示。

3. 有较强的分析问题和识人的能力

只有把自己的问题分析清楚，把自己的贵人看透，才谈得上"对症下药"。所以，培养自身的这两种能力是重中之重。

你慷慨助人，贵人自会慷慨助你

名古屋有一家公司叫做"加它"，是因制造咖啡用新奶酪而闻名的名古屋制酪公司。这里的社长日比孝吉先生十分乐善好施，无论是什么都免费或超低价供给。

一种无味大蒜是由一个拥有此项开发技术的人推销到日比先生这儿的。据说日比先生自己试过后感觉很好，于是就买下了这项技术，然后让从法国巴斯德研究所来的研究人员对其效能进行研究。原来这种特别方法制成的无味大蒜中含有一种叫"阿霍安"的物质，它能净化血液，除了对预防癌症有效之外，还有利于白内障、高血压、哮喘等病的治疗。

有一次，一个朋友来要点儿过年用的咖啡。"那么，这个也给你，一起用着试试看。"日比先生顺手将无味大蒜也给了这位朋友一些。没想到这成了一个开端。据说到现在为止，这种无味大蒜已经被派发给了全日本2.5万余人。

结果，有感谢信寄来："这种无味大蒜效果惊人。"其中还有人写信来说道："哪怕只付邮费呢？""不能白白接受啊！"

这正是有趣之处。对后者，日比先生进行了劝服："那样的话，就请多多使用本公司的产品，或帮助宣传一下'加它'的产品就行了。"

派发给2.5万余人，简单算算，这需要多少经费呢？每年竟然要超过25亿日元。

但是，自从派发这种无味大蒜以后，加它公司的营业额迅猛增长，1994年年收入竟超过了700亿日元。日比先生说想把派送给无味大蒜的人数增加到10万人，而这需要的成本花费将达到100亿日元，"可是，那个时候公司的营业额也会达到3000亿日元吧。"

简单地说，善待他人的人可以分为两种：一种是像日比先生这样的商人，他从商业利益的角度考虑问题，希望得到他馈赠的人们帮助他宣传产品，从而扩大产品的知名度和营业额；另一种是纯粹无求的人，他们只是发自内心地希望帮别人一把，并不希望有一天会得到什么回报。但是，无论是哪一种人，他们总有一天会得到他人的帮助。在这个世界上，仿佛真的存在一个"帮助"的链条，它的首尾两端扣在一起，如果你帮助了A先生，A先生帮助了B小姐……他人帮助的对象沿着链条绕一圈，最终还会回到原点——你的身上。而那些你曾帮助过的人们，也就因此成了你的贵人。

其实，从某种意义上讲，因果律是真的存在的。这样说并不是宣传封建迷信，而是企图揭示"贵人"的真正奥秘。

"善有善报，恶有恶报"是事实，但这些"报"不是上天或者超自然力干预的结果，而是人际关系在起作用。

做了好事的人，会得到他人的感激，从而使自己在遇到困难的时候能够得到自己曾帮助过的人的回报，这些人就是他的贵人。做的好事越多，他的贵人就会越多；相反，总做恶事的人，贵人也会越来越少，到最后也许就没有人能帮他，只剩他自己单打独斗，这样他遭遇困境时就很难摆脱。

这也就是"晴天留人情，雨天好借伞"的道理。

吴春和胡榆是老乡，都来自西北地区一个偏僻的小县城。大学毕业后他们一起工作，但胡榆比吴春早到公司5年左右。由于同在一个办公室上班，因此他们联系得更加密切。胡榆是个非常敬业的人，几乎每天都会加班，尽管有时候工作并不是很忙，但他依然毫无例外地每个星期天都会去办公室看看，以至大家都认为他是个地地道道的"工作狂"。生活中，他又是一个非常爽快、好结交朋友的人，经常跟朋友一块儿打牌、玩球。周末，胡榆又经常会把吴春这帮单身者招呼到他家吃饭。有一次，一下子涌到他家30平方米左右的屋子里20多人。年轻人在一起总是喜欢闹腾，一顿饭就吃了他们家半袋面——学做西北拉面。他的妻子也为此忙得团团转。正因为如此，大家常来常往，所以都非常了解胡榆的为人。后来，单位调来了一位领导，居然是吴春老爸的同学，这实在是个凑巧。一次吴春去看望这位长辈，谈话间提到了胡榆，吴春只是按照自己的观点表达了对胡榆的看法，完全是拉家常，没有任何目的或是意图。但没想到这成了一次机缘，胡榆被安排担任了一个项目的负责人。他本来就是一个天分极高的人，又非常勤奋上进，所以更加得到了上上下下的赞赏和钦佩。现在胡榆已经升为项目开发部经理了。胡榆总认为是吴春帮了他不少的忙，其实，那纯粹属于偶然。但正是由于这些，吴春和胡榆的个人感情更深、交往更密了。

善待他人是每个人必须做的事，这种"善待"有时并不是只靠心地善良就可以表现出来的，还有一些具体的问题需要注意：

1. 既要对他人好，又要尊重对方的人格和意愿

既不要过分热情，让他人心生厌烦，也不能将自己的主观意愿强加于人，甚至让对方有被怜悯、被救助的受辱之感。

2. 善待所有人，而不仅仅是那些你认为可能成为贵人的人

因为那样做既有趋炎附势的嫌疑，又容易让一些貌不惊人的贵人与自己擦肩而过。

3. 帮人要帮到点子上

要进行真诚的、实实在在的帮助，让对方感受到你的诚意。比如对方一时缺钱的时候，用好听的话去安慰他就不会起到作用；当对方事务缠身的时候，打电话找他谈心的结果肯定适得其反。

在他人的矛盾缝隙中寻找自己的贵人

邹文怀本是香港邵氏企业的员工，服务于邵氏影城。后来，他升任为制片主任，职务仅次于老板邵逸夫。在邹文怀的协助下，邵氏企业迎来了事业的辉煌。

1970年4月，邹文怀带着他的几个亲信离开邵氏，自立门户创办了嘉禾影业公司。原先有一批导演和演员，准备在嘉禾筹备停当后加盟，邵逸夫闻之立即给他们加薪，结果真正肯效力嘉禾的只有三四个导演和演员。

由于势单力薄，创业之初嘉禾备受歧视，当初答应投资的台湾富商也临阵退却。这时，邵氏方面又放出风来：谁为嘉禾拍片，再红邵氏都不会用他（她）。香港的职业演员，谁敢得罪邵氏？谁不为自己的饭碗和前途考虑呢？

邵氏公司明星如云，而当时嘉禾只有一个男明星，他就是与邵氏反目的武打演员王羽。按嘉禾当时的财力，只能拍一些小成本影片。而且由于缺少大制作，这些影片大都业绩平平。直到李小龙加盟，才真正使嘉禾摆脱困境，并从此走向了辉煌。

李小龙，广东顺德人，从小生长在香港，是个少年武术迷。18岁那年他赴美留学，先后在西雅图和洛杉矶开武馆。他的武艺高强，在西方掀起了中国功夫热。李小龙还喜欢拍电影，渴望做好莱坞的动作明星。但他怀才不遇，只在影视中做过第二主角和一些跑龙套的角色。

通过朋友牵线，邵氏公司与李小龙都有合作意向。双方在一起谈条件，李小龙开出每部片酬1万美元的价格。但当时邵氏公司的一些大明星，每部片酬也只有五六千港元（约折合1000美元），邵氏认为李小龙漫天要价，只肯出2500美元。邵氏吩咐手下人，叫李小龙自己先来，一切再作安排。言下之意，来不来由你！此举激怒了李小龙，他宣布不与邵氏合作。

邹文怀识才，立即指示在美国的女干将刘亮华前往游说李小龙。嘉禾开出7500美元的片酬，虽低于李要求的1万美元，但大大高于邵氏。尽管这个片酬还不及好莱坞配角的片酬，但李小龙从中看出了邹文怀的诚意。

为了"报复"邵氏，李小龙答应了邹文怀。

1971年夏，嘉禾与四维公司合作，由李小龙主演的《唐山大兄》在泰国开机。拍片的双方投入了40万港元，若不成功，嘉禾与四维都只有关门倒闭一条路。李小龙脾气不太好，拍片时老与导演发生分歧，邹文怀一直当"和事老"。

同年10月，《唐山大兄》在港首演，结果一炮打响，创下350万港元的全港影院票房最高纪录！李小龙凭此影片则一夜成为大明星。

后来，李小龙主演的第2部功夫片《精武门》，又创下400万港元的本地首轮票房纪录。为了笼络这匹"野马"，邹文怀让他自编自导自演第3部影片《猛龙过江》，结果该片创下450万港元的票房纪录。再后来，这三部功夫片还发行到东南亚、台湾、日本等地，为嘉禾带来了巨大的声誉和收益。

邹文怀之所以能够在实力不如人的情况下取得事业的成功，是他请动了贵人的缘故。他的贵人就是李小龙。但是以李小龙的才华和能力，即便到别的影视公司也同样有成名的机会，他为什么偏偏要帮邹文怀呢？这就得益于邹文怀高超的策略。他发现了李小龙与邵氏之间的矛盾，并利用了这一矛盾，既然他们矛盾的根源是片酬，邹文怀就从这里入手，开出了更高的价格，打动了李小龙。

利用他人的矛盾并不是要教人去投机和钻营，而是要找到解决问题的策略和手段。他人之间的矛盾对于当事人来说当然不是好事，但却给了旁观的第3者和第4者以难得的机会。

这一策略是有实用性的，比如你的竞争对手与其客户之间有了矛盾，你就可以利用这一矛盾将客户争取到自己的手里。这属于正当竞争的范畴，没有什么不妥，况且还可以给自己带来机会和利益。

所以说，在现实生活中，每个人的身边都有贵人，只是贵人的所在并不显而易见。这就需要你想办法、运用策略去发现他们、结识他们，如"在他人的矛盾缝隙中找贵人"就是一个好的方法。

某家电公司推销员小郝，主要销售电视机、洗衣机等大件家电产品。每次客户要货，小郝都会亲自送货上门，并按客户的要求放到客户认为最合适的位置；如有客户告知需要维修，小郝就会及时赶到，快速高效地修好。而另一家家电公司的推销员小陈，同样也实行送货上门服务，但他每一次都是把货送到门口甚至楼下就不管了；客户要求上门维修，他也迟迟不愿照面，经过三催四请终于来了，也常常修理不到位，如修好的电视往往没过多长时间就又开始出现毛病了。凑巧小郝的客户和小陈的客户离得不远，有一次没事聊天的时候，他们的话题就扯到了家电上面。小陈的客户一听小郝客户的介绍，感叹万分。经过介绍，小陈的客户见到了小郝，并亲身体验了一下他的售后服务。从那以后，小陈的客户每次遇到亲戚朋友需购买电器时，都会把小郝介绍给他们。前不久，他的儿子结婚，添置的家电产品也几乎都是从小郝的公司买的。

利用他人矛盾的方法有很多，下面几种情况可以作为参考：

如果你是企业的领导，你的下属之间有了矛盾，这个时候，你要仔细分析矛盾的具体情形。如果矛盾是由于两个有才华的下属互相不服气而产生的，你可以通过一定的调节手段让这种矛盾成为激发他们更大潜力的动力，并借助这股矛盾让下属们更加努力工作，提高自己的业绩，从而使公司的整体效益有所增长。

如果你的同行业中，有几个竞争对手之间有矛盾，并导致了恶性竞争，那么你不妨站在旁观者的角度静观其变，让其互相争斗，而你则坐收渔翁之利。只要你沉得住气，不卷入这股恶性竞争的洪流中去就可以了。水落石出，对手实力下降，你的名字就显现出来了。

如果你的同行与其合作伙伴之间发生了矛盾，你可以找到合适的渠道与其合作伙伴取得联系，并积极进行联合，因为在他们与你的同行发生纠纷之后，他们会乐于寻找新的合作伙伴。这样，你的力量也会相应壮大。

以实力为饵，"钓"贵人上钩

有一年，世界歌王帕瓦罗蒂到北京音乐学院参观访问，很多家长都想让这位歌王听听自己子女唱歌，目的就是想拜他为师。帕瓦罗蒂出于礼节，只得耐着性子听，一直没有表态。

黑海涛是农民的儿子，凭着自己的刻苦努力考入这所著名的音乐学院。

他也想得到帕瓦罗蒂的指点，但他知道自己没有背景，很难得到与歌王见面的机会。但是，难道白白浪费这么好的机会吗？黑海涛不甘心，他灵机一动，就在窗外引吭高歌世界名曲《今夜无人入睡》。他的歌声一起，一直茫然的帕瓦罗蒂立即有了反应："这个年轻人的声音像我！他叫什么名字？愿意做我的学生吗？"黑海涛就这样幸运地成为了这位世界歌王的学生。1998年，意大利举行世界声乐大赛，黑海涛取得了第2名的优异成绩，由此成为了奥地利皇家剧院的首席歌唱家，名扬世界。

实力就像一个诱饵，运用它可以吸引识才的贵人"上钩"，这也正应了"姜太公钓鱼"那句俗语。

每个人的身边都有贵人，但大多数时候，这些贵人是潜在的、隐形的，我们很难发现他们的所在。既然寻找贵人这么难，为什么不运用逆向思维，反其道而行之，想办法让贵人来发现我们呢？

自古以来，才俊之间往往惺惺相惜，如果你真的是人才，有能力，那不妨亮出自己的实力。贵人看到你的实力之后，一定不会无动于衷，他们一定不会错过那些自己赏识的人。多数贵人都有识才、惜才之心，因为或许当年他们就是由于某位识才贵人的赏识才得以出人头地的，如今异地而处，当然也一定会对有才华的年轻人施以提拔和帮助。

所以，贵人是你"吸引"来的，而不是等来的，或者碰运气碰来的。如果你一直没有贵人相助，那么你只能怪自己，怪自己没有实力或者没有抓住机会将实力表现出来。

马克应聘一家房地产公司的主管职位。由于待遇丰厚，接待大厅被应聘者挤得水泄不通。马克灵机一动，走到入口处高声喊道："请大家自觉遵守秩序！前来应聘的人排成3排。"应聘者看到马克与公司的工作人员站在一起，以为他也是考官，便很快排好了队。接着，马克又把大家的简历收在一起，把自己的简历放在最上面，这样他便得到了第1个面试的机会。考官已将马克刚才的行为看在眼里，看了他的简历后，便说："你被录用了。"

用实力吸引贵人还要注意以下几个方面的问题：

1. 展示你最优秀的一面

如果你没有所谓的"后台"，又想在竞争中取胜，那你只有依靠自身

超级人脉术大全集

的"软件"了，比如你有没有团队精神？是否知道编织自己的人际关系网？等等。当然，你所拥有的这些"软件"一定要是对手所没有的，这样才能体现你的优势，然后再通过适当的途径把它们展示出来即可。

一个人可能有多方面的能力，但你对贵人展示的必须是自己的优势和强项，因为实力足够强，才可能在瞬间对贵人产生强大的冲击力，让他被你打动。

2. 要注意实力和贵人的搭配

就是说你应该首先对自己的贵人有所了解，然后在他面前展现出他所熟悉或者从事的领域的实力。比如黑海涛在歌唱家面前展现歌唱实力，马克在人力资源考官面前展现组织能力，都是很恰当的。因为只有这样，贵人才会看到并了解他们的长处。所以，如果贵人酷爱书法，你不妨写上几笔大字；如果贵人喜欢读书，你不妨与他谈谈名著，这样你的才能便会更容易被他发现。

3. 实事求是地表现实力

无论你的实力有多强，只要照实际情况表现出来就好了，千万不要自我吹嘘，也不要表现出骄矜的样子，那样容易引起贵人的反感，对自己有百害而无一益。

结交贵人，多多益善

商鞅在秦国实行变法之初，反对者成千上万，连太子也不以为然，一再触法。商鞅说："变法的法令之所以不能贯彻执行，是由于上层有人故意抵抗。"于是他便想把太子刑之以法，以杀一儆百。可是太子是国君的接班人，是不能施刑的，所以他便拿太子的老师公子虔和公孙贾当替罪羊，他们一个被割掉了鼻子，一个脸上被刺了字。可由于当时商鞅甚得秦孝公的宠信，权势极盛，太子拿他也万般无奈。

商鞅的变法取得了巨大的成功，经过十几年的时间，秦国的国力得到极大的扩充，兵力也得到极大的增强，由一个西部的边陲小国一跃成为七雄之首。秦国最后之所以能够统一中国，其中也有商鞅的一份功劳。

然而，正当商鞅的权势如日中天之时，秦孝公死了，太子继位，也就是秦惠文王。他一上台，他的老师——那个被割掉了鼻子的公子虔便出面告发，说商鞅想要叛变，于是惠文王便下了逮捕令。无奈之下，商鞅匆匆忙忙逃离咸阳。但当他来到潼关附近想要投宿时，旅店的主人却拒绝收留他，并说道："根据商君的法令，留宿没有证件的客人是要进监狱的！"

商鞅这才觉得自己是自作自受，他开始后悔当初得罪太子。想想看，如果当时他能像别人那样对太子稍稍奉承几句，那也不会落到今天这步田地了。但世上没有卖后悔药的，当初不知结交，今日只能无奈"坐收其害"了。最终，商鞅走投无路被收捕，车裂（即五马分尸）于咸阳街头。

秦孝公重用商鞅，让他主持变法得以施展自己的才华，可以说是他的大贵人。但是商鞅却因此只剩下这一个贵人，身边的其他人大多都成了他的敌人。所以当秦孝公去世之后，他就陷入了四面楚歌的境地，走投无路了。

因而，找贵人也需要用心衡量，既要左右逢源，照顾到方方面面的利益，又要瞻前顾后，考虑事情细腻周到，不能只在一棵树上吊死，也不能一条道走到黑。即千万不要仅仅依靠一座大山，若有许多可以利用的关系就不要因粗心大意而忽略。如果你所要办的事情是非常重要而不能耽搁的，那最好多找几层关系，以便于为失败做一些应急措施，以防后患。

同时，面对同一个贵人，采用一种方法进攻失败，就要考虑另外的方法，或金钱利诱，或美女战略，或利用爱好等各种方式。不要随意地放弃贵人，要知道，放弃贵人就意味着你的事情永远没有希望成功。

香港富豪彭硕楠开始创业时，只是一个无名小辈，他在湾仔开设了一间小厂，取名叫"远东铝质工程公司"。这个公司后来一步步发展壮大，他自己也因此成为了"铝窗工程大王"。其实，他的成功是在几个贵人的帮助下才得以实现的。

他的第 1 位贵人是范文照。

当时他希望承包环先施公司外墙的工程，这项工程比较大，而他的公司尚不具备如此实力。后来，他幸而得到测师范文照的帮助，从中穿针引线，才一举拿下此项工程。

作为彭硕楠的"贵人"之一的范文照，当时名气很大，是国内著名的测师，比如南京中山陵就是他设计的。当他听说朋友彭硕楠想包该项工程，而该工程又比较大，要分 3 期才能完成，仅购买材料就需要六七十万元资金为成本，而彭硕楠的公司正苦于没有资金接这宗业务时，便出面找到先施的负责人帮彭硕楠说了不少好话。

先施公司的负责人见大名鼎鼎的范文照出面为远东铝质公司"担保"，相信范文照这位行家的眼光不会有错，于是就把工程给了彭硕楠。

这对于刚成立不久的远东铝质工程公司来说，无疑是个很好的发展机会。没有范文照的关照，彭硕楠一定拿不到这项利润丰厚的工程。

他的第 2 位贵人是李嘉诚。

当时，"远东铝质公司"刚刚做完先施、三和大厦等工程，又接了不少富豪私人豪宅的装修工程，包括香港印度籍世家夏利里拉的豪宅以及梁昌、郑裕彤、郭炳湘等人的豪宅。有一天，一位好友将彭硕楠引荐给世界华人首富李嘉诚，要他的公司为李嘉诚的豪宅进行铝窗安装工程。正是这项令李嘉诚十分满意的工程，使他与李嘉诚结下了不解之缘。

随着自己的长江实业在房地产开发上突飞猛进，李嘉诚这位贵人给了彭硕楠一次又一次的工程装修机会，他先后让彭硕楠承接了他的许多工程，如天星大厦、九龙中心、赛西湖等，这使得彭从中大发其财。李嘉诚在 20 世纪 80 年代向大陆挺进，还把彭硕楠也带进了改革开放的内地发展。

他的第 3 位贵人是一位美国材料商人。

香港金钟太古商场的工程第 2 期招标时，彭硕楠很想参加，但是由于竞争对手太强大了，彭硕楠丝毫没有获胜把握。金钟太古商场第 2 期工程的合约大概在 2 亿港元左右，但整项工程所需的技术十分先进，一般的公司达不到这个水准，只能望洋兴叹。工程大赚头也就大，所以这次前来招标的全世界范围内 11 家公司，除"远东铝质"外全是世界性大集团。

在实力不如人的情况下，彭硕楠又是靠贵人相助，使"远东铝质"一举中标。当年，彭硕楠从事装修工程业务后，通过打工时认识的铝质专家希比伦结识了不少同行，其中有一位是美国的材料商。在与这位材料商打交道的过程中，彭硕楠务实、讲诚信的作风给对方留下了极好的印象。得知彭硕楠参与竞标金钟太古的第 2 期工程，与太古集团负责人关系不错的这位美国材料商特意就此事致信太古集团负责人，极力保荐彭硕楠，一口肯定他能胜任此事。结果美国商人的意见被太古集团负责人所采纳，彭硕楠力压群雄而夺标。

以上所列的不过是典型，其实在彭硕楠的成功之路上，还有很多类似的贵人。正是他自己的辛勤努力加上这些贵人的帮助，才成就了他的事业。

在结交贵人的时候应该注意：

1. 左投右靠，为自己多结交几个贵人

"贵人"是永远不嫌多的，多一个贵人就多一条路，也多一个靠山。此路不通时，可以换另一条路；某一靠山倒塌时，可以换另一个靠山。这也正是所谓"狡兔三窟"的道理。

2. 懂得变通，不要认死理

贵人只是能够帮助你、提携你的人，与你并没有什么必然的联系，更没有忠诚不忠诚之说。一个贵人遇到了麻烦，陷入了困境，你当然需要以朋友的身份帮助他。但这不代表你不能结交其他贵人，而只能被一个贵人牵制、牵连。

3. 左右逢源

争取在每一位贵人心中都占有一席之地，并积极促进多个贵人之间的联系，力求让你的贵人们能因你的存在而扩大交际网络，变得更加强大。这样，你的靠山也会更加牢固。

远离"舒适圈"，呼吸新鲜空气

有一位女孩叫阿莲，读高中一年级。随着青春期的到来，她慢慢地产生了摆脱父母的心理，有了自己的书房和小书桌后，每天偷偷地写日记，写完后将日记本藏在抽屉中，不让妈妈看。她希望用自己的内心去感受世界，可是面对形形色色的现实世界，繁杂的人际关系以及沉重的学习压力，阿莲又感到一种内心的不安全。于是，她开始变得孤僻，害怕人际交往，心中产生一种莫名其妙的封闭心理。有时，一个人跑到小河边望着静静的

河水流泪，顾影自怜。她渴望与同学进行交往，羡慕其他同学快快乐乐、轻轻松松地参加集体活动，可她却又害怕主动与别人交往，还抱怨别人对她不理解、不接纳。

这种心理特征就是心理自我封闭，与外界隔绝，生活在个人的小圈子里，难以与人交往。发展到一定程度，就会形成一种疾病。

因为阿莲给自己营造了"舒适圈"！把自己锁在了安逸的窝里，把外界想象得过于深不可测，其实外面的世界很精彩，尝试从你的"舒适圈"走出去，呼吸一下外面的新鲜空气，说不定有意外的收获。

在一个小村庄里，由于过去曾发生过几件不愉快的事，导致村民之间相处得很不融洽，家家户户自扫门前雪，别说互相帮助了，见了面也熟视无睹而且还时不时为一些芝麻绿豆大的小事争得面红耳赤，闹得整个村落鸡犬不宁。

村长很想改善目前的窘境，不希望这股相敬如"冰"的风气继续蔓延下去，于是请来了一个外地人帮忙。

这个外地人自称是技艺精湛的魔术师，并通告乡里说："我有一个神奇的魔法铲，用这个铲子炒出来的菜，会是天底下最美味的一道菜。口说无凭，我可以当场试验给你们看！"

村里的人听说了这件神奇的事，开始议论纷纷，有人搬来了家里的大锅，有人搬来了家里的大炉子，有人自愿提供木材，有人点火，全村的人围着村子中央的空地，静心等待魔术师的精彩表演。

魔术师煞有介事地在锅里放了油，把青菜放入锅中，魔法铲翻炒几下，然后带着遗憾的神情对大家说："这么一点点哪里够这么多人吃？如果可以再多一点菜，那么大家就都可以吃得到了。"

于是，有人飞快地从家里拿了青菜出来。魔术师把青菜放入锅中翻炒，试了一口，然后兴奋地说："味道真是太好了！如果可以再加一点盐，或是一点肉丝，那就更可口了。"

大伙儿听了口水直流，盐、肉和其他的调味料也很快地送到了魔术师的手上。

没多久，魔术师的锅里已经装满了佳肴。

这盘菜刚端上桌，就已经被大家你一口、我一口，吃得盘底朝天，村民们发现，这果真是天底下最好吃的一道菜！

虽然是一则小小的故事，但他的寓意很深奥，各家自扫门前雪，各家吃各家的饭，天天都一样的菜，一样的调料，当然吃不出新鲜来。但如果和大家一起吃，那肯定有滋有味。

人际交往也是一个道理，一个人整天蒙在自己狭小的圈子里，如井底之蛙，当然不知道井口之外的天是多么的奇妙，但是和大家一起分享，把你知道的和他知道的汇合，那就不只是井口大的天了。

如何走出你的舒适圈呢？

1．初步建立"圈子"

有米才成炊，"圈子"要靠自己一点点聚拢才能成型。号称"台湾第一报人"的高信疆先生。在创办《人间副刊》之际，没人愿意为其投稿，只能自己"造米下锅"。但他坚持不懈，每天会写 20 封信，不管认识不认识，不管能否接到回信。坚持的结果是，"米多锅少"，就一再扩版，成就了以副刊带动整个报纸的辉煌。而他自己的"圈子"也同时扩大了规模。另外你可以推而广之，每天发 20 封电子邮件，不怕陌生、不怕不熟。联系多了，顺其自然就成了你"圈"中之人了。

成功建立关系网的关键是和适当的人建立稳固的关系。很好的人际关系能提高你生活的情趣，让你了解周围所发生的一切，并提高交流的能力。

2．扩大"圈子"

"圈子"不能一成不变，像盖好的楼盘，要想着开发二期。在打造关系网的过程中，已经认识的人很重要。你目前的联络网是奠定你未来关系网的原料。他们都有自己的熟人，而他们所熟识的人又有自己的熟人。总是几张熟得不能再熟的脸相对，哪里还有新鲜？现在，高先生虽说已无暇每天写 20 封信，但他依然约束自己每天至少给新朋老友打 5 个电话，所以他的"圈子"还在扩大。你的"圈中人"不可能只认识你一个，不妨互相交换，带好各自的朋友扩大联盟。这样交叉着，你的"圈子"很容易扩张，你的获得就永远新鲜。

3．拥有不同的"圈子"

物以类聚，人以群分，这个"分"当然有其特定的标准和规则。但当这个标准或规则太具有功利性时，"圈子"有时就会从圈住共同东西的领域变成了阻碍人迈出脚步的套子。这时，"圈子"便不知不觉变成了圈套。别让圈套套住你的最好办法，就是拥有几个不同的"圈子"。涉猎广泛一些，发挥自己不同的侧面，就很容易拥有不同的"圈子"。

成功在很大程度上取决于你拥有多大的权力和影响力，与恰当的人建立稳固关系至为关键。

不想做个平庸的人，那就走出来吧！

社交馈赠也需要窍门

中华民族向来是礼仪之邦，"礼"文化也源远流长。即使在今天，礼尚往来，也是人际交往的一项重要内容，俗话说："礼轻情义重"，我们既可以体味到人情缔结的温馨，又可以享受友好往来的愉快。但是，有时也会因为方法不当、时机不对、礼品不妥而事与愿违，反而人情未结，芥蒂又生，真是赔了夫人又折兵，有些不值得。

送礼作为一种社会现象，有其约定俗成的规矩。比如送给谁，送什么，怎么送？这些都很有说法，千万不能小看，绝不能随心所欲，盲目瞎送，从这个角度讲，送礼也需要技巧。社交馈赠也是需要一定窍门的。

社交馈赠一定得明白几点：礼品如何选择才能用礼达意，赠礼的时间选择在何时比较恰当，既不打扰别人还能起到很好的效果，还有一点就是赠礼的方式到底该选择哪一种，这些都是进行社交馈赠时应该考虑的。

1. 礼品选择

针对送礼对象的特点，侧重于礼品的现实价值和纪念意义，这是选择礼品时要注意的两个最基本的问题。具体来说，选择礼品应该注意以下几个问题：

（1）对明确双方之间的关系在选择礼品时，如果忽略了自己与受赠对象之间关系的性质、类型与状态，就容易选礼不当。对待公务交往的对象与私人交往的对象、老友与新朋、异性与同性、中国人与外国人……选择礼品时一定要有所区别，具体关系具体选择。

（2）要投其所好，如果所赠礼品适应了受赠对象的兴趣与爱好，受赠对象会格外满意，因为他感到你尊重他，而且与他有更深的情义。周恩来总理在世时，知道柬埔寨王后（西哈努克之母）和西哈努克亲王喜食我国京郊特产大盖柿，所以每年大盖柿收获时，周总理都送一些去金边，供柬王后等人品尝。1989 年，美国总统布什访华时，李鹏总理赠送给被人称为"自行车大使"的布什及夫人一人一辆飞鸽牌自行车。布什十分高兴。1990 年 2 月，美国总统布什接见了在法国网球公开赛中获得冠军的美籍华裔张德培。张德培把在法国公开赛中使用过的球拍作为礼物，送给这位爱好网球运动的总统。布什不禁露出了顽童般的高兴神态，说："老天，太棒了！"

不过，要是为了对受赠对象投其所好，而超出了个人能力或彼此关系的界限，去不择手段地向对方赠送能满足其兴趣爱好的礼品，不仅毫无必要，弄不好还容易被对方及旁观者怀疑为另有所图。

自古"宝剑赠英雄，红粉赠佳人"，送人礼物必须确知能令对方感到满意，才能实现该份礼物的价值。如果将一双崭新的溜冰鞋送给发白齿摇的老翁；买一只贵重的瑞士手表，赠予初次见面的朋友；或者送内向保守型的教授一辆山地自行车……这些不恰当的东西，都只会适得其反。何况，男女老少有所不同，个人的爱好也不是放之四海而皆准，购买前必须仔细考虑，才能为受礼人带来无比的温馨。

（3）不要触犯受赠对象的禁忌。禁忌，就是因某种原因（尤其是文化因素）而对某些事物所产生的顾忌。禁忌的产生大致有两个方面的原因。

一是纯粹由受赠对象个人原因所形成的禁忌。例如，向一位从来忌恨烟酒的人赠送烟酒，向一位刚刚中年丧妻的男士赠送情侣表、情侣帽、情侣上衣，都会令对方心情大坏。有些是由于受赠对象某些方面的自尊和不足造成的禁忌。1989 年，英国首相撒切尔夫人送给法国总统密特朗英国作家狄更斯 1859 年撰写的一本小说《双城记》，这部小说把法国大革命时期的暴力和恐怖同当时英国生活的平静作了比较。法新社评论说："这份礼物不能平息法英两国在本周末巴黎七国首脑会议上的争执，甚至可能适得其反。"

二是由于风俗习惯、宗教信仰、文化背景以及职业道德等影响下逐渐形成的禁忌，那就要顾及习俗礼俗，"入乡随俗"，才能真正打动对方。

比如，礼品的选择，要针对不同的受礼对象区别对待。一般说来，对家贫者，以实惠为佳；对富裕者，以精巧为佳；对恋人、爱人、情人，以纪念性为佳；对朋友，以趣味性为佳；对老人，以实用为佳；对孩子，以启智新奇为佳；对外宾，以特色为佳。

还有比如中国还有"好事成双"的说法，因而凡是大贺大喜之事，所送之礼，均好双忌单，但广东人则忌讳"4"这个偶数。因为在广东话中，"4"听起来就像是"死"，是不吉利的。再者，白色虽有纯洁无瑕之意，但中国人比较忌讳，因为在中国，白色常是大悲之色和贫穷之色。同样，黑色也被视为不吉利，是凶灾之色、哀丧之色。而红色，则是喜庆、祥和、欢庆的象征，受到人们的普遍喜爱。另外，中国人还常常讲究给老人不能送钟表，给夫妻或恋人不能送梨，因"送钟"与"送终"、"梨"与"离"谐音，是不吉利的。还有，如不能为健康人送药品，不能为异性朋友送贴身用品等。

（4）要重视礼品的现实价值和纪念意义。礼品的本质价值在于寄寓和传输意识、情感、交情而不在于其使用价值。因此，在选择、定制礼品时，要着重考虑它的深刻本意。1991年杨尚昆主席访问印尼，在国宴前，中、印尼两国元首交换礼品。苏哈托总统将一把蛇形钢刀赠送给杨主席，并介绍说："这是印尼人民反对荷兰殖民统治时期用的刀，具有反殖民反帝的传统。"杨主席对此非常高兴。庆祝联合国成立50周年时，中国赠送了"世纪宝鼎"作为礼物。江泽民主席访问俄罗斯，赠送了一盘录有二次大战中苏联人民反法西斯斗争的资料片断和著名歌曲的录像带，都是有深刻思想和情感内涵的。

（5）赠礼一定要态度友善，说话有分寸。送礼时要注意态度、动作和语言的表达。平和友善、落落大方的动作并伴有礼节性的语言表达，才是受礼方乐于接受的。那种做贼似的悄悄地将礼品置于桌下或房间某个角落的做法，不仅达不到馈赠的目的，甚至会适得其反。在中国一般习惯上，送礼时自己总会过分谦虚地说："不足挂齿！""只是一点小意思"或"很对不起"……这种做法最好避免。当然，如果在赠送时以一种近乎骄傲的口吻说"这是价值连城的东西"也不合适。在对所赠送的礼品进行介绍时，应该强调的是自己对受赠一方所怀有的好感与情义，而不是强调礼物的实际价值，否则，就落入了重礼而轻义的地步，甚至会使对方有一种受贿的感觉。

（6）礼物也要有包装。礼物是你真情的代言者，礼物的选择显得尤为重要。不过，如果你能在礼物的包装上再用点心思，那么你的礼物一定能够更有效、更深刻地打动对方的心。

譬如，鲜红的玫瑰花配上红色包装纸，是象征燃烧的热情；绑上粉红色的蝴蝶结，是你那颗跳动的爱心。又如，大胆地采用黑与白来包装，把你难以启齿的爱慕装进里面，不就可以送到那个人的心扉里吗？

包装的材料有蝴蝶结、可爱的小盒子、透明的小箱子……还适合各种用途的卡片、贴纸。

想要包装哪一种礼物，就从这些包装的材料当中，挑出适合赠品颜色和形状的各种材料，按照自己喜欢的方式包装好绑上缎带。

包装的好坏，虽然与是否能灵巧地使用包装纸和绑蝴蝶结有关。但是，更重要的在于色彩感觉的好坏，这与包装得漂亮与否有直接关系。

2. 时机的挑选

一般情况下，以下时候适宜向受礼者赠送礼品：

（1）应当道喜之时，如交往对象结婚、生育的时候。

（2）应当道贺之时，如交往对象升学、晋级、乔迁、出国、事业取得成功或是过生日、过节日时。

（3）应当道谢之时，如受到他人提携、照顾、帮助之后，可在适当时机，以礼相赠，表示谢意。

（4）应当慰问、鼓励之时，交往对象遇到困难、失败、身处逆境时，可以赠送适当礼品表示慰问或鼓励。

（5）应当纪念之时，久别重逢、参观访问、临行话别之际，可以赠送礼品，以为纪念。

（6）在遇到传统节日，如春节等，可向交往对象赠送一些礼品、纪念品。

3. 方式的选择

（1）面送礼仪。

当面赠送宾客礼品时应表现得自然大方，正确表达礼品的含意，用途以及赠送礼品所表达的情意，增加彼此友谊，使对方欣然收下礼品。切忌当面赠送礼品时表情紧张，鬼鬼祟祟，令旁人和宾客内心起疑、那样失去了赠送礼品、增加情意的意义。

（2）代送礼品。

当自己不能当面赠送礼品时可委托他人代送礼品。在代送礼品之前，应向受礼人讲明自己赠送礼品的原因、礼品的相关意义、自己不能当面赠送的理由，使对方能够理解，并收下礼品。

（3）邮送礼仪。

赠送异地友人礼品时可通过邮寄的方式。在邮寄礼品时应包裹得当，以免礼品在运输途中被损坏。对方的地址、姓名、联系方式及自己的相关信息应写清楚，以免寄错、丢失。在礼品寄出后应立该给对方打电话，告诉其关于礼品的相关信息，使其对礼品有所了解，不至于收到后"零星看花"。

4. 地点的选择

赠送他人礼品时，如果选择的赠送地点不合适，会严重影响赠送礼品的效果。一般情况下，公务交往赠送礼品时应在工作场所或交往地点进行，而私人交往赠送礼品则宜在私下里进行。切忌不分场合地赠送他人礼品，这会造成难堪的局面。

整个礼物馈赠的最后一环，送得好，方法适当，会皆大欢喜，境界全出。送得不好，受礼者不愿接受，或严词拒绝，或婉言推卸，或事后返回，都会令送礼者难堪，落得个赔了夫人又折兵。所以，只有巧妙掌握社交馈赠的技巧，才能把整个送礼过程画上一个完满的句号。

第七章
寻找生命中的贵人

机遇贵人：慧眼识珠的伯乐

泰森出生在纽约布鲁克林贫民窟的一个黑人家庭。1968 年，在泰森刚2 岁时，父亲吉米抛下泰森母子几人离家出走，泰森从此成了一个无人管教的野孩子。

泰森的母亲是个小学教师，因生计所迫，她不久就与泰森后来的继父同居了。继父性格暴躁，经常打骂母亲。在泰森 9 岁那年，继父又一次痛打母亲时，泰森和哥哥姐姐一起冲上去痛打了继父。从此，继父畏惧泰森的厉害，不敢再打母亲。泰森也成了一个"管不了"的孩子。在 12 岁之前，他进拘留所已达 40 次之多。

1978 年的一天，12 岁的泰森被押进太龙学校。太龙学校是一所特殊的学校，这里的孩子大部分是来自不幸家庭的黑人后代。这所学校实际上相当于劳教学校。泰森在这所学校里依然劣性不改，他用拳头赢得了别人的"尊敬"。次年，他被押往埃尔姆伍德少年犯管教所，继续接受改造。如果不是遇到伯乐斯图尔特和达马托，泰森可能永远也只是个流氓。

一天上午，泰森又在和别人打架。管教所的拳击教练比尔·斯图尔特正好路过这里。他本来要去制止这场少年之间的斗殴，没想到却被泰森出拳的勇猛吸引了。当泰森以一记又准又狠的重拳砸在对手下巴上时，他竟情不自禁地叫起来："多么漂亮的钩拳！"

作为拳击运动员，1974年斯图尔特曾获全美"金手套"轻量级拳击冠军。当他意识到自己不可能成为拳王后，便把理想转移到培养青少年拳手方面来。

斯图尔特很快制止了泰森打架，他对泰森说："你这么结实，是块好料子。我来教你打拳，你同意吗？"

泰森看了斯图尔特一眼，不解地说："我打架已经够厉害了，为什么还要学打架？"斯图尔特耐心解释说："是学拳击，不是学打架。阿里，你知道吗？他就是拳王，你们黑人心中的骄傲。你认真学，你也会成为拳王！"

提到阿里，少年泰森有点明白了，他似懂非懂地点了点头。就这样，斯图尔特把他带到了管教所的拳击房。这里有很多器械，还有20多个与泰森年纪相近的孩子在练拳击。

从此，泰森开始了拳击生涯，这是泰森人生历程上的重大转变。斯图尔特作为启蒙教练，真正称得上是泰森的"伯乐"。泰森经过一段时间的训练，拳技突飞猛进。拳击房里那些练拳击的孩子，个个都成了他的手下败将。

有一天，斯图尔特满脸严肃地对泰森说："孩子，我再也没资格当你的老师了。离这儿不远的卡斯蒂尔街，有位非常有名的拳击教练叫库斯·达马托。他是我的朋友，我想办法让你到他那儿去学拳击。你在他那儿只要好好学，将来一定会出人头地的。但愿上帝保佑，他能收下你！"

泰森见斯图尔特对达马托如此敬重，不免先产生了几分敬畏。达马托是美国拳击界乃至世界拳坛的一位不同寻常的人物，他不仅是一位声名显赫的拳击教练，曾发现和培养了世界上最年轻的重量级拳王帕特森和世界次重量级拳王托里斯，而且还是个拳击理论家，拥有一套独特的理论和训练方法。达马托与好友创办的"帝国拳击俱乐部"办得红红火火，培养了大量人才。

1979年初春的一天，斯图尔特向达马托推荐泰森。达马托非常兴奋，因为他正为找不到好苗子而烦恼。达马托对斯图尔特说："你把他带过来，我测试一下吧！"

在达马托面前，斯图尔特亲自与泰森"过招"，为的是让泰森有充分表现自己的机会。果然，泰森左右躲闪的灵巧动作以及进攻时的勇猛出拳，令达马托大喜过望。

达马托收下了泰森，并为他办理了担保。这样，泰森便提前离开埃尔姆伍德少年犯管教所，与他的第2位伯乐达马托住在了一起。达马托像亲人一样对待泰森，让他一边在学校读书一边练拳击。但泰森不是读书的料，并且老在学校惹事打人。无奈之下，达马托只得让他结束学校生活，专门请家教为他开设文化课。

达马托为了培养泰森，为他请来了一流的拳击教练，为他提供了最好的训练设施。就这样，泰森15岁时就夺得了全美少年奥林匹克冠军，18岁进入职业拳赛，21岁时成为继阿里之后又一个获得世界三大拳击组织金腰带的"三冠王"。在泰森的辉煌时代，他仅用91秒就击倒对手，创下了每打一拳价值为1000万美元的纪录。

正是由于伯乐的存在，才把一个处于堕落边缘的"问题少年"挽救回来，使他有了以后的发展机会，有了今日的成功。由此可见，伯乐的作用绝非微不足道。

唐代大文学家韩愈在他的《马说》里写道："世有伯乐，然后有千里马；千里马常有，而伯乐不常有。"

就马和伯乐的出现顺序来讲，应该先有马，然后才有相马的伯乐，这样才符合逻辑。但是就千里马和伯乐的出现顺序来讲，则必定是先有伯乐，然后才有千里马。这是因为没有伯乐，拥有好的潜质的马很难被挖掘、被发现、被委以大任。这即是"世有伯乐，然后有千里马"的深意。

从古至今，姜太公得遇周文王，诸葛亮得遇刘备，齐白石得遇陈师曾，杨元庆得遇柳传志，都是"良马"遇"伯乐"而成为"千里马"的例子。

一个人聪颖明慧，那是先天的赋予。可是就算有人聪明绝顶、举世无双，如果找不到用武之地，也是白白浪费了过人的才华。所以，是千里马还得靠伯乐识。如果没有后天的被人发现，还谈什么千里马？

你承认自己是千里马吗？如果是，那就别再犹豫了，赶紧去找你的伯乐。只有伯乐有一双透视眼，能一眼把人看穿看透，知道谁是真正的有用之才、谁是无能之人。靠着他们的慧眼识才，是"良马"的最好选择。

岳元小的时候就表现出有些迟钝的样子，很迟才开口说话，到了上学年龄口齿还很不伶俐。

上学以后，他经常早退，考试成绩很差，甚至数学课考试还得过零分。他是一个经常惹老师生气的劣等生，但是他喜欢看书和写诗，常以此来消磨时光。

22岁那年，岳元来到某出版社，在发行部从事包装书籍的工作。在这里他有幸接触到了各种各样的读物，余暇时他便消遣似的试着写书评。有一天他的雇主读了他的书评，对他说："岳元，你也许是个懒散的包装工，可是写的东西倒挺不错的。我不想埋没你，我们可以让你在广告部门试着做点工作。"就这样，他被提拔到广告部工作。

到了广告部，岳元有了以笔杆子谋生的机会。办公室的文稿写完了，他就开始自己的创作，从诗歌转向小说。4年后，当他辞去这家出版社的工作时，已经成为一位有名的青年评论家了。岳元的成功，与雇主发现他的才华、给他提供机会有很大关系，这位雇主称得上是岳元的贵人。

想要结交自己的"伯乐"贵人，不妨从以下几个方面入手：

1. 主动寻找，不要被动等待

贵人是真实存在的，但绝对不会凭空掉下来，掉到你身边，即使存在这种情况，也是极其偶然的。

2. 不断地提升自己的能力，让自己真正成为一匹"千里马"

机遇从来只偏爱那些有准备的人，贵人也只会青睐那些聪明人、敬业者、实干家、种子选手。因为对这些人进行投资，贵人不必浪费太多精力，便可以得到很好的收益。没有一个贵人会赏识一无是处、碌碌无为的人。想要结识"伯乐"，必先从提升自我开始。

3. 学会自我推销

在现代社会，"酒香不怕巷子深"的观念早已不再适用，这个世界并不缺乏千里马，而是缺少那些能把自己推销给伯乐的千里马。

4. 和具有高创造性的人群建立关系

高创造性的人会增强你的洞察力，如果你想更好地认清这个世界，那么就尽量和这些创造东西的人保持联系吧！这些人创造艺术作品、诗歌、做生意、图像设计、网站，搞音乐，生产产品或者从事任何有创造性的活动，会较早地"嗅"出机遇的气息，发现"伯乐贵人"的所在。所以，你可以和他们尽可能多地谈论创造性的点子，以不错过任何的可能性。现在你可以通过网络，前所未有地、方便地和世界范围内的人建立这样的关系。

诸葛贵人：出谋划策的智囊

卡特和里根都曾是美国的总统，1980年，后者在大选中击败前者进入了白宫。

巴黎一家报纸刊登了一则"信不信由你"的内幕新闻，说里根1980年当选总统后，卸任在即的友人卡特留给他3个标有号码的信封，告诉他在危难时拆开，可使他化险为夷。

1982年，美国经济情况倒退，局势紧张。里根拆开第1个信封，打开一看，里面只有2个字："骂我。"里根恍然大悟，于是不论什么场合，他都大讲特讲，把美国经济出现的烂摊子统统归咎于卡特，说是卡特种下了祸根，才使他陷入困境。这招果然灵，里根声望逐渐回升。

1984年，美国政府被财政赤字困扰，国会中责难之声不绝于耳。这时里根拆开了第2个信封，里面只有3个字："骂国会。"里根依计行事，反复指责国会阻挠他执行紧缩政策。国内对他的批评果然减缓。

1986年11月，里根暗地里向伊朗出售武器，并将所得美元用于支持尼加拉瓜的反政府武装，闹出了"新水门事件"。里根在危急之中打开了第3个信封，却见内中写道："为下任准备另3个信封。"

古典小说《三国演义》第54回中有关于"锦囊妙计"的精彩故事：东吴大将周瑜听说刘备的妻子刚刚去世，就设计要将孙权的妹妹许配给刘备，让刘备到东吴入赘，到时将他幽囚狱中，并用他换取荆州。诸葛亮识破此计，决计派赵云伴随刘备入东吴成亲。临行，诸葛亮悄悄对赵云说："你保护主公到东吴，我给你3个锦囊，囊中有3条妙计，你到东吴后依次而行。"后来赵云依计而行，果然保刘备成亲，并携新夫人安全返回荆州，使得周瑜的计谋成为泡影，并落得"周郎妙计安天下，赔了夫人又折兵"的千古笑谈。"锦囊妙计"本意指封在锦囊中的神机妙算，现在比喻能及时解决紧急问题的方法。

卡特送给里根的信封就是此类锦囊，它在人遇到困难、无计可施的情况下大显身手。从这个意义上讲，卡特就是里根的贵人。

方法总比困难多，但问题是，在困难面前，方法虽然一定存在，你却未必能想得出来。再聪明的人也有束手无策的时候，更何况挫折和阻碍还可能摧垮人的意志，让人感到绝望而不再寻找方法。这时，你就需要一位贵人站在你的身边，替你冷静分析局势，思考对策。大多数情况下，所谓的"问题"会在一位高智商、有经验的局外人手中迎刃而解。

这也正像某年春节晚会上两个喜剧演员的戏言：拥有一些诸葛贵人，就仿佛为自己开了一家免费的"点子公司"，让人受益无穷。

今年陈鹏正式向所在的公司递交了辞呈。他原本在一家大型超市担任部门经理，辞职的原因是想自己创业。他相信凭自己的能力，凭借多年的工作经验和人际关系，自己一定能够成功。

经过半年多的筹划，他的一家中型超市正式开业了。前 2 个月，整体上看业绩还算不错，可是正当他暗自得意的时候，一个让人头疼的问题出现了：在超市的顾客意见簿里经常出现留言反映同一个问题，那就是电梯的速度太慢了。很多顾客认为这耽误了大家的时间。随后的 1 个月，超市里的顾客逐渐少了。陈鹏为此事非常烦恼，因为各家连锁超市的电梯都是由一家承包商提供。要临时换掉，一来需要大笔资金，但超市开始营业不久，赢利有限，拿出这么多钱实在大伤元气；二来要重新装修，就可能要关门一段时间，这笔损失也不小。原以为创业不难，可谁想到会遇见这样的问题呢？看着超市的情况越来越糟，他冥思苦想却找不到对策。

有一天，在朋友聚会的时候，他的朋友吕彬看出了他的愁闷，就问了原因。吕彬是一个心理医生，陈鹏觉得他也帮不上什么忙，就简单说了几句，匆匆告别了。哪知 3 天之后，吕彬给他打电话，说帮他想了一个办法，劝他不妨试一试。吕彬说的办法是在电梯的两侧分别装上壁镜。陈鹏听了以后豁然开朗，心想这真是一个绝妙的好方法，再三谢过吕彬之后，他开始按照吕彬的方法进行装修。

装修过后，他发现这些镜子果然起了作用，顾客们在电梯里可以照镜子、整理仪容，所以再也不认为电梯慢了，超市里的顾客又渐渐多了起来。陈鹏乐得合不拢嘴，爱美之心人皆有之，这么好的主意为什么自己没有想到呢？这多亏了吕彬的好点子啊！

要想结交诸葛贵人并赢得他们的帮助，可以试试以下几种方法：

1. 结交一些学识渊博、经验丰富、阅历较深的贵人

一般来讲，他们提出的意见具有前瞻性、深刻性的特点，这两点对于需要作出决策的人来说是至关重要的。唯有如此，才能判断出走哪一条路是正确的。

2. 重视身边那些"智多星"，也就是平时点子多、花样多的人

这些人往往视野开阔、思维活跃、心态积极乐观，遇到事情时也往往更有主意，与此类朋友结交，他们会在关键时刻为你献计献策。

3. 不妨运用"头脑风暴"的方法

找一些思维活跃的朋友聚集在一起，尤其是要找那些与你性格、思维方式、生活方式大不相同的朋友一起商量对策。这种情况下即使没有人能提出具体的解决方案，也极有可能使你得到一些有启发性的意见。而沿着这些意见和想法想开去，你便可能找到解决问题的方法。

指路贵人：指引方向的识途老马

"钢铁大王"卡耐基的事业如日中天，让后人十分敬佩，但他也不可能单靠自己的力量成就一番事业——年轻的时候，他曾得到过高人指点。

卡耐基果断跳槽追随斯考特先生，可以说是走出了他一生中转折性的一步。在汤姆·斯考特先生的提携和帮助下，卡耐基开始涉足投资领域，并获得了最初的成功。

一天，斯考特先生问卡耐基："你能筹集到500美元吗？我的一位朋友过世后，他太太将遗产的股份卖给了朋友的女儿。现在这位女子急需用钱，想把股份转让出来。是亚当斯快运公司的股票，一共 10 股，恰好 500 美元。红利是每股 1 元……我想你应该买下它。"

亚当斯快运公司在当时是相当有实力的公司，它在波士顿、费城、匹兹堡、华盛顿、圣路易及欧洲各地都有分公司，主要经营铁路，另外还经营汇款业务和银行业务。按当时的行情来看，快运公司的股票的确也算是稳涨的股票。

尽管如此，500 美元对卡耐基来讲还是个天文数字。不久前卡耐基的父亲因病去世，家里的钱已经差不多花光了。并且，他们每年还要付房款给舅舅，而房款的总价恰好是 500 美元。"斯考特先生，我现在实在是筹集不出这么大一笔钱。"卡耐基只能婉言谢绝了斯考特的好意。

"没关系，我先替你垫上，无论如何也要把它买下来。"斯考特斩钉截铁地说。

第 2 天，斯考特先生有些为难地问卡耐基："对不起，他们非 600 美元不卖，你还要不要？""要！我一定要！请代我先付 600 美元！"尽管这意味着要走一步险棋，然而卡耐基仍下定了决心，当即写了一张 610 美元的借据，并注明还款期限为半年，其中 10 美元是 600 美元借款的利息。他用借据和股票作担保，交给了斯考特。

为了还清借款，卡耐基一家省吃俭用，半年内便积存了 200 美元。卡耐基的母亲玛琪又用房子做抵押，以 8 分的高利借回 400 美元。还款期限到时，卡耐基把 600 美元本金如数归还给了斯考特先生。

不久，卡耐基投资的股票得到 10 美元的红利，他将其交给斯考特先生做利息，还清了斯考特先生借给他的全部本息。初尝投资获利喜悦的卡耐基，沉浸在"我也是资本家了"的成就感中。他开始寻求更大、更有前途的投资项目。他对他的朋友们讲："这里有下金蛋的鹅！既然千里迢迢来到美国，就应在这个机会均等的开放的社会中一心一意地寻找金蛋。"

这是卡耐基生平第 1 次大投资，此时的卡耐基年仅 20 岁。就在这一年的秋天，斯考特先生高升，做了阿尔图那事业总部部长。当时，随着铁路工程的进展，阿尔图那的调车场以及修理厂扩大了，事业总部由此而变为实际的营业中心。对于斯考特先生而言，这次升职意味着进入了直属董事长的中枢部门，他的地位越发重要了。

斯考特又想到了卡耐基："愿意随我一起去阿尔图那吗？做总部秘书，月薪 55 美元。"

月薪 55 美元可不是个小数目，这比卡耐基当时的月薪整整高出 20 美元！卡耐基自然是毫不犹豫地表示愿意。月薪一下增加了 20 美元的卡耐基回家告诉母亲："您不用再做副业了。"

斯考特先生和卡耐基一同前往阿尔图那，同住在调车场附近的一家旅馆。从此，两人的友谊更加深厚了。

如果没有斯考特先生的提携，卡耐基要想成功就会走很多弯路，浪费很多时间，也许 24 岁的时候他还在事业的边缘徘徊不定、左右难决呢！当然，这只是一种假想。现实中，卡耐基因为有了斯考特先生的帮助成功了，而且是很成功。

刚刚步入社会的大门、内心渴望大展宏图的年轻人，最需要这样的贵人。如果仅凭借自己的力量，便只能摸着石头过河，甚至不断犯错才能找到一条正确的、适合自己发展的道路。

但是，如果有一位指路贵人相助，情况就大大不同了。他们大多曾在年轻时经历过类似的迷茫，对于有上进心却不辨方向的年轻人既有应有的赏识，又有几分感同身受的同情。而且最重要的是，他们知道处在这一时期的年轻人最需要什么，并能据此给他们相应的帮助。这种帮助就像茫茫海面上突然出现的一座灯塔，航行的船只只要尽自己的力量朝着灯塔的光亮前进，就有希望到达成功的彼岸。许多长者提携后进时都是如此。苏轼年轻时自蜀入京，得到了当时文坛盟主欧阳修的指点；亚洲首富孙正义青年时代得遇藤田田，也得到了后者莫大的帮助。

大人物的成功往往离不开贵人相助，处在事业迷茫期或瓶颈期的普通人就更加难以单打独斗取得成功了，而找到一个指路贵人，就等于找到了一条通往成功的捷径。

对于许飞来说，花旗集团投资银行的中国区副总裁董功文是给他最直接帮助的贵人。在他打算创业的时候，正是董功文为他筹集了创业的大笔资金，这一点决定了许飞的金融传媒教育公司从一开始就拥有很高的起点。也同样是董功文为他提供了大量有价值的建议，令许飞受益无穷。

许飞认识董功文纯属偶然。许飞在北京租的房子恰巧是董功文的，而董功文的太太又正好是许飞的老乡，一来二往，他们也就熟识了。两个人都很健谈，话题从人生到事业，常常一聊就是几个小时，许飞偶尔也会诉说自己对于未来事业的期许和打算。"也许是从那个时候，他觉得我是一个有梦想，又能做事情的人吧！"许飞说，这可能就是董功文后来愿意成全他的原因之一。

"还有一部分原因是我当时已经有非常广的人脉关系了，从大银行到城市中小银行，还有实业界。我当时已经拥有非常广泛的资源，这对我的新公司意义非凡，可以说那时候已经是万事俱备、只欠东风了。"这无疑是许飞当时的优势所在，而且得天独厚。

在很多人看来，这种组合有些不可思议。董功文是一个高级银行经理人，几乎站在金融行业的最高端，地位和经济实力自不用说，而许飞却只是一个"毛孩子"，没有任何的背景。"或许他多年从事投资银行的经历赋予了他独到的眼光，令他发现了其中的巨大商机。"许飞说。

对许飞而言，董功文不仅是他的合伙人，更是他人生的指引者、生命中的贵人。"他给我最大的启发是，做任何事情都一定要专注。"许飞说。就在2005年年初，忙碌的董功文把许飞叫到他下榻的饭店，告诉他自己在2005年的计划是做好7件事。"其实他的第7条计划写的是'如果有时间，关注以上6件事'，所以说起来真正的计划只有6条。对于他这样身处高位的人，每天在天上飞来飞去，公务永远处理不完，居然能列出这样具体的计划，一年就专注做好6件事，我觉得不可思议。"

走向成功的过程本身也是学会放弃的过程，这是董功文希望许飞能明白而且能身体力行的道理。"今年以来我照他的样子也给自己定了6条计划，他所说的话对我未来的处世方式有非常直接的影响。"许飞说这种指引对他而言可能比提供资金更重要，因为眼界决定了格局。

有这样一句名言："明确正确的方向，永远比跑得快更加重要。"借助贵人的指点，了解自己的发展方向，是聪明的做法。

1. 接近"指路贵人"，让他有充分的机会了解你

比如为他工作、与他住在同一社区等，因为贵人只有对你的情况有全面的把握，才能根据这种把握对适合你的发展道路作出正确的判断。

2. 告诉指路贵人你的梦想

他人为你设计的道路和方向未必符合你自己的意愿。如果你让贵人了解到你的理想，他就可以据此选择并指出最接近你理想的一条。

3. 主动求教

即使是非常乐于指点年轻人的贵人，也不会一而再、再而三地主动帮助你。你必须拿出主动的精神，对于那些可以为你指引方向的人不要吝于开口求教，以让他体会到你谦虚的品质和真诚的态度，这会有利于你的发展。

推手贵人：催人奋进的激励高手

中央电视台著名的主持人朱迅，在大三时，就开始在日本 NHK 做现场直播的音乐节目。一开始，NHK 的导演就说："如果你不能胜任，下次我们就考虑换人。"经纪人也给她施加压力，一句一句地教她怎么说，给她看大量的带子。这些压力让朱迅感到紧张，不知如何下手。但她很快就学会了如何克服和解决压力、如何放松自己，主持经验和技术也慢慢得以提升。

1997 年，她进入朝日电视台做主持人时，为了赢得高收视率，节目组决定连续 3 个星期做报道风俗行业的节目。

虽然朱迅已经做好了充分的心理准备，但那一幕幕赤裸裸的风俗小姐接客的情景，还是让自以为可以随机应变、应付自如的朱迅瞠目结舌。她觉得自己的工作难登大雅之堂，所以上街总是戴着墨镜，生怕别人认出来。终于，实在承受不住压力的朱迅向父母倾诉了她的苦恼。妈妈说："你是作为一名记者去采访她们，自己又没有做坏事。你爸爸也是记者，年轻时也在南美采访街头卖身女郎，但我很相信他。"曾任新华社驻东京首席记者的父亲也鼓励她、开导她。

父母的开导让朱迅如释重负，开始安下心来努力工作，结果她的节目很受欢迎。1998 年，日本新世纪中文电视台将她评为"在日杰出的华人"。

朱迅的父母就是她的"推手贵人"，也就是在她承受不住巨大压力的时候"推"她一把、给她勇气和力量的人。这一类贵人是催人奋进的激励高手。

激励高手就像一位巨人，沮丧和恐惧这些负面情绪在他们面前会变得弱小、无力、不堪一击。

任何人都有沮丧和恐惧的时候，这时，激励高手会教我们正视压力，把它当成现实生活中的一部分，尽力去排解它。激励高手总是能在关键的时候安慰我们，并协助我们找到解决问题的方法。

激励就是激发人的动机、诱发人的行为，使其产生内在动力，从而朝着所期望的目标努力并不断强化个性行为的过程。心理学家威廉·詹姆士通过研究发现，一个没有受到情感激励的人，仅能发挥其能力的20%～30%；当他受到情感激励时，其能力可以发挥到80%～90%。在人的一切活动中，情感因素发挥着很重要的作用。

清代教育学家颜昊先生说："教子十过，不如奖子一长。"这句话讲的虽然是父母教育子女的问题，但对于所有人、所有事来说都同样适用。激励的作用如此强大，由此也告诉了我们推手贵人的重要意义。

唐沐生曾是学校里的跳栏冠军，他在学生时代赢过许多奖牌，很少有人能够击败他。他的动作优美、敏捷，速度极快，他的朋友都很钦佩他卓越的身手。毕业之后，他却成为了保险公司里的推销员。

但是，唐沐生的推销事业发展得并不是很好，整整1年，他只拉到了极少量的保险单。他似乎缺少当年从事跳栏运动时的志向、勇气、毅力和强烈的欲望来拓展他的业务。害怕"无法成为冠军推销员"的恐惧心理征服了他，一旦被一个可能成交的顾客拒绝，他就特别容易灰心。他忘了自己在学校时，是经过不断的练习与坚韧的毅力才克服错误的跳栏动作的。

有一天，唐沐生参加同学聚会，与旧日同窗欢聚。他们在运动场上玩了一会儿，这时他们看到有些人在练习跳栏，于是同学们鼓励他再展示一下身手。他喝了一点酒，胆气十足地借了一双钉鞋，开始跨越栅栏。结果，他不慎滑了一跤，跌断了腿。他打上了石膏，被迫休息1个月。

有一位朋友去医院看望他，便趁这个机会开导他、鼓励他：你当年之所以能成为冠军，是经过不断的练习才战胜失败的。虽然你现在的年龄已经不再适合跳栏运动，但你应该记得做学生的时候，你对自己的技术充满了信心。你必须找回当年的勇气、自尊和自信。世界上没有任何事情能阻止你成为冠军推销员。

朋友的话点醒了他，他明白了：原来是恐惧和缺乏自信使他无法成为冠军推销员的。

唐沐生痊愈后，开始用当年称雄运动场时一样坚强的态度与毅力从事推销保险的业务。他先从内心锻炼自己如何接近顾客、如何克服可能遭遇的障碍，结果不到1年，他就成了出类拔萃的推销员，不仅增强了推销的能力，而且生活得非常快乐。

要想在推手贵人的帮助下不断战胜自我、努力向前，你不妨尝试以下几种方法：

1. 主动找推手

当你疲惫、沮丧、失去自信、需要掌声时，要主动去找别人说出你的困惑和烦恼，别人会乐于帮助你的。

2. 与上进心强的人共处

比如当你寻找室友、合作伙伴时，尽量去选择那些上进心强的人，他们积极进取，力争上游，不甘落后，即使没有直接用言语或动作激励你，你也可以在日常生活中受到他们的影响而成为努力向上的人。

3. 借助榜样或者对手的力量

因为他们的存在本身就是一种激励，这些人也是"推手贵人"的最佳人选。

财富贵人：雪中送炭的资金支持者

胡雪岩本是浙江杭州的小商人，他善于经营。在经商小有成就后，他开始筹谋干一番大事业。

王有龄是杭州一介小官，想向上发展，却苦于没有钱做敲门砖。胡雪岩与他稍有往来。随着交往加深，两人的情谊日渐深厚。

有一天，王有龄对胡雪岩说："雪岩兄，我并非无门路，只是手头无钱，十叩朱门九不开。"胡雪岩说："我愿倾家荡产，助你一臂之力。"王有龄说："我富贵了，绝不会忘记胡兄。"

于是，胡雪岩变卖了家产，筹集了几千两银子，送给王有龄。王有龄去京师求官后，胡雪岩仍操其旧业，对别人的讥笑并不放在心上。

几年后，王有龄身着巡抚的官服登门拜访胡雪岩，问胡雪岩有何要求。胡雪岩说："祝贺你福星高照，我并无困难。"

王有龄是个讲交情的人，他利用职务之便，令军需官到胡雪岩的店中购物。这使得胡雪岩的生意越来越好、越做越大，而他与王有龄的关系也更加密切。

此后，胡雪岩的产业越来越兴旺，最后还被举荐为二品官，成为大清朝唯一的"红顶商人"。

"财富贵人"在钱财上的馈赠、接济，是能够为你提供的帮助中最重要的一种。像恩格斯接济马克思、鲍叔牙接济管仲、梅克夫人接济柴可夫斯基……都是这样的例子。而案例中胡雪岩和王有龄的故事则更加典型，如果没有胡雪岩的资金支持，王有龄是很难凭双手叩开"官门"的。

钱财在人生中是万万不能缺少的，一旦有人愿意倾其所有助你，那这个人必定是你的贵人。

而现在，任何巨额财富的起源，建立在借贷基础上都是最快捷的。就是说，要发大财先要借贷。但这种借贷意义千万不能限定在金钱上，我们同样可以在人脉上进行借贷，俗称"借势"。没有本钱怎样发大财呢？别忘了借贷是行之有效的成功的手段。当然，借钱就得付出利息，借人也得欠个人情，但你不要害怕，你利用别人的钱来赚钱，借用别人的势来镀金，你赢得的部分可能远远超出了你所付的利息。

资金或信贷是那些原来贫困的人诚实致富的手段，但仅有这些还远远不够，而贵人则是打开成功之门的暗码。

找到了能够在关键时刻为你提供资金支持的雪中送炭者，你就找到了自己的财富贵人；有了财富贵人，你就有了创业、投资、获得更好发展的本钱。

崔元出生于北京市的一个普通市民家庭，他出生的时候家里很穷，全家挤住在一间简陋的小铁皮屋里。屋漏偏逢连阴雨，8岁的时候他父亲又在锯木厂的意外事故中丧生，以致全家只能靠母亲当佣人的收入维持生活。

尽管生活很艰辛，但母亲还是用微薄的收入供一对子女上学读书。后来，崔元考入高中学习。

高中毕业后，母亲实在没办法供他上大学，就实打实地把情况告诉了他。崔元理解母亲，毕竟她还要供妹妹上学。学习成绩好又热爱学习的崔元为此深感遗憾。

就在崔元有一种从未有过的失落感时，他生命中的贵人出现了。一位企业家——某保险公司的总经理王宁了解到崔元的情况后，当即表示要支持这个优秀的青年上大学。

崔元听说王宁要出钱让他上大学，心里十分高兴。王宁见了崔元，和蔼地说："我愿意资助你上学，你就放心地读书吧！"崔元说："我怎么感谢您呢？"

王宁打断他，说："你先别说感谢的话，支持你上学，我是有条件的。你必须在我的企业里兼职，用工资抵账。可以吗？"

崔元想：只要能上大学，什么条件不可以答应呢？于是他向王宁点了点头。王宁说："那好，咱们一言为定！"

就这样，崔元一边在一所著名大学就读，一边在王宁的公司里兼职。王宁让他兼职，一是为了减轻崔元的心理负担，二是给他锻炼的机会。在王宁的支持下，崔元边兼职边上学，一直到读完大学，走上工作岗位。

任何人做事都有自己的目的和动机，"财富贵人"也不例外。尽量地弄清贵人的动机和意图，你就有可能更顺利地获得资助。

有一些贵人资助他人是抱着一种"投资"的心态，他们资助别人就像买股票一样，今天的投入是为了明天更好地产出。如果遇到此类贵人，你可以在他们面前表现自己的聪明才智、长远眼光、独特的分析和决策能力，让他们把你看成一支"优势股"，总有一天会大涨，会为他们带来更多的利益，从而使他们乐于帮助你。

有一些人只是出于善心和同情，他们不忍心看见成绩优秀的人上不起

超级人脉术大全集

学，不忍心孝子看着卧病在床的父母却无能为力，也不忍心看着有上进心却一时命运不济的年轻人贫困潦倒。于是他们便用手中一些富余的钱财接济他人，并不图什么回报。在这些人面前，你要表现出自己的优秀品质，同时也要暴露出面对生活和困境的无奈。对于他们，你不必晓之以"利"，只要动之以"情"就可以了。

另有一些贵人资助他人是为了"名"。世人皆有重"名"之心，这本也无可厚非，而且聪明的人也可以利用贵人的这种心理助自己一臂之力。比如现在有一种方式用来鼓励有钱人建设希望小学，那就是出够了一定的资金，便可以用他们的名字命名这所学校。这就是一种"投其所好"的方法。我们在寻找"财富贵人"的时候不妨对此加以借鉴。

势力贵人：照亮前程的折射光

清朝时期，江南有个名叫张全福的人开办了一家酒店。但是，因为酒店规模很小，缺乏知名度，所以生意十分冷清。为了改变自家酒店的面貌，他苦思良策，却一直没有奏效。

正当他一筹莫展之时，一个天赐良机来到了他身边。乾隆皇帝来到江南微服私访，他边走边看，不经意间走到了张全福这家小酒店的门口，他轻轻地叩击店门。门开了，张全福走了出来。当他看到乾隆时，不由得惊呆了。他心想：此人相貌堂堂，一定是位贵人，今日来到我的小店，此乃我的荣幸。于是他赶忙走上前去，向乾隆行了个大礼。

乾隆坐下来，随便点了几个小菜，一边喝酒一边同张全福闲聊。两人聊得很投机。说话间，张全福就把自己店内生意不好的情况向乾隆一一诉说。乾隆看见店内冷冷清清、灰尘满地的狼藉景象，又看到张全福忠诚敦厚的样子，不觉动了恻隐之心。他心平气和地对张全福说道："看你是个老实人，我倒想帮你一把，却不知如何相帮？"张全福思考了一会儿，说道："承蒙客官厚礼，请您帮我亲笔题写一副对联，好吗？"

乾隆帝听后，满口应允，立即提笔写下了这样几句诗：

江南水秀景宜人，民风富庶享太平。

小小酒店风味浓，丰肴佳馔怡人心。

若问赐墨何许人？紫禁城里寻真龙。

张全福读了这几句诗后，顿时醒悟，他高兴得手舞足蹈，大声喊道："啊！原来您就是当今的万岁爷，草民今天可是遇到大贵人了。"说着，他赶忙双膝跪地，谢主隆恩。

乾隆这几句"墨宝"果然给张全福这家小小的酒店带来了很大声誉，人们纷纷慕名前来。顾客络绎不绝，张全福的生意自然是日益兴隆。

张全福正是借了乾隆这个"贵人"的光，才使小酒店由原来的门可罗雀发展成门庭若市、欣欣向荣的景象。

可见，找贵人有一个重要的原则："宁撞金钟一下，不敲破鼓三千。"找到了有势力的贵人，就找到了走向成功的最快捷通道。

每个人的事业和人生都有落入困顿的时候，这个时期就像黎明前那段最黑暗的夜，让人不知所措、伤心绝望。如果这时有贵人来到身边，你便得到了一个天赐良机，因为借贵人之光可以照亮你的前程。

我们都知道，月亮本身是不发光的，美丽的月光是它反射太阳光的结果。虽然月亮不像太阳那样会产生核聚变，发出自己的光芒，但靠着折射光，它照样将自己装扮得美丽、耀眼。

"借光"一词引申到社会生活领域由来已久，中国自古有很多诡智谋略与之有关，比如狐假虎威、攀龙附凤、借刀杀人、拉大旗作虎皮，等等。我们略加留意就会发现，传统上对借光术评价不高，为君子所不齿。诚然，小人惯会沾光行骗、欺世盗名、狗仗人势，但这并非借光本身的错误。只要动机纯正，借助各种外力提高自己的知名度和办事效率，就是被社会承认的方式之一，我们不可妄加指责，斥其一无是处。借权贵名流为自己所用，只是借光的常见形式，实际上凡是能为我们增光添彩的人、物、事、情，都是借光的范围，比如祖宗、衣服、籍贯、才智、言论，等等，不一而足。

后人利用前人的威望、普通人借助名人的光芒是一种取巧的行为，但这种取巧不会给任何人带来伤害，反而能给自己带来意想不到的收获。既

超级人脉术大全集

然如此，我们何乐而不为呢？

席慕蓉女士的丈夫刘海北先生所写的《家有名妻席慕蓉》一文，即在调侃的语气中表达了对身为女强人的妻子的无限敬意和爱意：

"有一件常常发生的事就是给我做介绍的时候，介绍人为加深对方的印象，常在介绍完了我的姓名、职业、学历甚至生辰八字以后，再加上一句，'他就是名妻的先生'。日后可能没有几个人会记得我的名字，可是一定记得我的婚姻状况。"

"那么，难道名妻没有带给我任何的方便吗？其实不然，让我再举一个例子供您参考。"

"名妻的读者，大多是正在大专就读或刚踏出校门进入社会担任某基层工作的青年们。记得有一次计划全家出游，名妻打电话到某饭店订房。订房小姐说那一天正值假期，房间都已订出去了，但是仍可以留下姓名，列入候补。当名妻一报上姓名，对方说：'您随时来吧，一定有房间留给您。'真是痛快极了。"

"折射"他人之光的方法有很多，现列举以下两种：

1. 多和名人发生联系

在现代社会，借力这种手段已被政治、经济、文化以及外交等领域广泛运用，而且大有日趋扩展之势。对于人际交往，它不失为一种提高自身形象、扩大自己影响的策略和技巧。你可以巧借名人，如谈话中常出现一些身份很高的人的名字，你在别人眼里就不同寻常；巧借名地，如对有地位、有身份的人常去的地方进行描述，你不要不好意思，这也可以作为提高你的身份和能力的资本；巧借名言，如请社会名流为你题个词，请专家教授为你写的书作个序，请明星为你签个名，等等。被社会承认是人的正当追求，对社会进步也有积极意义，而借助名人提高自己的社会知名度，就是被社会所承认的方式之一。

2. 要活用自己的籍贯

北洋政府时期前后有 7 个总统及执政首脑，他们中有 6 个是行伍出身，唯有徐世昌是无一兵一卒的文人。徐世昌以翰林起家，靠同籍贯之名攀附袁世凯，并投其所好，这才因缘际会，扶摇直上，最终跻上总统宝座。由此可见，"籍贯"的力量不容小觑。

精神贵人：塑造人格的灵魂导师

美国第 39 任总统吉米·卡特在读中学的时候，朱莉娅·科尔曼小姐是他的班主任。她鼓励卡特学习音乐、美术，特别是文学，并为他开列了阅读书目。

朱莉娅小姐关爱她班上的每一个学生。她告诉他们："我们应该随着时代的变迁而调整自我，但是我们信守的原则应该是不变的。"长大以后，卡特对朱莉娅小姐的话有了更深的理解。朱莉娅小姐当年所要告诉学生们的是，我们应该时时分析新情况，然而无论是在选择相守终生的伴侣，还是在艰难时刻、考验时刻或是遇到诱惑必须作出困难的决定时，我们不仅要适应这些新的挑战，还应该坚守我们所学到的某些原则，例如公平、正直、忠诚等。

卡特永远也忘不了朱莉娅小姐的这番话，并始终坚守从朱莉娅小姐和父母那里所学到的基本原则。在总统就职演说中，他引用了朱莉娅小姐的话："随着时代的变迁而调整自我，但信守不变的原则。无论我们面临着多么大的困难，我都决心让我自己和美国人民信守真正的正义与真理的信仰。"

重视并积极结交一些精神贵人，也许就是因为他们的一句话或一个细小的行动，使你得到教诲、受到启迪，从而改变你一生的命运。就像朱莉娅小姐对卡特总统的教诲一样。

精神贵人是对人产生潜移默化的影响、塑造人格的灵魂导师。

人格是一个人整体精神面貌的表现，是一个人的能力、气质、性格及动机、兴趣、理想等多方面的综合表现。

人格是从人出生时就有并一直延续发展下去的。评价一个人不单单要看他的外表，更要综合多方面因素，例如语言、心理、性格等，从中去发现他高尚的人格魅力。而一个人要想让别人尊敬他、欣赏他，就应该有自己的人格魅力，对自己本身的优缺点有一定的了解，不自卑、不自傲，与身边的同事、朋友搞好关系，重视自己的言行举止，不做有失自己风范的事。

只有具有健全人格的人才能了解自己和他人，成就大事。但是有的时候，一些人的人格也会出现缺陷，并且这些缺陷很难靠自己弥补。这个时候，人就需要精神贵人，帮助他理解道理、健全人格，以言语沟通或是行为影响的方式对他产生正面影响。而对于那些人格健全的人来说，精神贵人也会起到指路或教诲的作用，使他们的人格更加高尚和完善。

唐寅，又名唐伯虎，幼年时拜周臣为师学画。唐寅经过刻苦学习，画技进步很快。1年后，他觉得自己的画与老师的画相比已经没什么两样了，于是他想告辞回家。临别的那天，老师带他到了一间陌生的屋子，真奇怪，那间屋子四周都是门。而顺着每一扇门向外望，都能见到花园里花红柳绿，流水潺潺。唐寅想从一扇门走出去，不想那门非但没被推开，他的头还被重重地撞了一下。他想从另一扇门出去，但结果也是一样。唐寅说："老师，这3扇门都锁着，我可怎么出去呀？"

老师笑了，说："唐寅，你再看看，那门是锁着的吗？"唐寅仔细一看，这哪里是门，分明是老师画的画挂在墙壁上。唐寅顿时羞得面红耳赤，跪在老师面前，说："请老师原谅弟子的肤浅，再教我3年吧！"

老师这才语重心长地说："尊敬老师不只是表现在礼仪上，更主要的是要根据老师的教导去做，真正把老师的本事学到手。"听了老师的话，唐寅从此更加刻苦地学画，一直到自己画的门窗能使大狸猫像自己当初那样碰了头才离开老师。后来，他成了明代最负盛名的四大画家之一。

要想让自己在精神贵人的帮助下完善人格、提升思想境界，就必须不断学习、勇于实践、勤于总结。

1. **不断学习**

从精神贵人的教诲中，从他们为人处世的方式中，从他们常读的那些书里，不断汲取对自己有所助益的东西。

2. 勇于实践

那些语重心长的话语，那些指点迷津的哲理，那些千锤百炼的处世经验，如果不拿到现实中去实践，就都失去了意义。我们应该做到不要再犯那些被提醒和指点过的错误。

3. 勤于总结

一般来讲，那些对自己产生重大影响的话很容易被当场记住，但还有一些道理是你当时不懂的或者没有重视的，只有在亲身经历或目睹了某些事后才能明白。所以对于那些可能对自己有所启发的话，你不妨记录下来，并每隔一个时期就进行一次总结。

侠义贵人：危难时刻的援助之手

大名鼎鼎的爱因斯坦，在生活极度贫困的日子里，是靠同窗好友格罗斯曼的父亲的帮助，才顺利地在科学领域中取得许多惊人的成就的。

1895 年，16 岁的爱因斯坦到了瑞士，进入阿劳州立学校补习中学课程，1896 年考入苏黎世瑞士联邦工业大学师范系理论物理专业。在大学期间，爱因斯坦如饥似渴地学习，自学了许多学校课程外的学科。1900 年，他以优异的成绩拿到了毕业证书。

然而毕业之后，爱因斯坦却找不到一份固定的工作。贫困饥饿驱使他整天为生活而奔波，他终生没有治愈的肝炎也是在这个时候患上的。

经济的拮据使得爱因斯坦不得不在电线杆上张贴广告，试图以讲授数学、物理和小提琴来赚钱糊口。他曾当过补习教师，也曾因老同学帮自己找到几个月的临时工作而喜出望外。

对于爱因斯坦这段贫困的日子，他的一位同学曾这样描述："可怜的爱因斯坦啊，只差拿着小提琴挨家挨户地演奏乞讨了。"

但是，贫困并不能动摇爱因斯坦走科学研究道路的决心。他继续研究自己感兴趣的物理问题，构思他的学术论文。他说："如果能找到一份固定的工作就好了，即使工资少一点也无所谓。那样，我就一定能把学术论文写出来。"

就在爱因斯坦山穷水尽的时候，大学时的同窗好友格罗斯曼帮助了他。格罗斯曼的父亲有位朋友是伯尔尼专利局的局长，经格罗斯曼父亲推荐，爱因斯坦在伯尔尼专利局谋到了一份技术员的固定职业。从1902年开始，爱因斯坦在专利局工作了7年。这正是爱因斯坦在业余时间努力探索并取得惊人的科学成就的时期。所以直到晚年，他依然深情地怀念他的老同学，感谢格罗斯曼在自己最困难时给予的帮助。

爱因斯坦的成功，正是因为得到了同窗好友的父亲这样的"贵人"相助。

"路见不平，拔刀相助"，这是人们对古代英雄豪侠进行描绘时常用的一句话。贵人之中也有不少类似古代英雄豪侠的，在人们最需要帮助的时候，他们会慷慨解囊，出钱出力相助，从而改变他人的一生。这种贵人在生活中比较常见，习惯上我们称之为"侠义贵人"。

与其他形式的贵人相比，侠义贵人的特点在于他们讲义气，能给予他人最直接的帮助，常常起到立竿见影的效果。

虽然在现代社会，那种能够决定人生死的大事如战争、决斗等已经很少发生，但人们还是会在某些时刻陷入困境或者身处危急关头。这个时候，一双适时而来的援助之手往往能够帮你一把，或者至少让你感到些许温暖。

"侠义贵人"有着古代豪侠的精神品格，或者疾恶如仇，或者心地善良，喜欢助人于困厄之中。他们的存在，让人们更加相信爱和温情的存在，也让世界变得更加美好。

遇到"侠义贵人"的人可能会在关键时刻化险为夷，走出"山重水复疑无路"的迷障，见到"柳暗花明又一村"的美景。

2004年3月25日下午，湖南省攸县江桥镇司法所所长欧阳宏接到了附近村民打来的火警电话，他迅速和乡领导一起组织当地群众去灭火。可万万没有想到，这场救火行动竟给他带来了意外的灭顶之灾。那天山火扑灭后，口干舌燥的他狂饮路边一口老井里的水。不想正是这口遭受了铀金属严重污染的井水，使他患上了可怕的急性粒细胞白血病。

治病需要钱，欧阳宏的朋友胡杰虹、邓鹏飞得知情况后，马上伸出了援手。

病魔时时在折磨着欧阳宏。不久，朋友们筹到的钱已用得差不多了，欧阳宏打算放弃治疗。此时，朋友安慰他："不能放弃！钱的事你别操心，安心治病。还有其他朋友呢，大家很快就来了……"

接下来，越来越多的朋友相继来到了医院。此外，当年高中的一些同学及欧阳宏在运动队训练的队友们也向他伸出了援助之手。

朋友们轮流到医院陪护欧阳宏，并开始着手为他安排做骨髓移植。然而，在做过血液配型后，欧阳宏和哥哥只有 3 个位点吻合，手术有很大的风险性。于是，同学们纷纷主动申请血液配型。可是，20 多位朋友的配型经检验没有一个合适的。欧阳宏再次失去了信心，他对朋友们说："你们已经尽了最大努力，我已经没有希望了，不能再拖累你们。你们的情意，我此生没有机会回报了，如果有来世，我还要和你们做朋友……"朋友们打断他："欧阳，大家都在努力，我们有信心，你也要有信心，会有希望的！"

这天，欧阳宏的大学同窗谢志彬在得知他患病的消息后立即赶到了医院。当看到欧阳的朋友们纷纷为救助欧阳宏而努力时，他被深深地感动了。他激动地说："欧阳是你们的朋友，也是我的朋友，我一定发动更多的人一起来救助他！"很快，谢志彬找到了在长沙的另外几位大学同学。随后，一条手机短信从长沙发出："同学们，当年我班优秀的同窗欧阳宏因在勇救山火后误饮'铀水'而不幸身患白血病，现在准备做骨髓移植，请伸出援助之手……希望你将此短信转发给和你有联络的同学……"

眼前的一幕幕让欧阳宏又看到了生的希望，他说："我欧阳宏哪一世修来的福啊，有你们这样的好朋友！"

不久，令人激动的消息传来——有朋友通过网络得知，北京航天医院曾多次成功地进行了 3 个位点的骨髓移植。他们兴奋地给欧阳宏打来电话："技术上的问题解决了！余下的就是筹足手术费了，你放心，朋友们正在努力！"

同样让人感动的是，欧阳宏的妻子易蓉的同学也在她不知情的情况下向班、系里的同学发出了这一信息，那些同学也纷纷加入了救助欧阳宏的行动中。被同窗情感动的欧阳宏夫妻双方单位也为他们捐款 2 万多元。

从四面八方涌来的关爱组成了一条无形的爱心链条，各地的汇款最终凑足了手术的费用，但仍有部分缺口。于是同学中有人又开始向中国同学录网站求助。网站编辑马滔立即将这个情况编辑成了一个特别的募捐网页。很快，华中农业大学、湖南大学、湘潭大学、湖南师范大学等高校的许多同学、校友也被这份同窗情谊所感动，纷纷伸出了援助之手。为了救助欧阳宏，夫妻二人的同学及同学的同学以及校外的同学共计1000多人献出了他们的同窗爱心。这次史无前例、规模盛大的救助同学行动，已经载入了中国同学录的史册！

欧阳宏的骨髓移植手术非常成功！这一消息很快在帮助他的朋友中传开了。2005年5月12日下午5点，欧阳宏在白细胞等指数达到正常后，在几十位朋友的掌声中，含泪走出了无菌舱。此时此刻，任泪水横流，没有语言能表达出他的内心感受，他只有用感激的拥抱来回报至交好友的救命真情……

结交"侠义"贵人并不难，他们虽有古代豪侠的性格，却不像豪侠那样行踪诡秘。

多留心身边那些有正义感、心地善良，又有胆识和勇气的人。这些人很可能成为"路见不平，拔刀相助"的现代版侠客。

结交那些对金钱的态度比较洒脱的人。在现实中，确实有一种人，他们对金钱本身并不那么重视，他们往往收入颇丰又喜欢结交朋友，并在朋友向他们借钱时十分爽快。这一类人，往往会在他人陷入困境时伸出援助之手。

让自己拥有更多的"至交"。那些与你肝胆相照的兄弟、有通财之谊的朋友，他们不会在危急关头舍你而去。当然，前提是你必须以同样的心意来对待他们，为他们"两肋插刀"。只有这样，才能让你们之间的友谊更加坚固，历久不变。

第八章

初涉人脉，扫除交际心理障碍

打开交际的黑匣子

现代人赋予交际越来越人性化的意义，可以说，你的交际范围有多大，那你的舞台就有多大。交际已经俨然成为你人生的一门艺术，给人的感觉若即若离，让你的心更是蠢蠢欲动：这就是交际的最大魅力——让你欲罢而不能。

为何如此呢？

生命并不是一条无限延长的直线，而需要我们不断地左转右转，挣脱束缚寻找捷径，追求属于自己的成功，雕琢自己的个性。这意味着人的本性注定了人与人的交往，决定了后来人脉的形成。

人脉，是你成功的暗码；人脉，是你成长的垫脚石；人脉，是你的未来！所以，从现在开始改变你过去的心态，尽情地去交际吧！

在我们周围，有些人就是比其他人更成功，赚更多的钱，拥有不错的工作、良好的人际关系、健康的身体，整天快快乐乐，拥有高品位的人生，似乎他们的生活就是比别人过得好，而许多人忙忙碌碌地劳作却只能养家糊口。其实，人与人之间并没有多大的区别。但为什么有许多人能够获得成功，能够克服万难去建功立业，有些人却不行？

不少心理学专家发现，这个秘密就是人的"心态"。一位哲人说："你的心态就是你真正的主人。"一位伟人说："要么你去驾驭生命，要么是生命驾驭你。你的心态决定谁是坐骑,谁是骑师。"

影响我们人生的绝不仅仅是环境,心态控制了一个人的行为和思想。同时,心态也决定了自己的视野、事业和成就。心态能让你成功,也能让你失败,成功往往由那些抱有积极态度并付诸行动的人所赢取。对同一件事持有两种不同的心态则通常会陷入艰难的困惑中而越陷越深,总之心态决定人的命运,心态是你真正的主人。

好的心态,可以超越困难,突破阻挠;好的心态,可以粉碎障碍;好的心态,终将达成你的期望。

梦想是成功的起跑线,心态则是起跑时的枪声。行动犹如跑步者全力的奔驰,唯有坚持到最后一秒的,方能获得成功的锦旗。

有多少人在迷宫般、无法预测也乏人指引的茫茫人海中迷失了方向。他们不断触礁,可是别人却技高一筹地继续航行,安全渡过每天的风险,平安抵达成功的彼岸。为了保持正确的航线,为了不被沿路上意想不到的障碍和陷阱困住或吞噬,你需要一个可靠的内部导引系统,一个有用的罗盘,为你的人海困境中指引出一条通往成功的康庄大道。可悲的是,太多人从未抵达终点,因为他们借助坏了的罗盘来航行。这坏掉的罗盘可能是扭曲的是非观,或是蒙蔽的价值观,或是自私自利的意图,或是未能设定目标,或是无法分辨轻重缓急,总之形形色色。聪明人利用罗盘,可以获得恒久的成功;有智能的卓越人士,选择可靠的路线,坚定地向前行进,可以渡过周围的危险,顺利抵达彼岸。

你愿意静待生命中的风暴,甚至甘心遭它席卷,而无怨无悔?抑或立即在心境上挣开环境的束缚,获得追求成功的自由?从这两者之间作出选择并不困难,困难的是我们有没有胆量去打破已有的格局。

"世上没有比恐惧更可怕的事情……我们唯一要害怕的是害怕本身。"这是美国哲学家亨利·梭罗的一句名言,现实中的许多事情应验了这句话。

对于交际,你没有必要去害怕,大胆地去与人沟通吧,露出你灿烂的微笑!

社交恐惧症

弗洛姆是美国一位著名的心理学家。一天，几个学生向他请教：心态对一个人会产生什么样的影响？他微微一笑，什么也不说，就把他们带到一间黑暗的房子里。在他的引导下，学生们很快就穿过了这间黑乎乎的神秘房间。接着，弗洛姆打开房间里的一盏灯，在这昏暗的灯光下，学生们才看清楚房间的布置，不禁吓出了一身冷汗。原来，这间房子的地面就是一个很深很大的水池，池子里蠕动着各种毒蛇，包括1条大蟒蛇和3条眼镜蛇，有好几只毒蛇正高高地昂着头，朝他们"吱吱"地吐着信子。在蛇池的上方，搭着一座很窄的木桥，他们刚才就是从这座木桥上走过来的。

弗洛姆看着他们，问："现在，你们还愿意再次走过这座桥吗？"大家你看看我，我看看你，都不敢回答。过了片刻，终于有3个学生犹犹豫豫地站了出来。其中一个学生一上去，就异常小心地挪动着双脚，速度比第一次慢了好多；另一个学生战战兢兢地踩在小木桥上，身子不由自主地颤抖着，才走到一半，就挺不住了；第三个学生干脆弯下身来，慢慢地趴在小桥上爬了过去。

"啪！"弗洛姆又打开了房内另外几盏灯，强烈的灯光一下子把整个房间照耀得明亮无比。学生们揉揉眼睛再仔细看，才发现在小木桥的下方装着一道安全网，只是因为网线的颜色极浅，他们刚才都没有看出来。弗洛姆大声地问："你们当中还有谁愿意现在就通过这座小桥？"学生们没有作声，"你们为什么不愿意呢？"弗洛姆问道，"这张安全网的质量可靠吗？"学生胆战心惊地问。弗洛姆笑了："我可以解答你们的疑问了，这座桥本来不难走，可是桥下的毒蛇对你们造成了心理威慑，于是你们就失去了平静的心态，乱了方寸，慌了手脚，表现出各种程度的胆怯——心态对行为当然是有影响的啊！"

其实，打破心中的瓶颈，就可以排除一切障碍。所谓瓶颈，也就是心理作用。

恐惧是伴随着人的成长全过程而萌生的。有些恐惧是随着人生经历逐步被征服的，有的恐惧是随年龄增长又逐步增加。

恐惧是正常的，在这个世界上，还没有人心中无所畏惧，有些恐惧并不可怕，可怕的是不能克服自己的畏惧心理。

一个人，如果整日处于一种或多种恐惧中而又不能放开地生活，久而久之，就会患上精神恐惧症。

恐惧所产生的后果，在大多数情况下是自我伤害。恐惧有害，如果一个人对某一事物由一般的害怕发展到严重恐惧，就会造成个人悲剧。

一个法国电气工人，在一个周围布满高压电器设备的工作台上工作。他虽然采取了各种必要的安全措施来预防触电，但心里始终有一种担心，害怕遭高压电击而送命。有一天他在工作台上碰到了一根电线，立即倒地而死，身上表现出触电致死者的一切症状：身体皱缩起来，皮肤变成了紫红色与紫蓝色。但是，验尸的时候却发现了一个惊人的事实：当那个不幸的工人触及电线的时候，电线中并没有电流通过，电闸也没有合上——他是被自我暗示杀死的。

一个人能否成功，就看他的态度了。成功人士与失败者之间的差别是：成功人士始终用最积极的思考、最乐观的精神和最辉煌的经验支配引导自己的人生。失败者则刚好相反，他们的人生是受过去的种种失败与疑虑所控制和支配的。

心态问题真的很重要，在生活的哪一种场合都离不开它，它是我们的开路先锋，尤其在人脉场合，心态尤为重要。因为在如今快节奏的现代生活中，社会交往日益增多，社会交往的成败往往直接影响着人们的升学就业、职位升降、事业发展、恋爱婚姻、名誉地位，因而使人承受着巨大的心理压力。这样很容易产生焦虑情绪，造成心神不宁，焦躁不安，影响其工作和生活。

例如，有人做事急于求成，一旦不能立竿见影地取得所谓成功，就气急败坏，从精神上"打败"了自己，从此一蹶不振。

什么叫社交恐惧症、社交焦虑症呢？步入社会，在人前易脸红的毛病让人苦不堪言。其实这种症状的人知道并没有什么可怕的，也想改变自己，自如地与人交往，但就是做不到。有时同不太熟悉的人交谈，本来还好好的，突然心里"咯噔"一下，心跳加快，一股热血直往脸上冲，自己难堪不说，还叫别人莫名其妙，常常被别人笑话，致使与人交往时几乎成了惊弓之鸟。但又渴望与人交往，在自己的身体里常常经历着两场自相矛盾的战争：一个害羞、胆怯、缺乏自信，一个则强迫自己挑战自己。所以感到生活真是太深重、太累了，这是患上了一种叫"社交恐惧症"的心理疾病。

对于多数人尤其是心理有恐惧症者而言，与陌生人见面往往产生一些不自在的苦恼。其实胆怯无关于个性，往往是由于接触的经验不够，进而排斥他人。但若能进行自我训练，积累与他人相处的经验，即使无法改变自己的个性，亦不至于因与他人接触脸红而苦恼。

生活中我们与陌生人会面时之所以会感到脸红紧张，原因之一便是觉得无话可说——找不出话题的约会的确令人痛苦。其实，此种想法并不正确。如果因为与陌生人会面有恐惧心理，所以绝不愿多接触不认识的人，又怎能了解与人交往的乐趣呢？事实上，因相见而遭受严重挫伤的情形可能是少数，若是因噎废食，让自己过着封闭的生活，岂非得不偿失？所以，放开胆子，与人交往，融入社会，这才是明智之举。

克服恐惧看起来非常困难，但改变却在一念之间。其实，生活中有很多恐惧和担心完全是我们内心里想象出来的，想要驱除它必须在潜意识里彻底根除。

一般恐惧社交的人，潜意识里都有一副枷锁束缚着自己。

1. 害怕"注定会失败"的枷锁

这是一种非常普遍的心理。一旦失败，便将自己初始的动机统统的扼杀，他们不断重复着说："早知如此，何必当初！"他们因此把自己看得渺小，觉得自己没有什么用！要知道，世上绝没有后悔药。为了摆脱"注定会失败"的枷锁，你需要改变思想，清洗脑筋，思想本身会左右事情的发展。你不妨保持积极的态度。切莫在不经意中将自己的创新意识彻底否定，那是你最珍贵的东西。想着"我一定要成功"而不是会失败，寻找助你成功的方法，你会发现你能左右自己的思想，同样也能左右自己的行动。

2. 担心"别人会怎样想"的枷锁

对失败，"别人将会有什么看法"，这的确是一种最经常而且最具自我毁灭性的心理状态。这种"别人"式的想法是一种强而有害的枷锁。它会损害你的创造力和人格，把你原有的能力破坏殆尽，使你固步自封。为摆脱这种"别人"式的枷锁，你不妨想一想，"别人"并不是"先知先觉"，他们往往是"事后诸葛亮"。你应该记住：走自己的路，让别人说去吧！

3. 背着"过去错误"的枷锁

许多人都害怕再次尝试，因为他们曾经失败过，而且受了重伤，正所谓"一朝被蛇咬，十年怕井绳"。但是，对每一位有志之士来说，没有必要对过去所犯的错误耿耿于怀，从而阻止自己再次突破，如果你能将自己的失败看成是很有价值的教育投资的话，那就可以重新开始了。

4. 认为"为时已晚"的枷锁

许多失败者相信自己太晚了，已无法挽回，无法再创业了，因此，一蹶不振，成天把自己用酒精泡着，用烟雾熏着。这种"为时已晚"的枷锁，带在各式各样的人物身上：一个 28 岁的人做生意亏了本就自认为无法东山再起；一个 50 岁的寡妇自认为太老无法再婚；一位 15 年前没有扩大业务的厂长要想重新开始投资却认为时过境迁。为了戒除这种"为时已晚"的枷锁，你可以多观察那些社会生活中的活跃人物，而不去理会年龄的约束，并下定决心，不断奋斗，重新开始永远为时不晚。

如何摆脱这些枷锁的束缚呢？

（1）态度积极而无怨无悔乃是保持身心健康的最好方法。如果能长久保持，还需要禁止一切不当的行为，并设法放松，使自己心情开朗。

为取得成功，还必须随时鞭策自己前进，但不可因此让自己的情绪变得紧张而直接影响精神状态。

（2）让自己经常处于松弛状态。羞怯的人常常过于关心自己的表现会引起他人怎样的反应，因此心情常处于紧张状态。当你与人交往处于羞怯或紧张气氛中时，应尽量用玩笑或幽默来自我解脱。当你脸红时应尽量忘却它，不要担心别人是否会在意——其实你在别人的心目中，并不如你自己所想的那么窘迫，那么让他们注意。如果你能把注意力集中到你所应当注意的人或事上，你便会渐渐忘记自己的不自在。心理学家认为，松弛是克服羞怯心理的克星。

（3）扩大人际交往。悲观的人周遭大部分都是悲观者，而乐观的人身边亦多为乐观者，因此要想改变命运，你必须要向乐观者学习。不要拘泥于自我这个小天地，应该置身于集体之中，多与人沟通，多交朋友，尤其多和精力充沛、充满生气的人相处。这些洋溢着生命活力的人会使你更多地感受到事物的新鲜和美好。

（4）锻炼人际交往中的亲和力。世界已经进入了合作的时代，一个人的人格魅力在修养、在内心，学会"人合百群"是新世纪社会交往的要求，应摒弃"物以类聚，人以群分"和"酒逢知己千杯少，话不投机半句多"的陈旧观念。

努力培养自己的人际沟通的亲和力，不妨每天出门之前，面对镜子微笑，还有培养一种为人服务的态度。

当你培养了一种为他人服务的处世态度，你就会与众不同，就会成就更大的事业。为他人服务的态度正是我们所缺少的东西，而正是这种东西可以让你无比富有。

害怕社交的人，请把"不可能"从你的字典里去掉，永远也不要消极地认定有什么事情是不可能的。要自信地认为你能，大胆地去尝试、再尝试，然后你就会发现你确实能。

克服自卑

李孟林，是某工厂技术工人。他从小就十分害羞，"怕见生人"，他母亲说："投错了胎，前辈子一定是个女孩。"他上学也不太主动跟同学交往。父母根据他的性格，让他干了技工这一行，因此不需要跟人过多地打交道。但随着上班以后摆弄机器的时间增多，李孟林越来越少跟人交往了。他有时间就躲在机房里，回家也躲在自己房间看书、听音乐。到了该谈朋友的年龄，父母开始着急，因为他从不主动跟女孩子交往。父母四处找人给他介绍对象。结果，他一见女孩子更是满面通红，说话也成结巴了。结果别人嫌他太木。他自己也觉得很失败，变得更紧张，可越紧张越严重，到后来，女孩子问他话时，他连一个字都说不出来。一来二去，他的情况越来越严重，害怕在公共场合被人注意，尤其当众讲话、当众写字、食堂用餐以及使用公共厕所之时，都会心情紧张、心慌气短、大汗淋漓，产生一种明知过分却又无法控制的恐惧感。他不敢与别人对视，与人谈话时总避开别人的目光，似乎自己做了什么亏心事；见人就脸红，一脸红就更害怕别人笑话他没出息，紧张得脸更红了。他觉得不仅自己周身不自然，而且也让别人不自在，他总想克制自己的这些情绪表现，可是每次都不奏效，他生怕别人认为自己是精神病，于是就尽量逃避这些令人紧张的场合。

现代社会，交际能力愈来愈显得重要，但相当一部分人就像李孟林一样，有不同程度的因羞怯导致的心理障碍，从而影响了与他人的沟通交流。

据权威人士总结，羞怯心理有以下几种表现：

不善于结交朋友，常感孤独，常因不能与人融洽相处或充分发挥自己的才干而苦恼；不善于在各种不同场合对事物坦率地发表个人意见或评论，因此不能有效地与他人交换意见，给人拘谨、呆板的感觉。

站在陌生人面前，总感到有一种无形的压力，似乎自己随时被人监视，不敢迎视对方的目光，感到极难为情。

与人交谈时，面红耳赤，心里发慌。即使硬着头皮和人说上几句，也是语无伦次，结结巴巴。

常感到自卑，在工作和生活中往往不是考虑取得成功，而更多的是考虑不要失败。

自卑，就是自我评价过低，自己瞧不起自己，是一种人格上的缺陷，一种失去平衡的行为状态。自卑常以一种消极防御的方式表现出来，如嫉妒、猜疑、羞怯、孤僻、迁怒、自欺欺人、焦虑紧张、不自在等。自卑使人变得十分敏感，经不起任何打击。

自卑对人的心理发展有很大影响。心理学家阿德勒认为，每个人都有先天的生理或心理欠缺，这就决定了每个人的潜意识中都有自卑的因素存在。但处理得好，会使自己超越自卑去寻求优越感，而处理不好就会形成各种各样的心理障碍或心理疾病。另外，自卑容易抵消人的意志，就像一把潮湿的火柴，再也燃不起热烈的火花。而长期自我封闭的人，不仅心理活动失去平衡，而且也会诱发生理失调和病态，最明显的是自卑对心血管系统和消化系统有不良影响。

所以，在社交场合中一定要克服自卑的心理。

一位和尚跪在一尊高大的佛像前，无精打采地吟诵经文。长期的修炼并未使他修成正果，他为此而苦闷、彷徨，渴望解脱。正好一位驰名中外、云游四海的哲人来到他身旁。

"尊敬的哲人，久仰久仰！弟子今日有缘见到你，真是前世造化！"和尚来不及站起，激动得颤颤巍巍地说，"今有一事求教，请指点迷津：伟人何以成为伟人？比如说，我们面前的这位佛祖……"

"伟人之伟大，是因为我们跪着……"哲人从容地讲开了，声若洪钟，萦绕殿堂。

"是因为……跪着？"和尚怯生生地瞥了一眼佛像，又高兴地望着哲人，"这么说，我该站起来？"

"是的！"哲人向他打了一个起立的手势，"站起来吧，你也可以成为伟人！"

"什么？你说什么？我也可以成为伟人？你……你……你这是对神灵、伟人的贬损！"说着，和尚双手合十，连念了两遍"阿弥陀佛"。

"与其执著拜倒，弗如大胆超越。"哲人像是讲给和尚，又像自言自语，头也不回地走了。

"超越？呸！"和尚听了哲人的话如五雷轰顶，"这疯子简直是亵渎神灵、玷污伟人！罪过！罪过！"说着，他虔诚之至地补念了一遍忏悔经。

哲人的话很有道理，难道不是吗？为什么自己不做自己的主人，而要成天给别人跪着，甘愿自卑到底呢？

过去你失败过多少次并不要紧，重要的是吸取、强化和专注成功的尝试。查尔斯·凯特林说过，任何一个年轻人如果想要成为科学家，都必须准备经历在获得一次成功之前九十九次的失败，而且不因为这些失败而损伤自我。

伟人都对自己有超乎常人的信心。英国诗人华兹华斯毫不怀疑自己的地位，他预见到自己将来的名声。恺撒一次在船上遭遇暴风雨，艄公非常担心，恺撒说："担心什么？你是和恺撒在一起。"

学会自我称赞，自我欣赏，培养自信，坦然对待不良侵袭，以保持情绪稳定，克服自卑。

如果你充满信心，"结果"就会朝好的方向走。有位成功人士说过这样一句话："如果你知道要往哪个方向去，世界会为你让出一条路来！"

学会同各种各样的人打交道，关键时刻表现自己。要培养自己与不同性格、不同气质、不同年龄的人打交道的胆量与能力。向经常见面但说话不多的人如商场清洁员、保安等问好；与人交往，特别是与陌生人交往，要善于使紧张情绪放松。遇到聚会、联谊时要善于寻找时机与周围的人攀谈，关键时刻要勇于表现自己，如主持会议、晚会、演讲会等，让那些不了解你甚至看不起你的人刮目相看。使用一些平静、放松的语句，进行自我调整，常能起到缓和紧张情绪、减轻心理负担的作用。

在人际交往中，如果你不能表现真实的自我，为了让别人满意不得不装模作样，扮演懦弱的角色，那么第一个牺牲品就是你自己，你也不会赢得别人的信任和欢迎。你首先觉得真实的自我没价值、不可爱，别人怎么会对你尊重和喜爱？显然，不表现真实的自我，包括避短藏拙、挑剔贬低别人，就是自我贬低和束缚，就是自欺欺人。人不完美很正常，很真实，何必总想在别人面前表现自己是一个完美的人呢？把真相掩藏在内心深处，"不欲人知"，甚至连自己都假装不知道自己并不完美，这不正是一种自卑的心理上的假象吗？

掀起你的盖头来，看看外面的世界吧！

"1 = 250" 定律

交际是我们获取信息的一条捷径。如果说生存是盘踞在我们心灵的园地，那么交际则是这园地通向四面八方的出路。

学会交际，学会和信息灵通的人士交际。因为交际中的信息，丰富了我们的感觉意识，这样，我们会在丰富多彩的交际中，得到有利于我们生存和有价值的东西。交际的入场券，大多都是从朋友那里得到的。所以，你要当个出色的交际家，就要学会广交朋友，从朋友那里赚取交际的利润。

　　交际往往是一个圈子，一个由朋友组合的圈子。进入朋友的圈子，是我们很快进入交际角色的最好办法。

　　朋友相处或人际沟通之间，如果能"先给予、先付出"，就会赢得对方的信任，也能得到"真心的回馈"，这也是所谓"先予后取"的道理。

　　美国一位销售汽车冠军的超级业务员就曾提过"1＝250"定律。这是什么定律？怎么"1"会等于"250"？

　　这业务员解释说："假设每一个客户平均有250个朋友、10个客户，就有2500个朋友，这是多么大的潜在市场？我们怎么可以小看这一个客户呢？毕竟，他的背后有250个可能的客户啊！只要他帮你说一句话，比你自己讲五十句话还有用！"

　　就凭着这个定律和概念，那平凡的业务员就成了月收入百万元的"超级业务员"！

　　的确，每个朋友都有他们的"潜在人脉"，都值得我们去开发、挖掘；只要"笑脸迎人、真心相待、先予后取"，就会交到好朋友，而且，也可能再认识"朋友的朋友"，如此一来，咱们的"人际关系账户"就会逐渐增多，而开出红盘！

　　"1"的威力不可忽视。

　　友善地对待你周围的人，你就可以在自己的人脉存折上大增一笔。

　　在人际交往中，有个著名的"六度效应"："你和任何一个陌生人之间所间隔的人不会超过6个，也就是说，最多通过6个人你就能够认识任何一个陌生人。"这就是六度效应在人脉中的阐述。1967年哈佛大学心理学教授Stanley Milgram做过一次连锁性实验，得出六度效应的结论。现代版本则是哥伦比亚大学今天用E－mail进行的同样实验。有科学家甚至从这个现象推演出一个可以评估的数学模型。你也许不认识克林顿，但是在优化的情况下，你只需要通过6个人就可以结识他。"六度效应"说明了社会中普遍存在的"弱链接"关系仍在发挥着强大的作用。

　　超级人脉术大全集

社会中的人脉网络其实并不是深不可测的，它的理论基础正是"六度分隔"。有这么一个故事：

几年前一家德国报纸接受了一项挑战，要帮法兰克福的一位土耳其烤肉店老板找到他和他最喜欢的影星马龙·白兰度的关联。结果经过几个月的调查，报社的员工发现，这两个人只经过不超过 6 个人的私交就建立了人脉关系。原来烤肉店老板是伊拉克移民，有个朋友住在加州，刚好这个朋友的同事，是电影《这个男人有点色》的制作人的女儿在女生联谊会上结拜姐妹的男朋友，而马龙·白兰度主演了这部片子。

"六度效应"和"1 = 250"定律是一个道理，所以不要忽视你身边的任何一个人，因为你预测不到什么时候就可以用到他。

走出孤独

许多寂寞孤独的人之所以会如此，是因为他们不了解友谊并非是从天而降的礼物。一个人要想受到他人的欢迎，或被人接纳，一定要付出许多努力和代价。要想让别人喜欢我们，的确需要费点心力。情爱、友谊或快乐的时光，都不是一纸契约所能规定的，让我们面对现实。但是，他们必须了解：精彩的人生并不是靠别人布施的，而是要自己去争取。

一次，有人问农夫是否种了玉米。

农夫回答："没有，我担心天不下雨。"

那个人又问："那你种了油菜吗？"

农夫说："没有，我担心虫子吃了油菜。"

于是那个人又问："那你种了什么？"

农夫说："什么也没种。我要确保安全。"

这样把自己关起来不去尝试的人，到头来什么也不是。他们被自己的态度所捆绑，是丧失了自由的奴仆。因为回想尝试冒险，所以他们不能学习、改变、感受、成长、爱或生活。

虽然孤独是每个人都会有的心理体验，但并不是每个人都能成功地克服自己的孤独感。有人用喝酒排遣孤独，有人把时间排得满满当当，让孤独的感觉没有缝隙可钻。但用这样的方式驱走的是寂寞而不是孤独。孤独是一种思想上、情感上无以沟通、无倚无傍、无人理解与认同的感觉。这种感觉会让我们心情压抑，情绪低沉；另一方面，对孤独的体验和玩味也会使我们富有个性、善于思索，走向心理成熟。这就需要我们战胜孤独，超越孤独。

小丽是一名大三的学生，她对自己的人际交往总觉得没什么信心。平时在宿舍里的时候总觉得别人是在和自己过不去，走在路上也觉得对别人怀有敌意。她从小在家里就是一个人，从小孤独惯了，当然也独立惯了，她认为这个习惯在高中也给她带来了很多方面的影响，但总的来说是利大于弊，排除了别人的干扰，使得她学习专心致志，成绩也十分优秀。但到了大学后她觉得自己开始不适应了，在各个方面学校都要求一种综合素质的发展，而不只是学习成绩。她自己觉得很难与他人沟通，总是无法与他人融为一体，总对他人怀有敌意，对自己的事情总是有太多的不平衡感，精神上压力一直很大，自己很痛苦，身边的同学也感觉到很不愉快。

这是一种心理疾病，有这种心理的人如果在比较狭小封闭的空间内也许还可以生存，但如果换到大的环境里，他显然就被淘汰了。小丽为什么会有这样的心理呢？主要原因可能有三点：

1. 对他人和自我的消极评价

孤独的人可能更内向、焦虑，对拒绝反应更敏感，并且更容易压抑痛苦。孤独的人在朋友身上花费更少的时间，不经常约会，也很少参加集会，没有什么亲密的朋友。在人际交往时，他们对自己和对方的评价非常消极。

2. 基本社交技能的缺乏

有的人乐意与别人交往，可一旦进行比较重要的而且时间较长的交谈就会出现窘境，缺乏基本的社交技能，更没有机会去训练社交技能，所以，难有长久的朋友。他们对自己的伙伴不太感兴趣，常常不能对于对方所说的加以评论，也较少向对方表白自己的观点。相反，这些孤独者更多的是谈论自己并且常介绍新的与对方的兴趣无关的话题，倾向扮演一个"被动消极的社交角色"，也就是说，在交谈中不愿付出太多努力。所以，我们常常感到与孤独者交往很没意思，他们不知道这种交往方式是怎样赶跑了潜在的朋友。当别人期望他们多暴露时，他们却暴露得很少；而当别人不期望他们过多暴露时，他们却暴露得太多。结果，在别人眼中他们是冷淡的或不可思议的，别人也据此作出了不愿与他交流的反应。

孤独者因为采用消极的交往方式，并缺乏必要的社交技能，而难以与他人建立亲密的友谊。与这些人交往常常让人感到不舒服，于是他们很难建立有助他们发展社交技能的人际关系，因而难以摆脱孤独。心理学家认为，通过基本社交技能的训练，可以使孤独者走出孤独的恶性包围，并已广泛应用于心理咨询与治疗的实践中。

3．交往中的挫折

由于缺乏必要的社会交际能力和方法，使得他们在人际交往中遭到拒绝或打击，如耻笑、埋怨、训斥，使他们的积极性受到伤害，便把自己封闭起来。越不与人接触，社会交往能力就越得不到锻炼，结果就越孤僻。

那些能克服孤独的人，一定是生活在怀特博士所说的"勇气的氛围"里。无论我们走到哪里，一定要培养出与人们亲密的情谊关系。就好像燃烧的煤油灯一样，火焰虽小，却仍能产生出光亮和温暖来。

如何摆脱孤独呢？

1．战胜自卑

因为自觉跟别人不一样，所以就不敢跟别人接触，这是自卑心理造成的一种孤独状态。这就跟作茧自缚一样，要冲出这层包围着你的阴影，你必须首先钻出自卑心理织成的茧。

其实，大可不必因为自己跟别人不一样而畏首畏尾，人人都是既一样又不一样的。只要你自信一点，钻出自织的"茧"，你就会发现跟别人交往并不是一件难事。

2．正确评价自己和他人

一方面要正确认识孤独的危害，敞开闭锁的心扉，追求人生的乐趣，摆脱孤独的缠绕；另一方面要正确地认识别人和自己，努力寻找自己的优势。孤独者一般都没能正确地认识自己。有的总以为比别人强，总想着自己的优点、长处，只看到别人的缺点、短处，自以为是，认为值得和别人交往；有的倾向于自卑，总认为自己不如人，交往中怕被别人讥讽、嘲笑、拒绝，从而把自己紧紧地封锁起来，保护着脆弱的自尊心。这两种人都需要正确地认识别人和自己。

3. 与外界交流

独自生活并不意味着与世隔绝。一个长年在山上工作的地质勘探家说，他常常感到有必要把自己的思想告诉别人，可是他身边却没有人可以倾诉，所以他就用写信来满足自己的这一要求。

当你感觉到孤独的时候，翻一翻你的通讯录，也许你可以给某位久未谋面的朋友发个邮件，或者给哪一个朋友挂一个电话，约他周末一起去郊游，或者请几位朋友来吃一顿饭，你亲自下厨，炒上几个香喷喷的菜，这都别有一番情趣。

和别人分享，沟通是至关重要的。前人种树，后人乘凉，你沟通得越多，你可以与别人分享的就越多。有时候我们不让别人拥有我们有的一切，因为我们不想使别人觉得自己如何，不想把别人放在我们生活的圈子里。然而，事实上，如果你得到了自己想要的一切，并且同别人一起分享你成功的经验，使他们与你一同富有起来，这才是真正对你好。如果你和其他人一样原地不动，那么你谁也帮不了。

外面的世界真的很精彩，和孤独说声拜拜！

第九章
经营人脉需要修炼的品质

宽容和谦让

实践证明，宽以待人的习惯是成就事业的前提与保障。反之，一个以敌视的眼光看人，对周围的人戒备森严，随时留心眼，处处提防，不能宽大为怀的人，必然会因孤独而陷于忧郁和痛苦之中，一个宽宏大量、与人为善、谦让待人，能主动为他人着想，肯关心和帮助别人的人，肯定讨人喜欢，容易被人接纳、受人尊重、魅力无限，因而能更多地体验成功的喜悦。

宽以待人，就是在交际交往中有较强的相容度。相容就是宽厚、容忍、心胸宽广、忍耐性强。人们往往把宽广的胸怀比作大海，能广纳百川之细流，从来没有把暴雨拒之门外，也有人把忍耐性比作弹簧，具有能伸能屈的韧性。有这样一句话："谁若想在前进中得到援助，就应在平时待人以宽。"就是说，宽容能接纳、团结更多的人，有难同当、有福共享，进而增加成功的力量，创造更多的成功典范。反之，相容度低，则会使人疏远，减少合作力量，人为地增加成功的阻力。

一个人若能对别人宽容谦让，在生活中养成将心比心、推己及人的做事习惯，这样的人肯定是受人尊敬和欢迎的。"己欲立而立人，己欲达而达人；己所不欲，勿施于人。"

在一些小心眼的概念里，别人就是别人，我就是我，没有任何关系，然而，宽以待人其实就是善待自己，正如一句话所说："原谅别人，才能释放自己。"借着宽恕，你释放了心牢里的犯人，而那个犯人，可能就是你自己。一旦你能舍得过去的一切，是福也好，是祸也好，让它们如烟消云散般飞去，原谅一切，你的宽容将会为你打开新局面。

芝加哥人茅谭在林肯竞选总统期间频频提出尖刻批评。林肯当选之后，为芝加哥人茅谭在大饭店举行了一个欢迎会。林肯看见茅谭正要通过走道，虽然他曾大声辱骂过林肯，林肯却仍然很有风度地说："你不该站在那儿，你应该过来和我站在一块。"

每个在欢迎会上的人都亲眼目睹林肯赋予茅谭的荣耀，也正因为如此，茅谭成为林肯最忠诚、最热心的支持者。

这就是伟人的气量，他之所以能胜常人一筹，宽容、谦让待人是他必胜的筹码。

林肯在组织内阁时，所选任的阁员各有不同的个性：有勇于任事、屡建功勋的军人史泰顿；有严肃的修华法；有理性善思的萨斯；有坚定不移的康迈伦，但林肯却能与各个性格迥异的阁员互相合作。其实就是因为林肯有宽宏的度量，能舍己从人，乐于与人为善。尤其是史泰顿，那种倔强的态度，如在常人，让人几乎不能容忍，而林肯却做了——宽容待他，使得他驾驭阁员指挥自如，使每个阁员都能为国效忠。

伟大的领导者是一个团体的核心、一个组织的支撑，但也不能忽视次要的因素，没有其他人的鼎力相助，光靠一个领导人，就算他再"超常"，也难以支撑一个国家、一个民族的生存与发展。

宽容意味着理解和通融，是融合人际关系的催化剂，是友谊之桥的加固剂。宽容还能将敌意化解为友谊。

是啊，心中装满了宽容，就会与人方便，与人方便就是与己方便，成功路上的坎坷也就会少一点。而事实上，很多人往往因为一点小小的利益与别人发生矛盾，甚至大打出手，不仅良好的人际关系破坏了，也影响后来的事业。所以，每个人都要时时记住这句话，无论是在日常生活中，还是在工作岗位上，宽以待人，不懈地履行这个信条，对自己的未来是一定会有所帮助的。

英格丽·褒曼在获得了两届奥斯卡最佳女主角奖后，又因在《东方快车谋杀案》中的精湛演技获得最佳女配角奖。然而，她领奖时，没有对自己的成绩多加夸奖与认可，而是一再称赞与她角逐最佳女配角奖的弗沦汀娜·克蒂斯，认为真正获奖的应该是这位落选者，并由衷地说："原谅我，弗沦汀娜，我事先并没有打算获奖。"褒曼作为获奖者，没有喋喋不休地叙述自己今天的荣誉，而是对自己的对手推崇备至，极力维护了对手落选的面子而且认可了对手的表现。无论谁是这位对手，都会十分感激褒曼，会认定她是倾心的朋友。一个人能在获得荣誉的时刻，如此善待竞争对手，如此与伙伴贴心，实在是一种文明典雅的风范。

为了维护良好的人际关系，你的一言一行都要为对方的感受着想，学会安抚对方的心灵，学会在别人面前谦让，不可以使对方产生相形见绌的感觉。与此同时，自己也会因宽容大度有一个极好的心情。

"宽恕为美，淡忘为佳。"这是英国诗人白朗宁说的。

当别人伤害了你时，你应该选择记事而放弃记仇。记事可有前车之鉴，不记仇可以忘忧。

正如"笑弥勒"给人的印象：大肚能容，了却人间多少事；笑口常开，笑尽天下古今愁！果真如此，则"眼前一笑皆君子，座下全无碍眼人"了。

别人有意或者无意触犯了你时，能立刻反躬自省、修身自洁的人，是圣者；别人有意或者无意触犯了你时，只一笑置之、泰然自若的人，是圣人；别人有意或者无意触犯了你时，却为对方找理由而予以原谅的人，是君子；别人有意或者无意触犯了你时，怒不可遏、时时存在报复之念的人，是小人。

每个人都希望自己是个圣人，至少做个君子，对于小人避而远之，那现在你是否对自己的言行有所反省了？

卡耐基积极赞同包容他人，可为他人也为自己开启许多扇门，也可以滋润自己和别人的灵魂的观点。宽容是快乐之源，那些正在体验宽容应如何施予以及如何接受的人乃是最快乐的人。

很多情况下，就算一个非常宽容的人，也往往很难容忍别人对自己的恶意诽谤和致命的伤害。唯有以德报怨，把伤害留给自己，才能赢得一个充满温馨的世界。释迦牟尼说："以恨对恨，恨永远存在；以爱对恨，恨自然消失。"

韩愈说："古之君子，其责己也重以周，其待人也轻以约。"古代有修养的人，待人很宽厚，而要求自己则十分严格和全面。只有宽以待人，才能更有感召力和吸引力。在工作中勤勤恳恳、一丝不苟、精益求精；在日常生活中以礼待人、遵守信约，多为他人着想，遇到危险时勇敢无畏、挺身而出，发生摩擦冲突时主动退让。"礼让三分"，宽容让人。

古人亦有这样的家训，甚至在古人的"礼尚往来"中把"礼让三分"描绘得淋漓尽致，作为后人的我们是否可以开创一个新的局面，宽容谦让的礼训是不可以丢掉的，它是我们传统的法宝，是我们成功的助推器。

在日常生活中，难免会发生这样的事：亲密无间的朋友，无意或有意做了侵犯你的事，你是宽容他，还是从此分手，或怀恨在心、待机报复？有句话叫"以牙还牙"，分手或报复似乎更符合人的心理本能。但这样做了，怨会越结越深，仇会越积越多，真是冤冤相报何时了。如果你损失了自己的利益后采取了别人难以想像的态度，宽容对方，表现出别人难以达到的襟怀，你的形象瞬时就会高大起来，你的宽宏大量、光明磊落使你的精神达到了一个新的境界，你的人格折射出高尚的光彩。宽容，作为一种美德受到了人们的推崇，作为一种人际交往的心理因素也越来越受到人们的重视和青睐，离你成功的顶点也就不远了。

宽容是解除疙瘩的最佳良药，宽广胸襟是交友的上乘之道，宽容能使你赢得朋友的友谊，宽容能成就你的伟大事业。

正如英国诗人济慈说："人们应该彼此容忍，每个人都有缺点，在他最薄弱的方面，每个人都能被切割捣碎。"金无足赤，人无完人，每个人都可能犯下这样那样的错误，如果宽容了别人，也就为你的成功奠定了一个坚定的基底。

尽管你有时候喜欢对你或别人所处的人际关系或生活的某些方面吹毛求疵，现在你所需要去做的只是将"吹毛求疵"作为一个坏习惯而注销掉，学着怎么去宽容别人吧。如果这个习惯偷偷侵入你的意识里，你就要把握住你自己并封上你的嘴，你越不常去挑剔你的伙伴或朋友，你就越能注意到他们的好，你的生活就越美好。

由此看来宽容不但是做人的美德，也是一种明智的处世原则，是人与人交往的"润滑剂"。常有一些所谓的厄运，只是因为对他人一时的成见和刻薄，而在自己前进的路上自设的一块绊脚石罢了；而一些所谓的幸运，也是因为无意中对他人一时的恩惠和宽容而拓宽了自己的道路。

宽容犹如冬日过后的春风去融化对方心田的冰雪，变成潺潺细流。一个不懂得宽容别人的人，会显得愚蠢，大概也会苍老得快；因为他是一个不懂得对自己宽容的人，把生命的弦绷得太紧而备受压抑，甚至断裂。

我们生活在一个越来越不能忽视功利的环境里，但倘若太吝惜自己的私利而不肯为对方让一步路，这样的人最终会无路可走；倘若一味地逞强好胜而不肯接受别人的意见和建议，这样的人最终会陷入孤立的绝境中而无法向前；倘若一再地求全责备而不肯宽容别人的瑕疵，这样的人最终宛如空中楼阁，随时都有倒塌的可能。

对人宽容应该是由内外因素混合促成，有的人天生就一副好脾气，而有的人则是在后天的环境中培养出来的，世上大多数人都不能真正做到宽以待人，如何培养不妨提三点建议：

1. 发现和承认他人的价值

每个人肯定有他的优点，所以我们在看人时不能以固定的观点去"一叶障目"地审视别人，要以虚心发现和承认他人的价值。

2. 容忍接受他人的观点

不要实行独裁的判断，允许并能接受别人的建议和意见，让他们为自己做好参谋。

3. 对伤害了自己的人表示友好

在我们处世的原则中，实行"对事不对人"的信条，对侵犯了自己的人不要过度斤斤计较，用友好的心态去感化他。

充满自信，赢得信任

人是有理想有追求的动物。为了追求理想，自信是必备品。信心是成功的推动器，人的意志、毅力有时能够发挥出超越极限的威力，正是顽强的信念，创造了一个个不平凡的业绩，造就了一个个声名显赫的伟人。

人际交往虽然是稀松平常的事情，但要处理得十分圆满，也相当困难。常常会碰到这样的困难："他愿不愿意跟我打交道？""我这个形象会不会得到别人欢迎？""这个人似乎不好相处。""我真不想再跟他交往了。"当你在交往时碰到此类小烦恼而摇摆的时候，你就需要靠自信来"充电"了，焦虑、徘徊、犹豫、恐惧、害羞，往往会成为交际的绊脚石。自信最重要，如果你在交际时不由自主或六神无主，那你的交涉肯定会失败。交际中的自信可以展现一个人的精神风貌，体现一个人的人格风范。有了自信才能时刻保持充沛旺盛的精力，才能在交际中立于主动地位，主动出击，赢得别人对你的信任！

在一次演讲会上，一位著名的演说家没讲一句开场白，手里只高举着一张50美元的钞票。面对会议室里的几百人，他问："谁要这50美元？"一只只手举了起来。他接着说："我打算把这50美元送给你们中的一位，但在这之前，请准许我做一件事。"他说着将钞票揉成一团，然后问："谁还要？"举起的手依然没有放下。

他又说："那么，假如我这样做结果又会是什么呢？"他把钞票扔在地上，又踏上一只脚，并且用脚狠狠地踩它。而后他拾起钞票，钞票已变得又脏又皱。"现在谁还要？"还是有人举起手来。

"朋友们，我们已经上了一堂很有意义的课。无论我如何对待那张钞票，你们还是想要它，因为它并没有贬值。它依旧值50美元。"

上面说的是关于钞票价值的问题，引申到人生的自信中也是一个道理：你的自信在你人生前进的道路上从来不会贬值，自信，是你不卑不亢的兴奋剂，有了自信，就不要去怀疑自己了。

怀疑自我是人性的一大缺点，怀疑自我的人始终无法汇集自己的精力做事，更不用提把一件事干得多漂亮。这样的人很难摆脱失望情绪的纠缠，无法达到圆满做事的成果，终生在忧郁中度过。

自信，就像一道美味佳肴，让你垂涎三尺，而且回味无穷。自信不是靠外表的吸引得来的，内在的气质、内在的品质、内在的修养才能真正焕发自信的光彩，真正交上朋友。

我们每个人如果想要取得他人对我们的信任，那么就要下决心除去自己的劣根性，做一个为自己的行为负责的有志青年。开始时你也许是强迫自己做，但从朋友对你态度的改变中，你会了解到自己做对了，而且一定要保持下去，这样总有一天你会成为一个大家都信任的人。

超级人脉术大全集

有时候，在人际网络中我们也会碰到很难缠的人，他们以权力、资力、财富、地位、经验等作为自己的靠山，表现得总比别人有优越感。和这些人打交道，很容易打击我们的自信心，不自觉地就要对他们表现得低三下四，一时间也没了可以开聊的话题，紧张得脸都涨红了；或者你会认为自己根本无法接近对方，那么请深呼吸，让自己平静下来，排除一切"等级"差别——社会主义社会，人人平等，昂首挺胸面带笑容，充满自信与气度，大胆地与对方交流吧！

做人要诚实守信

如果你有着良好的诚信，让别人在心里承认你、信任你，那么这就是你做好人的巨大资本。

赢得高朋满座，对别人讲诚信很重要，只有如此才能获得大家对自己的信任，与之结为朋友。只要你学会了讲究诚信，其所带来的收益要比获得千万财富更足以骄傲。

诚实守信，被中华民族视为优秀的文化传统继承了下来，所以自古以来，中国人都十分注重讲信用、守信义。清代顾炎武曾赋诗言志："生来一诺比黄金，哪肯风尘负此心。"表达了自己坚守信用的处世态度和内在品格。中国人不管是历代君王，还是平常百姓历来把守信作为齐家治国、为人处世的基本品质，言必信，行必果。

东汉时，汝南郡的张劭和山阳郡的范式同在京城洛阳读书，学业结束，他们分别的时候，张劭站在路口，望着天空的大雁说："今日一别，不知何年才能见面……"说着，流下泪来。范式拉着张劭的手，劝解道："兄弟，不要伤悲。两年后的秋天，当你再望见大雁的时候，我一定去你家拜望老人，同你聚会。"

落叶萧萧，篱菊怒放，这正是两年后的秋天。张劭突然听见天空一声雁叫，牵动了情思，不由自言自语地说："他快来了。"说完赶紧回到屋里，对母亲说："妈妈，刚才我听见天空雁叫，范式快来了，我们准备准备吧！""傻孩子，山阳郡离这里一千多里路，范式怎会来呢？"他妈妈不相信。摇头叹息："一千多里路啊！"张劭说："范式为人正直，既诚实又守信，他一定会来的。"老妈妈只好说："好好，他会来，我去备点酒。"其实，老人并不相信，只是怕儿子伤心，宽慰宽慰儿子而已。

约定的日期到了，范式果然风尘仆仆地赶来了，旧友重逢，亲热异常。老妈妈激动地站在一旁直抹眼泪，感叹地说："天下真有这么守信的朋友！"范式重信守诺的故事一直为后人传为佳话。

这不是让我们感动，更重要的是让我们领悟，让我们去履行。

诚能动人，至诚可以格天。

诸葛亮高卧隆中，自比管乐，抱膝长吟，略无意于当世，他与刘备原是素昧平生，谈不上有什么私人友谊，刘备也知道诸葛亮是盖世奇才，一心想收为己用。他仗着自己是中山靖王之后，汉室的子孙，同时利用人心尚未忘汉的机会，亲自去访问诸葛亮，三顾茅庐，才得相见，这种行径，十足表示他的诚挚，诸葛亮无意当世，原是找不到合意的主子，亲见刘备有重建汉室雄图，对他又万分诚挚，才认为他是合意的主子。便放弃高卧隆中的想法，为其效力，虽几经挫折，绝不灰心，到后来竟以"鞠躬尽瘁，死而后已"自誓。可见诚信动人之深。

古人给我们树了很好的典范，有了诚信，才能广交真正意义上的朋友，朋友亦君子；有了诚信才能求得助自己一臂之力的贵人，扶持自己的事业走上正轨，可见诚信的力量不是我们简简单单就能把它衡量的。

1969年，美国著名的心理学家约翰·安德森在一张表格中列出了500多个描写人的形容词，他邀请近6000名大学生挑选出他们所喜欢的做人品质。调查结果表明，大学生们对做人品质最高评价的形容词是"真诚"。在8个评价最高的候选词语中，其中6个和真诚有相同的内容，它们是：真诚的、诚实的、忠实的、真实的、信得过的和可靠的。大学生们对做人品质给以最低评价的词是"虚伪"。在5个评价最低的候选词语中，其中有4个和虚伪有关，它们是说谎、做作、装假、不老实。

约翰·安德森这个调查研究结果在人际交往中具有普遍意义。生活中我们总是喜欢真诚信得过的人，讨厌说谎失信的人。日本著名的佛学大师池田大作说："一个诚实的人，不论他有多少缺点，同他接触时，心神就会

超级人脉术大全集

感到清爽。这样的人，一定能找到幸福，在事业上有所成就。这是因为以诚待人，别人也会以诚相见。"一个人只要真诚地待人处事保证自己的信用，就容易获得他人的合作，甚至有的朋友都可能为你的诚信去牺牲他的宝贵东西也在所不惜。真诚地做人，守信地做人则容易让人接纳，能交到更好的朋友。

我们在日常生活中，更不能忽视诚实守信的现实意义。诚实守信，是一个人立于世的金字招牌。没有人会愿意和一个没有任何信誉、虚伪的人交往，相反，都愿意和信誉好、真诚的人相处。因为真诚与信誉是一种保障，和有信誉的人交往办事，可以使自己没有或是很少有损失，这会让人心里感到踏实、可靠，而不是提心吊胆、诚惶诚恐。

做到了诚实和守信，好人缘自然而然地就建立起来了，你会吸引来更多的人与你结识、合作、办事，生活的路自然宽广。

有人把诚信看得非常重要，视它为自己成功必不可少的因素，这是非常正确的。不讲求诚实，不仅仅是对别人造成损失，同时也会使自己失去很多东西，而且它还会影响与他人更进一步的交往，使人们都逐渐地远离你。

与人相处时，诚信是一个非常重要的交往原则，应该以古人为榜样，做到"言必信，行必果"。什么事情，说到做到，做不到的就不要轻易许下承诺，即使说了，以后无法再收回，也要实事求是地跟对方讲明后，讲讲其中的原因，以求得对方的谅解。

现在有的年轻人认为，一个人的诚信建立在金钱的基础上，一个人有钱、有雄厚资本，就象征着有诚信。这种想法是对诚信的畸形理解。讲诚信在于身体力行，一个人是否讲诚信不取决于他的财富，而取决于他对待别人是否有一颗诚实守信的心。

不管在哪个时代，人们都不能单独孤立地生活。人和人之间要有顺畅的交流、沟通，彼此寻求寄托与抚慰，这是对个体存在的认证，更是对生存状态的延续。而彼此认同的产生其实就是一个彼此真诚信任、互相接纳、多元包容的过程。作为社会的最小个体，我们不能强求别人守承诺，但我们自己要能做到真诚守信，对他人保持一颗真诚的心，一种守信的原则。

现在，社会越来越开放，人际交往越来越频繁，要获得别人的情感认同，不断取得信任，就应该"己所不欲，勿施于人"，"己欲立而立人"，从小事做起，真诚待人。要知道，不管时代怎么变，诚信作为为人处世的基本准则不会变，也不能变。

因为，诚实守信已经被人们定为一种做人的美德，人们常以讲信用来表达对人的尊敬，言而无信的人历来都受到人们的谴责。言而有信、受人尊敬的人，自然会有好的人缘，而言而无信、受人指责的人没有好人缘也是必然的。

没有人愿意浑浑噩噩地度过一生，你要想树立一个完美形象，成就一番事业，那你就一定要注意：不论大事小事，都要讲信用，不断为自己的人生银行存款，而不能透支。

既然诚信如此重要，那么我们如何才能获得别人的信用呢？以下几点可作为参考：

1. 良好的习惯是一个人交友时所需要的一种可贵的资本

有良好习惯的人远比那些沾染了各种恶习的人更让人乐于接近。有很多人，就是因为有一些不良习惯，使得别人始终不敢对他抱以信任，因此也无法和他继续交往。那些沾染了各种恶习的人，大都自己是不太清楚的，但那些与他发生交往、产生业务往来的人却看得很清楚，因为他们大多是很看重这些问题的。

2. 必须事无巨细，"言必信，行必果"

常言道，"君子一言，驷马难追"，就是告诉我们要注意自我修养，做事、承诺必须恳切认真，建立起良好的名誉；应该随时设法纠正自己的缺点；行动要踏实可靠，做到言出必有信，与人交往时必须诚实无欺——这是获得别人信任的最重要条件。

3. 给自己储藏一份让人信任的资本

让别人相信你，相信什么呢，换句话说，你拿什么让人相信呢？条件只有一个：老老实实做出成绩来让人看，证明你的确是判断敏锐、才学过人、富于实干的人。一个才能平平的人把多年的储蓄都拿来投资到事业上，固然是很好的事情，但如果他在某一方面有所专长，他给人留下的印象更不知道要好多少倍。因为在这样一个企业和职业都专业化的时代，一个无所专长又样样都懂一点的人物，与那些在某一领域有所专长的人相比，竞争力总是差那么一点点。所以，如果一个人身上有一笔最可靠的资本——

超级人脉术大全集

在某一领域有所专长，那么无论他走到哪里，都将受人格外的重视和信任。

培养良好的习惯虽然是件循序渐进的事情，而且总不是一针见血般地出效果，但是只要你有恒心，就没有什么克服不了的。

诚信是为人处世的基础。诚信就像一辆直通车，选择的是沟通心灵距离的最佳路径，唤起的是一种大家发自肺腑的参与感、共鸣感和荣誉感。

有时候，沉默也很重要

卡耐基认为，如果你很想说话，就先问自己：你为什么想说话——是为了自己的利益，还是为了别人的利益。如果是为了自己，那就努力保持沉默。

对过于疯狂的人最好的回答就是沉默，因为说不定回答他的每一个词都会反过来落到你头上。以怨报怨——就等于干柴烈火。

在特定的环境中，保持沉默常常比论理更有说服力。我们说服人时，最头痛的是对方什么也不说。反过来，如果劝者什么也不说，对方的错误意见就不攻自破了。

在日常交往中，沉默往往会给你带来益处，在某些场合，沉默不语可以避免招惹事端。许多人在缺乏自信或极力表现得风度时，可能会不假思索地说出不合适的话给自己带来麻烦。

适时地保持沉默不仅是一种精明之道，而且也有实际的好处。常言道："沉默不会使人后悔。"

一位女士的经验证明了这一点，她说："当我们的第一个孩子出世时，我丈夫由于工作繁忙，对我和孩子疏远了。几周以后，我感到精力大耗，并想大发雷霆。

"一天我给他写了封充满怨言的信，然而不知为什么我没把信给他。第二天，丈夫提出要给婴儿换尿布，并且说：'我想我现在应该学着做这些事了。'

"尽管我不知道他为什么会改变想法，但还是非常高兴地把信烧了，并暗自庆幸我给了他机会。一场争吵就这样雨过天晴了。"

人们往往不善于沉默，而沉默往往是适用于各种情况的一种策略。有时片刻的沉默也会产生意想不到的效果。

尽管大多数人直言不讳的时候不会很多，但有时候还是不说为妙。

有些问题根本就不值得提出来，你也不希望大动干戈地把小分歧变成大冲突。花费时间和精力纠缠于鸡毛蒜皮的分歧是不明智的，特别是那些不大可能会影响人们工作质量或者那些你很可能在一周或一月后就忘记的分歧。如果冲突只涉及不重要的关系或者不会持续很久，那就可以保持沉默。

即使分歧非提出来解决不可，也有个机会问题。例如，如果不合时宜地向你的领导提出一个亟待解决的、新的棘手问题，可能就会徒劳无益，除非提出来的问题对手头的工作非常重要，并且确实有足够的时间来解决这个问题。但等到过了这段紧张时间，人们能集中精力研究你必须说出来的问题时再提，也许是最好的选择。

此外，当你自己或他人正在生气的时候最好对分歧闭口不谈，从长远来说这是有益的。如果你跟朋友刚发生争吵，你们两个人的情绪都很激动，那就等以后你们都冷静下来、能够心平气和地讨论问题的时候再安排时间交谈，只有在那个时候你们才能进行有实质意义的讨论而不是相互指责。但是，如果你推迟难度很大的交谈，一定不要无限期地拖延，否则，那些没有解决的分歧一定会重新落到你头上。

什么问题必须讨论或者最好在什么时候讨论并没有一成不变的规则，而是必须依靠自己的判断。重要的是，你的心态应当转变，从问"现在是不是难得的、应当实话实说的时候"，转变为问"现在是不是难得的、应当保持沉默的时候"。

沉默，有时候真的很有必要！

倾听，无声胜有声

现在，很多书店里琳琅满目的摆着很多关于谈吐、口才方面的书，可见，人们对"说"是多么重视，不会说话就不可能与人很好地交流，难以

超级人脉术大全集

很好地表现自己，也就谈不上推销自己和推销自己的产品了，所以很多人都把会说看成是成功经商和做生意的基础。也许正是由于这个原因，很多人重视了"说"，而忽视了"听"，结果在商务交际中不太顺利。

卡耐基曾讲述过一个很有意思的故事。有一次，卡耐基在纽约书籍出版商齐·马·格林伯格举行的晚宴上结识了一位著名的植物学家。他以前从来没有和植物学家打过交道。后来，卡耐基写下了这次交谈的经历：

"我发现此人非常有魅力。老实说，我是恭恭敬敬地坐在椅子上听他讲述印度大麻和室内园艺的事。他还跟我讲了关于那些不屑一顾的土豆的事。我自己也有一个小小的家庭苗圃——他还善意地指导我如何解决我遇到的一些问题。

"正如我所说的，我们是在参加一个晚宴，那里当然有几十位客人，但是我违背了所有的客套礼俗，对其他客人好像熟视无睹，只是一个劲地同那位植物学家一连谈了好几个小时。午夜来临，我同所有的客人道了晚安之后就离开了。那位植物学家转过身去对主人说了几句恭维我的话，说我'最富于魅力'，说我如此如此，这般这般。最后，他说今晚和我聊得很带劲，度过了一个愉快的晚上。"

卡耐基后来回忆说："天哪！我几乎什么都没有说。"一个人在 3 个小时内几乎什么话都没有说，竟然会被认为是很投机的交谈伙伴，实在出人意料，但事实上又在情理之中。从植物学家来看，卡耐基是把他作为志趣相投的话友；而从卡耐基来看，他本人只是一名耐心的听众，只是不断地鼓励他说话。

卡耐基告诉那位植物学家，他受到了优厚的款待和极大的收益——事实上也是这样，他希望从植物学家那里获得他以前没有接触过的那些知识。倾听对方的谈话，有时会很容易地得到对方的信任和好感。善于倾听会使对方心情爽朗，会换来对方的理解、信任和支持，会使对方吐露出内心的烦恼或喜悦，最重要的，它还能使说话者感觉到自身价值的实现。俗话说："会说的不如会听的。"只有善于倾听他人谈话，才能更准确地把握谈话者的意图、流露出的情绪、传播出的信息，更好地促使对方继续谈下去。

倾听，是有效的沟通过程中最强有力的招数，可是，事实上却很难找到喜欢倾听的人。如果你遇到真正能听你说话的人，而且能告诉你，你所说的真正意思，而不是他以为你说的是什么，那就是珍贵的经历了。善于听别人说话的人，应该能给对方反馈，说话的人会有心照不宣之感。说话的人知道，你的确在听他说话，他就能更倾心、更热忱、更愿意回报了。

道理很简单，听话者的态度会直接影响说话者的兴趣，假如你是一个说话者，而你的交流者没耐心听你讲话，或者把你的话当耳边风，随意敷衍，你绝对不会有好的感觉。相反，如果对方相当重视你的谈话，你肯定更容易和对方交流。

一个成功的"听"者首先是一个虚心向别人请教的人，他非常尊重别人的经验和积累，总是把对方摆在自己之上，无论对方是什么人，他总是认为对方必定有某些可以借鉴的东西，在某些方面高自己一筹。正因为这样，在交际中，他总是鼓励对方讲话，不断强调其中有价值的内容，让别人把自己的意思完全陈述出来。无论别人讲什么话，你都不会拒听，更不会表现出生气的情绪。

许多人没有耐心听别人讲话，因为他们是"事业家"，是"大忙人"，生活节奏太紧张。不能否认，现代社会竞争激烈，一个想成功的人要做的事太多，往往整天疲于奔命，因而时间长了，性情也变得容易暴躁、发脾气，对"倾听"显得心不在焉，甚至别人刚一启齿，还未等到对方把话说到正题上，就会予以否定，一口咬定不行，然后以十分武断的口气阐述自己的观点。这类人往往是想通过"短、平、快"的方式，以雄辩的口才显示自己的才能，在公开场合打下根基。但这样做的结果，表面看目的好像达到了，事实上却得不到别人的认同，无法建立真正的友谊，更没办法经营好自己的人脉。

所以，听别人讲话有时候得有耐心，而耐心是一个成功的"听"者的必备素质。耐心绝不是默默忍受，而是时时给对方的讲话以反应，分析对方所谈的内容，并且不断让对方觉得你重视他的话，他可以轻松自信地说下去，而你也不会放过他说话的任何细节。

成功的"听"者并不是被动的，而是要善于主动出击提问题，使谈话深入下去。这一方面表示自己对对方谈话的重视，另一方面也是对谈话的引导。所以"听"应该是一种主动的交际行为。一个有本事让人家把话说到底、说到实处的人，绝对是一个成功的交际高手。

学会倾听，对于听者百益而无一害：

1. 倾听，是对自己的尊重和欣赏

根据人性的特点，人们往往对自己的事更感兴趣，对自己的问题更在乎，更喜欢自我表现。一旦有人专心倾听我们谈论我们自己时，就会感到自己被重视。

讲话的好处之一是，别人将以热情和感激来回报你的真诚。善听者，可以掌握他人的心思，促进感情的交流与互动。意味对他人的欣赏。同样，对你的回馈也是别人对你的尊重和欣赏。

2. 倾听，是对自己的保护

如果你说话过多，有可能会把自己不想说出去的秘密泄露出来。这对很多人来说，将会带来不堪想像的损失。做生意谈判时，有经验的生意人常常先把自己的情况隐藏起来，注意倾听对方的讲话，在了解对方情况后，才把自己的牌一张一张打出去，到关键时候才亮出最后的底牌。

倾听在人际关系中有重要的实用价值，可以在各种人际交往中广泛运用。但在现实中，却有很多的人不能很好地运用倾听来经营人际关系。

3. 倾听，可以帮别人减压

这就是我们碰到困难的时候所必要的。心理学家已经证实：倾听能减轻心理压力。当人有了心理负担和问题的时候，能有一个合适的倾听者是最好的解脱方法之一。

你帮了别人的忙，解除了他的压力，当你需要的时候，别人就会随时感恩报德的。

4. 倾听，可以促进自己

每个人都有他的长处和优点，倾听将使我们能取人之长，补己之短，同时预防别人的缺点、错误在自己身上重演。这样便能使自己更加聪明。郭沫若曾说过："能师大众者，敢做万夫勇。"

当你把注意力集中到倾听理解对方的时候，你便会很容易地摆脱掉自以为是的束缚。这样你便会成为一个备受喜欢的谦虚的人。

5. 倾听，帮你去沟通

人们都喜欢自己说，而不喜欢听人家说，常常是在没有完全了解别人的情况下，或对别人盲目下判断或打断别人的话，这样便造成人际沟通的

障碍、困难，甚至冲突和矛盾。

6. 倾听，化解抱怨的良方

一个牢骚满腹，甚至最不容易对付的人，在一个有耐心、有同情心的倾听者面前常常会软化而自惭形秽，变得宽容大度。

助人终助己

人与人之间的交往是一种平等互利的关系，也就是说，你对别人怎样，别人就会怎样对你。你帮助我，我就会帮助你，投之以桃，报之以李。一个人只有大方而热情地帮助和关怀他人，他人才会给你以帮助。所以你要想得到别人的帮助，你自己首先必须帮助别人。

人们总是可以敏感地感觉到自己的苦处，而对别人的痛处缺乏同情。他们不了解别人的需要，更不会花工夫去了解；有的甚至知道了也装作不知道，大概是没有切身之苦，切肤之痛吧！

虽然很少有人能有"人饥己饥，人溺己溺"的境界，但我们至少可以随时知道别人的需要，时刻关心朋友，帮助他们脱离困境，当朋友身患重病时，你应该多去探望，多谈谈朋友关心而感兴趣的话题；当朋友遭到挫折而沮丧时，你应该给予激励；当朋友愁眉苦脸、郁郁寡欢时，你应该亲切地询问他们。这些适时的安慰会像阳光一样温暖受伤者的心灵，给他们希望。

主动伸出援助之手，是善于经营人脉的一种良好姿态。俗话讲，患难见真情，当你伸出援助之手的时候，尤其是对方急需要一只手的时候，就更能让人感受到交往的魅力，你向别人伸出一只手，别人也会向你伸出一只手。

爱心和助人为乐的美德，可以说是价值连城的财产，一把获得成功的金钥匙，1991年1月，当倪萍站在中央电视台演播大厅里，第一次主持《综艺大观》时，她深知所肩负的压力，因此她决定发挥自己的长处，用爱心和笑容征服电视机前的亿万观众。

中国的老百姓不仅需要赵忠祥的稳重和儒雅，杨澜的学识与活泼，王刚的灵敏与幽默，而且同样需要质朴、大方、真诚与关怀，因为这些品质都是几千年中华文化的积累与沉淀。节目播出后，电视机前的观众们被倪萍身上放射出的"中国味"打动了，许多人来信说，他们为倪萍那饱含深情的微笑和发自内心的声音所打动，称她为一缕和暖的春风，更有许多老人把倪萍当成了自己的闺女。

倪萍的爱心不仅赢得了观众，也折服了同行。1996年倪萍已成为中央电视台著名的节目主持人。当电视台新闻评论部的邵宾鸿向她借衣服以主持欧美同学会的联欢会时，倪萍毫不犹豫就选了四套不同类型的礼服给她送了过去。后来，邵宾鸿在给倪萍的信中写道："虽然事情本身不大，但可以看出你为人的一个侧面，这是进入电视圈里名气愈大的人愈难得的，我为你感到高兴。"

倪萍的乐于助人征服了所有的朋友，包括她自己，所以在她的事业上怎能没有人帮助她？

甩掉自负

三国名将关羽，过五关，斩六将，温酒斩华雄，匹马斩颜良，偏师擒于禁，擂鼓三通斩蔡阳。"百万军中取上将之首，如探囊取物耳。"

然而，这位叱咤风云、威震三军的盖世之雄，结果却不尽如人意，居然被吕蒙一个奇袭，兵败地失，被人割了脑袋。

关羽兵败被斩和蜀吴联盟破裂，吴主兴兵奇袭荆州的客观背景是分不开的。吴蜀联盟的破裂原因很复杂，但主要原因还是与关羽的骄傲有着密切的关系。

诸葛亮离开荆州之前，曾反复叮嘱关羽要东联孙吴，北拒曹操，但他忽略了这一战略方针的重要性。他瞧不起东吴，也看不起孙权，致使吴蜀关系紧张起来。关羽驻守荆州期间，孙权派诸葛瑾到他那里，替孙权的儿子向关羽的女儿求婚，"求结两家之好"，"并力破曹"，这本来是件好事；以婚姻关系维系政治联盟，历史上早有先例。如果放下傲慢的架子，认真考虑一番，利用这一良机，进一步巩固蜀吴的联盟，将是很有益处的。但是，关羽竟然狂傲地说："吾虎女安肯嫁犬子乎？"

如此这般，孙权的面子如何吃得消？又怎能不使双方关系破裂？

如果对他人采取轻视的态度，这对自己绝无半点益处。因为你刺伤他的自尊心，他自然会对你产生反抗。

影响所及，你的人际关系必定一落千丈，连带造成事业发展的不顺畅。

爱自我夸耀的人，找不到真正的朋友。因为他自视清高、自以为是，不大理会别人的意见。这种人只会吹牛，朋友们避之唯恐不及。这种人常吹嘘最有本领，觉得干什么都没有人比得上他，往往瞧不起别人，结果使自己成为离群的羊。

常言道，"面子是别人给的，脸是自己丢的"，这话足以发人深省。一个人若真正具有某种本领或才智，自然会得到别人的公正评价。这赞美的话若是出自别人之口，才具有真正的价值。如果一个人总是对自己的成绩自我炫耀，夸大其词，其实是一件很失面子的事。凡是有修养的人，都不随便评价自己，更不会夸耀自己。他们很明白，个人的事业行为，旁人看来是清清楚楚的，好坏别人自有公道，不必老王卖瓜，与其过分夸耀自己，不如踏踏实实地做事。

其实，当我们有一件值得称赞的事情被人发现之后，人们自然予以公正的评价，但若我们自我夸耀地"吹"出来，只能得到别人的讨厌和不以为然。

在我们一生中是否说过如下的话——

"幸好他听从我的指点，否则他不会有今日的事业。"

"这帮家伙都是白痴，不知他们整天在忙什么，我毫不费力就把它研究出来了。"

"你瞧，我这事做得多漂亮！你能做成这样吗？"

……

这一句句自吹自擂的话，都犹如一粒粒恶的种子，从我们的口中说出去，种在别人的心里，滋生出厌恶的幼苗。

有位成功人士，常对别人说："我文化水平不高。"但是，他实际上却拥有高学历，他之所以贬低自己，无非是要让别人在心理上产生平衡感，让别人觉得没有压力。

所以，他周围的朋友很多，而且都是患难之交，这样的经营方略，使他的人脉更是锦上添花。

英国著名戏剧家、诺贝尔文学奖获得者萧伯纳对"平等相处"有很深的体验。一次他访问原苏联，在莫斯科街头散步，遇到一位聪明漂亮的苏联小姑娘，便与她玩了很长时间。分手时，萧伯纳对小姑娘说："回去告诉你妈妈，今天同你玩的是世界闻名的萧伯纳。"小姑娘望了萧伯纳一眼，学着大人的口吻说："回去告诉你妈妈，今天同你玩的是苏联小姑娘安妮娜。"这使萧伯纳大吃一惊，立刻意识到自己太高傲了。后来，他常回忆起这件事，并感慨万分地说："一个人无论有多大成就，对任何人都应该平等相待。要永远谦虚，这就是苏联小姑娘给我的教训，我一辈子也忘不了她！"

与人相处时，要平等待人，不要高人一等，故作姿态，不自以为是，不要在别人的面前自吹自擂，把自己说得天花乱坠般完美，不要在别人的背后品头论足、说三道四和指手画脚，始终保持友好平等的姿态与对方说话和处世，才不至于伤及他人的面子和自尊心，才有可能与别人保持友好关系，才有助于你人脉的经营和呵护。

大智若愚，该糊涂时就糊涂

《红楼梦》中的王熙凤给了我们一个深刻的教训：聪明反被聪明误。王熙凤何等的冰雪聪明，恐怕这世上有很多男人都不及她。她八面玲珑、外柔内刚；她笑里藏刀，表面向你微笑，心里却在给你下套子。一个图上她美色的贾瑞被她的计策整得一缕孤魂上青天；一个看上她老公的尤二姐被她的两面三刀给逼得吞金自尽；而她的"偷梁换柱掉包计"，则送掉了颦儿脆弱的性命。

至于王熙凤的能耐大得能登天，整个荣宁两府在她的整治下服服帖帖，一个秦可卿出殡这样的大事到了她手里简直是小菜一碟。她能说会道，贾府上下无人不晓她琏二奶奶。

可王熙凤却是一个精明过火的女人，精明到处处好强、事事争胜，哪儿都落不下她，终于得罪了大太太，加之贾母撒手人寰，她的靠山没了，终于落到"聪明反被聪明误，反送了卿卿性命"。

红学家们感慨这样一个精明能干的女人最终结局如此悲惨，全在于她毕竟是一介女流，毕竟没有看透官场上的处世哲学——难得糊涂；她被她的聪明、她的锋芒毕露给害了。

为人处世，是精明一点好，还是糊涂一点好，各人有各人不同的答案。但是卡耐基认为，人脉中还是"糊涂"一点好，当然这种糊涂并不是真的糊涂，而是希望我们学会一点大智若愚的技巧，避免一些弄巧成拙的尴尬。

其实领导者的"糊涂学"就是做人的智慧，这包括了知、情、意三个方面的综合体现，在"知"的方面，"糊涂"就是承认人的认识的有限性，不过分依靠和卖弄自己的智慧。勿恃小智，勿弄奇巧，息竞争心，它包含了大智若愚、藏巧于拙，顺应自然、无为而治，谨言慎行、因势利导，精益求精，虚心纳谏、博采众长，居安思危、留有余地等范畴。在"情"的方面，就是安贫乐道、隐忍退让、息贪婪欲，它包含安守本分，不要凡事强做，淡泊名利，宁静致远，乐天知命等。在"意"的方面，就是淡泊明志、立身端方、守清正节，包含宠辱不惊、功成不居，严于律己、宽以待人，刚正不阿、洁身自好等。当然糊涂的范畴很广，我们在这里无法把所有的都涵盖，所以，真正的大智若愚还要在日常的积累中感悟。

俄国诗人普希金年轻时，有一天在彼得堡参加一个公爵的家庭宴会。他邀请一位小姐跳舞，小姐清高地说："我不能和小孩子一起跳舞。"

普希金灵机一动，微笑着说："对不起，亲爱的小姐，我不知你正怀着孩子。"说完，他很有礼貌地鞠了一躬后离开了她。那位高傲的小姐在众目睽睽之下无言以对，满脸绯红。

在这里，如果说这位小姐拒绝普希金的邀请是高傲的话，那么在大庭广众之中故意把一个年轻人称为"小孩子"，则实在是太无礼了。对此普希金故作糊涂，佯装不知道对方话中的"小孩子"是指自己，却故意把对方的话曲解为"不能和肚中的孩子一起跳舞"，既保住了自己的尊严，又给对方以极大的讽刺和打击。这样的回答，实在是太精彩了。

"难得糊涂"是郑板桥先生的至理名言，他对此解释为："聪明难，糊涂亦难，由聪明转入糊涂更难。放一着，退一步，当下心安，非图后来福报也。"做人过于精明，无非想沾点小便宜；遇事装糊涂，也就吃点小亏。但"吃亏是福不是祸"，往往有出人意料的收获，"饶人不是疾，过后得便宜"，歪打正着，"吃小亏占大便宜"。有些人只想处处占便宜，不肯吃一点亏，总是把小事当作大事处理，到后来是"机关算尽太聪明，反误了卿卿性命"。

批评、忠告最好使用模棱两可的语言，多用一些"好像可能"、"看来"、"大概"之类的词语，显得留有空间，语气委婉一些。

当学生在课堂上回答不出问题时，老师不宜训斥学生："你怎么搞的？昨天你肯定没有复习！"而应当模糊地说："看来，你好像没有认真复习，是不是？还是因为有点害怕不知该怎么说呢？"且最好还应把批评对方的缺点、过错变成提出希望和目标，上面的话最好说成："希望你及时复习，抓住问题的要领，争取下回作出圆满的回答好吗？"

当你约人见面时，为了表示尊重对方，显得亲和也要用模糊语言。比如说："明天上午我在家，你有空就来吧！"或者说："请您明天上午来，我在家等候您。"如果你说得很明确："请你明天上午9点准时到我家里来。"会让人觉得有点强迫的感觉。若是约请上级、长辈和异性到家里来，这样说话就更显得没有礼貌、不客气了。

由此可见，若能巧用模糊语言，将有助于经营你的人脉，改善你的人际关系。

偶尔装装糊涂，好处还是很多的：

1. 方便了自己

人常说："给人方便，与己方便。"难得糊涂无非就是给人方便，反过来，人就会对你也方便。两个过于精明的人就像两只正在酣斗的公鸡一样，非要分出个你赢我输来，这于健康的身心是没有什么好处的。

如果你是一个处处斤斤计较的人，总是圆睁双眼，提高警惕地生活，那你累不累呀？你没有身心疲惫的时候吗？你不妨像一个大智若愚的人那样难得糊涂一下！

2. 平和了自己

生活中的许多小事，如果我们采取难得糊涂的态度，睁一只眼闭一只眼，很容易大事化小，小事化了；而如果你一点都不糊涂，一是一，二是二，矛盾、冲突，甚至头破血流都有可能发生。

哥哥和弟弟为争电视频道，如果一个糊涂一下，让着对方，对方看什么就跟着看，电视嘛，哪个频道不都是娱乐，大家就会继续看电视，而不是两个人对打起来，一个恼羞成怒，用凳子砸向对方，结果闹成流血事件，可谓可悲可叹也！

生活中有很多精明的人总是喜欢揪别人的辫子，找别人的缺点，以为这样做能显示自己比他人高明，实际上这种语言、行为上丝毫不糊涂却是造成两个人关系疏远、分道扬镳，甚至反目成仇的根本原因。

3. 快乐了自己

与人交往、处世的关键要使人心情愉快，而心情愉快是人际交往成功的前提，难得糊涂就可以让一个人心态平和。

如果你是一个牙尖嘴利、眼疾手快的人，你必然会发现一些别人注意不到的东西，如果你一笑置之，不加刨根问底，不久你就会忘掉这些东西，而一旦你觉得自己无法不指出来，非要给他人一个明示，既弄得他人满心不快活，恐怕你自己的心也难以平静下来。

人生是个万花筒，个人在那变幻之中要用足够的聪明智慧来权衡利弊，以应付变化多端的世界。但是，人有时候不如以静观动，守拙若愚。这种处世的艺术其实比聪明还要胜出一筹。聪明是天赋的智慧，糊涂是聪明的衣装，人贵在能集聪与愚于一身，需聪明时便聪明，该糊涂处且糊涂，灵活机智。孔子论人，以知、仁为美，正所谓：知者乐水，仁者乐山；知者动，仁者静。朱熹在《四书集注》中解释为：知者达于事理而周流无滞，有似于水，故乐水；仁者安于义理而厚重不迁，有似于山，故乐山。聪明与糊涂之间，你选择哪一种？

心平气和，少惹是非

《红楼梦》里的林妹妹就不善与姐妹们相处，搞到最后，谁都知道她小心眼，事事得让着点。一次，林黛玉与贾宝玉正说话，湘云走来，笑道："二哥哥，林姐姐，你们天天一处玩，我来了，也不理我一理。"黛玉笑道："偏是咬舌子爱说话，连个'二'哥哥也叫不出来，只是'爱'哥哥，'爱'哥哥的。回来赶围棋儿，又该你闹'幺爱三四五'了。"宝玉笑道："你学惯了她，明儿连你还咬起来呢。"史湘云道："她再不放人一点儿，专挑人的不好。你自己便比世人好，也犯不着一个打趣一个。指出一个人来，你敢挑她，我就服你。"黛玉忙问是谁。湘云道："你敢挑宝姐姐的短处，就算你是好的。我算不如你，她怎么不及你呢。"黛玉听了，冷笑道："我当是谁，原来是她，我哪里敢挑她。"宝玉不等说完，忙用话岔开。

这位林妹妹实在让人没办法去承受，稍不合自己脾胃的话，便反唇相讥，哪里还会当面称赞别人比她好，所以，有时她病了、闷了，盼个姊妹来说话，就算姐妹们来问候她，说不得三五句话又觉得不耐烦了，虽然大家知道她受不得委屈，不苛责她，但是内心中是不喜她这么做的，以至于后来容忍大度的宝钗成了众望所归的对象，黛玉未免落了单。

如果林妹妹心平气和，凡事不挑事端，心宽大度，也许便会是另一种结局了。

当别人正在气头上的时候，你千万不能以刚克刚，添油加醋，烧旺对方的火焰，那你只能吃不了兜着走。最好的办法就是：心平气和，以柔克刚。

"以柔克刚"，是和一个大发脾气的人相处的最好办法。对方愈是发怒，愈发镇定温和；愈是紧张的场合，愈应保持头脑理智。这样，你才能发觉对方因兴奋过度而显露的种种弱点，而——加以攻破。

这就好比瓦沟里淌下的流水，一点一滴地落在坚硬的巨石上，最初还未见得有什么现象，久而久之，巨石就会出现漏洞，并甚而断裂。这就是滴水所爆发出的威力！

奥斯卡奖获得者、好莱坞明星保罗·纽曼，早期曾拍过一部失败影片《银酒杯》，他的家人也不留情面地把它评为"一部糟糕的影片"。若干年之前，洛杉矶电视台突然决定重新在一周内连续放映该片，显然是有意在公众面前破坏他的形象。

纽曼对此经过冷静思索后，来个出其不意，后发制人。他自费在颇有影响的《洛杉矶时报》上连续一周刊登大幅广告："保罗·纽曼在这一周内每夜向你道歉！"此举轰动全美，他不仅未因此出丑，反而得到绝大多数人的支持和谅解，从而声誉大增，好评如潮，后来终于获得第 59 届奥斯卡奖。

纽曼的胜利取决于冷静、心平气和。在当众受辱之后，既不火冒三丈、怒发冲冠，也不萎靡不振，他保持动态的冷静，仔细、认真地分析面临的困境和挑战，找出主要矛盾，然后奋起反击。公开坦然承认自己过去的失败，非但丝毫无损于自己的利益，反而使对方陷入被动的境地，暴露出居心叵测的险恶用心。

如何让自己心平气和地与人相处呢？

1. 轻声细语

它可以表现说话者的尊敬、谦恭、谨慎和文雅。在和别人交谈时，使用这种轻声细语可以缩短人与人之间的感情距离，密切双方的关系。有时，它还能避免一些可能会招致的麻烦。当然，用它来坚持意见、回驳别人、维护正义和尊严或表示强调是万万不能的。

2. 慢条斯理

这种语调宛如柔和的月光、涓涓的泉水，由人心底流出，轻松自然、和蔼亲切、不紧不慢，能给听者以舒适、安逸、柔和、亲密、友好、温馨的感觉。人们在请求、询问、安慰、陈述意见时常使用这种慢条斯理法，它可以弘扬男性的文雅大度和女性的阴柔之美，尤其是在抒发情感时，这种柔声和气的运用更具有一种迷人的魅力。

超级人脉术大全集

善待他人

古希腊有一位年轻的国王叫皮格玛利翁，他很擅长雕塑，有一次，他雕塑了一尊美丽少女的雕像，并把它当作有灵魂的人那样和它说话，爱它。结果发生了奇迹：雕像活了！变成了一位真正的美丽少女，并与他结为伉俪。

如果说皮格玛利翁的传说只是一个美丽的神话，那么就让我来讲一个真实的故事。

有一位男士，他的前妻总怨他不懂呵护她又没有本事而最终与他分手。他因不打算再"浪费"另一个女人的一生而不想再婚了。后来经不住朋友的热情撮合，与一位在文化馆工作的女子结了婚。没想到婚后两人感情相当融洽，而且他自己也事业有成。他告诉朋友："前妻老嫌我这也不是那也不行，我对自己也没有信心了。既然我无法使她幸福，就让她找自己的幸福去吧。现在的妻子对我很满意，使我愿意为她的幸福而付出。其实我还是我呀！"后来听说，他与前妻偶遇，前妻有点悔意地说："假如你当初就像现在这样，我也不至于……"而他则幽默地说："假如你当初就这样看我，我也不至于……"

人类的习惯之一，乃是往功成名就的人身边靠拢，如果能与事业有成的人构建关系，便可以巧妙利用对方那股气势。这虽然是人之常情，然而在这种情况下结识的对象，通常无法培养成牢固的人际关系。由于万事顺利时人人都想与其结识，换作对方的立场想想，就可以明白地对每一个人不可能交往太深。

那么，那个前妻也就没有什么可幽怨的了。

从人生的角度来看，人不可能一帆风顺，挫折、倒霉是难免的。当人们落难的时候，不仅自己倒霉，而且也是对周围人们，特别是对朋友的考验。远离而去的，可能从此成为陌路人；同情、帮助其渡过难关的，他可能记你一辈子。所谓莫逆之交、患难朋友，往往就是在困难时候出现的。

这时形成的友谊是最有收藏价值的稀世珍品。

如何善待他人呢？

1. 对症下药

在"文革"中，有一位领导被关了牛棚，没有人敢接近他。他的心情很忧郁，一度丧失了生活信心，动了轻生的念头。这时他的一个部下，不怕受连累，主动来见他，开导他，甚至狠狠地批评他对自己不负责任的思想要不得。这位领导终于坚持了下来。后来这位领导平反后，十分感谢他的这个部下，把他当成知己。这个部下得了罕见的病，他把自己的全部积蓄拿出来给他看病，后来又把他接到自己家里养起来，可见莫逆之交感情之深。

从一定意义上说，对待落魄者的态度不仅是对一个人交际修养的考验，而且也是建立真正友谊的契机。落魄者的情况十分复杂，不能一概而论，而要根据不同情况对症下药，但是别忘了一些共性的原则是应该遵循的。

所以对于落魄者最重要的是从思想感情上安慰他们，帮助他们从错误中逃离出来，这是最大的帮助。

2. 有深有浅

在与落魄者的交往时，还要注意自己态度和言行的分寸。例如，同他交谈不要用教训人的口吻，应该抱平等、坦诚的态度，这样体现出对对方的尊重，他在心理上是容易接受的。还有不要轻易地在别人的伤口上撒盐，过多地谈及他们已经无可挽回的错误会刺激他们的自尊。同时，落魄者对于自身问题的认识往往比较固执，不可能马上改变，所以做思想工作应有足够的耐心，要允许他们有一个思考的时间，不要因他们一时想不通，就说人家不可救药，这样无助于他们改正错误，也不利于发展彼此的关系。

3. 不言放弃

当他人落魄时，不要讨厌他们，要怀着真诚的同情心和他们交往。此时与他们交往，要有正确的态度，不应表示同情，而应尊重他们，要热忱、真诚地继续当成朋友对待，使他们看到在最困难的时候有朋友在自己的身边，有助于克服苦闷思想，振作起来。

该说"不"时就说"不"

陈郁是大学教师，住在校内教工单身宿舍内，平时学校的教学任务不是很重，因此，业余时间陈郁也常常给出版社或期刊编编书，写写稿子，所以每当接到一个任务后就会有段时间忙得不可开交。她的朋友倩倩正在读在职研究生，因为学校离家很远，所以有课的时候由于回家不方便就经常住在好友陈郁那里，倩倩平时工作也很忙，碰到学校课多，作业又堆积如山的时候，她总是求陈郁帮她完成作业，陈郁哪怕熬夜也要帮倩倩完成。但有一次的情形是，陈郁过两天就要交稿，眼看着火烧眉毛了，这时倩倩又来求救了。陈郁望着朋友无助的眼神和哀求的话语，实在下不了狠心拒绝她，但自己的事又实在是在迫在眉睫。这令陈郁左右为难。

到底该怎么办呢？是"Yes"还是"No"呢？

事实上，那些顾于情面不敢说"不"的人，其实是自己意志不坚。这些意志不坚的人，通常认为断然拒绝对方的请求未免显得太过不留情面，而若是在答应后由于客观条件，难以履行诺言时，再改变心意拒绝对方，显然为时已晚。因为，等无法做到允诺的事情，再提出拒绝，给人的印象会是反复无常甚至需要付出相当的代价去弥补缺失或兑现承诺。如果这件事只限于个人的烦恼，还称得上不幸中的大幸，若因此事而与要求请托的对方，发生不愉快的情形，甚至产生怨恨、敌视，演变成双方人际关系上的矛盾与冲突，岂不更得不偿失？

生活中对于别人拜托你而你又力不能及的事，究竟该如何面对呢？简单地说，只要有足够的勇气和智慧，不顾忌脸面该说"不"时就说"不"，你就能够轻松过关了。

固然，一开始即斩钉截铁地说"不"，确实会破坏形象，然而不要因此而放弃表示拒绝的权利。即使这样做会破坏他人对自己的期望或好感也应不惜代价，何必勉强自己成为偶像型的人物呢？

人要想活得轻松，最好不去承受无谓的"人情包袱"，不要因为拒绝了别人而有愧于心，不要为说自己对别人的请求无能为力而感到难为情，不要因为扫了别人的面子而尴尬，不要违背自己的愿望去硬充大头，不要怕扮黑脸。

拒绝人家不得法，实在太冒险了。例如一个品行不良的朋友来向你借钱，你知道如果借给他是肉包子打狗有去无回；一个相熟的奸商向你推销物品，你明知买下就要吃亏……诸如此类的事，你要毫不犹豫加以拒绝，可是拒绝之后，就要断交情，被人误会，甚至埋下仇恨的种子。

要避免这种情形发生，唯一的方法便是要运用些聪颖的智慧。学习这种拒绝的方法，要注意：

你应该向对方陈述自己拒绝的理由。

拒绝的言辞最好坚决果断，不可游移。

不要把责任全推给别人，含糊其辞。

你千万不要伤害他人自尊心，否则会迁怒于人，让对方明白你的拒绝是在万不得已的情况下说出的，很是抱歉。怎样才能既拒绝别人又不得罪他、不恶化相互关系呢？

1. 说"不"之前先倾听

拒绝对方之前先要认真地倾听。比较好的做法是，请对方把困难与需要讲得更明白一些，自己才知道如何帮他；接着表示你了解他的难处，若是你设身处地，也一定会如此。

倾听有好几种意义，倾听能让对方先有被尊重的感觉，在你婉转表明自己拒绝他的立场时，就能够有效地避免中伤他的感情，不会让人产生你在应付的错觉。

如果你拒绝对方的原因是因为自己的工作负荷过沉过繁，倾听可以让你清楚地界定对方的要求是不是你所能承受的。

有时候听了他的意见，你会发现帮助他有利于提升自己的能力并增加经验。这时候在兼顾目前工作的原则下，牺牲一点自己的休闲时间来帮助对方，对自己的职场生涯肯定有帮助。

2. 说"不"的态度要柔和而坚定

倾听完了，确定自己不能帮助对方时，就要柔和而坚定地说"不"，而不要模糊不清，更不能因为碍于面子而违心地先答应对方。或许你怀着侥幸心理，认为自己可以帮忙，或者你认为他自己能解决，到时候就不会找你麻烦了。这种想法千万不可取。试想，如果你先答应，到时候却不能遵守诺言，而且也耽误了对方寻找别的途径，你又如何对得住你的朋友呢？到时候一切已成定局，恐怕你怎么道歉，也无法挽回什么，尤其是你们之间的友谊！所以当你仔细倾听了朋友的要求，并认为自己应该拒绝的时候，说"不"的态度必须是柔和而坚定的。

3. 幽默周旋

罗斯福还没有当选美国总统时，曾在海军担任要职。一天，一位好友由于好奇向罗斯福问起海军在加勒比海一个小岛上建设基地的情况。罗斯福谨慎地向四周看了看，对着朋友耳朵小声说："你能保密吗?""当然能，谁叫咱们是朋友呢?"朋友挺有诚意地回答。"我也能，亲爱的。"罗斯福一边说，一边对朋友做个鬼脸，两人顿时相视而笑。

可见，如果以幽默的方式拒绝，气氛会马上松弛下来，彼此都感觉不到有不快。

4. 替代拒绝

有一位老人问他隔壁的小男孩："小明，你是愿意把梨子给伯伯吃呢，还是愿意把可乐给伯伯喝?"因为小明这时一手拿着雪梨，一手拿着可乐。没想到不到 5 岁的孩子竟说："你快去，伯伯，我妈妈那儿还有!"

有人请你看一场电影而你并不感兴趣，你怕直说会扫他的兴，你不妨提个别的建议来表示你的拒绝："谢谢，不过今晚的篮球联赛已进入决赛，我们还是看篮球赛吧，怎么样?"

当别人向你提出某种要求时，他们往往通过迂回婉转的方式，绕个大弯子再说出自己的本意，如果你在他谈到一半时就知道了他的意图，并清楚自己不能满足他的要求时，不妨把话题岔开，说些别的。让他知道这样做会让你为难，他也就不会自讨没趣了。

5. 反弹拒绝

这种方法是别人以什么样的理由向你提出要求，你就用什么理由进行拒绝，让对方哑口无言。在《帕尔斯警长》这部电视剧中，帕尔斯警长的妻子出于对帕尔斯的前程和人身安全着想，企图说服帕尔斯中止调查一位大人物虐杀自己妻子的案子，最后她说："帕尔斯，请听我这个做妻子的一次吧。"他却回答说："是的，这话很有道理，尤其是我的妻子这样劝我，我更应该慎重考虑。可是你不要忘记了这个坏蛋亲手杀死了他的妻子！"

6. 借口拒绝

当一位你并不喜欢的人邀请你去看电影时，你可以有礼貌地说："我老爸要我回家练球呢！"这种说法隐藏了个人的想法，而用其他原因做借口，从而减轻对方的失望和难堪。

朋友、家人、亲戚找你办事，对于那些自己深感头痛又无能为力的事情，拒绝他人总是令人难以开口，进而使自己处于左右为难的境地。所以，学会拒绝也是对自己的一种保护，对他人的一种拒绝。的确，负责别人的言语和行为，是件容易伤害感情，导致尴尬局面的事情，但在生活中如果注意话语的含蓄和否定的策略，就可以避免这些情况的发生，使生硬的否定也有一副温柔的面孔，从而在轻松愉快的气氛中完成拒绝任务。

不要随随便便生气

每当看到美元票面上华盛顿的肖像时，看着他白色卷发映衬下那平静、自信、显示着自控能力的面庞，你大概难以相信他年轻时曾有一头红发，有老虎般的脾气。要是他没有学会靠自控力改变自己的坏情绪，那恐怕就无法成为叱咤风云，率领没有受过训练的民兵战胜英军的领袖，恐怕他也不会成为美国历史上第一任总统。

如果你偶遇门被砰然关上，玻璃杯被砸碎，被人无情地骚扰，跑关系时犯了一些不该犯的错误之时，我们的情绪会是什么样呢？

也许你会怒发冲冠？你可能会认为发怒是你生活的一部分，可你是否知道这种情绪根本就无济于事，反而会变本加厉？也许你会为自己的暴躁脾气辩护说："人嘛，没有个性怎么做人啊！"或者："我要不把肚子里的气发出来，非得憋出肠炎来不可。"尽管如此，愤怒这一行为可能连你自己

超级人脉术大全集

也不喜欢，更别说别人了。

同其他所有情感一样，情绪是你思维活动的结晶。它并不是无缘无故产生的。当你遇到不合意愿的事情时，你认为事情不应该是这样的，这时开始感到沮丧，尔后，便是一些冲动的伴随动作，这总是很危险的，对办事者来说，它并没有什么好果子可吃。痛苦的感受会侵蚀掉我们的自尊。我们也许有洞察力，先见之明，后见之明，然而只要有人碰触到我们敏感的枢纽，或是悲剧发生，这些都会在一瞬间消失得无影无踪。

愤怒既是你作出的选择，又是一种习惯，它是你经历挫折的一种后天性反应。你以自己所不赞成的方式消极地对待与你愿望不相一致的现实。事实上，极端愤怒是精神错乱——每当你不能控制自己的情绪时，你便有些精神错乱。因此，每当你气得失去理智时，你便暂时处于精神恍惚状态，而这是圆满做事的大忌。

简单说那些不能控制情绪的人，给人的印象就是不成熟，像个孩子。因为，只有小孩子才会像6月里的天气，一眨眼就会下雨。这种行为发生在小孩身上，人们会说天真、淘气。但是这种现象发生在一个成年人身上，人们就不免对这个人的人格发展感到怀疑了，就算没有把他当作是神经病，至少也会认为他还没长大。如果你还年轻，尚可原谅，如果已经工作了好几年，或是已经过了30岁，别人就会因此对你失去信心。除了认为你"还没长大"之外，别人也会认为你没有控制情绪的能力，这样的人一遇到不顺就哭，一不高兴就生气，这样能成大事吗？这已经严重地影响到人们对你能力的评价了。

所以只要你不去纠错，你的愤怒情绪将不会阻止你做不好的事情。成大事者不会让愤怒情绪成为绊脚石。历史上有好多这样的事例，他们中能压下怒火的人多就能成功，而凭着这一怒之气行事的则大多失败了。

三国时期，关云长失守荆州，败走麦城被杀，此事激怒刘备，遂起兵攻打东吴，众臣之谏皆不听，实在是因小失大。正如赵云所说："国贼是曹操，非孙权也。宜先灭魏，则吴自服，操身虽毙，子丕篡盗，当因众心，早图中原……不应置魏，先与吴战。兵势一交，不得卒解也。"诸葛亮也上表谏止说："臣亮等切以吴贼逞奸诡之计，致荆州有覆亡之祸；陨将星于牛斗，折天柱于楚地，此情哀痛，诚不可忘。但念迁汉鼎者，罪由曹操；移刘祚者，过非孙权。窃谓魏贼若除，则吴自宾服。愿陛下纳秦宓金石之言，以养士卒之力，别做良图。则社稷幸甚！天下幸甚！"可是刘备看完后，把表掷于地上，说："朕意已决，勿得再谏。"他执意起大军东征，最终导致大败，落荒而逃。

要想做一个成功的人士，要想经营好你的人脉，控制自己的情绪已经势在必行。

控制自己的情绪，克服自己习惯了的行为方式，压倒心中萌生的不良意念和动机，是每一个人必须做到的。只有学会克制情绪，提高自制力，才能不被情绪所左右，才能冷静地分析问题和解决问题，才能取得更大的成功。

培养自制能力最重要的一点是形成良好的、自制的生活习惯。习惯的力量是巨大的，养成一些好习惯，你会终生受益，但你要是溺于习惯而不能自制，就会不知不觉地把自己断送。因为习惯有好坏之分，不良的习惯则可以为你设下失败的陷阱，使你走向毁灭的深渊。如果你能把自己身上的坏习惯都赶走，你也就具备了一定的自制能力。

感情应时时受到理智的支配，一个情绪性太强的人大多被认为神经质，这种人易给人造成一种不合群的感觉，人缘也便随之而去，只有言谈举止始终保持正常，在公开场合上随圆就方，才会在社会上取得别人的认同。这种随圆就方，是赢得好人缘的又一个原则，也是你维护人脉的必要手段。